Der Eulenburg-Skandal

Campus Historische Studien
Band 55

Norman Domeier, Dr. phil., ist wissenschaftlicher Assistent
am Historischen Institut der Universität Stuttgart.

Norman Domeier

Der Eulenburg-Skandal

Eine politische Kulturgeschichte des Kaiserreichs

Campus Verlag
Frankfurt/New York

Gedruckt mit Unterstützung der DKB Stiftung für gesellschaftliches Engagement sowie des Europäischen Hochschulinstituts Florenz

DKB Stiftung für gesellschaftliches Engagement

European University Institute

Bibliografische Information der Deutschen Bibliothek
Die Deutsche Bibliothek verzeichnet diese Publikation in der Deutschen Nationalbibliografie.
Detaillierte bibliografische Daten sind im Internet über http://dnb.ddb.de abrufbar.
ISBN 978-3-593-39275-2

Umschlaggestaltung: Guido Klütsch, Köln
Umschlagmotiv: Philipp zu Eulenburg und Hertefeld, 1898. © Bildarchiv Preußischer Kulturbesitz.
Satz: Campus Verlag, Frankfurt am Main
Gedruckt auf Papier aus zertifizierten Rohstoffen (FSC/PEFC).
Printed in Germany

Besuchen Sie uns im Internet: www.campus.de

Meinen Eltern

History is merely gossip. But scandal is gossip made tedious by morality.

Oscar Wilde, Lady Windermere's Fan, Act III.

Inhalt

I. Der deutsche Skandal vor aller Welt

Das ist a nette G'schicht
Das gehört sich nicht:
Verwickelt sich ein Graf
Mit einem Paragraph
HOMOSEXUALITÄT
Dazu Perversität!
Doch was nützt denn all' das G'red
Wenn's nicht so weiter geht.
Herr Harden! Das war blöd,
War nicht diskret!
Drum kam die Gaudi, – es ist zu dumm –
Gleich in der ganzen Welt herum [...]
Karl Valentin, »Das dritte Geschlecht!« (Couplet, ca. 1908)[1]

1. Die transnationale Entgrenzung des Eulenburg-Skandals

»Was soll Europa denken«, rief Max Bernstein im Oktober 1907 im Berliner Justizpalast aus.[2] Wenn der Eulenburg-Skandal, auf den sich dieser Ausruf bezog, von der Geschichtswissenschaft bisher gewürdigt wurde, dann als ein nationales oder gar nur lokales Berliner Ereignis. Bernstein aber, einer der berühmtesten Strafverteidiger des Kaiserreichs und als Mitbesitzer der *Münchner Neuesten Nachrichten* mit den Mechanismen der modernen Massenpresse wohlvertraut, wusste genau, dass er durch den Gerichtssaal in Alt-Moabit eine internationale Öffentlichkeit ansprach. Mit ihm beschworen auch die übrigen Akteure und Beobachter des Skandals Deutschland, Europa, die Welt, ja selbst die Nachgeborenen.[3] Leichtfüßig überschritt der »deutsche Skandal«, als der er bald in der internationalen Presse firmierte, die Grenzen des Deutschen Reiches. Rund drei Jahre, von Ende 1906 bis in das Jahr 1909, beschäftigte er Journalisten aus aller Welt. Dutzende Auslandskorrespondenten zog er in den Justizpalast von Berlin-Moabit, wo die meisten Sensationsprozesse stattfanden, auf denen er als historisches Ereignis aufruhte.[4]

1 Valentin, *Werke*, Bd. 2, S. 36–39.

2 Friedländer, *Prozesse*, S. 4086–88.

3 Zu diesen »appellativen Instanzen« Requate/Schulze Wessel, »Europäische Öffentlichkeit«, S. 11–39, besonders S. 12–17.

4 *The Times*, »The Court Scandals in Berlin«, 4. Juni 1907, »The Berlin Scandals«, 9. Juni 1907, »The Prussian Court Scandals«, 27. Oktober 1907, »The Prussian Scandals«, 23.

Vor diesem Hintergrund liegt es nahe, den Eulenburg-Skandal als ein transnationales Medienereignis in den Blick zu nehmen. Auch wenn dies ein noch relativ junges historiographisches Konzept ist, so war doch bereits den Zeitgenossen selbstverständlich, dass dieser Skandal »vor aller Welt« stattfand und, vielleicht noch wichtiger, dass über die Deutung seiner Enthüllungen mit aller Welt gerungen werden musste. Damit wird der Eulenburg-Skandal nicht aus der jüngeren deutschen Geschichte komplimentiert. Im Gegenteil. Viele der durch ihn verhandelten Personen, Themen und Konfliktlinien wurden von den Zeitgenossen gerade deshalb nationalistisch aufgeladen, weil sie sich in einer national entgrenzten Öffentlichkeit wussten.[5] Auf diese Weise soll die vorliegende Studie eine Sonde in die Jahre des Übergangs von der *Belle Époque* ins »Eiserne Zeitalter« sein. Eine Ära, die gekennzeichnet ist durch das Aufkommen global gedachter, medial vermittelter Prestigepolitik. Selbst über ein nach den Maßstäben traditioneller Politik- und Diplomatiegeschichte gründlich erforschtes, geradezu klassisches Ereignis der Außenpolitik wie die Erste Marokko-Krise 1905/06 können mit diesem Zugriff neue Erkenntnisse zu Tage gefördert werden. Es ist kein Zufall, dass mit dem alten Handwerkszeug nicht erkannt wurde, dass dieser Schlüsselkonflikt in den internationalen Beziehungen vor dem Ersten Weltkrieg den Hintergrund des Eulenburg-Skandals bildete. Dabei war es die skandalöse Deutung der friedlichen Lösung von Algeciras, die Maximilian Harden, den umstrittensten Publizisten und Intellektuellen des Kaiserreichs, eine sensationelle Pressekampagne gegen Fürst Philipp Eulenburg, den besten Freund und zeitweise wichtigsten Berater Kaiser Wilhelms II., beginnen ließ.[6] In seiner europaweit beachteten Politik- und Kulturzeitschrift *Die Zukunft* unterstellte Harden im Herbst 1906 dem Fürsten Eulenburg, das Haupt einer Kamarilla zu sein, einer namentlich nie genau definierten Einflussgruppe im Arkanbereich der Reichsleitung, die durch Homosexualität zusammengehalten werde. Ihr wies Harden die Verantwortung für die schwe-

April 1908. *Le Temps*, »Grave et mystérieuse affaire de cour à Berlin«, 30. Mai 1907. *New York Times*, »Refuses to hold Editor Harden«, 23. Juni 1907.

5 Von einem »ungeheuren, das Reich vor aller Welt empfindlich bloßstellenden Skandal« sprach etwa: *Der Tag*, »Die Lüftung des Alkovens«, von Richard Nordhausen, 27. Oktober 1907, BAL 7836. Zu transnationalen Medienereignissen Lenger/Nünning, *Medienereignisse der Moderne*.

6 Nach Mommsen funktionierte Eulenburg als »hochsensibles Echo« des Kaisers und war damit das Gegenteil eines kompetenten Beraters. Bis zu seinem Sturz sei er »die Schlüsselfigur« des konservativen Einflusses auf Wilhelm II. gewesen und habe »alle Fäden in der Hand« gehalten. Mommsen, *Machteliten*, S. 22, 74–75.

re diplomatische Niederlage des Deutschen Reiches in der Marokko-Krise zu. Wie sich bald herausstellte, war dieser Vorwurf nur die Facette eines großen Narrativs wilhelminischer Dekadenz, das der Skandal popularisierte: Danach hatte die Eulenburg-Kamarilla bereits 1890 den Sturz Bismarcks bewerkstelligt, seither den Monarchen vom Volk abgeschirmt und durch eine von übersteigerter Friedensliebe bestimmte Politik das Deutsche Reich in die internationale Isolation manövriert. Mit der nach Eulenburgs Schloss in der Uckermark »Liebenberger Tafelrunde« genannten Gruppe war ein Sündenbock für die zahlreichen politischen Fehlleistungen der Herrschaft Wilhelms II. gefunden worden.

Ist der Eulenburg-Skandal heute vor allem als erster großer Homosexualitätsskandal des 20. Jahrhunderts in Erinnerung, so wurde er von den Zeitgenossen viel umfassender, nämlich als Gegenstück zur französischen Dreyfus-Affäre verstanden. Nach der »französischen Affäre« war ein »deutscher Skandal« regelrecht erwartet worden. Keiner sah dies klarer als derjenige, der schließlich sein Namensgeber werden sollte. Bereits in seinem Anfangsstadium sandte Philipp Eulenburg eindringliche Warnungen an Reichskanzler Bülow und Kaiser Wilhelm II., ohne aktives Eingreifen der Regierung nehme der Skandal »europäische Formen« an und werde für das Deutsche Reich »staatsgefährlich«. Der Monarch und sein leitender Staatsmann schlugen die Warnungen in den Wind. Die Vogel-Strauß-Taktik, die die beiden wichtigsten deutschen Politiker jener Jahre fast bis zum juristischen Ende des Skandals 1909 durchhielten, offenbart ein aus der Retrospektive unfassbar mangelhaftes politisches Gespür, ja einen politischen Autismus. Während Eulenburg sie explizit vor den »skandalpolitischen« Folgen warnte, konnten und wollten sie die politischen Gefahren dieses Skandals für die Monarchie nicht erkennen.[7] Ein irgendwie geartetes Skandalmanagement wurde von Seiten der hohen Politik nie versucht. Vielmehr bemerkte bereits ein hellsichtiger Zeitgenosse aus dem Umfeld Wilhelms II. rückblickend, »wenn jemand eine Prämie ausgesetzt hätte, wie es möglich wäre, diese Skandalaffäre am ungeschicktesten und kompromittierendsten für das Herrscherhaus und die Hofgesellschaft sowie auch für die Armee zu erledigen, so müsste derjenige den Preis erhalten, der die Direktiven für unser tatsächliches Verhalten gegeben hätte.«[8] Angesichts des eklatanten Versagens der traditionel-

7 Bülow, *Denkwürdigkeiten II*, S. 310; Röhl, *Eulenburgs politische Korrespondenz III*, Nr. 1528.

8 Zedlitz-Trützschler, *Kaiserhof*, S. 170. Seinem intimen Brieffreund Houston Stewart Chamberlain räumte Wilhelm II. seine Hilflosigkeit ein: »Monatelang den Namen seiner Freunde durch alle Gassen Europas durch den Schmutz schleifen sehen zu müssen und

len Herrschaftselite hob bereits der Verfassungshistoriker Ernst Rudolf Huber die Bedeutung des Eulenburg-Skandals als Katalysator des langfristigen Wandels der Staats- und Gesellschaftsordnung in Deutschland hervor: »So wie die Skandalaffären des Hauses Bourbon und der alten Aristokratie aus der Geschichte der französischen Revolution nicht wegzudenken sind, so gehören die Affären *Kuno Moltke* und *Philipp Eulenburg* zur Vorgeschichte der Krise und des Zusammenbruchs der deutschen Monarchie. Nur aus einer Situation, in der das Verfassungsgefüge durch solche Enthüllungen bereits erschüttert war, konnten die anschließenden Krisen hervorgehen, in denen die institutionellen Grundlagen des Staates ins Wanken gerieten.«[9]

Abb. 1. Germania wäscht die Schmutzwäsche des Eulenburg-Skandals vor aller Welt. Quelle: Der Wahre Jakob, *26. Mai 1908, S. 5819.*

Schon die Illusion über einen unpolitischen Verlauf des Skandals, der sich zwei aus Sicht einer konventionellen Politikgeschichte »große Männer« wie Bülow und Wilhelm II. hingaben, drängt dazu, ihn als eine politische Kulturgeschichte zu untersuchen. Dies ist zugleich ein Beitrag zur Abkehr vom

nicht helfen können und dürfen, das ist entsetzlich!«, 23. Dezember 1907, in: Chamberlain, *Briefe II*, S. 226–227.

9 Huber, *Verfassungsgeschichte IV*, S. 301.

Stereotyp des unpolitischen Deutschen, auch wenn sich der brave wilhelminische Untertan – kaisertreu, obrigkeitshörig, chauvinistisch – in dieser Studie oft genug in den Stimmen staatstragender Journalisten artikulieren wird. Doch selbst sie verfolgten eine politische Agenda. Wirklich unpolitisch waren nur die Einschätzungen derjenigen Politiker, die in ihr Amt geboren oder vom »Allerhöchsten Herrn« ernannt worden waren. Ihre überkommene Arkanpolitik wurde durch den Eulenburg-Skandal ins Herz getroffen. Von der deutschen Öffentlichkeit hingegen wurde der Skandal selbstbewusst als Verhandlungsort gesellschaftlicher Konfliktlinien genutzt. Mochte die politische Partizipation im Kaiserreich etwa durch eine unvollkommene Parlamentarisierung gehemmt sein, setzten die in ihrer Mehrheit hochgradig politisierten wilhelminischen Deutschen den politischen Kampf eigensinnig und eigendynamisch auf den Feldern von Justiz, Presse und Moral, kurzum: auf dem Feld des Skandals fort. Dadurch wird deutlich, dass die Grenzen des Politischen im späten Kaiserreich sehr viel weiter zu ziehen sind als bisher angenommen.[10]

Die Ausdehnung des Politischen auf andere gesellschaftliche Felder blieb jedoch nicht folgenlos. Insbesondere die Indienstnahme der Moral zu politischen Zwecken charakterisiert den Eulenburg-Skandal als Musterbild einer neu identifizierten Form des politischen Skandals.[11] Anders als ein herkömmlicher politischer Skandal kreist dieser nicht allein um die immer wiederkehrende Trias der Normverletzungen – m*oney, sex, power* – , sondern um fundamentale gesellschaftliche Konfliktlinien. Er vereint die Gesellschaft nicht temporär gegen die Verletzer von Werten und Normen, sondern polarisiert sie in Deutungsgemeinschaften, die miteinander hart, rücksichtslos und erbittert um die Sinngebung der Skandalenthüllungen ringen.[12] Solche gesellschaftszersplitternden politischen Skandale fordern und nötigen Politiker, Journalisten und Intellektuelle zur weltanschaulichen Meinung und zum moralischen Verdikt.[13] Für den Eulenburg-Skandal bedeutet dies, die Presse als wichtigstes Medium von Sinnproduktion in der Moderne in den

10 Als Beispiel Mergel, *Parlamentarische Kultur.*

11 Vgl. aus protestantischer Sicht die Stichwörter »Sittlichkeit« und »Sittlichkeitsbestrebungen« in: RGG 6 [1962], S. 60–95. Zu Moral als Medium politischer Auseinandersetzungen Frevert, »Neue Politikgeschichte«, S. 15. Skandalhistorisch: Blic, »Moraliser l'argent«, S. 61–82.

12 Zum Auswachsen eines politischen Skandals zu einer gesellschaftlichen »Generaldebatte« Gödde-Baumanns, »Dreyfus-Affäre«, S. 79–107.

13 Viele Skandale enthüllen und produzieren nicht nur Sensationen, sondern fordern zum moralischen Urteil auf. Berenson, *Madame Caillaux*, S. 6.

Blick zu nehmen. Erst durch die Presse konnten sich die gesellschaftlichen Wertegemeinschaften, die das Kaiserreich zerklüfteten, wirkungsvoll als Deutungsgemeinschaften konstituieren und den Skandalenthüllungen »ihren« Sinn verleihen. In diesem Sinngebungsprozess war, wie sich herausstellt, das Prestige einzelner Persönlichkeiten, ihr symbolisches Kapital im Sinne Pierre Bourdieus, die wichtigste Kategorie der Wahrnehmung, Benennung und Bewertung. Vom Individuellen extrapolierten die Zeitgenossen um 1900 auf Prestige und moralischen Wert sozialer Strukturen, gesellschaftlicher und politischer Institutionen, ja ganzer Nationen. Der Historiker und konservative Publizist Hans Delbrück klagte etwa über die »grauenhafte moralische Verwüstung«, die der Eulenburg-Skandal in der »deutschen Volksseele« anrichtete.[14] Kritiker erkannten, dass dies nur die andere Seite der Medaille nationalistischen Prestigewahns war. Weltberühmt, wenn auch heute irrtümlich auf das nationalsozialistische Deutschland bezogen, wurde das Verdikt des Wiener Publizisten und Gesellschaftskritikers Karl Kraus. Ihm offenbarten die Debatten des Eulenburg-Skandals mit ihrer Verquickung von Politik und Moral die »geistige Perversität« der »Deutschen, die das Volk der Richter und Henker sind«.[15]

Moral, das ist die vergessene politische Konfliktlinie des wilhelminischen Deutschland, so eine zentrale These dieser Arbeit. Historiker lesen über Diskurse der Vergangenheit mit hohem Moralgehalt gern hinweg. Vermutlich, weil sie nach den Maßstäben der eigenen Zeit oft anachronistisch, peinlich und grotesk wirken. Was das späte Kaiserreich betrifft, war zudem schnell das Klischee von der typischen *Fin de siècle*-Larmoyanz über Dekadenz und von den »Phrasen« der Zeitgenossen über ihre Degeneration zur Hand.[16] Dagegen soll hier moralische Sprache nicht nur als Abbild, sondern auch als Produzentin sozialer und politischer Verhältnisse ernstgenommen werden.[17] So will die vorliegende Studie dazu beitragen, Moral jenseits der Sittengeschichten des langen 19. Jahrhunderts als Untersuchungsgegenstand einer

14 Hans Delbrück, *Preußische Jahrbücher* 132 (1908), S. 551.

15 Karl Kraus, »Die deutsche Schmach«, in: *Die Fackel*, 9. Mai 1908, S. 1.

16 Ähnlich beklagt Radkau, die von den Zeitgenossen »blumig« und »gefühlsselig« geschilderte Nervosität sei von Historikern als Anhäufung von Phrasen abgetan worden. An anderer Stelle fällt er jedoch selbst wieder in diese Haltung, wenn er die Furcht vor Dekadenz und abermaliger Zersplitterung Deutschlands eine »Phantomangst« nennt. Radkau, *Nervosität*, S. 296, 461.

17 Vgl. Jones, *Klassen, Politik und Sprache*, S. 21, 137–138.

Kulturgeschichte der Politik zu entdecken.[18] Durch diese neue Perspektive wird das Ausmaß deutlich, in dem auch auf den bisher von Traditionalisten und Positivisten umhegten Feldern von Innen-, Außen-, Militär- und Verfassungspolitik kulturelle Widersprüche, soziale Ambivalenzen und gesellschaftliche Konfliktlinien verhandelt wurden. Dieser Ansatz führt sowohl zu neuen Erkenntnissen als auch zu neuen Bewertungen: Die politische Kulturgeschichte des Eulenburg-Skandals zeigt, dass dieser nicht allein der erste große Homosexualitätsskandal des 20. Jahrhunderts, sondern auch Initialzündung für eine moderne, kritische Öffentlichkeit in Deutschland war. Gleichzeitig aber bot er Gelegenheit, Dialektik der Aufklärung, den kommenden Weltkrieg nicht nur politisch, militärisch und ökonomisch, sondern auch moralisch zu rechtfertigen.

2. Quellen, Methoden, Historiographien

Im deutschen Kaiserreich habe es »nichts der Dreyfus-Affäre Vergleichbares« gegeben, so ein Urteil Hans-Ulrich Wehlers. Dies habe nicht an unterentwickeltem Rechtsgefühl und fehlender Zivilcourage gelegen, sondern schlicht am Mangel an Skandalösem und am Fehlen »herausfordernd harte[r] Fronten« im Vergleich zu anderen europäischen Ländern sowie an der korrekt arbeitenden wilhelminischen Judikative, die »kein derart aufreizendes Exempel einer zynisch-brutalen und an höchster Stelle ausgeheckten Rechtsbeugung« zuließ wie in Frankreich. Auch ohne an den Eulenburg-Skandal zu denken, überrascht Wehlers Reduktion der Dreyfus-Affäre auf einen bloßen Justizskandal ebenso wie die erstaunlich niedrig veranschlagte Bedeutung politischer, sozialer und kultureller Konfliktlinien im Kaiserreich.[19] Wenn man, wie diese Studie, den Eulenburg-Skandal als deutsches Pendant zur Dreyfus-Affäre versteht, dies sogar für augenscheinlich, offenkundig und manifest hält, muss allerdings eine noch weiterreichende Erklärung für seine Vernachlässigung in traditioneller Sozial- und Politikgeschichte gefunden werden. Den besten Hinweis hat Joachim Radkau gegeben, indem er an-

18 Eine modernisierte Sittengeschichte hätte aber zweifellos einen hohen Wert für Alltags- und Mentalitätsgeschichte sowie historische Anthropologie. Vgl. etwa die unter Magnus Hirschfelds Namen erschienenen *Sittengeschichten*, die bisher von der Geschichtswissenschaft nicht beachtet wurden.

19 Zit. n. Radkau, *Nervosität*, S. 299.

merkte, dass dieser Skandal »nicht gerade wie ein seriöses Ereignis« wirkt. Die Ursache hat er darin gesehen, dass er bis dato »seinen Ort in einem anekdotenhaften Typus von Historie« fand. Radkau schloss sich jedoch der Meinung Nicolaus Sombarts an, der die Bedeutung des Eulenburg-Skandals in seiner mentalitätsgeschichtlichen Langzeitwirkung nicht hoch genug veranschlagt sehen wollte. Der Grund: Er habe der damals zu politischem Bewusstsein kommenden Generation vor Augen geführt, dass die aristokratische Herrschaftselite »im Notfall das Schwert« nicht für das Vaterland ziehen würde. Diese Erkenntnis sei in den folgenden Jahren und Jahrzehnten ein wichtiges Element in der mentalen Disposition deutscher Männer zum Führerstaat geworden.[20]

Noch bis vor kurzem besaß Radkaus Diktum seine Gültigkeit. In einschlägigen Werken zur deutschen Geschichte um 1900 wurde der Eulenburg-Skandal, wenn überhaupt, nur zur Illustration angeführt. Transportiert wurden dafür aber parteiische und schlichtweg falsche Darstellungen. Noch die 8. Auflage des Gebhardt von 1960 kommt ein halbes Jahrhundert nach den Ereignissen zu dem Schluss, Maximilian Hardens Vorwürfe gegen die Eulenburg-Kamarilla seien unzutreffend gewesen.[21] Zu solchen Entstellungen trug bei, dass der Skandal lange nur Untersuchungsgegenstand in Biographien seiner zentralen Charaktere Harden, Eulenburg, Bülow, Holstein und Wilhelm II. war. Deren gemeinsamer Zug ist aber ein scharfes Pro oder Contra, je nachdem, wo sich der jeweilige Held positioniert hatte. Hinzu trat die Tendenz, den Skandal als wirres Konglomerat persönlicher Abrechnungen und Intrigen herunterzuspielen. Viele Interessierte waren eifrig bemüht, zumal nach 1918, die Vorgänge zu entpolitisieren. Fatal für das historiographische Verständnis wurden die Apologien und Hagiographien Eulenburgs, die von der ersten Verteidigungsschrift des Tübinger Historikers Johannes Haller 1923 bis zur Münchener Dissertation Angela Leuchtmanns 1997 reichen.[22] Im selben Jahr entstand mit der juristischen Dissertation Karsten Hechts immerhin die erste Rekonstruktion der »Harden-Prozesse« zwischen 1907 und 1909. Ohne historiographische Erkenntnisinteressen bie-

20 Ebd., S. 308. Vgl. Sombart, *Die deutschen Männer und ihre Feinde* und den Abschnitt »Die Eulenburg-Affaire« in Sombart, *Wilhelm II.*, S. 159–204.

21 Gebhardt, *Handbuch der deutschen Geschichte*, Bd. III, 8. Auflage, Stuttgart 1960, S. 302.

22 Hagiographisch: Haller, *Aus 50 Jahren*. Haller, *Eulenburg*. Muschler, *Eulenburg*. Leuchtmann, *Der Fall Eulenburg*. Ausgewogen: Burmeister, *Eulenburg*. Rogge, *Holstein und Harden*. Young, *Harden*, besonders S. 93–136. Mit mediengeschichtlichem Schwerpunkt Weller, *Harden und die »Zukunft«*, besonders S. 161–203. Nichts Neues bringen Neumann/Neumann, *Harden*.

tet sie einen zuverlässigen chronologischen Überblick der forensischen Ereignisse sowie Analysen der erstaunlich vielen Rechtsprobleme und Präzedenzfälle, die der Skandal aufwarf.[23]

Erst mit der Dissertation von Martin Kohlrausch zu Wilhelm II. als »Monarch im Skandal« und Frank Böschs Vergleichsstudie britischer und deutscher Skandale um 1900 ist der Eulenburg-Skandal konzeptionell bearbeitet worden. Beide Studien haben ihn jedoch, legitimerweise, nicht für sich und in der Totale betrachtet, sondern zur Beantwortung anderer Fragen herangezogen; Kohlrausch hat ihn in den überbordenden Monarchiediskursen der Epoche verortet, Bösch hat ihn aus mediengeschichtlicher Perspektive gefasst und wichtige Verbindungen zu ähnlichen Fällen – *Irish Home Rule, West End Scandals* und Krupp-Skandal – hergestellt.[24] Damit ist nach wie vor gültig, dass der Eulenburg-Skandal und seine »weitgefächerten öffentlichen Reaktionen und Diskussionen [...] trotz ihrer herausragenden Bedeutung für die deutsche Innenpolitik, für Untersuchungen zur Entscheidungsstruktur oder zur Mentalitätsgeschichte bis heute nicht einmal eine publizistische Dokumentation erfahren« haben, wie Bernd Sösemann 1991 festgestellt hat.[25] Der »Gesamtkomplex« des Eulenburg-Skandals ist immer noch nicht in seinen »biographischen, politischen, wirtschafts- und sozialgeschichtlichen Bezügen« analysiert worden, stimmte 1999 Bernd-Ulrich Hergemöller zu.[26] »Eine umfassende Untersuchung dieses für die politische Kultur in Deutschland ungemein folgenreichen Skandals«, resümierte Hans Rudolf Wahl 2004, »ist erstaunlicherweise bis heute ein Forschungsdesiderat.«[27] In der Tat, während Abhandlungen zur Dreyfus-Affäre Legion sind, liegt zum Eulenburg-Skandal immer noch keine einzige geschichtswissenschaftliche Monographie vor: Eine Lücke, die die vorliegende Arbeit schließen will.[28]

---

23 Hecht, *Harden-Prozesse.* Ich danke Karsten Hecht für die Bereitstellung seiner Magister-Arbeit »Der Münchener Harden-Prozess«, Universität München 1991.

24 Bösch, *Öffentliche Geheimnisse.* Kohlrausch, *Monarch.* Zu Kohlrauschs Fragestellung bereits Zipfel, *Öffentlichkeit.*

25 Sösemann, »Pardon wird nicht gegeben«, S. 79–94, hier: S. 90.

26 Hergemöller, *Homosexualitäten*, S. 92.

27 Wahl, »Männerbünde«, S. 218–237, hier: S. 232–233.

28 Baumont, *L'Affaire Eulenburg* ist weniger eine Untersuchung des historischen Skandals als der diplomatischen Affäre und beruht auf den bis 1933 verfügbaren Memoirenwerken. Für französischsprachige Leser als Einstieg empfehlenswert Le Moigne, »L'affaire Eulenburg«. Anhand zufällig ausgewählter Literatur geschrieben und nicht einmal vergnüglich zu lesen: Jungblut, *Famose Kerle.* Als Einzelaspekte des Eulenburg-Skandals wurden satirische Ikonographie und Antisemitismus untersucht: Steakley, *Iconography*; Steakley, *Die Freunde*

Dabei kann sie, erstens, in eine historische Skandalforschung eingebettet werden, die in den letzten Jahren an Fahrt gewonnen hat, systematischer und internationaler geworden ist und sich interdisziplinär auf theoretische Zugänge aus Politikwissenschaft und Soziologie stützen kann.[29] Zunehmend werden Skandale so als eine milde Form des gesellschaftlichen Ausnahmezustandes in den Blick genommen, um Individuen, Gruppen und ganze Gesellschaften zu erforschen, wenn sie im Scheinwerferlicht öffentlicher Erregung und Empörung stehen.[30] Der deutsche Soziologe Karl Otto Hondrich etwa wies Skandalen in einem solchen Augenblick zwei mögliche, gegensätzliche Effekte zu: zeitgenössische Moral umzustoßen oder zu bekräftigen.[31] In einem gesellschaftszersplitternden politischen Skandal, der in dieser Studie in Ergänzung des klassischen politischen Skandals als neuer Skandaltypus vorgestellt wird, sind sogar beide Prozesse gleichzeitig und gegenläufig zu beobachten. Hierfür lassen sich jüngste Ergebnisse eines französischen Forschungsprojekts zu Skandalen von der Antike bis in die Gegenwart nutzbar machen. Auch die französischen Skandalforscher kommen zu demselben Schluss wie die vorliegende Studie, dass manche Skandale eine Gesellschaft temporär gegen offenkundige Normverletzer vereinen, andere sie jedoch in Deutungsgemeinschaften zersplittern, die um die Sinngebung der Skandalenthüllungen kämpfen.[32] Solche unabhängig voneinander erbrachten Forschungsergebnisse zeigen, dass bei der historischen Skandalforschung überkommene historiographische Grabenkämpfe um »grands procès« oder »grands personnages de l'histoire« verblassen und noch zahlreiche interdisziplinäre und internationale Synthesen zu erwarten sind.[33] In jedem Fall wird in der Zukunft weder der Stoff für Skandale ausgehen, noch werden diese

des Kaisers. Steakleys Arbeit beruht auf der zeitgenössischen Publikation Grand-Carteret, *Derrière »Lui«*. Hirsinger, *»Die geistige Zersetzung Deutschlands?«*, vom Autor dankenswerterweise zur Verfügung gestellt, beschränkt sich auf die chronologische Wiedergabe weniger Zeitungen und Zeitschriften ohne theoretischen Ansatz und historische Kontextualisierung. Zum Antisemitismus Kap. V.3.

29 Klassisch: Thompson, *Political Scandal.*

30 Vgl. Domeier, Rezension zu: Boltanski u.a., *Affaires*, in: H-Soz-u-Kult, 12. November 2007. http://hsozkult.geschichte.hu-berlin.de/rezensionen/2007-4-121.

31 Hondrich, *Enthüllung und Entrüstung.*

32 Mit Blick auf den Meta-Skandal Dreyfus spricht von den Sub-Skandalen Esterhazy, Zola und Henry: Loué, »L'affaire Dreyfus«, S. 220–222. Vgl. Lemieux, »Commérage, scandale et affaire«, der die »scission morale« der Gesellschaft als Hauptunterschied zwischen *scandale* und *affaire* ausmacht. Die gleiche Differenzierung habe ich bereits vorgeschlagen in: Domeier, »Im Reich der Skandale«. Vgl. Kap. II.3.

33 Lemieux, »Commérage, scandale et affaire«, S. 387.

ihre gesellschaftliche Funktion verlieren: Die öffentliche Anklage von Mißständen, die über das Individuelle, Lokale und Temporäre hinausgehen, in eine öffentliche Form zu bringen, die nicht die Beseitigung der Mißstände garantiert, aber für die Selbstvergewisserung der Moral konstitutiv ist, die eine Gesellschaft zusammenhält.

Zweitens kann der Eulenburg-Skandal mediengeschichtlich als ein transnationales Medienereignis verstanden und untersucht werden. Die performative Prägung des Politischen in der Neuzeit, verbunden mit dem technisch-materiellen Aufstieg der Massenpresse, ließ Skandale zunehmend als Medienskandale funktionieren, wobei bemerkenswerterweise auch bei diesem strukturgeschichtlichen Ansatz in jüngster Zeit die Bedeutung der Moral herausgehoben worden ist.[34] Transnational war der Eulenburg-Skandal schon physisch. In den überfüllten Gerichtssälen von Berlin-Moabit saßen die ausländischen Pressevertreter gemeinsam mit ihren deutschen Kollegen auf engstem Raum beisammen und sahen einander die Stifte über Telegramm-Formularen spitzen, um die neuesten Enthüllungen in alle Welt zu berichten. Spätestens mit der Dreyfus-Affäre war den Zeitgenossen die entscheidende Funktion der internationalen Presse in Skandalen bewusst geworden; der Eulenburg-Skandal wurde so von Anfang an in einem regelrechten Skandalbewusstsein erlebt. Journalisten erinnerten jetzt nicht nur an Skandale jenseits deutscher Grenzen, sie verorteten den Eulenburg-Skandal gleichzeitig in einem zeitlichen Panorama, etwa durch historische Vergleiche mit der Halsband-Affäre, dem Queen-Caroline-Skandal, dem Panama-Skandal, der Kampagne der *Pall Mall Gazette* gegen Kinderprostitution in London, dem Fall Oscar Wilde und eben der Dreyfus-Affäre.[35] Die historischen Bezugspunkte boten wiederum reichen Stoff für internationale Pressekriege, obgleich sich die Spitzenjournalisten um 1900 zunehmend transnationalisierten. Maximilian Harden etwa war schon vor dem Eulenburg-Skandal der bekannteste deutsche Journalist im Ausland, ein beliebter Interviewpartner der amerikanischen und französischen Presse und wurde regelmäßig als autoritative Gegenmeinung zur Haltung der deutschen Regierung zitiert.[36] Nationalgeschichten, zeigt dies, müssen nicht in Bausch und Bogen aufgege-

34 Burkhardt, *Medienskandale*. Allgemein: Meyer, *Mediokratie*; Sarcinelli, »Das ›legitime Theater‹ der Politik«.

35 Weitere Verbindungslinien zwischen den Skandalen um 1900 bei Bösch, *Öffentliche Geheimnisse*.

36 Wile, *Men around the Kaiser*, S. 202–203. Zu Hardens internationalen Netzwerken jetzt Moulton, *The Insider as Outsider*. Zu internationalen Pressekriegen um 1900 Geppert, *Pressekriege*.

ben werden. Es sollte aber, wie Sebastian Conrad gefordert hat, ein Perspektivenwechsel unternommen werden: Ereignisse, Biographien, Strukturen und Entwicklungsprozesse können als Verflechtungen und Wechselwirkungen zwischen Gesellschaften und Staaten analysiert, Nationalgeschichte kann außerhalb und Globalgeschichte innerhalb einer Nation gefunden werden.[37]

Drittens bietet sich für eine historische Monographie des Eulenburg-Skandals ein Anschluss an die jüngst gemachten Überlegungen zu einer Kulturgeschichte der Politik an. Unter Politik werden dabei alle Versuche verstanden, soziale Beziehungen verbindlich zu strukturieren; oder dies bewusst zu verhindern, wie ergänzt werden sollte. Entscheidend für Kulturhistoriker der Politik ist die Frage, wie Ute Frevert unterstrichen hat, *was wann wo warum* und *wie* als politisch verstanden und wo die Grenze zum Unpolitischen gezogen wurde. Damit ist der Ausschluss des Staates und der »Großen Politik« von der Forschungsagenda, wie er von Sozial- und Kulturhistorikern jahrzehntelang bewusst betrieben wurde, hinfällig geworden.[38] Eine Kulturgeschichte politischer Macht kann beginnen, wo diese akkumuliert ist, sie muss dort aber nicht verharren, wie es traditionelle Politikgeschichte tut.[39] Aber auch eine standardisierte Dichotomisierung von »oben und unten«, Kennzeichen traditioneller Sozialgeschichte, erweist sich in vielen Konstellationen einer politischen Kulturgeschichte als zu statisch. Mehr als an Schwarz-und-Weiß-Bildern und *Insider and Outsider*-Modellen ist die vorliegende Untersuchung des Eulenburg-Skandals an Grautönen des Politischen interessiert, ihren Aushandlungen, zu denen Situationen, Momente und Lagen zählen, in denen auch vorgeblich Machtlose, Schwache und Beherrschte mächtig werden. Im Zentrum steht damit die Erforschung der diskursiven Verhandlung von Macht. Diese ist durchaus mit der Annahme einer relativen Autonomie des Politischen vereinbar.[40] Denn auch die sich auf Überle-

37 Conrad, *Globalisierung und Nation*, S. 7, 26–27. Vgl. auch Osterhammel, »Transnationale Gesellschaftsgeschichte«, S. 471–475. Eine kritische Sicht bietet Patel, »Transnationale Geschichte«, in: H-Soz-u-Kult, 2. Februar 2005. http://hsozkult.geschichte.hu-berlin.de/forum/2005-02-001.

38 Frevert, »Einleitung«, in: Frevert/Haupt, *Neue Politikgeschichte*, S. 15, 23. Dass eine gelungene Untersuchung von *power* die Fragen nach *authority*, *legitimacy*, *order*, *obedience* und *resistance* nach sich zieht, betont bereits Pedersen, »What is Political History Now?«, S. 36. Konzeptionelle Vorüberlegungen auch bei Daniel, »Einkreisung und Kaiserdämmerung«, S. 279–328. Zur kulturellen Bedingtheit von Politik allgemein Benhabib, *Democracy and Difference*.

39 Nicklas, »Macht-Politik-Diskurs«, S. 7.

40 So bereits Hans Mommsen, »Politische Geschichte«, S. 197–200.

gungen Pierre Bourdieus stützenden Historiker verstehen Politik als »eigenes Machtfeld«, das sich allerdings mit anderen gesellschaftlichen Feldern überschneidet. In jedem Fall muss eine politische Kulturgeschichte kulturelle Deutungen »harter Politik« einschließen. Zu Recht firmiert der Eulenburg-Skandal heute als erster großer Homosexualitätsskandal der Moderne. Übersehen wurde durch diese eindimensionale Zuspitzung jedoch, dass er zugleich Innen-, Außen-, Militär- und Verfassungspolitik des späten Kaiserreichs auf den Prüfstand stellte; mit erheblichen Konsequenzen für die internationalen Beziehungen. Keinesfalls sollte daher eine Kulturgeschichte der Politik von diesen Themenfeldern Abschied nehmen, wie in erhitzten Theoriediskussionen gefordert worden ist.[41] Denn gerade außenpolitische Krisensituationen führen nicht nur zu einem höheren Intensitätsgrad der Assoziation von Menschen (Carl Schmitt), sie legen umgekehrt auch innergesellschaftliche Kulturkämpfe frei: Innen- und außenpolitische Diskurse spiegeln sich ineinander.[42] Entscheidend für eine politische Kulturgeschichte ohne ideologische Scheuklappen ist, so das aus der vorliegenden Arbeit gewonnene Argument, der Faktor Zeit, die *Temporalität des Politischen*. Eine Vorstellung von Konjunkturen des Politischen kann die alte Streitfrage vom Primat der Innen- oder Außenpolitik aufheben, da es sie zu einem nur im jeweiligen historischen, zeitlich umrissenen Kontext zu beantwortenden Problem erklärt.

Das Herzstück der Quellen, auf dem die vorliegende Studie basiert, ist ein Korpus von rund 5000 Presseartikeln, die sich unmittelbar auf den Eulenburg-Skandal beziehen, aus sprachlichen Gründen eingegrenzt auf deutsche, französische, britische und amerikanische Zeitungen. Dieses Korpus wird ergänzt um Nachlässe, Gerichtsprotokolle, Briefkorrespondenzen, Regierungsakten, Pamphlete, Tagebücher, Memoiren und Bildmaterialien. Innerhalb dieses reichen und vielfältigen Pools zeitgenössischer Sinngebungen können zudem traditionelle Quellen, beispielsweise Botschaftsberichte, mit Gewinn gegen den Strich gelesen und neu verortet werden.[43] Schlüsselquelle dieser Arbeit, die eine dichte und mitunter fast dialogische Darstellung

41 Landwehr, »Diskurs, Macht, Wissen«, S. 96, 102. Demgegenüber Mergel, »Kulturgeschichte der Politik«, S. 595. Vgl. auch Lehmkuhl, »Diplomatiegeschichte«, S. 394–423; Evans/Rueschemeyer/Skocpol, *Bringing the State back in*.

42 Dieser Effekt analysiert bei Gummer, *German Turcophilism*.

43 Die These der mentalen Krise Frankreichs nach 1871 aktualisiert etwa bei Berenson, *Madame Caillaux*, S. 7. Klassisch: Digeon, *La crise allemande*.

ermöglicht, ist aber der Prozessbericht.[44] Subsummiert werden hier darunter sowohl die wortgetreuen Wiedergaben von Prozessverhandlungen als auch die meinungslastigen Prozesskommentare. Quellenkritisch entscheidend ist, sie als publizistisch-literarische Erzeugnisse im Kontext der Massenpresse zu fassen. Gerade ihre Bestimmtheit für ein internationales Millionenpublikum macht ihren Wert gegenüber traditionellen Arkanquellen aus. Hinzu kommt der inhaltliche Bedeutungsgehalt, der ihnen von den Zeitgenossen zugemessen wurde, denn die europäische Moderne, das wilhelminische Deutschland, besaß eine Obsession für *causes célèbres*. Durch den schieren Umfang der Überlieferung, noch mehr aber durch ihren Facettenreichtum, ihre intellektuelle und weltanschauliche Bandbreite und die besonders den journalistischen Quellen innewohnende rhetorische Kraft ist so ein Fundament gegeben, um neue Einblicke in die politische Kulturgeschichte an der Wende vom 19. zum 20. Jahrhundert zu gewinnen.

Abb. 2. »Jetzt verstehe ich, warum sich die Homosexualität in Deutschland so verbreitet!« Karikaturen wurden als wichtige Gradmesser nationalen Prestiges betrachtet und zirkulierten in ganz Europa. Hier wird zum einen der Anschein erweckt, Homosexualität sei ein spezifisch »deutsches Laster«, zum anderen wird die Schuld auf misogyne Weise den deutschen Frauen zugewiesen. Quelle: Simplicissimus, *25. Mai 1908, S. 133.*

44 Geertz, *Dichte Beschreibung*. Die Idee einer dialogischen Geschichtsschreibung bei Wildt, »Differierende Wahrheiten«, S. 56.

3. Historischer Kontext und Ereignisgeschichte

Alle Zeichen standen 1906 im Deutschen Reich auf Krise, außenpolitisch, innenpolitisch, verfassungspolitisch. Letzteres im doppelten Sinne, denn nicht nur die politische, sondern auch die mentale Verfassung der wilhelminischen Gesellschaft zeigte Krisensymptome. Die Bedingungen für den Ausbruch eines »großen Skandals«, wie Ludwig Thoma den Eulenburg-Skandal nannte, waren optimal.[45] Als »Reich der Skandale« wurde das wilhelminische Deutschland bereits von älteren historischen Arbeiten charakterisiert.[46] Frank Bösch hat jetzt in seiner Vergleichsstudie deutscher und britischer Skandale zwischen 1890 und 1914 den Kenntnisstand vertieft und die Bezüge und Querverbindungen zwischen einigen der wichtigsten Skandale der Epoche herausgearbeitet. Allgemein lässt sich danach feststellen, dass die auffällige Zunahme von Skandalen im ausgehenden 19. Jahrhundert mit den Umbrüchen der Moderne korrespondierte. Das Anwachsen der Städte, die Ausbildung einer Metropolenkultur, die Politisierung der Gesellschaft, die Medialisierung des Alltagslebens, aber auch transnational erprobte Innovationen wie der Sensations- und Kampagnenjournalismus forcierten das Aufkommen von Skandalen. In der deutschen Gesellschaft wurde dies zudem von einer mentalen Krisenstimmung begünstigt, die sich als ein Wechselbad der Emotionen fassen lässt, einerseits Hochstimmung und Euphorie, etwa über technische und wirtschaftliche Errungenschaften, andererseits soziale Verlust- und politische Niedergangsängste sowie Befürchtungen einer moralischen Dekadenz.[47] Diese »Dauerkrise« des Kaiserreiches spielte für Ausbruch und Verlauf des Eulenburg-Skandals eine wesentliche Rolle.[48] Ob man sie mit dem Sturz Bismarcks 1890 oder in späteren Jahren der Herrschaft Wilhelms II. beginnen lässt, ist nebensächlich, denn mit Joachim Radkau soll hier angenommen werden, dass es sich nicht um eine objektiv fassbare Krise handelte, statistisch nachweisbar in politischen, wirtschaftli-

45 Vgl. allgemein die Beiträge in Aschmann, *Gefühl und Kalkül.*

46 Rogge, »Affairen im Kaiserreich«, S. 58–72. Zur Rolle der Sozialdemokratie in den Skandalen des Wilhelminismus sowie zum moralischen Parteistandpunkt gegenüber dem »Zeitalter der Dekadenz« die skandalhistorische Pionierstudie von Hall, *Scandal, Sensation and Social Democracy.*

47 Bösch, *Öffentliche Geheimnisse*, S. 31–40. Vgl. auch Mayer, *Adelsmacht und Bürgertum*, besonders S. 83–128, 129–185; Schildt, »Radikale Antworten von rechts«, S. 63–87.

48 Zur Dauerkrise Wehler, *Gesellschaftsgeschichte III*, S. 1000–1016; Ullmann, *Politik im deutschen Kaiserreich*, S. 94–95. Aber nach wie vor besonders empfehlenswert Huber, *Verfassungsgeschichte IV.*

chen oder sozialen Strukturen und Prozessen, sondern um ein wiederkehrend artikuliertes Bewusstsein, in einer Krise zu stecken, mithin eine »nervöse Wahrnehmung der Wirklichkeit«.[49] Materielle Wandlungsprozesse und Umbrüche der Moderne einerseits, mentale Dauerkrise andererseits bildeten so im wilhelminischen Deutschland den Nährboden für eine stete Abfolge von Skandalen: Caligula-Skandal (1894), Kotze-Skandal (1894), Tausch-Skandal (1896), Kolonialskandale (1895/1906), Krupp-Skandal (1902) sowie die Affären um Krüger-Depesche (1896), Hunnenrede (1900) und Daily-Telegraph-Interview (1908), um nur einige Beispiele mit Implikation »hoher Politik« zu nennen.[50]

Aus der soziologischen und politikwissenschaftlichen Skandalforschung stammt der Befund, dass eine Gesellschaft dann besonders skandalträchtig ist, wenn sie über viele Offizialnormen verfügt, gleichzeitig aber einen freien Markt für Enthüllungen bietet, auf dem latente oder neue Konfliktlinien reaktionsfreudig werden können.[51] Diese Bedingungen trafen auf die wilhelminische Gesellschaft, hierin der viktorianisch/edwardianischen ähnlich, in hohem Maße zu. Angesichts unterentwickelter politischer Partizipationsmöglichkeiten im Kaiserreich – Stichwort: halbe Parlamentarisierung, preußisches Dreiklassenwahlrecht, kein Wahlrecht für Frauen – und der Zerklüftung der Gesellschaft in sozialmoralische Milieus sowie eine zunehmende Anzahl weltanschaulicher Wertegemeinschaften konnten Skandale leicht politisiert werden. Sie fungierten als Foren, auf denen bedeutende gesellschaftliche und moralische Streitfragen öffentlich ausgehandelt wurden, kurz: als Fortsetzung der Politik mit anderen Mitteln.[52]

Nichts illustriert die ausgeprägte Erwartungshaltung der wilhelminischen Deutschen auf grundstürzende Skandale besser als der Name einer ihrer beliebtesten politischen Satirezeitschriften: *Kladderadatsch*. Das große politisch-moralische Durcheinander, der Umsturz der Dinge, das war, womit viele von ihnen jederzeit rechneten.[53] Das Satireblatt war es auch, das mit dem Kladderadatsch-Skandal (1893), den seit den 1880er Jahren in den USA und Großbritannien entwickelten Sensations- und Kampagnenjournalismus

49 Radkau, *Nervosität*, S. 273–274.

50 Als kursorischer Überblick Rogge, »Affairen im Kaiserreich«.

51 Hondrich, *Enthüllung und Entrüstung*, S. 46–47, 101.

52 Hull, »Persönliches Regiment«, S. 23. Zur halben Parlamentarisierung Mommsen, *Der autoritäre Nationalstaat*, S. 11–85, 234–315. Zu den sozialmoralischen Milieus im Kaiserreich Bösch, *Das konservative Milieu*.

53 Zum *Kladderadatsch* Allen, *Satire and Society*; Heinrich-Jost, *Kladderadatsch*.

auf das politische Feld des Kaiserreiches übertrug.[54] Im Fall der Kladderadatsch-Kampagne wurden ab Dezember 1893 drei Arkanpolitiker mit Informationen aus ihrem privaten Umfeld bloßgestellt. Auf Seiten der journalistischen Skandalierer mit dabei: Maximilian Harden. Bereits einer der drei Skandalierten: Philipp Eulenburg. Die Kampagne begnügte sich noch mit der Veröffentlichung vergleichsweise harmloser Details aus dem Privatleben der Angegriffenen, um Zwietracht innerhalb der wilhelminischen Herrschaftselite zu sähen und der Kritik am »Neuen Kurs« Wilhelms II. Nachdruck zu verleihen.[55] Als gelehrige Adepten der Privatisierung des Politischen, typisches Stil- und Kampfmittel des *New Journalism*, erwiesen sich in Deutschland die sozialdemokratischen Journalisten. Mit dem Krupp-Skandal 1902 radikalisierten sie diese Methode. Der Vorwurf der Homosexualität gegen einen der wichtigsten Industriellen des Deutschen Reiches, immerhin noch in vorsichtigen Andeutungen, verfolgte die alleinige Absicht, ein missliebiges Individuum moralisch zu vernichten. Dass im Fall Krupp der Grat zur körperlichen Zerstörung schmal war, manifestierte umso nachdrücklicher die performative Macht des Skandals in der Politik.[56]

Entscheidend für die strukturelle Vorgeschichte des Eulenburg-Skandals ist, dass sich mit diesen innerhalb weniger Jahre zwischen 1893 und 1902 in aller Öffentlichkeit vollzogenen Grenzverwischungen zwischen privater und politischer Sphäre zugleich die Erwartung an die Qualität des nächsten Skandals änderte. So wurde nach dem Krupp-Skandal die Denunziation eines homosexuellen Politikers nur noch für eine Zeitfrage gehalten.[57] Diese spezifische Erwartungshaltung deutscher Journalisten verband sich mit den Skandalerfahrungen, die zur selben Zeit die gesamte europäische Presse in der Dreyfus-Affäre sammelte. In der Folge konnten Homosexualität und Staatsaffäre schon im frühen Stadium des Eulenburg-Skandals zusammen gedacht werden. Die *BZ am Mittag* sah bereits zwei Wochen nachdem Kaiser Wilhelm II. über die Vorwürfe gegen seine besten Freunde informiert wor-

54 Zum Transfer des *New Journalism* Bösch, »Volkstribune und Intellektuelle«, S. 99–120. Zu Stead, der als ein journalistisches Vorbild Hardens gewertet werden kann, Schults, *Crusader in Babylon*. Zu den Innovationen des *New Journalism*, etwa dem Interview, Wiener, *Papers for the Millions*. Zum Aufkommen des Kampagnen- und Sensationsjournalismus Diamond, *Victorian Sensation*, besonders S. 33–36, 63–69, 75–78.

55 Rogge, »Die Kladderadatschaffäre«, S. 90–130.

56 Zum Krupp-Skandal Bösch, *Öffentliche Geheimnisse*, S. 97–117; Hall, *Scandal, Sensation and Social Democracy*, S. 173–187. Auf den zunehmend demagogischen Charakter der politischen Kultur des Kaiserreichs hat bereits hingewiesen Blackbourn, »The Politics of Demagogy«, S. 217–245.

57 *Volkszeitung New York City*, »Der vornehmste Schmutz«, 4. November 1907, BLHA 554.

den war und Monate vor dem Beginn des ersten sensationellen Gerichtsprozesses voraus, dass die Andeutungen Hardens auf eine verbreitete Homosexualität in den höchsten Kreisen des Deutschen Reiches eine ähnliche Wirkung entfalten würden wie das »geheimnisvolle Bordereau« im Fall Dreyfus.[58]

Nach 1918 ist der Eulenburg-Skandal zu einer gigantischen Personalintrige entpolitisiert wurde. Tatsächlich aber war er ein bewusster Eingriff in die innen-, außen- und verfassungspolitische Krise des späten Kaiserreiches mit dem Ziel, eine grundlegende Kursänderung der Politik herbeizuführen, die das Land vor aller Augen in die internationale Isolation manövriert hatte. Durch den Skandal konnte die unkonstitutionelle, nichtinstitutionelle und arkane Machtausübung, die so typisch für das wilhelminische Herrschaftssystem war, unter dem Schlagwort »Eulenburg-Kamarilla« gefasst werden. Um diese zu Beginn des 20. Jahrhunderts anachronistische Herrschaftsweise zu beenden, wurde sie nicht nur von Maximilian Harden, sondern bald allgemein als homosexuell entartete Politik attackiert und delegitimiert. Der gute Zweck heiligte die fragwürdigen Mittel. Die langfristigen Folgen ahnten nur wenige Zeitgenossen: Moderne Emotionspolitik, wie wir sie heute täglich in all ihren Reizen erleben, schönen, falschen und gefährlichen, nahm hier einen Anfang.

Zeittafel

1906

19. Januar Zwischen Reichskanzler Bülow und seinem außenpolitischen Berater Holstein wird vertraulich ein »Skandalprojekt« um »Päderastie« in Hardens *Zukunft* besprochen, dem das deutsch-französische Tandem Eulenburg-Lecomte zum Opfer fallen soll

16. Januar–7. März Konferenz zur Lösung der Marokko-Krise im südspanischen Algeciras

5. April Ohnmachtsanfall Bülows im Reichstag. Wenige Tage später wird ein seit längerem vorliegendes Entlassungsgesuch Holsteins bewilligt

6. April Eulenburg erhält gemeinsam mit dem Leiter der deutschen Delegation in Algeciras Joseph Maria von Radowitz den Schwarzen-Adler-Orden

7. April Unterzeichnung der Algeciras-Akte

2. Mai Nach einem beleidigenden Brief fordert Eulenburg Holstein zu einem Pistolenduell, das unter Vermittlung des Auswärtigen Amtes verhindert wird

58 *BZ am Mittag*, »Die Eulenburgische Tafelrunde«, 7. Juni 1907, BAL 7836.

12. Juli Alfred Dreyfus wird rehabilitiert. Formelles Ende der Dreyfus-Affäre

18. August Veröffentlichung eines offenen Briefes Holsteins an Harden in der *Zukunft*. Beginn ihrer Freundschaft und Zusammenarbeit

16. Oktober Wilhelm Voigt wird der »Hauptmann von Köpenick«

7.–10. November Letzte Kaiserjagd auf Eulenburgs Schloss Liebenberg. Der französische Botschaftsrat Raymond Lecomte erhält Gelegenheit zu vertraulichen Gesprächen mit Wilhelm II.

14. November »Kamarilla-Rede«. Reichskanzler Bülow bestätigt in einer Reichstagsrede indirekt die Existenz einer Kamarilla in Deutschland

17. November Mit dem Artikel »Präludium« beginnt Harden seine Pressekampagne gegen die Eulenburg-Kamarilla

24. November Artikel »Dies Irae«. Zuvor hatte Harden von der Einladung Lecomtes zur Kaiserjagd auf Schloss Liebenberg erfahren. Unmittelbar nach Erscheinen des Artikels beginnt Baron Alfred Berger den Versuch einer Vermittlung zwischen Eulenburg/Moltke und Harden

10. Dezember Vorläufiger Vergleich zwischen Harden und Eulenburg, der sich an den Genfer See zurückzieht

13. Dezember Reichstagsauflösung, nachdem Zentrum und SPD einen Nachtragshaushalt zugunsten der Kolonialtruppen abgelehnt hatten

1907

18. Januar Eulenburg kehrt zur Investitur des Schwarzen-Adler-Ordens nach Berlin zurück und bricht dadurch die Absprache mit Harden

13./27. April Scharfe Artikel gegen die Eulenburg-Kamarilla in der *Zukunft*

2. Mai Kronprinz Wilhelm informiert den Kaiser über die Pressekampagne der *Zukunft*

3. Mai Moltke bietet seinen Rücktritt als Stadtkommandant von Berlin an und wird am 24. Mai zur Disposition gestellt. Unter der kaiserlichen Parole »Gereinigt oder gesteinigt« werden von ihm juristische Schritte gegen Harden erwartet

4. Mai Wilhelm II. fordert eine Stellungnahme von Eulenburg

11. Mai Otto Graf Moltke sucht Harden im Namen seines Vetters auf, um eine Klarstellung der Vorwürfe zu erlangen

16. Mai Kuno Moltke fordert Harden schriftlich zum Duell; Harden lehnt ab

29. Mai Moltke stellt Strafantrag gegen Harden wegen Beleidigung und übler Nachrede verübt durch die Presse

31. Mai Wilhelm II. weist Bülow an, Eulenburgs Abschiedsgesuch zu veranlassen. Er solle entweder ins ausländische Exil gehen oder juristische Schritte gegen Harden einleiten

6. Juni Moltke strengt ein Privatklageverfahren gegen Harden an, nachdem die Staatsanwaltschaft das »öffentliche Interesse« verneint hat

11. Juni Eulenburgs Abschiedsgesuch wird bewilligt

22. Juni Harden veröffentlicht in dem *Zukunft*-Artikel »Die Freunde« seinen Briefwechsel mit Kuno und Otto Moltke und erklärt die Zurückweisung der Duellforderung

1. Juli Der Dreibund zwischen Deutschland, Österreich-Ungarn und Italien wird um weitere drei Jahre verlängert

14. Juli Der französische Botschaftsrat Raymond Lecomte, auf dem Höhepunkt der Marokko-Krise im Juli 1905 nach Berlin versetzt, wird aus Deutschland abberufen

28. Juli Ein Gerichtsverfahren, das nach einer Selbstanzeige Eulenburgs in Prenzlau eröffnet worden war, wird ergebnislos eingestellt

31. August Ausbau der Entente Cordiale zwischen Großbritannien und Frankreich zur Triple Entente mit Russland

10. September Der Schriftsteller und Homosexuellenaktivist Adolf Brand beschuldigt Reichskanzler Bülow der Homosexualität

5. Oktober Vertrauliche Zusammenkunft Hardens mit der ältesten Schwester Wilhelms II., Charlotte von Sachsen-Meiningen, im Schloss Ernst Schweningers bei München

23. Oktober Beginn des 1. Moltke-Harden-Prozesses. Eulenburgs Vernehmung scheitert aus gesundheitlichen Gründen

28. Oktober Interview Lecomtes mit dem Pariser *Le Matin*

29. Oktober Sensationeller Freispruch Hardens im 1. Moltke-Harden-Prozess; Wilhelm II. erleidet einen Nervenzusammenbruch

31. Oktober Die Staatsanwaltschaft tritt mit der Bejahung des »öffentlichen Interesses« ins Verfahren ein. Da das Urteil noch nicht rechtskräftig ist, wird der Prozess vor einer Strafkammer neubegonnen

6. November Bülow-Brand-Prozess. Brand wird zu zwei Jahren Gefängnis verurteilt. Eulenburg leistet seinen 1. Reinigungseid, in dem er Vergehen nach § 175 und alle anderen homosexuellen »Schmutzereien« abstreitet

14. November Der Chef des Militärkabinetts General Dietrich von Hülsen-Haeseler, Hauptorganisator der Reinigung der Armee von Homosexuellen, stirbt an einem Herzinfarkt, nachdem er einer kaiserlichen Jagdgesellschaft auf Schloss Donaueschingen als Balletttänzerin im Tütü vorgetanzt hatte

22. November Eulenburg stellt Strafantrag gegen Harden und seinen Anwalt Bernstein wegen beleidigender Äußerungen im 1. Moltke-Harden-Prozess

28. November–2. Dezember Haushaltsberatungen des Reichstages. Der Zentrumsführer Peter Spahn bringt den Eulenburg-Skandal auf die Tagesordnung

1908

16. Dezember 1907–3. Januar 2. Moltke-Harden-Prozess. Die Hauptbelastungszeugin Lilly von Elbe wird durch sexualwissenschaftliche Gutachter für unglaubwürdig erklärt. Eulenburg leistet am 21. Dezember seinen 2. Reinigungseid. Verurteilung Hardens zu vier Monaten Gefängnis. Harden legt Revision beim Reichsgericht ein

22.–23. Januar Kriegsgerichtsverfahren gegen Johannes Graf Lynar und Wilhelm Graf Hohenau. Verurteilung Lynars zu 15 Monaten Gefängnis, Freispruch Hohenaus aus Mangel an Beweisen. Am 6. Juni 1908 wird Hohenau jedoch durch ein militärisches Ehrengericht das Recht zum Tragen des Generalstitels und der Uniform aberkannt

25. März Artikel des Journalisten Anton Städele in der *Neuen Freien Volkszeitung* unterstellt Harden, gegen Schweigegeld von Eulenburg seine Behauptungen nicht aufrecht erhalten zu wollen

21. April Harden-Städele-Prozess in München. Die Zeugen Georg Riedl und Jakob Ernst bekräftigen unter Eid, mit Eulenburg homosexuelle Praktiken (mutuelle Onanie) ausgeführt zu haben

30. April Eulenburg wird auf seinem Schloss Liebenberg von Kriminalkommissar Hans von Tresckow vernommen und gibt sein »Ehrenwort« als preußischer Fürst, keine homosexuellen Handlungen vollzogen zu haben

8. Mai Eulenburg wird wegen des Verdachts verhaftet, einen zweifachen Meineid geleistet zu haben, und zur Untersuchungshaft in die Berliner Charité gebracht

23. Mai Das Reichsgericht hebt das Urteil im 2. Moltke-Harden-Prozess wegen Formfehlern auf und ordnet eine Neuverhandlung an

1. Juni Interview Holsteins mit dem Pariser *Le Matin*

29. Juni–17. Juli Meineidsprozess gegen Eulenburg; wegen des Gesundheitszustandes des Angeklagten ab dem 13. Juli in der Berliner Charité; nach ärztlichen Gutachten abgebrochen

19. Juli Interview Staatsanwalt Isenbiels mit dem Pariser *Le Matin*

20. Juli Interview Hardens mit dem Pariser *Le Matin*

16. August Wilhelm Voigt, der »Hauptmann von Köpenick«, wird durch kaiserlichen Gnadenakt vorzeitig aus der Haft entlassen

25. September Aufhebung des Haftbefehls. Eulenburg darf gegen eine Kaution von 100.000 Reichsmark auf sein Schloss zurückkehren

28. Oktober Daily-Telegraph-Interview. Entrüstungssturm der deutschen Öffentlichkeit gegen Wilhelm II.

1909

19.–22. März Vergleich zwischen Moltke und Harden

20. April 3. Moltke-Harden-Prozess. Harden wird zu einer Geldstrafe von 600 Reichsmark und der Übernahme der Kosten aller drei Prozesse in Höhe von rund 40.000 Reichsmark verurteilt. Harden widerruft den Vergleich mit Moltke und legt abermals Revision beim Reichsgericht ein

22. Mai Eulenburg verlässt Deutschland und begibt sich ins österreichische Kurbad Bad Gastein

11. Juni Eulenburg wird von der preußischen Justiz zur Rückkehr nach Berlin genötigt. Seine Kaution wird auf 500.000 Reichsmark erhöht

14. Juni Deal zwischen Reichskanzler Bülow und Harden unter Vermittlung Albert Ballins und Walther Rathenaus: Der Publizist verzichtet auf die Revision im 3. Moltke-Harden-Prozess. Im Gegenzug erhält er die ihm auferlegten 40.000 Reichsmark Prozesskosten aus der Reichskasse erstattet und eine schriftliche Ehrenerklärung des Reichskanzlers über die patriotischen Motive der Pressekampagne gegen die Eulenburg-Kamarilla

19. Juni Harden druckt in der Zukunft einen erneuerten Vergleich mit Moltke ab und begründet der Öffentlichkeit damit seinen Verzicht auf die Revision des 3. Moltke-Harden-Prozesses beim Reichsgericht

7./9. Juli Entlassung Bülows, Theodor von Bethmann Hollweg wird neuer Reichskanzler. Der Meineidsprozess gegen Eulenburg wird wiederaufgenommen, aber nach einem Schwächeanfall des Angeklagten auf unbestimmte Zeit vertagt

Abb. 3. Zwei turtelnde Wilde Männer mit den Zügen Philipp Eulenburgs und Kuno Moltkes: Preußen und seine »Tugenden« werden durch den Eulenburg-Skandal zum Gespött Europas. Ein »Neues Preußisches Wappen« nach »Liebenberger Entwurf« schlägt die süddeutsche Satirepresse vor. Quelle: Jugend, *28. Oktober 1907, S. 1028.*

II. Der politische Skandal und die Deutungsmacht der Intellektuellen

1. Halbe Worte und ganze Männer: Die Pressekampagne gegen die Eulenburg-Kamarilla

Im Sommer 1906 beherrschte das Schlagwort »Kamarilla« die deutsche Presse. Gemeint war damit eine unbekannte Gruppe im politischen Machtzentrum des Reiches, die angeblich versuchte, den Reichskanzler zu stürzen und anschließend die deutsche Politik neu auszurichten. Dem amtierenden Reichskanzler Bernhard von Bülow, um sein politisches Überleben kämpfend, kam das Feindbild gelegen. In einer vielbeachteten Reichstagsrede bestätigte er indirekt die Existenz der Kamarilla und nannte sie eine fremdländische Giftpflanze, die in Deutschland »immer nur zum Schaden von Fürst und Volk« eingepflanzt worden sei.[1] Man möge sich jedoch keine Sorgen machen, der Kaiser sei kein »Philister«, ein im Kontext der Rede merkwürdiger Begriff, der erst einige Monate später als Anspielung auf »Phili« verstanden wurde, den Spitznamen Philipp zu Eulenburgs, des besten Freundes Wilhelms II.[2] An die allgemeine Verunsicherung, das Deutsche Reich werde von einer Kamarilla gelenkt, knüpfte der Berliner Publizist Maximilian Harden an. Am 24. November 1906 erschien in seiner Wochenzeitschrift *Die Zukunft* ein Artikel mit dem folgenden Passus: »November 1906. Nacht. Offenes Feld im Ukergebiet. Der Harfner: ›Hast Du gelesen?‹ Der Süße:

1 Der erste Ordner einer Zeitungsausschnittsammlung des *Bundes der Landwirte* wurde in jenem Sommer 1906 mit »Kamarilla« beschriftet; signifikanterweise wurden auch die Folgebände bis 1909 unter diesem Stichwort geführt, obgleich sie Zeitungsartikel zum Eulenburg-Skandal beinhalteten. Vgl. BAL R 8034 II, 7836–7839.

2 Auch Eulenburg bestätigte die Existenz einer Kamarilla, wenn auch einer »Generalskamarilla« und eines »militärischen Gebildes«. Vgl. Eulenburgs Manuskripte: »Mein Freund Jan Wendelstadt oder der Orden als Waffe. Die Geschichte eines Verbrechens« [1909], BLHA 623; »Leid. Seltsame Schicksalswege von der Jugend bis zum Alter. Eine kurze Darstellung innerlicher und äußerlicher Erlebnisse« [1919], BLHA 505. Vgl. Haller, *Eulenburg*, S. 366.

›Schon Freitag‹. Der Harfner: ›Meinst Du, dass noch mehr kommt?‹ Der Süße: ›Wir müssen mit der Möglichkeit rechnen; er scheint orientiert, und wenn er Briefe kennt, in denen vom Liebchen die Rede ist […]‹ Der Harfner: ›Undenkbar! Aber sie lassen's überall abdrucken. Sie wollen uns mit Gewalt an den Hals.‹ Der Süße: ›Eine Hexenzunft. Vorbei! Vorbei!‹ Der Harfner: ›Wenn nur Er nichts davon erfährt!‹«[3] Nur politische Insider erkannten sofort Sinn und Tragweite dieser Andeutungen. Mit dem Harfner war Eulenburg und mit dem Süßen General Kuno Graf Moltke, Stadtkommandant von Berlin, gemeint. Ihr »Liebchen« aber war kein geringerer als Kaiser Wilhelm II.[4]

Diese offenkundig sexuellen Andeutungen, in der Umgebung des Monarchen walte etwas anderes als reine Männerfreundschaft, waren eine politische Drohung, die von Eulenburg und Moltke auch sofort verstanden wurde. Mit dem Aufstieg der Sexualwissenschaft seit den 1880er Jahren war das Wissen um Homosexualität gewachsen. Speziell für die »bessere Gesellschaft« erwuchs daraus eine neue Gefahr. In der Reichshauptstadt Berlin mit ihrer um 1900 weltweit einzigartigen schwulen Subkultur drohte wohlhabenden und hochgestellten Homosexuellen trotz § 175 des Reichsstrafgesetzbuches weniger Belästigung durch Polizei und Staatsanwalt als durch Erpresser.[5] Mit der Pressekampagne gegen die besten Freunde Wilhelms II. tat Harden nichts anderes, als diese sogenannte »Chantage« auf das politische Feld zu übertragen; auf diesem hatten Kenner der wilhelminischen Machtstrukturen die Zielrichtung der *Zukunft* denn auch verstanden. Bereits am 25. November 1906, einen Tag nach der Veröffentlichung des zitierten Artikels, unternahm Baron Alfred Berger, Intendant des Hamburger Schauspielhauses, er war sowohl mit Harden als auch mit Eulenburg und Moltke bekannt, einen Vermittlungsversuch. Ohne Umschweife erklärte er den Günstlingen des Kaisers, Harden halte sie für sexuell abnorm und verlange von ihnen »aus patriotischen und psychologischen Gründen«, sich umgehend »aus dem Vor-

3 Maximilian Harden, »Dies Irae«, in: *Die Zukunft*, 24. November 1906, S. 266.

4 Hardens literarisch verbrämter Angriff auf das »Liebchen« Wilhelm II. fand seinen Weg in die Weltliteratur: Thomas Mann ließ in seiner Novelle *Tod in Venedig* (1911) den als stutzerhaften Greis dargestellten Todesboten »dem Liebchen, dem allerliebsten, dem schönsten Liebchen« Komplimente ausrichten. Thomas Mann, *Der Tod in Venedig*, Fischer-Verlag: Frankfurt 1988, S. 29.

5 Das Berliner Homosexuellendezernat war mit der Bekämpfung der homosexuellen Prostitution und des Erpressertums befasst, während es bis 1933 das schwule Leben der Stadt regelrecht protegierte. Vgl. Domeier, Rezension zu: Dobler, *Zwischen Duldungspolitik und Verbrechensbekämpfung*, in: H-Soz-u-Kult, 13. Januar 2009. http://hsozkult.geschichte.hu-berlin.de/rezensionen/2009-1-029.

dertreffen deutscher Politik« zurückzuziehen.[6] Eigentliches Ziel des publizistischen Angriffs war, wie sich bald herausstellte, Philipp Fürst zu Eulenburg-Hertefeld, der erklärte Favorit Wilhelms II. General Kuno Moltke war nur ein Kollateralschaden, gegen den Harden zu diesem Zeitpunkt aber das bessere Belastungsmaterial besaß.

Die politische Erpressung via Presse hatte zunächst Erfolg. Eulenburg ließ sich auf ein symbolisches Exil ein und reiste mit Familie zur Kur in die Schweiz. Seine Verwicklung in die großen politischen Skandale der 1890er Jahre hatte ihn vorsichtig gegenüber der journalistischen Macht werden lassen. Bereits 1894 schrieb er seinem Protegé Bernhard Bülow angesichts des Kladderadatsch-Skandals, »die ganze nähere Umgebung [des Kaisers] läuft mit der Skandalpresse Sturm gegen seine Regierung«. Eulenburg war seither klar, dass in Skandalen traditionelle politische Fronten verschwammen, er sich bei einer öffentlichen Auseinandersetzung mit dem bekanntesten Publizisten Deutschlands des Rückhalts weder bei der Reichsleitung noch seiner gesellschaftlichen *peer group*, dem preußischen Adel, sicher sein konnte.[7] Mit Eulenburgs Abreise an den Genfer See stellte Harden die Angriffe ein, teilte den Eingeweihten unter seinen Lesern jedoch mit: »Cave adsum! Wird's nötig, dann werde ich lauter reden. Mich aber freuen, wenn das Grüppchen, dem ich jedes Privatvergnügen gönne, das politische Geschäft aufgibt und mir (und anderen) leidige Pflichterfüllung erspart. Bald wird's sich entscheiden.«[8] Die Journalisten standen der »Kampagne der halben Worte« lange Zeit ratlos gegenüber.[9] Auch nachdem über das politische Ziel Hardens Klarheit gewonnen war, blieb das Suggerierende ein Merkmal der Debatten des Eulenburg-Skandals. Für den *Vorwärts* waren in einem politischen Kampf selten »so viele Drohungen, so viele verhaltene Andeutungen ausgesprochen worden, so viele Hinweise erfolgt auf gefährliche Hinterhalte, die dem Gegner Verderben bereiten werden«.[10]

6 Friedländer, *Prozesse*, S. 4082–83. Berger versuchte schon seit Jahren, eine Verständigung herbeizuführen. Zur Schnittmenge der Freundeskreise Hardens, Eulenburgs und Moltkes Moulton, *The Insider as Outsider*.

7 Eulenburg an Bülow, 7. Mai 1894, zit. n. Rogge, »Kladderadatschaffäre«, S. 123.

8 *BZ am Mittag*, »Die Eulenburgische Tafelrunde«, 7. Juni 1907, BAL 7836.

9 Casper, *Das Treiben der Homosexuellen*. Zur Qualifizierung als Pressekampagne auch Martin, *Briefwechsel*, S. 20. Reichskanzler Bülow spricht in seinen Denkwürdigkeiten von einer »Kampagne gegen Philipp Eulenburg«, Holstein dagegen von einer »Preßkampagne« gegen Harden. Rogge, *Holstein und Harden*, S. 14, 237. Vgl. Baumont, *L'Affaire*, S. 149–203.

10 *Vorwärts*, »Der Prozess der Hinterhalte«, 25. Oktober 1907, BAL 7836. Auch in der Rechtsgeschichte wurde Hardens Geschick, Homosexualität nur anzudeuten, sowie Eu-

Weshalb Eulenburg schon nach wenigen Wochen das stillschweigende Agreement mit Harden brach, ist angesichts seiner Skandalerfahrungen kaum nachvollziehbar; ein Grund kann darin vermutet werden, dass er in jenen kritischen Monaten der Hauptakteur des Versuchs war, eine Neuordnung der deutschen Politik herbeizuführen, und dieses Unternehmen nicht einfach aufgeben wollte (vgl. Kap. V.1 und VI.1). Bereits im Januar 1907 kehrte er jedenfalls aus der Schweiz nach Berlin zurück, um an der Feier des Schwarzen-Adler-Ordens teilzunehmen. Möglicherweise unterschätzte der Favorit Kaiser Wilhelms II. auch, dass Harden die Versammlung des höchsten preußischen Ordens als hochpolitisches Ereignis wertete. Der Publizist erneuerte nun seine Attacken und gab der seit Monaten zwar viel besprochenen, aber stets abstrakt gebliebenen Kamarilla Namen und Gesicht: »Heute weise ich offen auf Philipp Friedrich Karl Alexander Botho Fürsten zu Eulenburg und Hertefeld, Grafen von Sandels, als den Mann, der mit unermüdlichem Eifer Wilhelm II. zugeraunt hat, er sei berufen, allein zu regieren, und dürfe, als unvergleichlich Begnadeter, nur von dem Wolkensitz, von dessen Höhe herab ihm die Krone verliehen ward, Licht und Beistand erhoffen, erflehen; nur ihm sich verantwortlich fühlen. Das unheilvolle Wirken dieses Mannes soll wenigstens nicht im Dunkeln fortwähren.«[11] Die Grenze zu einem international beachteten Skandal überschritt Harden, indem er die »Eulenburg-Kamarilla« als Verbündelung Homosexueller qualifizierte. Mit Blick auf Eulenburg und Moltke sprach er andeutungsreich von »ungesunder vita sexualis« und ihrer im Vergleich zu bekannten Frauenhelden »ganz anderen Sinnenrichtung«.[12] Politische Sprengkraft lag vor allem in der Implikation, das Reichsoberhaupt sei über Jahrzehnte Lustobjekt einer homosexuellen Einflussgruppe am Berliner Hof gewesen.[13] Allein die Vorstellung war für jeden Vaterlandsfreund eine Ungeheuerlichkeit. Bei konservativen Protestanten, dem *juste milieu* des Kaiserreiches, trat daher die politische Absicht der Harden'schen Kampagne lange hinter ihren moralischen Gehalt zurück. »Das Unsagbarste zu sagen, als wenn es das Natürlichste wäre, das Abstoßendste ›vorurteilsfrei‹ zu erörtern, als sei dies eine Forderung der Kultur – das ist die Art dieses neuen Schrifttums. Es gibt keine Dinge mehr, vor denen man ausspeit. Umso sicherer wähnen sich dafür die Sünder«, klagte

lenburgs Ungeschick, auch »Schmutzereien« auf seinen Eid zu nehmen, gewürdigt. Arzt, *Intimsphäre*, S. 177–178.

11 Maximilian Harden, »Praeludium«, in: *Die Zukunft*, 17. November 1906, S. 265–266.

12 Maximilian Harden, »Roulette«, in: *Die Zukunft*, 27. April 1907, S. 118.

13 Als Überblick ohne tieferen Gehalt Johansson/Percy, *Outing*.

die *Evangelisch-Lutherische Kirchenzeitung.*[14] Tatsächlich aber folgte Harden nur dem Hang des konservativ-protestantischen Milieus, dem er sich nach seiner Abkehr vom Judentum angeschlossen hatte, zur Moralisierung des Politischen.[15]

Michel Foucault hat argumentiert, der Homosexuelle sei im Laufe des 19. Jahrhunderts zu einer Gesamtpersönlichkeit geworden: »Nichts von alledem, was er ist, entrinnt seiner Sexualität.«[16] Dieses Wirkprinzip ist auch in Hardens Pressekampagne nachweisbar: als Waffe im politischen Kampf. Der europaweit bekannte Journalist lebte nicht den Homosexuellenhass aus, wie er damals allgemein verbreitet war, er nutzte ihn nur skrupellos, um politische Ziele zu erreichen. Mit dem Angriff auf eine homosexuelle Kamarilla in der Führungsspitze des Kaiserreiches gelang es diese, die jenseits des Zugriffs von Exekutive, Legislative und Judikative lag, mit journalistischen Mitteln sexualmoralischen Kategorien zu unterwerfen. Daneben musste der Vorwurf der Homosexualität zum einen die äußerst unpopuläre Idee monarchischer Selbstherrschaft, eines immer wieder angestrebten »persönlichen Regiments« Kaiser Wilhelms II., endgültig in Verruf bringen. Eulenburg galt als ihr wichtigster Repräsentant und Impresario. Zum anderen war die Unterstellung einer homosexuellen Verschwörung innerhalb der Reichsleitung von Harden darauf berechnet, in der deutschen Außenpolitik, die soeben in der Marokko-Krise ein Fiasko erlebt hatte, eine radikale Kehrtwende durchzusetzen.

Ebenso wichtig wie das *Was* der politischen Zielsetzung erschien allerdings bereits den Zeitgenossen das *Wie*, der Stil dieser Pressekampagne, eine bis dahin unerhörte sexuell konnotierte Moralisierung des Politischen. Später verteidigte sich Harden, mit der Methode langsam deutlich werdender sexueller Andeutungen behutsam vorgegangen zu sein. Auf diese Weise habe er den Sturz der Eulenburg-Kamarilla ohne Skandal zu erreichen versucht. Tatsächlich wusste niemand besser als er, der über einen reichen Erfahrungsschatz an Pressekampagnen, Sensationsprozessen und Skandalen verfügte, welche Wirkung die kleinste Andeutung auf Homosexualität im Umfeld Kaiser Wilhelms II. entfalten würde. Die Extremform des *New Journalism*, Privatleben und Sexualität von Politikern zu politisieren, war in den USA

14 Zit. in *Hamburger Nachrichten*, »Der Skandal«, 19. Mai 1908, BAL 7838. Später erweiterte Harden Homosexualität noch um Spiritismus als Mittel politischer Beeinflussung. Maximilian Harden, »Abfuhr«, in: *Die Zukunft*, 8. Dezember 1906, S. 374. Vgl. Kap. V.2.

15 Graf, »Die Moralisierung des Politischen«, S. 90–96. Vgl. auch Mackenzie, *Political Morality*; Baldick, *English Criticism*.

16 Foucault, *Sexualität und Wahrheit 1*, S. 58.

und Großbritannien bereits seit den 1880er Jahren entwickelt und verfeinert worden. Nach Vorläufern wie dem von der sozialdemokratischen Presse ausgelösten Krupp-Skandal 1902 gelangte mit Hardens Pressekampagne der Kampagnen- und Sensationsjournalismus auch in Deutschland endgültig zum Durchbruch. Kaum zufällig waren Harden in der Erregung des Jahres 1902, in der vielen Beobachtern deutlich wurde, wie nah das Private und das Politische auch im Kaiserreich beieinander lagen, die Ehescheidungsakten Kuno Moltkes zugespielt worden. Seither hing ein Skandal wie ein Damoklesschwert über den Günstlingen des Monarchen. Dem ihm befreundeten Berliner Staranwalt Erich Sello, der Moltke während seiner Scheidung juristisch vertrat, teilte Harden bereits damals frei heraus mit: »Ich habe Material zur Hand, das einen der größten politischen Skandale in Deutschland hervorrufen könnte.«[17] Und noch einmal, im Juni 1907, vor Beginn des ersten Gerichtsprozesses im Eulenburg-Skandal, brüstete sich Harden gegenüber seinem Freund Walther Rathenau, diese neuartige Form politischer Macht zu besitzen: »Denn mit dem Material, das ich habe, kann ich einen Skandal machen, von dem die Welt widerhallt.«[18] Das Bewusstsein, dass Skandale *machbar* sind, ist bis heute ein wesentlicher Faktor in der Strukturanalyse von Skandalen geblieben.[19]

Wie sehr das Aufkommen von Skandalen mit der journalistischen und politischen Dynamik der Moderne verbunden ist, zeigt auch eine bisher übersehene Quelle zur Vorgeschichte des Eulenburg-Skandals aus den Archiven traditioneller Politikgeschichte. Sie demonstriert, wie frühzeitig und bedenkenlos nicht allein im Journalismus, sondern im wilhelminischen Machtzentrum selbst ein Skandal zur Vernichtung der Eulenburg-Kamarilla erwogen wurde. Bereits im Januar 1906 schrieb Friedrich von Holstein kurz vor seinem Sturz als »Graue Eminenz« der deutschen Außenpolitik einem seiner Protegés, dem deutschen Botschafter in Paris Fürst Radolin, man müsse sich auf »eine sensationelle Kampagne der Skandalpresse« »wegen Päderastie« gefasst machen. Zu den »Angriffsobjekten«, so Holstein, würden in erster Linie Philipp Eulenburg und der diesem befreundete französische Spitzendiplomat Raymond Lecomte gehören. Bereits als publizistischer Skandalorganisator gehandelt: Maximilian Harden. Das »Skandalprojekt« gegen den Favoriten Kaiser Wilhelms II. hatte mit Holstein kein anderer als

17 Friedländer, *Prozesse*, S. 4077–78.

18 Harden an Rathenau, 20. Juni 1907, in: Hellige, *Briefwechsel Rathenau und Harden*, S. 529.

19 Vgl. Kepplinger, *Kunst der Skandalierung*.

Reichskanzler Bülow diskutiert. Diese Quelle macht es wahrscheinlich, dass Bülow den Herausgeber der *Zukunft* wenn nicht zum Skandal inspirieren, so ihm vor dem Beginn der Pressekampagne im Spätherbst 1906 doch wenigstens seine politische Rückendeckung zusichern ließ.[20] In der Öffentlichkeit wurden im Laufe des Skandals ähnliche Vermutungen über Hardens »mächtige politische Hintermänner« laut.[21] Gestützt wurden die Gerüchte dadurch, dass es nur wenige Monate nach den Skandalplanungen auf höchster politischer Ebene zu einer Allianz zwischen dem im Frühjahr 1906 überraschend entlassenen Holstein und Harden kam. Das völlig unwahrscheinlich anmutende Bündnis, Harden hatte den Mann mit den »Hyänenaugen« jahrzehntelang als Totengräber bismarckischer Außenpolitik attackiert, war der Höhepunkt des sogenannten »Kamarilla-Sommers« 1906. Da Reichskanzler Bülow aus Krankheitsgründen monatelang von der politischen Bühne verschwunden war, konnten sich Warnungen offiziöser Blätter vor einer Kamarilla, die nicht nur den Sturz Bülows, sondern auch einen Staatsstreich von oben plane, hochschaukeln (vgl. Kap. V.1 und VI.1). Der Harden-Holstein-Pakt, der mit offenen Briefwechseln in der *Zukunft* regelrecht zelebriert wurde, spielte eine entscheidende Rolle für die Durchschlagskraft von Hardens bald darauf beginnender Pressekampagne gegen die Eulenburg-Kamarilla. Die Zusammenarbeit zwischen dem in die *arcana imperii* eingeweihten Holstein und ihrem begnadeten Ausdeuter Harden erklärte den Zeitpunkt und verlieh dem Inhalt des publizistischen Überraschungsangriffs auf Eulenburg Glaubwürdigkeit.

War eine solche Liaison zwischen Politik und Journalismus für die Zeitgenossen im Kaiserreich eine Sensation, ist sie aus mediengeschichtlicher Perspektive als ein europäisches Muster interpretierbar. Für Kampagnenjournalisten am Ende des 19. Jahrhunderts wie William Stead in Großbritannien oder Henri Rochefort in Frankreich war es typisch, sich vorab der Unterstützung eines Teils des politischen Machtzentrums zu versichern. Bülow und

20 Holstein unternahm zu diesem Zeitpunkt den halbherzigen Versuch, Radolin anzuregen, in Paris für eine Abberufung Lecomtes aus Berlin zu sorgen. Holstein an Radolin, 19. Januar 1906, in: Rich/Fisher, *Holstein-Papiere IV*, S. 350–352. Für die vor Beginn seiner Pressekampagne zugesicherte Rückendeckung Bülows spricht Hardens vor Gericht gemachte Andeutung, er könne »Männer, die heute noch verantwortlich sind für die Geschäfte des Reiches« vorladen, die in der Verbindung Eulenburg-Lecomte eine Gefährdung des Staatswohls sahen. Siehe die Schlussrede Hardens im 2. Moltke-Harden-Prozess, BLHA 557.

21 Harden bestritt dies vor Gericht. Friedländer, *Prozesse*, S. 4107.

Holstein waren nicht einmal alle Zugänge Hardens dorthin. Der scharfe Monarchiekritiker verfügte über Kontakte bis in die kaiserliche Familie.[22]

Auch die Methode sexueller Denunziation mit »halben Worten« war klug berechnet. Abgesehen von der Schaffung einer günstigen juristischen Lage, Harden hatte »Skandalprozesse«, in denen die in der Pressekampagne gemachten Behauptungen verhandelt würden, von vornherein mitbedacht, ließ sich auf die Eigendynamik des sich bewahrheitenden Gerüchts spekulieren. Lancierungen von politischen Gegnern der Eulenburg-Kamarilla waren ebenso zu erwarten wie Mitteilungen von Zeugen homosexueller Akte.[23] Eine entscheidende Rolle spielte hierfür die Massenpresse, in die ein sensationelles Thema wie Homosexualität in den allerhöchsten Kreisen leicht Eingang fand und deren Leser, ein Millionenpublikum, bereits als aktive Rezipienten genutzt wurden, etwa um spektakuläre Verbrechen aufzuklären.[24] Hinzu kam die Assoziationskraft sexueller Andeutungen in der Phantasie einer Gesellschaft wie der wilhelminischen, die sich in Spannungsverhältnissen von Offizialnormen und Tabus einerseits, sexuellen Aufklärungsbestrebungen und Lebensreformbewegungen andererseits bewegte.[25] Trotz der starken sittlichen Liberalisierungstendenzen am Beginn des 20. Jahrhunderts war nach herrschenden Moralvorstellungen ein der Homosexualität auch nur Verdächtiger solange »moralisch vernichtet«, bis die Denunziation widerlegt und Satisfaktion erlangt wurde. »Ein kränkenderer Vorwurf als der anormalen sexuellen Empfindens kann gegen einen Mann unmöglich erhoben werden«, meinten selbst die liberalen *Münchner Neuesten Nachrichten*. »Er ruiniert psychisch und gesellschaftlich.«[26] In einer Mischung aus politischem Zynismus und realistischer Einschätzung der Moralvorstellungen seiner Mitmenschen konnte sich Harden deshalb für seine sexualpolitische

22 Vgl. etwa die Zusammenarbeit William T. Steads mit Reginald Brett (Lord Esher). Baylen, »Politics and the New Journalism«, S. 107–143. Ebenso die Zusammenarbeit Henri Rocheforts mit General Boulanger. Rochefort, *Abenteuer 2*, S. 313–336. Zu Hardens Gesprächen mit der älteren Schwester Wilhelms II. auf dem Höhepunkt des Skandals siehe Kap. II.4.

23 Zu diesem Effekt Gluckman, »Gossip and Scandal«, S. 307–316; Neubauer, *Fama*.

24 Zum Aspekt medialer Emotionalisierung siehe die Beiträge in Bösch/Borutta, *Medien und Emotionen*. Historiographische Überlegungen auch in Aschmann, »Emotionen in der Geschichte«, S. 9–33. Zu Zeitungslesern als aktiven Rezipienten bei Verbrechensaufklärungen Müller, *Auf der Suche nach dem Täter*.

25 Ein deutliches Indiz ist die Verbreitung von Pornographie. Vgl. Stark, »Pornography«, S. 200–229.

26 *Münchner Neueste Nachrichten*, »Das Urteil im Prozess Moltke-Harden«, 4. Januar 1908, BAL 7838.

Kampagne rechtfertigen: »Wer belächelt oder verachtet wird, weil das Wörtchen ›warm‹ irgendwie mit ihm in Verbindung gebracht wird, hat nicht mehr viel an Reputation zu verlieren.«[27] Mit sexuellen Denunziationen, dies belegt der weitere Verlauf des Eulenburg-Skandals eindrücklich, konnten politische Gegner erfolgreich vernichtet werden. Der Versuch der sozialdemokratischen Exilpresse, die Röhm-Affäre 1934 weidlich auszunutzen, um mit (Homo-)Sexualität Politik zu machen, war daher nur Anschluss an eine historische Traditionslinie. Seit dem Eulenburg-Skandal ist die sexuelle Denunziation bis heute ein fester Bestandteil des Waffenarsenals der politischen Klasse in Deutschland.[28]

Für eine politische Kulturgeschichte ist der genaue Blick auf die sexualpolitische Legitimation der Pressekampagne gegen die Eulenburg-Kamarilla wichtig, denn um 1900 war in vielen europäischen Gesellschaften die Mentalität verbreitet, in einer Krise der Maskulinität zu stecken. In Frankreich waren entsprechende Ängste und Befürchtungen in der gerade erst abklingenden Dreyfus-Affäre kulminiert und hatten durch die ausführliche Skandalberichterstattung auf die gesamte europäische Öffentlichkeit ausgestrahlt.[29] Der Unmut über das politische Spitzenpersonal des Reiches machte sich daher in Männlichkeitsbeschwörungen Luft: »Um den Deutschen Kaiser sollen und müssen ganze Männer sein«, so rechtfertigte Harden sein Rechtsanwalt Max Bernstein.[30] Das Ideal des »ganzen Mannes« war ein regelrechter Fetisch wilhelminischer Politik und wurde seit Jahren als Antidot gegen die empfundene Effeminisierung des modernen Mannes gepriesen.[31] In diese zeittypische Dekadenzvorstellung der Maskulinität passten sich die homosexuellen Politiker der Eulenburg-Kamarilla hervorragend ein. »Lauter gute Menschen. Musikalisch, poetisch, spiritistisch; so fromm, dass sie vom Gebet mehr Heilswirkung erhoffen als von dem weisesten Arzt; und in ihrem Verkehr, mündlichen und brieflichen, von rührender Freundschaft-

---

27 Maximilian Harden, »Schlussvortrag«, in: *Die Zukunft*, 9. November 1907, S. 194.

28 Koch, *Sexuelle Denunziation*. Entgegen der häufig vertretenen Annahme, die Sexualität von Politikern sei in den Jahrzehnten nach 1945 aus der Öffentlichkeit herausgehalten worden, belegen die hier vorgestellten Fälle die historische Kontinuität. Zur zunehmenden Komplexität von Skandalen bei gleichbleibender Bedeutung von Moral Burkhardt, *Medienskandale*.

29 Zum Bewusstsein einer Krise der Maskulinität unmittelbar vor Beginn des Ersten Weltkrieges Berenson, *Madame Caillaux*, besonders S. 169–207. Neuere Literatur zu diesem Aspekt: Forth, *The Dreyfus Affair*; Surkis, *Sexing the Citizen*; Copley, *Sexual Moralities in France*.

30 Friedländer, *Prozesse*, S. 4086–88.

31 Kessel, »The ›Whole Man‹«, S. 1–31.

lichkeit.« In ihrem Fall zeitigte Unmännlichkeit, so Harden, jedoch politische Wirkung. »Das alles wäre ihre Privatangelegenheit, wenn sie nicht zur engsten Tafelrunde des Kaisers gehörten und [...] von sichtbaren oder unsichtbaren Stellen aus Fädchen spönnen, die dem Deutschen Reich die Atmung erschweren.«[32] Gemeint war mit dieser Sexualdiagnose wilhelminischer Politik nicht allein der kleine Kreis um Eulenburg. Dies war, wie bereits Wolfgang Mommsen festgestellt hat, eine Herausforderung des Establishments des späten Kaiserreichs.[33]

Inhaltlich wie stilistisch ähnelte die Argumentation Hardens dabei derjenigen führender Alldeutscher wie Reventlow und Claß, die die Erbmonarchie abschaffen, ein »Volkskaisertum« an ihre Stelle setzen und die müden, abgelebten Aristokraten in den Schlüsselstellungen der Macht durch »ganze Männer« ersetzen wollten.[34] Gedacht haben dürften sie dabei vor allem an sich selbst, denn wie sie blieb auch Harden eine Definition des neuen »vollmännlichen« Politikertypus schuldig. Die Kritik an seinem Gegenbild, dem weichlich-homosexuellen Höfling à la Eulenburg, die sexualmoralische Kategorisierung von Politik überhaupt, übte jedoch selbst bei Vorzeigedemokraten einen gewaltigen Reiz aus. »Nicht Maßregeln brauchen wir, nicht Kabinettsorders, sondern Männer, andere Männer, ganze Männer!«, forderte der aus der Armee entlassene Oberst Richard Gädke, jetzt regelmäßiger Kolumnist des liberalen *Berliner Tageblattes*.[35]

Die Pressekampagne gegen eine homosexuelle Kamarilla verfing auch wegen einer in bellizistischer Stimmung für Politiker fatalen Dialektik, wie sie nach der Marokko-Krise 1905/06 im Deutschen Reich herrschte. In ihr wurde Friedenswille schnell als Unmännlichkeit, Unmännlichkeit als Pazifismus gewertet. Ein Muster, das von der deutschen Presse mit der Karikatur Reichskanzler Bülows als »Schönwetterkanzler«, »schöner Bernhard« oder »Mann mit dem Grübchen im Kinn« bereits seit einigen Jahren eingeübt worden war und von Harden mit dem Bild des Kaisers als »Wilhelm der Friedliche« und »Guillaume pacifiste et timide« noch zugespitzt wurde, um die deutsche Außenpolitik *in toto* als unmännlich zu charakterisieren.[36] Hier zeigte sich eine Bresche in der politischen Kultur des späten Kaiserreichs, in

32 Maximilian Harden, »Praeludium«, in: *Die Zukunft*, 17. November 1906, S. 265–266.

33 Mommsen, »Homosexualität«, S. 279–288.

34 Zu den Alldeutschen allgemein Chickering, *Pan-German League*. Zu dem mit Harden befreundeten Reventlow Boog, *Graf Ernst zu Reventlow*.

35 *Berliner Tageblatt*, »Wo sind die Schuldigen?«, von Oberst a.D. Gädke, 30. Oktober 1907, BAL 7837.

36 Maximilian Harden, »Monte Carlino«, in: *Die Zukunft*, 13. April 1907, S. 44–45.

die mit dem Rammbock der Homophobie nachgestoßen werden konnte.[37] Die Vernichtungskraft einer homosexuell konnotierten Moralisierung des Politischen begrüßte Maximilian Harden denn auch mit Worten der Härte: »Wir sind in langer Friedenszeit eines mit Treibhausgeschwindigkeit wachsenden Wohlstandes zu wehleidig geworden.« Die Beseitigung Homosexueller aus der Politik, »diese Blutreinigung«, werde dem Deutschen Reich in seinen bevorstehenden Kämpfen nützen.[38] Zur alten Furcht vor Effeminität in der Politik, so lässt sich festhalten, war somit die neue Angst vor Homosexualität verschärfend hinzugetreten.

2. Das moralische Überlegenheitsgefühl der wilhelminischen Deutschen

Die Moralisierung wilhelminischer Politik, wie sie Harden mit seiner Pressekampagne gegen die Eulenburg-Kamarilla betrieb, war deshalb so erfolgreich, weil sie die Kehrseite deutschen Nationalstolzes spiegelte und von einem jahrzehntelang kultivierten Überlegenheitsgefühl gegenüber anderen Nationen, vor allem Frankreich, zehren konnte. Seit den militärischen Siegen über Dänemark 1864, Österreich 1866 und Frankreich 1870/71 stellte das »Pathos der Deutschen« selbst die patriotische Euphorie der Befreiungskriege gegen Napoleon in den Schatten.[39] Über Jahrzehnte wurde nun der Topos von dem auf dem Schlachtfeld gegründeten »Reich der Gottesfurcht und frommen Sitte« gepflegt. Schule, Massenpresse und Geschichtswissenschaft verbreiteten die Teleologie, dem katholisch-dekadenten Frankreich Napoleons III. sei durch das protestantisch-tugendhafte Preußen-Deutschland Wilhelms I., Bismarcks und Moltkes durch Gottes Gnade der Untergang bereitet worden. Frühe Warnungen vor den politischen Folgen dieser moralischen Hybris wie von Georg Herwegh, dem Dichter der 1848er Revolution, gingen im Hochgefühl der Reichsgründung von 1871 unter:

37 Zu dieser Entwicklung siehe die Beiträge in zur Nieden, *Homosexualität und Staatsräson*.

38 *Berliner Lokalanzeiger*, »Harden über die Angelegenheit des Fürsten Eulenburg«, 7. Mai 1908, BAL 7838.

39 Hagemann, »Aus Liebe zum Vaterland«, S. 101–124; Hagemann, »Of ›manly Valor‹ and ›German Honor‹«, S. 187–220. Aus literaturwissenschaftlicher Sicht Bolz, *Das Pathos der Deutschen*.

Und hat man dann das Heldentum
Mit frommer Hand gepflegt,
Wer heilt die Wunden, die der Ruhm
Daheim der Freiheit schlägt?[40]

Das moralische Auftrumpfen nach außen ging mit der Disziplinierung unliebsamer politischer Strömungen im Innern Hand in Hand und erlebte im Kulturkampf einen Höhepunkt.[41] Mit der Bloßstellung der preußisch-deutschen Monarchie, der sie tragenden Eliten und der von ihnen beanspruchten Werte durch den Eulenburg-Skandal brach diese moralische Konfliktlinie wieder auf. »Älteren Lesern wird noch in lebhafter Erinnerung sein«, schrieb die katholische *Kölnische Volkszeitung*, »wie zur Zeit des ›großen Kulturkampfes‹ das neue Deutsche Reich in liberalen Blättern täglich als das ›Reich der Gottesfurcht und frommen Sitte‹ bezeichnet wurde, dem man schaudernd die Verkommenheit unter dem zweiten [französischen] Kaiserreiche entgegenstellte. Alle Welt weiß aber, dass die Verkommenheit in Berlin heute viel schlimmer ist, als sie jemals in Paris war. Vielleicht schlägt Berlin in diesem Punkte heute den Rekord unter allen Weltstädten.«[42]

La « Table Ronde » en France.
— Quatre Harden et la *revanche* est faite !!
(*L'Illustrazione Italiana*, de Milan).

Abb. 4. Das Zeitalter des Prestigewahns: Der Eulenburg-Skandal fungiert als »moralische Eroberung« und Kriegsersatz. Entnommen aus Grand-Carteret, Derrière »Lui«, *S. II.*

40 Herwegh, *Fragmente und Aphorismen 1870–1875.*

41 Vgl. Schmidt-Volkmar, *Der Kulturkampf.* Eine übergreifende soziologische Deutung bietet Elias, *Studien über die Deutschen.* Keine Hinweise bei James, *A German Identity.*

42 *Kölnische Volkszeitung*, »Die Sensation des Tages«, 25. Oktober 1907, BAL 7836.

Im imperialistischen Wettstreit um einen Platz an der Sonne fungierte nicht nur Flottenstärke, sondern auch sittliche Kraft als wichtiger Beurteilungsmaßstab für die Stärke einer Nation. Selbst die Bündnistreue von Alliierten glaubte man darin ablesen zu können. Für »die Herzlichkeit in den Beziehungen zweier Völker ist ein untrügliches Thermometer die Haltung, die ein Land einnimmt, wenn in dem anderen etwas Peinliches sich ereignet«, so eine Formulierung des Wirkprinzips Prestige in der internationalen Presse, hier mit Blick von Deutschland auf Italien, dem nach 1900 zunehmend misstrauisch beäugten Dreibund-Partner.[43] Auch bei den Protagonisten des Eulenburg-Skandals war das Bewusstsein dafür stets präsent, dass ihre Worte und Handlungen automatisch in die Diskurse eines Moralimperialismus einfließen würden, der nicht nur Kolonien erwerben, sondern »moralische Eroberungen« in der Welt machen wollte.[44] »Was soll Europa denken, wenn man so etwas liest!«, rief Max Bernstein während des 1. Moltke-Harden-Prozesses im Berliner Justizpalast aus. Angesichts der anwesenden internationalen Korrespondenten hatte Hardens Rechtsanwalt, Mitbesitzer der *Münchner Neuesten Nachrichten*, schon während der Gerichtsverhandlungen die potentiellen Schlagzeilen der internationalen Presse vor Augen.[45]

Bis zu den Enthüllungen des Eulenburg-Skandals figurierten Paris, London oder Rom als Hochburgen von Ausschweifung, Überreiztheit und Dekadenz.[46] Die Suche nach dem »modernen Babylon« war seit Jahrzehnten im Gange. Die Lokalisierung dieses, je nach Gusto, imaginären Schreckens- oder Sehnsuchtsortes der Moderne wurde sowohl in innenpolitischen Kämpfen als auch in internationalen Pressekriegen versucht.[47] Nach der nicht nur militärisch-politischen, sondern auch moralischen Demütigung von 1871, perpetuiert durch das beständige Ausrufen Deutschlands zum »Reich der

43 *Kölnische Volkszeitung*, »Ein ›Beschwichtigungshofrat‹«, 6. November 1907, BAL 7837.

44 Vgl. Kap. VI.

45 Friedländer, *Prozesse*, S. 4086–88.

46 Radkau, *Nervosität*, S. 329. Zu den Großstädten als Orten sexueller Vergnügung und Gefahr Walkowitz, *City of Dreadful Delight*; Schlör, *Nachts in der großen Stadt*. Zum europäischen Dekadenzdiskurs Pick, *Faces of Degeneration*; Chamberlain/Gilman, *Degeneration*; Swart, *The Sense of Decadence*.

47 Zeitgenössisch Grand-Carteret, *Derrière »Lui«*, S. 1–21. Zu den Zielsetzungen von Steads berühmter Pressekampagne gegen Kinderprostitution in London Gorham, »The ›Maiden Tribute of Modern Babylon‹«, S. 353–379. Die Kampagne wurde unter dem Rubrum des »modernen Babylon« in Deutschland rezipiert: Anonym, *Die Mädchenopfer im modernen Babylon* (1885); Anonym, *Der Jungfrauentribut des modernen Babylon* (vermutlich 1890). Deutsche Beispiele für die moralische Verortung des modernen Babylon in Paris: Wachenhusen, *Vom neuen Babylon*; Kuhn, *Aus dem modernen Babylon*.

Gottesfurcht und frommen Sitte«, bemühten sich französische Journalisten, Berlin zum Sündenpfuhl Europas zu stilisieren.[48] Selbst die weltweite Pionierstellung der deutschen Sexualwissenschaft und Homosexuellenbewegung wurde genutzt, um Homosexualität, meist am Beispiel der vitalen schwulen Subkultur Berlins, als *le vice allemand* zu deklarieren.[49] Doch erst die Enthüllungen des Eulenburg-Skandals verifizierten alles, was bis dahin an solcher Sittenpropaganda im Dienste von Nationalismus und Imperialismus erschienen war.[50] Ab jetzt rangierte die Weltmetropole Berlin auf der publizistischen Rangliste moralischer Verkommenheit ganz oben, auch innerhalb Deutschlands.[51] Berlin-Potsdam, ehemals als »preußisches Sparta« glorifiziert, wurde zu einem »Babylon an der Spree« umgeschrieben.[52] Erstmals war der moralischen Überheblichkeit der Neudeutschen – vor aller Welt – ein Dämpfer verpasst worden. Friedrich Naumann konstatierte: »Die tugendreiche Residenz Wilhelms II. hat ihren Trauertag gehabt.« In Paris, London, Rom und Wien, klagte der Sozialimperialist, sei die Genugtuung groß, dass der Berliner Hof keinen Deut besser sei als das »Sodom und Gomorrha« des Pariser Hofes unter Napoleon III.[53] Bestürzung herrschte auch bei der einflussreichen auslandsdeutschen Presse. »In gewissen Kreisen Deutschlands«, beklagte die *New Yorker Staatszeitung*, »macht sich heute eine bis zur Perversität ausgeartete Genußsucht, eine alle Mittel übersteigende

48 Ein frühes Beispiel ist Schneider, *Les nuits de Berlin* (1838). In deutscher Übersetzung: Schneider, *Bilder aus Berlin's Nächten*. In den folgenden Jahrzehnten: Tissot, *L'Allemagne amoureuse*; LeDuc, *Odeurs de Berlin*; O.Z., *Les bas-fonds de Berlin*; Joze, *Babylone d'Allemagne*.

49 Dubarry, *Les invertis. Le vice allemand*. Kurz vor Ausbruch des Eulenburg-Skandals mit Unterstützung von Magnus Hirschfeld in der schwulen Subkultur Berlins recherchiert: Méténier, *Vertus et vices allemands*. Mit direktem Bezug auf den Eulenburg-Skandal: Weindel, *L'Homosexualité en Allemagne*; Senizza, *La crudeltà tedesca e la corruzione sessuale in Germania*; Podrecca, *La tavola rotanda in Germania*. Zum Zusammenhang von wissenschaftlichen Innovationen und Dekadenzvorstellungen Nye, *Crime, Madness and Politics*.

50 Diese Form internationaler Deutungskämpfe ist bisher noch nicht untersucht worden. Vgl. allgemein Daniel/Siemann, *Propaganda*.

51 Anonym, *Das perverse Berlin*. Scheffler, *Berlin. Ein Stadtschicksal*. Eine glänzend geschriebene Sittengeschichte aus den Jahren nach dem Zweiten Weltkrieg ist Kiaulehn, *Berlin. Schicksal einer Weltstadt*. In europäischer Perspektive Brunn/ Reulecke, *Metropolis Berlin*.

52 Reinermann irrt, wenn er feststellt, die britische Presse habe sich während des Eulenburg-Skandals grundsätzlich und besonders »im Hinblick auf die ›moralischen‹ Aspekte« zurückgehalten. Das genaue Gegenteil war der Fall. Auch wurde die Gleichsetzung Berlins »mit Babylon und Sodom« nicht erst im Ersten Weltkrieg betrieben. Reinermann, *Der Kaiser in England*, S. 309, 450–451.

53 *Die Hilfe*, »Der Schmutzprozess«, von Friedrich Naumann, 3. November 1907, BAL 7837.

Prachtliebe und erschlaffende Verweichlichung bemerkbar.«[54] Die Reichskanzler Bülow nahestehende Zeitung meinte die Eulenburg-Kamarilla und traf doch die gesamte Herrschaftselite des späten Kaiserreichs.

Abb. 5. Der Topos vom Deutschen Reich von 1871 als dem Reich der »Gottesfurcht und frommen Sitte« verkehrt sich durch den Eulenburg-Skandal in eine Travestie. Quelle: Der Wahre Jakob, *12. November 1907, S. 5599.*

Mit besonderem Entsetzen sahen deutsche Journalisten, wie ihre Pariser Kollegen die »moralische Wunde am deutschen Volkskörper« entdeckten und mit alttestamentarischem Eifer »Jeremiaden« gegen sie schleuderten. »Die verehrtesten Namen«, triumphierte Arthur Meyer, Chefredakteur des *Gaulois*, »von denen sich einige innig mit dem Kolossalwerk der Reichsgründung verbinden, dem allgemeinen Spott, der Volkswut gewissermaßen als Fraß hingeworfen, der Name des Herrschers mitten in diesem Schlamm verkündet: Welche Schmach und welche Erniedrigung an einem Tage! Ah! Man wird es nicht mehr wagen, vom modernen Babylon zu reden, das der große

54 Zit. n. *Kölnische Volkszeitung*, »Eulenburgs politische Geständnisse«, 28. Juli 1908, BAL 7839.

Richard Wagner in trivialen Strophen besang, als wir besiegt und gedemütigt am Boden lagen!«[55] Doch nicht allein französische Chauvinisten und Kriegshetzer wie Arthur Meyer, Henri Rochefort und Édouard Drumont nutzten die Gelegenheit zur moralischen Abrechnung mit den stolzen Nachkommen der Sieger von Sedan.[56] Wenige Wochen vor Beginn des 1. Moltke-Harden-Prozesses bemerkte der weltgewandte Kunsthistoriker Théodore Duret, ein Freund Émile Zolas und Édouard Manets, bei einem Besuch in der Reichshauptstadt mit ironischem Lächeln, dass »diese glücklichen Berliner sich doch alles anschafften – und nun haben sie sogar die Perversität«.[57] Dass solche Reaktionen eine Folge des jahrzehntelang laut und dröhnend artikulierten moralischen Überlegenheitsgefühls der Neudeutschen darstellte, kam vielen wilhelminischen Journalisten nicht in den Sinn. Im Gegenteil. Obgleich die gewaltige moralische Fallhöhe,[58] von der man nun abstürzte, eine Eigenkonstruktion *made in Germany* war, schwelgten sie lieber in Selbstmitleid über Ungerechtigkeit und »scheelen Neid« der Nachbarn. »Früher waren wir Deutsche im Auslande beliebter. Ursache zu Misstrauen und Eifersucht war damals nur wenig vorhanden. Man nannte uns ›das Volk der Denker und Dichter‹ und spendete uns Deutschen wegen unseres Idealismus schier überschwängliches Lob«, empörte sich die *Volkskorrespondenz.* Nur weil man eine mächtige Nation geworden sei, »die nun auch ihre Forderungen geltend macht«, werde das »Neue Reich« von den älteren Nationen mit Häme überhäuft.[59]

Selbstkritik an der »neudeutschen Moralisierungsmethode« gegenüber dem Ausland, wie sie sich seit 1871 eingebürgert hatte, wurde im Skandal nur vereinzelt und vorwiegend in Süddeutschland geübt. Als wichtigster Kritiker preußisch-deutschen Tugendwahns amtierte der scharfzüngige Gesellschaftskritiker Ludwig Thoma. Im *Simplicissimus* hatte er sich unter dem Pseudonym »Peter Schlehmil« auf die protestantischen Pastoren als Protagonisten nationaler Selbstherrlichkeit eingeschossen.[60] Mit dem Eulenburg-Skandal,

55 *Augsburger Abendzeitung*, »Beleidigungsprozess Moltke-Harden«, 29. Oktober 1907, BAL 7836.

56 *Hamburgische Correspondenz*, »Französische Meinungen«, 2. November 1907, BAL 7837.

57 *Berliner Tageblatt*, »Das Ende des Moltke-Harden Prozesses«, von Theodor Wolff, 29. Oktober 1907, BAL 7836.

58 Hondrich, *Enthüllung und Entrüstung*, S. 59.

59 *Volkskorrespondenz*, »Auslandslob«, 7. November 1907, BAL 7837.

60 Thomas publizistischer Kampf mit der evangelischen Sittlichkeitsbewegung, in dessen Verlauf er zu einer mehrmonatigen Haftstrafe in Stadelheim verurteilt wurde, ist beschrieben in Gritschneider, *Angeklagter Ludwig Thoma.* Thoma publizierte seine satirischen Gesellschaftskritiken in vielen deutschen Zeitungen und Wochenzeitschriften. Eine Auswahl

freute sich Thoma, hätten die Moralapostel wilhelminischer Großmannsucht endlich eine »gehörige Maulschelle« verpasst bekommen. Für einen Journalisten im Zeitalter der Prestigepolitik ungewöhnlich, bezog Thoma auf einen Artikel Camille Pelletans hin, französischer Marineminister von 1902–1905 und jetzt Publizist des Pariser *Matin*, einen transnationalen Standpunkt in seine Überlegungen ein. »Wenn der Skandal in Frankreich geschehen wäre«, zitierte er Pelletan, hätten die deutschen Nachbarn »wohl ihre gewohnten Seufzer über die Sittenlosigkeit der lateinischen Rasse im allgemeinen und der französischen im besonderen ausgestoßen. Welche schönen Bibelsprüche hätte man angewandt, um wieder einmal vor Gott und der Welt die Ruchlosigkeit von Seine-Babel darzutun! Frau von Bismarck schickte ja ihrem Gatten einmal die prophetischen Stellen, die uns Franzosen ganz ausdrücklich verdammten. Darf man hoffen, dass man in dem kleinen Sodom, das sich an der Spree erhebt, etwas nachsichtiger gegen unser Babylon sein wird?« Thomas Antwort auf die rhetorisch gestellte Frage verblüffte durch harsche Selbstkritik: »Der Spott trifft. Dem Deutschen aber, der das landsmännische Pharisäertum noch gründlicher kennt als Camille Pelletan, ringt sich ein Seufzer der Erleichterung los. Gott sei Dank, dass die Geschichte bei uns passiert ist! Wir wären erstickt im schmierigen Öl der Selbstgerechtigkeit, wenn diese Düfte einem Pariser Gefäß entströmt wären. Ich sehe unseren Hofprediger recht leibhaftig vor mir, wie er sich die Augäpfel aus den Scharnieren dreht, um nur einigermaßen der französischen Sittenlosigkeit gerecht zu werden. Wie er aus den faulen Äpfeln Süßigkeiten geschlürft hätte für das monarchische Prinzip, für das vom Herrn erkießte Germanentum! Das Kompott aus brandenburgischem Familiensinn und luthermäßiger Frömmigkeit hätte uns die Mägen auf ein Dezennium verdorben. Nein, wirklich. Gott sei Dank, dass die Kürassierstiefel in schöner Nähe des Berliner Domes so verführend wirken.«[61]

Obgleich Thomas glänzender Essay *Der große Skandal* von vielen deutschen Zeitungen ganz oder in Auszügen abgedruckt wurde, stand der Bayer mit seinem Versuch, die moralische Fallhöhe Deutschlands zu reduzieren und damit eine Flamme auf dem Herd internationaler Verwicklungen kleiner zu drehen, unter den Meinungsmachern im Kaiserreich allein auf weiter Flur. In ihrer Sucht nach Prestigezuschreibungen der Anderen redeten selbst

ist abgedruckt im ersten Band der *Gesammelten Werke*, leider ohne Erscheinungsort und -datum. Zu Thoma als Journalist und Gesellschaftskritiker im Kaiserreich Durot, *Ludwig Thoma et Munich*; Rösch, *Ludwig Thoma als Journalist*; Haage, *Ludwig Thoma*.

61 *Münchener Post*, »Der große Skandal«, von Ludwig Thoma, 17. November 1907, BAL 7837. Wiederabgedruckt in Thoma, *Gesammelte Werke 1*, S. 514–520.

preußenkritische Zeitungen der Bigotterie das Wort: »Wie wir sind ist fast nicht so wichtig, als wie wir beurteilt werden«, so forderte die *Kölnische Volkszeitung* die Verkehrung von Schein und Sein, wenn es um das Bild der deutschen Gesellschaft im Ausland ging.[62] Da man sich durch den Skandal als in einem Pressekrieg mit England und Frankreich befindlich glaubte, wollte auch das einflussreiche Sprachrohr des deutschen Katholizismus nicht an Patriotismus zurückstehen: »Das Hauptsächliche an all diesen [ausländischen] Kommentatoren ist der Mangel an Sympathie, das Fehlen jedes freundlichen Wohlwollens, das Überwiegen höhnischer Schadenfreude. Wer trägt die Schuld, wenn dann einmal bei Gelegenheit zurückgeschossen wird?«[63] Zum einen zeigen solche offenherzigen journalistischen Selbstreflexionen die Dimension moralischer Reizbarkeit im wilhelminischen Zeitalter, zum anderen verdeutlichen sie das Ausmaß, in dem die Presse vor 1914 – in vollem Bewusstsein – zum gefährlichen Nullsummenspiel von Prestigegewinn und Prestigeverlust in den internationalen Beziehungen beitrug, ja es eigentlich erst ermöglichte. Dass moralisches Überlegenheitsgefühl, zwangsläufig verbunden mit Dekadenzzuschreibungen an andere, bei Nationen, Ethnien und Religionsgruppen manisch-pathologische Züge annehmen kann, scheint heute nach Jahrzehnten weitgehend moralfreier machtpolitischer und ideologischer Blockkonfrontation wieder so gültig wie vor 100 Jahren.[64] Aus dieser Perspektive kann argumentiert werden, dass die moralische Radikalisierung in den internationalen Beziehungen, die der Eulenburg-Skandal verursachte (vgl. Kap. VI), nicht nur durch den Imperialismus befeuert wurde, sondern dieser im Gegenzug durch den Skandal eine sittliche Basis erhielt.

Eine Erklärung für dieses heikle Wechselverhältnis zwischen dem Politischen und dem Moralischen bietet der Generationenwechsel. Im *Fin de siècle*-Europa wurden überall Ängste individueller und nationaler Dekadenz

62 Theoretische Überlegungen zur Selbst- und Fremdwahrnehmung von Gesellschaften vermittels Medien bei Knoch/Morat, »Medienwandel und Gesellschaftsbilder 1880–1960«, S. 9–33.

63 *Kölnische Volkszeitung*, »Ein Beschwichtigungshofrat«, 6. November 1907, BAL 7837.

64 Zur Renaissance von Dekadenzvorstellungen zu Beginn des 21. Jahrhunderts Karsten Fischer, Dekadenz als Exportschlager. Semantiken und Strategien im Kampf der Kulturkritiken, in: www.eurozine.com, 28. August 2007, Erstveröffentlichung in: Merkur, 9. August 2007. Zur Rückkehr der Moral als Faktor internationaler Politik *Süddeutsche Zeitung*, »China und die Moral«, von Stefan Kornelius, 12./13. April 2008, S. 4. Das zeitgenössische Schlüsselwerk war Max Nordau, Entartung, Berlin 1892.

kultiviert.[65] Frankreich empfand sich nach dem Krieg von 1870/71 über Jahrzehnte als in einer moralischen Krise steckend.[66] Jetzt hatte diese Mentalität auch die Nachkommen der Sieger von Sedan erreicht. Das persönlich erlebte »Gefühl von 1871«, der Stolz, zur Begründung eines »Reiches der Gottesfurcht und frommen Sitte« beigetragen zu haben, war entschwunden. Als der Eulenburg-Skandal ausbrach, war die Reichsgründergeneration seit wenigen Jahren aus den Schlüsselstellungen der Macht abgetreten. Bei den nachgeborenen Wilhelminern konnte sich moralische Arroganz auf keine historische Siegeserfahrung mehr berufen. Ruhe und Selbstsicherheit verwandelten sich, wie Joachim Radkau überzeugend argumentiert hat, zu Unsicherheit und Nervosität.[67] Der Generationenwechsel und das Gefühl, den alten Glanz durch keine eigenen Großtaten aufpoliert zu haben, stellte auch Maximilian Harden in der *Zukunft* fest, lasse die »ruhige Sicherheit deutschen Lebens« schwinden.[68] Vor dem Hintergrund dieser mentalen Krise wird erst verständlich, weshalb auch ein Liberaler wie Paul Michaelis im *Berliner Tageblatt* die Auffassung vertreten konnte, die moralischen Vorwürfe des Auslandes gegen das Deutsche Reich hätten auch »dann ihre Bedeutung, wenn wir selbst es besser wissen«.[69] Das Prestigedenken hatte in eine konzeptionelle und mentale Sackgasse geführt, aus der die Wilhelminer aus eigener Kraft nicht mehr zurückfanden.

Der Eulenburg-Skandal spitzte die Furcht vor Verfall und Verlust des ererbten Machtstaates bei den Epigonen des Reiches von 1871 zu. Diese Zwangsvorstellung kann auch den bizarren Hochmut erklären, noch im Unglück des »deutschen Skandals« etwas Besonderes, Auserwähltes, Singuläres sein zu wollen. »Preußen in Deutschland voran, Deutschland in der Welt voran. Dieses geflügelte Wort Bülows bewahrheitet sich nun nur zu bitter. Frankreich hatte seinen Halsbandprozess, England seinen Ehescheidungsprozess der Königin Karoline, aber was wollen jene Skandale besagen gegen den Prozess Moltke-Harden«, so eine typische Zeitungsstimme.[70] Selbst im

65 Weber, *France. Fin de Siècle*. Eine begriffsgeschichtliche Annäherung ist Koselleck, *Kritik und Krise*.

66 Berenson, *Madame Caillaux*, S. 11–12, 114–116.

67 Als »nervöse Wahrnehmung der Wirklichkeit« interpretiert diese Mentalität Radkau, *Nervosität*, S. 273–274. Ähnlich Doerry, *Übergangsmenschen*. Zur mentalen Krise und ihren politischen Implikationen bereits Stern, *The Politics of Cultural Despair*.

68 Einen internationalen Vergleich des Krisenbewusstseins bietet jetzt Charle, *La crise des sociétés impériales*.

69 *Berliner Tageblatt*, »Politische Wochenschau«, von Paul Michaelis, 27. Oktober 1907, BAL 7836.

70 *Leipziger Volkszeitung*, »Faul bis ins Mark«, 25. Oktober 1907, BAL 7836.

Gerichtssaal unternahm Maximilian Harden den Versuch, das überkommene moralische Überlegenheitsgefühl der Deutschen mit den Enthüllungen des von ihm ausgelösten Skandals in Einklang zu bringen. »Das Ausland kann, wenn es gerecht und vernünftig urteilen will, nur sagen: Deutschland ist ein Land wie andere, da kommen solche Dinge auch vor.«[71] Was wie ein Normalisierungs- und Entspannungsversuch im Sinne Ludwig Thomas klang, hieß im Umkehrschluss allerdings nichts anderes, als dass Deutschland bis zum Skandal kein Land wie andere gewesen war. Tatsächlich wollte Harden auch keinesfalls den Anspruch auf eine moralische Überlegenheit Deutschlands gegenüber seinen Nachbarn aufgegeben. Das Ausland, rief er voller Stolz aus, bestaune und bewundere in Wirklichkeit den Umgang der Deutschen mit ihrem Skandal. Dort sage man sich: »Es sind doch famose Kerle! Wie in Deutschland eingegriffen wird! Das ist ausgezeichnet! Wo würde das noch geschehen?«[72]

Solche Äußerungen waren Wasser auf die Mühlen von konservativen und reaktionären Blättern. In dem, was sie als moralische Selbstanklagen darboten, blitzte ebenfalls das tradierte Überlegenheitsgefühl von anno 1871 auf, nun aber gepaart mit nervöser Aggressivität. »Der Stolz auf die sittliche Höhe unseres öffentlichen Lebens, womit wir sonst, in sicherem Mut, auf die Degeneration in den führenden Kreisen Frankreichs und Englands herabschauen durften, ist ins Wanken gekommen«, stellte eine alldeutsche Zeitung so verunsichert wie überheblich fest.[73] Den Pariser Blättern sei gegönnt, schrieb Richard Nordhausen maliziös im *Tag*, es »der deutschen Presse [...] nun einmal gründlich mit barer Münze« heimzuzahlen. Der deutsche Journalismus habe jedoch nur seine »verdammte Pflicht und Schuldigkeit« getan, wenn er in der Vergangenheit »so oft und mit so tiefem Recht die Lasterhaftigkeit französischer Zustände gegeißelt« habe.[74] Chauvinistische Blätter gingen bald wieder in die moralische Offensive. »Es entspricht dem berechtigten nationalen Egoismus, der in allen anderen Nationen stark ausgeprägt ist, aber in dem neuen Deutschen Reiche noch keineswegs zur erwünschten Entwicklung gelangen konnte, dass man die eigenen Zustände und Leistungen grundsätzlich als die besten erachtet und an die ausländischen Verhält-

71 Friedländer, *Prozesse*, S. 4115–16.

72 Fortsetzung der Schlussrede Hardens im 2. Moltke-Harden-Prozess, BLHA 557.

73 *Rheinisch-Westfälische Zeitung*, »Der Kaiser und die Kamarilla«, 27. Oktober 1907, BAL 7836.

74 *Der Tag*, »Die Lüftung des Alkovens«, von Richard Nordhausen, 27. Oktober 1907, BAL 7836.

nisse und Vorgänge eine scharfe Kritik anlegt«, hieß es dort kaltschnäuzig.[75] Solche massenhaften journalistischen Vorwärtsverteidigungen konterkarierten die vereinzelt bleibende Entspannungsstrategie eines Ludwig Thoma, die auch heute in einem politischen Skandal von *political advisors*, *media consultants* und *spin doctors* tunlichst angeraten werden sollte, nämlich möglichst rasch und nachhaltig die moralische Fallhöhe zu senken. Die wilhelminischen Journalisten aber erhöhten sie noch. Aus diesem Grund führte die moralische Bloßstellung Deutschlands durch den Eulenburg-Skandal nicht zu mehr Bescheidenheit, Mäßigung und Demut in den internationalen Beziehungen, als deren elementarer Bestandteil vielen Zeitgenossen bereits die Presse galt,[76] sondern sie spitzte Gefühle moralischer Überlegenheit zu: Noch im Skandal glaubte der wilhelminische Deutsche etwas Besonderes zu sein.

3. Moralisierung der Politik, Polarisierung der Gesellschaft: Der politische Skandal

Gegenläufig zur Frontbildung nach außen, gegen die »hämische Freude des Auslandes«, spaltete der Eulenburg-Skandal die wilhelminische Gesellschaft im Innern in politische, regionale, religiöse und weltanschauliche Wertegemeinschaften.[77] Diese sozialmoralischen Milieus, wie sie sich mit älteren Wurzeln im 19. Jahrhundert ausbildeten, kämpften miteinander hart, unnachgiebig und rücksichtslos um die Sinngebung der Skandalenthüllungen, wie im Folgenden gezeigt wird.[78] Der Effekt gesellschaftlicher Zersplitterung in Deutungsgemeinschaften durch Skandale ist bisher kaum untersucht worden. Im Mittelpunkt historischer Skandalforschung standen bisher Skan-

75 *Volkskorrespondenz*, »Auslandslob«, 7. November 1907, BAL 7837.

76 Zum Wechselverhältnis von Diplomatie und Presse Geppert, *Pressekriege*. Konzeptionelle Vorüberlegungen bei Daniel, *Einkreisung und Kaiserdämmerung*. Zeitgenössisch: Böninger, *Die Presse und die internationale Verständigung*; Anonym [Fritz Walz], *Die Presse und die deutsche Weltpolitik*; Hötzsch, »Auswärtige Politik und Presse«, S. 160–172.

77 Zu Wertegemeinschaften und Wertewandel allgemein Greiffenhagen, Politische Legitimität, S. 218–220, 287–303. Zu religiösen Wertegemeinschaften im Kaiserreich siehe die Beiträge in Walser Smith, *Protestants, Catholics, and Jews*.

78 Zu den Milieus im Kaiserreich Bösch, *Das konservative Milieu*, S. 21–35.

dale, die die Gesellschaft gegen Normverletzer vereinten.[79] Sie wurden auch von traditioneller Politikgeschichte sporadisch einbezogen, wenn sie diplomatische Verwicklungen, Regierungskrisen oder wenigstens Parlamentsdebatten verursachten. Musterbeispiele aus dem Kaiserreich sind »Krüger-Depesche«, »Tausch-Skandal«, »Hunnenrede« und »Daily-Telegraph-Affäre«.[80] Bereits in älteren historischen Studien wurde das Kaiserreich deshalb als »Reich der Skandale« charakterisiert.[81] Eine treffende Bezeichnung, zumal die Wilhelminer über ein beachtliches historisches Skandalgedächtnis verfügten: »Wer zwanzig Jahre zurückdenken kann, wird sich auf die Enthüllungen der *Pall Mall Gazette* besinnen«, so verortete ein süddeutsches Blatt den Eulenburg-Skandal im Vergleich mit der *Maiden Tribute of Modern Babylon*-Kampagne des Starjournalisten William T. Stead gegen Kinderprostitution im viktorianischen London. »Und der Prozess des unglücklichen Oscar Wilde ist noch in aller Erinnerung.«[82] Aus der soziologischen und politikwissenschaftlichen Skandalforschung stammt der Befund, dass eine Gesellschaft dann besonders skandalträchtig ist, wenn sie über viele Offizialnormen verfügt, gleichzeitig aber einen freien Markt für Enthüllungen bietet, auf dem latente oder neue Konfliktlinien reaktionsfreudig werden können.[83] Historisch hergeleitet wurde dies vielfach an Fällen aus dem viktorianischen England, weshalb diese Grundannahme auch sehr gut auf das wilhelminische Deutschland übertragen werden kann. Nichts illustriert die ausgeprägte Erwartungshaltung der Wilhelminer auf Skandale besser als der Name einer ihrer beliebtesten politischen Satirezeitschriften: Der große »Kladderadatsch«, das war, womit viele von ihnen jederzeit rechneten.

Ein politischer Skandal kann als Verfehlung wichtiger politischer und gesellschaftlicher Persönlichkeiten und Institutionen bestimmt werden, die von den Medien enthüllt wird, worauf eine breite öffentliche Empörung

79 Einen aktuellen Theorieüberblick bietet Bösch, »Historische Skandalforschung«, S. 445–464.

80 Zur Daily-Telegraph-Affäre Winzen, *Das Kaiserreich am Abgrund*; Cole, »The Daily-Telegraph Affair«.

81 Rogge, »Affairen im Kaiserreich«. Auch die ältere Verfassungsgeschichtsschreibung stellt die Skandalanfälligkeit des wilhelminischen Reiches heraus. Vgl. Huber, *Verfassungsgeschichte IV*.

82 *Badische Landeszeitung*, »Freispruch im Prozess Harden-Moltke«, 29. Oktober 1907, GStA 49839. Einen direkten Vergleich zwischen dem Eulenburg-Skandal und dem Skandal um Napoleons Minister Cambacérès, der dafür gesorgt hatte, dass Sodomie im Code Napoleon nicht mehr als Straftatbestand auftauchte, zog Iwan Bloch, »Ein Pariser Skandal aus dem Jahr 1830«, in: *Zeitschrift für Sexualwissenschaft* 1908.

83 Hondrich, *Enthüllung und Entrüstung*, S. 46–47, 101.

eintritt. Zu beobachtender Effekt ist, dass die Gesellschaft sich – temporär – gegen die offenkundigen Verletzer von Verfassungen, Gesetzen und Offizialnormen vereint.[84] Die angeprangerten Normbrecher müssen sich dem Sturm des Skandals beugen, Buße leisten oder abtreten.[85] Immer wieder ist jedoch auch der gegenteilige Effekt politischer Skandale zu beobachten: Gesellschaften zersplittern in sich gegenseitig bekämpfende Deutungsgemeinschaften, mitunter über Jahre und Jahrzehnte, wie die Dreyfus-Affäre belegt. Es macht daher Sinn, politische Skandale von ihrer Wirkung her in gesellschaftsvereinende und gesellschaftszersplitternde Skandale zu differenzieren. Während beim ersten Typus Konflikte neu entstehen, die sich fast ausschließlich um Verquickungen von Macht, Geld und Sex drehen, wie der britische Politikwissenschaftler John B. Thompson analysiert hat,[86] kommen beim zweiten Typus lange schwelende gesellschaftliche Konfliktlinien zum Ausbruch und zur Verhandlung.[87] Damit erfüllen vor allem die polarisierenden politischen Skandale eine wichtige soziale Funktion: Sie transformieren die Anklage von Mißständen, die über das Individuelle, Lokale und Temporäre hinausgehen, in eine öffentliche Form, die zwar nicht die Beseitigung der Mißstände garantiert, aber zur Selbstvergewisserung der Moral wichtig ist, die eine Gesellschaft zusammenhält.

Besonders gut gezeigt werden kann diese Funktion an den Debatten des Eulenburg-Skandals, die sich mit dem empfundenen moralischen Verfall des Kaiserreiches beschäftigten. Denn anders als im Abwehrdiskurs mit ausländischen Deutschland-Kritikern, im vorigen Kapitel in den Blick genommen, wurde im Binnendiskurs die Dekadenz der Nation geradezu feierlich beschworen. Selbst für jeder *moral panic* unverdächtige Blätter wie die *Freisinnige Zeitung* enthüllte der Skandal »Verkommenheit oben wie unten«, in der »guten Gesellschaft« wie in der »Hefe des Volkes«.[88] Eine interessante

84 Zur temporären Stimulanz von Gesellschaften durch Ereignisse siehe Brüggemeier, »Eine virtuelle Gemeinschaft«, S. 631–635.

85 Hondrich, *Enthüllung und Entrüstung*, S. 59. Dies gilt mit Modifikationen auch für Diktaturen. Vgl. Sabrow, *Skandal und Diktatur*.

86 Thompson, *Political Scandal*. Sozialwissenschaftliche Skandaltheorien bieten: Ebbinghausen/Neckel, *Anatomie des politischen Skandals*; Käsler, *Der politische Skandal*; Neckel, »Das Stellhölzchen der Macht«; Schmitz, *Theorie und Praxis des politischen Skandals*.

87 Vgl. zu diesem Konzept bereits Domeier, »Im Reich der Skandale«. Zu einer ähnlichen Differenzierung in politische »Skandale« und moralische »Affären« ist jetzt auch eine französische Forschergruppe gekommen. Vgl. Domeier, Rezension zu: Boltanski u.a., *Affaires, scandales et grandes causes*. In: H-Soz-u-Kult, 12. November 2007. http://hsozkult.geschichte.hu-berlin.de/rezensionen/2007-4-121.

88 *Freisinnige Zeitung*, 28. Oktober 1907, BAL 7836.

Bestandsaufnahme der Dekadenz Deutschlands im Jahr 1907 bot von ultrakonservativ-religiöser Warte der *Reichsbote*: »Wo alles aufs Äußerliche gestellt ist, wo in allen Schichten, unter Beamten und Offizieren wie in Handels- und Arbeiterkreisen feiles Strebertum, rücksichtsloseste Erwerbs- und Genußsucht herrscht, der Kampf ums Dasein bis aufs Blut durchgekämpft wird, Ewigkeitsmomente völlig zurücktreten, Religion, Kirchlichkeit und Sitte ganz abgetan, im besten Falle ein Produkt der Erziehung und Gewöhnung sind, da ist der Boden für alle Laster geebnet. Materialismus und Mystik, grober Realismus und weichliche Romantik, ein sinnliches Genießertum und ein weibliches Ästhetentum, Hyperkultur und Unnatur, sie gedeihen auf solchem Boden und zersetzen das Volk.«[89]

Mochten solch antimodernistische Diagnosen voller innerer Widersprüche sein, finden sie sich nach weltanschaulichem Standpunkt variiert doch in den meisten deutschen Zeitungen jener Zeit. War sich die Presse im Binnendiskurs des Eulenburg-Skandals über die Dekadenz Deutschlands einig, brach hingegen über die Schuldfrage, welche »moralischen und pathologischen Defekte einzelner Schichten« verantwortlich zu machen wären, ein erbitterter Streit aus.[90] Konservative Blätter glaubten, das Problem in den unteren Klassen verorten zu können, denn dort habe »die sittliche Verlotterung weit um sich gegriffen, seit überall die Autorität der christlichen Kirche, der Bibel und des Christentums zerstört und die naturalistische Weltanschauung von fast allen Zeitungen gepredigt wird.« Die Hauptschuld an der sexuellen Entartung Deutschlands wurde den Sozialdemokraten zugewiesen, Zuhälter, Erpresser und »männliche Dirnen« gehörten schließlich dem Proletariat an, auf das die Partei doch seit Jahrzehnten sittlich und erzieherisch einwirke.[91] Dabei gelinge es ihr nicht einmal, höhnte die *Volkskorrespondenz*, »ihre Anhänger einer rationellen Körper- und Gesundheitspflege« zuzuführen. Die besten Bundesgenossen der SPD seien Schnaps und Nikotin, um durch »eine Verweichlichung und Entmännlichung unseres Volkes« zur Macht zu gelangen: »Sie fördert praktisch den Feminismus«. Das ultrakonservative Blatt ging noch weiter: »Von der Geburt an wird das Kind und später der Jüngling durch die Bestimmungen der Gewerbeordnung geschützt [...] Für die Frauen werden wir demnächst die Einführung des 10-stündigen Arbeitstages erleben. Das Maß der Anforderungen wird täglich heruntergesetzt. Das Verantwortungsgefühl wird durch Versicherungen herab-

89 *Der Reichsbote*, »Zeichen der Zeit«, 29. Oktober 1907, BAL 7836.

90 *Kölnische Zeitung*, »Der Prozess Moltke-Harden«, 25. Oktober 1907, BAL 7836.

91 *Der Reichsbote*, 27. Oktober 1907, BAL 7836.

gemindert, die von Geburt an laufen und den Arbeiter, seine Angehörigen und seine Hinterbliebenen in jeder Lebenslage sichern.« Schuld an Dekadenz und sexueller Perversion Deutschlands, so das Fazit, war also auch die moderne Sozialgesetzgebung.[92]

In Darstellungen der wilhelminischen Epoche werden solche Dekadenzdebatten, wenn sie überhaupt zur Kenntnis genommen werden, als Irrationalitäten, Kuriositäten und Absurditäten, bestenfalls als typische *Fin de siècle*-Larmoyanz abgetan.[93] In dieser politischen Kulturgeschichte werden sie ernst genommen, zumal der Eulenburg-Skandal eine völlig neue soziale Konstellation schuf. Denn die moralischen Schuldzuweisungen an die Unterschichten, wie sie an repräsentativen Beispielen geschildert wurden, waren verzweifelte Abwehrversuche: Der Eulenburg-Skandal stellte die traditionelle Dichotomie von moralisch integrer, vorbildlicher Herrschaftselite und zu zivilisierender Masse, die das Fundament der Standardwerke zeitgenössischer Dekadenztheorie von Tarde über Le Bon, Nordau und Nietzsche bis zu Lombroso bildete, auf den Kopf.[94] Er enthüllte nicht Verfehlungen der, in kulturpessimistischer Terminologie, »Allzuvielen«, »Vielzuvielen« und »Dutzendmenschen«, oder, in sozialkritischer Sprache, des »Pöbels«, des »Proletariats« und der »Hefe des Volkes«, sondern der »Edelsten der Nation« (Wilhelm II.).[95]

In bisher kaum gekanntem Maße wurde durch den Eulenburg-Skandal der Dekadenzvorwurf gegen die aristokratische Herrschaftselite des Kaiserreiches gerichtet. »Eine solche Bloßstellung der führenden Schichten unseres Volkes«, musste der obrigkeitstreue *Reichsbote* einräumen, »steht selbst in unserer Zeit der Sensationen und Skandale völlig vereinzelt da.« Die zu Führern des Volkes bestimmten Aristokraten seien zu seinen Verführern degeneriert, weshalb von nun an die Kirchen ihre Innere Mission »nicht nur an der Hefe, sondern auch auf den Höhen« der Gesellschaft betreiben müssten.[96] Die sozialdemokratische Presse konnte ihre Verblüffung nicht verbergen, dass plötzlich die »Herrschaften, die die sittliche Weltordnung gegen uns verteidigen möchten«, moralisches Agitationsmaterial gegen sich selbst her-

92 *Volkskorrespondenz*, »Feminismus«, 22. November 1907, BAL 7837.

93 Eine Ausnahme ist Radkau, *Nervosität*, S. 296, 461.

94 Vgl. Pick, *Faces of Degeneration*; Barrows, *Distorting Mirrors*; die Einleitung von George L. Mosse zu Max Nordau, Degeneration, Lincoln 1993. Zum Einfluß der Dekadenztheorien auf die Entwicklung der deutschen Kriminalwissenschaft Wetzell, *Inventing the Criminal.*

95 Penzler, *Die Reden Kaiser Wilhelms II.*; Schroeder, *Das persönliche Regiment.*

96 *Der Reichsbote*, »Zeichen der Zeit«, 29. Oktober 1907, BAL 7836.

beischafften.[97] In der aristokratischen Führungsschicht, verkündete der *Vorwärts* unter der bezeichnenden Schlagzeile »Ein Kultur- und Sittenbild«, herrschten offenkundig bereits »türkische Zustände« wie im zerfallenden Osmanischen Reich. Über die Enthüllungen des Eulenburg-Skandals, triumphierte das Leitorgan der Sozialdemokratie, werde die spezifisch deutsche Mentalität, es als Ehre und Gottesgnade zu betrachten, von Junkern »geleithammelt« zu werden, ein für allemal zu Grunde gehen.[98] Selbst gutbürgerliche Zeitungen gingen nun zum moralischen Klassenkampf über. »Die Bilder sittlicher und geistiger Verwahrlosung in höchsten Gesellschaftskreisen bezeugen mit erschütternder Gewalt die dringende Notwendigkeit unseres Kampfes für die Erhaltung eines gesunden Mittelstandes.« Der »Verlotterung der sogenannten oberen Zehntausend« entgegenzutreten, machte nach Meinung der *Münchener Post* keinen Sinn mehr: »Quell der Gesundheit und Erneuerung unseres Volkstums« könne nur noch der Mittelstand sein.[99] Sittlich *und* politisch werde sich Deutschland nun endlich, war das *Berliner Tageblatt* überzeugt, »von den Einflüssen der unverantwortlichen Kreise, die im Reich und in Preußen den Ton angeben« emanzipieren. Die demokratische Zeitung forderte die Reichstagsparteien auf, entschiedener denn je auf die Parlamentarisierung des Deutschen Reiches zu dringen, auf Dauer würden die Menschen nur noch eine konstitutionelle Monarchie tolerieren.[100]

Als härteste moralische Kritiker der Führungsschicht des Reiches behaupteten sich die Alldeutschen. Die *Rheinisch-Westfälische Zeitung* sah das Prestige der Monarchie durch den Eulenburg-Skandal fast aufgezehrt: »Welcher Mensch von Charakter kann für eine Regierung eintreten, die derartige Zustände einreißen lässt, die Staatstreue und Gesinnung solchen Belastungsproben aussetzt? Noch hält die aufgespeicherte Kraft vor, erneuerter Missbrauch wird sie immer rascher abnehmen lassen. Der innere Zusammenhang wird gelöst, das Wesen des Staates bedenklich verändert.« Deutschland befinde sich, schwor das Blatt seine Leser ein, in einer historischen Situation wie 100 Jahre zuvor in Jena und Tilsit:

97 *Leipziger Volkszeitung*, »Sumpf!«, 24. Oktober 1907, BAL 7836.

98 *Vorwärts*, »Ein Kultur- und Sittenbild«, 24. Oktober 1907, BAL 7836. Die moralische Deutung des Eulenburg-Skandals aus sozialdemokratischer Sicht spiegelt ausführlich: Buchhandlung Vorwärts, *Sodom und Gomorrha*.

99 *Münchener Post*, »Mittelständische Betrachtungen zum Moltke-Harden Prozess«, 2. November 1907, BAL 7837. Zu spezifisch bürgerlichen Wertvorstellungen Hettling/Hoffmann, »Der bürgerliche Wertehimmel«.

100 *Berliner Tageblatt*, »Politische Wochenschau«, von Paul Michaelis, 27. Oktober 1907, BAL 7836.

»Auch damals begann die Korruption von oben [...] Zweierlei ist in der Volkspsyche durch das Unwesen, das der [1. Moltke-Harden-]Prozess enthüllt hat, mit einem Schlage zerstört worden. Moralische Werte, d.h. das Vertrauen in die Integrität der leitenden Kreise, in ihr Pflichtgefühl. An deren Stelle treten Pessimismus, Unlust und Verdrossenheit. Wozu mitarbeiten, wenn Kamarilla- und Cliquenwesen am Ende doch den Ausschlag geben? Andererseits wird wieder ein gut Teil Illusion zerstört. Man sieht, dass kleinliches Menschentum in den höchsten Regionen sich breit macht, dass die Geschicke des Staates von Menschen geleitet werden, denen nichts Menschliches fremd ist: die nebelige Hofluft weicht, die den Blick des ›Untertanen‹ verschleiert, und der unten Stehende sieht die Halbgötter nicht besser als gewöhnliche Sterbliche [...] Angehörige der ersten Kreise, aus denen die Würdenträger und höchsten Beamten genommen werden, Leute, die sich gerne als Stütze von Thron und Altar bezeichnen, und durch ihr Tun weite Kreise gegen beide aufreizen, Leute die durch äußere Frömmigkeit und Kirchenbesuch zeigen, dass sie mithelfen wollen, dem Volke die Religion zu erhalten, und durch ihr Leben Religion und Moral verletzen, Leute, die sich für die Besten und Edelsten der Nation halten, und im Bewusstsein ihrer Untadeligkeit auf die weniger Wohlgeborenen herabzusehen pflegen, Leute, die allein würdig erachtet werden, Vermittler zwischen Volk und Monarch zu sein, und dabei nur die Entfremdung verursachen.«

Die einzige Überlebenschance der Monarchie sahen die radikalen Imperialisten in ihrer Umwandlung in eine »Volksmonarchie«.[101] Gemeint war damit jedoch nicht etwa eine konstitutionelle Monarchie britischer oder französischer Prägung, wie sie Liberalen und Demokraten vorschwebte, sondern ein autoritärer Führerstaat, dessen Eliten nach sozialdarwinistischen Gesichtspunkten ausgewählt werden sollten.[102]

Moral, das zeigen diese Diskurse, ist eine vergessene *politische* Konfliktlinie des wilhelminischen Deutschland. Traditioneller Politik- und Sozialgeschichtsschreibung erscheinen sie irrelevant, unseriös oder absurd. Aber auch Kulturhistoriker haben über diese Debatten hinweggelesen, vielleicht, weil sie nach den moralischen Maßstäben der eigenen Zeit einen *haut goût* des Abgeschmackten, Peinlichen und Grotesken besitzen.[103] Die moralische Zerrissenheit der wilhelminischen Gesellschaft – Wilhelm II. appellierte 1914 nicht von ungefähr mit dem Satz, er kenne jetzt keine Parteien mehr, sondern nur noch Deutsche, an die *moralische* Geschlossenheit der Nation

101 Rheinisch-Westfälische-Zeitung, »Silhouetten«, 29. Oktober 1907, BAL 7836. Ähnlich auch *Augsburger Abendzeitung*, 31. Oktober 1907, BAL 7837.

102 Zu den politischen Konzepten der Alldeutschen Chickering, *Pan-German League*.

103 Dass kein sozialer Konflikt ohne moralische Konnotation ausgetragen werden kann betont Honneth, *Zur moralischen Grammatik sozialer Konflikte*. Vgl. von pädagogischer Warte Krettenauer, »Moralische Emotionen und Gewißheit«.

– wirft auch ein anderes Licht auf das in der Forschung nach wie vor umstrittene Problem der deutschen »Dauerkrise« nach dem Sturz Bismarcks 1890.[104] Zwar macht bereits die Logik es schwer, von einer dauernden Krise zu sprechen, überzeugend ist jedoch argumentiert worden, dass keine objektiv fassbare Krise gemeint ist, sondern das Bewusstsein, in einer Krise zu stecken.[105] Der durch den Eulenburg-Skandal ausgelöste »Krieg aller gegen alle«, wie es der *Reichsbote* nannte, macht die Dauerkrise als moralische Sinnkrise kenntlich, die die politischen Kämpfe des Kaiserreiches überwölbte wie eine morsche Saaldecke die unter ihr stattfinden Saalschlachten (vgl. Abb. 6).[106]

Für die Skandaltheorie ist der Effekt gesellschaftlicher Zersplitterung entscheidend, wie ihn dieser repräsentative Ausschnitt aus dem Dekadenzdiskurs des Eulenburg-Skandals deutlich gemacht hat. Denn derartig scharfe Polarisierungen passen nicht zur gängigen Definition des politischen Skandals, die von einem temporären Zusammenschluss der Gesellschaft gegen Normverletzer ausgeht. Hier wird deshalb argumentiert, dass der Effekt der Zersplitterung einer Gesellschaft in sich bekämpfende Deutungsgemeinschaften eine wichtige Variante des politischen Skandals bildet. Auf ähnliche Weise hat Martin Sabrow – im historischen Kontext von Diktaturen – von »Fundamentalskandalen« gesprochen, die das geltende Normengefüge in Zweifel ziehen, eine Gegenöffentlichkeit konstruieren und der Gesellschaft eine alternative politisch-moralische Werteordnung entgegenstellen. Von ihm kommt auch der wichtige Hinweis, dass sich immer erst retrospektiv feststellen lässt, ob ein Skandal herrschaftsbedrohend oder systemstabilisierend gewirkt hat.[107] Zum besseren Verständnis des polarisierenden politischen Skandals lässt sich zudem die von Thomas Loué eingeführte Unterscheidung in Meta-Skandal und Sub-Skandale nutzbar machen. Im »Meta-Skandal Dreyfus« hat Loué etwa die Sub-Skandale Esterhazy, Zola und Henry ausgemacht. Durch eine solche Präzisierung kann in der Tat entdeckt werden, dass in Sub-Skandalen oftmals andere politisch-moralische Streitpunkte verhandelt werden, als ein nur auf den Meta-Skandal fokussierter Blick freigibt.[108] Durch eine solche Differenzierung ist zudem die häufig verwirrende Gegenläufigkeit der Deutungskämpfe in politischen Skandalen zu fassen. Schließlich kann auf diese Weise dargestellt werden, dass in einem

104 Das Phänomen der Dauerkrise ist ebenfalls für Frankreich nach 1871 festgestellt worden. Berenson, *Madame Caillaux*, S. 11–12, S. 114–116.

105 Zur wilhelminischen Dauerkrise Kap. V.

106 *Der Reichsbote*, »Zeichen der Zeit«, 29. Oktober 1907, BAL 7836.

107 Sabrow, »Politischer Skandal und moderne Diktatur«, S. 30–32.

108 Loué, »L'affaire Dreyfus«, S. 220–222.

politischen Skandal Werte *gleichzeitig* legitimiert und delegitimiert, alte Weltbilder zerstört und neue Sinnstiftungen vollzogen werden können (vgl. Kap. IV und V). Politische Skandale können so vielschichtiger und komplexer gedacht und erforscht werden. Der Eulenburg-Skandal begann etwa mit einem klassischen *Power, Money, Sex*-Normbruch, ab einem bestimmten Zeitpunkt trat dieser, über den sich eine Gesellschaft schnell einig ist, jedoch zugunsten der Aushandlung strittiger Grundfragen des gesellschaftlichen Zusammenlebens im späten Kaiserreich zurück.[109] Gesellschaftsvereinende und gesellschaftszersplitternde Elemente können sich demnach in ein und demselben politischen Skandal verschränken. Entscheidend für die Skandalforschung ist, ihre jeweilige *temporäre* Stärke und Bedeutung im konkreten historischen Kontext herauszuarbeiten. Praktisch bedeutet dies, historische Skandale in Meta- und Subskandale zu zergliedern und ihre Diskurse sowohl miteinander als auch mit dem allgemeinen geschichtlichen Umfeld in Beziehung zu setzen und zu analysieren.

Dabei ist zu beachten, dass der Abstraktionsgrad der Diskurse, die eine Gesellschaft polarisieren, ungleich höher ist als die Aushandlung einfacher Normbrüche. Die zeitgenössische Deutung von Maximilian Hardens publizistischem Angriff auf das wilhelminische Herrschafts- und Gesellschaftssystem als »Kampagne der halben Worte« (vgl. Kap. II.1) macht dies gut deutlich, denn sie betraf Politik als Ganzes. Wie in der Dreyfus-Affäre wurden auch im Eulenburg-Skandal Grundwerte der Nation verhandelt.[110] In Frankreich wurde Hardens »révélation de mœurs honteuses« daher auch sofort als eine »action politique« verstanden, die wegen ihrer fundamentalen Bedeutung in ganz Europa »une vive et légitime surprise« auslösen werde, wie André Mévil im *Echo de Paris* früh ahnte.[111] Es mag paradox klingen, aber in einer holistischen Vorstellung von Politik kann diese offenkundig nicht mehr politisch, sondern nur noch moralisch gefasst werden. Anders können die im Eulenburg-Skandal vielfach artikulierten Metaphern von einer Reinigung der Nation kaum interpretiert werden; etwa wenn Hardens

109 Vgl. Becker, *Wandel des Grundsätzlichen im Lichte von Zeitkritik*. Zur Kunst, existenzielle Situationen öffentlich zu reflektieren und auszudrücken siehe Frevert/Haupt, *Der Mensch des 19. Jahrhunderts*, S. 17.

110 Ohne weitere konzeptionelle Überlegungen zur besonderen Qualität solcher Skandale anzuschließen stellt diese Dynamik bereits heraus: Gödde-Baumanns, »Dreyfus-Affäre«. Dass Skandale politischen Umbrüchen vorausgehen implizit bei VanKley, *The Damiens Affair and the Unraveling of the »Ancien Régime«*.

111 Echo de Paris, »Les origines et le but de la campagne de M. Harden«, von André Mévil, 28. Oktober 1907, PAAA.

Rechtsanwalt Max Bernstein vor Gericht forderte, es müsse ein Ergebnis des Skandals sein, den Menschen wieder das Gefühl zu geben, dass sie, wenn sie in den »Raum des Deutschen Reiches eintreten, in einen reinlichen und sauberen Raum eintreten«.[112] Gegen Ende des 19. Jahrhunderts wurden Sauberkeit und Sittlichkeit in einem engen Zusammenhang gesehen. Die tadellose Sauberkeit von Kleidung, Haaren und allen sichtbaren Körperteilen galt als Prüfstein für die Moralität des Individuums.[113] Der individuelle Reinlichkeitsanspruch übertragen auf Staat, Nation und Gesellschaft ist ein Beleg für die spezifisch moralische Qualität, die der Eulenburg-Skandal gewann.

Abb. 6. Der Eulenburg-Skandal zerreißt die Gesellschaft in sich bekämpfende Deutungsgemeinschaften. Quelle: Kladderadatsch, *3. November 1907, S. 735.*

Nicht zuletzt wegen des politischen Ganzheitsanspruches und des damit einhergehenden Abstraktionsgrades vieler seiner Debatten wurde der Eulenburg-Skandal von Zeitgenossen als historisches Ereignis verstanden. Der Berliner Historiker und Publizist Hans Delbrück klagte über die »grauenhaf-

112 Friedländer, *Prozesse*, S. 4094–95.

113 Döcker, *Ordnung der bürgerlichen Welt*, S. 116.

te moralische Verwüstung« der »deutschen Volksseele«, die er verursacht habe.[114] Den Wiener Gesellschaftskritiker und Publizisten Karl Kraus erregte der moralische Gehalt der Skandaldebatten so sehr, dass er sein weltberühmt gewordenes Verdikt »von den Deutschen, die das Volk der Richter und Henker sind« fällte.[115] Karl Kraus' Intervention aus der Hauptstadt Österreich-Ungarns verweist zudem auf die Bedeutung der Außensicht auf Nationen und Gesellschaften in politischen Skandalen. Neben divergierenden Effekten – Vergemeinschaftung oder Polarisierung – kann hier schließlich noch ein zweites Differenzierungsmerkmal unter politischen Skandalen ausgemacht werden.[116] Zweifellos interessieren sich Medien für politische Skandale in einem anderen Land, wenn die Verquickung von Macht, Sex und Geld spektakulär genug ist. Ihr *setting* ist jedoch stets dasselbe und international austauschbar: Minister, denen Machtmissbrauch, Bestechlichkeit oder Liebesaffären nachgewiesen werden, das ist trotz aller Kulturrelativität in jeder Gesellschaft zu haben. Entfaltet ein politischer Skandal jedoch eine polarisierende Wirkung, wird er aus der Außenperspektive schnell als repräsentativ für die Gesellschaft angesehen, in der er sich abspielt. Aus diesem Grund wuchs sich der Eulenburg-Skandal etwa in der britischen Presse vom »Hofskandal« über den »Berliner Skandal« und »preußischen Skandal« zum »deutschen Skandal« aus.[117] Je stärker das nationale Prestige tangiert wurde, desto mehr verschränkten sich im Eulenburg-Skandal Außen- und Innensicht, Fremd- und Selbstwahrnehmung *transnational* (vgl. Kap. III.3). Deshalb taten deutsche Zeitungen, welche die Zuspitzung des Skandals im Ausland zum repräsentativen Ereignis »deutschen Lebens« mit Schrecken registrierten, alles, um ihre Leser über Inhalt und Ausmaß der Fremdwahrnehmung zu beruhigen, wenn nicht zu täuschen. Die englische Presse, versicherte die *BZ am Mittag* ihrem Publikum, glaube nach wie vor, dass »die deutsche Nation durchaus männlich und gesund ist«.[118] Die Skandalenthüllungen, verharmloste die *Kölnische Zeitung*, würden in England nur als »Punkte schmut-

---

114 Hans Delbrück, *Preußische Jahrbücher* 132 (1908), S. 551.

115 Karl Kraus, »Die deutsche Schmach«, in: *Die Fackel*, 9. Mai 1908, S. 1.

116 Konzeptionelle Überlegungen zu Wirkungen von Skandalen in Schütze, *Die Kunst des Skandals*; ders., *Skandal. Eine Psychologie des Unerhörten*. Vgl. auch seine Einleitung zu Schoeps, *Der politische Skandal*.

117 *The Times*, »The Court Scandals in Berlin«, 4. Juni 1907; »The Berlin Scandals«, 9. Juni 1907; »The Prussian Court Scandals«, 27. Oktober 1907; »The Prussian Scandals«, 23. April 1908. *Le Temps*, »Grave et mystérieuse affaire de cour à Berlin«, 30. Mai 1907. *New York Times*, »Refuses to hold Editor Harden«, 23. Juni 1907.

118 Mit Verweis auf die *Times*: *BZ am Mittag*, »Unparteiische Stimmen in England«, 28. Oktober 1907, BAL 7836.

zigen Schaums auf dem Meeresspiegel des deutschen sozialen Lebens« angesehen, die nichts an der englischen Überzeugung von der »tiefen, stetigen Reinheit des Lebenswandels der deutschen Nation« zu ändern vermöchten.[119] Solche Selbstberuhigungen, meist durch eine selektive Auswahl ausländischer Pressestimmen erzeugt, konnten allerdings nur kurzzeitig über die massive Deutschland-Kritik hinwegtäuschen. Auch in schöngefärbten Auslandspresseschauen musste bald eingestanden werden: »Es fehlt nicht an Andeutungen über eine Dekadenz im deutschen Volke«.[120] Beim »Erbfeind« Frankreich war die Befriedigung über den Fall der Deutschen von ihrem hohen moralischen Ross durch den Eulenburg-Skandal so groß, dass das »Triumphgeschrei aus Paris« in Deutschland nicht lange überhört werden konnte, etwa wenn der *Figaro* mit der Schlagzeile »Da habt ihr das züchtige Deutschland!« aufmachte.[121] »In England und Frankreich«, entrüsteten sich nun selbst behäbige deutsche Provinzzeitungen, »leitartikeln sie bereits über Deutschlands Niedergang!«[122] Moralische Rechtfertigungen lieferte die französische Presse meist gleich mit, wie der *Radical*, der seine Attacken auf das deutsche Prestige damit begründete, dass auch die bekannten »deutschen Puritaner und Sittenrichter« keine Gelegenheit verstreichen lassen, das französische Volk zu besudeln (vgl. Kap. II.2).[123]

Doch nicht nur bei Frankreich und Großbritannien, den beiden Hauptkonkurrenten im imperialistischen Wettkampf um den Platz an der Sonne, fand die deutsche Presse blanken Hass. Diplomatische und moralische Isolation des Deutschen Reiches bedingten einander, wie jetzt bewusst wurde. Tschechen und Polen, meldete die *Post*, betrachteten den Eulenburg-Skandal als »gefundenes Fressen« und »natürlich wird verallgemeinert: So sieht die deutsche Kultur im Reiche aus, so geht es in der Umgebung des Kaisers

119 Mit Verweis auf den *Daily Telegraph: Kölnische Zeitung*, »Moltke-Harden«, 31. Oktober 1907, BAL 7837.

120 *BZ am Mittag*, »Unparteiische Stimmen in England«, 28. Oktober 1907, BAL 7836. Die kurzzeitige Schönfärberei zwischen deutscher und englischer Presse nach dem 1. Moltke-Harden-Prozess im Herbst 1907 war auf den anstehenden Besuch des deutschen Kaiserpaares in England zurückzuführen.

121 *Augsburger Abendzeitung*, »Beleidigungsprozess Moltke-Harden«, 29. Oktober 1907, BAL 7836.

122 *Badische Landeszeitung*, »Freispruch im Prozess Harden-Moltke«, 29. Oktober 1907, GStA 49839.

123 *Vossische Zeitung*, »Der ›Radical‹ zum ›Berliner Skandal-Prozess‹«, 26. Oktober 1907, BAL 7836.

Wilhelm zu!«[124] Beim Dreibundpartner Italien entdeckten deutsche Journalisten bereits den moralischen Verrat am Bündnis: »Da liest man von den besudelten Fahnen der deutschen Armee, von dem Anfang des Verfalls des Reiches, von dem verblassten Ruhm der deutschen Nation, und was dergleichen generalisierende Übertreibungen mehr sind. Daneben wird die größere moralische Reinheit der lateinischen Völker proklamiert, den Deutschen wird das Recht abgesprochen, moralische Eroberungen in der Welt zu machen.«[125] Diesen infiniten Regress transnationaler moralischer Rückkopplungen, wie er typisch für gesellschaftszersplitternde Skandale scheint, zeigt der Eulenburg-Skandal sehr deutlich. Bereits durch einen vermuteten Prestigeverlust Deutschlands im Ausland wurde für Wilhelminer »der Glaube an unsere innere Festigkeit und an eine starke einheitliche Regierungsgewalt« erschüttert.[126] Direkte Folge waren Diagnosen, die als Ausweg nur noch einen kriegerischen Befreiungsschlag sahen. »Es gibt angesehene Zeitungen des Auslandes, die bereits zwischen den Zeilen durchblicken lassen, unser Volk, das Volk des großen Krieges, sei wurmstichig geworden und es müsse ein leichtes sein, es jetzt über den Haufen zu rennen. So wird der ›deutsche Skandal‹, der angeblich nur deshalb aufgedeckt wurde, um unsere Politik vor Gefahren zu behüten, zu einer Gefahr für den Frieden.« Die durch den Eulenburg-Skandal beförderte moralische Sinnkrise des Kaiserreiches ging mit dem internationalen Prestigeverlust eine explosive Verbindung ein. Die Panikreaktion stammte nicht von irgendeiner Zeitung, sondern von den mit wilhelminischer Diplomatie und Politik eng vernetzten *Hamburger Nachrichten*, dem ehemaligen Leibblatt Bismarcks.[127]

Während viele politische Skandale und ihre vergleichsweise simpel gestrickten Normbrüche bis heute mit den Meinungen von »Experten« auskommen, verlangen politische Skandale, die ganze Gesellschaften zersplittern und im Ausland als repräsentativ für eine Nation angesehen werden, nach intellektueller Deutungsmacht. Die Moralisierung wilhelminischer Politik war eine Kunstform, die kein zweiter Intellektueller beherrschte wie Maximilian Harden.

124 *Deutsche Zeitung* (Wien), zit. in *Die Post*, »Der Harden Prozess«, 27. Oktober 1907, BAL 7836.

125 *Kölnische Volkszeitung*, »Ein Beschwichtigungshofrat«, 6. November 1907, BAL 7837.

126 *Der Reichsbote*, »Mahnung für die Zukunft«, 2. November 1907, BAL 7837.

127 *Hamburger Nachrichten*, »Der Skandal«, 19. Mai 1908, BAL 7838. Eine Kritik an der Wirkung von Skandalen ist Silbermann, »Vom Skandal und dem Mythos der öffentlichen Meinung«, S. 37–51.

4. Die Zuspitzung intellektueller Deutungsmacht im Skandal: Der Intellektuelle wird Politiker

Wie die Dreyfus-Affäre in Frankreich geriet der Eulenburg-Skandal in Deutschland zum Manifest intellektueller Macht. Mit Staunen sahen die deutschen Intellektuellen, wie Maximilian Harden, ähnlich Émile Zola, allein durch den Appell an das Urteil der Öffentlichkeit die traditionellen Machthaber so erfolgreich herausforderte, dass die Trennung von Geist und Macht vor aller Augen aufgehoben war. Eine Zeitlang verwirklichte er damit »das Ideal alles Civilisationsliteratentums«, wie Thomas Mann anerkennend schrieb, als er im Ersten Weltkrieg an den *Betrachtungen eines Unpolitischen* arbeitete: die »Vereinigung von Literatur und Politik«. Den Eulenburg-Skandal würdigte Mann als »politisch-symbolischen Zeitkonflikt ersten Ranges«, in dem Harden als Speerspitze der deutschen Intellektuellen »die sieghafte, demokratische Modernität [...] gegen den sinkenden Feudalismus vertrat«.[128] Nichtsdestotrotz ist es in der Intellektuellengeschichte nach wie vor herrschende Meinung, dass Intellektuelle unmöglich Politiker sein können – weil Worte keine Taten seien. Im besten Fall ist von »politischen Intellektuellen« oder »Intellektuellen in der Politik« die Rede, selten aber wird ein Intellektueller als vollwertiger Politiker verstanden.[129] Ein Grund ist das fragwürdige etatistische Politikverständnis, dem die meisten Intellektuellenstudien anhängen. Danach gehöre zum Politikerstatus »politische Verantwortung«, die jedoch nur aus einem Staatsamt abgeleitet werden könne.[130]

Der transhistorische Blick auf den Intellektuellen als Stimme von Opposition und Verneinung und die essentialistische Vorstellung von sich ewig gleicher Politik sind zwei Seiten einer Medaille. In dieser Kulturgeschichte der Politik wird dagegen gefragt, *was wann warum wie* und *von wem* für politisch oder unpolitisch gehalten wurde. Politik und Politiker, Intellektualismus und Intellektuelle werden nicht als zeitlose, ahistorische Kategorien

128 Der Essay ist wiedergegeben und kommentiert in Martin, »Der europäische Publizist«, S. 185–209, hier: S. 191. Zum Typus Stern, »Die politischen Folgen des unpolitischen Deutschen«, S. 168–186.

129 Vgl. Mommsen, »Max Weber. Ein politischer Intellektueller«, S. 33–62; Hübinger/Hertfelder, *Kritik und Mandat*; Lenger, »Die Abkehr der Gebildeten von der Politik«, S. 62–77; Reuter, *Der Intellektuelle und die Politik*; Jennings/Kemp-Welch, *Intellectuals in Politics*; Debray, *Die Intellektuellen und die Macht in Frankreich*.

130 Diese Sicht etwa bei Melzer, »What is an Intellectual?«, S. 4–10. Vgl. auch die Intellektuellen-Definitionen in: Mommsen/Hübinger, *Intellektuelle im Deutschen Kaiserreich*, S. 96–98, 202–203.

und Rollen, sondern als nur im jeweiligen historischen Kontext zu fassende Variablen verstanden. Durch diesen Perspektivenwechsel wird im Eulenburg-Skandal intellektuelle Deutungsmacht als eine Ausprägung politischer Macht erkennbar. Mit Blick auf Zolas Rolle in der Dreyfus-Affäre hat Pierre Bourdieu die soziale Funktion des Intellektuellen als »autorisierten Standpunkt der mit Autorität versehenen Privatperson – des Großkritikers, renommierten Vorwortschreibers oder anerkannten Schriftstellers (›Ich klage an!‹)« bezeichnet. Gleichzeitig hat er darauf hingewiesen, dass sie, wie alle sozialen Funktionen, eine soziale Fiktion ist, die durch »Institutionsriten« geschaffen wird.[131] Fragt man beim Intellektuellen um 1900 nach Institutionsriten, drängen sich Skandale geradezu auf. Denn in ihnen konnte sich die Deutungsmacht der Intellektuellen voll entfalten und selbst traditionelle Mächte wie Monarchie und Kirche beugen. Zur spezifischen Qualität dieser Macht hat Bourdieu ebenfalls wichtige Hinweise gegeben. Er verstand sie als »Macht der Benennung« und zählte sie zum symbolisch-kulturellen Kapital der Intellektuellen. »Nicht zufällig bedeutet kategoresthai – von dem sich unsere Begriffe ›Kategorie‹ und ›Kategorem‹ herleiten – : öffentlich anklagen. Verständlich, warum in vielen archaischen Gesellschaften eine der grundlegenden Formen politischer Macht im gleichsam magischen Vermögen der Benennung bestand, darin, kraft Namensgebung etwas existent werden zu lassen.«[132]

Die auf diese Weise analytisch gefasste Deutungs- und Kategorisierungsmacht spielte Maximilian Harden gegen Gegner aus, die ihm nach Vorstellungen konventioneller Politik- und Sozialgeschichte machtpolitisch ebenso wie nach Klassen- und Standeszugehörigkeit überlegen sein mussten. Dennoch gelang es dem Publizisten erfolgreich, sich als Intellektueller »mit dem selbstgemachten Namen« gegen etablierte Kräfte zu behaupten und neue Grenzen zwischen Politischem und Unpolitischem, Öffentlichem und Privatem zu ziehen. »Ist es normal, dass man vom Deutschen Kaiser als vom ›Liebchen‹ spricht?«, so seine rhetorische Frage, die ihren Weg in die internationale Presse fand. »Das sind schlimmere Dinge als die unter Friedrich Wilhelm IV. Da musste ich sprechen, wenn kein anderer den Mut dazu fand.«[133] Der alte Konflikt um die monarchische Staatsform wurde so auf neue Weise,

131 Bourdieu, *Sozialer Raum*, S. 24, 76.

132 Bourdieu, *Sozialer Raum*, S. 18–19. Vgl. auch Rohe, *Wahlen und Wählertraditionen*, S. 16–17.

133 Friedländer, *Prozesse*, S. 4104.

in sexualpolitischen Kategorien, sag- und verhandelbar.[134] Die Anmaßung, die stets in einer solchen Neukategorisierung liegt, konnte durch Hardens Intellektuellenrolle legitimiert werden: Er war schließlich »der Mann, der seit fast zwei Jahrzehnten in Deutschland über alles schreibt, was das öffentliche Interesse in Anspruch nimmt«.[135] Auf General Moltkes Vorwurf, ihn um sein Amt als Stadtkommandant von Berlin gebracht zu haben, stellte Harden seinen Einfluss kokett unter den Scheffel: »Nein, Exzellenz v. Moltke! Dazu habe ich nicht die Macht – leider nicht, denn sonst würde ich vielleicht manches Revirement versuchen. Ich habe wirklich nicht die Macht dazu, und es war ein freundlicher Scherz eines Spaßvogels, der da sagte: Um Gottes willen, der Harden regiert jetzt Preußen!«[136] Wenn man auf einige Zeilen einer regierungsfeindlichen Zeitschrift wie der *Zukunft* hin höchste Würdenträger entlasse, spottete ihr Herausgeber, wäre in Preußen-Deutschland »das ganz Unwahrscheinliche Ereignis geworden«.[137] Tatsächlich war Harden sich vollkommen bewusst, mit ein paar veröffentlichten Zeilen Politik machen zu können. Bei anderen Gelegenheiten trumpfte er auf, er hätte schon vor Jahren in der *Zukunft* »irgendeine geringe, aber nach jeder Richtung hin erweisliche Tatsache« bringen können: »Herr Graf Moltke hätte dann unbedingt die Uniform ausziehen müssen.« Dieser, rangmäßig immerhin einer der höchsten preußischen Militärs, gestand seine Hilflosigkeit gegenüber dem Publizisten freimütig ein. Als »einfacher Soldat« ohne »rhetorische Gewandtheit« sah er bald seine Chancen schwinden, in einem öffentlichen Gerichtsprozess gegen einen Kontrahenten wie Harden bestehen zu können.[138]

134 Zu Grenzziehungen zwischen Politischem und Unpolitischem Frevert/Haupt, *Neue Politikgeschichte*, S. 26. Zur Bedeutung des Sagbarmachens in der Politik Steinmetz, *Das Sagbare und das Machbare*.

135 Friedländer, *Prozesse*, S. 4231–33.

136 Friedländer, *Prozesse*, S. 4105–07. Der Ausruf stammte von Graf Edgard Wedel, Kammerherr am Berliner Hof, der wenig später selbst als Homosexueller denunziert wurde.

137 Friedländer, *Prozesse*, S. 4103, 4241–43.

138 Friedländer, *Prozesse*, S. 3978–79, 4095–98.

Abb. 7. Die politische Macht der Intellektuellen im Skandal. Für Zeitgenossen schien nun Hardens Zukunft den Kurs der preußisch-deutschen Monarchie zu bestimmen. Quelle: Nebelspalter *(Zürich), 29. Juni 1908. Entnommen aus Grand-Carteret,* Derrière »Lui«, *S. 166.*

Die damit freigelegte Konfrontation von Repräsentanten modern-intellektueller und traditionell-monarchischer Macht bürstet überkommene Vorstellungen von der Kräfteverteilung im wilhelminischen Deutschland, von allmächtigen Militärs und machtlosen Intellektuellen, gegen den Strich.[139] Es war wiederum Bourdieu, der zu bedenken gegeben hat, bei der Untersuchung des Kampfes um »die Wahrheit der sozialen Welt« die ungleiche Ausrüstung der Kontrahenten nicht zu übersehen.[140] Hardens kulturell-symbolisches Kapital, um im Bourdieu'schen Sprachgebrauch zu bleiben, wog in einem politischen Skandal deutlich mehr als das Moltkes. »Aber die Intellektuellen haben die Pflicht, dass sie im politischen Kampfe immer anständig bleiben und kommentmäßig sind!«, so hilflos brachte Moltkes Rechtsanwalt die Überlegenheit des Publizisten über den General und Kaiserfreund zum Ausdruck. »Ich erkläre, dass die Waffen des Herrn Harden unkommentmäßig waren, die verboten werden müssten auf der Haager Konferenz!«. Zu

139 In einem von Kaiser Wilhelm II. kommentierten Zeitungsartikel heißt es, General Moltke habe mit Harden gegen »einen übermächtigen, ihm an Wortgewandheit und Geschick zehnmal überlegenen Gegner« gekämpft. *Tägliche Rundschau*, »Der Skandal des Tages«, 27. Oktober 1907, BAL 7836. Mit den Randbemerkungen Wilhelms II. abgedruckt bei Rogge, *Holstein und Harden*, S. 233–237.

140 Bourdieu, *Sozialer Raum*, S. 25.

einem typisch wilhelminischen Vergleich griff auch Staatsanwalt Hugo Isenbiel, um die Zuspitzung intellektueller Deutungsmacht im Eulenburg-Skandal zu fassen: »Ein Mann, der eine solche Macht besitzt, wie ein Redakteur der *Zukunft* – mehr Macht, wie ein Kommandierender General – ist zu allergrößter Vorsicht verpflichtet«. Und selbst die Gerichtsurteile, die im »Namen des Königs« ergingen, attestierten, ein von Maximilian Harden öffentlich Kritisierter werde in den Augen der ganzen Nation »in seinem moralischen Wert herabgesetzt«.[141]

Mit der Desavouierung militärisch-aristokratischer Macht repräsentiert durch General Moltke begnügte Harden sich jedoch keineswegs. Erst mit Blick auf den kaiserlichen Favoriten Eulenburg, an dessen Vernichtung vier Reichskanzler einschließlich Bismarcks gescheitert waren, konnte Harden im Vollgefühl schwelgen, mit Worten eine Tat vollbracht und politische Macht ausgeübt zu haben. Aus dem Ursprung der intellektuellen aus der einstmals ecclesiastischen Deutungsmacht machte er keinen Hehl: »Causa finita!«, kommentierte er den Erfolg, die Eulenburg-Kamarilla »aus dem Lichtkreise des deutschen Lebens« vertrieben zu haben. Das »Roma locuta« ließ er höflichkeitshalber unausgesprochen. Ein kirchenfeindlicher Schriftsteller wie Frank Wedekind zeigte sich denn auch perplex über diese religiöse Qualität intellektueller Deutungsmacht: »Bis heute«, schrieb er an Walther Rathenau, »hatten deutsche Journalisten nur eine Wahl: Entweder das zu schreiben, was man bei ihnen bestellt, oder, wenn sie eine eigene Ansicht vertraten, Zeit ihres Lebens die gekränkte Leberwurst und den Prediger in der Wüste zu spielen. Hardens Vorgehen stellt demgegenüber einen Ausdruck journalistischer Macht dar, wie sie meines Wissens [...] seit Luther nicht mehr vorgekommen ist.«[142]

Führender Intellektueller des Kaiserreiches, wollte Maximilian Harden aber auch als Patriot und verantwortlicher Politiker anerkannt werden und die Auslösung des Eulenburg-Skandals als eine nationale Tat verstanden wissen. Offensiv vertrat er deshalb den Habitus des »deutschen Schriftstellers,

141 Friedländer, *Prozesse*, S. 4001, 4079, 4108–10, 4227, 4252. Nach Rohe ist es das Kennzeichen einer spezialisierten Deutungsklasse in der Moderne, Sinn- und Deutungsangebote religiöser oder zivilreligiöser Orientierung zu produzieren, die auch zu Antriebskräften politischen Handelns werden können. Rohe, *Wahlen und Wählertraditionen*, S. 16–17. Vgl. Bourdieus Vorstellung vom Intellektuellen als »moralischer Person«, wenn er als Mandatsträger einer Gruppe auftritt. Bourdieu, *Sozialer Raum*, S. 24, 76.

142 Frank Wedekind an Walter Rathenau, 13. Juli 1907, in: Hellige, *Briefwechsel Rathenau und Harden*, S. 534. Zur Verortung Hardens in der Publizistik der Neuzeit Fischer, *Deutsche Publizisten*.

der nur die Wahrheit gesagt hat« als Teil seiner Intellektuellenrolle. »Ein Schriftsteller kann seinem Vaterlande keinen größeren Dienst leisten, als wenn er auf Mißstände aufmerksam macht, die im Vaterlande herrschen«, so formulierte es sein Anwalt Max Bernstein.[143] Vor Gericht wurde sogar der Versuch unternommen, förmlich zu beweisen, dass er als ein »ernsthafter politischer Schriftsteller gilt«. Als Sachverständige fungierten die Harden befreundeten alldeutschen Publizisten Dr. Paul Liman und Ernst Graf Reventlow sowie der ihm ebenfalls befreundete ehemalige Leibarzt Bismarcks, Professor Moritz Schweninger. Sie alle bezeugten, dass er die Artikel gegen die Eulenburg-Kamarilla »aus lauteren Motiven geschrieben hat, dass sie als politische aufgefasst werden müssen und politisch gewirkt haben«. Unter Eid bekräftigte der Bismarck-Vertraute Schweninger, der Herausgeber der *Zukunft* sei gegen die Eulenburg-Kamarilla nicht aus journalistischer Sensationslust, sondern »als Politiker« und »im Reichsinteresse« vorgegangen.[144] Auf diese Weise gelang es, Harden auch gerichtsamtlich zum Politiker werden zu lassen.[145]

Der Berliner Publizist selbst tat im Laufe des Skandals alles, »um sich als Politiker zu charakterisieren«.[146] Ein wirksames Mittel war die Drohung mit weiteren Enthüllungen, er könne »tausendfach mehr« veröffentlichen, wenn er nur wolle.[147] Damit gab er sich die »Pose eines eingeweihten Politikers«, wie die *Freisinnige Zeitung* bemerkte; viele Zeitgenossen glaubten, seit seiner Zusammenarbeit mit Bismarck verwahre Harden in seinem bescheidenen Haus im Grunewald einen »Zettelkasten«, mit dessen Inhalt der Staat aus den Fugen gehoben werden könnte.[148] Dem Kaiserfreund Moltke warf Har-

143 Friedländer, *Prozesse*, S. 4081–82, 4220–22. Speziell der Patriotismus, argumentierte Bernstein, unterscheide den anständigen und politischen Schriftsteller Harden von den vielen »Pamphletisten, unanständigen Skribenten und gewerbsmäßigen Verleumdern«. Friedländer, *Prozesse*, S. 4214–15.

144 Friedländer, *Prozesse*, S. 4004, 4175–76.

145 Dieser Anspruch wurde Harden auch von der ihm feindlich gesonnenen Strafkammer Lehmann im 2. Moltke-Harden-Prozess zugestanden – und gegen ihn verwendet. »Dass er politische Handlungen so scharf wie möglich aus politischen Motiven politisch bekämpft, ist sein Recht. Aber dreimal hätte er sich als ernsthafter politischer Schriftsteller überlegen sollen, die vita sexualis in den politischen Kampf hineinzuziehen und […] in die breite Öffentlichkeit zu zerren.« Urteil im 2. Moltke-Harden-Prozess, Prozessprotokollfragmente und Urteilsabschrift, Januar 1908, BLHA 557.

146 *Frankfurter Zeitung*, »Der letzte Tag des Prozesses Moltke-Harden«, 27. Oktober 1907, BAL 7836.

147 Friedländer, *Prozesse*, S. 4107.

148 *Freisinnige Zeitung*, »Der Beleidigungsprozess des Grafen Moltke«, 27. Oktober 1907, BAL 7836.

den unpolitisches Denken vor. Er habe nicht verstanden, dass er als Politiker gegen ihn vorgegangen sei, weshalb es nie zu einem Gerichtsprozess hätte kommen müssen. »Ich konnte als Politiker im Interesse des Landes die Möglichkeit eines Vergleichs haben«, versicherte Harden.[149] In den Jahren des Eulenburg-Skandals bewies der Herausgeber der *Zukunft* sogar Volkstribun-Qualitäten. Wohin er kam, gelang es ihm, Massen zu mobilisieren. Mit stundenlangen zwischen Feinsinn und Demagogie schwankenden Reden füllte er »Volksversammlungen« mit Tausenden von Zuhörern, denen er die große wie die kleine Politik erklärte.[150] Antisemitische Kritiker entdeckten darin eine Traditionslinie der Opposition um der Opposition willen. »Dasselbe Deutschland, das Heine gehasst und verspottet hat, wird auch von dem neuesten Volkstribunen von Alt-Moabit aus dem Salon auf die Straße gezerrt und gehöhnt.«[151] Politisches Prestige bezog Harden aber nicht nur von der Straße, sondern auch von Teilen der Staatsführung. Reichskanzler Bülow persönlich bestätigte seinen Politikerstatus, nannte er doch die Inkenntnissetzung Kaiser Wilhelms II. über Hardens Pressekampagne eine »befreiende politische Tat«. Auf dieser Grundlage konnte Bernstein vor Gericht überzeugend argumentieren: »Ich nehme das, wofür die klägerische Partei ihn bestraft wissen will, als ein Verdienst um das deutsche Volk in Anspruch, [dass er] Männer als Politiker zu vernichten gesucht hat, die als Politiker der Vernichtung wert waren, und dass es sein Verdienst ist, wenn diese Männer keinen politischen Einfluss mehr haben«.

Mit Verweis auf die Prinzipien des politischen Utilitarismus und den unbestrittenen Nationalheros der wilhelminischen Deutschen begründete Harden seinen Politikerstatus und entschuldigte gleichzeitig die Ausmaße, die der Eulenburg-Skandal annahm: »Fürst Bismarck hat einmal gesagt, dass bei allen Fehlern, die man ihm vorwirft, er doch immer das Bestreben gehabt hat, seinem Lande zu dienen. Ähnliches kann ich, in die viel kleineren Verhältnisse übertragen, auch von mir behaupten.« Den langfristigen politischen Nutzen für die Nation, die Dekadenz der Herrschaftselite bloßzustellen, stimmte Harden so geschickt auf die Mentalität des konservativen *juste milieu* der wilhelminischen Gesellschaft ab: »Was wäre denn geschehen, wenn eines Tages alles im *Vorwärts* stand, alle diese Sachen, ich will's nicht

149 Friedländer, *Prozesse*, S. 3980–81.

150 Vgl. Bösch, »Volkstribune und Intellektuelle«; Retallack, »Demagogentum, Populismus, Volkstümlichkeit«, S. 309–325. Allgemein Loth, *Das Kaiserreich. Obrigkeitsstaat und politische Mobilisierung*.

151 *Die Post*, »Die feindlichen Mächte im Harden-Prozess«, 30. Oktober 1907, BAL 7837.

ausmalen, und mein Verdienst ist sehr groß an der Sache.«[152] Selbst aus den arkanen Machtzirkeln der wilhelminischen Herrschaftselite konnte Harden politische Legitimität abrufen.[153] Jedermann glaubte, dass hinter ihm Friedrich von Holstein stand, nach 1890 einer der wichtigsten deutschen Außenpolitiker. Die Verbrüderung mit dem vormaligen politischen Gegner hatte Harden nach dem Sturz Holsteins im Sommer 1906, kurz vor dem Angriff auf die Eulenburg-Kamarilla, öffentlich zelebriert. Zudem war bekannt, dass Holstein weiterhin als vertraulicher Berater Reichskanzler Bülows fungierte. Und da Bülow mehrfach öffentlich Andeutungen zu Gunsten Hardens machte, schien er bald selbst Hardens wichtigster »politischer Hintermann« zu sein. Selbst ein Stück monarchischer Legitimation verschmähte der Anti-Monarchist Harden nicht, indem er kundtat, auf dem Höhepunkt des Eulenburg-Skandals mit Charlotte, Erbprinzessin von Sachsen-Meiningen, der älteren Schwester Kaiser Wilhelms II., konferiert zu haben.[154]

Zum Ausdruck gebracht wurde durch den Eulenburg-Skandal aber noch viel mehr als Maximilian Hardens Politikerstatus, nämlich seine Rolle als staatstragender Intellektueller. Für das wilhelminische Deutschland ist diese Figur bisher nicht ausgemacht worden. Zwischen Radikalkritik und Wertkonservatismus changierend, ist für ihr Verständnis der zeitgeschichtliche Kontext, insbesondere das Verhältnis zur »Macht« entscheidend. Maximilian Hardens Aufstieg zum führenden Kritiker des Wilhelminismus ist ohne die Protektion Bismarcks kaum vorstellbar. Beide lernten sich kurz nach dem Sturz des Reichskanzlers 1890 kennen und schätzen. In den folgenden Jahren entspann sich aus dieser für viele Außenstehende ganz unwahrscheinlichen Freundschaft eine Symbiose von Geist *und* Macht. Während Harden im

152 Friedländer, *Prozesse*, S. 4002–3, 4114–15, 4226–27, 4247–48.

153 Eulenburg stellte nüchtern fest, Harden werde »derart aus Hof-, Militär-, Adels- und Beamtenkreisen gedrängt, mir den Hals zu brechen, dass er sich gar nicht retten kann vor Besuchen, Briefen und Material«. Eulenburg an seinen Vetter August Eulenburg, 8./9. Mai 1907, zit. n. Haller, *Eulenburg*, S. 330.

154 Friedländer, *Prozesse*, S. 3978; vgl. auch S. 4170–71. Charlotte, Prinzessin von Preußen (1860–1919), seit 1878 verheiratet mit Bernhard, Herzog von Sachsen-Meiningen (1851–1928). Die Zusammenkunft Hardens mit der Kaiserschwester auf Schweningers Schloss bei München war von langer Hand vorbereitet. Holstein schrieb Harden im Vorfeld: »Sie gilt für sehr verbittert gegen ihren Bruder, wird aber doch die Familiensolidarität wohl schwerlich ganz aus den Augen verlieren.« Holstein an Harden, 4. Oktober 1907, zit. n. Rogge, *Holstein und Harden*, S. 220–221. Vgl. auch BAK NL Harden, »Aussage des Ehepaares Schweninger«. Charlotte von Preußen war seit der Kotze-Affäre mit ihrem Cousin Wilhelm von Hohenau verfeindet, den Harden als Teil der Eulenburg-Kamarilla attackierte. Rogge, *Holstein und Harden*, S. 220; Rogge, *Lebensbekenntnis in Briefen an eine Frau*, S. 295.

Kampf gegen den »Neuen Kurs« seine Feder in den bedingungslosen Dienst Bismarcks stellte,[155] konnte er im Gegenzug vom Prestige des Reichsgründers zehren und sich auf anderen Politikfeldern emanzipieren, etwa indem er in der sozialen Frage die Nähe zu den Sozialdemokraten suchte.[156] Hardens radikalkonservative Weltanschauung und seine im Laufe der Jahre immer filigraneren Zugänge zum wilhelminischen Machtzentrum taten seinem Ansehen unter den europäischen Intellektuellen keinen Abbruch. Im Gegenteil. Die Autorenliste der *Zukunft* liest sich wie ein »Who is Who« der kulturellen Elite Europas an der Wende vom 19. zum 20. Jahrhundert. Die staunenswerten Beziehungen und Netzwerke, die Harden mit den wichtigsten Vordenkern der Moderne verbanden, hat jetzt Alexander Moulton akribisch rekonstruiert.[157] Ohnehin pflegten hervorragende Publizisten der Epoche wie Henri Rochefort in Frankreich, Henry Labouchere und William T. Stead in Großbritannien und Karl Kraus in Österreich-Ungarn den Zugang zu Machthabern verschiedener weltanschaulicher Couleur. Auf diese Weise wurden sie, die mit dem spezifischen intellektuellen Kapital im Sinne Bourdieus, der »Macht der Benennung«, ausgestattet waren, selber zu Machtfaktoren.[158] Klaren parteipolitischen und weltanschaulichen Zuordnungen allerdings entzogen sich diese Intellektuellen, die sich gerade wegen ihrer Radikalität dem Staatswohl verpflichtet fühlten. Harden suchte mit seiner Gesellschaftskritik nicht die extremen Ränder, sondern das *juste milieu* der wilhelminischen Gesellschaft zu erreichen.[159] Nach Bismarcks Tod 1898 konnte der Berliner Publizist glaubhaft den Anspruch vertreten, sein intellektueller Nachlassverwalter zu sein. Besuchern in seinem Haus im Grunewald führte er dies plastisch vor Augen, indem er stets unter einem Lenbach-Porträt des »Eisernen Kanzlers« Platz nahm.[160] Damit repräsentiert Harden das Gegenmodell zum »freischwebenden«, politikfernen Intellektuellen, wie

155 Brief Hardens an Otto von Bismarck, 19. September 1892, Bismarck-Stiftung, Blatt 41. Zu Bismarcks Politik nach seinem Sturz Hank, *Kanzler ohne Amt*. Retallack, »Conservatives contra Chancellor«, S. 203–236.

156 Maximilian Harden, »Die Zuchthausvorlage«, in: *Die Zukunft*, 17. Juni 1899, S. 497–503 und »Heyls Armee«, in: *Die Zukunft*, 27. Mai 1899, S. 365.

157 Moulton, *The Insider as Outsider*.

158 Vgl. etwa Baylen, »Politics and the New Journalism«, S. 107–143.

159 Lange Zeit galten konservative, reaktionäre und rechtsradikale Denker *per se* nicht als Intellektuelle. Erst jüngst wurde diese Sicht mit Studien zu NS-Intellektuellen revidiert. Vgl. Herbert, *Best*; ders., »Intellektuelle im Dritten Reich«, S. 160–181.

160 Ludwig, *Geschenke des Lebens*, S. 470.

ihn Karl Mannheim und Julien Benda in der Zwischenkriegszeit zu idealisieren versuchten.[161]

Trotz der Wechsel politischer Positionen, wie sie den in der Politik engagierten Intellektuellen von anderen Intellektuellen gerne vorgehalten werden, behielt Harden Grundüberzeugungen jahrzehntelang bei. Da er noch heute allgemein als Monarchist figuriert, wenigstens bis 1917/18, ist hier an erster Stelle seine Kritik an der Monarchie als Staats- und Gesellschaftsform zu nennen. Er betrieb sie von 1888 bis zur Revolution 1918 keineswegs als »Vernunftmonarchist«, um Wilhelm II. als Einzelpersönlichkeit zu treffen, sondern er kritisierte den Kaiser, um die Monarchie als Staatsform zu delegitimieren.[162] Bereits in seinen ersten Jahren als Publizist strich Harden immer wieder heraus, dass der »asiatische Ursprung des Königsgedankens« dem deutschen Wesen nicht gerecht werde und ein moderner imperialistischer Industriestaat mit einer über das Repräsentative hinausgehenden Monarchie unvereinbar sei.[163] So waren es vor allem Hardens Majestätsbeleidigungsprozesse – bezeichnenderweise nicht nur gegen die Hohenzollern, sondern auch die Wittelsbacher –, die ihn auch außerhalb der intellektuellen Elite populär machten und deren Konsequenzen, insgesamt mehr als ein Jahr Festungshaft, seine radikalkonservative Gesinnung beglaubigten.

Entscheidend für den antimonarchischen Strategiewechsel, den Harden nach Verbüßung seiner letzten Haftstrafe im September 1901 vollzog, war nicht allein seine angeschlagene Gesundheit, sondern auch das Material, das ihm erst jetzt zugespielt wurde, die Scheidungsakten Lilly von Moltkes. Für ihn ging daraus zweifelsfrei hervor, dass Philipp Eulenburg und Kuno Moltke, die besten Freunde Wilhelms II., homosexuell veranlagt waren. Nun schloss sich ein Kreis. Zum rücksichtslosen Kampf gegen den kaiserlichen Favoriten Eulenburg, erklärte Harden während des Skandals, habe ihn be-

161 Vgl. Bering, »Der Intellektuelle«, S. 197–230. Gegen das Axiom vom freischwebenden Intellektuellen der fulminante Essay von Collini, »Intellectuals as Other People«, S. 203–224.

162 Selbst im Dritten Reich wurde anerkannt: »Sein einziges Verdienst hat [Harden] sich als Pamphletist in seinem hartnäckigen Kampf gegen Wilhelm II. erworben. In diesem Kampf hat er tatsächlich eine historische Mission gehabt, indem er – im Gefolge Bismarcks – Wilhelm II. angriff und gegen ihn einen erbarmungslosen Krieg von Anfang bis Ende führte.« GStA, HA VI Rep. 92 NL Canditt 291. Vgl. die offizielle NS-Deutung bei Frank, »Maximilian Harden und das wilhelminische Deutschland«, S. 9–61; Frank, *Höre Israel!*.

163 In Auswahl: Maximilian Harden, »Der heilige Rock«, »Mahadö« und »Verein Ölzweig«, in: *Apostata I*, S. 89–90, 134, 140–141, 147; Maximilian Harden, »Gekrönte Worte« und »Der Ententeich«, in: *Apostata II*, S. 69, 207–208; Maximilian Harden, »Monarchenerziehung«, in: *Die Zukunft*, 31. Dezember 1892.

reits Bismarck mit den Worten »Manches mag Ihnen noch gelingen, aber nie, Eulenburg zu stürzen« aufgefordert.[164] Hinzu trat der Vorzug der neuen Offensivstrategie gegen die Monarchie: Kaiserfreunde waren nicht durch den Majestätsbeleidigungsparagraphen geschützt. Erst vor diesem Hintergrund wird der Eulenburg-Skandal als Höhepunkt eines Jahrzehnte währenden politischen Kampfes gegen die monarchische Staatsform verständlich, der Maximilian Harden gleichzeitig mit dem Prestige des führenden Intellektuellen Deutschlands, des *Praeceptor Germaniae*, belohnte.[165]

Über den schillernden Politiker- und Intellektuellentypus, den Harden repräsentierte, wurde mit einem »Ensemble von Gegenbegriffen« im Sinne Reinhart Kosellecks eine heftige Debatte geführt, deren polarer Charakter oft mitreflektiert wurde. »Cäsarisch scheint Hardens Persönlichkeit diesem und catilinarisch jenem. Der eine schmäht ihn einen ›Destrukteur‹, der andere sieht ihn schaffen am stolzen Bau einer neuen Kultur.«[166] Als Politiker war Harden für die einen der Vaterlandsretter, der mit dem Eulenburg-Skandal eine »politische Großtat« vollbracht hatte,[167] für die anderen der Vaterlandsverderber, bei dem unter dem schwarzen Rock des Politikers »das zerschlissene Kleid des kleinen Schauspielers« hervorgrinste.[168] Erfahrung mit diesem Politikertypus, der durch radikale Mittel wie Presse, Sensationsprozesse und Skandale nationale Politik zu treiben versuchte, hatten nach Meinung der reaktionären Presse bisher nur Großbritannien und Frankreich. In Deutschland wirkte auf sie ein intellektuell-volkstümlicher Politikertypus, wie man ihn aus der westlich-parlamentarischen Traditionslinie kannte und verabscheute, wie ein »Verwirrer der Begriffe vom politischen Gut und Böse«. Nicht in Berlin, sondern in Paris besitze man seit der Revolution von 1789 »ein ganzes Heer von Pasquillanten« wie Harden, von Beaumarchais über

164 Friedländer, *Prozesse*, S. 4272.

165 Diese zeitgenössisch oft gebrauchte Ehrenzuschreibung auch im Titel der ersten Harden-Biographie: Young, *Maximilian Harden. Censor Germaniae.*

166 Sturm, *Harden*, S. 9.

167 Für Harden in diesem Sinne etwa *Augsburger Abendzeitung*, Eine politische Großtat, 26. Oktober 1907, BAL 7836.

168 *Die Post*, »Die öffentliche Meinung über den Prozess Moltke-Harden«, 28. Oktober 1907, BAL 7836. *Der Tag*, Der Schluss der Schmutzgeschichten, von Paul Marx, 5. Januar 1908, BAL 7838. *Zeitfragen. Wochenschrift für deutsches Leben*, »Was uns bleibt«, 3. November 1907, BAL 783. Für die *Deutsche Tageszeitung* war Harden ein »Pseudopolitiker«, dem sein »Theater-Heldentum gründlich in Fetzen riss, als er um Bürgerkronen auszog und Schlafzimmerkehricht heimtrug«. *Deutsche Tageszeitung*, »Der Harden-Prozess«, 21. April 1908, GStA 49840. Vgl. auch das hardenfeindliche Pamphlet von Fedor Freund, *Maximilian Harden der Vaterlandsretter*.

Marat bis zu Rochefort, die »denselben Anspruch erhoben haben: als Politiker zu schreiben.« »Derselbe Anspruch, dem Volk zu dienen und den Bürgern die Wahrheit zu sagen; derselbe stark betonte Anspruch auf politische Erleuchtung.« Selbst eine physiognomische Ähnlichkeit zwischen Marat und Harden wurde behauptet, eine mit Césare Lombrosos Werk *Der politische Verbrecher und die Revolutionen* bereitgestellte Methode, um den politischen Feind zu diffamieren.[169] Auf diese Weise konnte eindrücklich vor dem konservativen Revolutionär Harden gewarnt werden, dem »begabtesten unter den Wortführern der Umwälzung«, der Deutschland der Revolution und dem »Fallbeil der Danton und Robespierre« entgegenschreibe.[170] Hardens sozialdemokratische Gegner sahen es, bezeichnend für die Kluft zwischen Politik und Journalismus im Kaiserreich, ähnlich. Nur waren es für sie die anachronistischen politischen Verhältnisse Deutschlands, die »den Schriftsteller Harden aus der Zunft der Pamphletisten zum Politiker« erhoben.[171]

Als Reaktion auf die feindliche Haltung eines großen Teils der deutschen Presse formierte sich eine breite Unterstützung der Intellektuellen. Erich Mühsam fühlte sich verpflichtet, der *Jagd auf Harden* entgegenzutreten, wie er ein Pamphlet betitelte.[172] Und im *Morgen* erklärte Thomas Mann: »Das Verhalten der Preßleute gegen ihren durch Talent und Leidenschaft außerordentlichen Kollegen ist miserabel.« Die Intellektuellenzeitschrift, herausgegeben von Werner Sombart, Richard Strauß, Georg Brandes, Richard Muther und Hugo von Hoffmannsthal, veröffentlichte eine Solidaritätsadresse von zwölf der bekanntesten Intellektuellen Europas, um der »öffentlichen Meinung, die eine verlogene Presse irreführte [...] ins Gesicht zu schlagen«. Immerhin gab man sich auch hier patriotisch und verlangte, dass »Recht Recht bleibe im deutschen Vaterlande, dass Wahrheit Wahrheit bleibe.« Wen die Mehrheit der Intellektuellen in dieser Zeit als ihren führenden Repräsentanten ansah, wurde dadurch sinnfällig zum Ausdruck gebracht, dass der Ausgabe die Reproduktion eines Harden-Gemäldes von Lenbach beigelegt wur-

169 Lombroso, *Der politische Verbrecher*. Zum »politischen Wahnsinn« Kap. V.5.

170 *Die Post*, »Der Klatsch«, 6. Dezember 1907, BAL 7837. *Der Reichsbote*, »Das Ausland und der Harden- Prozess«, 31. Oktober 1907, BAL 7837. Wie Ferdinand Lasalle habe Harden die französische Revolution »bis in die innersten Fasern« studiert und sich in die oppositionelle Publizistik unter Louis Philippe und Napoleon III. versenkt: *Ostpreußische Zeitung*, »Auf abschüssiger Bahn«, 4. Januar 1908, BLHA 555. Zu diesem politischen Typus Baczko, »Der Revolutionär«, S. 215–252.

171 *Leipziger Tageblatt*, »Rehabilitation«, 23. April 1908, GStA 49831. *Vorwärts*, »Der Prozess der Patrioten«, 27. Oktober 1907, BAL 7836.

172 Mühsam, *Die Jagd auf Harden*.

de.[173] Alles, auch die Ausnutzung der Sexualität zu politischen Zwecken, wurde ihm »von den Intellektuellen verziehen u. zu gute gehalten, weil sie sah[en], dass er eben doch eigentlich zu ihnen gehörte, [...] weil er, nicht seiner Tendenz, aber seiner Natur nach eben doch eine fortschrittlich-demokratische Erscheinung war«, wie Thomas Mann sich noch Jahre nach dem Eulenburg-Skandal erinnerte, als er dabei war, sich zum führenden deutschen Intellektuellen aufzuschwingen.[174]

Allerdings leistete eine Minderheit unter den Intellektuellen erbitterten Widerstand dagegen, wie Harden den Skandal zur Steigerung seines Prestiges und zur Artikulation politischer Ansprüche nutzte.[175] Ihm seit langem verfeindete Publizisten wie Alfred Kerr, Hans Delbrück und Karl Kraus, allesamt nichts weniger als »unpolitisch«, nutzten die aufgewühlte öffentliche Meinung zu scharfen Attacken. Delbrück hetzte in den *Preußischen Jahrbüchern* gegen den Vaterlandsverräter Harden, dessen gerichtliche Verurteilung wie im Fall Dreyfus nicht revidiert werden dürfe, damit das Ansehen der Nation keinen Schaden nehme.[176] Kerr veröffentlichte im *Tag* unter dem Pseudonym »Gottlieb« hasserfüllte Gedichte über den Skandalmacher Harden. Am weitesten aber ging Kraus, der angesichts der moralischen Debatten des Eulenburg-Skandals das Wort von den Deutschen als dem »Volk der Richter und Henker« prägte, ein Volk, das dem »Unlustknaben« Harden an den Lippen hänge. Geradezu rituell vollzog er den intellektuellen Brudermord an Harden, der mit der *Zukunft* Pate für seine *Fackel* gestanden hatte: *Eine Erledigung* und *Ein Nachruf* betitelte er die zwei während des Eulenburg-Skandals veröffentlichten Kampfschriften gegen ihn.[177]

173 *Der Morgen*, »Maximilian Harden«, 13. Dezember 1907, BAL 7837.

174 Zit. n. Martin, »Der europäische Publizist«, S. 191.

175 Friedegg, *Harlekin als Erzieher*; Wedderkopp, *Harden im Recht?*; Wedderkopp, *Harden, Eulenburg und Moltke*; Wiegler, *Maximilian Harden*.

176 Hans Delbrück, *Preußische Jahrbücher* 132 (1908), S. 551. Der Intellektuellenkrieg zwischen den beiden kann als Nachklang zum Berliner Antisemitismusstreit gefasst werden. Vgl. Delbrück, »Herr Lamprecht und Herr Harden«, *Preußische Jahrbücher* 92 (1898); Delbrück, »Der Ausgang des Herrn Harden«, *Preußische Jahrbücher* 95 (1899). Der Konflikt zog sich bis in die Weimarer Republik: Delbrück, *Kautsky und Harden*, Berlin 1920. Eine Verklärung der Rolle Delbrücks im Kaiserreich ist Thimme, *Hans Delbrück als Kritiker der wilhelminischen Epoche*. Zum Antisemitismusstreit Boehlich, *Der Berliner Antisemitismusstreit*; Krieger, *Der Berliner Antisemitismusstreit*.

177 Karl Kraus, *Maximilian Harden. Eine Erledigung*; Karl Kraus, *Maximilian Harden. Ein Nachruf*. Gegen beide richtet sich das Pamphlet: Anonym, *Der Skandal. Harden und Kraus. Auch eine Erledigung*.

Dass ein wohlmeinender Biograph Maximilian Harden Ende der 1950er Jahre den »prominentesten Kritiker des deutschen Lebens und der deutschen Politik«, »Wegweiser einer Generation von Journalisten und Politikern« und »Kritiker von Weltruf« nannte, ist wenig verwunderlich.[178] Doch selbst ausländische Zeitgenossen betrachteten Harden nach dem Eulenburg-Skandal als den tonangebenden Intellektuellen Deutschlands. Ein Jahr vor dem Ersten Weltkrieg schrieb Frederic Wile, der Berliner Korrespondent der *Daily Mail*: »Harden is to-day indisputably the commanding figure in the field of German polemics. No man now writing in the language of Goethe and Schiller has so large a personal following, or so influential a voice.« Den Eulenburg-Skandal wertete Wile als die bis dahin eindrücklichste Manifestation der politischen Macht des deutschen Journalismus: »The upheavel caused by Harden's revelations was the most striking victory wrought in the name of public opinion which Modern Germany has yet witnessed. Journalism, which still has to conquer in the Fatherland a position commensurate with the one it has long commanded abroad, was a power when the Moltke-Harden-Eulenburg trials were ended. How much of a power was not recognised at the time, nor is fully realised even now, though the ›November crisis‹ a year later was designed to bring it vividly home to the most reluctant circles of German society.«[179]

Vielleicht gerade weil formell nicht einmal der Reichstag Einfluss auf die Zusammensetzung der Reichsregierung besaß, konnten Phantasien politischen Ehrgeizes unter den Intellektuellen jener Jahre vor Weltkrieg und Revolution umso stärker blühen. Obgleich Harden der schärfste Monarchiekritiker seiner Zeit war, schon seine Herkunft es unmöglich erscheinen ließ, konnte er sich im späten Kaiserreich in dem Prestige sonnen, ministrabel zu sein. Es war bekannt, dass Bismarck gegenüber Dritten geäußert hatte: »Wie schade, dass ich Harden nicht früher kennengelernt habe. Ich hätte ihn zum Minister gemacht.«[180] Bei einer Wanderung im Jahr 1902 von Florenz hinauf zum Amphitheater von Fiesole von der historischen Aura überwältigt, ergingen sich Harden und einer seiner engsten intellektuellen Freunde über ihre politische Zukunft. Irgendwann werde Wilhelm II. nicht umhin können, seinen schärfsten Kritiker zum Außenminister zu berufen, schmeichelte ihm dieser: »Lachen Sie nicht, Maxim. Trotz Weichselmünde und Abkunft aus Israel muss man sie holen. Ein Rindvieh ist der Kaiser schließlich nicht;

178 Young, *Harden*, S. 7, 137, 144, 275.
179 Wile, *Men around the Kaiser*, S. 202–203.
180 Karl Kraus an Maximilian Harden, 27./28. April 1903, zit. b. Young, *Harden*, S. 49.

und wer beherrscht den Stoff sachlich und personell auch nur annähernd so wie Sie?« Was zu diesem Zeitpunkt utopisch anmuten mochte, ein Intellektueller jüdischer Herkunft in einem der wichtigsten Staatsämter des Reiches, sollte sich wenige Jahre später erfüllen, wenn auch auf etwas andere Weise. Der wohlmeinende Freund war Walther Rathenau, er wurde schließlich deutscher Außenminister.[181]

Abb. 8. Maximilian Harden als Triumphator und »Retter des Vaterlandes«: Der Intellektuelle ist zum Politiker geworden. Quelle: Kladderadatsch, *3. November 1907, S. 734.*

181 Maximilian Harden, »Zum Schutz der Republik«, in: *Die Zukunft*, 22. Juli 1922, S. 45. Zum Verhältnis Rathenau-Harden als politische Intellektuellenfreundschaft Sabrow, »Zwischen Geist und Macht«, S. 47–70; Berglar, »Harden und Rathenau«, S. 75–94. Umfassend: Hellige, »Rathenau und Harden«, S. 15–300. In den letzten Tagen des Kaiserreichs wurde ventiliert, Harden zum Mitglied der deutschen Friedensdelegation für Versailles zu machen. »Er war immer mein Feind, könnte jetzt aber viel mehr als die anderen nützen«, soll Wilhelm II. Außenminister Bernstorff gesagt haben. Maximilian Harden, »Nach dreißig Jahren«, in: *Die Zukunft*, 30. September 1922, S. 240. Während des Krieges wandelte sich Harden vom Kriegstreiber und Anhänger der »Ideen von 1914« zu einem der wichtigsten Friedensbefürworter in Deutschland. Vgl. Goebel, *Maximilian Harden*.

Auch wenn sein Ruhm nach dem Untergang des Kaiserreiches verblasste, vermochte Harden noch bis in die Weimarer Republik die Menschen in Anhänger und Gegner zu spalten.[182] Bezeichnenderweise blieb vor allem die politische Macht, die er einmal besessen hatte, in Erinnerung. Für die Nationalsozialisten war er deshalb der gefährliche jüdische Intellektuelle schlechthin. »Maximilian Harden«, schrieb zu seinem Tod 1927 Joseph Goebbels im *Angriff*, »ist durch eine Lungenentzündung hingerichtet worden. Damit geht eines der gemeinsten und niederträchtigsten Individuen, die Deutschland an den Rand des Abgrunds gebracht haben, aus dem Zeitlichen heraus. Maximilian Harden ist der Typ der jüdischen Literaturbestie, die bedingungslos und ohne Rücksicht das Gastrecht des Wirtsvolkes missbraucht und ihrem ewigen Trieb zur Zerstörung frönt [...] Wir bedauern am Tode dieses Mannes nur, dass er uns die Möglichkeit genommen hat, auf unsere Art mit Isidor Witkowsky abzurechnen.« Entsprechend firmierte Harden im Dritten Reich als einer der unheilvollsten Verderber des deutschen Volkes. Wichtigster Harden-Experte war kein Geringerer als Walter Frank, der Präsident des »Reichsinstituts für Geschichte des Neuen Deutschlands«.[183]

Trotz all dieser divergierenden Bedeutungszuschreibungen an den Intellektuellen und Politiker Maximilian Harden erscheint es unpassend, mit Wolfgang Mommsen die sozialgeschichtliche Rolle der Intellektuellen um 1900 als »eigenständigen Parameter im geschichtlichen Prozess« zu qualifizieren.[184] Denn was nach Anerkenntnis ihrer Machtposition in der Geschichte der Moderne klingt, ist doch nur die Bekräftigung der überkommenen Vorstellung einer Dichotomie von Geist und Macht. Konzeptionell weiterführend ist es, die realpolitische Bedeutung der Intellektuellen höher zu veranschlagen, als dies bisher getan wurde, sie vor allem nicht axiomatisch als freischwebende und machtlose Outsider zu betrachten. Mit Politikern und anderen Eliten der Moderne teilen Intellektuelle die Qualität, wie Maximilian Hardens Skandalpolitik in den folgenden Kapiteln noch verdeutlichen wird, »Machthaber« zu sein.[185]

---

182 Stürmer, *Maximilian Harden*; Harry Graf Kessler u.a., *Maximilian Harden zum 60. Geburtstag*.

183 Dr. G. [Joseph Goebbels], in: *Der Angriff*, Nr. 19, 7. November 1927, S. 3. Vgl. Frank, »Maximilian Harden und das wilhelminische Deutschland«; Sokolowsky, *Maximilian Harden und die wilhelminische Zeit*. Zu Harden als Zielscheibe des Antisemitismus Kap. V.3.

184 Mommsen/Hübinger, *Intellektuelle im Kaiserreich*, S. 7–8.

185 In einer bekannten zeitgenössischen Schrift figurieren als »Machthaber« Intellektuelle wie Harden, Naumann und Delbrück neben Politikern wie Bülow, Spahn und Heydebrand

und Wirtschaftsgrößen wie Krupp, Stumm und den Rathenaus. Rudolf Martin, *Deutsche Machthaber*.

III. Fließende Übergänge: Politik, Justiz und Presse unter Skandalbedingungen

1. Vom duellierenden Ehrenmann zum prozessierenden *Gentleman*: Der 1. Moltke-Harden-Prozess und die Zivilisierung des Ehrverständnisses

Im Frühjahr 1907 zeigte sich auf drastische Weise, wie schlecht die deutsche Monarchie dem Zeitalter der Massenpresse angepasst war. Während längst die internationalen Zeitungen über Hardens Kampagne gegen die Eulenburg-Kamarilla debattierten, erfuhr nur einer monatelang nichts von dem Unheil, das seinen besten Freunden und ihm selbst drohte: Kaiser Wilhelm II.[1] Deutsche Journalisten veröffentlichten verzweifelte Appelle, irgendjemand möge den Monarchen aufklären. Allseits war der Glaube verbreitet, von einer raschen und umfassenden Informierung der »Allerhöchsten Person« hänge das Ausmaß des Skandals ab.[2] Die obersten zivilen und militärischen Machthaber, Reichskanzler und Militärkabinettschef, hüteten sich jedoch, Überbringer der katastrophalen Neuigkeiten zu sein. Schließlich musste Kronprinz Wilhelm seinen Vater über die Vorwürfe in Kenntnis setzen. Es war die erste politische Handlung des deutschen Thronfolgers, für die er in der Presse gebührend gefeiert wurde, obgleich bezeichnenderweise auch er nur durch Zufall von dem Skandal erfahren hatte.[3] Viel zu spät und unter gewaltigem Erwartungsdruck der Öffentlichkeit überstürzten sich nun Krisensitzungen des Kaisers mit Reichskanzler Bülow, Militärkabinettschef von Hülsen-Haeseler, Innenminister von Bethmann-Hollweg und Polizei-

1 Vgl. dagegen die These von der erfolgreichen Anpassungsleistung der wilhelminischen Monarchie an das Zeitalter der Massenpresse. Kohlrausch, *Monarch*. Dieselbe Überlegung mit der Schlussfolgerung, dass sich die Monarchie als Staatsform mithilfe der Massenpresse neu erfunden habe, bereits bei Plunckett, *Queen Victoria. First Media Monarch.*

2 *BZ am Mittag*, »Die Eulenburgische Tafelrunde«, 7. Juni 1907, BAL 7836.

3 Zu der »Tat« musste der Kronprinz von Reichskanzler und Militärkabinettschef gedrängt werden, obwohl er sich für die »Mission« noch zu jung fühlte. Rosner, *Erinnerungen des Kronprinzen Wilhelm*, S. 13.

präsident von Borries mit dem Ergebnis, dass Eulenburg und Moltke unverzüglich aus ihren diplomatischen und militärischen Ämtern verabschiedet wurden.[4] Ihr Fallenlassen hatte hohe symbolische Bedeutung für die Öffentlichkeit, der dadurch signalisiert wurde, dass die royalen Günstlinge »in aller Form gestürzt« worden waren.[5] Gleichzeitig wirkte der Schritt jedoch wie eine moralische Vorverurteilung, denn wenn Majestät so unbarmherzig mit den besten Freunden umging, musste an den Vorwürfen »etwas dran sein«.[6]

Sein ursprüngliches politisches Ziel, die Ausschaltung der Eulenburg-Kamarilla, hatte Maximilian Harden zu diesem Zeitpunkt erreicht. Friedrich von Holstein teilte er mit, nun schweigen zu wollen. Der Skandal hätte jetzt vorbei sein können, zu diesem Zeitpunkt hatten es noch eine Handvoll Einzelakteure und nicht die europäische Öffentlichkeit in der Hand, ihm ein Ende zu setzen; zumindest wäre er nie als »Eulenburg«-Skandal in die Geschichte eingegangen. Das Friedensangebot des Monarchiekritikers drang vermutlich nicht bis an den Hof vor.[7] Selbst wenn es den Kaiser erreicht haben sollte: Ein wie immer gearteter Vergleich hätte dem verhassten Publizisten Entscheidungsgewalt über die personelle Zusammensetzung der royalen Entourage zugestanden, deren Mitglieder auch die Funktion politischer Berater ausübten. Die Zusammenstellung ihrer Umgebung nach eigenem Gusto war aber ein Prärogativ, das die preußischen Monarchen seit langem verbissen gegen Parlament und fortschrittliche Teile ihrer Regierungen verteidigten. Aus ihrer Sicht zu Recht, denn mit Verweis auf die politische Entwicklung in Großbritannien wurde von Monarchisten wie Republikanern hier eine Einbruchstelle zur weiteren Parlamentarisierung Deutschlands gesehen.[8] Die militärischen Mitglieder der Entourage bemühten sich überdies, den Kaiser von jeder Kompromisshaltung abzubringen, um eine Rückkehr der Eulenburg-Kamarilla, ihrer Konkurrenz im Kampf um die Einflussnahme auf den Monarchen, unmöglich zu machen. Auf ihr Zureden ließ Wilhelm II. die Parole »Gereinigt oder gesteinigt« ausgeben. Diese jede gütliche

4 Als Optionen wurden neben Gerichtsprozess, Duell und militärischem Ehrengericht eine Zeit lang auch Exil und Suizid ventiliert. Bülow, *Denkwürdigkeiten II*, S. 311–312. Muschler, *Eulenburg*, S. 621, 624–625, 638. Friedländer, *Prozesse*, S. 4040–41.

5 Haller, *Eulenburg*, S. 330.

6 *Berliner Tageblatt*, »Zu der Entlassung des Grafen Kuno Moltke«, 30. Mai 1907, BAL 7836.

7 Harden an Holstein, 3. Juni 1907, in: Rich/Fisher, *Holstein-Papiere IV*, Nr. 1040.

8 Bei diesem Punkt wurde häufig auf den »Bedchamber«-Streit unter Queen Victoria verwiesen. Etwa Reichsbote, »Kamarilla und parlamentarisches Regiment«, 5. Juni 1907, BAL 7836.

Einigung ausschließende Extremforderung an die gestürzten Günstlinge zeigt, dass der Monarch den Skandal nicht als politisches Problem und ihn selbst unmittelbar bedrohende Gefahr erkannte. Insbesondere auf Moltke wurde nun Druck ausgeübt, Harden zur Rechenschaft zu ziehen. Realpolitische Überlegungen – im Vergleich zu anderen Mitgliedern der Eulenburg-Kamarilla wurde der entlassene Stadtkommandant von Berlin als »am geringsten belastet« eingestuft[9] – wurden von blindem Standesdünkel überlagert, denn Moltke sollte durch ein Vorgehen gegen Harden weniger einem Skandal im Anfangsstadium die Spitze abbrechen, als die Ehre seines Familiennamens sowie des preußischen Generalsranges wahren.[10]

Ohne politischen Instinkt folgte das allerhöchste Machtzentrum damit einer für die wilhelminische Gesellschaft insgesamt typischen übersteigerten Wertschätzung persönlicher Ehre. Sie rangierte für viele Deutsche immer noch vor allen anderen moralischen Werten. »Der Beamte, dem die Ehre genommen ist, verliert den Grund auf dem er steht, mit dem Verlust seines Ansehens ist auch seine Wirksamkeit als Beamter gelähmt; der Offizier ohne Ehre ist seinen Untergebenen gegenüber als Vorgesetzter undenkbar; Kredit und Vertrauen, die Grundlage seines Erfolges; der Arbeiter, der seine Ehre verlor, findet seine Arbeitsbedingungen erschwert, das Zusammenwirken mit den Genossen beeinträchtigt und gehemmt. So ist für manchen der Verlust der Ehre schlimmer als monatelange Krankheit, schlimmer als lebenslängliches Siechtum, schlimmer sicherlich als der Verlust von einigem Geld und Gut. Denn mit dem Verlust der Ehre ist häufig die ganze Existenz untergraben, die in jahrelanger ehrlicher Arbeit geschaffen wurde.« Verübt durch die Presse aber, ergänzte die *Münchener Abendzeitung* diese durchaus repräsentative Haltung, vertausendfache der »rechtswidrige Angriff auf die Ehre eines Nebenmenschen« seine Wirkung und könne mit »jenen Beleidigungen und Verleumdungen, die im alltäglichen Leben im mündlichen und persönlichen Verkehr verübt werden«, nicht mehr verglichen werden.[11] An

9 Harden an Holstein, 13. Oktober 1907, in: Rich/Fisher, *Holstein-Papiere IV*, Nr. 1055.

10 Moltke gab dem Kaiser sein Ehrenwort, »niemals mit Männern sexuellen Umgang« gehabt zu haben. Gleichzeitig reichte er aber sein Abschiedsgesuch mit der Begründung ein, dass kein Mann, der »unter so schweren Verdächtigungen« steht, in der Umgebung des Monarchen bleiben könne. Während Eulenburg und Hohenau pensioniert wurden, ging Moltke als General in einen Zwischenzustand über, er wurde »z.D.« (zur Disposition) gestellt; ein Indiz, dass auf ihm die Hoffnung Wilhelms II. ruhte, nach einem juristischen Sieg über Harden seine Freunde wieder rehabilitieren zu können. Friedländer, *Prozesse*, S. 4070.

11 *Münchener Abendzeitung*, »Der Schutz der persönlichen Ehre«, 10. Januar 1908, BAL 7838.

dieser Bestandsaufnahme aus dem Jahr 1908 können gut Gleichzeitigkeit und Gegenläufigkeit vormoderner und moderner Gesellschaftsentwicklungen am Ende des langen 19. Jahrhunderts verdeutlicht werden. Auf der einen Seite ist der klare Ausblick auf die Massenmediengesellschaft des 20. Jahrhunderts und ihre Bedingungen beachtlich, auf der anderen Seite wird aber noch ein übersteigerter Ehrbegriff kultiviert, der zurück ins 18. Jahrhundert verweist.

Die Vorstellungen von persönlicher Ehre befanden sich um 1900 in einer Transformationsphase. Selbst bei Konservativen war inzwischen umstritten, ob die Werturteile Dritter die persönliche Ehre wirklich tangieren konnten. Der Berliner Staatsrechtler Josef Kohler plädierte deshalb dafür, Beleidigungen nur noch auf die »sittliche Persönlichkeit« des Menschen zu beziehen. Es sei nicht mehr zeitgemäß, den Beleidigungsbegriff so weit zu spannen, »dass auch die Erklärung, jemand sei körperlich oder geistig anormal, als Beleidigung gilt«. Allerdings räumte er ein, die Behauptung einer Abnormität dürfe nicht eine solche Geringschätzung der Person verursachen, »dass diese nicht mehr als sittliches Wesen in Betracht käme«.[12] Diese Einschränkung war direkt auf den Eulenburg-Skandal berechnet, denn Homosexuelle galten nach den herrschenden Moralvorstellungen als Exempel unsittlicher Menschen.

Wenn er nicht als eine »moralische Leiche« gelten wollte, durfte Moltke also selbst nach progressivem Ehrverständnis die Anwürfe Hardens nicht an sich abprallen lassen, sondern er musste den Versuch unternehmen, Satisfaktion zu erhalten. Offen war allerdings die Form, in der dies geschehen konnte. Formell bestand die Möglichkeit eines militärischen Ehrengerichtes.[13] Der Vorteil für Militärangehörige wie die Armee als Institution lag darin, dass die Öffentlichkeit dabei fast vollständig ausgeschlossen war. Militärische Ehrengerichte verhandelten *in camera* und mussten nicht einmal die Urteilsgründe, sondern nur den Urteilstenor bekanntgeben.[14] Über einen General

12 *Der Tag*, »Der Prozess Moltke-Harden«, von Josef Kohler, 5. November 1907, BAL 7837.

13 In den jüngeren Duell-Studien wurde übersehen, dass militärische Ehrengerichte nicht allein als Surrogat für Duelle unter Offizieren fungierten. Verhandelt wurde dort immer wieder auch der Missbrauch von Untergebenen, deren Ausnutzung zu persönlichen Zwecken, Bordellbesuche, Dauerverhältnisse mit Prostituierten, Spielschulden etc. Solche Vergehen und Konflikte konnten durch Duelle nicht gelöst werden. Vgl. Frevert, *Ehrenmänner*, S. 114–115.

14 Diesen »Vorzug« gegenüber der zivilen Gerichtsbarkeit betonte auch Generalstaatsanwalt Wachler in einem Schreiben an Eulenburg vom 15. Mai 1907. Röhl, *Eulenburgs politische Korrespondenz III*, Nr. 1533, Anlage II.

konnte jedoch nur der Oberste Kriegsherr ein Ehrengericht einberufen.[15] Wilhelm II. tat dies wohlweislich nicht. Karsten Hecht hat diese Entscheidung als Beleg gewertet, dass Moltke von Beginn an der Rückhalt beim Kaiser fehlte.[16] Gerade aus rechtshistorischer Perspektive ist eine andere Lesart wahrscheinlich. Traditionellerweise sollte unter keinen Umständen die Möglichkeit eröffnet werden, dass in ein und derselben Sache Militär- und Zivilgerichtsbarkeit »Allerhöchste Urteile« fällten, die sich widersprachen.[17] Diese Interpretation wird dadurch gestützt, dass im kaiserlichen Umfeld ein Zivilprozess zwischen Moltke/Eulenburg und Harden von vornherein angenommen wurde.[18]

Obgleich ein militärisches Ehrengericht für General Moltke rasch verworfen wurde, spitzte sich das Thema in Reichstag und Presse zu. Die Militärgerichtsbarkeit war seit Jahrzehnten ein Hauptstreitpunkt wilhelminischer Verfassungspolitik, bei der es im Kern um die Frage ging, ob das Parlament Anteil an der militärischen Prärogative der Krone erhalten sollte.[19] Entsprechend nutzte der liberale Vorzeigemilitär Oberst a.D. Richard Gädke den Fall Moltke im *Berliner Tageblatt* zu scharfer Kritik an der Armeeführung, die ein militärisches Ehrengericht nur deshalb abgelehnt habe, weil sie eine deutsche Dreyfus-Affäre fürchte. Ein gerechtes und öffentliches militärgerichtliches Vorgehen hätte jedoch der Dynamik der Ereignisse die Spitze abbrechen können, meinte der geschasste Offizier. »So erst schwillt der Skandal riesengroß an [...] während er durch weise Maßnahme im Keime erstickt werden konnte.« Auch nach dem parlamentarischen Kompromiss vom Ende der 1890er Jahre blieb die Hauptzielsetzung liberaler Militärpolitik, wie sich hier zeigte, die Legitimität der Militärgerichtsbarkeit an sich in Frage zu stel-

15 Bis zum Dienstgrad eines Obersten war eine ständige militärische Ehrengerichtsbarkeit eingerichtet. Über einen General konnte nur der preußische König persönlich ein Ehrengericht einsetzen. Militärisch-Politische Korrespondenz, zit. in *Freisinnige Zeitung*, »Über die militärische Seite des Moltke-Harden-Prozesses«, 3. November 1907, BAL 7837. Vgl. auch die Rede des Kriegsministers Karl von Einem. *Reichstagsverhandlungen*, 4. Dezember 1907, S. 2024.

16 Hecht, *Harden-Prozesse*, S. 64–68.

17 Geregelt in einer Verordnung vom 2. Mai 1874. Sich widersprechende Urteile in unterschiedlichen Instanzen galten dagegen als unproblematisch. *Kölnische Zeitung*, »Graf Moltke und das Ehrengericht«, 5. November 1907, BAL 7837.

18 Hammann sprach abschätzig von einem »verspäteten, den Weg der sachlichen Aufklärung verdunkelnden Ehrenhandel« und hielt eine »Beleidigungsklage bei dem bürgerlichen Gericht« für selbstverständlich. Hammann, *Um den Kaiser*, S. 27.

19 Vgl. Deist, *Militär, Staat und Gesellschaft*, S. 19–43.

len, um einen zivilen Zugriff auf die Armee zu erlangen.[20] Im Reichstag sorgte Dr. Hans Paasche, Abgeordneter der Nationalliberalen, für einen Eklat, als er mit derselben Argumentation wie Gädke die Glaubwürdigkeit des Kriegsministers Karl von Einem in Frage stellte. Paasche, mit Harden verschwägert und von diesem mit Material versorgt, hielt von Einem vor, General Moltke wider besseres Wissen vor dem Parlament verteidigt zu haben. Tatsächlich habe er davon gewusst, dass in den Berliner Offizierkasinos seit langem »anzügliche Lieder« auf den Berliner Stadtkommandanten gesungen worden waren.[21] Als Paasche die Attacke später wegen ihrer drastischen Form zurücknahm, witterte die liberale Presse sofort Verrat. Das Kriegsministerium habe Paasche, Vizepräsident des Reichstages, aber auch Rittmeister der Landwehr a.D., mit militärischem »Gewissenszwang« zur Revokation seiner Vorwürfe genötigt. Für die *Frankfurter Zeitung* war damit nicht nur das Prinzip der völligen Unabhängigkeit der Reichstagsabgeordneten verletzt, sondern auch deutlich geworden, dass der militärisch-zivile Identitätskonflikt vieler Abgeordneter ungelöst war. Auch 40 Jahre nach der Reichsgründung sei die »parlamentarische Lebensfrage«, das grundsätzliche Verhältnis von militärischer und politischer Macht in Deutschland, immer noch offen.[22]

Kuno Moltke, von den militärischen Beratern des Kaisers unter Druck gesetzt, schien daraufhin die Wiederherstellung seiner Ehre mit einem Mittel zu verfolgen, das für die Parlamentsmehrheit in Deutschland ebenfalls seit Jahrzehnten ein Reizthema war: durch ein Duell mit Maximilian Harden.[23] Der General sandte dem Publizisten als Unterhändler seinen Vetter Otto Graf Moltke, Oberstleutnant a.D., evangelischer Klosterprobst und freikonservatives Mitglied des preußischen Abgeordnetenhauses, einen

20 *Berliner Tageblatt*, »Wo sind die Schuldigen?«, von Oberst a.D. Gädke, 30. Oktober 1907, BAL 7837.

21 Der Sohn Paasches war mit einer Nichte Hardens verlobt, der Tochter seines Bruders Geheimrat Richard Witting, Oberbürgermeister von Posen. *Hamburgische Correspondenz*, »Paasche und der Prozess Moltke-Harden«, 4. Dezember 1907, BAL 7837.

22 Fast 40 Jahre nach Inkrafttreten der Reichsverfassung, kritisierte auch die *Nationalliberale Korrespondenz*, sei immer noch unklar, »inwieweit die parlamentarische Immunität einen Abgeordneten, der Offizier ist oder das Recht zum Tragen der Uniform hat, auch vor dem Eingreifen der Kommandogewalt und ehrengerichtlicher Verfolgungen wegen Äußerungen im Parlament, insbesondere auch wegen etwaiger Angriffe gegen die Heeresverwaltung oder Mitglieder der Armee schützen würde«. Zit. in *Frankfurter Zeitung*, »Parlamentarische Immunität und Kommandogewalt«, 28. März 1908, BAL 7838.

23 Zu Duellen in Frankreich, die mit Gerichtsprozessen korrelierten, Berenson, *Madame Caillaux*, S. 283.

»Gentleman von reiner, idealer, ritterlicher Gesinnung«, wie selbst die liberale *Vossische Zeitung* diesen preußischen Junker charakterisierte.[24] Dass die Duellverhandlungen zwischen der Moltke- und der Harden-Partei[25] rein ritueller Natur waren, zeigte sich daran, dass nach einem vertraulichen Besuch Otto Moltkes in Hardens Haus im Grunewald sofort die Öffentlichkeit wiederhergestellt wurde: Ohne Protest der Gegenpartei publizierte Harden den sich anschließenden Briefwechsel mit den Moltke-Vettern in der *Zukunft*. Nach traditionellen Reglements war ein Duell bereits dadurch hinfällig.[26]

Dennoch sind die öffentlichen »Duellverhandlungen« zwischen zwei herausragenden Repräsentanten der alten und neuen Elite des Kaiserreiches faszinierend, da an ihnen ein wichtiger mentalitätsgeschichtlicher Wandel im Verständnis persönlicher Ehre abgelesen werden kann. Während Harden ein prinzipieller Duell-Gegner war,[27] hingen die Moltke-Vettern dem sich seit dem 18. Jahrhundert entwickelnden Konzept der »Innerlichkeit« von Ehre an.[28] Zwar hätten sie, heißt es in einem Gedächtnisprotokoll, aus den Vorwürfen Hardens die Überzeugung gewonnen, »dass sie seinen [Kuno Moltkes] guten Ruf und Leumund in der Öffentlichkeit und insbesondere gegenüber dem Offizierkorps beeinträchtigen könnten«. Die beiden Träger des prestigeträchtigsten deutschen Namens der Epoche strichen jedoch heraus, dass »ein *Gentleman* nur selbst seine Ehre verletzen kann«.[29] Dem herrschenden Recht in Deutschland war dieses Ehrverständnis bereits voraus.

24 *Vossische Zeitung*, 20. Dezember 1907, zit. n. Hecht, *Harden-Prozesse*, S. 51.

25 Die Individualität von Duellen wurde durch die Heranziehung von Freunden, Beratern, Reglement-Kennern, Vermittlern, Kartellträgern, Sekundanten, Zeugen, Ärzten usw. stark eingeschränkt, weshalb weniger von Duellanten als von Duellparteien gesprochen werden sollte, insbesondere, wenn auch noch befreundete Journalisten informiert wurden, um das Öffentlichkeitsbild zu prägen. McAleer überspitzt das Individuelle, indem er durchgängig literarischen Zeugnissen prominenter Duellanten oder Duell-Liebhaber wie Maupassant, Puschkin, Twain, Fontane vertraut und daraus den Fehlschluss zieht, ein Ehrenmann habe die Wahrung seiner Ehre unmöglich einer »Dritten Partei« überlassen können. McAleer, *Dueling*, S. 30.

26 Bogulawski, *Die Ehre und das Duell*. Der *Vorwärts* irrte sich mit der Einschätzung, für Moltke sei »die öffentliche Meinung über seine Person sehr gleichgültig – nur eines Mannes Meinung ist für ihn von Wichtigkeit, die des Monarchen«, denn bereits während der Duellverhandlungen spielte die Moltke-Partei Informationen an befreundete Journalisten, um die öffentliche Meinung zu gewinnen. *Vorwärts*, »Die große Reinigung«, 4. Januar 1908, BAL 7838.

27 Köhne, »Effi Briest und die Duellfrage«, S. 111.

28 Zur Innerlichkeit von Ehre, die von keinem Dritten angetastet werden kann, auch Frevert, *Geschlechter-Differenzen in der Moderne*, S. 187.

29 GStA 10215, Blatt 8–9.

Der einschlägige Kommentar zum Reichsstrafgesetzbuch hob hervor, Ehre sei der »Wert, den eine Person innerhalb der menschlichen Gemeinschaft hat«.[30] Damit war persönliche Ehre für deutsche Juristen zwar kaum noch anthropologische Essenz, sondern etwas gesellschaftlich Konstituiertes. Gleichwohl fehlte aber die Erwähnung einer Rückzugsmöglichkeit auf die Position der grundsätzlichen Unantastbarkeit persönlicher Ehre durch Dritte. Dennoch markiert die deutlich vollzogene Unterscheidung zwischen der Ehre eines Menschen und der Ehre einer der sozialen Rollen, die er ausfüllt – der »gute Ruf« und »Leumund« – einen tiefgreifenden Perspektivenwechsel. Die aristokratische Wahrung der Ehre nach dem Prinzip »kein falsches Wort, kein falscher Blick«, idealtypisch ausgerichtet am französischen Adligen des 18. Jahrhunderts, wich im wilhelminischen Deutschland zunehmend einer Adaption der an Prinzipien der Aufklärung und Errungenschaften der Moderne orientierten Figur des britischen Gentleman, dessen zentraler Charakterzug Lässigkeit war.[31] Dies eröffnete die Möglichkeit, über (grundlose) Anschuldigungen hinweggehen zu können. Speziell in Preußen wurde die Adaption des britischen Leitmodells durch pietistische Traditionslinien erleichtert. Wären Kuno Moltke und Maximilian Harden zufällig Einwohner desselben Stadtteils Berlins gewesen, hätte ihnen das Erscheinen vor einem Schiedsgericht zu einer »Sühne« auferlegt werden können. Diese protojuristische Konfliktlösungsmöglichkeit existierte 1907, obgleich selten genutzt, immer noch. Dem lag »die Anschauung zugrunde, dass der Beleidigte unchristlich und sündhaft handelt, wenn er für den ihm angetanen Schimpf Genugtuung fordert«, so erläuterte der *Tag* das Menschen- und Gesellschaftsbild dieser ehemals dominierenden religiösen Strömung.[32] Zum Ausgleichsversuch im milden Lichte des preußischen Pietismus konnte es aber schon deshalb nicht kommen, weil Harden polizeilich im Grunewald, Moltke aber in der Stadtkommandantur in Berlin-Mitte gemeldet war.

Selbst auf dem Feld spezifisch militärischer Ehre enthüllte der Fall Moltke der Öffentlichkeit, wie sehr ein absoluter, essentialistischer Ehrbegriff bereits innerhalb der höchsten Gesellschaftskreise aus der Mode gekommen war. Seine Verwirklichung wurde zwar nach wie vor verlangt, bezeichnender-

30 Olshausen, *Strafgesetzbuch I*, Anmerkung 2a zu § 185 StGB.

31 Selbst wilhelminische Kolonisatoren wurden als Gentlemen imaginiert. Eckert/Pesek, »Bürokratische Ordnung und koloniale Praxis«, S. 102. Zum Gentleman im angelsächsischen Kolonialismus Tidrick, *Empire and the English Character*; Rozbicki, *The Complete Colonial Gentleman*.

32 *Der Tag*, »Beleidigungsklagen und öffentliches Interesse«, von Hans Paalzow, 5. Februar 1908, BLHA 555.

weise jedoch meist von bürgerlichen Offizieren. Erst im Januar 1906 hatte der Fall des Rechtsanwalts und Notars Dr. Fritz Feldhaus, Reserveoffizier der Landwehr-Artillerie, für Aufsehen in der deutschen Presse gesorgt und auch im Reichstag zu heftigen Kontroversen geführt. Feldhaus hatte ein Duell, immerhin eine Straftat, verweigert, stattdessen einen Gerichtsprozess angestrengt und war deswegen aus der Armee entlassen worden.[33] Mit ihm kontrastierte der Fall General Moltkes so scharf, dass der Vergleich nun als Beleg dafür herangezogen wurde, dass sich wohl soziale Aufsteiger, aber nicht mehr die Angehörigen der wilhelminischen Herrschaftselite dem überkommenen Ehrverständnis zu unterwerfen hatten.[34] Die Kluft zwischen den Fällen Feldhaus und Moltke rief wieder den liberalen Militärexperten des *Berliner Tageblattes* Richard Gädke auf den Plan: »Wo es gilt, einen einflusslosen armen Schlucker [Dr. Fritz Feldhaus] mit der ganzen Schärfe des ehrengerichtlichen Verfahrens zu treffen […] da ist man leichten Herzens bei der Hand, kein Zaudern kennt man, die Standesehre verlangt es so […] Wären Sie nicht Kommandant von Berlin und ein Graf Moltke gewesen, so hätte man Ihnen die Uniform schon allein deshalb ausgezogen, weil Sie nach den ersten Andeutungen in der *Zukunft* im November vergangenen Jahres Herrn Harden nicht forderten.«[35] Die harte liberale Pressepolemik gegen zweierlei Maßstab in militärischen Ehrenfragen kann erklären, weshalb Kuno Moltke Monate nach den ersten Andeutungen auf seine Homosexualität und nach wochenlangen in der Presseöffentlichkeit betriebenen »Duellverhandlungen« Maximilian Harden schließlich doch noch zum Duell forderte. »Euer Hochwohlgeboren«, schrieb Otto Moltke an Harden, »habe ich die Ehre mitzuteilen, dass mich mein Vetter, der Generalleutnant Graf Kuno Moltke, beauftragt hat, Sie zum Zweikampf herauszufordern, da Sie seinem guten Ruf zu nah getreten sind und eine Revokation Ihrerseits nicht eingetreten ist.« We-

33 Der Fall Feldhaus war ein Musterbeispiel staatlichen Duellzwangs. Das Thema wurde im Reichstag am 15. Januar 1906 kontrovers verhandelt. *Allgemeine Rundschau*, »Der staatliche Duellzwang in der Armee«, 27. Januar 1906, GStA 57917. Zum Fall Feldhaus auch Bringmann, *Duell und Reichstag*, S. 306–318.

34 Der bekannteste Duellfall zwischen Adligen im Kaiserreich, zwischen den Zeremonienmeistern am Berliner Hof von Kotze und von Schrader, verbreiterte denn auch die Verwerfungen im Hofadel, anstatt den Streitpunkt zu »begraben«. Bringmann, *Duell und Reichstag*, S. 152–224. In zeitgenössischen Abhandlungen über die »gute Gesellschaft« spielen Duelle keine Rolle mehr. Vgl. Lucius von Nordegg [Adolf von Wilke], *Die Berliner Gesellschaft*. Vom kultursoziologischen Standpunkt Guttandin. *Das paradoxe Schicksal der Ehre.*

35 *Berliner Tageblatt*, »Wo sind die Schuldigen?«, von Oberst a.D. Gädke, 30. Oktober 1907, BAL 7837.

nig überraschend lehnte Harden die Herausforderung ab. Er musste nicht einmal als prinzipieller Duellgegner argumentieren. Mit Verweis auf ein Gutachten ihm befreundeter Generäle und hoher Reichsbeamter konnte er plausibel darauf verweisen, dass die Duellforderung zeitlich viel zu spät und nur »unter dem Druck äußerer Verhältnisse«, gemeint waren der Kaiser und die Armeeführung, ergangen und damit schon aus formalen Gründen unzulässig sei.[36]

Die fiktive Duellforderung ist dennoch sozial- und mentalitätsgeschichtlich bedeutsam. Denn mit ihr bescheinigte einer der höchsten preußischen Generäle, ein Duzfreund des Kaisers, ein Moltke, dem radikalen Monarchiekritiker und Publizisten jüdischer Herkunft vor den Augen der ganzen Nation nichts geringeres als die Ebenbürtigkeit. Erklärt werden kann auch dies mit der Strahlkraft des Gentleman-Ideals, dem sich Moltke und Harden ebenso verpflichtet fühlten wie Kaiser Wilhelm II. und die meisten deutschen Journalisten. »Und wenn ich auch nicht einen Rock trage mit buntem Kragen, und wenn ich mir meinen Namen selbst gemacht habe«, erklärte der Herausgeber der *Zukunft* mit entsprechendem Selbstbewusstsein, »so habe ich doch die Ehre dieses Namens ebenso ernst zu wahren.«[37] Vor diesem Hintergrund muss es ein Rätsel bleiben, weshalb David McAleer in seiner Duell-Studie nur 5 Prozent der damaligen deutschen Bevölkerung als satisfaktionsfähig bezeichnet hat. Bereits Ute Frevert hat darauf hingewiesen, dass im Laufe des 19. Jahrhunderts ein deutscher Adliger einem Bürgerlichen »aus gutem Hause« immer seltener ein Duell abschlagen konnte, ohne sich gesellschaftlich unmöglich zu machen.[38] Die sich zunehmend angleichende soziokulturelle Ebenbürtigkeit im langen 19. Jahrhundert ist ein bisher kaum beachtetes Argument für die mentale Emanzipation des deutschen Bürger-

36 Bernstein kritisierte, dass Moltke »als Generalleutnant« den Ehrenhandel nur zaudernd betrieben habe. Friedländer, *Prozesse*, S. 4010. Moltkes Forderung erging erst fünf Monate nach ersten Vermittlungsversuchen, einen Monat nach der letzten veröffentlichten Kritik an ihm in der *Zukunft* und zwei Wochen, nachdem der Kaiser ihn als General zur Disposition gestellt hatte. Vgl. Maximilian Harden, »Die Freunde«, in: *Die Zukunft*, 22. Juni 1907, S. 422–425. Zu Gründen, die ein Duell formell unzulässig machten, etwa zeitliche Hinauszögerung, zeitgenössisch Fehr, *Der Zweikampf*.

37 Friedländer, *Prozesse*, S. 4101–02. Die Gentleman-Kultur im Kaiserreich illustrieren zudem die sich überschneidenden Freundeskreise Eulenburgs, Moltkes und Hardens. Vgl. Friedländer, *Prozesse*, S. 4239. Überdies war die Nichte Kuno Moltkes mit Hardens engem Freund Ernst Moritz Schweninger verheiratet. Das Ehepaar Schweninger hatte Harden auf die Eheprobleme der Moltkes hingewiesen und ihn mit Lilly v. Elbe bekannt gemacht. Friedländer, *Prozesse*, S. 4037–38.

38 Frevert, *Ehrenmänner*, S. 222.

tums gegenüber dem Adel. Unter Dutzenden Presseartikeln jeder politischen Couleur zum Pseudo-Duell Moltke-Harden findet sich kein einziger, in dem ein Standesunterschied zwischen General und Publizist als etwaiger Hinderungsgrund eines Duells auch nur angedeutet worden wäre.[39]

Ein Duell war im Fall Moltke-Harden aber auch deshalb schon aus formalen Gründen unzulässig, weil es höhere moralische und politische Werte verletzte; ein in der regen historischen Duellforschung der letzten Jahre völlig ausgeblendeter Aspekt.[40] »Die Institution des Duells«, schrieb Harden in der *Zukunft* mit Verweis auf die einschlägigen Duell-Autoritäten der damaligen Zeit, »hat den Zweck, eine auf anderem Wege unsühnbare Beleidigung zu sühnen und zu bestatten, sie jeder weiteren Erörterung zu entziehen. Der Zweck dieser Institution kann und soll aber nicht sein, die Aufhellung eines Tatbestandes zu hindern. Ein Zweikampf würde die streitige Sache formell erledigen, eine spätere Feststellung der Wahrheit aber unmöglich machen. Dazu dürfte ich nicht beitragen.« Dem Austrag eines Ehrenhandels war aber nicht nur das Moralische, sondern auch das Politische übergeordnet. Für ihn könne es, ergänzte Harden die Begründung seiner Duellablehnung, »politische Pflicht werden, die allgemeine Rückwirkung einer normwidrigen (wenn auch ideellen) Männerfreundschaft, an deren Bestehen und an deren ins Politische überschweifender Tendenz ich nach gewissenhafter Prüfung authentischer Dokumente nicht den geringsten Zweifel habe, als erweislich vorhanden zu zeigen.« Auch die Moltke-Partei stimmte dieser Sicht, wenn auch aus anderen Gründen, zu. Die entscheidende Rolle spielte in ihren Erwägungen, dass der öffentlich gemachte Vorwurf der Homosexualität auch nur in aller Öffentlichkeit revidiert werden konnte und damit einer Konfliktlösung durch ein Duell entzogen war: »Es kann und darf ihm«, schrieb Otto Moltke an Harden über den Standpunkt seines Vetters, »meines Erachtens nichts daran liegen, einen Zweikampf, der immerhin seinen Mund für immer schließen könnte, schon in einem Moment herbeizuführen, wo vor der Öffentlichkeit der durch Ihre Schriften auf den blanken Schild seiner Ehre geworfene Schatten noch nicht als für immer entfernt angesehen werden könnte.« Von den Journalisten, die in diesem Fall faktisch die Rolle der Sekundanten und Schiedsrichter versahen, wurden die Gentlemen nach dem Geplänkel um Ehrengericht und Duell aufgefordert, ihrer politischen Pflicht

39 Auch in der Harden-Forschung ist bisher übersehen worden, mit welchem Selbstbewusstsein dieser als führender Intellektueller in den ersten Kreisen Deutschlands verkehrte. Eine Charakterisierung Hardens als *Outsider*, wie sie zuletzt noch Moulton in Anlehnung an Peter Gay vorschlägt, macht daher wenig Sinn.

40 Oberst Freiherr von Eberstein, *Über die Ehre und falsche Ehrbegriffe*.

zu genügen und ihre Positionen endlich »in einem geeigneten Forum« zu vertreten.[41]

Nach wie vor wird in historischen Studien die Bedeutung des Duells für die europäischen Gesellschaften um 1900 herausgestrichen. Mal wird es als letzte Domäne des Adels, mal als bereits bürgerliches oder gar kleinbürgerliches Phänomen analysiert.[42] Aus dem Blick geriet dabei diejenige Institution, durch die persönliche Ehre massenhaft und alltäglich verhandelt wurde: der Gerichtsprozess.[43] Eine Auswertung der Reichsjustizstatistik ergibt, in welch frappierendem Ausmaß der wilhelminische Deutsche seine persönliche Ehre auf diesem »Forum« verhandelte, während Duelle statistisch kaum noch fassbar sind. Im Jahr 1906, als Harden seine Pressekampagne gegen die Eulenburg-Kamarilla begann, wurden in Deutschland rund 61.000 Personen wegen Beleidigung verurteilt.[44] Bei insgesamt 524.000 gerichtlichen Verurteilungen in jenem Jahr bedeutet dies, dass allein jedes 8. bis 9. Urteil eines deutschen Gerichts in einem Streit um persönliche Ehre erging. Zum Vergleich: In demselben Jahr erfolgten ganze 86 Verurteilungen wegen eines Duells,[45] von denen nur 39 wirklich zum Austrag gekommen waren. Ein Urteil wegen eines Zweikampfes mit tödlichem Ausgang gab es in jenem Jahr überhaupt nicht.[46] Angesichts ihrer statistischen Bedeutungslosigkeit ist zweifelhaft, ob Duelle um 1900 anders denn als bizarre Restphänomene voraufklärerischer Konfliktlösungsstrategien in einer akademischen Subkultur gefasst werden können.[47]

Am 29. Mai 1907 reichte Kuno Moltke schließlich bei der Berliner Staatsanwaltschaft Beleidigungsklage gegen Maximilian Harden ein. Damit setzte

41 Ein Beispiel ist *Germania*, »Harden und der Fall Moltke«, 22. Juni 1907, BAL 7836.

42 Frevert, *Ehrenmänner*, S. 288–296. Dies., »Bourgeois Honor. Middle-Class Duelists in Germany«, S. 255–292.

43 Zur Bedeutung von Gerichtsprozessen in den bürgerlichen Gesellschaften um 1900 etwa Kraus, *Sittlichkeit und Kriminalität.* Vgl. Müller-Dietz, »Kriminalität und Kriminalitätsverarbeitung in der Fackel«, S. 571–605.

44 Die Zahlen sind gerundet. »Beleidigung« lag nach § 185 des Reichsstrafgesetzbuches vor. Hinzu kamen »üble Nachrede« (§ 186) und »Verleumdung« (§ 187). Bei Journalisten wurde eine Beleidigung »verübt durch die Presse« wegen der öffentlichen Wirksamkeit oft als schwere Beleidigung, üble Nachrede oder Verleumdung gewertet.

45 Reichsjustizamt und Kaiserlich-Statistisches Amt, *Statistik des Deutschen Reiches 247*, II.12. Zur Erschließung Petzina, *Sozialgeschichtliches Arbeitsbuch III.*

46 Die übrigen Duellstrafen entfielen auf die bloße Herausforderung zum Duell (24) und Kartellträgerei (24). Reichsjustizamt und Kaiserlich-Statistisches Amt, *Statistik des Deutschen Reiches 185*, I. 136.

47 Die meisten Duellanten waren Studenten oder ältere Angehörige schlagender Verbindungen. Vgl. auch Bringmann, *Duell und Reichstag*, S. 56–61.

er den damals absolut gebräuchlichen sozialen Konfliktlösungsmechanismus bei Ehrenfragen in Gang.[48] Von 39.000 Verurteilungen wegen Beleidigung im Jahr 1882 stieg die Zahl in der Hochzeit des Wilhelminismus zwischen 1897 und 1906 auf einen Jahresdurchschnitt von rund 57.000. Zum Vergleich: Rund 100 Jahre später, im Jahr 2007, ergingen nur noch gut 28.000 Verurteilungen wegen Beleidigung.[49] Der hohe Stellenwert persönlicher Ehre in der wilhelminischen Gesellschaft, wie er in der Zunahme der Beleidigungsprozesse im späten Kaiserreich zum Ausdruck kam, fand seine juristische Entsprechung in harten Strafen. Im Erfolgsfall vor Gericht durfte Moltke mit gebührender Satisfaktion rechnen. Immerhin jeder 6. Beleidiger erhielt im Jahr 1906 eine Gefängnisstrafe, wenn auch meist unter 30 Tagen. Wurde dagegen die Beleidigung durch »ehrenkränkende falsche Tatsachen wider besseres Wissen« begangen und als »Verleumdung« qualifiziert, sah bereits jedes zweite Urteil eine Gefängnisstrafe vor.[50] »So überaus peinlich und quälend dieser forensische Kampf sein muss, argumentierte die chauvinistische *Deutsche Tageszeitung* in martialischer Sprache, »er wird ihn als alter General durchzufechten wissen. Wir sind auch überzeugt, dass alle seine Kameraden und alle, die die gleichen Anschauungen in Ehrensachen haben wie unser Offizierkorps, mit uns in dieser Frage voll übereinstimmen.«[51]

Dass selbst von Offizieren Akzeptanz für den »forensischen Kampf« verlangt wurde, hing mit dem Erfolg eines historisch bisher kaum erforschten Weltbildes jener Epoche zusammen, dem vom »Kampf ums Recht«. Es ist eine entscheidende Facette des Mentalitätswandels vom Rollenbild des aristokratisch-sanguinischen Ehrenmannes zum Ideal des bürgerlich-lässigen Gentleman, wie ihn sowohl Moltke als auch Harden zu repräsentieren suchten. Die Idee vom Kampf ums Recht stammte vom Göttinger Rechtsphilosophen Rudolf von Ihering. Seine gleichnamige, 1872 in Wien herausgebrachte Schrift wurde über Nacht zu einem internationalen Bestseller. Sie ging innerhalb der ersten zwei Jahre in 12 Auflagen und lag um 1900 in 26 Sprachen vor.[52] Iherings Kerngedanken wurden rasch popularisiert und ge-

48 Die Befriedigung des *cult of honour* durch die Austragung von Beleidigungsprozessen betont jetzt auch Hartston, *Sensationalizing the Jewish Question*.

49 Statistisches Bundesamt, *Fachserie 10, Reihe 3*, S. 30.

50 Reichsjustizamt und Kaiserlich-Statistisches Amt, *Statistik des Deutschen Reiches 185*, II. 43–44.

51 *Deutsche Tageszeitung*, »Ein Vergleich im Prozess Moltke-Harden?«, 22. Dezember 1907, BAL 7838.

52 Iherings Weltbild war radikaldemokratisch. Jeder Bürger war ein »geborener Kämpfer ums Recht im Interesse der Gesellschaft«. Ihering, *Der Kampf ums Recht*, S. 67. Vgl. Falk, »Ru-

hörten zum legalistischen *Common Sense* des Kaiserreichs. Wurde in Iherings Weltbild die persönliche Ehre – eines von vielen »berechtigten persönlichen Interessen« – verletzt, war Selbstjustiz undenkbar, ein Gerichtsprozess – der praktizierte Kampf ums Recht – jedoch kategorische Pflicht des Individuums gegenüber sich selbst und gegenüber der Gesellschaft.[53]

Allerdings musste ein Prozess zwischen einem der prominentesten Monarchiekritiker und einem der besten Freunde Wilhelms II. andere Formen annehmen als die gut 57.000 übrigen Prozesse um persönliche Ehre. Niemand witterte die Gefahren eines solchen »skandalpolitischen« Beleidigungsprozesses für die Monarchie besser als Philipp Eulenburg. Er habe, so rechtfertigte er Kaiser Wilhelm II. im Mai 1907 sein Zaudern, juristisch gegen Harden vorzugehen, »über manche persönliche Angriffe« hinweggesehen, »um einen solchen Prozess zu vermeiden«. Es wäre ein schwerer Fehler der Staatsführung, ihn zuzulassen. »Unter diesen Umständen bin ich allerdings nicht mehr in der Lage, weiter zu schweigen«, warnte er überdies den Monarchen.[54] Eulenburg mochte zum Zeitpunkt dieser Warnungen kaum noch glaubwürdig erscheinen, da durch den Skandal vor allem sein Kopf auf dem Spiel stand. Aus Gründen der Staatsräson hätte jedoch auch der Reichskanzler die Forcierung eines Sensationsprozesses verhindern müssen. In den Skizzen für seine Memoiren stilisierte sich Bülow denn auch zum einzigen Prozessgegner im Umfeld des Kaisers: »Hülsen und Lucanus waren für Prozess, ich dagegen. Weisung Sr. Majestät an mich«. In seinen *Denkwürdigkeiten* kritisierte er jedoch Eulenburgs Feigheit, »die sich einem Prozess in jeder Weise zu entziehen suchte«.[55] Tatsächlich war der leitende deutsche Staatsmann am meisten an einem Skandalprozess interessiert, mit dem er den politischen Rivalen Eulenburg endgültig loswerden konnte (vgl. Kap. II.1 und V.1). Durch ihren gemeinsamen Freund Walther Rathenau versuchte Bülow

dolf von Ihering«; Nipperdey, *Deutsche Geschichte 1866–1918*, S. 657.

53 Harden popularisierte Iherings Weltbild. Gleich im ersten Jahr der *Zukunft*, Ihering war 1893 gestorben, brachte er drei Artikel: »Rudolf von Ihering« (24. Juni 1893), »Ihering und Windscheid« (1. Juli 1893) und »Windscheid und Ihering« (21. Januar 1894). Unter dem Deckmantel eines historisierten Anti-Despotismus vertrat Ihering einen scharfen Anti-Monarchismus und kann als wichtiger Stichwortgeber Hardens und Kraus' ausgemacht werden. Vgl. Timms, *Karl Kraus und der Kampf ums Recht*; Merkel, *Strafrecht und Satire im Werk von Karl Kraus*.

54 Eulenburg an Kaiser Wilhelm II., 5. Mai 1907. Röhl, *Eulenburgs politische Korrespondenz III*, Nr. 1528.

55 Die Bleistiftnotizen Bülows aus seinem Nachlass, vermutlich für seine *Denkwürdigkeiten* bestimmt, sind zit. b. Rogge, *Holstein und Harden*, S. 157–158. Vgl. Bülow, *Denkwürdigkeiten III*, S. 292.

sogar, Harden zu einem überstürzten gerichtlichen Vorgehen gegen Eulenburg zu verleiten. Die politische Taktik durchschauend, wies der prozesserfahrene Publizist den ominösen Ratschlag des Reichskanzlers mit dem Argument zurück, dass Eulenburg in einer solchen Konstellation als Angeklagter so viel lügen durfte wie er wollte, während er als Zeuge unter Eid aussagen musste.[56]

Vom eigendynamischen Verlauf des 1. Moltke-Harden-Prozesses, den die Reichsleitung mit herbeigeführt hatte, wurde das Prestige Kaiser Wilhelms II. schwer getroffen; der schlecht beratene und hilflose Monarch, in dessen Namen das Gerichtsurteil schließlich auch noch verkündet wurde, flüchtete sich in krude Gewaltphantasien: »Nach dem Verlauf dieses Jammerprozesses«, schrieb der Kaiser erregt an einen Zeitungsartikel, »wird das Duell sehr in Aufschwung kommen, denn es ist ausgeschlossen, dass Gentlemen sich [noch einmal] vor das Forum so erbärmlicher Jammerlappen von Preußischen Amtsrichtern begeben werden. Die Kugel bleibt für sie die einzige Rettung [...] Wir werden in Zukunft zum Degen und zur Kugel greifen! Die Justiz möge es sich selbst zuschreiben, wenn die Zustände ›mittelalterlich‹ werden!«[57] Das Bramarbasieren des Monarchen war jedoch nur noch ein Aufflackern anachronistischer Vorstellungen vom Schutz der persönlichen Ehre. Die aber galt es längst nicht mehr mit Degen und Kugel gegen böswillige Individuen, als vielmehr gegen den Zugriff immer mächtiger werdender gesellschaftlicher Institutionen wie Justiz, Wissenschaft und Massenpresse zu verteidigen, die ihre Verhandlungs-, Begründungs- und Deutungsmacht in Sensationsprozessen zu potenzieren vermochten.[58]

56 Rogge, *Holstein und Harden*, S. 166.

57 Mit den Randbemerkungen Kaiser Wilhelms II. abgedruckt in Rogge, *Holstein und Harden*, S. 233–237. Der vollständige Artikel: *Tägliche Rundschau*, »Der Skandal des Tages«, 27. Oktober 1907, BAL 7836.

58 Die mentalitätsgeschichtliche Entwicklung im Ehrverständnis spricht gegen die These vom deutschen Sonderweg, in abgeschwächter Form immer noch vertreten in Winkler, *Der lange Weg nach Westen*.

2. *Cause Célèbre*: Der Sensationsprozess als Forum obrigkeitskritischer Politik

Am 23. Oktober 1907 begann die gerichtliche Auseinandersetzung zwischen Kuno Graf Moltke und Maximilian Harden im Justizpalast von Berlin-Moabit. Der Korrespondent der *Kölnischen Volkszeitung* konnte sich an keinen Gerichtsprozess erinnern, der ein ähnliches Ereignis gewesen wäre: »Ich habe noch nie einen Prozess erlebt, der gleich von Anbeginn die Berliner in solche Aufregung versetzt hat, wie dieser, und wenn ich das sage, hat das schon etwas zu bedeuten; denn ich habe viel mitgemacht, und mein Haar ist weiß.« Wie viele Prozessbeobachter beschlich ihn das Gefühl, in dieser *Cause Célèbre* spiegelten sich bevorstehende politische und gesellschaftliche Umbrüche. »Man kommt allmählich in so etwas wie 1789er Stimmung hinein [...] man spürt die Dekadenz in der Luft und glaubt zuweilen, dass man auf einem Vulkan tanze.«[59] Um den Ereignis- und Sensationscharakter dieser Gerichtsverhandlung zum Ausdruck zu bringen, griff selbst die arrivierte *Vossische Zeitung* zu einem reißerischen Vergleich: »Vormittags Prozess Moltke-Harden, abends Caruso. Und jedermann erwartet sich ein Fest. Die Nachfrage nach Eintrittskarten war für das Drama in Moabit, von dem man nicht voraussehen konnte, ob es eine Tragödie oder eine Komödie werden solle, nicht geringer als für das erste Auftreten des Königs der Tenöre im Berliner Opernhaus.«[60] Tatsächlich war das mediale Interesse am Moltke-Harden-Fall ungleich größer als am ersten Auftritt Enrico Carusos in Berlin. Der Prozessauftakt wurde »in der ganzen Kulturwelt mit größter Spannung verfolgt«, wie der Gerichtsreporter Hugo Friedländer registrierte, der mit seinen Stenoberichten einen großen Teil der deutschen Zeitungen versorgte, die keine eigenen Korrespondenten in den Berliner Justizpalast geschickt hatten; vor allem aber war der Andrang ausländischer Journalisten enorm.[61]

Sensationsprozesse wurden in der *Belle Époque* als gesellschaftliche, kulturelle und nicht zuletzt politische Ereignisse verstanden. Mit Vorläufern in

59 *Kölnische Volkszeitung*, »Die Sensation des Tages«, 25. Oktober 1907, BAL 7836. Für die Berliner waren Gerichtsprozesse im späten Kaiserreich ein alltägliches Informations- und Vergnügungsmittel. Vgl. Hoeniger, *Berliner Gerichte*; Werthauer, *Moabitrium*; Mendelssohn, *Zeitungsstadt Berlin*.

60 *Vossische Zeitung*, »Tenor und Feminismus«, 27 Oktober 1907, BAL 7836.

61 Friedländer, *Prozesse*, S. 3965–66. Theodor Wolff warnte: »Es darf während eines Sensationsprozesses nicht hergehen wie in der Karnevalszeit, wo das sonst Unschickliche plötzlich für schicklich gilt, wo jeder seinen Gefühlen freien Lauf lässt und alles auf den Kopf gestellt wird.« *Berliner Tageblatt*, »Neue Sitten«, 27. Dezember 1907, BAL 7838.

der Frühen Neuzeit fungierten sie im langen 19. Jahrhundert als wichtige, von der Geschichtswissenschaft bisher vernachlässigte Verhandlungsorte sozialer Fragen. Die Ergebnisse dieses Kapitels definitorisch vorweggenommen, kann ein Sensationsprozess erstens als ein unter allgemeinem öffentlichen Interesse verhandelter Gerichtsprozess gefasst werden, dem sowohl kulturell-soziale Repräsentativität als auch politisch-gesellschaftsverändernde Kraft zugesprochen wird. Zweitens stellen Sensationsprozesse temporäre Öffentlichkeiten her, die über den Raum des Gerichtssaales, in dem sie verhandelt werden, weit hinausgehen. Regionale, nationale, europäische Öffentlichkeiten, mitunter sogar die Weltöffentlichkeit, werden in Sensationsprozessen als appellative Instanzen beschworen.[62] Drittens können Sensationsprozesse, deren Reiz in modernen Mediengesellschaften durch ihre Eigendynamik und ihren offenen Ausgang verstärkt wird, gegen die dominierende Vorstellung von Justiz als sozialem Disziplinierungsmittel konzeptionell neu als Ereignisse verstanden werden, die von den Herrschaftseliten gefürchtet werden.[63]

So wurden etwa die inneren Widersprüche des wilhelminischen Herrschaftssystems bereits vor dem formalen Beginn des Moltke-Harden-Prozesses kenntlich. Es war ein Paukenschlag, als die Berliner Staatsanwaltschaft Moltkes Antrag auf Erhebung öffentlicher Klage mit der Begründung ablehnte, »es liege nicht im öffentlichen Interesse, dass durch ein Strafverfahren der Sinn der versteckten Angriffe [Hardens], *welche nicht gegen den Antragsteller allein sich richten*, der Öffentlichkeit bekannt gegeben würde.«[64] Dies war eine klare justizpolitische Entscheidung, dem Schutz ungenannter Persönlichkeiten Vorrang vor der Unterstützung des entlassenen Stadtkommandanten zu geben. In Anbetracht der Reputation Moltkes muss Wilhelm II. selbst die Entscheidung gefällt haben, dass ihm der Beistand der Staatsanwaltschaft nicht zu gewähren sei.[65] Der Kaiser erwartete nach der von ihm ausgegebenen Parole »Gereinigt oder Gesteinigt« von Moltke einen Ge-

62 Requate/Schulze Wessel, »Europäische Öffentlichkeit«, S. 11–39.

63 Beispiele für den alten sozialgeschichtlichen *top-down*-Ansatz: Evans, *Rituale der Vergeltung*; Evans, *Szenen aus der deutschen Unterwelt*; van Dülmen, *Theater des Schreckens*; Blasius, *Bürgerliche Gesellschaft und Kriminalität*. Frehsee, *Strafrecht, soziale Kontrolle, soziale Disziplinierung*. Das obrigkeitskritische Potential von Justiz/Gerichtsprozessen im Ansatz bei Gose, »Der Müller-Arnold-Skandal«, S. 52–78.

64 GStA 10215, Blatt 3 [Meine Hervorhebung].

65 Durch das in diesem Fall geltende Opportunitätsprinzip war der preußische König (und Kaiser) über den Ministerpräsidenten (und Reichskanzler) und dieser über den Justizminister der Berliner Staatsanwaltschaft weisungsbefugt.

richtsprozess gegen Harden – nur sollte eben das Prestige der Krone nicht dafür einsetzt werden.[66] Dieses Kalkül ging nicht auf, sondern verkehrte sich ins Gegenteil. Es war der zweite schwere politische Fehler Wilhelms II. in der Anfangsphase des Eulenburg-Skandals und ist ein weiterer Beleg dafür, wie schlecht die deutsche Monarchie dem Zeitalter der Massenpresse angepasst war. Nach dem überstürzten Fallenlassen der kaiserlichen Günstlinge verstärkte die Verneinung des öffentlichen Interesses den Eindruck ihrer Vorverurteilung durch die Reichsleitung. »Jedem Schutzmanne«, schrieb die liberale *Frankfurter Zeitung*, »wird normalerweise öffentliches Interesse zugebilligt, dem Stadtkommandanten von Berlin aber nicht.«[67] Die *Leipziger Neuesten Nachrichten* höhnten, nun ergehe es endlich einmal einem General wie den gemeinen Reichstagsabgeordneten, denen die Erhebung öffentlicher Anklage gegen Beleidiger regelmäßig verweigert werde, obwohl Parlamentarier doch als typische öffentliche Persönlichkeiten gelten müssten.[68] Ein Sensationsprozess musste der Fall Moltke-Harden in jedem Fall werden, auch ohne Eintritt der Staatsanwaltschaft; die Einhegung des Prozessstoffes auf Erkenntnisse, die zur Rehabilitation der Kaiserfreunde beitragen konnten, war nun jedoch erheblich erschwert. Beim Abwägen des Für und Wider hatte die preußische Justiz politischer gedacht als der Monarch, wie die überlieferten Akten belegen. Neben dem juristischen und politischen hatte sie auch das journalistische »öffentliche Interesse« im Blick, und zwar im In- und Ausland.[69]

Statt vor einem Kollegium von Berufsrichtern, klagte die *Tägliche Rundschau*, musste der Freund des Deutschen Kaisers seine Sache ab dem 23. Oktober 1907 im Privatklageverfahren vor Amtsrichter Dr. Kern und seinen beiden Schöffen Milchhändler Friedrich Schieggas und Schlachtermeister

66 Erst als der Prozess eine unerwartete Wendung genommen hatte, kommentierte der Kaiser das Nichteingreifen der Staatsanwaltschaft mit »Unglaublich! Geradezu empörend!« und wies ihr die Alleinschuld zu: »Vorzüglich. Die Justizbehörde hat total versagt und die Krone schwer geschädigt«. Nun verlangte der Monarch »Genugtuung« und entschied zum Urteil im 1. Moltke-Harden-Prozess: »Das muss geändert werden!«. Die Randbemerkungen Kaiser Wilhelms II. abgedruckt in Rogge, *Holstein und Harden*, S. 233–237.

67 *Frankfurter Zeitung*, 4. Januar 1908, BAL 7838.

68 *Leipziger Neueste Nachrichten*, »Das Urteil«, 30. Oktober 1907, BAL 7837.

69 Wichtige Zeitungsartikel zirkulierten quer durch die Justizhierarchie, wie die tadellos geführten Zeitungsauschnittsammlungen im GStA belegen. Wichtige Artikel wurden mit verschiedenfarbigen Abzeichnungen von Staatsanwalt, Oberstaatsanwalt, Generalstaatsanwalt und Justizminister versehen.

Emil Neubauer vertreten.[70] Nicht nur Klassenzugehörigkeit, auch Alter und Bildungsgrad der Schöffen wurden von dem monarchistischen Blatt bemängelt, einer sei »erst 36 Jahre« alt, beide hätten »nur die Gemeindeschule« besucht. Auch die Diskrepanz zum Hochverratsprozess des SPD-Politikers Karl Liebknecht erschien – aus staatstragendem Blickwinkel – eklatant: »Und diesen beiden Männern, die persönlich in höchstem Maße achtbar sein mögen und das Vertrauen ihrer Kreise zweifellos verdientermaßen genießen, hat die Berliner Justiz die Entscheidung in einem Prozess von dieser politischen Bedeutung übertragen, während sich um den ›Genossen‹ Liebknecht zwei Senate des höchsten deutschen Gerichtes bemühten.«[71] Tatsächlich konnte nun ein einfacher preußischer Amtsrichter »mit souveräner Sicherheit« anordnen, dass in voller Öffentlichkeit »Männer, die selbst die Staatsgewalt verkörpern, bis auf das Mark seziert werden« und Vorgänge zur Sprache kommen lassen, »an denen der Monarch unmittelbar beteiligt« war.[72] Die sozialdemokratische Presse war für einen Augenblick fast sprachlos, denn ihr Dauervorwurf an die preußische Justiz, »Klassenjustiz« zu sein, ausführlich behandelt in Kapitel V.5, schien durch diese Konstellation obsolet geworden. Die *Leipziger Volkszeitung* konnte die verkehrte Welt kaum fassen: »So hub dieser greuliche Skandalprozess an, wie er die herrschenden Klassen noch keiner zivilisierten Nation bloßgestellt hat« – durch Verhandlungen vor einem kleinbürgerlichen Schöffengericht.[73]

Tatsächlich geriet die Moltke-Partei von der ersten Prozessminute an ins Hintertreffen. Nur mit Mühe konnte sie den von der Harden-Seite eingebrachten Antrag auf Verjährung abwehren.[74] Eine juristische Gewinnchance

70 Auf die Besonderheiten des Privatklageverfahrens verweist bereits Hecht, *Harden-Prozesse*, S. 55–68. Durch die Verkennung des Privatklageverfahrens kam der Sexualwissenschaftler Erwin Haeberle zu einer Fehleinschätzung der Sachverständigentätigkeit Magnus Hirschfelds. Haeberle übersah schlicht, dass der Strafparagraph 175 in diesem Prozess keinerlei Rolle spielte und Hirschfeld als Gutachter der Harden-Partei tätig war. Haeberle, »Hirschfeld als Gutachter in der Eulenburg-Affäre«, S. 5–20. Vgl. Kap. IV.2

71 *Tägliche Rundschau*, »Die beiden Schöffen im Moltke-Harden Prozess«, 29. Oktober 1907, BAL 7836.

72 *Kölnische Zeitung*, »Der Prozess Moltke-Harden«, 25. Oktober 1907, BAL 7836. Aus sozialdemokratischer Sicht Frank, *Die Prozesse gegen Liebknecht und Harden*. Siehe Kap. V.5.

73 *Leipziger Volkszeitung*, »Faul bis ins Mark«, 25. Oktober 1907, BAL 7836. Entsprechend entrüstete sich die bürgerliche Presse: »Wäre ein angeklagter Sozialdemokrat jemals vor Gericht so behandelt worden, wie hier ein preußischer General und Graf, wir möchten das Geschrei nicht hören über Klassenjustiz und Rechtsbeugung, das durch die sozialdemokratische und radikale Presse gehen würde.« *Vossische Zeitung*, »Der ›Radical‹ zum ›Berliner Skandal-Prozess‹«, 26. Oktober 1907, BAL 7836.

74 Beleidigungen verjährten bereits nach drei Monaten.

bestand für Moltke nur dann, wenn das Gericht die gesamte *Zukunft*-Serie gegen die Eulenburg-Kamarilla von Herbst 1906 bis Frühjahr 1907 als Beweismittel akzeptierte. Bereits dafür hatte Moltke ein Gutteil Ehrenhaftigkeit und Prestige zu opfern, da er zugeben musste, bereits seit dem ersten *Zukunft*-Artikel vom November 1906 in Vergleichsverhandlungen mit Harden gestanden zu haben. »Ich erkläre«, verkündete Moltke kryptisch, »dass ich von Anfang an diese Verdächtigungen und Spitzen erkannt habe, ich habe aber bis zum Schluss gewartet, dass ich sie so erkennen konnte, um gegen Herrn Harden vorzugehen.«[75] Die Duellverhandlungen vom Mai 1907 waren damit als schöner Schein für die wilhelminische Öffentlichkeit entlarvt. Wenig ehrenhaft erschien zudem, dass der Berliner Stadtkommandant – auf bessere Erfolgschance in einem kommenden Gerichtsprozess taktierend – über Monate ertragen hatte, »eindeutiger« beleidigt zu werden.[76] Um eine genaue Erläuterung seines anschwellenden Beleidigtfühlens kam der General jedoch herum. Das Gericht wertete die gesamte Pressekampagne Hardens als »ein und dieselbe Handlung«. Der letzte inkriminierte Artikel war am 27. April 1907 erschienen, damit war die Verjährungsfrage vom Tisch.[77]

Zu einer noch schwereren Belastung Moltkes geriet, Schöffengericht wie Öffentlichkeit plausibel zu machen, weshalb der Monarch ihn, einen der wenigen Menschen, die er duzte, ohne Abschiedsaudienz und ohne Händedruck fallen gelassen hatte. Gab es hier eine Verbindung zu der Entscheidung der Staatsanwaltschaft, kein öffentliches Interesse zuzugestehen?[78] Moltkes Anwalt Adolf von Gordon sah sich genötigt, aus einem vertraulichen Briefwechsel mit Generalstaatsanwalt und Justizminister vor Prozessbeginn die Argumente der Gegenseite zu übernehmen: Wenn dem Freundeskreis um Eulenburg Homosexualität vorgeworfen wurde, so handele es sich »um Dinge aus dem allerintimsten Privatleben der dazugehörigen Herren, welche natürlich ein öffentliches Interesse nicht beanspruchen können«, er-

75 Baron Alfred Berger, Direktor des Hamburger Schauspielhauses und späterer Leiter des Wiener Burgtheaters, hatte die Tragweite der Pressekampagne sofort verstanden und Vergleichsbemühungen zwischen der Eulenburg-Kamarilla und Maximilian Harden wieder aufgenommen, die er bereits seit der Verabschiedung Eulenburgs aus dem diplomatischen Dienst 1902 betrieb. Friedländer, *Prozesse*, S. 4008.

76 In der Klageschrift hatte Rechtsanwalt Adolf von Gordon noch argumentiert, sein Mandant habe »die Richtung der Verdächtigungen« erst Ende April erkannt. Maximilian Harden, »Der Prozess«, in: *Die Zukunft*, 23. November 1907, S. 259.

77 Die Artikelserie in der *Zukunft*: 27.10.1906, 17.11.1906, 24.11.1906, 8.12.1906, 2.02.1907, 6.04.1907, 13.04.1907 und 27.05.1907.

78 Maximilian Harden, »Schlussvortrag«, in: *Die Zukunft*, 9. November 1907, S. 179–183.

klärte er nun vor dem Schöffengericht. Moltke verlor jedoch auf die Vorhaltung, keinerlei Rückhalt beim Monarchen zu besitzen, die Nerven: »Die Staatsanwaltschaft hat einen Skandal vermeiden wollen, der bis an die Stufen zum Thron heranreichen würde, nicht zum Segen des Vaterlandes.« Damit war der Öffentlichkeit signalisiert worden, dass man erst die Spitze des Skandalberges gesehen hatte.

Einmal begonnen, entwickelt ein Sensationsprozess eine unberechenbare Eigendynamik, nicht zuletzt durch die Herstellung einer transnationalen Öffentlichkeit, wie im nächsten Kapitel dargelegt wird. Im Fall Moltke-Harden kam hinzu, dass viele Zeitgenossen bereits vor dem ersten Verhandlungstag von seiner historischen Bedeutung überzeugt waren. Dem eingangs zitierten Gerichtsreporter der *Kölnischen Volkszeitung* schien als historischer Bezugspunkt nur das vorrevolutionäre Frankreich angemessen: »Fand dazumalen nicht auch ein solch sensationeller Prozess statt? Ach ja, der Halsbandprozess.«[79] Der 1. Moltke-Harden-Prozess, das wird daran deutlich, funktionierte nicht allein nach den gesetzlichen Prozessbestimmungen im Berlin des Jahres 1907. Er verlief gleichzeitig nach dem historisch eingeführten Muster der *Causes Célèbres*.[80] Die europäische Moderne besaß eine Obsession für solche »sensationellen Fälle«. Im deutschen Kaiserreich erregten die Prozesse Kwilecki, Konitz, Hau, Sternberg, Schönebecks, Sternickel die Gesellschaft monatelang quer durch alle Klassen- und Milieuschranken.[81] Eigendynamik, Unbeherrschbarkeit, rapide Wechsel in der öffentlichen Meinung und nicht zuletzt ein offener Ausgang machten einen großen Teil des Reizes von Sensationsprozessen aus, was sich gut in dem um 1900 noch häufig synonym verwendeten Begriff »Monsterprozesse« spiegelt.[82] Im Ausland gelte man bereits als »das Musterland widerwärtiger Skandalprozesse«, glaubten in den Jahren des Eulenburg-Skandals viele wilhelminische Journalisten. Die Deutschen hätten sich so sehr an die Methoden der Massenpresse gewöhnt, dass sie inzwischen die Sensationslust um ihrer selbst willen liebten, so die gesell-

79 *Kölnische Volkszeitung*, »Die Sensation des Tages«, 25. Oktober 1907, BAL 7836.

80 Zur rechtshistorischen Einordnung die guten Überblicke: Stolleis, *Geschichte des öffentlichen Rechts in Deutschland;* Wesel, *Geschichte des Rechts*.

81 Siehe die zahlreichen europäischen *Pitavale* vom 18. Jahrhundert bis heute. Einen Überblick bietet Weiler, *Giftmordwissen und Giftmörderinnen*, besonders S. 11–21. Zum klassenübergreifenden Charakter von Sensationsprozessen zeitgenössisch Sello, *Psychologie der Cause Célèbre*, S. 9.

82 *Deutsche Tageszeitung*, »Für deutsche Art!«, 16. November 1907, BAL 7837. Thoste, *Der Monstreprozess*.

schafts- und medienkritische Diagnose.[83] Tatsächlich waren Sensationsprozesse eine gesamteuropäische Erscheinung, die sich auch in Deutschland seit der frühen Neuzeit, besonders mit dem Übergang vom Absolutismus zur Aufklärung, zu wichtigen Verhandlungsorten gesellschaftlicher Konfliktlinien entwickelten.[84] Damit einher ging ihre Ausbildung zu einem literarisch-journalistischen Genre, von den Pitavalen der Aufklärungsepoche über die Prozesspamphlete des Vormärz und die Prozesskritiken der Edelfedern des Kaiserreiches hin zu den Gerichtsreportagen der Weimarer Republik, die sich als eigenständige journalistische Darstellungsform etablierten.

Sensationsprozesse verliefen selten nach Schwarz-Weiß-Schemata. Für so manchen Monarchisten stillten sie stille Bedürfnisse nach politischer Partizipation. Ein kaisertreuer Chefredakteur wie Heinrich Rippler frohlockte: »Endlich ist nunmehr die Zeit gekommen, die politische und moralische Seite des Moltke-Harden-Prozesses eingehend zu besprechen, die Enthüllungen, die Kamarilla, die Beeinflussung des Kaisers, dann die Verfehlungen in der Armee und Hofgesellschaft und den Sittlichkeitsstand des deutschen Volkes [...] Für die Beurteilung dieser Fragen ist das Urteil [des Gerichtshofes] völlig nebensächlich und bedeutungslos.«[85] Bedeutungsvoll, so der Umkehrschluss, war allein der Reim, den sich die kritische Öffentlichkeit auf die Enthüllungen machte. Dagegen konnten einige Liberale, seit der Aufklärung Verfechter unabhängiger und öffentlicher Justiz, Sensationsprozessen wenig Gutes abgewinnen. Ihrer Reinigungswirkung hielten sie die Ansteckungskraft ihrer Enthüllungen für »Volksseele« und »sozialen Körper« entgegen.[86]

83 »Man wird im Auslande überhaupt finden, dass das Deutsche Reich das Musterland widerwärtiger Skandalprozesse sei und es wird damit nicht so unrecht haben. Ein großer Teil des deutschen politischen Lebens wird ja nur noch von Skandalprozessen ausgefüllt.« *Hamburger Nachrichten*, »Ein Ende mit diesen Prozessen!«, 25. Oktober 1907, BAL 7836. Zur Kritik an der Sensationslust der Deutschen, die »nicht im geringsten nach Anlass oder Zweck fragen, sondern die Enthüllungen um ihrer selbst willen lieben«, auch *Freisinnige Zeitung*, »Der Beleidigungsprozess des Grafen Moltke«, 27. Oktober 1907, BAL 7836.

84 Dainat, »Kriminalgeschichten in der deutschen Spätaufklärung«, S. 193–204.

85 *Tägliche Rundschau*, »Der Skandal des Tages«, 27. Oktober 1907, BAL 7836. Zwar missfiel manchen »Vaterlandsfreunden« an Sensationsprozessen, dass sie die Nation der Kritik des Auslandes preisgaben. Vgl. etwa *Hamburger Nachrichten*, »Ein Ende mit diesen Prozessen!«, 25. Oktober 1907, BAL 7836. Doch auch ultrakonservative Blätter betonten, was die »forensische Entblößung an reinigender Kraft, an beruhigender und an fürsorgender Wirkung für die Zukunft hat. Wir nationalgesinnten Deutschen aber wollen uns auch dieser Seite des [Moltke-Harden-]Prozesses nicht verschließen«. *Die Grenzboten*, 23. Juni 1907, BAL 7836.

86 Sello leitete die sozialhygienische Ansteckungsgefahr von Sensationsprozessen aus zeitgenössischen Auto- und Massensuggestionslehren ab. Sello, *Psychologie der Cause Célèbre*,

Theodor Wolff erschien, dass »nichts so vernunfttötend und so begriffsverwirrend ist wie ein Sensationsprozess. Während eines solchen Prozesses lösen sich alle Bande frommer Scheu, und Rechtssinn, Objektivität und Anstandsgefühl werden seltene Waren. Diese Entfesselung der Geister zeigte sich mit dramatischer Gewalt in Frankreich während des Dreyfus-Prozesses – und wir haben sie bei dem Hau-Prozesse genossen und sehen sie heute bei dem Prozesse gegen Harden.«[87] Gerade weil sie gegen den Strich politischer Gewissheiten gehen, können beide Stimmen als Beleg für die im späten Kaiserreich weit vorgerückte Machtverschiebung von der nicht gewählten Herrschaftselite hin zu einer kritischen Öffentlichkeit gewertet werden.[88]

Angesichts solcher zeitgenössischer Bedeutungszuschreibungen ist es erstaunlich, dass Gerichtsprozesse in der neueren Geschichte bisher wenig Beachtung gefunden haben, im Gegensatz zu alter, mittlerer und frühneuzeitlicher Geschichte, wo Prozessprotokolle oft eine der wenigen erhaltenen Schriftquellen sind.[89] Relevanz für die gesamte Geschichtswissenschaft gewannen Gerichtsprozesse erst in den 1970er und 1980er Jahren und nur durch die Hintertür der Theorien mikrohistorischer Arbeiten. Nach wie vor besteht daher eine gewaltige Forschungslücke zu Gerichtsprozessen vom 19. Jahrhundert bis zur Gegenwart.[90] Dabei kann der Zeitpunkt, an dem sich das Bewusstsein für Sensationsprozesse als Werkzeugen der politischen Aufklärung manifestierte, für den deutschen Sprachraum ziemlich genau am

S. 9, 10, 43. Bereits damals war international umstritten, ob die bessere Kenntnis von Kriminalität zu mehr oder weniger Kriminalität führe. Vgl. Berenson, *Madame Caillaux*, S. 286.

87 *Berliner Tageblatt*, »Neue Sitten«, von Theodor Wolff, 27. Dezember 1907, BAL 7838. Dagegen beobachtete Sello hier den Vergemeinschaftungseffekt von Sensationsprozessen und sprach vom immer stärker werdenden Korpsgeist betroffener Gesellschaftsgruppen, sobald diese den Fall als »gemeinsame Ehrensache« verstehen. Sello, *Psychologie der Cause Célèbre*, S. 18–19. Zum Sensationsprozess Hau Sello, *Die Hau-Prozesse und ihre Lehren.*

88 *Deutsche Zeitung*, »Herr Maximilian Harden auf der Höhe seiner Wirksamkeit«, 27. Oktober 1907, BAL 7836. Friedländer, *Prozesse*, S. 4220–22.

89 Frei/Stolleis, *Geschichte vor Gericht*, bietet leider weniger konzeptionelle Überlegungen als pitavalartige Prozessgeschichten. Nach wie vor gilt Blasius' Urteil: »Die Rolle des Rechts innerhalb der Gesamtgeschichte ist zu wichtig, als dass nicht eine noch stärkere Öffnung der Geschichtswissenschaft zur Rechtswissenschaft hin wünschenswert wäre.« Blasius, *Ehescheidung in Deutschland 1794–1945*, S. 9.

90 Für diesen Zeitraum existieren nur populärwissenschaftliche Sachbücher wie Flemming/Ulrich, *Vor Gericht. Deutsche Prozesse in Ost und West nach 1945.* Wie eklatant die Forschungslücken sind, zeigt die Fehleinschätzung, im Wiederaufnahmeverfahren des Kindermörders Jürgen Bartsch 1971 seien psychologische Gutachten zu Gunsten des Angeklagten eine sensationelle Neuerung gewesen. Tatsächlich besaßen sie bereits in vielen Prozessen des Kaiserreichs entscheidende Bedeutung, vgl. Kap. IV.2.

Beginn des langen 19. Jahrhunderts ausgemacht werden. Zwischen 1792 und 1794 besorgte kein geringerer als Friedrich Schiller die deutsche Ausgabe der Sammlung »merkwürdiger Rechtsfälle« des französischen Advokaten François Gayot de Pitaval. In der Folge bürgerte sich »Pitaval« auch in Deutschland als Bezeichnung für ein literarisches Genre ein, das sich der Darstellung von Sensationsprozessen verschrieb.[91] Die öffentliche Besprechung von *Causes Célèbres*, zunächst noch in Buchform, wurde von Schiller in den Rang eines gesellschaftlichen und anthropologischen Erkenntnismittels erhoben: »Man findet in demselben [Pitaval] eine Auswahl gerichtlicher Fälle, welche sich am Interesse der Handlung, an künstlicher Verwicklung und Mannigfaltigkeit der Gegenstände bis hin zum Roman erheben und dabei noch den Vorzug der historischen Wahrheit voraus haben. Man erblickt hier den Menschen in den verwickeltsten Lagen, welche die ganze Erwartung spannen, und deren Auflösung der Divinationsgabe des Lesers eine angenehme Beschäftigung gibt.«[92] Bis heute hat sich die Popularität von Pitavalen in Deutschland sowohl in aktuellen Sammlungen als auch in Neuauflagen der Klassiker gehalten.[93] Zu diesen zählen neben dem von Schiller besorgten Pitaval insbesondere Hitzigs und Härings *Der neue Pitaval* in 30 Bänden (1842–1865) und Friedländers in dieser Arbeit viel zitierter *Pitaval des Kaiserreiches* in 12 Bänden (1910–1920).[94]

Im Hinblick auf die zunehmende Bedeutung sensationeller politischer Gerichtsprozesse, in Deutschland, etwa im Vormärz um den Kotzebue-Attentäter Karl Ludwig Sand oder den badischen Demokratenführer Gustav von Struve, erfüllten neben Pitavalen bald auch schneller druckbare Pamphlete und, wenn die Zensur es zuließ, Gerichtsberichte in Zeitungen und Zeitschriften das Bedürfnis der Bürger nach aktuellen Informationen über

91 Literaturwissenschaftliche Erklärungen finden sich bei Rückert, »Zur Rolle der Fallgeschichten in Juristenausbildung und juristischer Praxis zwischen 1780 und 1880«, S. 285–311.

92 Zit. aus dem Vorwort in Friedrich Schiller, *Merkwürdige Rechtsfälle* (Jena 1792–1796).

93 Beispielsweise Schulz, *Große Prozesse*.

94 In Nachfolge von Egon Erwin Kischs *Prager Pitaval* (1931) gaben viele Pitavale lokal bedeutsamen Gerichtsprozessen den Vorzug. In den 1950er und 1960er Jahren erlebten in West-Deutschland dann wieder internationale Prozesssammlungen eine Blüte. Zur gleichen Zeit waren in der DDR Pitavale ein wichtiges Mittel der Geschichtspolitik, konnten durch sie doch historische Rechnungen mit Kaiserreich, Weimarer Republik, Drittem Reich und dem Klassengegner im Westen beglichen werden. Vgl. etwa die vier von Friedrich Karl Kaul zwischen 1953 und 1968 herausgebrachten Pitaval-Sammlungen *So wahr mir Gott helfe*, *Justiz wird zum Verbrechen*, *Verdienen wird groß geschrieben* und *Es knistert im Gebälk*.

Sensationsprozesse.[95] Ihr nur leicht zeitversetztes Miterleben wurde so allmählich zum festen Bestandteil bürgerlicher Kultur in Deutschland.[96] Im Kaiserreich war die kulturell-soziale Repräsentativität von Sensationsprozessen bereits zur Selbstverständlichkeit geronnen. Für den Berliner Kritiker Alfred Kerr erfüllten sie die soziale Funktion, das Volk »über alles, was sich innerhalb seiner wichtigsten Lebensgebiete abspielt« zu informieren.[97] Besonders die »Nachtseiten des Lebens« glaubte man vor Gericht besonders gut beleuchten zu können, wie Erich Sello es nannte, der im 2. Moltke-Harden-Prozess die juristische Vertretung Kuno Moltkes übernahm.[98] Sello war nicht nur einer der bekanntesten Rechtsanwälte des Kaiserreiches, er machte sich überdies als einer der ersten Theoretiker des Sensationsprozesses einen Namen.[99] »Es leuchtet ein«, schreibt er in seiner Studie *Zur Psychologie der Cause Célèbre* über die historische Traditionslinie, »dass eine so stark ausgeprägte, so weit verbreitete, so lang andauernde Erscheinung unseres soziales Lebens die ernsteste Aufmerksamkeit herausfordert, dass sie an die Wissenschaft die gebieterische Forderung stellt, sie in ihrer Tatsächlichkeit zu erfassen, sie aus ihren Ursachen zu begreifen, ihre Stellung unter den übrigen sozialpsychologischen Phänomenen zu bestimmen, sie sozialethisch zu werten.« Trotz ihrer jahrhundertealten Tradition, so Sellos Argument im Jahr 1910, prägten Sensationsprozesse die »geistige Physiognomik« der Gegenwart ungleich stärker als in der Vergangenheit, da sie ihre Bedeutung erst mit der Entstehung der Massenpresse voll entfalten konnten: Man lebe im »Zeitalter der *Cause Célèbre*«.[100]

Diese Sicht bestätigten das Aufkommen und der Erfolg professioneller Beobachter von Gerichtsprozessen im Kaiserreich. Journalisten wie Oskar Thiele und Hugo Friedländer schrieben nicht mehr für mehrere Ressorts

95 Hennig, »Gerichtsberichterstattung in deutschen Tageszeitungen 1850–1890«, S. 349–368. Grundsätzliche Betrachtungen zum Sensationsprozess in »Karl Ludwig Sand. 1820« im ersten Band von Hitzig/Häring, *Der neue Pitaval* (Erstausgabe 1842), S. 17–132. Zum Fall Struve Tondorf, *Strafverteidigung in der Frühphase des reformierten Strafprozesses*; Reimann, *Der Hochverratsprozess gegen Gustav Struve und Karl Blind.*

96 Linder, »Deutsche Pitavalgeschichten in der Mitte des 19. Jahrhunderts«, S. 313–348.

97 Kerr, *Wo liegt Berlin? Briefe aus der Reichshauptstadt*, S. 486–487.

98 Kerchner, »›Unbescholtene Bürger‹ und ›gefährliche Mädchen‹ um die Jahrhundertwende«, S. 1–32.

99 Vgl. das Vorwort Sellos in Friedländer, *Prozesse.* Zu seinem praktischen Prozessverständnis als Kampf um die Wahrheit unter den Augen der Öffentlichkeit Friedländer, *Prozesse*, S. 4207–08.

100 Sello, *Psychologie der Cause Célèbre*, S. 5. Skandalhistorisch leider wenig ergiebig ist Keitsch, *Der Fall Struensee.*

innerhalb einer Zeitung, vielmehr spezialisierten sie sich als »Gerichtsreporter« ausschließlich auf Prozessberichte, die dann über Agenturen an zahlreiche Zeitungen verkauft wurde.[101] Bei Sensationsprozessen entsandten Blätter, die etwas auf sich hielten, nicht nur eigene Korrespondenten in die Justizpaläste, sondern sie brachten zahlreiche technische und konzeptionelle Neuentwicklungen im Journalismus zum Einsatz: »Vor dem Hause [Justizpalast von Moabit] halten ein Dutzend Motorräder der großen Berliner Zeitungen, die die frischen Berichte stückweise im Eiltempo den Redaktionen zuführen sollen«, so beschrieb Franz Hoeniger 1905 in den *Großstadtdokumenten* den journalistischen Innovationsschub, den Sensationsprozesse forcierten. »Denn schon die Mittagszeitung soll den Anfangsbericht bringen, und viele sind unglücklich, wenn sie nicht im Abendblatte den ganzen Sitzungstag ausführlich beschrieben finden.«[102]

Ein weiterer Anhaltspunkt für den journalistischen Stellenwert von Sensationsprozessen im Kaiserreich und für ihre Funktion als Verhandlungsort gesellschaftlicher Konfliktlinien[103] kann in der Übernahme von Berichterstattung und Kommentierung durch die Chefredakteure gesehen werden. Zitiert wurden bereits Heinrich Rippler von der *Täglichen Rundschau* und sein liberaler Opponent Theodor Wolff vom *Berliner Tageblatt*.[104] Der Stoff und seine Darbietungsform »von Staats wegen« bot den wilhelminischen Edelfedern die Chance, sich politischen, kulturellen und gesellschaftlichen Grundfragen – und Tabus – zu nähern, ohne mit dem Strafrecht in Konflikt zu geraten. »Nicht danach fragen sie, ob der Verhandlungsstoff juristisch von Interesse ist, ob man aus seiner forensischen Behandlung etwas lernen kann, oder ob im öffentlichen Interesse über ihn berichtet werden muss«, so eine

101 Bereits um 1900 war eine regelmäßige Gerichtsberichterstattung in den Lokalzeitungen etabliert. Oskar Thiele arbeitete für die *Berliner Gerichtskorrespondenz* und wurde zum Vater der stenographischen Gerichtsberichterstattung erhoben. Horstmann, »Gerichtsberichterstattung«, Spalten 1250–1262. Genauso bekannt war jedoch Hugo Friedländer, der für die *Correspondenz Herzberg* schrieb. Hett, *Death in the Tiergarten*, S. 27. Auflagenstarke Zeitungen wie die *Berliner Illustrierte* verfügten über eigene Gerichtsreporter. Müller, *»Ganz Berlin ist Hintertreppe«*, S. 79.

102 Hoeniger, *Berliner Gerichte*, S. 25.

103 Zu dieser sozialen Funktion Foldy, *The Trials of Oscar Wilde*.

104 Obgleich alle Prozessberichte auf der Basis von Stenogrammen angefertigt und homogen waren, behauptet Müller, dass einige Zeitungen Auslassungen und Modifikationen entsprechend ihrer politischen Tendenz vornahmen. Müller, *»Ganz Berlin ist Hintertreppe«*, S. 79. In der Berichterstattung über den Eulenburg-Skandal ist eine politische Färbung/Verfälschung zwar in den Meinungsartikeln, nicht aber in den Prozessberichten festzustellen.

typische Kritik an der großen Aufmachung von Sensationsprozessen in der Presse. »Was dagegen die abgestumpften Nerven aufpeitscht oder einen sexuellen Anstrich hat, ist ohne weiteres eine nie verschmähte Zeitungskost. Da bringt man alle Einzelheiten, deren man nur habhaft werden kann.« [105]

Aus demselben Grund zogen die »Gerichtsdramen« auch die wichtigsten Theater- und Literaturkritiker wie Paul Lindau, Alfred Kerr oder Karl Kraus magnetisch an.[106] Ihre in Schiller'scher Pitavaltradition geschriebenen »Prozesskritiken« waren so populär, dass sie nach der schnellen Erstveröffentlichung in der Presse als Sammelbände herausgebracht wurden.[107] Zu den erfolgreichsten Prozesskritikern der Zeit gehörte auch Maximilian Harden. Er veröffentlichte Dutzende Essays über Sensationsprozesse, seine Anthologie *Prozesse* ging innerhalb weniger Jahre in 14 Auflagen.[108] Anders als die oben erwähnten Prozessberichte von Gerichtsreportern wie Thiele und Friedländer, die sich auf der Basis eigener Stenogramme weitgehend auf die authentische Wiedergabe selbst beobachteter Gerichtsverhandlungen beschränkten, waren solche Prozesskritiken aus der Feder von Intellektuellen umfassende Politik- und Gesellschaftskritiken. Aus ihrer Perspektive wurden die Prozessbeteiligten wie Schauspieler auf der Bühne als soziale Prototypen geschildert und die *in foro* diskutierten Themen als repräsentative Verhandlung sozialer Konfliktlinien besprochen.[109]

Auf viele wirkte es verstörend, dass Harden in gewohnter Manier des Prozesskritikers auch zu den Sensationsprozessen des Eulenburg-Skandals in seiner *Zukunft* Stellung bezog und damit massiven Einfluss auf ihre Sinngebung nahm, obwohl er in diesem Fall selber Partei war.[110] Doch selbst obrigkeitstreue Rechtspraktiker erkannten, dass ein solcher Seiten- und Rol-

105 Breuer, *Höhere Schule und Schundliteratur*, S. 19. Diese Befürchtungen bildeten eine lange Traditionslinie. Siehe Fränkel, *Ein neuer Weg zur sittlichen und geistigen Hebung des Volkes*, S. 8–9; Glaser, *Das Verhältnis der Presse zur Justiz*, S. 20.

106 Zur Bedeutung von Politik und Moral im Theater jetzt Charle, *Théâtres en capitales*, S. 8–9, 406–418.

107 Etwa Lindau, *Ausflüge ins Kriminalistische*. Harden, *Prozesse*.

108 Beispiele aus der *Zukunft* verfasst von Maximilian Harden sind »Landgerichtsdirektor Schmidt« (16. Juni 1894), »Hammerstein und Friedmann« (4. Januar 1896), »Guthmann« (29. April 1899), »Moabiter Dramaturgie« (17. November 1900), »Prozess Sternberg« (29. Dezember 1900), »Prozess Berger« (24. Dezember 1904).

109 Vgl. am Beispiel von Karl Kraus Müller-Dietz, »Kriminalität und Kriminalitätsverarbeitung in der *Fackel*«, S. 571–605; Repräsentativ für Hardens personalisierenden Zugriff: Maximilian Harden, »Anna Rothe & Co.«, in: *Die Zukunft*, 4. April 1903, S. 43.

110 *Deutsche Zeitung*, »Herr Maximilian Harden auf der Höhe seiner Wirksamkeit«, 27. Oktober 1907, BAL 7836.

lenwechsel zum Habitus derjenigen Intellektuellen gehörte, die gezielt Sensationsprozesse herbeiführten, um ein öffentliches Forum für ihre politische Kritik zu erhalten – und zugleich ihre Eitelkeiten in der Auseinandersetzung mit anderen Intellektuellen zu befriedigen. Hugo Isenbiel, Ankläger im 2. Moltke-Harden-Prozess und späterer preußischer Generalstaatsanwalt, bezeugte Harden nicht nur für seine glänzenden Prozesskritiken, sondern ausdrücklich auch für die von ihm geführten Sensationsprozesse tiefe Bewunderung: »Ich kenne seinen Streit mit Lindau, Delbrück, Mehring, Leuß und anderen, und ich muss sagen: Er ist in seiner Art ein Genie.«[111] Ein genauer Blick zeigt eine regelrechte Symbiose von Journalismus und Justiz, denn beide profitierten von sensationeller Berichterstattung, die Presse von erhöhten Verkaufszahlen, die Justiz von erhöhter Aufmerksamkeit im Vergleich zu anderen staatlichen Institutionen.[112] Kritik an dieser juristisch-journalistischen Gemengelage blieb gerade im Eulenburg-Skandal nicht aus. In der *Deutschen Tageszeitung* trieb es einen »in Ehren ergrauten Richter« zur Weißglut, dass es eine staatliche Behörde war, die mit dem Moltke-Harden-Prozess »ein unerhörtes Spektakelstück hat aufführen lassen«. Ein preußisches Gericht sei »zur Szene« geworden, als der Angeklagte Maximilian Harden wie ein Schauspieler »nach einem wüst ausartenden Schaustück« vom Publikum gefeiert wurde.[113]

Welchen Stellenwert Sensationsprozesse im Kaiserreich sowohl für die Ausübung politischer Kritik als auch für die Prestigesteigerung des politischen Kritikers besaßen, kann gut an einem von der Reichsregierung verhinderten Sensationsprozess deutlich gemacht werden.[114] Schon mit einer der ersten Nummern der *Zukunft* versuchte Harden Anfang 1893, einen Gerichtsprozess mit zwei der höchsten wilhelminischen Militärs herbeizuführen. In dem Artikel »Kommende Männer« waren die Kommandierenden Generäle Graf Waldersee und Baron Loë als Muster ehrgeiziger »politischer Hofgeneräle« hingestellt worden.[115] Waldersee, ehemaliger Generalstabschef und voller politischer Ambitionen, tat Harden den Gefallen und stellte Strafanzeige wegen Beleidigung. Zum Prozess kam es nur deshalb nicht, weil die

111 Friedländer, *Prozesse*, S. 4197–4200. Auch Sello rühmte Hardens forensische Leistungen. Ebd., S. 4204–05.

112 Die Konkurrenz um öffentliche Aufmerksamkeit zwischen staatlichen Institutionen ist für das lange 19. Jahrhundert ein Forschungsdesiderat.

113 *Deutsche Tageszeitung*, »Für deutsche Art!«, 16. November 1907, BAL 7837.

114 Friedmann, *Was ich erlebte 1*, S. 370–406.

115 Vgl. Young, *Harden*, S. 69 und die Tagebucheinträge Waldersees vom 26. Januar und 10. Februar 1893 in Meisner, *Waldersee II*, S. 282, 285.

Regierung Caprivi einen Sensationsprozess um das prekäre Verhältnis von militärischer und politischer Macht gezielt verhinderte. Die Staatsanwaltschaft wurde angewiesen, beiden Generälen das »öffentliche Interesse« mit der Begründung zu verweigern, es sei offenkundig, dass »einige Generäle um politische Macht kämpfen«.[116] Im Gegensatz zur Regierung Bülow 1907 versuchte die Regierung Caprivi wenigstens zu kalkulieren, wann sie einen politischen Prozess für opportun hielt und wann nicht.[117]

Für die historiographische Verortung von Sensationsprozessen, die nicht nur den Eulenburg-Skandal, sondern die meisten politischen Skandale der Neuzeit kennzeichnen, ja das Grundgerüst vieler Skandale bilden, kann dies zweierlei deutlich machen. Zum einen ist die Annahme revisionsbedürftig, Gerichtsprozesse grundsätzlich als Disziplinierungsmittel der Obrigkeit gegenüber widerspenstigen Subjekten anzusehen. Vielmehr machte ihre Eigendynamik und die garantierte *Publicity* sie gerade für Regimekritiker attraktiv, die das Risiko einer Verurteilung nicht scheuten. Zum anderen kann mediengeschichtlich das Herbeiführen politischer Prozesse als »Publizistik der Tat« (Emil Dovifat) gefasst werden, ein Konzept, das bisher wenig konkretisiert worden ist.[118] In einer Kulturgeschichte der Politik können Sensationsprozesse schließlich als temporäre politische Foren verstanden werden. Dadurch erklärt sich auch die bisher übersehene Prozesswut politischer Intellektueller im 19. Jahrhundert. Dass es sich dabei um ein europäisches Muster handelte, zeigt bereits ein kursorischer Blick auf einige von Maximilian Hardens publizistischen Pendants: Henri Rochefort (*Lanterne*, *Intransigeant*) in Frankreich[119] und William T. Stead (*Pall Mall Gazette*, *Review of Reviews*) in Großbritannien[120] waren in zahlreiche Sensationsprozesse verstrickt. Die Prozesswut von Henry Labouchere (*The Truth*)[121] und

116 Der Erste Staatsanwalt am Königlichen Landgericht I argumentierte, als Beleidigter käme einzig Reichskanzler Caprivi in Frage. Justizminister von Schelling riet Waldersee und Loë überdies, im Interesse des Landes auch keine Privatklage gegen den Herausgeber der *Zukunft* zu erheben. GStA 49805.

117 Dass man die für »das Ansehen unseres Volkes und Reiches geradezu verhängnisvollen schamlosen Enthüllungen sich in aller Öffentlichkeit vollziehen ließ [...] bleibt ein schwerer Fehler der verantwortlichen Persönlichkeiten.« *Der Reichsbote*, »Zeichen der Zeit«, 29. Oktober 1907, BAL 7836.

118 Haacke, *Publizistik und Gesellschaft*, S. 455.

119 Vgl. Rochefort, *Abenteuer meines Lebens*.

120 Vgl. Whyte, *The Life of W.T. Stead*; Jones, *Saint or Sensationalist?*; Schults, *Crusader in Babylon*; Texte und Quellen zu W.T. Stead auf www.attackingthedevil.co.uk.

121 Vgl. Pearson, *Life and Character of Henry Labouchere*; Labouchere Thorold, *The Life of Henry Labouchere*.

Karl Kraus (*Die Fackel*) kann nur noch als manisch bezeichnet werden. Kraus machte die Wechselwirkungen zwischen Recht und Gesellschaft nicht nur zu einem Dauerthema seiner Zeitschrift, er führte in seiner publizistischen Schaffenszeit rund 150 Prozesse, für die er schließlich eine eigene Kanzlei beschäftigte.[122]

Abb. 9. Der Sensationsprozess als politische Arena, in der die »Mächtigen« dem Tode geweiht sind. Quelle: Kladderadatsch, *3. November 1907, S. 747.*

Der Moltke-Harden-Prozess sprengte nach Meinung mancher Journalisten den legitimen, historisch eingeführten Rahmen eines Sensationsprozesses. Für das alte Bismarck-Blatt, die *Hamburger Nachrichten*, hatte man es bei seinen Enthüllungen mit so wichtigen politischen Vorgängen zu tun, dass die Debatten »nicht vor das Forum des Schöffengerichtes, sondern vor das des Parlaments« gehörten. »Dort hätte man die Dinge zur Sprache bringen müssen. Das alleine wäre angemessen gewesen«.[123] Kaum eine Reaktion zeigt die Stoßrichtung des Sensationsprozesses gegen Herrschaftselite und politisches System, die in dieser Stellungnahme zum Ausdruck kam, jedoch besser als die Entrüstung Kaiser Wilhelms II. über das Urteil im 1. Moltke-Harden-Prozess: »[Es] zeigt, dass wir Oberen und Monarchen heute vogelfrei sind und in der Justiz auch nicht den leisesten Schutz haben! Die Preu-

122 Böhm, *Karl Kraus contra [...]*
123 *Hamburger Nachrichten*, »Zum Prozess Moltke-Harden«, 26. Oktober 1907, BAL 7836.

ßische Justiz ist stolz, unabhängig zu sein! Das ist sie! Aber nur gegen die Krone und ihre Regierung und ihre Beamten; vor dem plebs und dem Mob macht sie Cotau! […] Ich werde sie nicht wieder um Hilfe angehen!«[124] Der Sozialimperialist Friedrich Naumann fand es hingegen erschreckend, »dass wir ohne solche Prozesse überhaupt nicht imstande sein würden, belastete Personen aus der Herrschaft über unser Volk zu werfen. Was den Sturz der Eulenburg und Moltke herbeiführte, war die Angst vor der Öffentlichkeit des Gerichts.«[125] Dieselbe subversive, gegen die Staatsform gerichtete Wirkungsmacht des Sensationsprozesses beschrieben auch Monarchisten, natürlich wieder negativ konnotiert: »Und da muss man sagen, dass wohl selten die Rechtspflege eines modernen Staates einen Prozess geführt hat, der in gleicher Weise die öffentliche Sittlichkeit verpestet, das Vertrauen der unteren Klassen zu den höheren, ja zum Throne erschüttert und das eigene Land vor dem Ausland rücksichtloser an den Pranger gestellt hat, wie dieser Moltke-Harden-Prozess […] So kann es nicht weitergehen. Wenn ein Prozess, so hat es dieser gezeigt, dass etwas faul ist in unserer Rechtspflege, gründlich faul, dass etwas geändert werden muss, wenn nicht unsere Justiz zur Handlangerin des Umsturzes und Helfershelferin der Sittenverderbnis herabsinken und wenn sie nicht gemeingefährlich werden soll.« In Randbemerkungen zu diesem Artikel stimmte Kaiser Wilhelm II. ungestüm zu: »Der Kerl muss suspendiert werden«, entrüstete sich der Monarch über den Vorsitzenden Richter im 1. Moltke-Harden-Prozess, »er hat geradezu das Vaterland und uns alle verraten.«[126]

So schillernd und wirkungsmächtig das politische, kulturelle und mediale Ereignis »Sensationsprozess« im langen 19. Jahrhundert als Verhandlungsort gesellschaftlicher Konfliktlinien, intellektueller Balzplatz, literarisches Genre und nicht zuletzt als Forum obrigkeitskritischer Politik war, so fließend gestalteten sich die Übergänge zu anderen Aggregatzuständen öffentlicher Erregung: Zum politischen Skandal, wie er in Kapitel II.3 dargestellt wurde, und zum transnationalen Medienereignis, wie es im Folgenden mit Blick auf den Aufstieg der wilhelminischen Presse zu einer Vierten Gewalt im Staat untersucht wird.

---

124 Die Randbemerkungen des Kaisers abgedruckt in Rogge, *Holstein und Harden*, S. 233–237. Der vollständige Artikel: *Tägliche Rundschau*, »Der Skandal des Tages«, 27. Oktober 1907, BAL 7836.

125 *Die Hilfe*, »Der Schmutzprozess«, von Friedrich Naumann, 3. November 1907, BAL 7837.

126 Wie FN 124.

3. Die Transformation lokaler Gerichtsöffentlichkeit in transnationale Presseöffentlichkeit

Wie weit das symbiotische Verhältnis zwischen Justiz und Presse im späten Kaiserreich gediehen war, illustriert ein Beschluss des Schöffengerichts im 1. Moltke-Harden-Prozess. Zur Beweisaufnahme in der Frage, ob im Freundeskreis um Philipp Eulenburg »Päderastie« getrieben wurde, verfügte es: »Für diesen Teil der Verhandlung wird die Öffentlichkeit ausgeschlossen, den Vertretern der Presse und den Zuhörern aus dem Kreise der Juristen aber die Anwesenheit gestattet.«[127] Bereits Zeitgenossen wunderten sich über ein solch scheinbar inkonzises Verständnis von Öffentlichkeit, denn was war der Ausschluss der lokalen Gerichtsöffentlichkeit, verkörpert durch ein paar Dutzend Zuschauer aus Berlin, gegen den Verbleib der Weltpresse, der eine »absolute Öffentlichkeit« konstituierte?[128] Diese damals wie heute berechtigte Frage klärt sich bei der Untersuchung der Transformation lokaler Gerichtsöffentlichkeit in transnationale Presseöffentlichkeit, ein bisher unbeachteter Faktor beim Aufstieg der wilhelminischen Presse zur »Vierten Gewalt im Staat«. Da der Anspruch der Presse auf politische Mitherrschaft noch heute ein Gradmesser für die Ausbildung einer kritischen Öffentlichkeit ist, wird sie in Kapitel III.4 zudem im Hinblick auf das Selbstverständnis der Journalisten im späten Kaiserreich untersucht. Für beide Zugriffe auf den Aufstieg der Presse zur Vierten Gewalt, dieser nicht allein für Deutschland so wichtigen Entwicklungslinie in der Moderne, bietet der Eulenburg-Skandal reichhaltiges Quellenmaterial.[129]

Dass *Causes Célèbres* eine transnationale Öffentlichkeit herstellten, betonten schon 1841 die Herausgeber des *Neuen Pitaval* Julius Hitzig und Wilhelm Häring: »Auffällige Kriminalgeschichten gehören aber jetzt nicht mehr dem Lande allein an, wo sie vorgefallen, auch nicht der Wissenschaft allein; sie haben das traurige Vorrecht, ein großes Gemeingut zu sein. Der Prozess Lafarge wird in Petersburg, in Berlin, in Neapel und New York mit derselben Teilnahme wie in Paris selbst verhandelt. Und wie die Teilnahme durch alle

127 Friedländer, *Prozesse*, S. 4012–13.

128 *Lübecker Neueste Nachrichten*, »Der Sumpf«, 24. Oktober 1907, BAL 7836. Vgl. die historiographischen Überlegungen zur Öffentlichkeit bei Schildt, »Das Jahrhundert der Massenmedien«, S. 177–206 und Requate, »Öffentlichkeit und Medien als Gegenstände historischer Analyse«, S. 5–33.

129 Boyce, *The Fourth Estate*, S. 17–30; Wiener, *The New Journalism in Britain*. Immer noch hilfreich als Überblick über die herausragenden *new journalists* ist T.H.S. Escott, *Masters of English Journalism*. Vgl. auch Brown, *Victorian News and Newspapers*.

Länder ist sie auch durch alle Stände verbreitet und aus dem wissenschaftlichen auf das große, gebildete Publikum übergegangen.«[130] Für die potentiell globale Ausdehnung lokaler Gerichtsöffentlichkeit war im 19. Jahrhundert die internationale Presse entscheidend. Anderen Verbreitungsformen von Sensationsprozessen wie etwa den Pitavalen, aber auch schnell gedruckten Prozesspamphleten, lief sie durch ihre immer raschere und umfassendere Berichterstattung den Rang ab. Die Widerstände von Seiten der Politik und Justiz gegen eine national entgrenzte Berichterstattung und damit zwangsläufig transnationale Kontrollfunktion der Presse waren im autoritären Wilhelminismus stark. Während des Eulenburg-Skandals war noch das Diktum des notorisch pressefeindlichen Berliner Landgerichtsdirektors Georg Brausewetter im kollektiven Gedächtnis, der 1894 den mächtigen Zeitungsverleger Rudolf Mosse in einem Strafprozess angefahren hatte, an wen sich eine von diesem verlangte Erklärung des Berliner Polizeipräsidiums über den Einsatz von *agents provocateurs* bei Arbeiterdemonstrationen denn bitteschön richten solle. »An die Öffentlichkeit« als Kontrollinstanz der Staatsbehörden, erklärte Mosse. Worauf Brausewetter entgegnete: »Ach kommen Sie, ›die Öffentlichkeit‹ existiert doch gar nicht«.[131] Eine solche Szene wäre im Großbritannien der Lord Northcliffe und Lord Rothermere undenkbar gewesen. Eingebrannt ins Selbstbewusstsein der wilhelminischen Journalisten hatte sich überdies das von allen autoritär denkenden Politikern des Kaiserreiches gerne aufgegriffene Wort Bismarcks von den »Pressebengels«, das auf harsche Weise zum Ausdruck brachte, wie unterentwickelt der soziale Status der deutschen Journalisten trotz ihrer akademischen Bildung im europäischen Vergleich war.[132]

Dennoch war »die Macht der Presse« ein entscheidender realpolitischer Faktor des Kaiserreiches. Der staatliche Zugriff auf Teile des Journalismus hatte deshalb schon unter Bismarck zur Entstehung eines raffinierten Systems der Presselenkung geführt.[133] Die Presse war für Konservative durchaus staatskompatibel, wenn auch nicht als staatskontrollierende Vierte Gewalt,

130 Hitzig/Häring, *Der neue Pitaval*, S. 9.

131 Zit. n. Hett, *Death in the Tiergarten*, S. 119. Als Beispiel für die Langlebigkeit dieser Sicht Silbermann, »Vom Skandal und dem Mythos der öffentlichen Meinung«, S. 37–51.

132 Groth, *Die Zeitung*, S. 205. Zum journalistischen Prestige Requate, »Der Journalist«, S. 138–162.

133 Vgl. Stöber, *Pressepolitik als Notwendigkeit*; Stöber, »Bismarcks geheime Presseorganisation von 1882«, S. 423–453; Vogel, *Die Organisation der amtlichen Presse- und Propagandapolitik*.

sondern als Bestandteil der Exekutive, als »staatstragende« Presse.[134] Diesem historischen Spezifikum ist es zuzuschreiben, dass bereits vor dem Ersten Weltkrieg in Deutschland ganzheitliche Ideen – die Presse als Teil der Regierung, die Regierung als Teil der Presse – kultiviert wurden, die einer Gleichschaltung der gesamten deutschen Presse unter Leitung der Reichsregierung das Wort redeten. Zu diesem Zweck wurde selbst mit Vorwänden nicht gegeizt, durch die Ausschaltung von Parteistandpunkten zu internationaler Verständigung und besserer Friedenswahrung zu gelangen. Gleichsam als deutscher Gegenentwurf zu William T. Steads Plänen einer Weltherrschaft des Journalismus wurde die Bildung einer Weltpresse mit Sitz in Den Haag angeregt, die ebenfalls »nur der Wahrheit« verpflichtet, aber von den nationalen Regierungen kontrolliert sein sollte.[135]

Bis zur Beweisaufnahme im 1. Moltke-Harden-Prozess wurde die Kongruenz von Gerichtsöffentlichkeit und Presseöffentlichkeit[136] denn auch einhellig begrüßt und gelobt, dass der »Gedanke an die weittragende Bedeutung dieses Prozesses für unser öffentliches Leben« das Gericht bei der Zulassung voller Öffentlichkeit leite.[137] Auch mit autoritärer Mentalität schien dies zunächst vereinbar, denn das Auge des »Allerhöchsten Herrn« ruhte ja ebenfalls auf dem Justizpalast von Moabit. Nach Presseinformationen hatte sich Kaiser Wilhelm II. in Person von Reichstagsstenograph Dr. Neufert und Kriminalkommissar Hans v. Tresckow einen »direkten Draht« in den Gerichtssaal legen lassen.[138] Öffentliche Gerichtsverhandlungen, eine der wichtigsten Errungenschaften des Liberalismus im 19. Jahrhundert, »erzwangen« ohnehin ihren Eingang in die Presse. Mit solchen Formulierungen versuchten Journalisten, die Verantwortung für die fließenden Übergänge zwischen Gerichtsöffentlichkeit und Presseöffentlichkeit mit der Justiz zu teilen.[139]

134 Politische Reaktionäre wie die Brüder Gerlach hatten dagegen bereits mit der Gründung der *Kreuzzeitung* eine staatskritische Presse von rechts verwirklicht. Bussiek, *Die Neue Preußische Zeitung*; Barclay, »The Court Camarilla and the Politics of Monarchical Restauration«, S. 123–156.

135 Böninger, *Die Presse und die internationale Verständigung*, S. 2, 34–39.

136 Der Begriff taucht bereits in zeitgenössischen Quellen auf. So kritisierten die *Hamburger Nachrichten*, dass »vermittels der Preßöffentlichkeit aller Welt« die Enthüllungen von Sensationsprozessen preisgegeben werden. *Hamburger Nachrichten*, »Schutz des Privatlebens«, 15. November 1907, BAL 7837.

137 *Kölnische Volkszeitung*, »Der Prozess Moltke-Harden«, 24. Oktober 1907, BAL 7836.

138 *Berliner Lokalanzeiger*, »Der Kaiser und der Moltke-Harden Prozess«, 25. Oktober 1907, BAL 7836.

139 *Schlesische Volkszeitung*, »Wo blieb der Reichskanzler und das Staatsministerium?«, 28. Oktober 1907, BAL 7836. Zur Öffentlichkeit als bürgerlicher Errungenschaft klassisch Ha-

Bei Juristen schwankten die Reaktionen allerdings zwischen den Extremen. Einerseits wurde eingeräumt, dass Presseöffentlichkeit Justizmißbrauch verhindere und im volkspädagogischen Sinne das Rechtsbewusstsein der Bürger schule. Der »tote Buchstabe des Gesetzes« werde für Nicht-Juristen erst lebendig, wenn »an praktischen Fällen des Lebens seine Anwendung plastisch vor Augen« geführt werden könne. Andererseits liefere die Gerichtsberichterstattung oft Zerrbilder. »Wie in einem Vexierspiegel erscheint in ihnen alles in den Maßen und Umrissen verlängert, verbreitert, verschmälert, mit einem Worte verfälscht.«[140] Dem Partizipationsrecht an Gerichtsprozessen, das einmal als leibhaftige Anwesenheit von Bürgern im Gerichtssaal verstanden worden war, wurde der Sensationsgehalt der Presseberichterstattung entgegengehalten, durch die um 1900 ein Großteil der Bevölkerung Anteil an der Rechtspflege nahm.[141] Bei dieser Kritik spielten Vorbehalte am Medienkonsum eine zentrale Rolle. Medial vermittelte Gerichtsprozesse wurden als ein Massengenußmittel kritisiert, mit dem eine neurasthenische Gesellschaft wie die wilhelminische sich kollektiv die erschlafften Nerven aufpeitschte.[142] Hinzu kam die generelle Abneigung deutscher Kulturpessimisten gegen »die öffentliche Meinung«, ein »Ding, ebenso feig wie ungreifbar, orakelt nur aus sicheren Hinterhalten«, wie sie der Schriftsteller Jakob Wassermann, ein Bekannter Maximilian Hardens, in seinem populären Roman *Caspar Hauser* von 1908 beschrieb.[143] Positiv war dagegen die Sicht des Historikers Hermann Oncken. Er sah zur selben Zeit die öffentliche Meinung als einen »politischen Faktor in der Geschichte des 19. Jahrhunderts auftauchen« und forderte bereits damals die Geschichtswissenschaft zu einer stärkeren Untersuchung dieses »Machtfaktors« auf.[144]

Trotz Für und Wider wäre eine Trennung von Gerichtsöffentlichkeit und Presseöffentlichkeit zu dieser Zeit in der Praxis ohnehin kaum noch möglich

bermas, *Strukturwandel der Öffentlichkeit.* Als Kritiken: Mah, »Phantasies of the Public Sphere«, S. 153–182; Gestrich, »Jürgen Habermas' Konzept der bürgerlichen Öffentlichkeit«, S. 25–40.

140 Glaser, *Presse und Justiz*, S. 17.

141 Müller, *»Ganz Berlin ist Hintertreppe«*, S. 79.

142 Maase, »Schund und Schönheit. Ordnungen des Vergnügens um 1900«, S. 11–28; ders., »Zum Deutungshorizont der Gegner der modernen Populärkünste 1880–1918«, S. 290–342; ders. »Ästhetische Erfahrung als Gegenstand historischer Kulturforschung«, S. 423–432.

143 Jakob Wassermann, *Caspar Hauser oder die Trägheit des Herzens*, Berlin 1908, S. 453.

144 Oncken, »Politik, Geschichtsschreibung und öffentliche Meinung«, S. 229, 234. Vgl. Tönnies, *Kritik der öffentlichen Meinung*; Lenz, *Werden und Wesen der öffentlichen Meinung.*

gewesen. Selbst bei wichtigen Prozessen übernahmen nicht die Gerichte, sondern Journalisten die Stenographie der Verhandlungen.[145] Zwar wurden Forderungen laut, die Gerichte müssten eine amtliche Prozessberichterstattung einführen, schon um eine Klassenjustiz zu verhindern.[146] Doch auch bei Juristen überwog bereits die Auffassung, dass Gerichtsöffentlichkeit nur noch durch Presseöffentlichkeit verwirklicht werden könne; in einer Massengesellschaft müsse die Rechtspflege ansonsten erheblich an Legitimität einbüßen.[147] Bemerkenswert ist, dass die wilhelminischen Journalisten sich ihrer Transmitterfunktion für die Justiz und damit die Staatsgewalt, die eine Machtposition darstellte, zwar bewusst, aber nicht wirklich glücklich damit waren. »Niemals«, versicherten die *Lübecker Neuesten Nachrichten* unmittelbar nach den Enthüllungen des 1. Moltke-Harden-Prozesses, »hat wohl die deutsche Presse ihre Pflicht, der wirksamste Ausdruck der Öffentlichkeit, des Parlamentes wie der Gerichte, zu sein, schwerer empfinden müssen als in diesen Tagen.«[148] Kämpferischer gaben sich immerhin die journalistischen Flaggschiffe des Liberalismus. »Aber wir werden«, proklamierte die *Frankfurter Zeitung*, »jederzeit alle Versuche bekämpfen, die Presse in der Erfüllung ihrer Aufgaben zu beschränken, und zu dieser gehört mit in erster Reihe eine ungehinderte Gerichtsberichterstattung, durch die ja erst die Öffentlichkeit der Gerichtverhandlungen zur Wahrheit wird.«[149] Positiv oder negativ eingeschätzt, erkannte die Presse die Macht an, die ihr mit der Gerichtsberichterstattung in die Hand gegeben war. Umso erstaunlicher ist es, dass ihre Erforschung ungeachtet einiger Ansätze immer noch ein Desiderat ist.[150]

---

145 Dies konnte zu grotesken Konstellationen führen. Staatsanwalt Hugo Isenbiel war genötigt, sich das rund 500 Seiten starke Protokoll des 1. Moltke-Harden-Prozesses von Maximilian Harden auszuleihen, um die Anklage gegen den Publizisten vorzubereiten. Es ist allerdings nicht richtig, dass die Gerichte nie eigene Stenoprotokolle anfertigen ließen. Müller, *»Ganz Berlin ist Hintertreppe«*, S. 80. Fragmente amtlicher Protokolle finden sich bei den Prozessakten des Eulenburg-Skandals im GStA.

146 Prozessbeteiligte, die sich eine private Stenographie leisten konnten, waren in höheren Instanzen zweifellos im Vorteil. Kade, *Klassenjustiz*, S. 7.

147 Hoegel, »Die Stellung der Tagespresse zur Strafrechtspflege«, S. 862–870. Vgl. Marxen, »Zum Verhältnis von Strafrecht und Gerichtsberichterstattung in der zweiten Hälfte des 19. Jahrhunderts«, S. 369–374. Zur Bedeutung der Presse bei der Herstellung politischer Legitimität Birmele, *The Mass-Circulation Press and the Crisis of Legitimation in Wilhelmine Germany*.

148 *Lübecker Neueste Nachrichten*, »Der Sumpf«, 24. Oktober 1907, BAL 7836. Vgl. Wilke, »Auf dem langen Weg zur Öffentlichkeit«, S. 23–38.

149 *Frankfurter Zeitung*, 2. November 1907, PAAA.

150 Zur Gerichtsreportage in der Weimarer Republik, ärgerlicherweise aber ohne historische Kontextualisierung, Siemens, *Metropole und Verbrechen*. Vgl. für die zweite Hälfte des 19.

Wirklich problematisch wurde Presseöffentlichkeit erst bei einer *Cause Célèbre* wie dem 1. Moltke-Harden-Prozess, weil dieser zugleich ein transnationales Medienereignis war.[151] »Vermöge der Öffentlichkeit«, schrieb Friedrich Nonnemann in der Wochenzeitung *Deutsche Welt*, werde die Gerichtsverhandlung »durch die Presse in die entlegensten Winkel der Welt ausgedehnt«.[152] Und die *Allgemeine Rundschau* fasste die journalistische Globalisierung mit den Worten: »Aber dieser Prozess ist zum Weltgespräch geworden, Hardens Darstellung hat ihren Weg in alle Erdteile genommen, und das Urteil der ausländischen Presse beweist, dass ihr in der Fremde fast überall Glauben geschenkt wird.«[153] Der Grund für die globale Relevanz wurde in Deutschland zum einen dezent chauvinistisch darin gesehen, dass im Justizpalast von Berlin-Moabit Dinge verhandelt wurden, »die ein Stück Weltgeschichte bedeuten«.[154] Zum anderen blickte aus eurozentrischem Blickwinkel die »Weltöffentlichkeit« ohnehin stets auf Europa und seine Hauptstädte, da hier die Weichen für die zukünftige Entwicklung des Globus gestellt wurden.[155] Die prominenten Prozessbeteiligten vollzogen solche Bedeutungszuweisungen und Bedeutungssteigerungen lokaler Gerichtsprozesse bewusst mit, indem sie diese als Foren nutzten, um sich an appellative Instanzen – »das deutsche Volk«, »ganz Europa«, »die Welt« und sogar das Überzeitliche: »die Nachwachsenden« – zu wenden.[156]

In Zeiten von Hochimperialismus und nationalem Prestigewahn musste die Transformation lokaler Gerichtsöffentlichkeit in transnationale Presseöffentlichkeit allerdings zu politischen Turbulenzen führen, nicht zuletzt unter den Journalisten selbst. »Wer die Berichterstatter der ausländischen Presse«, schrieb die *Deutsche Zeitung* über ihre Kollegen im 1. Moltke-Harden-Pro-

Jahrhunderts Hennig, »Gerichtsberichterstattung in deutschen Tageszeitungen 1850–1890«, S. 349–368. Für Nachkriegsdeutschland Requate, »Die Lebedame und der Querulant«, S. 55–66.

151 Leider ohne ein forensisches Medienereignis Lenger/Nünning, *Medienereignisse der Moderne.*

152 *Deutsche Welt*, »Antriebe aus dem Prozess Moltke-Harden«, 10. November 1907, von Friedrich Nonnemann, GStA 49839.

153 Zit. in *Volkszeitung*, GStA 49839.

154 *Kölnische Zeitung*, »Der Prozess Moltke-Harden«, 25. Oktober 1907, BAL 7836. Zur Verflechtung globaler und nationaler Geschichte im Kaiserreich Conrad/Osterhammel, *Das Kaiserreich transnational.*

155 Schulz, »Der Aufstieg der vierten Gewalt«, S. 66.

156 Friedländer, *Prozesse*, S. 4040–41 (Appell an Deutschland), 4090–4091 (Appell an Europa), 4268–69 (Appell an die Nachwachsenden). Zu »appellativen Instanzen« Requate/Schulze-Wessel, *Europäische Öffentlichkeit*, S. 11–39.

zess, »wahrhaft zu Klumpen geballt, in der Enge des Gerichtssaales die Federn über Telegramm-Formularen spitzen sah, konnte als Patriot das Haupt senken wegen des Makels, der durch viertägige Offenbarungen an Gerichtsstelle den deutschen Namen traf«.[157] Die nicht nur räumlich zu verstehende journalistische Verflechtung kollidierte mit dem ausgeprägten Patriotismus der meisten Journalisten, gleichviel ob sie aus Deutschland, Frankreich, Russland oder den USA kamen.[158] Dieser Konflikt zwischen prinzipiell transnationalem journalistischen Berufsethos und Patriotismus entbrannte vollends beim Kampf um die Deutungshoheit über die prozessualen Enthüllungen von *Causes Célèbres*. Entscheidender Beleg ist das ausgiebige Zitieren und Kommentieren ausländischer Zeitungen, das in diesem Ausmaß im heutigen Journalismus undenkbar wäre. Im Eulenburg-Skandal kam keine deutsche Zeitung, die etwas auf sich hielt, um eine gründliche Sichtung, ausführliche Zitierung und um das nationale Prestige besorgte Besprechung der wichtigen europäischen und amerikanischen Blätter herum. Der globale Blick der wilhelminischen Journalisten, der sich dadurch ausbildete, entsprang drei verschieden gelagerten Bedingungen, zum einen auf der Ebene der Informationsbeschaffung, zum anderen auf der Ebene der Informationsdeutung und, eng mit beiden Ebenen verbunden, der chauvinistischen Mentalität der Epoche.

157 *Deutsche Zeitung*, »Herr Maximilian Harden auf der Höhe seiner Wirksamkeit«, 27. Oktober 1907, BAL 7836. Während die *Vossische Zeitung* zu beruhigen versuchte und positive Stimmen wie den französischen *Radical* zitierte, der schrieb »Die volle Freiheit und Öffentlichkeit dieser Verhandlungen ehrt Deutschland«, reagierten Blätter wie die *Volkskorrespondenz* missgünstig: »In diesem Punkte dem Auslande und insbesondere der französischen Republik imponieren zu wollen, würde nicht eben weise sein. Weshalb stellt man sich dort als habe die deutsche Justiz es nötig, ihre unzweifelhafte Unabhängigkeit erst in einem Skandalprozess zu erhärten?« *Vossische Zeitung*, »Der ›Radical‹ zum ›Berliner Skandal-Prozess‹«, 26. Oktober 1907, BAL 7836. *Volkskorrespondenz*, »Auslandslob«, 7. November 1907, BAL 7836.

158 Werner/Zimmermann, »Vergleich, Transfer, Verflechtung«, S. 607–636.

Abb. 10. Die Erklärung moderner Massenkommunikation durch antike Mythologie: Harden hat den Augiasstall der wilhelminischen Herrschaftselite geöffnet, dessen Schmutz sich durch die »Öffentlichkeit« in alle Welt ergießt. Quelle: Allgemeen Handesblad *(Amsterdam), 6. November 1907. Entnommen aus Grand-Carteret,* Derriere »Lui«, *S. 155.*

Keineswegs konnte »der deutsche Journalismus« in einem transnationalen Medienereignis wie dem Eulenburg-Skandal, auch wenn es sich weitgehend auf deutschem Boden abspielte, eine Deutungshoheit oder gar ein Interpretationsmonopol beanspruchen. Erstaunlich oft besaßen die wilhelminischen Journalisten nicht einmal einen Informationsvorsprung gegenüber ihren ausländischen Kollegen, im Gegenteil. Sie mussten schon deshalb die britischen, amerikanischen und französischen Zeitungen aufmerksam rezipieren, weil diese sich viel stärker und schneller Zugang zu Personen und Quellen verschafften als es im oftmals noch behäbig räsonierenden deutschen Journalismus üblich war.[159] Obgleich die deutsche Presse bereits in den Kolonialskandalen um Carl Peters Lektionen in investigativen Techniken durch die Auslandspresse erhalten hatte,[160] konnten die Berliner Korrespondenten der wichtigen Auslandszeitungen auch im Eulenburg-Skandal wieder Insiderinformationen gewinnen, über die kein deutscher Journalist verfügte. So war die *New York Times* in der Lage, wörtlich aus dem vertraulichen Schreiben der Staatsanwaltschaft an Kuno Moltke zu zitieren und die hochpolitische

159 Zu Auslandskorrespondenten als Faktoren der Außenpolitik bereits Anonym [Fritz Walz], *Die deutsche Presse und die Weltpolitik*, S. 68–84.

160 *Pfälzischer Kurier*, »Der Hofaffäre zweiter Teil«, 2. Oktober 1907, BAL 7836.

Begründung für die Ablehnung des »öffentlichen Interesses« zu enthüllen: »It is not in the general interest to investigate the meaning of Herr Harden's articles in full publicity, especially as his statements also concern a number of other personalities.«[161]

Die negative Haltung vieler deutscher Zeitungen zum Interview, einer der wichtigsten Innovationen des *New Journalism* zeigt, dass solche Informationsdefizite weitgehend selbstverschuldet waren.[162] »Ein Hauptmittel, durch welches die heutige Sensationspresse auf die Neugierde der breiten Masse spekuliert«, so der Dogmatismus der *Deutschen Tageszeitung*, »ist das Interview, das aus Amerika, wo die Presse mit einer für europäisches Taktgefühl unerhörten Zudringlichkeit auftritt, leider auch seinen Weg zu uns gefunden hat.« Für illegitim wurde insbesondere der Verweis von Interviewern auf die Massen von Lesern gehalten, die sie repräsentierten.[163] »Wir sind überhaupt keine Freunde der neuerdings fast überall beliebt gewordenen Ausfragungen. Sie entsprechen nicht recht dem deutschen Empfinden. Das wird schon dadurch äußerlich bekundet, dass die technische Bezeichnung ›Interview‹ nicht deutsch ist.«[164]

In Anbetracht solch professioneller Engstirnigkeit konnten auch französische Zeitungen punkten und *scoops* landen.[165] So gelang dem Berliner *Matin*-Korrespondenten im April 1908 ein Interview mit Oberstaatsanwalt Hugo Isenbiel. Zum ersten Mal, erregte sich die *Post*, habe die Interviewsucht der ausländischen Presse sich an einen deutschen Justizvertreter herangetraut.[166] Das ultrakonservative Blatt vergaß jedoch zu erwähnen, dass zu Interviews immer zwei Seiten gehörten. Zudem gaben auch Maximilian

161 *New York Times*, »Refuses to hold Editor Harden«, 23. Juni 1907, PAAA.

162 VanArsdel, »Women's periodicals and the New Journalism«, S. 243–56.

163 Vgl. Weisbrod, »Medien als symbolische Form der Massengesellschaft«, S. 270–283; Engelsing, *Massenpublikum und Journalistentum im 19. Jahrhundert in Nordwestdeutschland.*

164 Im autoritären Weltbild wurde die Bereitschaft wichtiger Persönlichkeiten zu Interviews nicht etwa mit deren ureigenem Interesse erklärt, die Öffentlichkeit zu beeinflussen, sondern mit der Pressemacht, mit der es sich niemand verderben wolle, weswegen »denn mancher gute Miene zum bösen Spiele« mache. *Deutsche Tageszeitung* zit. in *Die Post*, »Ein Novum«, 25. April 1908, BLHA 554. Zahlreiche Artikel zum Interview als neuer journalistischer Darstellungsform in GStA 49831. Aus auslandsdeutscher Sicht wurde der deutschen Außenpolitik dringend nahegelegt, stärker Interviews einzusetzen und sich an Reichskanzler Bülow zu orientieren, »er gilt darin als ein Meister und derzeit unerreichtes Vorbild«. Anonym [Fritz Walz], *Die deutsche Presse und die Weltpolitik*, S. 18–19.

165 *Berliner Börsen Courier*, 26. Mai 1908, GStA 49840. *Kölnische Volkszeitung*, 18. Januar 1908, GStA 49840. Für Aufsehen sorgte insbesondere das Interview, das Raymond Lecomte bei seiner Rückkehr nach Paris dem *Matin* gab. Siehe Kap. VI.1.

166 *Die Post*, »Ein Novum«, 25. April 1908, BLHA 554.

Harden, die »Graue Eminenz« der Außenpolitik Friedrich von Holstein und die Fürstin Eulenburg dem *Petit Parisien,* dem *Matin* und der *New Yorker Staatszeitung* Interviews, um ihre Sicht der Dinge zu verbreiten. Von der heftigen Kritik der deutschen Presse ließ sich der politisch versierte Isenbiel, er stieg wenig später zum preußischen Generalstaatsanwalt auf, auch keineswegs beeindrucken. Im Juli 1908 gab er dem *Matin*-Korrespondenten ein zweites, noch sensationelleres Interview, in dem er preisgab, welche Strafe er für Eulenburg gefordert hätte, wenn der Prozess nicht wegen dessen Krankheit abgebrochen worden wäre (vgl. Kap. V.5).[167] Ausländischen Journalisten Informationen anzuvertrauen war auch für diejenigen Skandalbeteiligten attraktiv, die anonym bleiben wollten, denn bei ihnen war der Informantenschutz besser garantiert. Ein Indiz ist das Verhalten des Berliner Korrespondenten des *New York Herald,* Mister Stanhope, der als »Zeuge, der nicht schwören will« für Aufsehen sorgte. Während deutsche Journalisten im Meineidsprozess gegen Eulenburg bereitwillig über ihre Informanten aussagten, was ihnen den kurzfristigen Vorteil verschaffte, als vernommene Zeugen anschließend den nichtöffentlichen Gerichtsverhandlungen beiwohnen zu können, gab Stanhope in einer theatralischen Gerichtsszene dem Informantenschutz den Vorrang.[168] Sie illustriert gleichzeitig, wie die transnationale Presseöffentlichkeit von Sensationsprozessen im langen 19. Jahrhundert die aktive Partizipation ausländischer Journalisten an den Gerichtsverhandlungen einschließen konnte.

Der Ebene transnationaler Informationsbeschaffung war die Ebene transnationaler Informationsdeutung übergeordnet. Hier konnte die ausländische Presse allein durch die Verkörperung der Außenperspektive – »so denkt die Welt über uns« – eine entscheidende Rolle spielen, indem sie mitbestimmte, welches Ausmaß an Repräsentativität den Skandalenthüllungen zugeschrieben wurde. Ein gutes Beispiel für die Benennungsmacht der ausländischen Presse ist die Zuspitzung des Eulenburg-Skandals durch die *Times*: Im Sommer 1907 sprach das Londoner Hauptstadtblatt, zu dieser Zeit zweifellos die

167 *Berliner Tageblatt,* »Die Vertagung«, 18. Juli 1908, BAL 7839; *BZ am Mittag,* »Isenbiel über den Eulenburg-Prozess«, 20. Juli 1908, BAL 7839.

168 Bis auf den bettlägerigen Eulenburg hatte sich bereits der gesamte Gerichtssaal zu Stanhopes Vereidigung erhoben, als der Amerikaner sich weigerte, die Eidesformel »bei Gott dem Allmächtigen und Allwissenden« zu leisten, weil er im religiösen Sinne »Universalist« sei. Da Zwangsmaßnahmen gemäß § 69 STPO gegen einen wichtigen ausländischen Journalisten kaum opportun schienen, unbeschworene Aussagen in Strafprozessen aber nicht zulässig waren, musste das Gericht schließlich auf das Zeugnis verzichten. *Altonaer Tageblatt,* »Der Eulenburg-Prozess«, 4. Juli 1908, BLHA 554.

wichtigste Zeitung Europas, noch von den »Court Scandals in Berlin«, bald aber schon von den »Berlin Scandals«. Im Herbst 1907 firmierten die Ereignisse bereits als »The Prussian Court Scandals« und wuchsen sich bis zum Frühjahr 1908 zu »The Prussian Scandals« aus, um 1909 schließlich mit der Bezeichnung »The German Scandal« den Höhepunkt nationaler Repräsentativität zu erreichen. Ähnliche Bedeutungssteigerungen hin zum »deutschen Skandal« können ebenfalls in der französischen und amerikanischen Presse festgestellt werden.[169] Solche Deutungen der ausländischen Presse waren elementarer Bestandteil der transnationalen Eigendynamik des Eulenburg-Skandals, denn sie wirkten nicht nur unmittelbar auf die deutsche Presse, sondern sogar die Gerichtsverhandlungen zurück; ein entscheidender Beleg für die Transformation von lokaler Gerichtsöffentlichkeit in transnationale Presseöffentlichkeit. Beim Blick »auf das Ausland und auf den Jubel, den die zur Sprache gebrachten Dinge dort verursacht haben« schaudere es ihn als Patrioten, gab Hugo Isenbiel zu Protokoll.[170] Die Hauptschuld an Prozessenthüllungen, die ihre volle Schädlichkeit erst durch ihre Besprechung in den internationalen Zeitungen entwickelten, gab der Staatsanwalt Maximilian Harden. Der Publizist sah dagegen das Problem in der Zerstrittenheit der deutschen Öffentlichkeit: »Was das Ausland anbetrifft, so hat es anfänglich überwiegend gesagt: In Deutschland sind es doch famose Kerle; wie das doch gleich funktioniert und angefasst wird. Später allerdings begann die öffentliche Meinung alles zuzudecken«.[171] Auch auf die höchsten politischen Entscheidungsträger des Deutschen Reiches wirkten die Interpretationen der transnationalen Presseöffentlichkeit unmittelbar ein. Sofort nach der Beweisaufnahme richtete Reichskanzler Bülow an Kaiser Wilhelm II. ein panikartiges Telegramm: »Der Verlauf des Prozesses Moltke-Harden ist unerhört. Ich bin umso empörter, als ich in jeder (gesetzlich zulässigen) Weise auf eine feste Zügelführung von Seiten des Vorsitzenden Richters hingewirkt hatte […] Die skandalösen Enthüllungen, welche jetzt das sensationslüsterne Publikum beschäftigen, werden wir am besten dadurch überwinden, dass wir nach innen und außen eine feste und würdige Politik machen, welche die

---

169 *The Times*: »The Court Scandals in Berlin«, 4. Juni 1907, »The Berlin Scandals«, 9. Juni 1907, »The Prussian Court Scandals«, 27. Oktober 1907, »The Prussian Scandals«, 23. April 1908. *Le Temps*, »Grave et mystérieuse affaire de cour à Berlin«, 30. Mai 1907. *New York Times*, »Refuses to hold Editor Harden«, 23. Juni 1907.

170 Friedländer, *Prozesse*, S. 4220–22.

171 Friedländer, *Prozesse*, S. 4247–48.

Nation aus diesem Schlamme zu großen Zielen emporhebt.«[172] Bemerkenswert ist zudem die völlige Selbstverständlichkeit, mit der die Staatsspitze den Sensationsprozess als ein Ereignis wertete, das Deutschlands Prestige im Ausland beschädigte und aus dem Konsequenzen für die Grundlinien zukünftiger Politik zu ziehen waren.

Mentalitätsgeschichtlich schließlich hing die zwanghafte Wahrnehmung der internationalen Presse durch deutsche Journalisten mit dem in Kapitel II.2 beschriebenen Amalgam aus Überlegenheitsgefühlen und Minderwertigkeitskomplexen der wilhelminischen Deutschen zusammen, insbesondere gegenüber den älteren Nationalstaaten und Imperien. »Es ist von jeher der Fehler der Deutschen gewesen«, bemängelte die *Volkskorrespondenz* diese Angewohnheit, »dass sie bei ihrem Tun und Lassen nach dem Auslande hinschielen, um zu beobachten, was für einen Eindruck sie dort machen, und dass sie mit großem Stolze erfüllt sind, wenn sie wahrnehmen, dass sie unseren lieben Nachbarn ›imponieren‹. Im Auslande kennt man diese deutsche Schwäche und rechnet mit ihr. Es ist ihm eine äußerst billige Sache, hin und wieder unverbindliches Lob auszuteilen. Darüber freut sich der brave Michel, und er sucht […] sich den Beifall seiner ausländischen Bewunderer zu erwerben, beharrlich, selbst gegen sein eigenes Interesse«.[173] Diese Sichtweise verdeutlicht, wie stark sich nationales Prestige im Kaiserreich sowohl aus Selbstzuschreibungen als auch aus Fremdbildern speiste. Nur vor diesem Hintergrund konnte Max Bernstein vor Gericht argumentieren, »dass sich [im Kreis um Eulenburg] Dinge ereignet haben, die uns in allen Augen herabsetzen«.[174] Konservative kritisierten zwar solch global ausgreifenden Nationalexhibitionismus: »Ein jedes Volk hat ja die Schwächen seiner Tugenden. Uns Deutschen steckt ein ausgeprägtes Rechtsgefühl im Blute […] die Leichtigkeit, mit der man sich in Deutschland dazu entschließt, den Weg zum Kadi anzutreten, wenn man sich in seiner Ehre verletzt fühlt. Man will sie um jeden Preis vor aller Welt gereinigt und desinfiziert haben.«[175] Der Anflug von Selbstkritik trat bezeichnenderweise in dem kecken Selbstlob von der spezifisch deutschen »Schwäche der Tugenden« wieder hinter dem festgefügten moralischen Überlegenheitsgefühl zurück.

Immerhin ist eine Dialektik des Denkens in Prestigekategorien nicht zu übersehen: Das zwanghafte Wahrnehmenmüssen der Meinung der Anderen

172 Reichskanzler Bülow an Kaiser Wilhelm II., 26. Oktober 1907, PAAA. Dieses Telegramm ging auch »streng vertraulich« an Unterstaatssekretär von Loebell.

173 *Volkskorrespondenz*, »Auslandslob«, 7. November 1907, BAL 7837.

174 Friedländer, *Prozesse*, S. 4098.

175 *Pfälzischer Kurier*, »Der Hofaffäre zweiter Teil«, 2. Oktober 1907, BAL 7836.

über die eigene Nation weitete den globalen Blick des wilhelminischen Deutschland stärker als zu Zeiten, in denen Selbstbezogenheit, Saturiertheit und Gleichgültigkeit gegenüber anderen Ländern vorherrschten. Die Deutungsmacht, die die Auslandspresse dadurch innerhalb Deutschlands gewann, führten bereits zeitgenössische Journalisten wie Richard Nordhausen ganz richtig auf die Transformation lokaler Gerichtsöffentlichkeit in transnationale Presseöffentlichkeit zurück.[176] Doch obgleich durch die Erkenntnis dieses Mechanismus ihre Bedeutung als Angehörige einer Vierten Gewalt *und* einer transnationalen Öffentlichkeit festgestellt wurde, zogen denkwürdig viele wilhelminische Journalisten daraus den Schluss, Patriotismus habe der Pressefreiheit vorzugehen.

4. Vierte Gewalt wider Willen: Die zunehmende Macht der wilhelminischen Presse

Hinsichtlich der Pressefreiheit gilt Deutschland nach wie vor als verspätete Nation. Der Kampf gegen die Zensur setzte im Vergleich zu Großbritannien rund 100 Jahre verzögert ein, obwohl die ersten Zeitungen in Straßburg (1605) und Wolfenbüttel (1609) erschienen. Während in England die Vorzensur 1695 fiel, eine ungehinderte Parlamentsberichterstattung 1772 zugelassen wurde und mit dem *Fox's Libel Act* seit 1792 nicht mehr königliche Richter, sondern Laienjurys bei Verleumdungen, Beleidigungen und Kritik durch die Presse zuständig waren, gab es in Deutschland in den meisten Bundesstaaten bis 1848 eine Vorzensur und das Reichsgericht urteilte noch 1909 – anlässlich des Eulenburg-Skandals –, ein besonderes Recht der Presse, vermeintliche Mißstände öffentlich zu rügen, existiere nicht. Über das berüchtigte Diktum Joseph Goebbels von der Meinungs- und Pressefreiheit als »politischem Wahnsinn« ergibt sich so in den meisten jüngeren Studien eine lange Mißerfolgsgeschichte des deutschen Journalismus – bis nach 1945 alles anders wurde. Zuvor habe sich in der deutschen Presse, urteilt Frank Esser, im Vergleich zum journalistischen Musterland Großbritannien kein vergleichbares identitätsstiftendes Bewusstsein wie das der »Vierten Gewalt«

176 *Der Tag*, »Die Lüftung des Alkovens«, von Richard Nordhausen, 27. Oktober 1907, BAL 7836.

entwickelt.[177] Erst mit der *re-education* der Alliierten nach 1945 und der *Westernisierung* in den 1950er Jahren, so Christiane von Hodenberg, seien deutsche Journalisten an westliche Pressestandards herangeführt worden.[178]

Dagegen soll hier argumentiert werden, dass die Geschichte des deutschen Journalismus komplexer ist als in einer an einem britisch-amerikanischen Idealbild orientierten Erfolgsgeschichte nach 1945 zum Ausdruck kommt. Bei allen inneren Widerständen und Widersprüchen in Bezug auf das Konzept einer Vierten Gewalt, wie die im Folgenden dargestellten Rufe deutscher Zeitungsschreiber nach Zensur und Selbstzensur demonstrieren, konnten dieselben Journalisten auch Machtbewusstsein und *esprit du corps* über Partei- und Weltanschauungsgrenzen hinweg beweisen. Zudem entzogen sich keineswegs alle wilhelminischen Reporter der globalen Sogwirkung des *New Journalism*,[179] wenn auch im Kaiserreich kein direkter interkultureller Transfer wirkte, wie er in der Tat in den massiven alliierten Interventionen in den westdeutschen Journalismus nach 1945 leicht ausgemacht werden kann.[180] Dennoch arbeiteten bereits wilhelminische Journalisten an einer – förmlichen – Anerkennung der Presse als Vertreterin »berechtigter Interessen der Allgemeinheit«. Ein Anspruch, der dem Konzept der Vierten Gewalt nahe kam. Aus dem Radius der Geschichts- und Medienwissenschaft ist dieser spezifisch deutsche Kampf um die Ausweitung der Pressefreiheit vermutlich deshalb bisher herausgefallen, weil er nicht mit Regierung und Parlament, sondern mit der Judikative ausgetragen wurde.[181]

Nach den skandalösen Enthüllungen des 1. Moltke-Harden-Prozesses, *en detail* in Kapitel IV untersucht, überboten Journalisten vor allem konservativer und rechtsliberaler Prägung einander zunächst an Forderungen nach Zensur und Selbstzensur. »Die ernsthaften und ehrenhaften Zeitungen« verlangen, verkündete die *Deutsche Tageszeitung*, dass in Zukunft »bei Ausschluss der Öffentlichkeit [aus dem Gerichtsprozess] auch die Berichterstattung aus-

177 Esser, *Kräfte hinter den Schlagzeilen*, S. 59. Mit Schwerpunkt auf technischen Entwicklungen Stöber, *Deutsche Pressegeschichte*.

178 Esser, *Kräfte hinter den Schlagzeilen*, S. 52–56. Hodenberg, »Die Journalisten und der Aufbruch zur kritischen Öffentlichkeit«, S. 278–315.

179 Bösch, »Volkstribune und Intellektuelle«, S. 99–120; Stöber, »Der Prototyp der deutschen Massenpresse«, S. 315–331; Wolter, *Generalanzeiger – das pragmatische Prinzip*.

180 Paulmann, »Internationaler Vergleich und interkultureller Transfer«, S. 649–685. Zur Ambivalenz solcher Transfers Muhs/Paulmann/Steinmetz, *Aneignung und Abwehr*. Einen vergleichenden Forschungsüberblick bietet Bösch, »Zwischen Populärkultur und Politik«, S. 549–584.

181 Kein Hinweis etwa bei Wilke, *Grundzüge der Medien- und Kommunikationsgeschichte*, S. 252–296.

geschaltet« werde.[182] Als Argument dafür, dass weder Gerichtsöffentlichkeit noch Presseöffentlichkeit sakrosankt sein dürften, wurde ein bis dahin einmaliges Ereignis aus der Geschichte der deutschen Parlamentsöffentlichkeit herangezogen. Während der Beratung der »Lex Heinze« im Reichstag, erinnerten die *Lübecker Neuesten Nachrichten*, sei mit der Räumung der Besuchertribünen erstmals die Parlamentsöffentlichkeit eingeschränkt worden, wegen moralischer Bedenken. Dieselbe Maßnahme müsse nun auch im Eulenburg-Skandal auf Justiz und Presse angewendet werden, denn dem Reichstag sei von den Beamten der Sittenpolizei nicht annähernd so viel über die »Nachtseiten des Lebens« enthüllt worden wie der deutschen Öffentlichkeit durch den Moltke-Harden-Prozess.[183] Als Rechtfertigung für die Einschränkung der Pressefreiheit wurde zudem die Behauptung aufgestellt, selbst »in den freiheitlichsten Ländern«, zu denen die *Volkskorrespondenz* das Deutsche Reich voller Stolz nicht zählte, würden skandalöse Gerichtsverhandlungen der Öffentlichkeit entzogen.[184] Die Presseöffentlichkeit über Sensationsprozesse, so die Forderung, müsse in Zukunft »unterdrückt« werden können wie unsittliche Bücher und Bilder.[185] Verlangt wurde mit alldem nichts weniger als die Wiedereinführung einer Vorzensur – von Teilen der Presse.

Was motivierte deutsche Journalisten zu Beginn des 20. Jahrhunderts, Einschnitte in ihre hart erkämpfte, mit Ländern wie Großbritannien und Frankreich noch keineswegs vergleichbare Pressefreiheit zu fordern? Obgleich die Motive verschwammen, lassen sich zwei Hauptlinien ausmachen: Nationalismus und Moral. Zum einen sollte durch den Eulenburg-Skandal weder den äußeren noch den inneren »Reichsfeinden« Gelegenheit zur Kritik gegeben werden. »Nicht zehn Liebknecht-Broschüren und kein Dutzend sozialdemokratischer Brandreden vermögen so viel Schaden dem monarchischen Prinzip und dem moralischen Empfinden des Volkes zuzufügen, wie die Dinge, die hier [im Moltke-Harden-Prozess] vor breitester Öffentlichkeit

182 *Zeitfragen. Wochenschrift für deutsches Leben*, »Was uns bleibt«, 3. November 1907, BAL 7837.

183 *Lübecker Neueste Nachrichten*, »Der Sumpf«, 24. Oktober 1907, BAL 7836. Vgl. Lenman, »The Lex Heinze«, S. 86–113. Eine zeitgenössische Kritik ist Falckenberg, *Das Buch von der Lex Heinze*.

184 *Volkskorrespondenz*, »Auslandslob«, 7. November 1907, BAL 7837.

185 *Neue Volkskorrespondenz*, »Zum Prozess Moltke-Harden«, 28. Oktober 1907, BAL 7836. Dies war auch ein Ziel der protestantischen Sittlichkeitsbewegung. Siehe Bohn, *Materialien zur Bekämpfung der unsittlichen Literatur*; Roeren, *Die öffentliche Unsittlichkeit und ihre Bekämpfung*. Vgl. Stark, »Pornography, Society and the Law in Imperial Germany«, S. 200–229. Philosophische Erklärungsansätze bei Popper, *Die offene Gesellschaft und ihre Feinde*. Zu früh zieht die Zäsur der Zensurabschaffung Bollinger, *Pressegeschichte 1 und 2*.

verhandelt werden«, lautete eine typische Befürchtung, die zwischen dem Moralischen und dem Politischen bewusst keine Grenzlinie zog.[186] Zum anderen wurde eine moralische Gefährdung des »Volkstums« an die Wand gemalt. Bereits wenige Tage nach dem Urteil im Moltke-Harden-Prozess veröffentlichten protestantische Kirchensynoden Beschlüsse, in denen »tiefe Entrüstung und lebhaftes Bedauern« darüber ausgesprochen wurde, »dass bei den die Sittlichkeit aufs schwerste gefährdenden Gerichtsverhandlungen in dem Prozess Moltke-Harden die Öffentlichkeit im Interesse unseres Volkes, vornehmlich unserer Jugend, nicht ausgeschlossen war.«[187] Durch die von der Presse veröffentlichten Gerichtsverhandlungen habe sich eine politisch-moralische Epidemie »alles verwüstend und vergiftend« ins ganze Land, in jedes einzelne Haus gewälzt.[188] Pressekommunikation wurde jetzt als materielle Gefahr verstanden.[189] Familienväter wurden aufgefordert, ihre Zeitungen, die sich durch den Abdruck der Prozessprotokolle in »Giftblätter« verwandelt hätten, keinesfalls in die Hände der Kinder gelangen zu lassen[190] (vgl. Abb. 11). Reportern moralinsaurer Zeitungen gelang es natürlich trotzdem, im Berliner Tiergarten höhere Töchter auf dem Schulweg zu belau-

186 *Kölnische Volkszeitung*, »Die Sensation des Tages«, 25. Oktober 1907, BAL 7836.

187 Heinrich Rippler, Chefredakteur der *Täglichen Rundschau*, kritisierte, dass »bei uns politische Prozesse in der bisherigen Weise zum Gaudium der Sozialdemokratie und des Auslandes geführt werden dürfen«, gegen die »salus publica« der Monarchie. *Tägliche Rundschau*, »Der Skandal des Tages«, 27. Oktober 1907, BAL 7836. *Deutsche Zeitung*, »Herr Maximilian Harden auf der Höhe seiner Wirksamkeit«, 27. Oktober 1907, BAL 7836.

188 Es wurden immer wieder Metaphern verwendet, die auf einen Ansteckungscharakter von Unsittlichkeit anspielten, »mephistische Dünste«, »Schmutz«, »Schlamm« usw. Vgl. etwa *Lübecker Neueste Nachrichten*, »Der Sumpf«, 24. Oktober 1907, BAL 7836.

189 Vgl. Gumbrecht/Pfeiffer, *Materialität der Kommunikation*; Lerg, »Pressegeschichte oder Kommunikationsgeschichte?«, S. 9–24.

190 Ein erregter Leserbrief-Schreiber berief sich auf die Autorität Queen Victorias und zitierte ihre 1859 an die Regierung gerichtete Aufforderung, öffentliche Gerichtsverhandlungen bei Ehescheidungen wegen der Presseberichterstattung wieder abzuschaffen: »Diese Fälle [...] nehmen jetzt fast täglich einen großen Raum in den Zeitungen ein und sind so skandalöser Art, dass es fast unmöglich wird, eine Zeitung einem jungen Mädchen oder Knaben in die Hand zu geben. Keine der schlechtesten französischen Novellen, vor denen sorgsame Eltern ihre Kinder zu schützen suchen, kann so schlimm sein als das, was täglich ins Haus gebracht wird und auf den Frühstückstisch jeder gebildeten Familie in England gelegt wird; seine Wirkung muss ganz unheilvoll auf die öffentliche Moral des Landes sein.« *Hannoversche Zeitung*, »Der Prozess Moltke-Harden und die Kirche«, 31. Oktober 1907, BAL 7837. Vgl. Plüddemann, *Königin Viktorias Briefwechsel und Tagebuchblätter II*, S. 597 (26. Dezember 1859). Diesen Ansatz vertrat seit Jahren auch die protestantische Sittlichkeitsbewegung des Kaiserreiches. Siehe Henning, *Die öffentliche Sittenlosigkeit und die Arbeit der deutschen Sittlichkeitsvereine*; Mahlin, *Der Kampf um das christliche Sittlichkeitsideal*.

schen, die sich »mit Freimut, um nicht zu sagen Schamlosigkeit, über die im Prozess berührten intimsten Dinge« laut unterhielten.[191] Gebündelt wurden beide Stränge einer klassischen *moral panic* im Konzept der »Staatswohlfahrt«, und die hatte nach Meinung zahlreicher deutscher Journalisten Vorrang vor beidem, der Unabhängigkeit und Öffentlichkeit der Justiz und der Pressefreiheit.[192]

Solche scheinbar apodiktischen, weltanschaulich verhärteten Stellungnahmen wandelten sich jedoch durch die Eigendynamik, die der Eulenburg-Skandal in beinahe drei Jahren entfaltete. Noch in den Gerichtsverhandlungen des 1. Moltke-Harden-Prozesses ging Hardens Anwalt Max Bernstein, Mitbesitzer der *Münchner Neuesten Nachrichten*, auf die Tendenz solcher Vorwürfe ein und attackierte die Bigotterie vieler Journalisten: »Einige Zeitungen kämpften in Leitartikeln gegen den Schmutz, und auf der zweiten Seite stand der ausführliche Verhandlungsbericht.«[193] Tatsächlich verzichtete keine deutsche Zeitung auf die Berichterstattung zum Eulenburg-Skandal und seinen Sensationsprozessen. Selbst die moralisierendsten Blätter beließen es beim Hypothetischen und beschwichtigten in den Kommentaren auf der Titelseite, man habe den Nicht-Abdruck der im hinteren Teil seitenlang akribisch wiedergegebenen Prozessberichte immerhin erwogen.[194] Zensur, kann als Ergebnis festgehalten werden, wurde nur für die politisch und weltanschaulich anders denkenden Zeitungen eingefordert.

Der Vorwurf der Bigotterie war überdies berechtigt, da ohnehin alle deutschen Journalisten jenseits der Gräben von Partei- und Weltanschauung eine Schere im Kopf haben und moralische Selbstzensur betreiben mussten. Keine Zeitung konnte in Prozessberichten alle Details der Gerichtsverhandlungen wiedergeben, selbst wenn sie wollte. Grund war die damalige pressefeindliche Auslegung des Strafparagraphen zur »Verbreitung unsittlicher Schriften«. Die Anwendung dieses Paragraphen auf Presseerzeugnisse, wenn auch nur in Form der Nachzensur, war durchaus üblich, etwa indem die Beschlagnahme aller noch erhältlichen Exemplare einer Zeitung verfügt

191 *Neue Volkskorrespondenz*, »Zum Prozess Moltke-Harden«, 28. Oktober 1907, BAL 7836. Zum Typus der »höheren Tochter« Haefs/Gille, *Von Sittenstrenge und Aufbegehren*, S. 135–171. Das zeitgenössische Schlüsselwerk: Hans von Kahlenberg [Helene von Monbart], Nixchen. Ein Beitrag zur Psychologie der höheren Töchter, Wien 1904.

192 *Hamburger Nachrichten* zit. in *Kreuzzeitung*, »Aus anderen Blättern«, 26. Oktober 1907, BAL 7836.

193 Friedländer, *Prozesse*, S. 4220–22.

194 *Kölnische Volkszeitung*, »Der Prozess Moltke-Harden«, 24. Oktober 1907, BAL 7836.

wurde.[195] Noch entscheidender für den vorauseilenden Gehorsam wilhelminischer Journalisten bei der Wiedergabe sittlich und politisch anstößiger Tatsachen dürfte gewesen sein, dass Autoren, Zeichner, verantwortliche Redakteure, ja selbst die Drucker auch als Einzelpersonen strafrechtlich hart verfolgt werden konnten.[196] Beide Maßnahmen, Beschlagnahme der inkriminierten Zeitungsausgabe und Strafverfolgung des verantwortlichen Redakteurs, wurden im Eulenburg-Skandal etwa gegen das Sensationsblatt *Die große Glocke* ergriffen.[197] Ein entscheidender journalistischer Arbeitsschritt war somit bei Sensationsprozessen die Entscheidung, was veröffentlicht werden konnte. Diese Grenzziehung kann im Eulenburg-Skandal sehr gut am Harden-Städele-Prozess in München (vgl. Kap. V.4/5) untersucht werden: Die Presse war zugelassen, es wurden skandalöse sexuelle Enthüllungen gemacht und es sind sowohl die von den Zeitungen gedruckten Prozessberichte als auch Fragmente amtlicher Stenoprotokolle überliefert. Eulenburg, schilderte dort etwa der den Fürsten belastende Zeuge Riedl das »Wichsen«, habe »sein eigenes Glied so lange [gerieben], bis der Samenerguß erfolgte«. An anderer Stelle beschrieb Riedl, wie ihn Eulenburg an einen seiner adligen Freunde verkuppelt habe, der von Riedl verlangte, »sein Glied in seinen After zu stecken«.[198] Keines von diesen – für die Beweisführung entscheidenden – Details der Gerichtsverhandlungen fand den Weg in die Presse. Bei solch grenzwertigen Aussagen gingen selbst sozialdemokratische Zeitungen auf Nummer Sicher.[199] Die Auslassung allzu heikler Szenen markierten in den Prozessberichten dann Standardfloskeln, etwa der Hinweis, Gesagtes oder Gesehenes könne »aus Schicklichkeitsgründen« nicht wiedergegeben oder »nicht einmal angedeutet« werden.[200] Festgehalten werden kann, dass bei Prozessberichten zweifellos ein höherer rechtlicher Toleranzbereich als bei anderen journalistischen Darstellungsformen existierte, denn sie gaben ja Verhandlungen »von Staats wegen« wieder. Dennoch waren Gerichtsöffent-

195 § 184 Reichsstrafgesetzbuch (Verbreitung unsittlicher Schriften).

196 Wegen einer kritischen Karikatur zur Palästinareise Wilhelms II. auf der *Simplicissimus*-Titelseite und dem dazugehörigen populär gewordenen Spottgedicht »Im Heiligen Land« im Heft erhielten der Schriftsteller Frank Wedekind und der Karikaturist Th. Th. Heine eine mehrmonatige Haftstrafe. Der Herausgeber Albert Langen entging ihr nur durch ein fünfjähriges Exil. Siehe Abret/Keel, *Majestätsbeleidigungsaffäre*.

197 *Die Große Glocke*, »Herr Staatsanwalt, Sie haben das Wort!«, 29. April 1908, BLHA 555.

198 GStA 49830.

199 *Leipziger Volkszeitung*, »Faul bis ins Mark«, 25. Oktober 1907, BAL 7836.

200 Beispiele solcher Auslassungen in den Prozessberichten Hugo Friedländers, die an zahlreiche deutsche Zeitungen geliefert wurden: Friedländer, *Prozesse*, S. 560, 589, 959, 2173, 2175, 2192, 2204, 4013, 4683.

lichkeit und Presseöffentlichkeit insofern niemals völlig deckungsgleich, als auch eine wortgetreue Veröffentlichung von Gerichtsverhandlungen keine Sittengefährdung darstellen durfte. Erst vor dem Hintergrund der von der wilhelminischen Presse stillschweigend praktizierten moralischen Selbstzensur wird auch die aus heutiger Sicht merkwürdige Entscheidung des Gerichtes im 1. Moltke-Harden-Prozess verständlich, »die Öffentlichkeit« auszuschließen, die Anwesenheit der Presse aber weiterhin zuzulassen (vgl. Kap. III.3).

Abb. 11. Ein Grund für die Forderungen nach Zensur und Selbstzensur: Die Bedrohung der Familie durch Presseberichte über den Eulenburg-Skandal. Quelle: De ware Jacob *(Rotterdam), November 1907, S. 44.*

Generell musste die Justiz des Kaiserreiches feststellen, dass die Gerichtsöffentlichkeit nicht mehr von der Presseöffentlichkeit abgekoppelt werden konnte, sie im Gegenteil durch den bloßen Versuch einer Verhandlung *in camera* eine Politisierung des Verfahrens bewirkte.[201] Obwohl das Gericht im 2. Moltke-Harden-Prozess sowie im Meineidsprozess gegen Eulenburg die Presse zunächst ausschloss und sogar den – rechtlich unzulässigen – Versuch unternahm, alle Prozessbeteiligten zu »absoluter Verschwiegenheit« zu

201 Zur Politisierung durch staatliche Zensur Müller, »Zensur, Geheimnis und Öffentlichkeit«, S. 41–60.

vergattern, sickerten ständig Informationen aus dem Gerichtssaal in die Tageszeitungen. Die prominenten Prozessbeteiligten kannten ihre Rechte und gaben Journalisten neben vertraulichen Auskünften ganz offen Interviews, so dass schließlich selbst die Staatsanwaltschaft dazu überging, Journalisten Rede und Antwort zu stehen.[202] Für die Leser der illustrierten Zeitungen und Zeitschriften war die Ausweitung der Pressefreiheit überdies visuelle Wirklichkeit. Ausgelöst durch die Bildberichterstattung im Sensationsprozess Hau war am 9. Januar 1907 ein Reichsgesetz in Kraft getreten, dass erstmals das »Recht am eigenen Bild« für »öffentliche Persönlichkeiten« einschränkte. Für liberale Juristen und Kulturkritiker brachte dieser Schritt nur die traditionelle Bedeutung von Sensationsprozessen mit den technischen Möglichkeiten der Zeit auf einen Nenner: Für sie waren Photographien gesellschaftlicher »Anschauungsunterricht« oder, wie Erich Sello im Vorwort zu Hugo Friedländers *Pitaval der Kaiserzeit* argumentierte, eine »kriminalistische Momentaufnahme«.[203] Für konservative Kritiker dagegen waren in der Presse veröffentlichte Photographien aus der Gerichtswelt Aufforderungen zur Nachahmung von Straftaten.[204] Nach Ansicht des *Berliner Tageblattes* konnte deshalb an der Haltung zum Recht am eigenen Bild in Sensationsprozessen die grundsätzliche Einstellung zur modernen Mediengesellschaft festgemacht werden:

»Die ›Nichtöffentlichen‹ hassen das Bild mit dem Zorn des Königs Scheherban aus Tausend und einer Nacht. Sie sind Puritaner. Ihr Traum wäre ein Gesetz wie jenes kalifornische Edikt, dass die Abbildung von Kaliforniern in Journalen und Zeitschriften schlechterdings verbietet und nur bei Staatsbeamten und Verbrechern erlaubt [...] Die ›Öffentlichen‹ sind jüngeren Ursprungs. Vor 1819 gab es in Deutschland nicht einmal ihr Kennwort: die ›Öffentlichkeit‹. Börne und Rotteck sind seine Väter, und wichtig ist, dass es anfangs in der Zwillingsformel ›Öffentlichkeit und Mündlichkeit‹ der Gerichtverhandlungen mitlief. Es gehört zum Apparat der Demo-

202 Angesichts des Ausschlusses der Presse forderte Theodor Wolff die Quadratur des Kreises. Da die Presse keine authentischen Informationen besitze, solle sie »schweigen«, bis das Gericht zu einem Urteil gekommen war, wie es früher gute Sitte gewesen sei. *Berliner Tageblatt*, »Neue Sitten«, 27. Dezember 1907, BAL 7838.

203 Glaser, *Presse und Justiz*, S. 1; Sello, Vorwort in Friedländer, *Prozesse*, S. 1–5; Bahn, *Meine Klienten*, S. 10, 33–35. Vgl. Roth, *Kriminalitätsbekämpfung in deutschen Großstädten 1850–1914*.

204 »Wenn erst gar das Bild des betreffenden Gauners, Schwindlers oder Mörders in verschiedenen Blättern zu sehen ist, so lässt sich leicht ermessen, welche Wichtigkeit der Abgebildete sich beilegt, sofern ihm das Bild zu Gesicht kommt, und wie er in den Augen seiner Freunde oder Gesinnungsgenossen als Held bewundert – und nachgeahmt wird.« Hoegel, »Die Stellung der Tagespresse zur Strafrechtspflege«, S. 868.

kratie und fasst ›die natürlichen Bedingungen sozialen Lebens‹ zusammen. Das massenhaft zirkulierende Porträt ist das wertvollste Anschauungsmittel der Völker. Auch im Namen der ›Zeitgeschichte‹ verlangen sie Bilderfreiheit. Sie rechnen zu dieser Zeitgeschichte auch die französische *actualité*, jeglichen Vorgang, der gerade die Welt beschäftigt.«

Abb. 12. Eine Fotoaufnahme vom 1. Moltke-Harden-Prozess, geschossen vor dem Hauptportal des Justizpalastes von Berlin-Moabit. In der Mitte das »wilhelminische Unding«, ein General in Zivil, Kuno Graf Moltke mit seiner Schwester Hertha Gräfin Danckelmann. Quelle: Privatbesitz des Autors.

Für die liberal-demokratische Zeitung ließ sich nicht einmal mehr der Tod schützen »gegen dessen Majestät die Photographen frevelten, die in Bismarcks Leichengemach einbrachen.« Für die großen Prozesse, in denen das Schicksal Lebender sich entscheide, verlange die Gesellschaft jedoch die »Tragik der Öffentlichkeit« ganz bewusst: »Sie will nicht, dass ein Prozess als ein privates Unglück gelten soll, dessen Anblick der Umwelt durch einen schützenden Gesetzesparagraphen verheimlicht werden kann […] Niemals mehr wird darum ein spezieller Schutz von Prozessparteien, von Klägern und Beklagten, gegen Abbildung möglich sein«. Immerhin hatte das Blatt einen Trost parat: Das Vergessen, das sich in der »hastenden Gegenwart« viel schneller vollziehe als früher. »Das Bild, das eben noch die tiefste Niederlage eines Menschen vergegenwärtigt hat, ist bald ein Schatten und Makulatur.«[205]

Die wilhelminische Presse besaß somit durchaus ein Selbstbewusstsein ihrer Macht. Das Selbstwertgefühl hingegen, sie legitimerweise auszuüben, kam erst langsam auf; im Unterschied zu Frankreich und besonders zu Großbritannien, wo *new journalists* wie William T. Stead die Presse als gleichberechtigte Kraft neben Krone und Parlament verstanden und sogar von *government by journalism* und einer »Weltkirche« des Journalismus träumten.[206] So weit gingen deutsche Journalisten nicht, dennoch verfolgten auch sie den Anspruch, eine Vierte Gewalt zu sein, wenn auch weniger auf politische denn juristische und damit spezifisch wilhelminische Weise (vgl. Kap. III.4). Als Einfallstor zur Anerkennung ihrer staatstragenden Rolle, nichts anderes impliziert das Konzept einer Vierten Gewalt *im* Staat, hatten Journalisten in Deutschland den Paragraphen 193 des Reichsstrafgesetzbuches entdeckt: »Tadelnde Urteile über wissenschaftliche, künstlerische oder gewerbliche Leistungen, ingleichen Äußerungen, welche zur Ausführung oder Verteidigung von Rechten oder zur Wahrnehmung *berechtigter Interessen* gemacht werden, [...] sind nur insofern strafbar, als das Vorhandensein einer Beleidigung aus der Form der Äußerung oder aus den Umständen, unter welchen sie geschah, hervorgeht.«[207] Über die presserechtliche Auslegung dieses Paragraphen fand im Kaiserreich ein heftiger Schlagabtausch zwischen

205 Die liberale Zeitung fand es jedoch bedenklich, dass Straßenfotografen den Verwandten Kuno Moltkes vor dem Gerichtsgebäude »auflauerten« und ihre Fotos »in Verbindung mit skandalösen, sie betreffenden Erörterungen« gebracht wurden, allein als »Gegenstand einer niederen Neugier«. Auch der Berliner Rechtsprofessor Josef Kohler, der die Hüter eines absoluten Rechtes am eigenen Bild als »Mimosen« verspottete, verlangte ein präzises Verbot »gesellschaftswidriger, kränkender oder herabsetzender« Abbildungen von Menschen. *Berliner Tageblatt*, »Das öffentliche Bild«, von Troll, 4. November 1907, BAL 7837.

206 »It will be father confessor, spiritual director, moral teacher, political conscience [...] It will be the mother of mankind.« Stead verhandelte sogar mit seinem Freund Cecil Rhodes über die Finanzierung einer »world-wide journalistic civil church«. Schults, *Crusader in Babylon*, S. 248–55. Ein zeitgenössisches Manifest journalistischen Machtbewusstseins aus Frankreich mit einem Vorwort des notorischen Antisemiten und Herausgebers der *Libre Parole* Edouard Drumont ist Paul Soleilhac, Le gran levier ou de la presse et de son influence politique et sociale à notre époque, Paris 1906. Vgl. für soziologische Erklärungsansätze Thompson, *The Media and Modernity*.

207 Zit. n. Hecht, *Harden-Prozesse*, S. 97 [Meine Hervorhebungen]. Leider wird auch aus Hechts juristischer Dissertation nicht klar, ob dieser Paragraph grundsätzlich von Journalisten angeführt wurde oder ob es einen Wandel in seiner (immer wieder versuchten) Anwendbarkeit gab. Die Untersuchung von Presseprozessen ist ein Desiderat, das noch genauere Erkenntnisse über das Selbstverständnis der wilhelminischen Presse verspricht.

Presse und Rechtsprechung statt, der sich im Eulenburg-Skandal verdichtete. Viele wilhelminische Journalisten, einschließlich Maximilian Hardens, legten den § 193 so aus, dass er ein Recht der Presse zur Aufdeckung politischer und gesellschaftlicher Mißstände konstituierte. Gerade in der ehrversessenen wilhelminischen Gesellschaft konnten diese kaum besprochen werden, ohne in die Rechte Dritter einzugreifen, die darin leicht persönliche Beleidigungen oder Verleumdungen entdeckten. In solchen Beleidigungsprozessen plädierten Journalisten unter Verweis auf die Wahrnehmung »berechtigter Interessen« nach § 193 immer wieder auf Straflosigkeit.[208] Nur vordergründig kreiste dieser Anspruch um den Wahrheitsgehalt journalistischer Berichterstattung. Ein Journalist des Scherl-Konzerns, der nach seiner Vernehmung im Meineidsprozess gegen Eulenburg das Recht hatte, als vernommener Zeuge den nichtöffentlichen Verhandlungen beizuwohnen, legitimierte gegenüber dem Gericht seine Berichterstattung über die nichtöffentlichen Verhandlungen: »Ich habe nur ein berechtigtes Interesse daran, dass der Verlag, in dem ich angestellt bin, in seinen Zeitungen nicht den Tatsachen widersprechende Mitteilungen bringt«.[209] Der Kunstgriff überspielte nur die politische Grundsatzfrage, ob die Presse in Deutschland das förmliche Recht besaß, politische und gesellschaftliche Mißstände zu kritisieren, auch wenn sie den Wahrheitsgehalt nicht vollständig garantieren konnte.

Auf die Tagesordnung des Eulenburg-Skandals gelangte das Problem bereits im 1. Moltke-Harden-Prozess. Selbst wenn Harden all das gesagt hätte, was General Moltke »aus den Artikeln herausgelesen hat«, argumentierte sein Anwalt Max Bernstein, dürfe er nicht bestraft werden, »da ihm der Schutz des § 193 zur Seite steht«.[210] Während das Schöffengericht Harden freisprach, ohne den umstrittenen Paragraphen heranziehen zu müssen, wurde er im 2. Moltke-Harden-Prozess angesichts einer sich abzeichnenden Verurteilung Hardens bedeutsam. Staatsanwalt Hugo Isenbiel erwies dabei einmal mehr, dass er weniger juristisch-normativ als politisch dachte. Der

208 Auch der Publizist und Homosexuellenaktivist Adolf Brand berief sich in seinem Strafprozess wegen Beleidigung Reichskanzler Bülows auf § 193. Das Gerichtsurteil bestritt jedoch »rundweg«, dass Brand berechtigte Interessen vertrete, er wolle allein »Vergehen gegen Zucht und Sitte« fördern. Hecht, *Harden-Prozesse*, S. 267.

209 BLHA 564.

210 Bernsteins presserechtliche Auslegung des Paragraphen war allerdings nicht frei von Zweifeln. Denn zum einen sprach er Harden die Wahrnehmung berechtigter Interessen als Grundrecht jedes Staatsbürgers zu, zum anderen betrieb er den Nachweis, Harden habe nur erweislich wahre Tatsachen verbreitet. Friedländer, *Prozesse*, S. 3972–73, 4081.

spätere preußische Generalstaatsanwalt empfand den Paragraphen durchaus im presserechtlichen Sinne auslegbar, indem er Harden patriotische Motive zugebilligte.[211] Isenbiel zog sich allerdings darauf zurück, Hardens Eingriff in die Privatsphäre politischer Gegner habe eine Grenze überschritten: »Der § 193 kann Harden nicht zur Seite stehen, denn der Schutz des Paragraphen ist nicht uferlos.« Immerhin wurde diese Grenze als verhandelbar eingeschätzt.[212] Vermutlich durch dieses ungewöhnlich weite Entgegenkommen der Staatsanwaltschaft gegenüber einem Publizisten angeregt, hob Justizrat Kleinholz, Hardens zweiter Rechtsbeistand, die Auseinandersetzung daraufhin ganz auf die presserechtliche Ebene. »Der Schutz des § 193 muss dem Angeklagten zugebilligt werden. Er wollte die berechtigten Interessen des Staates vertreten. Im 15. Bande der Reichsgerichtsentscheidungen, S. 19, ist ausdrücklich angeführt, dass § 193 auch dort in Anwendung kommen muss, wo die öffentliche Besprechung als der einzig geeignete Weg erschien, Mißstände zu kennzeichnen. Der Presse muss es anheimgegeben werden, in dieser Richtung vorzugehen, denn die Presse muss als Stimme der Allgemeinheit dafür sorgen, dass das Staatswohl in jeder Beziehung gewahrt bleibt.«[213] Kleinholz' Vorstoß ist frappierend, weil er die Presse nicht nur juristisch als Vierte Gewalt im Staat behauptete, sondern sie sogar den drei traditionellen Staatsgewalten voranstellte, die jede für sich kaum beanspruchen konnten, »die Allgemeinheit« zu repräsentieren und das Staatswohl »in jeder Beziehung« zu wahren. Die ideengeschichtliche Anknüpfung an Henry Reeve, den Vordenker der Presse als Vierter Gewalt, ist offenkundig. Der Leitartikler der *Times* hatte Mitte des 19. Jahrhunderts den berühmten Anspruch geprägt: »Journalism is now truly an estate of the realm, more powerful than any other estate [...] It is indeed the ›Fourth Estate‹ of the Realm.« Damit

211 »Sogar die Anklage konzediert ihm, dass er aus lauteren Motiven gehandelt hat, in dem Bestreben, seinem Vaterlande nützlich zu sein.« Friedländer, *Prozesse*, S. 4223–24, 4231–33.

212 Friedländer, *Prozesse*, S. 4202. Auch hardenfreundliche Zeitungen fanden, er sei mit dem Eingriff in die Privatsphäre politischer Gegner »über die Grenze der Wahrnehmung der berechtigten staatsbürgerlichen Interessen hinausgegangen«. *Leipziger Neueste Nachrichten*, »Das Urteil im Harden-Prozess«, 4. Januar 1908, BAL 7838.

213 »Als eine Gefährdung des Staatswohls musste es dem Angeklagten aber erscheinen, wenn ihm mitgeteilt wurde, Graf Moltke habe erklärt: ›Wir haben um den Kaiser einen Ring gebildet, den niemand mehr durchbrechen kann‹ [...] Der Angeklagte erblickte in der Kamarilla eine Schädigung des Staatsganzen.« Friedländer, *Prozesse*, S. 4225–26.

hatten Reeve und seine bald zahlreichen Anhänger der Presse ebenfalls mehr demokratische Legitimität zugewiesen als selbst dem Parlament.[214]

Das Gericht im 2. Moltke-Harden-Prozess ließ sich von dieser juristisch argumentierenden Offensive im Namen der Pressefreiheit allerdings nicht beeindrucken. Im Urteil räumte es zwar ein, jeder Bürger müsse das Interesse besitzen, dass das Staatsoberhaupt von »normal empfindenden Männern« beraten werde. In Abwägung mit dem Wert persönlicher Ehre kam es jedoch zu dem Schluss: »Ein solches Allgemeininteresse an einer politischen Angelegenheit verleiht nicht das Recht, diese unter Verletzung der Ehre anderer zur Erörterung zu bringen.« Erscheint diese Abwägung nach heutigem Verständnis merkwürdig, das persönliche Ehre einem Allgemeininteresse unterordnen würde, war entscheidend, dass das Gericht den § 193 völlig anders auslegte als die Harden-Partei und die Mehrheit der wilhelminischen Journalisten. Danach war ein »allgemein für jedermann vorhandenes politisches Interesse« kein »berechtigtes Interesse« mehr. Nach dieser Sichtweise deckte der Paragraph nur die Vertretung von das Individuum »nahe angehenden Interessen«, nicht aber von gesellschaftlichen Interessen, die alle Bürger betrafen. Jede presserechtliche Auslegung des § 193 wurde dadurch abgestritten.

Das letzte Wort hatte schließlich das Reichsgericht bei der Revision des 2. Moltke-Harden-Prozesses. In Leipzig belehrte Maximilian Harden persönlich die höchsten deutschen Richter, seine »patriotische Tat« müsse doch als »ein Schulfall für das Vorliegen des § 193« anerkannt werden.[215] Das oberste Gericht folgte dem selbstbewussten Publizisten allerdings nicht, sondern bekräftigte seine älteren Grundsatzurteile mit deutlichen Worten: »Das Gesetz hat der Presse und ihren Angehörigen in keiner Weise eine Ausnahmestellung gewährt und somit kann von einem allgemeinen Recht der Presse, das öffentliche Interesse wahrzunehmen und dabei strafbar die Ehre Anderer durch Behauptung und Verbreitung nicht erweislich wahrer Tatsachen anzugreifen, keine Rede sein, vielmehr gilt auch für die Presse der Grundsatz, dass ein berechtigtes Interesse nur dann vorliegt, wenn es sich […] um eine den Täter nach billigem Ermessen nahe angehende Angelegenheit handelt.« Immerhin stimmte das Landgericht Berlin, wohin das Reichsgericht den Moltke-Harden-Prozess wegen eines Verfahrensfehlers zurückverwiesen

214 Esser, *Kräfte hinter den Schlagzeilen*, S. 58–69. Als Beispiel der schnellen Rezeption und Ausgestaltung der Idee Hunt, *The Fourth Estate*.

215 Zit. n. Hecht, *Harden-Prozesse*, S. 328. *Vossische Zeitung*, 23. Mai 1908, zit. n. ebd., S. 371. Urteil des Reichsgerichtes vom 23. Mai 1908, GStA 10215, Blatt 142–152.

hatte, jetzt presserechtlich einen kompromissbereiteren Ton an. Es nahm das Aufdecken von Mißständen als eine gesellschaftliche Funktion der Presse und als »Rechtsgut« an: »Allerdings besteht für die Presse wie für jedermann das Recht, Mißstände oder vermeintliche Mißstände, die sich im öffentlichen Leben gezeigt haben, zu erörtern.« Aber dieses Recht müsse seine Schranken an anderen gleichwertigen Rechtsgütern finden, insbesondere an dem Rechtsgute der Ehre. »Der Ausgleich zwischen diesen Rechtsgütern darf nicht erfolgen auf Grund politischer, philosophischer oder ethischer Erwägungen, sondern er ist erfolgt im Gesetze durch den § 193 des Strafgesetzbuches.«[216]

Auch wenn der juristische Kampf um ein Kernstück der Pressefreiheit, die straffreie Anklage politischer und gesellschaftlicher Mißstände, deren Wahrheitsgehalt unklar war, damit einmal mehr verloren wurde, ließ er Journalisten und Juristen in den letzten Jahren des Kaiserreiches nicht mehr los, bis die Rolle der Presse in Deutschland nach 1918 neu definiert wurde.[217] Die parteipolitisch und weltanschaulich zerklüftete wilhelminische Presse artikulierte in dieser Frage durchaus das identitätsstiftende Bewusstsein einer Vierten Gewalt im Staat, dessen Ausbildung bisher erst für die Zeit nach 1945 angenommen wurde.[218] Selbst Harden feindlich gegenüberstehende ultrakonservative Zeitungen wie *Die Post* erklärten trotzig: »Die Presse ist eine Macht, mit der man rechnen muss, und ihres Machtgefühls ist sich die Presse wohl bewusst.«[219] Die ebenfalls Harden bekämpfende *Kölnische Zeitung* kritisierte scharf, der § 193 werde nur deshalb nicht angewendet, wie er angewendet werden könnte, »weil in Deutschland der Gesetzgeber die Presse nicht als öffentliche Einrichtung anerkennt [...] An der Tatsache, dass es das Wesen der Presse und somit die Berufspflicht des Redakteurs ist, öffentliche Interessen zu vertreten, geht das Gesetz unbekümmert vorüber.« Zum Vergleich wurde auf das Renommee der Presse in Italien verwiesen und

---

216 Urteil im 3. Moltke-Harden-Prozess vom 20 April 1909, GStA 49838, Blatt 178. Harden und Bernstein ließen in der Frage nicht locker. Im Mai 1909 gingen sie wegen dieses Urteils nochmals in die Revision zum Reichsgericht und argumentierten bezüglich des § 193 nun sogar, auch ein »vermeintliches« Recht genüge zur Erlangung der Straffreiheit. Diese Deutung wurde vom Reichsgericht nicht mehr beantwortet, da Harden den Revisionsantrag nach dem Vergleich mit Reichskanzler Bülow zurückzog. Revisionsanträge Bernsteins vom 15. Mai 1909 in GStA 10215, Blatt 204–209. Vgl. Kap. VII.1.

217 Vgl. Schulz, *Vierte Gewalt*, S. 65–97.

218 Esser, *Kräfte hinter den Schlagzeilen*, S. 59. Als Überblick über die Zerklüftung der Presse in dieser Epoche noch brauchbar Rieger, *Die wilhelminische Presse im Überblick*.

219 *Die Post*, »Ein Novum«, 25. April 1908, zit. in *Tägliche Rundschau*, 26. April 1908, BLHA 554.

eine Entscheidung des Mailänder Appellgerichtshofes als vorbildlich zitiert: »Mißstände ans Licht zu ziehen, Übergriffe zu tadeln, die Staatsbehörden auf ungehörige Dinge aufmerksam zu machen, wird geradezu als ein *nobile officium* der modernen Presse angesehen werden müssen.«[220] Auch berühmte Rechtslehrer wie der Berliner Staatsrechtler Josef Kohler attackierten die ständige Rechtsprechung des Reichsgerichtes zum § 193 und plädierten für eine Ausweitung der Pressefreiheit. Gerade wenn »die sozial Schwächeren sich nicht zu regen wagen«, müsse die Presse zu einer gesellschaftlichen »Hilfsanstalt« werden, um »groben Kulturschäden abzuhelfen«, forderte Kohler.[221]

Den § 193 als Einfallstor zur Anerkenntnis der Presse als »Vertreterin berechtigter Interessen der Allgemeinheit« hielt das Reichsgericht im späten Kaiserreich wohlverschlossen. Zudem ist das unpolitische Moment der Strategie nicht zu verkennen, dieses Kernelement moderner Pressefreiheit von der Judikative zu erlangen. Nichtsdestotrotz veranschaulicht das Anrennen von Journalisten wie Maximilian Harden gegen diese Bresche, dass die Idee von einer staatstragenden und damit staatskontrollierenden Presse auch wilhelminische Journalisten umtrieb, sie ihrer *de facto* bestehenden Machtposition und Kontrollfunktion eine Anerkenntnis *de jure* hinzufügen wollten.[222] Die wilhelminische Presse kann somit als eine Vierte Gewalt im Staat gesehen werden, wenn auch noch »wider Willen«, denn vor dem Kampf um die Zubilligung dieses Status mit Exekutive und Legislative schreckte sie zurück.[223] Dies deutet aber auf keinen Sonderweg journalistischen Misserfolgs bis zur Westernisierung nach 1945, sondern auf eine, durchaus von Gegenläufigkeiten geprägte, zunehmende Emanzipation deutscher Journalisten

---

220 *Kölnische Zeitung*, »Die Opfer der Frau von Elbe«, 4. Januar 1908, BAL 7838.

221 *Der Tag*, »Der Prozess Moltke-Harden«, von Josef Kohler, 5. November 1907, BLHA 554. In ganz Europa waren Verherrlichungen der Presse ebenso verbreitet wie Verdammungen. Vgl. Lémann, *Un fléau plus redoutable que la guerre, la peste, la famine*; Maze-Sencier, *Le role social et moral des la presse*. Zur presserechtlichen Lage Wadle, »Presserecht des 19. Jahrhunderts«, S. 61–78.

222 Das Selbstbewusstsein der wilhelminischen Presse als Vierte Gewalt betont auch Bösch, »Das Private wird politisch«, S. 789, 801. Zur Macht der Presse allgemein Zimmermann, »Politischer Journalismus«, S. 9–24.

223 Dagegen hielt es Eulenburg – in einem Brief an Bülow nach dessen Rücktritt als Reichskanzler – für einen fatalen Fehler der Reichsregierung, den Kampf mit der »Skandalpresse« für ihn, »einen der ersten Beamten des Reiches«, nicht durchgefochten zu haben. »Denn es hatte sich doch von Anfang an zu einer Machtfrage zugespitzt: Presse oder Regierung. Und die Presse siegte. Auch in den Novembertagen [der Daily-Telegraph-Affäre]. Niemals wird die Regierung dieses einmal verlorene Terrain wiedergewinnen.« Bülow, *Denkwürdigkeiten III*, S. 27.

von der Obrigkeit. Ohne die Presse, das zeigen die folgenden Kapitel eindrücklich, war bereits im späten Kaiserreich kein Staat mehr zu machen.

IV. Die Politisierung von Ehe, Freundschaft und Sexualität

1. Der Zusammenprall männlicher Unlust und weiblicher Begierde: Eine wilhelminische Ehe wird politisch

Die Beweisaufnahme im 1. Moltke-Harden-Prozess lieferte Enthüllungen, die europaweit Sensation machten: Ehe, Freundschaft und Sexualität wurden in einem bis dahin kaum gekannten Ausmaß politisiert. »Wilhelminischer« als die Verbindung zwischen Kuno und Lilly von Moltke konnte eine Ehe kaum sein. Bei ihrer Hochzeit am 12. März 1896 fungierte Kaiser Wilhelm II. höchstpersönlich als Trauzeuge für seinen Freund und Flügeladjutanten. Am Berliner Hof, der Monarch war auch Oberhaupt der Preußisch-Unierten Kirche, war man beglückt, wieder einen »alten Junggesellen«, eine Lebensform, die gesellschaftlich nicht goutiert wurde, in den Hafen der Ehe gelenkt zu haben.[1] Die Freude war allerdings von kurzer Dauer. Zur allgemeinen Verwunderung reichte der 52jährige General bereits im November 1899 die Scheidung von seiner 29jährigen, als große Schönheit bewunderten Frau ein.[2] Das Licht der Öffentlichkeit fiel jedoch erst Jahre später auf diese

1 Die Zahl unglücklicher Ehen und Ehescheidungen wäre wesentlich geringer, wenn dem »Junggesellentum und Altjungferntum« nicht so ein schwerer Makel anhaftete. »Aber wer nicht heiratet, weiß schon, weshalb er es nicht tut.« Magnus Hirschfeld, »Der Normale und die Homosexuellen«, in: *Die Zukunft*, 29. Juni 1907, S. 450–455. Auch in Frankreich haftete dem Junggesellentum etwas Unmoralisches an. Surkis, *Sexing the Citizen*, S. 69–123.

2 Nathalie (Lilly), geborene von Heyden, verwitwete von Kruse, geschiedene Gräfin Moltke. Sie hatte 1886 August von Kruse-Netzow geheiratet, der 1894 starb. Aus der Ehe ging ein Sohn, Wolf von Kruse, hervor. Die nichtöffentlichen Scheidungsprozesse zogen sich bis 1902 und beschäftigten insgesamt 8 Richter. Als Kuno Moltkes Scheidungsanwalt fungierte der angesehene Berliner Jurist und Harden-Freund Erich Sello, der ab dem 2. Moltke-Harden-Prozess wieder Moltkes Rechtsgeschäfte führte. Lilly heiratete am 30. November 1903 in dritter Ehe ihren Vetter Ulrich von Elbe. Hintergründe und Details in Merzbach, *Zur Psychologie des Falles Moltke*; *Berliner Tageblatt*, »Aus der Gesellschaft«, von Lucius von Nordegg, 4. Juni 1907, BAL 7836.

gescheiterte Ehe, als sie im 1. Moltke-Harden-Prozess Kernstück des juristischen Wahrheitsbeweises wurde, ob Kuno Moltke »sexuell abnorm«, wie es Harden, beziehungsweise »dem weiblichen Geschlecht besonders abgeneigt« war, wie es das Gericht formulierte.[3] Die wilhelminische Gesellschaft war zwar auf die Wahrung persönlicher Ehre wohlbedacht, doch die Ermittlung der Wahrheit – *fiat justitia et pereat mundus* – ging anderen Rechtsgütern voran: Eine Beleidigung blieb straffrei, wenn sie als »erweislich wahr« bewiesen werden konnte.[4] Die Zulassung des Wahrheitsbeweises beinhaltete in diesem Fall zwei wichtige Grundannahmen. Zum einen, dass die Unterstellung sexueller Normwidrigkeit beleidigend, zum anderen, dass sie juristisch verifizierbar war. Aus der Unbestimmtheit der Harden'schen Behauptung sexueller Normwidrigkeit sowie der juristischen Logik des Wahrheitsbeweises folgte damit zwangsläufig, dass Moltkes Ehe sowie sein gesamtes Privatleben zur forensischen Verhandlungsmasse wurden.

So sensationell die Entscheidung des Schöffengerichtes, diese »hohe Ehe« öffentlich zu verhandeln, so sensationell war die Hauptzeugin für die sexuellen Qualitäten General Moltkes. Seine Ex-Frau selbst, die wieder geheiratet hatte und nun Lilly von Elbe hieß, stellte sich zur Verfügung, obgleich sie vom Zeugnisverweigerungsrecht Gebrauch hätte machen können. Nur die innersten Machtzirkel Berlins wussten, dass Harden von ihr bereits 1902 Einblick in die Ehescheidungsakten erhalten hatte und sie seither als Beweismaterial für die Homosexualität der Kaiserfreunde Eulenburg und Moltke verwahrte.[5]

3 Friedländer, *Prozesse*, S. 3971.

4 Nach der herrschenden idealistischen Rechtsphilosophie besaß die Ermittlung der Wahrheit Vorrang vor allen anderen Werten, auch persönlicher Ehre. Olshausen, *Kommentar zum Strafgesetzbuch 1*, Anmerkung 9 zu § 186. Eine Beleidigung blieb bereits dann straflos, »wenn die behauptete Tatsache ihrem wesentlichen Inhalte nach erwiesen ist«. Es spielte zudem keine Rolle, ob die Wahrheit der Behauptung nur geahnt worden war, solange sie nur später vor Gericht bewiesen werden konnte. Dennoch wurde Hardens Vorgehen als »kombinatorisch« kritisiert, weil er bewusst auf »das Hervorkommen greifbaren Materials« durch einen Prozess gehofft habe. *Deutsche Tageszeitung*, 30. Oktober 1907, BAL 7837.

5 Friedländer, *Prozesse*, S. 3971.

Abb. 13. Skizzen vom 1. Moltke-Harden-Prozess mit den wichtigsten Protagonisten. Hinter Harden und Bernstein die Pressebank mit Journalisten aus aller Welt. Oben die beiden Schöffen Milchhändler Friedrich Schieggas und Schlachtermeister Emil Neubauer, in deren Händen die Entscheidung über General Kuno Graf Moltke lag, einen der besten Freunde Wilhelms II. Darüber der Vorsitzende Richter Dr. Kern, über den der Kaiser nach dem Urteilsspruch sagte: »Der Kerl muss suspendiert werden, er hat geradezu das Vaterland und uns alle verraten!« Quelle: Simplicissimus, *11. November 1907, S. 516.*

Aus diesem Grund war es für die Harden-Partei schon Wochen vor Prozessbeginn ein leichtes, Moltke belastende Äußerungen in die internationale Presse zu lancieren, die nur von seiner geschiedenen Frau stammen konnten. Durch die frühe Herstellung der Presseöffentlichkeit gelang es Harden und seinen Unterstützern zum einen, die volle Gerichtsöffentlichkeit sicherzustellen. Da die wichtigsten Klagepunkte in den Zeitungen schon breit diskutiert worden waren, konnte das Gericht die Privatsphäre Moltkes durch einen Ausschluss der Presse kaum noch schützen. Zum anderen war so vor Verhandlungsbeginn ein Spannungsbogen errichtet worden, der durch den Prozess seinen Höhepunkt fand.[6] Als besondere Sensation wurde das Kreuzverhör Lilly von Elbes durch Hardens Anwalt Max Bernstein gewertet. Unter Eid bekräftigte sie, ihr Ex-Mann habe mit Blick auf schwangere Frauen geäußert: »Die Ehe ist eine Schweinerei.« Damit habe der Kaiserfreund keineswegs die Ehe ohne Liebe, sondern »die Ehe als Institut überhaupt« gemeint, wie Bernstein präzisierte, der die Fragen und Antworten bereits im Vorfeld des Prozesses mit der Kronzeugin der Harden-Partei durchgegangen war. Das eheliche Schlafzimmer habe General Moltke, erklärte Lilly von Elbe weiter, als »die reine Notzuchtanstalt« empfunden und, pikanterweise nach der Rückkehr von einer Nordlandreise mit Kaiser Wilhelm II., ausgerufen: »Wochenlang habe ich, Gott sei Dank, keine Weiber gesehen!« (vgl. Abb. 14). Am meisten entrüstete die Öffentlichkeit sich aber über die vulgäre Äußerung Moltkes »Eine Frau ist für ihren Mann nicht mehr als ein Klosett, was bist du denn anderes«, denn dies wurde als Beleidigung aller deutschen Ehefrauen gewertet.[7]

Mit solch intimen Details war der Öffentlichkeit noch kein Schlafgemach der wilhelminischen Herrschaftselite geöffnet worden. »Graf Kuno

6 Bereits unmittelbar nach den fehlgeschlagenen Duellverhandlungen zwischen Moltke und Harden Ende Mai 1907 sprach der Pariser *Temps* davon, dass eine neue Phase des Skandals beginnen werde, da Harden »une déplorable correspondance de la femme d'un des principaux personages incriminés« besitze. *Le Temps*, Grave et mystérieuse affaire de cour à Berlin, 30. Mai 1907, PAAA. Den Antrag der Moltke-Partei, die Öffentlichkeit auszuschließen, konnte Bernstein mit dem Argument entkräften, Moltke müsse doch das größte Interesse an der öffentlichen Aufklärung von Vorwürfen besitzen, die ihm monatelang »vor ganz Deutschland« gemacht worden seien. Friedländer, *Prozesse*, S. 3987–88.

7 Friedländer, *Prozesse*, S. 3987–88. Obgleich Lilly nur noch bereits früher gegenüber Harden und Bernstein gemachte Aussagen bestätigen musste, empfanden manche Journalisten, sie sei wie die Geliebte des deutschen Kolonialherren Carl Peters »in geradezu brutaler Weise« ins Kreuzverhör genommen worden, um Aussagen gegen Moltke zu erlangen. Königsberger *Allgemeine Zeitung*, 28. Oktober 1907, »Der Harden-Moltke-Prozess und die Öffentlichkeit«, GStA 49839.

Moltke, ehedem Flügeladjutant des Kaisers und dann Stadtkommandant von Berlin, spricht mit und von seiner Ehefrau in Ausdrücken, wie sie selbst Kolportageromane nicht in den Mund von Zuhältern zu legen wagen«, schrieb die *Leipziger Volkszeitung*, womit das sozialdemokratische Blatt die Meinung der gesamten Presse wiedergab.[8] Das klägliche Scheitern dieser mit »Allerhöchstem Segen« geschlossenen Verbindung wurde als repräsentativ für die Krise der Ehe in Deutschland gewertet. Sogleich wurden zwei miteinander korrespondierende Reizthemen jener Jahre, der Anstieg der Scheidungsziffern und der Geburtenrückgang, mit ihr in Zusammenhang gebracht. Die Geburtenzahlen waren zwar besser als in Frankreich, wo dieser Diskurs ebenfalls unter nationalistischen Vorzeichen geführt wurde, dennoch wurden seit Jahren Ängste gepflegt, die Zunahme der Scheidungen könnte die militärische Stärke Deutschlands gefährden.[9] Am Fall Moltke wurde die sozialmoralische Gefahr dieses statistischen Problems erkannt: »Wenn von den fast 100.000 geschiedenen Frauen Deutschlands jede die Akten ihres Prozesses einem Schriftsteller zur Verfügung stellen wollte, der Beleidigungsklagen wäre kein Ende und der Schmutz würde bis zum Himmel spritzen.«[10] Scheidungen schädigten demnach beides, Volkszahl und Volksmoral. An solchen Reaktionen einer *moral panic* können zwei Merkmale von Skandalen historisch bestätigt werden, auf die schon die Skandalsoziologie hingewiesen hat: die gesellschaftliche Erwartung eines Skandals und die moralische Fallhöhe der Skandalierten.[11] Das symbolische Kapital, das der Kaiser dieser wilhelminischen Traumhochzeit als Trauzeuge verliehen hatte, ließ die enthüllte Ehewirklichkeit umso greller erscheinen. Spätestens mit dem Krupp-Skandal 1902 kam die allgemeine Erwartungshaltung hinzu, ein Skandal um die Homosexualität einer politischen Persönlichkeit sei nur noch eine Zeitfrage. In dieser Hinsicht war der Skandal um den mächtigen Industriellen unbefriedigend geblieben, denn außer dem bloßen Vor-

8 *Leipziger Volkszeitung*, »Faul bis ins Mark«, 25. Oktober 1907, BAL 7836.

9 Hunter, »The Problem of the French Birth Rate on the Eve of World War I«, S. 490–503; Offen, »Depopulation, Nationalism and Feminism in Fin-de-Siècle France«, S. 648–676. Zeitgenössisch: Bertillon, *La dépopulation de la France*; Seeberg, *Der Geburtenrückgang in Deutschland*.

10 *Augsburger Abendzeitung*, »Nach zwei Sensationsprozessen«, 1. November 1907, BAL 7837. Einen rechtshistorischen Überblick bietet Blasius, *Ehescheidung in Deutschland 1794–1945*.

11 Hondrich, *Enthüllung und Entrüstung*, S. 47; Bösch, »Das Private wird politisch«, S. 787.

wurf der Homosexualität wurden durch den Selbstmord Krupps kaum Details publik.[12]

Mit der Enthüllung der Moltke'schen Ehewirklichkeit vor Gericht erfolgte der erwartete Dammbruch eines Politiker-Privatlebens durch das Thema Homosexualität. Im Krupp-Skandal hatte Maximilian Harden die Maxime geprägt: »Der öffentlich kontrollierbare Ehrbegriff reicht nur bis an den Nabel: was weiter unten geschieht, geht links und rechts keinen Fremden an.« Nun vollzog er eine Kehrtwende und argumentierte, angesichts der politischen Bedeutung Moltkes sei die Unterstellung einer sexuellen Normwidrigkeit eine politische Behauptung.[13] Damit rechtfertigte er, was Richard Sennett später als »Tyrannei der Intimität« fasste: die Politik Maßstäben des Privatlebens zu unterwerfen.[14] Bereits im Eulenburg-Skandal kritisierten viele Journalisten diese Entwicklung der Massenmediengesellschaft. Selbst die ansonsten hardenfreundlichen *Leipziger Neuesten Nachrichten* befürchteten, die Politik verkomme auf solche Weise zu einem Schauplatz, auf dem nur noch »über sittliche Verfehlungen von Männern und Frauen, über Schlafzimmergeheimnisse, über Eheskandale« gestritten wird.[15] Unter Verweis auf die vorangegangenen Fälle Hammann, Peters und Hau wurde der Moltke-Harden-Prozess von Konservativen als Anfang vom Ende der Privatheit in Deutschland gezeichnet, als »Leichensektion am lebenden Menschen«, als »vivisektorische Tortur«, als »Freilegung eines Privatlebens in der Totale«. Gefordert wurde nichts weniger als eine Tabuisierung des Privaten.[16] Die Öffentlichkeit habe kein Recht in dem herumzuwühlen, »was der eigenste, unantastbarste, verborgenste Besitz jedes Menschen sein sollte: das

12 Auch im Fall Sternberg 1900 und im Fall Puttkamer 1906 hatte Harden bereits diese Haltung vertreten. *Deutsche Zeitung*, »Die innere Politik der Woche«, 3. November 1907, BAL 7837. Daneben rühmte sich Harden, die Einstellung des Prozesses gegen die verantwortlichen *Vorwärts*-Redakteure um Kurt Eisner »im Stillen« bewerkstelligt zu haben. Maximilian Harden, »Nach dreißig Jahren«, in: *Die Zukunft*, 30. September 1922, S. 231.

13 Friedländer, *Prozesse*, S. 4236–37.

14 Sennett, *Verfall und Ende des öffentlichen Lebens*, S. 424–428.

15 *Leipziger Neueste Nachrichten*, »Das Urteil im Harden-Prozess«, 4. Januar 1908, BAL 7838.

16 *Volkskorrespondenz*, »Auslandslob«, 7. November 1907, BAL 7837. *Hamburger Nachrichten*, »Schutz des Privatlebens«, 15. November 1907, BAL 7837. *Berliner Börsen Courier*, Der Prozess Moltke-Harden, 30. Oktober 1907, GStA 49839. Reichsbote, »Bußtag«, 20. November 1907, BAL 6960. *Germania*, »Skandalprozesse und Skandalpresse«, 10. November 1907, BAL 6960.

Recht der Persönlichkeit[17] und der Schutz des Familiengeheimnisses.[18] Der Berliner Rechtswissenschaftler Josef Kohler, in anderen Fragen eher liberal, warnte explizit davor, Maßstäbe des öffentlichen Lebens an das Privatleben anzulegen. Der Mensch dürfe nicht gezwungen werden, in seiner Intimsphäre »bei jedem Worte nach Kultur zu haschen«. Spätere Sittenhistoriker dürften Privatleben als »kulturgeschichtliche Tatsachen« verwerten, die Zeitgenossen aber gingen sie nichts an.[19]

Die konservative Abwehrhaltung gegen den Zugriff der Öffentlichkeit auf das Privatleben konnte am Ende des langen 19. Jahrhunderts bereits auf eine Traditionslinie seit dem Vormärz zurückblicken.[20] Allerdings besaß diese stets eine politisch reaktionäre Agenda. Denn anders als die resoluten Stimmen auf den ersten Blick vermuten lassen, galt »das« Privatleben selten um seiner selbst willen als schützenswert, sondern nur dann, wenn wie im Fall Moltke zugleich das Prestige der Nation, der Herrschaftseliten oder der gebildeten Klassen tangiert wurde.[21] Bis heute ist die »Verteidigung des Privaten« von politischen Interessen geprägt geblieben.[22] Dies gilt auch für das von Sennett als »Tyrannei der Intimität« bezeichnete Phänomen. Der Soziologe ging trotz der von ihm in den Blick genommenen historischen Wandlungsprozesse von der viktorianischen Gesellschaft zur Nachkriegsgesellschaft nach 1945 von dem Privaten und dem Politischen als überzeitlichen Essenzen aus, deren Equilibrium durch, nach kulturpessimistischer Lesart, negative Gesellschaftsentwicklungen aus dem Takt geraten war.[23] Aus der Perspektive einer politischen Kulturgeschichte sind dagegen beide Zentral-

17 *Deutsche Welt*, »Antriebe aus dem Prozess Moltke-Harden«, von Friedrich Nonnemann, 10. November 1907, GStA 49839.

18 *Deutsche Tageszeitung*, »Zum Prozess von Moltke-Harden«, 10. November 1907, BAL 7837.

19 *Der Tag*, »Der Prozess Moltke-Harden«, von Josef Kohler, 5. November 1907, GStA 49839. Auch Theodor Wolff gestand zu, dass »Horcher an den Schlafzimmerwänden«, eine Anspielung auf den Scheidungsprozess Otto Hammanns, eine schlimme Zeiterscheinung seien. *Berliner Tageblatt*, »Die Verurteilung Hardens«, 4. Januar 1908, BAL 7838. Zu Hammanns Scheidungsaffäre Bösch, »Das Private wird politisch«.

20 Führer, »Skandal, Moralität und die ›Ruhe der Familien‹«, S. 75–102. Einen guten Überblick bietet Perrot, *Histoire de la vie privée 4*.

21 Liberale Zeitungen erkannten die politische Absicht der Konservativen, den Wahrheitsbeweis als Beschimpfung zu »perhorreszieren«, um die Pressefreiheit einzuschränken. *Frankfurter Zeitung*, 4. November 1907, GStA 49839.

22 Misanthropisch: Sofsky, *Verteidigung des Privaten*, S. 15–16. Gemäßigter und gegen das Postulat vom »Ende der Privatheit« Rössler, *Der Wert des Privaten*.

23 Sennett, *Verfall und Ende des öffentlichen Lebens*, S. 329–340.

kategorien menschlichen Zusammenlebens, das Private wie das Politische, Verhandlungsmassen, deren Grenzen permanent neu gezogen werden.

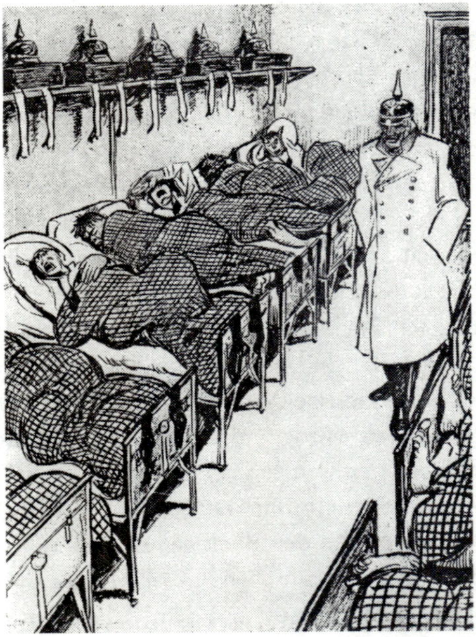

Abb. 14. »Gott sei Dank, keine Weiber hier – das reine Eldorado!« Die Armee als Zufluchtsort Homosexueller vor Ehe und Familie. Quelle: Lustige Blätter, *7. November 1907, entnommen aus Grand-Carteret,* Derrière »Lui«, *S. 83.*

Besonders verstörend am Prozess Moltke-Harden war nicht allein für konservative Zeitgenossen, dass das traditionelle Geschlechterverhältnis auf den Kopf gestellt wurde. Opfer in dieser gescheiterten Ehe war weniger die Frau als der Mann. Bereits zwei Tage nach der Hochzeit, sagte Lilly von Elbe vor Gericht aus, habe Moltke den »ehelichen Verkehr« aufgegeben. Der hielt dagegen, er habe durchaus einige Monate mit seiner Frau »in einem ehelichen Verkehr gestanden«. Sie bestritt dies vehement: »Der spätere ›Verkehr‹, von dem der Herr Graf spricht, hat lediglich darin bestanden, dass wir der Leute wegen in gemeinschaftlichen Zimmern wohnten.« Und selbst dann sei er mit langen Unterbeinkleidern ins Bett gegangen und habe »neben sich eine Schüssel kaltes Wasser gehabt«, mit der er ihre Annäherungsversuche abwehren konnte. Angesichts dieser Peinlichkeit suchte Moltke sein Heil im Patriotismus: »Ich habe zur Linderung meiner Nervenschmerzen, die ich infolge eines im Jahre 1870 erhaltenen Schusses habe, manchmal kalte Umschläge machen müssen«. Seine Frau habe es, erklärte er stockend, »durch ihr ganzes Verhalten« dahin gebracht, dass bei ihm jedes Gefühl für sie erloschen sei. Warum dies allerdings schon innerhalb kürzester Zeit nach der Hochzeit passierte, konnte er nicht plausibel machen. Aufgrund dieser Sachlage stellte Bernstein die Schlüsselfrage: »Ist Ihre Ehe überhaupt einmal eine Ehe gewesen?« »Ich glaube nein«, so die Antwort Lilly von Elbes. Von Anfang an habe Moltke ihre Verbindung nur als Zweckehe, als Tribut an die gesellschaftlichen Konventionen betrachtet und ihr offen gesagt: »Ich wollte dich nicht als Weib haben, sondern nur als ein Märchen in der Ehe betrachten. Ich habe darunter verstanden, dass ich als Frau nichts von ihm verlangen sollte.«[24]

Seit Ende des 18. Jahrhunderts waren die Rufe nach Liebesheiraten immer lauter geworden und hatten sich um 1900 zumindest als Ideal auch in konservativen Kreisen durchgesetzt.[25] Selbst die *Neue Gesellschaftliche Korrespondenz* brandmarkte anlässlich der Moltke-Ehe, dass es in Deutschland immer noch zu viele »eingefädelte Zweckehen und Alibi-Ehefrauen« gebe, vor allem in Berliner Hofkreisen und im preußischen Adel.[26] Zwar werde, schrieb der Sexualwissenschaftler Iwan Bloch, die Gegenwart noch häufig eine »Zeit der Geldehen« genannt. Dies sei aber nur noch ein »Überbleibsel früherer primitiver Kulturen«, in denen wirtschaftliche Faktoren wichtiger als geistige Sympathien waren. »Nur wo äußere Lebenshaltung sehr wichtig, im höheren Bürgertum, Finanz- und Geburtsaristokratie, Offizierstande und unter Juden, ist das ökonomische Moment noch maßgebend für die Heirat«.[27] Zustimmung zur Ablösung von Zweckehen durch Liebesheiraten kam selbst von Nationalökonomen wie Gustav Schmoller, die es als Fortschritt betrachteten, dass die Ehe aus einem »Produktions- und Geschäftsinstitut« immer mehr zu einem »Institut der sittlichen Lebensgemeinschaft« werde.[28]

Eine wichtige Rolle bei der zunehmenden Delegitimierung der Zweckehe in Deutschland spielte ihre erst durch den Eulenburg-Skandal möglich

24 Aretz/Esser, *Moltke contra Harden*, S. 21. Zur Vernunftheirat auch Frevert, *Geschlechterdifferenzen*, S. 206–07.

25 Mit Verweis auf die Rezeption Fichtes spricht Frevert von der »Herrschaft des bürgerlichen Liebesethos«. Frevert, *Geschlechterdifferenzen*, S. 206–07. Vgl. Gay, *Liebe im bürgerlichen Zeitalter*, S. 103–107; Hausen, »Ehepaare im deutschen Bildungsbürgertum«, S. 85–117; Hunt, *The Family Romance of the French Revolution*.

26 Zit. in *Kölnische Volkszeitung*, »Die Pfütze«, 30. Oktober 1907, BAL 7837.

27 Bloch, *Das Sexualleben unserer Zeit*, S. 235–236.

28 Schmoller, *Grundriß der allgemeinen Volkswirtschaftslehre 1*, S. 250. Vgl. aus sozialgeschichtlicher Sicht Hausen, »Die Polarisierung der ›Geschlechtscharaktere‹«, S. 363–393.

gewordene Deutung als Zufluchtsort Homosexueller.[29] »Wie konnte ein Mann von den Qualitäten des Grafen Moltke ein blühendes junges Weib an sich ketten?«, entrüsteten sich die Alldeutschen und warnten, ein homosexueller Mann besitze keinerlei Recht, die Ehe einzugehen.[30] Einer der besten Freunde des Kaisers, stellte mit Entsetzen die *Weserzeitung* fest, sei der »Ehe mit dem Zynismus des Unbeteiligten« gegenübergetreten. Mit dem Wunsch, seine Ehefrau solle bloß als »Märchen« an seiner Seite figurieren, habe der General die Ehe voller Frivolität in den Schmutz gezogen.[31]

Bezeichnenderweise antizipierte der Berliner Homosexuellenaktivist Magnus Hirschfeld solche Reaktionen und bemühte sich, sie für die Entkriminalisierung der Homosexualität zu nutzen. Bereits Wochen vor den Enthüllungen des 1. Moltke-Harden-Prozesses schrieb der Sexualwissenschaftler in der *Zukunft*, ein Homosexueller mache sich »einer schweren Unterlassung, ja, eines Betruges« schuldig, wenn er ohne Aufklärung des Ehepartners eine Heirat eingehe. In einer Zeit, in der so »viel von Züchtungspolitik, erblicher Belastung und Degeneration« gesprochen werde, sei dies nicht mehr akzeptabel, erklärte Hirschfeld, der auch ein Vordenker der Eugenik in Deutschland war. Homosexuelle, die heiraten, besetzten im biologischen Lebensplan Plätze, »die für andere reserviert sind«. Und selbst wenn es Homosexuellen gelinge, Kinder zu zeugen, führe dies nicht zu gesunder Nachkommenschaft. »Vom Standpunkt der Degeneration und Züchtungshygiene ist jedenfalls der Verkehr eines Homosexuellen mit einer Person des gleichen Geschlechts weniger gefährlich und der Verachtung wert als der Verkehr eines Homosexuellen mit einer Person des anderen Geschlechtes.« Die Homosexualitätsfrage könne erst als gelöst angesehen werden, »wenn mit ruhiger Unbefangenheit ein Mann oder eine Frau, denen man eifrig zur Heirat zuredet, sagen kann: ›Bedaure, ich bin homosexuell.‹« Hirschfelds kühner Lösungsvorschlag: Der § 175 solle abgeschafft und gegen ein Heiratsverbot für Homosexuelle eingetauscht werden.[32] Dies ist ein schillerndes Beispiel für die Chancen, die ein politischer Skandal für moralische Umgestaltungsversuche eröffnet. Überdies brachte Hirschfelds eugenisch argumentierender Vorstoß

29 Zit. in *Kölnische Volkszeitung*, »Die Pfütze«, 30. Oktober 1907, BAL 7837.

30 *Leipziger Neueste Nachrichten*, »Moltke-Harden«, 27. Oktober 1907, BAL 7836; Rheinisch-Westfälische-Zeitung, »Silhouetten«, 29. Oktober 1907, BAL 7836.

31 *Weser Zeitung*, »Das Echo des Harden-Prozesses«, 29. Oktober 1907, BAL 7836.

32 Magnus Hirschfeld, »Der Normale und die Homosexuellen«, in: *Die Zukunft*, 29. Juni 1907, S. 450–455. Der Gedanke, dass die in unglücklichen Ehen gezeugten Kinder einen problematischen Gesundheitszustand besitzen auch bei Moll, *Das nervöse Weib*, S. 210–211.

zur Liberalisierung der Homosexualität zum Ausdruck, wie stark in den Kreisen der homosexuellen Avantgarde schon im frühen 20. Jahrhundert das Eingehen von Zweckehen als Furcht vor dem eigenen Ich und Feigheit vor der Gesellschaft verpönt wurde.[33]

In öffentlichen Debatten konnte der Homosexuelle nun als Zuspitzung des versagenden, impotenten Ehemannes und als Katalysator weiblicher Emanzipation verstanden und verwendet werden.[34] Sexuelle Ansprüche machten zwar seit jeher die Ehe als Rechtsinstitut aus, Nichtvollzug und Impotenz galten schon nach kanonischem Recht als Auflösungsgrund. Bei diesem traditionellen Vorbehalt stand aber immer die – verhinderte – Zeugung von Kindern im Vordergrund. Eine andere Entwicklung nahm dagegen die säkularisierte bürgerliche Ehe. Auch hier spielte zwar die Fortpflanzung eine wichtige Rolle, wie die chauvinistischen Diskurse vor dem Ersten Weltkrieg um Scheidungszunahme und Geburtenrückgang belegen. Die öffentliche Artikulation weiblicher Begierde war zwar im Gegensatz zu männlichen Ansprüchen skandalös, justiziabel aber war sie seit langem.[35] Nach preußisch-deutscher Rechtstradition einschließlich des 1900 eingeführten Bürgerlichen Gesetzbuches bildete auch die ständige Weigerung des Mannes, den »ehelichen Pflichten« nachzukommen, einen Scheidungsgrund, ebenso wie nachgewiesene Homosexualität.[36] Auf diesem Fundament erhielt die sexuelle Befriedigung der Ehepartner allmählich ein Eigengewicht jenseits der Sicherstellung von Nachwuchs. »Soll unsere monogamische Ehe weder unnatürlich sein, noch zur Scheinehe werden«, postulierte der Schweizer Sexualwissenschaftler Auguste Forel 1906, »so muss der sexuelle Verkehr ein inniger und beständiger bleiben.«[37] Der sexuelle Leistungsdruck auf

---

33 Vgl. »Warum ein Homosexueller heiratete« in Schuman-Arndt, *Wir vom dritten Geschlecht*, S. 45–48.

34 Planert, *Antifeminismus im Kaiserreich*, S. 280–81. Vgl. Stearns, *Be a Man! Males in Modern Society*.

35 Zur traditionellen Konstellation von weiblicher Ehre und männlichen Ansprüchen Lisberg-Haag, *Die evangelische Sittlichkeitsbewegung*, S. 138–161. Vgl. jetzt Muchembled, der die »Eroberung der weiblichen Lust« aber erst mit der Etablierung wirksamer Verhütungsmethoden in den 1960er Jahren verortet. Muchembled, *Eine Geschichte der abendländischen Sexualität*, S. 52–62. Zeitgenössische Stimmen der Frauenbewegung in Janssen-Jurreit, *Frauen und Sexualmoral*.

36 Phillips, *A History of Divorce in Western Society*, S. 2–3, 428–29. Der Gedanke der »ehelichen Pflicht«, wie er im Gesetz festgelegt war, erschien liberalen Sexualwissenschaftlern als ein »furchtbarer Zwang [...] eine Zumutung körperlicher und seelischer Prostitution«. Bloch, *Das Sexualleben unserer Zeit*, S. 237.

37 Forel, *Die sexuelle Frage*, S. 218.

Ehemänner und solche, die es werden wollten, ging dabei nicht allein von der »sexbesessenen«, den Mann überfordernden modernen Frau aus. Der von Lilly von Elbe verkörperte Anspruch auf sexuelle Befriedigung in der Ehe war längst in der ärztlichen Praxis des Bürgertums angekommen.[38] Der konservative Berliner Sexualwissenschaftler Albert Moll, Gutachter im 2. Moltke-Harden-Prozess, beschrieb entsprechende Maßnahmen bereits in seiner *Ärztlichen Ethik* von 1902. Den deutschen Ärzten wurde hier dringend angeraten, mit jungen Männern vor der Eheschließung die Frage zu klären, ob sie »guten Gewissens«, nämlich potent und heterosexuell, in die Ehe gingen.[39] In Zweifelsfällen wurde vielfach Bordell auf Rezept verschrieben. Hin und wieder wurde bürgerlichen Patienten von ihren Ärzten der Besuch bei Prostituierten sogar mit der therapeutischen Absicht angeraten, Impotenz und Homosexualität zu kurieren.[40]

Der Zusammenprall von männlicher Unlust und Impotenz, im Fall der Moltke-Ehe deckungsgleich mit der Homosexualität des Ehemannes, und weiblicher Begierde lenkte die Aufmerksamkeit der Öffentlichkeit darauf, dass zu »gesunden Ehen«[41] ein beiderseitiges Anrecht von Ehemann und Ehefrau auf sexuelle Befriedigung jenseits der Fortpflanzung gehörte.[42] Auch wenn dieser liberalisierende Gedanke zunächst noch auf die Ehe beschränkt blieb: Auf lange Sicht konnte mit ihm auch die sexuelle Befriedigung außerhalb der Ehe als der menschlichen Natur gemäß legitimiert werden (vgl.

38 Von einer »Verbürgerlichung« der Sexualität im Laufe des 19. Jahrhunderts spricht van Ussel, *Geschichte der Sexualfeindschaft*, S. 190–197. Zur bürgerlichen Medizin Göckenjan, *Gesundheit und Medizin in der bürgerlichen Welt*.

39 Dauerhafte Impotenz war nach kanonischem Recht Auflösungsgrund für eine Ehe. Phillips, *Divorce in Western Society*, S. 8.

40 Die Idee findet sich bereits bei Schrenck-Notzing, »Ein Fall von konträrer Sexualempfindung, gebessert durch hypnotische Suggestion«, S. 1630. Was Ansteckungskrankheiten betraf, meldete Moll zwar Bedenken gegen »Bordell auf Rezept« an. *Der Reichsbote* hielt es für erschreckend, dass nach ärztlicher Schätzung rund 20 Prozent der Studenten an Syphilis litten. *Der Reichsbote*, 27. Oktober 1907, BAL 7836. Nach Molls Ethik handelte allerdings derjenige Arzt noch unmoralischer, der sein Placet zu einer Eheschließung gab, »bevor die Potenz nicht sichergestellt ist«. Moll, *Ärztliche Ethik*, S. 220–231. Vgl. Schultz, *Albert Molls Ärztliche Ethik*. Zur sozialmoralischen Vielschichtigkeit von Prostitution Grenz/Lücke, *Momente der Prostitution in Geschichte und Gegenwart*, S. 9–22; Alain Corbin, *Prostitution and Sexuality in France after 1850*.

41 Ehen, in denen die »Liebesbedürftigkeit« nicht befriedigt wurde, konnten krank machen. Moll, *Das nervöse Weib*, S. 206.

42 Die allmähliche Angleichung von männlicher und weiblicher Ehre in der Sexualität betont auch Frevert, *Geschlechterdifferenzen*, S. 48–71; Frevert, »Die Zukunft der Geschlechterordnung«, S. 146–185.

Kap. IV.3).[43] An dieser Stelle ist entscheidend, dass, auch wenn viele Zeitungen geschiedenen Frauen *per se* Ehre und Glaubwürdigkeit absprachen,[44] Lilly von Elbe in sexuellen Fragen zweifellos über mehr Autorität als der Kaiserfreund Moltke verfügte. Während der General nach der Scheidung ins wenig respektable Junggesellenleben zurückkehrte, heiratete sie wieder. Ihr dritter Mann war im 1. Moltke-Harden-Prozess ebenso im Gerichtssaal wie ihr erwachsener Sohn aus erster Ehe, der in Leutnantsuniform neben ihr Platz genommen hatte.[45] Der Satiriker Ludwig Thoma spottete über diese forensische Konstellation: »Welch ein ungeheuerlicher Humor, dass der dritte Gatte im Zuhörerraume sich über die geheimsten Qualitäten des zweiten orientierte und nebenher ein gutes Zeugnis über seine Aufführung erhielt!«[46] Gar nicht erheiternd fand die *Tägliche Rundschau* die Szenerie. Das monarchistische Blatt hielt es für empörend, dass Bernstein sich eine Viertelstunde über die Frage erging, »ob es einer Frau zur Unehre angerechnet werden könne oder nicht, wenn sie eine ›sexuelle Bedürftigkeit‹ habe, während die Dame, um die es sich handelte, neben ihm saß und daneben ihr Sohn in Uniform.«[47] Chevaleresk hatte Harden zu Beginn des Prozesses versichert, er sei Lilly von Elbe allein deshalb während ihrer Scheidung von Moltke 1902 zu Hilfe gekommen, weil »gegen die Dame mit Mitteln gekämpft wurde, für die sie als Frau zu schwach war«.[48] Der Verweis auf die traditionelle Dichotomie von öffentlich-männlicher und privat-weiblicher Sphäre war also noch üblich,[49] die weiteren Enthüllungen ließen die Galanterie jedoch unfreiwillig komisch erscheinen, denn es wurde bekannt, dass Schläge und Prügel zum Alltag der gräflichen Ehe gehörten, Moltke jedoch nicht Täter, sondern Opfer der häuslichen Gewalt war.[50] Sein eigener Anwalt ließ von Zeugen

43 Bei unbefriedigten Frauen schlug Freud – während des Eulenburg-Skandals – eheliche Untreue als »Heilmittel« vor. Sigmund Freud, »Die ›kulturelle‹ Sexualmoral und die moderne Nervosität«, S. 124. Vgl. von Bredow/Noetzel, *Befreite Sexualität?*.

44 *Schlesische Zeitung*, »Moltke und Harden«, 31. Oktober 1907, BAL 7837. Vgl. Martin-Fugier, *La Bourgeoisie*, S. 95–99.

45 Friedländer, *Prozesse*, S. 3990–4000.

46 Auch Ludwig Thoma sah »die deutsche Frau« mehr durch Lillys als durch Kunos Aussagen entwürdigt. *Münchener Post*, »Der große Skandal«, 17. November 1907, BAL 7837.

47 Zit. n. *Die Post*, »Die öffentliche Meinung über den Prozess Moltke-Harden«, 28. Oktober 1907, BAL 7836.

48 Harden hatte Lilly durch seinen Freund Moritz Schweninger, Bismarcks ehemaligen Leibarzt, kennengelernt, dessen Frau eine Gräfin Moltke und Nichte Kunos war. Friedländer, *Prozesse*, S. 3978.

49 Vgl. Bethke Elshtain, *Public Man, Private Woman*; Lasch, *Haven in a Heartless World*. Zum Problem von Frauen in der Politik Slaughter/Kern, *European Women on the Left*.

50 Zur häuslichen Gewalt durch Ehemänner Arni, *Die Krise der Ehe um 1900*, S. 139–155.

bestätigen, dass seine junge Gemahlin ihn mehrfach derartig grün und blau geschlagen hatte, dass er sich vom Dienst als Stadtkommandant von Berlin beurlauben lassen musste. Sollte Lilly von Elbe so die Schuld am Scheitern der Ehe zugewiesen werden, stellte der Rollentausch beim Thema Prügeln jedoch Moltkes Maskulinität in Frage.[51] Die Öffentlichkeit konnte es kaum fassen, dass er sich nicht einmal gegen die symbolische Degradierung durch seine Frau gewehrt hatte, die ihm mit Vorliebe die Epauletten von der Uniform riss. Was war das für ein General, der sich aus Furcht vor seiner jungen Ehefrau im Schlafzimmer einschloss?[52] In einer Zeit, in der die körperliche Überlegenheit des Mannes gegenüber der Frau vorausgesetzt wurde, wirkten diese Enthüllungen wie ein Schock, zumal General Moltke die wilhelminische Armee repräsentierte, die ein wichtiger Antagonist der Frauenbewegung war.[53]

Für den Kulturhistoriker zeigt sich hier die Nützlichkeit der Kategorie *Gender* als eines sozial konstruierten Geschlechts auch im Hinblick auf das Politische.[54] Die Dimension körperlicher und sexueller Überlegenheit der Ehefrau über den Ehemann spitzte bei vielen Beobachtern den Eindruck zu, Lilly von Elbe repräsentiere die gefährliche Seite weiblicher Emanzipation, eine sexuelle Begierde, die so stark war, dass sie Virilität und Maskulinität negierte.[55] Während General Moltke dem sexualwissenschaftlichen Erklärungsmodell der »Inversion« – eine weibliche Seele in einem männlichen Körper – zugeordnet werden konnte,[56] was nicht ohne Konsequenzen für das Prestige des deutschen Militärs blieb, wie in Kap. VI.2 gezeigt wird, mutierte Lilly von Elbe vom harmlos-naiven »Märchen an seiner Seite« zur *Femme Fatale* »mit dem Veilchenstrauß am Jackett« und zur »Dreimänner-

51 Vgl. Heitfeldt, »Rollentausch in Kriegen des späten Mittelalters«, S. 94–123; Maugue, *L'identité masculine en crise*.

52 Friedländer, *Prozesse*, S. 3994–97. Auch Erich Sello verfolgte im 2. Moltke-Harden-Prozess die Strategie, Moltke als misshandelten Ehemann darzustellen, nicht ohne Wirkung bei den wilhelminischen Journalisten: »Selbst wetterharte Gerichtsberichterstatter«, schrieb Hugo Friedländer, »die tragische Szenen gewöhnt sind, haben mir erklärt, dass bei der ergreifenden Schilderung [...] über das Eheleben des Grafen Moltke ihnen die Tränen nahe waren.« Friedländer, *Prozesse*, S. 4207–08.

53 Schilling, *Deutungsmuster heroischer Männlichkeit*, S. 195–204, 209. Zur bürgerlichen Frauenbewegung Reagin, *A German Women's Movement*.

54 Klassisch: Scott, »Gender. A useful Category of Historical Analysis«, S. 28–50.

55 Salewski, »Weiberlüste-Männerängste«, S. 378–396.

56 Hekma, »A female soul in a male body«, S. 213–239.

Frau«.[57] Diese zeittypischen Befürchtungen spiegelten sich in der Sexualwissenschaft, etwa in der von Auguste Forel geprägten Figur der »Nymphomanin«.[58] Entscheidend aber waren die fließenden Grenzen zwischen Männerphantasie und Männerangst.[59] Die antisemitische Presse erklärte Lilly von Elbe etwa kurzerhand zu einer »leidenschaftlichen Halbjüdin, deren Ansprüche der alte General nicht mehr befriedigen konnte« und wertete die von ihr verkörperte sexuelle Begierde als Kennzeichen jüdischer Rasse.[60] In Zuschriften empörter Leserinnen wurde verkündet: »Jeder echten deutschen Frau hätten in solchem Falle Scham und Stolz die Zunge gebunden«.[61] Doch auch liberale Blätter kritisierten übertriebene sexuelle Begierden von Ehefrauen. Statt als undeutsch galt dieses Verhalten bei ihnen als unweiblich.[62] Vorgeblicher Grund war die Verletzung üblicher Sagbarkeits- und Schicklichkeitsregeln. Es wurde abgelehnt, dass in Gerichts- und Presseöffentlichkeit sexuelle Details einer Ehe verhandelt wurden, »deren Erwähnung auch nur in privatem Kreise man sich verbitten müsste«.[63] Patrioten bekümmerte überdies, dass die Szenen der Moltke-Ehe »dem Auslande als Typus deutscher Ehegattengespräche vorgestellt« wurden.[64] Und selbst Sozialdemokraten wollten bei der Verabreichung von Prügel nicht mehr viel von der Gleichberechtigung zwischen Mann und Frau wissen: »Wir verstehen nicht das

57 *Leipziger Neueste Nachrichten*, »Das Urteil«, 30. Oktober 1907, BAL 7837. Deutsch-Soziale Blätter, »Zersetzungs-Arbeit«, 2. November 1907, BAL 7837. Zur Figur der *Femme Fatale* Salewski, »Weiberherrschaft«, S. 43–69; Frevert, »Aufbrüche im Verhältnis der Geschlechter«, S. 27–36.

58 Arni, *Die Krise der Ehe um 1900*, S. 235; Dijkstra, *Fantasies of Feminine Evil in Fin-de-Siècle Culture*; Mosse, *Nationalism and Sexuality*, S. 48–66, 90–114.

59 Vgl. die Beiträge in Weibel, *Phantom der Lust. Visionen des Masochismus 1*, besonders Kaltenbeck, »Masochismus bei Freud«, S. 102–119 und Azoulay, »Die süßen Schläge–Der andere Schmerz«, S. 76–87.

60 *Neue Bayerische Landeszeitung*, »Prozess Moltke-Harden«, 6. November 1907, BAL 7837. Lillys Großvater väterlicherseits, der 1871 verstorbene Generallandschaftsrat Woldemar von Heyden, hatte die vorgebliche Jüdin Athalie Fränkel aus Warschau geheiratet. Zu biographischen Details Merzbach, *Psychologie des Falles Moltke*, S. 16–17.

61 *Die Post*, »Die feindlichen Mächte im Harden-Prozess«, 30. Oktober 1907, BAL 7837. Unerträglich war der antisemitischen Presse zudem der Eindruck, ein jüdischer Publizist und sein jüdischer Rechtsanwalt seien berufen, »die Ehre der deutschen Frauen zu wahren«. *Zeitfragen. Wochenschrift für deutsches Leben*, »Was uns bleibt«, 3. November 1907, BAL 7837.

62 *Augsburger Abendzeitung*, »Nach zwei Sensationsprozessen«, 1. November 1907, BAL 7837.

63 *Berliner Börsen Courier*, »Der Prozess Moltke-Harden«, 30. Oktober 1907, GStA 49839.

64 *Der Tag*, »Der Prozess Moltke-Harden«, von Josef Kohler, 5. November 1907, GStA 49839.

sentimentale Mitleid mit der Dame, die gegen den Grafen Kuno Moltke als ihren geschiedenen Ehemann aussagte.«[65] Für Kulturpessimisten stellte das durch den Skandal enthüllte Ausmaß sexueller Emanzipation von (Ehe-) Frauen in Frage, »was noch an Ehre und persönlichem Empfinden im Manne vorhanden ist«.[66] Für den ultrakonservativen Moralkritiker Richard Nordhausen öffnete sich an diesem Punkt ein Panorama gesellschaftlicher Dekadenz:

»Weshalb gibt es heutzutage so viele wracke Ehen, so viel unverstandene Frauen, so viele leidenschaftsverfallene Männer? Unser modernes Hochkulturgeschlecht krankt an der zitternden Überempfindlichkeit des seelischen Nervensystems, an einem gefährlichen Mangel an derber Nüchternheit und gesunder Selbstzucht. Vor dieser Zeitkrankheit schützt weder die gespreizte, aufgezwirbelte Schneidigkeit den Mann, noch der naturwidrige Emanzipationstaumel das Weib. Das normale, gesunde, unverdorbene Weib sehnt sich nach der weltfernen, vom Frieden umhegten Stille eines engen, trauten Heims; der übernervösen Kulturdame ist solche Stille, solcher weltabseitige Friede unheimlich; sie muss Erregung haben und spielt mit der schmierigsten Sünde, zunächst nur um solcher Nervenerregung willen. Der kraftvolle, kernige, nervenstarke Man verlangt danach, möglichst bald sein Haus zu gründen und einen Herd zu umhegen, er geht in seinem Heime, in seinem Berufe, im Dienste am Vaterlande auf.«[67]

Sowenig Lilly von Elbe dem hier skizzierten Idealtypus einer Ehefrau entsprach, die den Verlockungen der Moderne trotzte, sowenig konnte aber auch General Moltke in der Öffentlichkeit als kraftvoller, kerniger und nervenstarker Mann durchgehen. Weder die Attacken seiner Frau noch Hardens und Bernsteins Versuche, ihn vor Gericht »moralisch zu töten«, versuchte er zurückzuschlagen.[68] »Kuno Moltke wehrt sich nicht. Die paar Worte der Verteidigung, die er dem Anklagenschwall gegenüber findet, verstärken nur den unheimlichen und doch mitleiderweckenden Eindruck seines Schweigens [...] Weshalb nahm er die Herausforderung an? Und weshalb parierte er weder Terzen noch Quarten? Geheimnisse seines ehelichen Schlafgemachs werden ausposaunt, unglaublich freche Aperçus, die unter vier Augen gefallen sind, dick unterstrichen dem Lande und dem Ausland präsentiert. Er

65 *Leipziger Volkszeitung*, »Faul bis ins Mark«, 25. Oktober 1907, BAL 7836.

66 *Deutsche Welt*, »Antriebe aus dem Prozess Moltke-Harden«, von Friedrich Nonnemann, 10. November 1907, GStA 49839.

67 *Deutsche Nachrichten*, »Der Moltke-Harden-Prozess«, 24. Dezember 1907, GStA 49839.

68 *Tägliche Rundschau*, zit. n. *Die Post*, »Die öffentliche Meinung über den Prozess Moltke-Harden«, 28. Oktober 1907, BAL 7836.

zuckt die Achseln, lässt das gekränkte Weib reden und schweigt.«[69] Den Eindruck von Passivität und Unmännlichkeit, den Moltke im Gerichtssaal bot, resultierte zum einen aus dem dargestellten Habitus des wilhelminischen Gentleman (vgl. Kap. III.1),[70] zum anderen aus der hochgradig ambivalenten Strategie seines Rechtsanwaltes, ihn zum Opfer moderner weiblicher Emanzipation zu stilisieren, um den Vorwurf der Homosexualität zu entkräften. Auch Georg Merzbach, den die Moltke-Partei als Sachverständigen vorgeschlagen hatte, ging auf diesem schmalen Grat und erklärte den Kaiserfreund zu einem der »durchaus nicht so seltenen Männer, die allzu starker sexueller Appetit nicht quälte«. Der Berliner Arzt und Sexualwissenschaftler diagnostizierte bei Kuno Moltke eine »psychische Impotenz«, die durch die Heirat mit einer »ungeliebten Frau« eingetreten sei.[71]

Mit sexueller Potenz und Leistungsfähigkeit war die wilhelminische Maskulinität jedoch an einer wunden Stelle getroffen.[72] Selbst liberale Hauptstadtblätter wie das *Berliner Tageblatt* fühlten sich nun verpflichtet, Männer vor übersteigerten sexuellen Ansprüchen der Frauen in Schutz zu nehmen: »Unsere Meinung über den Wert eines Mannes, über seine Bedeutung als Glied der menschlichen Gesellschaft hängt im allgemeinen nicht von der Art und dem Umfange seiner sexuellen Leistungen ab. Wir schätzen den Mann nach seinem Charakter, seiner Intelligenz, seinem moralischen Niveau und der Art, wie er seine Stellung im Leben ausfüllt, aber nicht danach, ob er verheiratet oder unverheiratet ist, ob er als Ehemann eine größere oder kleinere Familie besitzt, ob er malthusianischen Grundsätzen huldigt oder nicht.«[73] Doch auch solch ostentative Gleichmütigkeit konnte nicht darüber hinwegtäuschen, dass durch den Eulenburg-Skandal zwei für das 20. Jahrhundert bedeutsame Geschlechtertypen identifiziert und politisch verfügbar wurden, die sich bis dahin in abstrakten Debatten über Scheidungsziffern, Geburtenrückgang und weibliche Emanzipation versteckt hatten: der sexuell versagende (Ehe-)Mann und die sexuell begehrende (Ehe-)Frau.

---

69 *Der Tag*, »Die Lüftung des Alkovens«, von Richard Nordhausen, 27. Oktober 1907, BAL 7836.

70 Ein Gentleman könne unmöglich gegen seine unter Eid stehende Ex-Frau aussagen. *Schlesische Zeitung*, »Moltke und Harden«, 31. Oktober 1907, BAL 7837.

71 Merzbach, *Psychologie des Falles Moltke*, S. 23–30.

72 Nye, »Honor, Impotence and Male Sexuality«, S. 48–71.

73 *Berliner Tageblatt*, 30. Oktober 1907, BAL 7837.

2. Von der *Belle Époque* ins »Eiserne Zeitalter«: Die Grenzverschiebung von Freundschaft zu Sexualität

Durch die Enthüllungen des Moltke-Harden-Prozesses wurde nicht allein die Ehe zwischen Mann und Frau, sondern auch, eng damit verbunden, die Freundschaft unter Männern zum Politikum. Als »Taschentuch-Affäre« erlangte ein Teil des 1. Moltke-Harden-Prozesses Bedeutung, an dem die Grenzziehung zwischen Männerfreundschaft und Männerliebe exemplarisch verhandelt wurde; er ist damit als ein typischer Sub-Skandal innerhalb des Meta-Skandals »Eulenburg-Affäre« fassbar.[74] Um seine Frau zu provozieren, so die Enthüllung der gerichtlichen Beweisaufnahme, hatte Moltke ein von seinem Freund Eulenburg vergessenes Taschentuch »inbrünstig« an die Lippen gepresst und dabei ausgerufen: »Meine Seele, meine Liebe!« Die Szene markierte auch einen habituellen und mentalen Bruch zwischen den Generationen im Kaiserreich. »Ich war damals etwa zehn oder zwölf Jahre alt, aber mir kam dieses Benehmen eines Mannes schon ganz wunderlich vor«, so beschrieb Leutnant Wolf von Kruse, Lillys Sohn aus erster Ehe, diesen Vorfall, den er als Kind beobachtet hatte. Er und seine Freunde machten sich sogar ein Spiel daraus, das »schwärmerische Anhimmeln« der zwei Kaiserfreunde nachzuäffen. Kuno Moltke hingegen sprach von einem »kleinen harmlosen Scherz«, mit dem er nur die Befürchtungen seiner Frau hinsichtlich seiner Freundschaft mit Eulenburg ins Lächerliche ziehen wollte. Allerdings musste auch sein Anwalt einräumen, dass es sich selbst bei einer sehr engen Freundschaft um eine »übertriebene Schwärmerei« handelte.

Für die Öffentlichkeit ergab sich ein weites Feld für Assoziationen. War die Moltke-Ehe als Zweckehe entlarvt, gewann im Gegenzug die Freundschaft zwischen Moltke und Eulenburg eheähnliche Züge, Eifersuchtsszenen einer *menage à trois* inklusive. Die Weigerung mit ihr zu schlafen, sagte Lilly von Elbe vor Gericht aus, habe ihr Ehemann damit begründet, »sein Freund Graf Eulenburg habe es gewünscht«. Als sie Eulenburg darauf zur Rede stellte, habe der sie angefleht: »Geben Sie den Freund frei, geben Sie mir den Freund zurück!« Gefragt, wie er dies als Familienvater sagen könne, habe er geantwortet: »Meine Tochter hätte ich nie mit Kuno verheiratet«. Aufgrund des weiblichen Argwohns gestalteten Eulenburg und Moltke ihre Freundschaft daraufhin wirklich wie eine Liaison mit Ausreden, Lügen und vorgetäuschten Dienstreisen. Gleichzeitig prägte sich Frauenfeindschaft als andere

74 Vgl. allgemein Lautmann/Taeger, *Männerliebe im alten Deutschland.*

Seite dieser Männerfreundschaft immer stärker aus. Leutselig versicherte Moltke seiner Gemahlin: »Du bist mir nicht als Mensch zuwider, sondern nur, weil du ein Weib bist.« Zum Eklat kam es schließlich in Wien, wohin Eulenburg, seit 1895 deutscher Botschafter, Moltke als Militärattaché nachkommen ließ. Der Versuch, durch diesen Schachzug Lilly in Berlin zurückzulassen, misslang. Erst in Wien sei ihr an der eheähnlichen Art des Zusammenlebens von Botschafter und Militärattaché klargeworden, dass es so etwas wie »Männerverkehr« überhaupt geben könne, erklärte Lilly vor Gericht.[75] Die späte Erkenntnis war durchaus glaubhaft. Selbst Kronprinz Wilhelm, berichtete der *Pfälzische Kurier*, sei bis zum Ausbruch des Eulenburg-Skandals »in derartigen Chosen so naiv unwissend« gewesen, dass er sich, bevor er seinen Vater über die öffentlichen Vorwürfe gegen seine Freunde informierte, »erst ein Privatissimum über das Wesen der Homosexualität lesen lassen musste«.[76]

Für die Öffentlichkeit war damit die Frage virulent worden, wo die Grenze zwischen Männerfreundschaft und Männerliebe zu ziehen sei.[77] Beantwortet werden musste sie zunächst forensisch, denn davon hing das Urteil im 1. Moltke-Harden-Prozess ab. Es schlug die Stunde der Sexualwissenschaft, die von den medizinischen Sachverständigen Magnus Hirschfeld und Georg Merzbach repräsentiert wurde.[78] Für Hirschfeld, von der Harden-Partei ausgewählt, war die Grenzziehung zwischen Freundschaft und Sexualität nichts geringeres als die Gretchenfrage der Sexualwissenschaft: »Und doch ist die scharfe Differenzierung zwischen erotischem und nicht erotischem Empfinden, zwischen Freundschaft und Liebe eine der grundlegenden Fragen, ja das *punctum saliens* der Sexualwissenschaft überhaupt, um dessen Aufhellung wir nicht herum kommen, so sehr manche auch unabsichtlich oder absicht-

75 Friedländer, *Prozesse*, S. 3989–97; *Leipziger Neueste Nachrichten*, »Das Urteil«, 30. Oktober 1907, BAL 7837.

76 *Pfälzischer Kurier*, »Berliner politischer Brief«, 1. November 1907, BAL 7837.

77 Müller, *Homosexuelle Autobiographien und medizinische Pathographien*, S. 310–312.

78 Nach Löwes Kommentar Personen, »die auf Grund besonderer Fachkenntnisse, deren Besitz nur durch eine spezialistische Tätigkeit oder durch eine künstlerische oder gewerbliche Übung erlangt sein kann, ein Gutachten abgeben oder welche vom Richter behufs Ermittlung solcher Tatsachen oder Zustände zugezogen werden, zu deren Wahrnehmung derartige Fachkenntnisse erforderlich sind.« Löwe, *Strafprozessordnung*, S. 326. Zu Großbritannien Harris, *Medicine, Law and Society in the Fin de Siècle*, besonders Kap. 4 »Medico-legists in Court«. Zu Experten als einer »ruling class« der Moderne Haskell, *The Authority of Experts*, S. X-XII.

lich bemüht sind, die Grenzen zu verwischen.«[79] Dass Hirschfeld im Fall Eulenburg-Moltke schließlich eine scharfe Grenze zwischen Freundschaft und Liebe zog, wird ihm von Sexualwissenschaftlern bis heute vorgeworfen.[80] Tatsächlich frappiert das Missverhältnis zwischen dem Kenntnisstand – die sexualwissenschaftliche Grundlagenforschung steckte noch in den Kinderschuhen – und einem mit Zukunftsoptimismus gepaarten Selbstbewusstsein, bereits umfassende Erklärungen der menschlichen Sexualität liefern zu können. So urteilte Hirschfeld: »Einer der wesentlichsten Unterschiede zwischen Liebe und Freundschaft ist, dass die erstere sich ungleich elementarer Geltung verschafft, dass den bestimmten Menschen die bestimmte Liebe mit gesetzmäßiger, von ihm unabhängiger Naturnotwendigkeit ergreift und in ihm körperliche Alterationen mannigfachster Art auslöst, die zumeist zwar außerordentlich subtil sind, was jedoch nicht ausschließt, dass man vielleicht einmal fein reagierende physikalische Instrumente findet, mit denen man auch objektiv in einer Person Zustand und Grad der Verliebtheit feststellen kann.«[81]

---

79 Hirschfeld, *Epikritische Studie zum Harden-Prozess*, S. 24–25. Als heutiges Beispiel für eine bewusste Weigerung, diese Grenze zu ziehen: Hergemöller, *Biographisches Lexikon zur Geschichte von Freundesliebe und mannmännlicher Sexualität im deutschen Sprachraum.*

80 Diese Tabuisierung – Sexualwissenschaft und *gay rights movement* sind nach wie vor eng verbunden – hat gesellschaftspolitische Gründe. So wird argumentiert, dass von Normalität nicht einmal als theoretischer Bezugsgröße für Vergleiche ausgegangen werden sollte, um gar nicht erst von sexuellen Devianzen sprechen und diese gesellschaftlich verorten zu müssen. Eine von Normen ausgehende Analyse erzeuge automatisch gesellschaftliche Ein- und Ausgrenzungsprozesse und verfestige überkommene Herrschafts- und Unterwerfungsstrukturen. Haeberle, »Hirschfeld als Gutachter in der Eulenburg-Affäre«, S. 5–20.

81 Hirschfeld spekulierte zwar, dass Liebe in Zukunft gemessen werden könnte, in Abgrenzung zur Psychoanalyse Freuds war er jedoch skeptisch, jemals ihre Ursache festzustellen. Hirschfeld, *Epikritische Studie zum Harden-Prozess*, S. 24–25.

Abb. 15. »Wolfgang, lassen wir die Hände los! Der Dr. Magnus Hirschfeld kommt!« Der schmale Grat zwischen »deutscher« Männerfreundschaft und Männerliebe im Blick der Sexualwissenschaft. Quelle: Jugend, *19. Oktober 1907, S. 1089.*

Genaugenommen glich die Sexualwissenschaft noch mehr einer Bewegung von Wissenschaftlern als einer wissenschaftlichen Disziplin. Erst um 1900 hatte sie begonnen, sich aus Medizin, Psychiatrie und Biologie, mit Anleihen bei Rechtswissenschaft, Geschichtswissenschaft und Soziologie, als eigenständiges wissenschaftliches Fach auszubilden.[82] Spezifisch sexualwissenschaftliche Lehrstühle an Universitäten gab es noch nicht, ihre wichtigsten Vertreter im deutschen Sprachraum – Richard von Krafft-Ebing, Albert Eulenburg, Albert Moll, Iwan Bloch, Auguste Forel und Magnus Hirschfeld – verbreiteten ihre sexualwissenschaftlichen Überlegungen in populären Publikationen, öffentlichen Vorträgen, als gerichtliche Sachverständige und in ihrer medizinischen Behandlungspraxis, denn die Mehrzahl der »Sexologen« waren Ärzte.[83] Mit dem Aufklärungsdurst der Öffentlichkeit über Sexualität im allgemeinen und sexuelle Devianzen im besonderen seit der Veröffentli-

82 Zum Problem der Ausbildung einer wissenschaftlichen Disziplin Galassi, *Kriminologie im Deutschen Kaiserreich*.

83 Die Tätigkeit des gerichtlichen medizinischen Sachverständigen zählte Moll zu den »nichtärztlichen Aufgaben der Medizin«, weil er die Forschungsresultate der Medizin verwertet,

chung von Krafft-Ebings Schlüsselwerk *Psychopathia Sexualis* 1886 konnten Professionalisierung und Institutionalisierung der Sexualwissenschaft kaum Schritt halten.[84] Zur Zeit des Eulenburg-Skandals waren Veröffentlichungen zu allen möglichen Fragen menschlicher Sexualität nicht mehr zu überblicken und bedienten einen auch wirtschaftlich lukrativen Lesemarkt. Es war vor allem diese Aufklärungsliteratur, die der protestantischen Sittlichkeitsbewegung des Kaiserreiches ein Dorn im Auge war. Unter dem Banner der Wissenschaftsfreiheit, so der Vorwurf, würden die Menschen von Sensationsschriftstellern mit vordem undenkbaren sexuellen Perversionen bekannt gemacht, die der christlichen Sexualethik zuwiderliefen und die Ehe moralisch unterhöhlten.[85]

Auch bei Ärzten stießen übersteigerter Aufklärungsdrang und Selbstbehauptungswille der Menschen auf Ablehnung. Die *Berliner klinische Wochenschrift* kritisierte »die unbefangene, jeglichen Schamgefühls ermangelnde Detailliebhaberei, mit der die Patienten ihr innerstes Seelenleben vor uns ausbreiten«. In weniger als einer Generation habe in Deutschland ein umfassender Mentalitätswandel in Bezug auf Sexualität stattgefunden. Während Rudolf Virchow (1821–1902) noch Vorführungen sexualkranker Patienten vor Medizinstudenten der Universität Berlin als »gröbsten Unfug« bezeichnet habe, beschäftige sich inzwischen »das Laienpublikum« mit sexuellen Detailfragen. Die meisten Patienten, so das Ärzteblatt, gaben in Sprechstunden an, durch »eines der bekannten Werke über das Sexualproblem« aufgeklärt worden zu sein. Was einstmals Fachgebiet für Spezialärzte und Kulturhistoriker war, werde nun schon von der »halbreifen Jugend« begierig gelesen. Weder die Formulierung der heikelsten Stellen in Latein noch der hohe Preis könnten abschrecken, die Sexualliteratur gehe »von Hand zu Hand«. Dass die »geistige Infektion« der Jugend die »Sexualneurastheniker« vermehren und »für die Zukunft unserer Nation vielleicht verhängnisvoll« werden könnte, interessiere die wenigsten. Vielmehr glaube jeder Leser, »ein vollberechtigtes Studium psychologischer Probleme« zu unternehmen. Die konkrete Folge für die Arztpraxen: Nicht nur Homosexuelle, sondern auch Fetischisten, Sadisten, Masochisten und »Perverse jeder Art« träten ihren Ärzten

»um die Rechtspflege zu unterstützen und damit dem Staate eine wesentliche Grundlage seiner Existenz zu sichern.« Moll, *Ärztliche Ethik*, S. 14–17, 29–31.

84 Krafft-Ebing, *Psychopathia Sexualis*. Vgl. Oosterhuis, *Stepchildren of Nature*.

85 *Reichsbote*, »Bußtag«, 20. November 1907, BAL 6960; *Germania*, »Skandalprozesse und Skandalpresse«, 10. November 1907, BAL 6960. Vgl. Lisberg-Haag, *Die evangelische Sittlichkeitsbewegung*, S. 138–161; Mast, *Künstlerische und wissenschaftliche Freiheit im Deutschen Reich*.

mit dem Selbstbewusstsein gegenüber, keinesfalls krank zu sein, sondern nur ihrer Natur gemäß leben zu wollen. Sich selbst als eine »besonders merkwürdige Spielart bezeichnen zu dürfen«, gehöre in den besseren Kreisen bereits zum guten Ton.[86]

Sexualwissenschaft, Sexualreformbewegung und Aufklärungswunsch großer Teile der Öffentlichkeit gingen Hand in Hand. Die Reputation von Sexualwissenschaftlern war daher auch ohne universitäre Weihen groß. Dies belegt die Berufung Georg Merzbachs als zweitem medizinischem Sachverständigen im 1. Moltke-Harden-Prozess auf Vorschlag der Moltke-Partei. Der bekannte Berliner Arzt für Geschlechtskrankheiten, er zählte zahlreiche Angehörige der Moltke-Familie zu seinen Patienten, publizierte nicht nur sexualwissenschaftlich, er amtierte auch neben Magnus Hirschfeld als 2. Vorsitzender des *Wissenschaftlich-humanitären Komitees* (WhK), dessen Hauptanliegen die Entkriminalisierung der Homosexualität in Deutschland war.[87] Prononcierte Liberalität erschien offenkundig beiden Prozessparteien als Ausweis dafür, dass »ihre« Sachverständigen sich auf dem neuesten Stand der Sexualwissenschaft befanden.[88]

Ein forensischer Nachweis von Homosexualität, genauer: homosexueller Veranlagung, um den es im Fall Kuno Moltkes für die Sachverständigen Hirschfeld und Merzbach ging, war trotz der Strafbarkeit bestimmter homo-

86 Zit. in *Berliner Tageblatt*, »Gröbster Unfug«, 4. Dezember 1907, BAL 6960. Eine zeitgenössische Kritik an der Wissenspopularisierung von Homosexualität: Kraepelin, *Psychiatrie*, S. 1971–72. Vgl. die Beiträge in Kretschmann, *Wissenspopularisierung*.

87 Wissenschaftliche Experten konnten vor Gericht als »sachverständige Zeugen« einer Partei nach § 85 Strafprozessordnung oder als vom Gericht bestellte »Sachverständige« nach § 72ff Strafprozessordnung auftreten. Vgl. Cramer/Puppe/Rapmund, *Der beamtete Arzt und ärztliche Sachverständige 1*, S. 28. Der Status von Hirschfeld und Merzbach im 1. Moltke-Harden-Prozess erschien Hecht in seiner juristischen Dissertation unklar. Es sprechen drei Gründe dafür, dass sie als Sachverständige fungierten. 1. Nur gegen diese konnte der Vorwurf der Befangenheit gerichtet werden. 2. Hirschfeld und Merzbach erhielten die ihnen »gesetzlich zustehende Entschädigung« für Sachverständigentätigkeit. Harden erwähnt dies ausdrücklich, um den Eindruck zu entkräften, er hätte Hirschfeld gekauft. Maximilian Harden, »Der Prozess«, in: *Die Zukunft*, 23. November 1907, S. 257–268. 3. Merzbach protestierte gegen die Einschränkung der ihm »zustehenden Rechte als ärztlicher Sachverständiger«. Friedländer, *Prozesse*, S. 4062.

88 Friedländer, *Prozesse*, S. 4005, 4062. Anders als die Harden-Partei suggerierte, verfügten Hirschfeld und Merzbach über dieselbe formelle Qualifikation als »Kreisarzt« und die Befähigung zum Gerichtsarzt nach § 8 des Kreisarztgesetzes vom 16. September 1899. Auch Merzbach publizierte zu sexualwissenschaftlichen Themen: *Das Zeugungsvermögen* (1905); *Die krankhaften Erscheinungen des Geschlechtssinnes* (1909).

sexueller Akte im Deutschen Reich ungewöhnlich.[89] Denn auch in Strafprozessen nach § 175 kam es weniger auf Sachverständige als auf Tatzeugen für strafbare Sexualpraktiken an.[90] Maximilian Harden hatte seine Kampagne gegen die Eulenburg-Kamarilla exakt auf die juristische Problemlage abgestimmt: »Die Feststellung dieses Deliktes [der Homosexualität], sagt Herr von Liszt in seinem Lehrbuch des Deutschen Strafrechtes, ›bietet kaum überwindliche Schwierigkeiten‹«, schrieb Harden Monate vor dem Prozess gegen Moltke in der *Zukunft*.[91] Aus diesem Grund beharrte er vor Gericht darauf, »mit keinem Atom auf Geschlechtshandlungen«, also auf einen Straftatbestand nach § 175, hingewiesen zu haben.[92] Mit der Rede von einer »normwidrigen« Männerfreundschaft erleichterte Harden sich nicht nur die juristische Beweislast, sondern machte sich gleichzeitig die größte Streitfrage innerhalb der Sexualwissenschaft in Bezug auf Homosexualität zu Nutze: Handelte es sich bei ihr um etwas biologisch Angeborenes oder um eine soziale Erwerbung, um eine Krankheit oder ein Laster? Die daraus resultierenden Diskrepanzen in den moralischen Schlussfolgerungen der Sexualwissenschaftler waren beträchtlich, denn die meisten Anhänger des Angeborenseins, wie etwa Hirschfeld, forderten mit naturrechtlichen Argumenten die Abschaffung des § 175 und die Straflosigkeit homosexuellen Geschlechtsverkehrs unter Erwachsenen, während Vertreter der Erwerbungstheorie Homosexualität als moralisches Fehlverhalten eigenverantwortlicher Menschen

89 Mit Reichsgerichtsentscheidung von 1902 war bereits das Berühren eines männlichen Körpers mit dem Glied »beischlafähnlich« und damit strafbar nach § 175: »Die widernatürliche Unzucht, welche zwischen Personen männlichen Geschlechts oder von Menschen mit Tieren begangen wird, ist mit Gefängnis zu bestrafen; auch kann auf Verlust der bürgerlichen Ehrenrechte erkannt werden.« Vgl. Hutter, *Gesellschaftliche Kontrolle homosexuellen Begehrens*, S. 163. Medizinische Sachverständige sollten in diesbezüglichen Strafprozessen meist nur die juristische Standardfrage nach § 51 klären: »Eine strafbare Handlung ist nicht vorhanden, wenn der Täter zur Zeit der Begehung der Handlung sich in einem Zustande der Bewusstlosigkeit, oder krankhafter Störung der Geistestätigkeit befand, durch welchen seine freie Willensbestimmung ausgeschlossen war.« Die Frage, ob Homosexualität unzurechnungsfähig machen könnte, mithin eine »Geisteskrankheit« darstellte, wurde von Rapmund für »originär homosexual veranlagte Individuen« verneint. Allein bei solchen Homosexuellen, »wo diese Degeneration nur ein Teil einer umfassenden psychischen Degeneration« sei, könne auch der § 51 angewendet werden. Rapmund, *Ärztliche Sachverständige*, S. 278–279. Dem stimmte der Co-Autor Prof. Dr. A. Cramer, Direktor der psychiatrischen Klinik in Göttingen, ausdrücklich zu. Homosexualität besitze zwar eine Affinität zur Neurasthenie, könne aber nicht mehr wie früher als Geisteskrankheit gewertet werden. Ebd., S. 396–397.

90 Hutter, *Gesellschaftliche Kontrolle homosexuellen Begehrens*, S. 66–68.

91 Maximilian Harden, »Die Freunde«, in: *Die Zukunft*, 22. Juni 1907, S. 410.

92 Friedländer, *Prozesse*, S. 3971.

betrachteten, deren freier Wille auch Nein zu dieser »Sünde wider die Natur« sagen konnte.[93]

Entscheidend für den Verlauf des 1. Moltke-Harden-Prozesses war, dass Homosexualität nur als Veranlagung verhandelt wurde. Zum einen hatte Harden homosexuelle Geschlechtsakte bewusst aus der Formulierung seiner Vorwürfe gegen die Eulenburg-Kamarilla ausgeklammert. Zum anderen gingen sowohl Hirschfeld als auch Merzbach von Homosexualität als angeborener Veranlagung aus. Sie schlugen »fast denselben« Weg ein, um zu ihrer Diagnose zu gelangen.[94] Merzbach beging allerdings den Fehler, von der Vorgabe des Gerichts abzuweichen, die sexualwissenschaftliche Begutachtung Moltkes allein auf die Ergebnisse der Beweisaufnahme, das bedeutete vor allem auf die Aussagen seiner Ex-Frau Lilly, zu beschränken. Vor Prozessbeginn hatte er bereits mit Moltke und einigen seiner Verwandten Gespräche geführt, die er in sein Gutachten einbezog und durch die er zu dem Schluss kam, »dass Graf v. Moltke ein durchaus korrektes, unantastbares Geschlechtsleben geführt hat«. Die »Taschentuch-Szene« könne zwar grundsätzlich auf Homosexualität, sogar auf »homosexuellen Fetischismus« hinweisen, aber nicht bei der »überschwänglichen, idealistischen Natur des Grafen«, wie sie ihm glaubhaft dargestellt worden sei. Daher diagnostizierte Merzbach bei Moltke keine Homosexualität, sondern nur eine zeitweilige »psychische Impotenz«, ausgelöst durch die Heirat mit einer ungeliebten Frau; ein in der Sexualwissenschaft gängiges Erklärungsmuster für physische Impotenz.[95] Trotz Merzbachs Protest gegen die Einschränkung seiner Rechte als ärztlicher Sachverständiger, auch außerhalb des Prozesses gewonnenes Material zu verwerten, schloss sich das Gericht dem Einspruch der Harden-Partei an und entließ ihn wegen mangelnder Objektivität.[96] Damit blieb

93 Zu den zwei Lagern Müller, *Homosexuelle Autobiographien und medizinische Pathographien*, S. 141–144; Mildenberger, *Homosexualität*, S. 64–95.

94 So die Meinung Merzbachs. Friedländer, *Prozesse*, S. 4060.

95 Merzbach, *Psychologie des Falles Moltke*, S. 23–30. Psychische Impotenz wurde häufig, besonders bei »geistig sehr beanspruchenden Berufen« wie Künstlern, Ärzten und Offizieren, auf Neurasthenie zurückgeführt. Bloch, *Sexualleben unserer Zeit*, S. 454–502.

96 Nach Einschätzung Hechts handelte das Gericht nachvollziehbar, da Merzbach die ihm zugewiesene Beurteilungsgrundlage verlassen und vor dem Prozess einseitig recherchiert hatte. Hecht, *Harden-Prozesse*, S. 137–141. Die Richter konnten die Grundlage medizinischer Gutachten festlegen, da diese nach § 83 Strafprozessordnung nur Hilfsmittel ihrer freien Beweiswürdigung waren. Unverständlich bleibt aber, weshalb die Moltke-Partei nicht einfach einen neuen Sachverständigen vorschlug. Bernstein selbst hatte die Namen der Sexualwissenschaftler Albert Moll und Albert Eulenburg in den Raum geworfen, die als konservativer als Hirschfeld galten. Sie kamen aber erst im 2. Moltke-Harden-Prozess

allein das Gutachten Magnus Hirschfelds für die Urteilsfindung übrig. Zwar betonte auch er, eine längere »klinische Beobachtung« Moltkes außerhalb des Gerichtssaales wäre erstrebenswert gewesen,[97] beschränkte sich jedoch auf die Ergebnisse der Beweisaufnahme sowie die Beobachtung und Analyse von Habitus und Verlautbarungen Kuno Moltkes während der Prozessverhandlungen.[98]

Michel Foucault hat betont, dass der Homosexuelle im Laufe des 19. Jahrhunderts zu einer Gesamtpersönlichkeit geworden ist, »die über eine Vergangenheit und Kindheit verfügt, einen Charakter, eine Lebensform und die schließlich eine Morphologie mit indiskreter Anatomie und möglicherweise rätselhafter Physiologie besitzt«. In Anlehnung daran hat der Sexualwissenschaftler Erwin Haeberle Anfang der 1990er Jahre bei seiner Analyse des 1. Moltke-Harden-Prozesses Hirschfeld den Vorwurf gemacht, die Homosexualität »als eine Disposition, einen Seelenzustand, eine Wesenseigenschaft«, die unabhängig von »irgendwelchen tatsächlichen sexuellen Handlungen« existiere, forensisch dargestellt und wissenschaftlich eingeführt zu haben.[99] Haeberles umfassende Hirschfeld-Kritik mag aus der Perspektive eines postmodernen Sexualwissenschaftlers berechtigt sein, historisch reflektiert ist sie nicht. Zunächst verkennt sie, dass der 1. Moltke-Harden-Prozess kein Strafprozess nach § 175 war. Es ging vorderhand nicht um die Repression Homosexueller, sondern um die mögliche Verurteilung eines obrigkeitskritischen Publizisten zu einer Haftstrafe; Hirschfeld sah zudem die große Chance, durch »den herbeigesehnten Idealzustand eines Sittenprozesses«[100] der Emanzipation Homosexueller einen großen Schritt näherzukommen. Desweiteren war den Sachverständigen in diesem Privatklageverfahren vom Gericht explizit die Veranlagung, nicht die Ausübung der Homosexualität als Untersuchungsgegenstand zugewiesen worden. Dafür aber konnte sich

zum Zuge. Friedländer, *Prozesse*, 4060–63; Merzbach, *Psychologie des Falles Moltke*, S. 1–8.

97 Psychiatrische Sachverständige waren aufgefordert, auf »Anstaltsbeobachtung« über einen längeren Zeitraum zu drängen, bevor sie ein Gutachten abgaben. Rapmund, *Ärztliche Sachverständige*, S. 396–397.

98 Die Frage, wie ein medizinisches Gutachten vor Gericht beschaffen sein musste, war nicht eindeutig geklärt. Merzbach argumentierte, dass es zulässig sei, »wenn ein Sachverständiger zur Gewinnung des Materials für seine Begutachtung durch Nachfrage bei dritten, mit den Verhältnissen vertrauten Personen Erkundigungen einzieht und bei der Begutachtung benutzt.« Vgl. Schultze, *Gerichtliche Psychiatrie*, S. 34.

99 Zu der sehr negativen Sicht auf Hirschfeld Haeberle, »Hirschfeld als Gutachter in der Eulenburg-Affäre«, S. 12. Vgl. allgemein Foucault, *The History of Sexuality 1.*

100 Mildenberger, *Homosexualität*, S. 81.

ein damaliger medizinischer Sachverständiger auf das lehrbuchgestützte Prinzip des »ärztlichen Augenscheins« berufen, als dessen Untersuchungsobjekte sogar »Örtlichkeiten, unbewegliche und bewegliche Sachen, lebende und verstorbene Personen« zulässig waren, um zu einem »Wahrscheinlichkeitsschluss« zu gelangen.[101]

Letztlich wäre es auch aus heutiger Sicht kaum progressiver gewesen, die einzige andere Alternative, die in der konkreten historischen Situation für die Sachverständigen bestand, ins Spiel zu bringen: eine körperliche Untersuchung Moltkes. Dadurch hätte der Versuch unternommen werden können, anatomisch festzustellen, ob er – passiven – homosexuellen Geschlechtsverkehr praktiziert hatte; ein Vorgehen, für das zeitgenössische Lehrbücher der Gerichtsmedizin spezielle Untersuchungsmethoden empfahlen.[102] Der sexualwissenschaftliche Trend jener Jahre ging aber eindeutig in Richtung Analyse des Individuums und seines psychologischen Intimlebens. In seinem Moltke-Gutachten verweist Hirschfeld bereits auf Sigmund Freuds gerade erst Konturen annehmende Psychoanalyse.[103] Zudem wäre eine körperliche Untersuchung des Kaiserfreundes auf Anzeichen von ausgelebter Homosexualität, von ihrer katastrophalen Wirkung auf das Ansehen der Monarchie einmal abgesehen, in einem Privatklageverfahren kaum ohne Zustimmung des Privatklägers möglich gewesen.

Als Magnus Hirschfeld sein spektakuläres Gutachten über den ehemaligen Stadtkommandanten von Berlin abgab, war er nicht nur als Gründer des WhK im Jahr 1897 berühmt, der ersten Vereinigung weltweit, die sich offen für die gesellschaftliche Toleranz Homosexueller einsetzte, sondern hatte sich internationales Prestige als Sexualwissenschaftler erworben, insbesondere mit seiner »Zwischenstufentheorie«, mit der er auch den Doyen des Faches,

101 Jedes »schablonenhafte Vorgehen« sei falsch, da jeder Fall »eigentümlich« sei. Wie dabei die geforderte »strengste Objektivität« zu wahren sei, blieb jedoch offen. Rapmund, *Ärztliche Sachverständige*, S. 28–32, 35–36.

102 »Aktive Päderastie« hielt Rapmund für nicht nachweisbar. Für den Nachweis passiven homosexuellen Geschlechtsverkehrs empfahl er Gerichtsärzten die Methode des russischen Sexualmediziners Tarnowsky. Rapmund, *Ärztliche Sachverständige*, S. 278–279. Afteruntersuchungen wurden bei Sodomie-Verdacht seit dem 16. Jahrhundert durchgeführt. Hutter, *Gesellschaftliche Kontrolle homosexuellen Begehrens*, S. 68–70; Pacharzina/ Albrecht-Désirat, »Homosexualität als klinisches Bild«, S. 97–112; Müller, *Homosexuelle Autobiographien und medizinische Pathographien*, S. 104–107.

103 Von der gerichtlichen Feststellung »körperlicher Abnormität« sprach nur: *Deutsche Tageszeitung*, »Zum Prozess von Moltke-Harden«, 10. November 1907, BAL 7837. Widersprüchlicherweise war dies hier Teil der Forderung, Homosexuelle als »geborene Kranke« in Irrenanstalten einzuweisen.

Richard von Krafft-Ebing, überzeugen konnte. Mann und Frau stellten demnach nur idealtypische Pole auf einer Skala quasi unendlicher sexueller Zwischenstufen dar. Jeder heterosexuelle Mann besaß auch weibliche, jede heterosexuelle Frau auch männliche Eigenschaften. Der homosexuelle Mann war für Hirschfeld besonders feminin veranlagt, die homosexuelle Frau besonders maskulin.[104] Sowohl das Gericht als auch Maximilian Harden zeigten sich mit dieser neuen Theorie bereits vertraut. Das Gericht fragte Hirschfeld mit Blick auf Moltke ausdrücklich nach »verschiedenen Arten von Homosexualität« während Harden einräumte, dass es in der Sexualität des Menschen »ungemein verschiedenen Nuancen« gebe.[105] Dennoch kam Hirschfeld der Erwartungshaltung bereitwillig nach, im Fall Eulenburg-Moltke eine eindeutige Grenze zwischen Männerfreundschaft und Männerliebe zu ziehen, denn dieser Akt gehörte für ihn, wie oben dargelegt, zur Kernaufgabe des Sexualwissenschaftlers:

»Ich habe aus der Beweisaufnahme die wissenschaftliche Überzeugung gewonnen, dass bei dem Kläger, Herrn Grafen Kuno v. Moltke, objektiv ein von der Norm, d.h. von den Gefühlen der Mehrheit abweichender Zustand vorliegt, und zwar eine unverschuldete, angeborene und m.E. in diesem Fall ihm selbst nicht bewusste Veranlagung, die man als homosexuell zu bezeichnen pflegt. Wir verstehen unter homosexuell jemanden, der homosexuell empfindet, der sich zu Personen des gleichen Geschlechts in wirklicher Liebe hingezogen fühlt. Ob er sich dabei homosexuell betätigt, ist vom naturwissenschaftlichen Standpunkt nebensächlich. Wie es Normale gibt, die keusch leben, so gibt es Homosexuelle, deren Liebe einen ausgesprochen seelischen, ideellen, ›platonischen‹ Charakter trägt.«

Zur Aufdeckung homosexueller Veranlagung, argumentierte Hirschfeld, seien weniger die Faktoren »Gefühlsrichtung« und »Gefühlsstärke«, wie bei der Einschätzung homosexueller Geschlechtshandlungen, sondern der »Gefühlston« wichtig, der mit den jeweils zeittypischen Normen von Gefühlsäußerungen abgeglichen werden müsse.[106] Nach dieser Methode könne Moltke objektiv als homosexuell bezeichnet werden, da die typische »Symptomdreiheit« vorliege: eine Abneigung gegen das weibliche Geschlecht, eine Zuneigung zum männlichen Geschlecht und Feminität. Die beiden ersten Kriterien seien durch Moltkes Haltung zu Frauen, zur Institution der Ehe und seine von der zeittypischen Norm abweichende Freundschaft mit Eulenburg

104 Eine zeitgenössische Kritik ist Albert Moll, »Sexuelle Zwischenstufen«, in: *Die Zukunft* 40 (1902), S. 425–433.

105 Friedländer, *Prozesse*, S. 3969.

106 Hirschfeld, *Epikritische Studie zum Harden-Prozess*, S. 90–91.

erfüllt. Um seine Feminität zu klären, bedürfe es eigentlich eines längeren klinischen Beobachtungszeitraumes, trotzdem lägen auch so genug schwerwiegende Anhaltspunkte vor:

»Der feminine Einschlag bei homosexuellen Männern ist, allgemein gesprochen, meist dadurch gekennzeichnet, dass eine größere Empfindsamkeit und Empfänglichkeit vorhanden ist, ferner ein Vorherrschen des Gefühlslebens, ein stark künstlerischer Sinn, besonders auch in musikalischer Hinsicht, vielfach auch ein Hang zum Mystizismus sowie allerlei weibliche Neigungen und Gewohnheiten in gutem und weniger gutem Sinne. Diese Mischung macht jedoch den Homosexuellen als solchen nicht minderwertig, er ist den Heterosexuellen zwar nicht gleichartig, aber doch gleichwertig.«

Damit erschien Hirschfeld der Beweis für die von Harden behauptete sexuelle Normwidrigkeit Moltkes »ohne Zweifel erbracht«, allerdings sei ihm seine Homosexualität selbst nicht bewusst.[107] Trotz Hirschfelds Reputation war es eine Sensation, als sich das Gericht nicht allein seinem Gutachten anschloss, sondern die Diagnose noch zuspitzte, indem es Homosexualität nicht nur als individuelle Wesenseigenschaft, die objektiv nachgewiesen werden konnte, sondern auch als sozial konstituierte und gesellschaftlich bedeutsame Realität fasste. Tatsächlich habe Harden, so das Gerichtsurteil, in seinen Andeutungen nicht nur den Vorwurf »sexueller Normwidrigkeit« oder »unbewusster Homosexualität« erhoben, beides würde auch nicht den Straftatbestand der Beleidigung erfüllen. Vielmehr habe er Moltke eine für Dritte »erkennbare« Homosexualität nachgesagt.[108] »Eine solche Behauptung ist aber, wie das Gericht angenommen hat, geeignet, den Privatkläger in der öffentlichen Meinung herabzuwürdigen. Denn von einem Manne in der Stellung eines Kommandanten von Berlin erwartet man, dass er, solange das Gesetz die Ausübung eines homosexuellen Triebes – wenn auch nur in der schärfsten Form – verbietet, die ihm innewohnende Homosexualität nicht erkennbar werden lässt.« Hier lag für das Gericht Moltkes eigentliches soziales Vergehen und der Grund, Harden freizusprechen: »Er [Moltke] hat somit seine homosexuelle Anlage anderen gegenüber nicht verheimlicht [...] Aus alledem hat das Gericht den Schluss gezogen, dass der Privatkläger er-

107 Friedländer, *Prozesse*, S. 4049–54.

108 Die Erkennbarkeit von Homosexuellen in der Öffentlichkeit war bereits Thema der Kriminologie. Paul Näcke, »Der Kuss Homosexueller«, in: Archiv für Kriminalanthropologie 17 (1904), S. 177ff. Dazu allgemein Wetzell, *Inventing the Criminal.* Zum »homosexuellen Blick« Kap. VI.1.

kennbar homosexuell ist und der Angeklagte den Beweis der Wahrheit geführt hat.«[109]

Das Gericht ging also davon aus, dass mit einem öffentlichen Amt auch ein Anspruch der Öffentlichkeit auf ein tadelloses Sexualleben des Amtsträgers verbunden ist. Die Privatsphäre »öffentlicher Persönlichkeiten« existierte demnach nur eingeschränkt, ihr Privatleben durfte politisiert werden. Das Urteil war so demokratisch und liberal wie es bigott war. Es war demokratisch, weil es für das allein vom Monarchen zu vergebende militärische Amt des Stadtkommandanten von Berlin Anrechte der Öffentlichkeit festlegte, es war liberal, weil es eine homosexuelle Veranlagung *per se* nicht als Ausschlussgrund für ein politisches Amt erachtete, und es war bigott, weil es in aller Offenheit und Deutlichkeit dem gesellschaftlichen Schein Vorrang vor dem individuellen Sein gab. Was die für das 20. Jahrhundert hochbedeutsame Grenzverschiebung von »normwidriger« Freundschaft über »unbewusste« zu »erkennbarer« Homosexualität betrifft, so ist sie ohne die Intervention der jungen Sexualwissenschaft kaum vorstellbar. Sie legte durch diesen Gerichtsprozess eine Probe ihrer Deutungsmacht ab.[110] Angesichts der atemberaubenden forensischen Eigendynamik wollte es nun selbst die Moltke wohlgesonnene staatstragende Presse, die zuvor seinen »Kampf ums Recht« gelobt hatte, nicht mehr fassen, wie es der General überhaupt zu einem Prozess hatte kommen lassen können.[111] Für die »Vaterlandsfreunde« unter den deutschen Journalisten stand für den Versuch einer Schadensbegrenzung nur noch der Weg frei, der Freundschaft der besten Freunde des Deutschen Kaisers einen anderen, höheren Sinn beizulegen.

Vielen wilhelminischen Deutschen galt Männerfreundschaft als eine »urgermanische« Qualität. Seit den Epochen der Klassik und Romantik wurde sie gerne, auch von der aufstrebenden Geschichtswissenschaft, als »deutsche Freundschaft« verklärt[112] und ihre »Reinheit« aus der Abwesenheit von Sinnlichkeit und Sexualität gezogen.[113] Männerfreundschaft ging in Deutschland, anders als in Großbritannien, in dem dasselbe Reinlichkeitsideal hochgehalten wurde, jedoch eine enge Verbindung mit dem Nationalismus ein

109 Urteil im 1. Moltke-Harden-Prozess, in: GStA 49838, Blatt 36–48.

110 Knight, *The Age of Science*; Blasius, *Geschichte der deutschen Psychiatrie 1800–1945*.

111 *Hamburgische Correspondenz*, »Der Prozess Harden«, 24. Oktober 1907, BAL 7836.

112 Etwa bei Scherr, *Deutsche Kultur- und Sittengeschichte*, S. 408; Treitschke, *Deutsche Geschichte*, S. 749.

113 Müller spricht von der Männerfreundschaft als Konzept, das sich traditionell nicht über Sexualität, sondern »geistige Verwandtschaft« und »innere Nähe« definierte. Müller, *Homosexuelle Autobiographien und medizinische Pathographien*, S. 310–311.

und diente lange als Surrogat für die fehlende Einheit der Nation, ja als vorweg gelebtes Versprechen, sie einmal zu erlangen.[114] Mit der Reichsgründung 1871, mehr noch aber mit der Sexualisierung der Moderne wurde dieser Nexus zunehmend fraglicher,[115] wobei klare weltanschauliche Fronten verschwammen. Auch experimentell-anarchistische Schriftsteller der wilhelminischen Ära wie Erich Mühsam wehrten sich dagegen, »dass Menschen, die in engster, bis zu erotischer Liebe gesteigerter Freundschaft aneinander hängen« mit Homosexuellen in einen Topf geworfen werden, die ihre Veranlagung zu »biologisch minderwertigen Individuen« stempele. Bereits 1904 erklärte Mühsam, nachdem er erkannt hatte, die Emanzipation Homosexueller zu sehr unterstützt zu haben, fortan »gegen jede Profanisierung des besten Gefühls, das wir haben, der Freundschaft«, kämpfen zu wollen. Während des Eulenburg-Skandals war er denn auch einer der entschiedensten intellektuellen Unterstützer Maximilian Hardens gegen Anwürfe von Seiten der organisierten Homosexuellenbewegung.[116]

Trotz aller Reinlichkeitspostulate war deutsche Freundschaft in Wahrheit nie ohne Sexualität denkbar gewesen. Als Exklusionsmerkmal etwa von den Freundschaften der Franzosen und Italiener galt gerade, dass diese »unter der Sonne des Südens« leicht in Sodomie entarteten.[117] Angesichts solch sowohl ästhetischer als auch nationalistischer Aufladung mannmännlicher Beziehungen am Ende des langen 19. Jahrhunderts wird verständlich,[118] weshalb Staatsanwalt Hugo Isenbiel bereits Maximilian Hardens Unterstellung einer »normwidrigen Freundschaft« als Beleidigung qualifizieren wollte, obwohl diese Sicht vom Urteil im 1. Moltke-Harden-Prozess abgelehnt wurde und selbst innerhalb der preußischen Staatsanwaltschaft umstritten war.[119] Denn nach der Jahrhundertwende von 1900 änderten sich nicht nur im Bürgertum

114 Mosse, *Nationalism and Sexuality*, S. 67–70.

115 Gay, *Liebe im bürgerlichen Zeitalter*, S. 314–329.

116 Erich Mühsam, »Offener Brief«, in: Der arme Teufel 3, Nr. 1/2 (1904), S. 5; Mühsam, *Die Jagd auf Harden*. Dazu Fahnders, »Kampfobjekt Homosexualität«, S. 7–26.

117 Mosse, *Nationalism and Sexuality*, S. 89. Zur historischen Traditionslinie durch Sexualität bedrohter Männer- und Knabenfreundschaft Brall, »Geschlechtlichkeit, Homosexualität, Freundesliebe«, S. 5–27; Martin, »Knights-Errants and Gothic Seducers«, S. 169–182; Vicinus, »Distance and Desire«, S. 212–232.

118 Zur nationalistischen Aufladung siehe die Aufsätze in dem Ausstellungsband Völger/Welck, *Männerbande. Männerbünde*, S. 1–112.

119 Friedländer, *Prozesse*, S. 4197–4200. Der Erste Staatsanwalt sah den Straftatbestand der Beleidigung nicht als erfüllt an. Harden habe eine »normwidrige« Männerfreundschaft beschrieben. Ein »sicherer Gegenbeweis«, dass er Homosexualität gemeint habe, werde sich schwer führen lassen. GStA 10215, Blatt 4.

die Beziehungen zwischen Mann und Frau, auch Jugendliche setzten sich allmählich stärker und öffentlicher damit auseinander, ob ihre Gefühle füreinander Freundschaft, Erotik oder sexuelles Begehren darstellten.[120] Die deutsche Öffentlichkeit war deshalb beim neuen Blick auf Männerfreundschaften durch die Linse des Eulenburg-Skandals gespalten. Einige staatstragende Journalisten unternahmen in der ersten Phase des Skandals bis zum Mai 1908 Versuche, die Freundschaft zwischen Eulenburg und Moltke nach dem überkommenen Topos von der deutschen Freundschaft ins Nationale und Künstlerische zu sublimieren. So verglich die *Vossische Zeitung* die Kosenamen und Briefanreden, in denen Moltke als »Tütü«, der »Süße« oder »alter Dachs«, Eulenburg als »Phili« oder »Philine« figurierte, mit den Briefwechseln deutscher Nationalheroen: Goethe hatte Zelter als »geliebten«, »einziggeliebten«, »angebeteten« und »göttlichen« Freund tituliert; Richard Wagner, Moltkes und Eulenburgs musikalisches Idol, hatte an seinen Busenfreund Franz Liszt geschrieben: »Es ist ganz namenlos, wie du auf mich gewirkt hast: überall sehe ich nur den üppigsten Frühling um mich her, keimendes und sprossendes Leben und dabei einen so wollüstigen Schmerz, eine so schmerzlich berauschende Wollust, eine solche Freude Mensch zu sein und ein schlagendes Herz zu haben, dass ich nur bejammere, Dir das alles schreiben zu müssen! Wenn ich dir mein Liebesverhältnis zu Dir beschreiben könnte!« Über solch edle und reine Ausprägungen deutscher Freundschaft war für das Leitblatt des Bildungsbürgertums der Mentalitätswechsel der letzten Jahre, die Sexualisierung vieler menschlicher Beziehungen, zu schnell hinweggegangen. Würden Goethes und Wagners Briefe im Jahr 1907 im Berliner Justizpalast forensisch begutachtet werden: »Aus is!«. Aus der Perspektive gegenwärtiger Männlichkeitsvorstellungen kämen wie bei Moltke bei jemandem wie Richard Wagner »feminine Eigenschaften« noch erschwerend hinzu, denn er habe bekanntlich gerne »seidene Höschen und bunte Schlafröcke« getragen und war mit Ludwig II. von Bayern befreundet. »Dann ist alles fix und fertig: er war homosexuell – obwohl [Wagner] sich zweimal verheiratete, nicht zum Schein, und Kinder zeugte und außerehelich ein wilder und wüster Frauenjäger war. Wehe ihm, wenn er sein normales Geschlechtsleben in Moabit hätte erweisen müssen!«[121]

Zum wichtigen Apologeten der Eulenburg-Moltke-Freundschaft als einer spezifisch deutschen Freundschaft wurde Georg Merzbach. Nachdem sein Gutachten als medizinischer Sachverständiger vom Gericht wegen man-

120 Geuter, *Homosexualität in der deutschen Jugendbewegung*, S. 44–49.

121 *Vossische Zeitung*, »Die Ergebnisse des Prozesses«, 30. Oktober 1907, BAL 7836.

gelnder Objektivität verworfen worden war, bot er der Öffentlichkeit unter dem Titel *Zur Psychologie des Falles Moltke* ein umfassendes Gegengutachten zu Magnus Hirschfelds Sichtweise an. Darin grenzte der 2. Vorsitzende des WhK ein adelig-naturalistisches Freundschaftsverständnis von »Hyperästheten« von einem bürgerlich-materialistischen Freundschaftsverständnis moderner »Dutzendmenschen« und »Alltagsmenschen« ab. Für Merzbach ragte in Person der Kaiserfreunde eine ältere und bessere Form der Freundschaft als soziales Residuum in die Moderne. Diese hochgradig elitäre Sicht – *quod licet jovi non licet bovi* – besaß alle Eigenschaften wilhelminischer Untertanenmentalität, da sie offen zweierlei gesellschaftliches Maß anlegte. Anders als bei »Massenmenschen« würden im Milieu Eulenburgs und Moltkes nun einmal »Briefe mit solchen Anreden und Wendungen, wie der Bräutigam sie an die Braut richtet [...] von Männern, ganzen Vollmännern, an Männer« geschrieben und brächten in diesem sozialen Kontext einzig und allein eine »schöne, reine und ideale« Freundschaft zum Ausdruck.[122]

An solche ästhetisierenden, elitisierenden und patriotisierenden Deutungen knüpfte Philipp Eulenburg im 2. Moltke-Harden-Prozess mit Meisterschaft an. »Ein Hieb ist der deutschen Freundschaft versetzt, es ist ein Gift, das in die Freundschaft hineingeträufelt ist, da ist sich ja kein Mensch mehr sicher, das ist ein Verrat am Deutschtum«, wetterte er mit einer gewissen Autorität.[123] Denn seit Jahrzehnten hatte Eulenburg sich als »Dichter der deutschen Freundschaft« inszeniert. Mit seinen *Rosenliedern*, von denen über eine halbe Million Exemplare verkauft wurden, feierte er beträchtliche Erfolge in Deutschland und im Ausland. Das Künstlertum des Favoriten Wilhelms II., eine krude Mischung aus Nordlandromantik, Mittelalterverherrlichung und Kindermärchen, wird in Kapitel V.3 unter dem Aspekt des Antisemitismus in den Blick genommen. Hier ist wichtig, dass die späte gerichtliche Hilfeleistung des »nordischen Barden« für seinen Freund Moltke, während des 1. Moltke-Harden-Prozesses ließ er sich wegen Krankheit entschuldigen, zu regelrechten Apotheosen in ultrakonservativen Zeitungen führte. »Es war ein Zeugnis für das Schönste und Herrlichste, was wir Deutschen unser eigen nennen: Die Freundschaft! Wer Eulenburgs Dichtungen kannte, wusste, dass dies Zeugnis kommen musste«, schwärmte die *Deutsche Tageszeitung*. Und da das Blatt in seinem politischen Ressort zu den schärfs-

122 Merzbach, *Psychologie des Falles Moltke*, S. 32–34.

123 Hirschfeld, *Epikritische Studie zum Harden-Prozess*, S. 24. Eulenburg spielte offenkundig auf Nietzsches Diktum vom Christentum an, das dem Eros Gift zu trinken gab. Vgl. Nietzsche, *Jenseits von Gut und Böse*, Aphor. 168.

ten Kriegstreibern in Deutschland zählte, fiel es seinen Redakteuren nicht schwer, auch für die Verbindung von Krieg und Liebe Versatzstücke aus Eulenburgs Œuvre anzuführen: »Aber, wie in allem echt deutschen Wesen, sind auch in seinem Dichten diese Rosen zartester Empfindung um den Knauf des Schwertes gewunden, und aus der Freude am ritterliche Kampfe blüht bei ihm das Lob der Freundschaft auf.«[124] Für einen großen Teil der staatstragenden Presse war das Lob deutscher Freundschaft schon allein deshalb patriotische Pflicht, weil es nicht nur ein Schutzdach für Eulenburg und Moltke, sondern auch für den Dritten in ihrem Freundschaftsbunde bildete; selten namentlich erwähnt, wurde der Kaiser doch immer mitgedacht. Es blieb auch kaum eine Wahl, denn der Freundschaft mit Wilhelm II. hatte Eulenburg die meisten seiner Schriften geweiht. Für jeden Leser der *Skaldengesänge* war ersichtlich, dass darin nicht die Freundschaft zwischen einem phantastischen nordischen Herrscher namens »Hokan« und seinem Dichterfreund »Harald«, sondern zwischen dem Deutschen Kaiser und seinem dichtenden Favoriten idealisiert wurde.[125] Von ihrem Beginn in den 1880er Jahren an war diese Freundschaft eine politische Größe. Herbert Bismarck schrieb seinem Vater kurze Zeit nach der Thronbesteigung Wilhelms II. voller Eifersucht, dass »S.M. den Ph. Eulenburg mehr liebt als irgendeinen lebenden Menschen«. Der Kaiser machte aus seiner Zuneigung keinen Hehl und zeichnete Eulenburg immer wieder vor allen anderen Höflingen aus. Seinem Erzieher Hinzpeter stellte er ihn stolz als den einzigen »Busenfreund« vor, den er besitze.[126] Trotz einiger Höhen und Tiefen währte die Freundschaft mit all ihren politischen Implikationen bis zum Ausbruch des Skandals. Noch im Herbst 1905 war der russische Finanzminister Witte bei Verhandlungen in Rominten von der Innigkeit der Beziehung überrascht: »Der Kaiser saß auf der Lehne des Stuhles, auf dem Eulenburg saß. Seine rechte Hand lag auf der Schulter des Grafen, als umarme er ihn. Der Graf benahm sich von allen am ungezwungensten, und wer so in das Zimmer geblickt hätte, ohne einen der Anwesenden zu kennen, und gefragt worden wäre, wer von Ihnen der Kaiser sei, […] so hätte er wahrscheinlich eher auf den Grafen Eulenburg hingewiesen als auf Wilhelm.«[127]

124 *Deutsche Tageszeitung*, »Männer-Freundschaft«, 9. November 1907, BAL 114.

125 Wilhelm II. war so gerührt, dass er nach der Veröffentlichung Briefe an Eulenburg lange Zeit mit »Hokan« unterzeichnete. Vgl. Philipp zu Eulenburg, *Skaldengesänge* (1892), S. 97–98.

126 Muschler, *Eulenburg*, S. 213. Herbert an Otto Bismarck, 5. Oktober 1888, in: Bußmann, *Herbert von Bismarcks politische Privatkorrespondenz*, S. 523.

127 Witte, *Erinnerungen*, S. 280.

Axel von Varnbüler, württembergischer Diplomat in Berlin, gab sich in seinen unveröffentlichten Memoiren redliche Mühe, die »hochideal gestimmten, oft schwärmerischen Männerfreundschaften – Honi soit qui mal y pense« seines Freundes Eulenburg jeder homosexuellen Bedeutung zu entkleiden. Sie hätten im Gegenteil nur der Erholung von »sinnlichen Leidenschaften für schönere Frauen« als seiner Gemahlin gedient, der schwedischen Gräfin Augusta von Sandels.[128] Plausibler als Varnbülers wenig konzise Schutzbehauptungen, er gehörte zum engsten Zirkel der Eulenburg-Kamarilla und überstand den Skandal nur deshalb unbeschadet, weil er sich auf Maximilian Hardens Warnung hin »ruhig« verhielt, ist das Urteil von Varnbülers Schwester Baronin Hildegard Spitzemberg. Wie oft, notierte sie in ihrem berühmten Tagebuch über die Hofkreise des Kaiserreiches, habe sie Sonette Eulenburgs gelesen, in denen er »Herzenssachen mit Frauen mit einer Leidenschaft schildert und besang, dass ich dachte, mein Gott, was hat der Mann alles ausgestanden. Frug man näher nach, so war es eine einfache *bonne fortune* ohne allen tragischen Beigeschmack. Er selbst aber glaubte fest an ein wirkliches Erlebnis solcher Art. Geschichten, die er erzählte, wurden allmählich ganz anders; darauf aufmerksam gemacht, konnte er ganz wütend werden, überzeugt, dass er richtig erzählt hatte.«[129] Trotz vielfacher Spekulationen bleibt festzuhalten: Für heterosexuelle Beziehungen Eulenburgs außerhalb seiner Ehe gibt es keinerlei Indizien.

Stattdessen kultivierte er einen regelrechten Kult um seine Männerfreundschaften, teils uneigennützig-emotional, teils politisch-funktional, oft beides. Er und sein bevorzugter Protegé Bernhard von Bülow nannten sich wechselseitig »Geliebter« und »Liebster« und noch im Herbst 1905 schrieb Bülow, immerhin schon seit rund fünf Jahren Reichskanzler, dem Freund mit der Anrede »Mein geliebter Phili!«.[130] Den Mitgliedern des »Liebenberger Freundeskreises«, in seinen Freundschaftsstrukturen von Isabel Hull akribisch untersucht,[131] versicherte Eulenburg gerne, er liebe auch Wilhelm II.

128 Varnbülers unveröffentlichte Memoiren zit. in Röhl, *Eulenburgs politische Korrespondenz I*, S. 110, FN 3. Schon Röhl kommentierte, Varnbüler habe mit diesen Zeilen eher eine Rechtfertigung vor der Nachwelt bezwecken als die wahren sexuellen Verhältnisse wiedergeben wollen. Nichtsdestotrotz schenkte Röhl den nirgends bewiesenen »Frauengeschichten« Varnbülers, Moltkes und Eulenburgs Glauben und kam dadurch zu dem fragwürdigen Schluss, der Liebenberger Freundeskreis sei »homoerotisch« strukturiert, Eulenburg überdies bisexuell gewesen.

129 Vierhaus, *Tagebuch Spitzemberg*, S. 483–484 (30. Juni 1908).

130 Bülow an Eulenburg, 22. September 1905, in: Röhl, *Eulenburgs politische Korrespondenz III*, Nr. 1507.

131 Hull, *The Entourage of Kaiser Wilhelm II*.

nur als Mensch – wie der Günstling Leicester, der Königin Elisabeth von England ebenfalls schwor, dass er sie auch als Hirtin geliebt hätte, so der mokante historische Vergleich des *Berliner Tageblattes*.[132] Der Skandal zerbrach die meisten der Liebenberger Freundschaften, selbst die Beziehung zu Moltke, dem Eulenburg jetzt die Schuld an dem »wenig geschmackvollen Gedanken« gab, für Wilhelm II. den Kosenamen »Liebchen« etabliert zu haben, erholte sich erst Jahre später wieder.[133] Verraten sah sich Eulenburg von Reichskanzler Bülow, vor allem aber von seinem kaiserlichen Freund, wie seine privaten Niederschriften aus der Skandalzeit und den folgenden Jahren zeigen. Darin drohte er dem Monarchen sogar anhand einer von ihm angefertigten Zeichnung (Abb. 16) mit der Enthüllung, wie intim ihre Freundschaft wirklich war. Die Handskizze zeigt das sogenannte Jagdschloss in Rominten, gebaut im Stil eines norwegischen Landhauses, in dem ein Flügel nur die Wohnung des Kaisers und ein Zimmer für Eulenburg beinhaltete.[134] »Ich vermochte, ohne dass die Bedienung dieses hören konnte, bei Tag und Nacht mit dem Kaiser zu verkehren«, so Eulenburgs drohende Erläuterung.[135] Die während des Skandals zweifellos hochbrisante Veröffentlichung der jahrelangen räumlichen Nähe zwischen beiden Freunden erfolgte jedoch nie. Eine Abdankung des Kaisers hätte Eulenburg selbst in noch so verzweifelter Lage nichts genützt.

Phantasien um die körperliche Nähe zwischen Wilhelm II. und seinem besten Freund Philipp Eulenburg zirkulierten in der Öffentlichkeit auch so. Selbst Theodor Wolff, dieser Vorzeigedemokrat unter den Journalisten des Kaiserreiches, vermisste beim Sturz des »Männerfreundes« Eulenburg jene maskuline Dramatik – und sexualmoralische Sicherheit – die den Günstlingsstürzen der jüngeren Geschichte, der Lauzun, Fouquet, Struensee und Orloff innewohnte: Frauengeschichten. »Das alles waren im Grunde sehr natürliche Regungen gewesen. Wie wohl wäre dem Fürsten Eulenburg und uns, wenn auch heute nichts anderes vorgefallen wäre.« Daneben äußerte Wolff seine Enttäuschung, dass Eulenburg sich »wie ein kleiner Bourgeois« aufgebe, anstatt als Mann und Aristokrat rücksichtslos um sein Dasein zu kämpfen – und etwa homosexuelle Liebesbriefe Kaiser Wilhelms II. zu ent-

132 *Berliner Tageblatt*, »Die Geste«, von Theodor Wolff, 20. Juli 1908, BAL 7839.

133 BAK NL Eulenburg, Nr. 75, S. 92.

134 Die Kaiserin, vermerkte Eulenburg, habe seinetwegen desöfteren Eifersuchtsanfälle gehabt. BAK NL Eulenburg, Nr. 75, S. 232.

135 BAK NL Eulenburg, Nr. 75, S. 227–229.

hüllen.[136] Trotz des Majestätsbeleidigungsparagraphen fielen in der Presse zahlreiche ähnliche Andeutungen auf eine Homosexualität des Reichsoberhauptes. Verklausuliert hieß es beispielsweise, der Kaiser sei jahrzehntelang »Objekt männlicher Liebeswerbungen« von Seiten Eulenburgs und der von ihm in die Umgebung des Monarchen gebrachten Homosexuellen gewesen.[137] An die Grenze zur Strafbarkeit ging die *Münchener Post*, als sie ihren Lesern ausmalte, wie physisch nahe Eulenburg dem Kaiser als dessen »Intimster« gewesen war: »Berührung hat hier einen widerlichen Beigeschmack«.[138] Das Revolverblatt *Große Glocke* sicherte sich bei der gezielten sexuellen Entwürdigung des Herrschers ausdrücklich mit dem Verweis auf die Enthüllungen der Gerichtsverhandlungen ab: »Es ist beschworen: Die Hand, die in des Deutschen Kaisers Hand unzählige Male gelegen, dieselbe Hand hat draußen auf dem Starnberger See an einem Fischerknecht scheußlichste Unzucht getrieben.«[139]

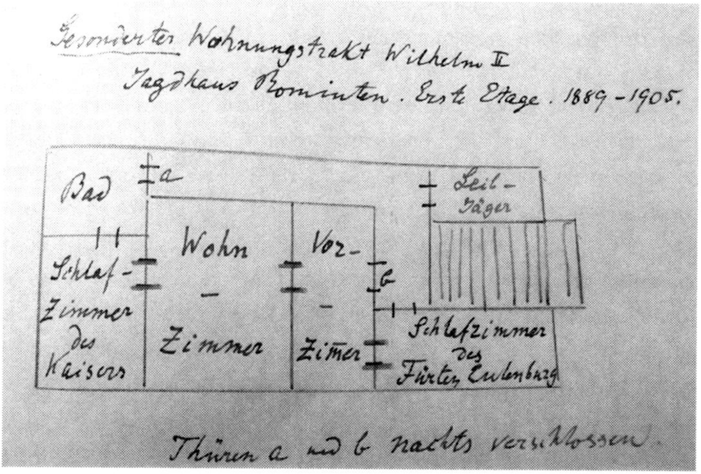

Abb. 16. Eigenhändige Zeichnung Eulenburgs: »Gesonderter Wohnungstrakt Wilhelms II. Jagdhaus Rominten. Erste Etage. 1889–1905« mit dem sexuelle Intimität suggerierenden Hinweis: »Türen a und b nachts verschlossen«. Quelle: BAK NL Eulenburg, Nr. 75, S. 230; Nr. 78, S. 6.

136 *Berliner Tageblatt*, »Eulenburg«, von Theodor Wolff, 29. Juni 1908, BAL 7839. Zu Frauengeschichten als zentralem Motiv bei Favoritenstürzen Bischoff, *Camarilla*, S. 16–17.

137 Vgl. Kohlrausch, »Der unmännliche Kaiser«, S. 254–275.

138 *Münchener Post*, »Im Spinatgärtlein. Der Meineid des Fürsten Eulenburg«, 23. April 1908, BAL 7838.

139 *Die Große Glocke*, »Herr Staatsanwalt, Sie haben das Wort!«, 29. April 1908, GStA 49831.

Auch wegen solcher Anspielungen auf eine Homosexualität Kaiser Wilhelms II. war ein großer Teil der deutschen Presse bald nicht mehr bereit, das nationale Prestige durch ästhetisierende und patriotisierende Beschwörungen deutscher Freundschaft noch zusätzlich zu gefährden. Wichtige Boulevardzeitungen wie die *BZ am Mittag* hielten es für kaum noch erträglich, dass Eulenburg von den ihn unterstützenden Journalisten aufgrund eines völlig anachronistischen Freundschaftsverständnisses zum »Musterehrenmann« und »ersten Idealisten unter der Sonne« verklärt werde.[140] Wenn ein einfacher Bürger den Kaiser »Liebchen« nennen würde, warnte die katholische *Germania* vor unzeitgemäßen Freundschaftsmaßstäben, wäre ihm aus guten Gründen ein Prozess wegen Majestätsbeleidigung sicher.[141] Viele überzeugte auch schlichtweg Maximilian Hardens Argumentation, jeder normal empfindende Deutsche müsse eine Männerfreundschaft wie die zwischen Eulenburg und Moltke »für eine erotisch betonte« halten und ablehnen.[142] Die Satirezeitschriften griffen den Mentalitätswandel, die Verengung des Freundschaftsbegriffs bei gleichzeitiger Ausweitung gesellschaftlich sagbarer Sexualität, begierig auf.[143] Der *Simplicissimus* brachte eine »Moltke-Harden-Sonderausgabe«, deren Verkauf im Straßenhandel sofort untersagt wurde, weil der Kaiser darin als »Liebchen« verspottet wurde. Solch hilflose Zensurmaßnahmen steigerten die Popularität noch, denn in Zeitungsfachgeschäften und Trinkhallen konnte das Satireblatt jetzt mit dem Slogan »Der vom Straßenhandel ausgeschlossene *Simplicissimus* ist hier noch zu haben« beworben werden. Voller Ironie spielten auch die im Kaiserreich außerordentlich beliebten anzüglichen Postkarten und Couplets mit der durch den Skandal problematisch gewordenen Grenzziehung zwischen Freundschaft und Liebe: Ähnlich wirkungslos wie das Verbot der Satirezeitschriften blieben polizeiliche Beschlagnahmungen von »Phili und Tütü«-Postkarten und gedruckten Couplets über »Phili und seine Kuno-gunde«. Sie wurden weiterhin zehntausendfach unter den Ladentheken vertrieben.[144]

140 *BZ am Mittag*, »Kistler und Schäfer«, 17. Juli 1908, PAAA.

141 *Rheinisch-Westfälische Zeitung*, »Peinliche Fragen«, 31. Oktober 1907, GStA 49839.

142 Friedländer, *Prozesse*, S. 3973–80.

143 Maskulinität in der Freundschaft im Sinne eines Ausschlusses sinnlicher Begierden forderte etwa Gleichen-Russwurm, *Freundschaft. Eine psychologische Forschungsreise*, S. 10, 285.

144 *Die Post*, 14. November 1907, GStA 49839.

Abb. 17. Eine Postkarte, wie sie während des Eulenburg-Skandals zehntausendfach unter den Ladentheken vertrieben wurden. Quelle: Privatbesitz des Autors.

Angesichts der Volkstümlichkeit von Scherzen über den Freundschaftskult in den »allerhöchsten Kreisen« sprach der *Vorwärts* von einem typisch adeligen »Feminismus«, von dem sich der gesunde Arbeiter und Bauer zu Recht abgrenze.[145] Auch viele konservative Zeitungen wandten sich nun von deutscher Freundschaft in einem femininen Sinn ab. Unter der Überschrift »Tenor und Feminismus« ging etwa die *Deutsche Volkswirtschaftliche Korrespondenz* auf den Mentalitätswandel von der *Belle Époque* zum »Eisernen Zeitalter« ein. Aktueller Aufhänger war die Premiere des italienischen Opernsängers Enrico Caruso in Berlin, eigentlicher Anlass aber der gleichzeitig stattfindende 1. Moltke-Harden-Prozess.

»Es ist wieder einmal ein italienischer Tenor an der Spree erschienen, er berauscht und fängt die Weiblein und von den Männern diejenigen, die der edlen Kunst der Musik und des Gesanges mit mehr weiblichem Empfinden gegenüberstehen. Die Musik ist eine weibliche Kunst [...] Man will bemerkt haben, dass sie gerade in solchen Zeiten Aufschwung und Blüte erreicht, am meisten gefeiert wird, in denen sonst eine gewisse Erschlaffung und Müdigkeit, unmännliche Empfindsamkeit, unbestimmte Sehnsucht ins Leere und Tatenlosigkeit herrschend geworden sind. Man träumte bei Musik im Italien des 18. Jahrhunderts, als dort jeder männliche Geist gewichen war und in dem halb italisierten Österreich zur Zeit Mozarts und Beethovens [...] Der alternden romanischen Kultur und dem Slaven ›liegt‹ die Musik. Der Germane hat ihr gegenüber immer noch ein Gefühl der Verweichlichung, und England hat noch niemals einen wirklich großen Komponisten hervorgebracht [...] Und dem italienischen Tenor fließen außer den Dukaten noch schwärmerische Bewunderung, halbgottmäßige Verehrung und die Herzen unserer Frauen und Mädchen zu. Ist das nicht ein Zeichen von Ungesundheit im deutschen Leben, von Verweichlichung und Sentimentalität? Dem Backfisch verzeiht man seine Schwärmerei, der Frau gönnt man einen Caruso-Abend, wenn man das Geld dazu hat, aber Männer sollten sich doch eigentlich vor übertriebener Gefühlsseligkeit und vor Überschätzung hoher Tenortöne hüten.«[146]

Auch Max Bernstein nutzte in den Gerichtsverhandlungen am Tag der Caruso-Premiere die Gelegenheit, um mit Blick auf Umschreibungsversuche der Kaiserfreunde Eulenburg und Moltke zu Weimarer Künstlernaturen à la Goethe und Schiller unter dem Gelächter des Saales das böse Bonmot zu prägen: »Es soll der Sänger mit dem König gehen, aber es soll nicht der Päderast mit dem König gehen!«[147] In geschlechtlichen Dingen fühlten diese »Freunde« ganz sicher nicht so, »wie die Mehrzahl deutscher Männer denn

145 Zit. in *Volkskorrespondenz*, »Feminismus«, 22. November 1907, BAL 7837.
146 Zit. in *Deutsche Tageszeitung*, »Tenor und Feminismus«, 27. Oktober 1907, BAL 7836.
147 Friedländer, *Prozesse*, S. 4086.

doch noch fühlt«.[148] Als anrüchig fiel es jetzt auch auf, dass das Hauptmotiv in Eulenburgs künstlerischen Werken fast immer sinnliche Männerfreundschaften bildeten. Wenn sie der Nation gehören sollten, durften Männerfreundschaften jedoch niemals sinnlich werden.[149] Der »Dichter der deutschen Freundschaft« selbst hatte Journalisten auf die Idee gebracht, seine Schriften auf homosexuell deutbare Stellen zu durchforsten: Bei Ausbruch des Skandals versuchte Eulenburg überstürzt, einen 1897 in 100 Exemplaren veröffentlichten Privatdruck aus dem Verkehr zu ziehen. Die *Wiener Allgemeine Zeitung* hatte sich da längst ein Exemplar seiner *Freundschaft in Briefen* mit dem preußischen Adligen und Kunstsammler Fritz von Farenheid-Beynuhnen gesichert. Die von der österreichisch-ungarischen Zeitung gebrachten Auszüge aus dem Briefwechsel zwischen dem ehemaligen deutschen Botschafter in Wien und dem »bekannten Homosexuellen« Farenheid wurden von vielen deutschen Blättern ausgiebig zitiert.[150] Die Beziehung zu Farenheid war nur eine von vielen Freundschaften, die Eulenburg im Skandal auf die Füße fielen. Es könne kaum Zufall sein, spottete die *BZ am Mittag*, dass die meisten seiner idealistisch verklärten »Freunde« inzwischen als Homosexuelle entlarvt seien und zählte verdächtige Namen auf.[151] Bezeichnenderweise störten sich wilhelminische Journalisten vor allem an den politischen Implikationen überkommener Ideale von Männerfreundschaft. Dass Eulenburg an Farenheid geschrieben hatte »Ich bin nur ein ›Gefühlsmensch‹, der wohl unbeschreiblich lieben, aber kaum hassen kann, dem selbst das Verachten schwer wird!« wurde als Verweichlichung und Dekadenz empfunden, denn mit der Wende zum 20. Jahrhundert sei man in ein »Eisernes Zeitalter« eingetreten, so die *Deutsche Zeitung*. »Diese Briefe lesen sich wie aus den Tagen der Dichterbünde und Freundschaften des 18. Jahrhunderts. Unbegreiflich, wie man einen solchen Mann mit der Wahrnehmung höchst realer Interessen beauftragen konnte, noch unbegreiflicher aber ist

148 Friedländer, *Prozesse*, S. 3975.

149 Geuter, *Homosexualität in der deutschen Jugendbewegung*, S. 49.

150 *Pfälzischer Kurier*, »Berliner politischer Brief«, 1. November 1907, BAL 7837, 16. Vgl. Eulenburg, *Fünf Jahre der Freundschaft* (1897). Auf ähnliche Weise hatte Eulenburg 1887 unter dem Pseudonym »Iwor Swenson« das Buch *Der Seestern* in einem engeren Kreis verteilt, aber nicht in den Buchhandel gegeben. *Berliner Volkszeitung*, »Eulenburgs literarische Neigungen«, 17. Juli 1908, BAL 7839.

151 Neben den beiden Farenheid-Brüdern nannte das Boulevardblatt die Namen Gobineau, Wedel, Lynar, Hohenau, Lonyay, Wendelstadt, Baron Fürstenberg, Raymond Lecomte und Theodor Reichmann. *BZ am Mittag*, »Kistler und Schäfer«, 17. Juli 1908, PAAA.

das Streben dieses Mannes nach Einfluss und Macht«.[152] Als während des 2. Moltke-Harden-Prozesses eine Rehabilitation Eulenburgs und Moltkes durch den Kaiser ventiliert wurde, hatten die ultrakonservativen Zeitungen einen vollständigen Richtungswechsel vollzogen und warnten nun noch eindringlicher als die linke und liberale Presse vor der Wiederbelebung des Freundschaftskultes um den Monarchen: »Von dieser ungesunden, schwächenden, verderblichen ›Hyperästhesie‹ der Nerven muss unser Geschlecht geheilt werden«, forderten die *Deutschen Nachrichten*, »sonst geht unser Volk dem Verfalle entgegen.«[153]

In seinen privaten Niederschriften beklagte Eulenburg vor allem diese Folge des Skandals: »In meinen Jugendjahren galt innige Freundschaft zwischen zwei jungen Leuten, Offizieren, Studenten, als ein schönes Vorbild. Sie wohnten zusammen, sie zeigten sich allerorts zusammen und man freute sich dieser schönen Einigkeit. Jetzt wagt kaum jemand im Deutschen Reich von Freundschaft zu sprechen«. Maximilian Harden habe der »modernen Individualität« endgültig zum Durchbruch verholfen, die keinen treuen Freund mehr neben sich dulde. Es gebe nur noch ein »Ich« und das »Du« dürfe nicht mehr männlich, sondern nur noch weiblich sein.[154] Schon vor dem ersten Gerichtsprozess hatte Eulenburg resigniert an Moltke geschrieben:

> »Unser Idealismus ist tatsächlich ein Anachronismus geworden und fordert deshalb einen Gegensatz heraus […] In dem Augenblick, da der frechste Repräsentant der modernen Zeit, ein Harden, in der Presse unser Wesen kritisierte, unsere ideale Freundschaft herabzog, unser Denken und Fühlen der Form entkleidete, die wir als vollberechtigt so lange Jahre unseres Lebens, anerkannt von den Zeitgenossen, als eine selbstverständliche, natürliche, kaum beachtete hatten, brach die neue Zeit uns kaltlächelnd den Hals.«[155]

Tatsächlich führten die Enthüllungen des Skandals und ihre öffentliche Aushandlung dazu, dass ehemals als »überschwänglich« tolerierte Freundschaften nun als Homosexualität empfunden wurden. Selbst progressive Ärztinnen mahnten in den folgenden Jahren, bereits bei Kindern und Jugendlichen auf entsprechende Anzeichen zu achten: »Eltern sollen daher ihr Augenmerk

152 Merkwürdig erschien nun, dass Eulenburg bereits wenige Monate nach dem Tod seines »väterlichen Freundes« Gobineau am 13. Oktober 1882 eine ähnlich gelagerte schwärmerische Freundschaft mit dem 30 Jahre älteren Farenheid suchte. *Deutsche Zeitung*, »Freundschaftsbriefe des Fürsten Philipp Eulenburg«, 31. Oktober 1907, BAL 114.

153 *Deutsche Nachrichten*, »Der Moltke-Harden-Prozess«, 24. Dezember 1907, GStA 49839.

154 BAK NL Eulenburg, Nr. 75, S. 265.

155 Eulenburg an Moltke, 10. Juli 1907, zit. n. Hull, »Kaiser Wilhelm II. und der ›Liebenberg-Kreis‹«, S. 90.

auf übertriebene Freundschaften ihrer Kinder richten, auch eine platonische Freundschaft kann, wenn sie zu exaltiert ist, schließlich Gefahr bringen.«[156] Einer an sexuellen Fragen hochinteressierten, gleichzeitig aber hypermoralischen Öffentlichkeit wie der wilhelminischen war mit Romantik nicht mehr zu vermitteln, dass Moltke seinem Freund Eulenburg versprechen musste, nicht mit der eigenen Ehefrau zu schlafen.[157] Der Topos von der deutschen Freundschaft hatte sich angesichts der jetzt immer häufiger geäußerten Vorstellung verbraucht, in ein »Eisernes Zeitalter« eingetreten zu sein, wie es Jakob Burckhardt bereits nach der Reichsgründung 1871 heraufziehen sah.[158] Magnus Hirschfeld bezog diesen Wandel des Zeitgeistes und der Mentalität in seine sexualwissenschaftliche Diagnostik ein und erklärte, was in der Ausdrucksweise der Zeit von Goethe und Jean Paul »unter Freunden ganz gewöhnlich war, ist in unserem technischen und militärischen Zeitalter wieder ganz anders zu bewerten«.[159] Bereits vor dem Ersten Weltkrieg und dem männerbündischen Kameradschaftskult von Weimarer Republik und Drittem Reich bestärkte der Eulenburg-Skandal damit Tendenzen, Beziehungen unter Männern eher einen kameradschaftlich-kollektiven als freundschaftlich-individuellen Anstrich zu geben.[160] Dies galt in besonderem Maße für das politische Feld. Denn die Herrschaftselite des Kaiserreiches wurde auch deshalb moralisch delegitimiert, wie in Kapitel V gezeigt wird, weil Wilhelm II. und sein Favorit Eulenburg sie als Freundeskreis zu strukturieren versucht hatten.[161] In Zukunft, war sich der *Berliner Börsen Courier* nach dem 1. Moltke-Harden-Prozess sicher, werde es daher »keine Freundschaft zwischen hochstehenden Männern« mehr geben. Jeder deutsche Politiker werde sich ab jetzt »vor dem Misstrauen des auf das tiefste erregten Publikums« hüten.[162]

156 Dr. med. Elisabeth Lucas, »Vom gesunden und kranken Körper«, in: Soden, *Das Frauenbuch II*, S. 47. Die Autorin ging bei ihrer Warnung davon aus, dass es sich bei Homosexualität »um eine in den Entwicklungsjahren erworbene Eigenschaft handelt«.

157 Maximilian Harden, »Schlussvortrag«, in: *Die Zukunft*, 9. November 1907, S. 187.

158 Stürmer/Ziegler, *Das deutsche Kaiserreich*, S. 6. Die Epochenbenennung findet sich vor, während und nach dem Ersten Weltkrieg immer wieder. Siehe etwa Winckler, *Ex Oriente Lux* (1905), S. 34; Sternberg, *Das Eiserne Zeitalter* (1915); Strindberg, *Das eiserne Zeitalter* (1921).

159 Hirschfeld, *Epikritische Studie zum Harden-Prozess*, S. 90–91.

160 Zum späteren Zusammenprall von Homosexualität und Kameradschaft zur Nieden, »Der Skandal um Ernst Röhm und seine Ermordung«, S. 147–192.

161 Sombart, *Die deutschen Männer und ihre Feinde*, S. 206–207.

162 *Berliner Börsen Zeitung*, »Der Skandal«, 30. Oktober 1907, BAL 7836. Vom »Harden Syndrom« spricht gar Sombart, *Die deutschen Männer und ihre Feinde*, S. 44. Zur politischen

Für die politische Kulturgeschichte ist das in dieser Zuspitzung neue moralische Vetorecht der Öffentlichkeit in der Politik bedeutsam, wie es sich in den Freundschaftsdebatten des Eulenburg-Skandals artikulierte. Sie können als eine diskursive Form von Souveränität ausgemacht werden, auch wenn die Verfassung des Kaiserreiches sich im normativ-positivistischen Sinne nicht änderte. Mehr noch: Journalistisch-moralische Deutungsmacht zeigte sich hier der im Sinne Max Webers traditional-autoritären Macht der Monarchie als überlegen. Skandale selbst bildeten, wie immer mehr Zeitgenossen bewusst wurde, innerhalb der verfassungspolitischen Stasis des späten Kaiserreichs eine neuartige, scheinbar demokratische Prärogative der Beherrschten über ihre Herrscher. »Das bedeutet«, so die euphorische Schlussfolgerung der *Kölnischen Zeitung*, »dass in Deutschland das Volk selbst berufen ist, den Maßstab zu bestimmen, mit dem es die Moralität der Männer gemessen wissen will, die es für würdig hält neben seinem Kaiser zu stehen.«[163] Allerdings war die Unkontrollierbarkeit und Eigendynamik dieser neuen skandalgestützten Form von Machtkontrolle und Machtausübung kaum zu überschätzen. Wie das nächste Kapitel zeigt, bewirkte die Grenzverschiebung von Freundschaft zur Sexualität, verbunden mit der Sagbarkeit und Wissenspopularisierung von Homosexualität, nicht die Zunahme gesellschaftlicher Toleranz gegenüber Homosexuellen, sondern das Gegenteil.[164] Die Zeiten wurden bereits vor dem Ausbruch des Weltkrieges eisern.

3. Dialektik der Aufklärung: Homophobie als Katalysator heterosexueller Liberalisierung

In der *Belle Époque*, schreibt Peter Gay mit Blick auf Marcel Proust, der vom Eulenburg-Skandal ganz besessen war und dem Favoriten Wilhelms II. den wenig schmeichelhaften Spitznamen »Eulenbougre« verpasste, war es am ungefährlichsten, wenn man über Sexualität und ihre Devianzen als Arzt, Moralist oder Patriot sprach. Dann war es möglich, sie in Fachausdrücken zu analysieren, als Auswuchs moderner Zivilisation zu brandmarken oder mit

Gefahr durch sexuelle Erpressungen Linsert, *Über Geschlechtsleben und Politik*, S. 402–444.

163 *Kölnische Zeitung*, »Der Prozess Moltke-Harden«, 25. Oktober 1907, BAL 7836.

164 Horkheimer, *Dialektik der Aufklärung*.

Genugtuung ihr gehäuftes Auftreten in anderen Ländern festzustellen.[165] In diesem Sinne war der Eulenburg-Skandal, der »in allen zivilisierten Ländern« mit Spannung verfolgt wurde, wie Zeitgenossen vermerkten, ein konstituierendes Ereignis in der globalen Geschichte der Homosexualität, denn er machte sie erstmals allgemeingesellschaftlich sagbar.[166] Bereits vor Gericht wurde dies reflektiert. »Darf man das in Deutschland nicht sagen?«, entgegnete Max Bernstein auf Proteste, zweideutige Begriffe wie »warme Ecken«, »Hintermänner« und »Vordereingang« beim Sprechen über Homosexualität zu gebrauchen.[167] Im *Simplicissimus* dichtete der bayerische Satiriker Ludwig Thoma, ein enger Freund Bernsteins, wenige Tage später:

Moltke-Harden
Diese Frage liegt nun so:
Homo- oder hetero?
Ist er liebenswert und nett?
Taugt er was im Ehebett?
Oder leistet er es nicht?
Alles kommt nun vor Gericht,
Wo gesprochen werden muss
Von den genitalibus.
Int'ressant! Int'ressant!
Alle Damen sind gespannt
In dem Auditorio.
Homo- oder hetero?[168]

Nach Meinung vieler Konservativer sollte Homosexualität in der Tat unsagbar bleiben. Dieses Laster, fürchtete die *Kreuzzeitung*, breite sich aus, »je mehr von ihm gesprochen und je mehr also der Abscheu vor dem Greuel abgestumpft wird.«[169] Dies verdeutlicht, für wie groß die »Macht der Benennung« gehalten wurde, die Pierre Bourdieu zum wichtigsten Kapitalbesitz der Intellektuellen gezählt hat (vgl. Kap. II.4). Der Harden-Gegner Paul Lindau brachte ihren Stellenwert 1907 mit Blick auf die sexualhistorische Seite des Eulenburg-Skandals so auf den Punkt: »Zur Salonfähigkeit des Scheußlichen musste ein Wort gefunden werden, das zunächst nicht jeder-

165 Gay, *Liebe im bürgerlichen Zeitalter*, S. 207–208. Zur Homosexualität in der Dritten Republik Copley, *Sexual Moralities in France*, S. 135–154.

166 Vgl. Aldrich, *Eine globale Geschichte der Homosexualität.*

167 Friedländer, *Prozesse*, S. 4215. Ein theoretischer Ansatz ist Steinmetz, *Das Sagbare und das Machbare.*

168 Peter Schlehmil [Ludwig Thoma], »Moltke-Harden«, *Simplicissimus*, 4. November 1907, S. 498.

169 *Kreuzzeitung*, 27. Oktober 1907, BAL 7836.

mann zugänglich war. Es ist gefunden worden, nicht in unserer ehrlichen Muttersprache, ein in seiner sprachlichen Bildung ebenso ungeheuerliches Unding, wie in seiner sachlichen Bedeutung: Homosexualität.« Lindau, Jahrgang 1839, einer der wichtigsten deutschen Theater- und Literaturkritiker des ausgehenden 19. Jahrhunderts, verstand die Welt zu Beginn des 20. Jahrhunderts – zumindest sprachlich – nicht mehr, in der sich »blondzöpfige Backfische, die mit der Mappe aus der Schule kommen« über Homosexualität mit derselben Unbefangenheit unterhielten wie früher »über Stickmuster, Doppelgoldstern 42 und Taillenweite«.[170] Sprachlosigkeit ließ sich jedoch nicht wiederherstellen. Homosexualität, ein Phänomen, »das man früher nicht anzudeuten wagte«, war »zum Gesprächsthema am Familientisch geworden«, wie die *Berliner Börsenzeitung* nüchtern feststellte (vgl. Abb. 11).[171]

Mit der Grenzverschiebung von Freundschaft in den Bereich der Sexualität hatte Magnus Hirschfeld angesichts solcher antiaufklärerischer Stimmen einen beachtlichen Erfolg erzielt. Die Homosexualität sei, argumentierte er in seinem Gutachten im 1. Moltke-Harden-Prozess unter Berufung auf eine von ihm geleitete quantitative Untersuchung von rund 5000 Homosexuellen,[172] eine Konstante in allen menschlichen Gesellschaften. Sie sei in der Gegenwart nicht häufiger als in der Vergangenheit, in allen sozialen Klassen zu finden und »in Deutschland nicht verbreiteter ist, als in den Vaterländern Raymond Lecomtes und Oskar Wildes«. Er könne deshalb feststellen, dass »Homosexualität ebenso im Plane der Natur und Schöpfung liegt, wie die normale Liebe«. Hirschfelds pathetischer Schlussappell im 1. Moltke-Harden-Prozess: »Möge einst auch von diesem Prozess gesagt werden können: Ex tenebris lux.«[173] Mit der Forderung an die Gesellschaft, Homosexuellen Respektabilität zuzugestehen, überspannte der Berliner Sexualwissenschaftler jedoch seine Deutungsmacht.[174] Als hochproblematisch erwies sich insbe-

170 *Neue Freie Presse*, »Das Gesprächsthema«, 17. November 1907, BAL 6960.

171 *Berliner Börsen Zeitung*, »Der Skandal«, 30. Oktober 1907, BAL 7836.

172 Hirschfeld war lange vor Kinsey der erste Sexualwissenschaftler, der die Disziplin auf eine statistische Basis stellen wollte. 1904 verschickte er zu dem Zweck mehrere Tausend Fragebögen an Studenten der TU Berlin. Die Aktion wurde ein veritabler Skandal und Gegenstand staatsanwaltschaftlicher Untersuchungen. Siehe GStA 17333. Sexualwissenschaftliche Standardmethode blieb dennoch für Jahrzehnte die Einzelfallsammlung aus Kulturgeschichte und Patientenpraxis. Vgl. Hirschfeld, *Die Homosexualität des Mannes und des Weibes*.

173 Hier fiel auch die berühmte Sentenz »wider die Norm ist aber nicht wider die Natur«. Friedländer, *Prozesse*, S. 4049–54.

174 Zu Respektabilität als Kategorie von Selbst- und Fremdwahrnehmungen in der modernen Gesellschaft Mosse, *Nationalism and Sexuality*.

sondere seine Idee der »unbewussten Homosexualität«.[175] Sie hing untrennbar mit der damals sowohl in Sexualwissenschaft als auch homosexueller Emanzipationsbewegung gängigen historisch-philologischen Methode zusammen, Persönlichkeiten aus der Geschichte als Homosexuelle zu »reklamieren«, ohne Belege für Geschlechtsakte, allein aufgrund einer aus überlieferten Schriftquellen interpretierten homosexuellen Veranlagung. Eulenburg selbst beschrieb noch während des Skandals, wie er diesen Mechanismus am eigenen Leib erfuhr: »Der Eindruck, den ich unter den vielen Phasen der Katastrophe zu den schwersten zählen musste, war, dass mit dem Augenblick, da der Kaiser sich von mir wandte, die gesamte homosexuelle Welt – denn es war zu meinem Entsetzen wirklich eine Welt! – mich für sich reklamierte.«[176]

Die Herangehensweise, Schriftquellen auf Indizien für homosexuelle Gefühlsregungen bekannter Persönlichkeiten zu durchsuchen, entsprach zum einen ganz der Theorie der biologischen Veranlagung von Homosexualität. Denn Belege für homosexuellen Geschlechtsverkehr waren in historischen Quellen ebenso schwer zu eruieren wie Selbsteingeständnisse von Lebenden, strafbare homosexuelle Akte praktiziert zu haben. Zum anderen bot dieser Zugriff den Vorteil, homosexuelle Veranlagung von homosexuellem Geschlechtsverkehr abzugrenzen, um sie so als »homosexuelle Liebe« für die bürgerliche Gesellschaft leichter akzeptabel und respektabel zu machen. »Der Homosexuelle muss nach einer Entwicklung streben, die bewirkt, dass, wenn von ihm die Rede ist, wie beim heterosexuellen Mann und Weib an seine Persönlichkeit, an seinen Typus als etwas Ganzes, auch wohl an die seelische Richtung seiner Neigung gedacht wird, nicht aber an etwa damit im Zusammenhang stehende Akte, wie es heute meist noch geschieht«, so die entsprechende Schlüsselstelle in einem bisher kaum beachteten Manifest Hirschfelds, in dem er nichts geringeres als den Typus des »normalen Homosexuellen« einfordert, der wie jeder Bürger vor allem nach gesellschaftlicher Respektabilität strebe und diese auch verdiene.[177] Über Jahre war das Rekla-

175 Eine Kritik aus sexualwissenschaftlicher Sicht ist Haeberle, »Hirschfeld als Gutachter in der Eulenburg-Affäre«. Sexualhistorisch blieb das Konzept erstaunlicherweise unbeachtet, vgl. die Hirschfeld-Biographien von Wolff, Herzer und Kotowski/Schoeps, sowie die aktuellen Literaturüberblicke Dickinson/Wetzell, »The Historiography of Sexuality in Modern Germany«, Halperin, »How to do History of Male Homosexuality« und Hergemöller, *Historiographie der Homosexualitäten*.

176 BAK NL Eulenburg, Nr. 55, S. 203.

177 Magnus Hirschfeld, »Der Normale und die Homosexuellen«, in: *Die Zukunft*, 29. Juni 1907, S. 450–455. Vgl. den Abschnitt »Der normale Homosexuelle und die Respektabili-

mieren durchaus erfolgreich. Sogar der bekannte Berliner Rechtslehrer Josef Kohler vertrat zeitweilig die Forderung, man solle bei »geistig hochstehenden Homosexuellen« eine Ausnahme von der Regel der Bestrafung machen, da ihnen die Menschheit so viel zu verdanken habe.[178]

Durch den Skandal geriet die Methode jedoch ins Zentrum der Kritik.[179] »Es wurde den Homosexuellen gesagt, ihr Zustand sei gar nicht abnorm, sondern eine Variation in der Breite des völlig Gesunden; die größten Männer aller Völker und Zeiten seien auch großenteils so gewesen, niemand dürfe ihnen verwehren, sich nach ihrem Bedürfnis auszuleben«, tadelte Dr. F. Leppmann, Gefängnisarzt in Moabit und Herausgeber der *Ärztlichen Sachverständigen Zeitung*. »Wenn man die historischen Forschungen dieser Richtung las, musste man sich ordentlich schämen, nicht auch homosexuell zu sein. Kaum fand man eine Litfaßsäule, an der kein Vortrag über das Thema der gleichgeschlechtlichen Liebe angekündigt, kaum kam ein Buchhändler-Schaufenster, in dem nicht mehrere Bände darüber ausgelegt waren.«[180] Auch innerhalb der Homosexuellenbewegung selbst erfolgten durch den Eulenburg-Skandal Absatzbewegungen. Der 2. Vorsitzende des WhK, Georg Merzbach, wetterte mit Blick auf seinen Nebenbuhler Hirschfeld gegen »Homosexualitätsschnüffler«, stets auf der Suche »nach kleinen femininen Einschlägen bei großen Männern«, um »Werbung für die homosexuelle Ruhmeshalle« machen zu können.[181] Besonders fatal wirkte sich aus, dass Hirschfeld der Versuchung nicht hatte widerstehen können, die besten Freunde des Deutschen Kaisers zu reklamieren, um der homosexuellen Veranlagung nicht in einer besseren Zukunft, sondern im Hier und Jetzt Respekt zu verschaffen.[182] Mit dem Moltke-Gutachten war der Rekurs auf die

tät« in Müller, *Homosexuelle Autobiographien und medizinische Pathographien*, S. 242–43. Zur Homosexualität in der Mittelschicht Chauncey, *Gay New York*, S. 99–130. Zum homosexuellen Selbstverständnis allgemein Setz, *Die Geschichte der Homosexualitäten*.

178 Magnus Hirschfeld, »Der Normale und die Homosexuellen«, in: *Die Zukunft*, 29. Juni 1907, S. 450–455.

179 Friedländer, *Prozesse*, S. 4058–59. Von zielgerichteten Umdeutungen der »harmlosesten Überschwänglichkeiten berühmter Dichter, Feldherren, Künstler, Staatsmänner in Zeugnisse der Homosexualität« sprach *Vossische Zeitung*, »Der Prozess Brand«, 7. November 1907, BAL 7837. Zur Homosexuellenbewegung Parr, *Documents of the Homosexual Rights Movement in Germany 1836–1937*.

180 *Vossische Zeitung*, 17. November 1907, BAL 6960.

181 Besonders absurd sei, dem hetereosexuellen Vollmann Goethe, »der durch ›Lilis Park‹ schon etwas masochsuspekt geworden war«, Homosexualität zu unterstellen. Merzbach, *Psychologie des Falles Moltke*, S. 34.

182 Diesen Zugriff auf Eulenburg unternahmen auch andere Homosexuellenaktivisten, siehe Fleischmann, *Kein Schweigen mehr! Die Wahrheit über Eulenburg!*

Homosexualität historischer Persönlichkeiten in eine neue Qualität übergegangen: in das sexualwissenschaftlich begründete »Outing« lebender Persönlichkeiten – ohne Belege für Geschlechtsakte, allein aufgrund diagnostizierter homosexueller Veranlagung.[183] Damit schlug Hirschfeld den von Adolf Brand und seiner *Gemeinschaft der Eigenen* verfochtenen »Weg über Leichen« ein, von dem er sich zuvor immer scharf abgegrenzt hatte.[184] Zur Folge hatte dies die Angst vieler Menschen, einem sexualwissenschaftlichen Generalverdacht ausgesetzt werden zu können. Bisher selbstverständliches wie den Kuss unter Geschwistern oder den »Schmolliskuss« unter Studenten sah die *Deutsche Hochwacht* bereits in ein Zwielicht sexueller Perversion gerückt. Jeder Onkel müsse sich nun vorsehen, »dass ihn der Hirschfeld nicht ertappt, wenn er seinen kleinen Neffen einen Kuss und eine Tüte Bonbons gibt«.[185] Die *Vossische Zeitung*, Leitblatt des deutschen Bildungsbürgertums und bis dahin der Homosexuellenbewegung wohlgesonnen, erklärte jetzt rundheraus, sie halte das Konzept einer »homosexuellen Liebe« für abstoßend und widerlich.[186] Selbst das liberale *Berliner Tageblatt* attackierte die Methode, homosexuelle Veranlagung von homosexuellen Geschlechtsakten zu trennen und bei lebenden Persönlichkeiten zu diagnostizieren als »Verbindung von sogenannter Wissenschaft und Klatsch«.[187] Auch im Ausland tat man sich mit dem von Hirschfeld angestrebten respektablen Gebrauch des Wortes Homosexualität schwer. In Prozessberichten der italienischen Zeitungen wurde Homosexueller vielfach mit *uomo sessuale* übersetzt, was ein vom Geschlechtsleben beherrschter Mensch war. Auch die Zentrierung auf Männer

183 Ohne analytische Schärfe Johansson/Percy, *Outing. Shattering the Conspiracy of Silence.* Ein typisches zeitgenössisches Beispiel für die Methode des historischen Reklamierens Homosexueller ist Michaelis, *Die Homosexualität in Sitte und Recht.*

184 Trotz personeller und inhaltlicher Überschneidungen mit dem WhK setzte Hirschfeld alles daran, sich vom »Illusionisten« Brand abzugrenzen und dessen »wahnwitziges, die Sache der Homosexuellen so schwer schädigendes Vorgehen« öffentlich zu verdammen, Menschen »völlig grundlos« Homosexualität nachzusagen. Hirschfeld, *Epikritische Studie zum Harden-Prozess*, S. 17. In seinen Memoiren beteuerte Hirschfeld, er habe niemals von ihm Begutachteten Schaden zufügen wollen. Herzer/Steakley, *Magnus Hirschfeld. Von einst bis jetzt*, S. 14–23. Der erst nachträglich zu einer Autobiographie zusammengestellte Text erschien 1922/23 in 53 Folgen in der Berliner Homosexuellen-Zeitschrift *Die Freundschaft.*

185 *Deutsche Hochwacht*, »Nachlese«, 3. November 1907, BAL 7837. Der Berliner Kritiker Paul Lindau sah die »ganze Harmlosigkeit und Gemütlichkeit des geselligen Verkehrs« durch ein »medizinisches Spitzeltum« bedroht. *Neue Freie Presse*, »Das Gesprächsthema«, 17. November 1907, BAL 6960.

186 *Vossische Zeitung*, »Gemeinschädliche Agitationen«, 16. November 1907, GStA 49839.

187 *Berliner Tageblatt*, 10. November 1907, BLHA 555.

ließ sich nicht aufbrechen: »Dass es auch weibliche Homosexuelle gibt, schien den meisten [Journalisten] gänzlich unbekannt zu sein«, klagte Hirschfeld. Es könne doch erst die Zukunft erweisen, so sein bitteres Fazit nach dem kurzen Höhenflug im 1. Moltke-Harden-Prozess, ob der Begriff Homosexualität durch den Eulenburg-Skandal irreparabel geschädigt wurde.[188]

Michel Foucault hat darauf hingewiesen, dass sich die Homosexualität an dem Tag konstituierte, als sie »weniger nach einem Typ von sexuellen Beziehungen als nach einer bestimmten Qualität sexuellen Empfindens« charakterisiert wurde. Der Sodomit als Gewohnheitssünder sei damit zum modernen biologisch veranlagten Homosexuellen, zu einer »Spezies« geworden.[189] Trotz ihres sexuellen Wissensdurstes war die wilhelminische Öffentlichkeit keinesfalls bereit, diese neue menschliche Spezies zu tolerieren, die Hirschfeld in einem gewissen Widerspruch zu seiner Zwischenstufentheorie genau so, nämlich als »Drittes Geschlecht« konstruiert hatte. Das von ihm beschworene Naturrecht wurde während des Eulenburg-Skandals belacht, viele Zeitungen hielten es für völlig belanglos, ob Homosexualität angeboren oder erworben war.[190] Sagbarkeit und Wissensproduktion von Homosexualität führten nicht, wie vom WhK und seinen Anhängern erhofft, zu mehr gesellschaftlicher Toleranz gegenüber Homosexuellen und schließlich zu ihrer Entkriminalisierung durch Abschaffung des § 175.[191] Appelle an die Humanität, jeder habe Homosexuelle unter seinen Nächsten, ohne es zu wissen, stießen auf blanke Unbarmherzigkeit. »Denn wir alle, Freunde, Verwandte, Kollegen, meiden den Homosexuellen ja nicht, weil er sich gegen das Strafgesetz verging (du lieber Gott, wenn wir jedem Ehrenmanne, der ins Gefängnis gehört, unsere Hand verweigern wollten!), wir meiden ihn, weil er

188 Zur Etymologie Hirschfeld, *Epikritische Studie zum Harden-Prozess*, S. 1–16.

189 Foucault betont die Neuartigkeit der Sicht auf Homosexualität als Veranlagung im 19. Jahrhundert: »Sie ist überall in ihm präsent: allen seinen Verhaltensweisen unterliegt sie als hinterhältiges und unbegrenzt wirksames Prinzip; schamlos steht sie ihm ins Gesicht und auf den Körper geschrieben, ein Geheimnis, das sich immerfort verrät. Sie ist ihm konsubstantiell, weniger als Gewohnheitssünde denn als Sondernatur.« Foucault, *Sexualität und Wahrheit 1*, S. 58. Zur Kritik an Foucaults allzu positiver Einschätzung des mittelalterlichen Sodomiten im Vergleich zum modernen Homosexuellen Dobler, *Duldungspolitik und Verbrechensbekämpfung*, S. 13–19.

190 Reichsbote, »Sensationell!«, 24. November 1907, BAL 6960.

191 Auch Hirschfelds eigene Homosexualität wurde mehrfach angedeutet, ein Punkt, über den sich der Vorkämpfer homosexueller Emanzipation bis zu seinem Lebensende ausschwieg. Siehe Casper, *Das Treiben der Homosexuellen*; Maecker, *Harden-Hirschfeld*. Zum gesellschaftlichen Bedrohungspotential McLaren, *Sexuality and Social Order*.

anders ist als wir, und uns sein Wesen unheimlich, ungeheuerlich erscheint, und das wird bleiben, wie immer auch unser geschriebenes Gesetz lauten mag«, so das Verdikt der *Staatsbürgerzeitung.*[192] Das entscheidende Argument gegen jede Chance Homosexueller, in der näheren Zukunft bürgerliche Respektabilität zu erlangen, brachte Albert Moll vor. Der sexualwissenschaftliche Gutachter im 2. Moltke-Harden-Prozess stellte die Arbeit Hirschfelds und des WhK als Kampf gegen die moralischen Windmühlen des »Eisernen Zeitalters« dar: »Man nähme an«, argumentierte er 1907 in der *Deutschen Medizinischen Wochenschrift*, »dass der § 175 vor fünf Jahren gestrichen worden wäre. Wäre deshalb der Homosexuelle bei uns etwa nicht verachtet? Dass der Homosexuelle gesellschaftlich nicht vollwertig ist, beruht nicht einfach auf der Strafbestimmung. Das zeigt sich auch gerade in Frankreich, auf das sich die Homosexuellen so gern berufen, wo die Homosexualität ebenfalls verachtet ist, und das Erpressertum lebhaft blüht, obschon dort kein Paragraph die widernatürliche Unzucht bestraft.« Für Moll, Anhänger der Theorie sozial erworbener Homosexualität, spielte eine sexualwissenschaftliche Differenzierung von Erwerbung und Veranlagung für die Frage der gesellschaftlichen Respektabilität von Homosexualität nicht die geringste Rolle: »Und glaubt denn ein Geistesgesunder ernstlich, dass sich bei uns jemand in einer hohen Regierungs- oder militärischen Stellung halten könnte, wenn die widernatürliche Unzucht zwar nicht strafbar ist, ihm aber nachgewiesen würde, dass er homosexuelle Handlungen ausgeführt hat? Selbst das homosexuelle Fühlen ohne Betätigung gilt als etwas Minderwertiges.«[193]

192 *Staatsbürgerzeitung*, »Wider den § 175?«, 31. Oktober 1907, BAL 7837. Verweise des WhK auf die Nichtstrafbarkeit von Homosexualität zu anderen Zeiten und in anderen Ländern wurden genauso brachial beiseite gewischt. »Im Mittelalter war man durchweg von der Schädlichkeit der Päderastie überzeugt, die ›Carolina‹ bedrohte sie einfach mit dem Scheiterhaufen«. Selbst das alte Griechenland, »welches für das Abendland die Wiege dieser schmutzigen Leidenschaft geworden ist«, habe nach dem Peloponnesischen Krieg wieder schwere Strafen für Homosexuelle festgesetzt. Es seien in der Gegenwart »lediglich nichtgermanische Länder, welche die Päderastie nicht bestrafen.« Doch selbst dort sei die Homosexualität gesellschaftlich geächtet. So gehe man in Frankreich auf Grund des § 330 *code pénal* »rücksichtlos« gegen männliche Prostitution vor. *Deutsche Zeitung*, »Nicht Aufhebung, sondern schärfere Anwendung des § 175«, 13. November 1907, GStA 49839. Zur mittelalterlichen und frühneuzeitlichen Verfolgungspraxis Hergemöller, *Sodom und Gomorrha*; Puff, *Sodomy in Reformation Germany and Switzerland*.

193 Zit. in *Berliner Tageblatt*, »Die Aufhebung des § 175«, 15. November 1907, BAL 6960. Moll argumentierte bereits in seiner *Ärztlichen Ethik* von 1902, dass sich auch Medizin und Wissenschaft im Rahmen der gültigen Moral zu halten und ihrem Wandel nicht vorzugreifen haben. Vgl. Kap. IV.2.

Obgleich die Jahre vor dem Ersten Weltkrieg den Höhepunkt eines wissenschaftsgläubigen Zeitalters bildeten und speziell die Wilhelminer an Sexualthemen brennend interessiert waren, wurde der (Sexual-)Wissenschaft keineswegs zugestanden, aus ihren Erkenntnissen auch verbindliche moralische Vorgaben für die Gesellschaft abzuleiten.[194] Vielmehr ist bei der globalgeschichtlich erstmaligen öffentlichen Aushandlung von Homosexualität während des Eulenburg-Skandals eine erstaunliche Ambivalenz von Sagbarkeit und Wissensvermehrung erkennbar. Nach dem Motto »alles begreifen, heißt *nicht* alles verzeihen« produzierten und verbreiteten viele Journalisten und Publizisten in der deutschen Tagespresse zwar beträchtliches Mehrwissen um Homosexualität und beleuchteten diese in bis dahin unerhörter Offenheit und Detailliebe aus historischen, kulturellen, soziologischen, rasse- und sozialhygienischen Perspektiven, die moralische Bewertung blieb jedoch stets von Homophobie und Homosexuellenhass geprägt. So besprach im *Tag* der ehemalige Gerichtspräsident Schmölder die Promiskuität Homosexueller als Aspekt der Bevölkerungssoziologie. Ohne Scheuklappen präsentierte er aus den *Monatsberichten des Wissenschaftlich-humanitären Komitees* Zahlenbeispiele, wonach ein Homosexueller in einer einzigen Stadt mit rund 250 männlichen Personen Geschlechtsverkehr haben könne, reisende Homosexuelle in mehreren Jahrzehnten sogar mit bis zu 1000 Männern »homosexuell verkehrten«. Allein in Berlin werde die Zahl Homosexueller auf 10.000, in ganz Deutschland auf 1,2 Millionen geschätzt. Was für die Aktivisten um Hirschfeld Bedeutung und Normalität der Homosexualität deutlich machte, war für Schmölder jedoch ein eindrücklicher Beleg dafür, dass Homosexualität eine »Seuche« und »Epidemie« war und eine Gefahr für die deutsche Nation darstellte.[195] Sogar erste Versuche, Homosexualität mit der Neurobiologie des Gehirns zu erklären, wurden in der deutschen Tagespresse vorgestellt. Bei normalen Männern, schrieb Prof. Dr. Otto Zacharias in den *Kieler Neuesten Nachrichten*, reagiere ein »erotisches Rindenfeld« im Gehirn auf die Reize von Frauen, ein Effekt, der sich als »Engrammschatz« über Generationen eingeprägt habe. Bei Homosexuellen funktioniere dieser Gehirnbereich infolge von »Entwicklungsstörung oder Erkrankung« nicht nor-

194 Zur Wissenschaftsgläubigkeit Daum, *Wissenschaftspopularisierung im 19. Jahrhundert*, S. 1–32, 459–472.

195 Schon Krafft-Ebing, so Schmölder, bringe die Geschichte »eines verheirateten, auch mit Kindern gesegneten Arztes, der angegeben habe, selber mit 600 Personen, darunter mit vielen Knaben, widernatürlich verkehrt zu haben; von diesen 600 seien nur 10 v.H. nicht endgültig beim Laster verblieben«. Überdies seien Homosexuelle meist auch Sadisten. *Der Tag*, »Der perverse Geschlechtstrieb«, 13. Oktober 1907.

mal. Aber auch für den seiner Zeit weit voraus denkenden Neurobiologen war eine klare moralische Bewertung der Homosexualität als eine »perverse Handlungsweise«, die durch ihr besseres Verständnis »nicht weniger widerlich und lasterhaft« wurde, selbstverständlich.[196]

Der entscheidende Grund für die im Vergleich zu anderen europäischen oder amerikanischen Zeitungen erstaunliche Freizügigkeit der deutschen Presse bei der Besprechung von Homosexualität[197] war ihre Einbettung in einen partei-, klassen-, konfessions- und milieuübergreifenden *Common Sense* der Homophobie.[198] So verfiel für das *Leipziger Tageblatt* der Homosexuelle gesellschaftlicher Ächtung, selbst wenn Hirschfelds Theorie vom Angeborensein der Homosexualität stimmte. »Das mag hart klingen für den betroffenen Einzelnen. Aber uns steht das Wohl des Volkes in seiner Gesamtheit, seine Gesundheit in leiblicher und seelischer Beziehung doch unendlich viel höher als das Glück der Anormalen. Sie sollen ihre Neigungen verstecken müssen, auch nach eventueller Abschaffung des § 175, das muss ihnen und ihren Vorkämpfern mit aller Deutlichkeit und Rücksichtslosigkeit eingeprägt werden. Wenn irgendwo das viel missbrauchte Wort von der Humanitätsduselei unserer Zeit angebracht und treffend ist, so ist es bei der Nachsicht gegenüber Homosexualität in moralischer Beziehung.«[199] Unter Verweis auf Césare Lombrosos Konzept vom »geborenen Verbrecher« argumentierte der *Tag*, Dieben, Räubern und Mördern vergebe die Menschheit schließlich auch nicht. Homosexuellen »durch Aufhebung des § 175 die Freiheit zu geben, wäre ärger, als wilde Tiere auf seine Mitmenschen loslassen«, schloss sich der *Reichsbote* an.[200]

Eine der eindrücklichsten moralischen Abwertungen der Homosexualität während des Eulenburg-Skandals prägte der – freisinnige – Reichstagsabgeordnete Dr. Siegfried Heckscher in einem Artikel für das *Hamburger Fremdenblatt.* »In der Familie, in der Hochachtung vor der Frau, wurzelt unsere Gesittung«, schrieb er dort. »Die Stellung der Frau ist der sicherste

196 *Kieler Neueste Nachrichten*, »Die Homosexualität im Lichte der Biologie«, 23. August 1908, BAL 6961.

197 Zu Frankreich Copley, *Sexual Moralities in France*, S. 135–154. Zu Großbritannien Weeks, *Sex, Politics and Society*, S. 96–121.

198 Von der Homophobie als gesellschaftlicher Norm spricht Fout, »Sexual Politics in Wilhelmine Germany«, S. 419.

199 *Leipziger Tageblatt*, »Im Plane der Natur?«, 6. November 1907, GStA 49839. Für das rechtliche und sittliche Bewusstsein habe allein »das Gefühl der Millionen Normaler zu gelten«, auf deren Gesundheit der Staat beruht. *Tägliche Rundschau*, »Wochenschau«, 3. November 1907, GStA 49839.

200 *Der Tag*, »Hundemoral«, 27. November 1907, BAL 6960.

Gradmesser für die Kultur eines Volkes. Päderastie ist ein Rückfall in die Barbarei; Homosexualität ist Hundemoral. Das muss derb und klar ausgesprochen werden.« Nicht nur viele Zeitungen, selbst Staatsanwalt Hugo Isenbiel griff im 2. Moltke-Harden-Prozess das Wort von der Homosexualität als »Hundemoral« auf.[201] »Sie steht noch unter dem Tiere«, predigte Pastor Philips, ein Führer der protestantischen Sittlichkeitsbewegung unter tobendem Applaus des »Vereins Berliner Christlich-Sozialer«. Gegen die Forderung des WhK, homosexuellen Geschlechtsverkehr von Personen über 16 Jahren für straffrei zu erklären, hetzte der Leiter des Johannesstifts in Plötzensee: »Ich möchte den Vater sehen, der nicht in heiligen Zorn geriete und sich nicht sagte: Wenn das Gesetz nicht hilft gegen solche Brut, so soll der deutsche Zorn sich selber helfen! Es ist erträglicher, ein Kind fällt unter die Mörder – dann kann man es ehrlich beweinen – als es fällt in die Hände eines Homosexuellen! Möchte es der Segen des [1. Moltke-Harden-]Prozesses sein, dass mit solcher Satansbrut einmal ordentlich aufgeräumt wird!«[202] So manchen Publizisten fielen Mittel und Wege jenseits der »Humanitätsduselei« der Epoche ein. Bereits 1904 hatte der spätere NS-Eugeniker Ernst Rüdin in einer Replik auf Magnus Hirschfelds Theorien geurteilt, dass die homosexuelle Anlage »als solche biologisch minderwertig« sei. Die von Hirschfeld durch Reklamieren historischer Persönlichkeiten als Homosexuelle herausgestellten kulturellen Leistungen erkannte Rüdin sogar an, sie könnten jedoch »der Rasse einen Ersatz« für ihre Negativeigenschaften nicht bieten. Daher müsse sichergestellt werden, dass Homosexuelle nicht heirateten und sich fortpflanzten. Der dann von der Natur »verhältnismäßig mild und rasch besorgten Ausmerze« dürfe sich die Gesellschaft nicht entgegenstellen.[203] Die Rassetheorien zugeneigte *Deutsche Tageszeitung* spitzte noch zu: »Verzerrte Humanität führt in ihren Auswüchsen zur Bestialität«. Homo-

---

201 Zit. in *Volkszeitung*, »Soll § 175 aufgehoben werden?«, 31. Oktober 1907, GStA 49839.

202 Bericht der Versammlung am 9. November 1907 im großen Saal von Kellers »Neuer Philharmonie« in BAL 8034 II, 7837. Vgl. Fout, »The Moral Purity Movement in Wilhelmine Germany«, S. 5–31; Janz, *Bürger besonderer Art. Evangelische Pfarrer in Preußen 1850–1914*; Groß, Die *evangelische Sittlichkeitsbewegung im deutschen Kaiserreich*; Lisberg-Haag, *Die evangelische Sittlichkeitsbewegung*. Die bis in die Wortwahl gleich gebliebenen homophoben Denkmuster bei der religiösen Rechten belegt die Predigt eines Pastor Wildmon um 2005: »For the sake of our children and society, we must OPPOSE the spread of homosexual activity. Just as we must oppose murder, stealing and adultery! Since homosexuals cannot reproduce, the only way for them to ›breed‹ is to RECRUIT! And who are their targets for recruitment? Children.« Zit. n. Herzog, *Sex in Crisis*, S. 74.

203 Rüdin, »Zur Rolle der Homosexuellen im Lebensprozess der Rasse«, S. 109. Vgl. Weingart, *Geschichte der Eugenik und Rassenhygiene in Deutschland.*

sexuelle, so ihre Forderung, müssten in Irrenanstalten »unschädlich« gemacht werden. »Wer mit seiner Tat sich unter das Vieh erniedrigt, soll wie das Vieh behandelt werden«.[204] Einen »Furor der Gesunden und Normalen« beschwor die *Post*. Er müsse alle Bedenken fortfegen, die »schwachherzige angebliche Wissenschaftler wegen der Bestrafung der Degenerierten, Zuchtlosen und Verkommenen haben. Es ist eine Pflicht, hier Radikalmittel anzuwenden.«[205]

Als transnationale Bedrohung ließ sich Homophobie zudem mit Xenophobie verschmelzen. Homosexuelle versuchten für die *Deutsche Hochwacht* »die Sitten des Orients« heimisch zu machen,[206] und selbst in der sonst ruhig abwägenden *Deutschen Juristenzeitung* wurde gemahnt, dass Deutschland »vor einer Durchseuchung durch diese ausländische Pest bewahrt« werden müsse.[207] Antisemiten konnten direkt anschließen: »Überhaupt ist ja seit Sodoms Zeiten die mannmännliche ›Liebe‹ ein spezifisch orientalisches Laster gewesen.« Daher existierte sie für die *Staatsbürgerzeitung* in Deutschland vorwiegend »in jüdischen Kreisen«, »in unserer jeunesse dorée« und in der »Tiergarten-haute-finance«. Der antisemitische Abgeordnete Liebermann von Sonnenberg forderte in der Reichstagsaussprache über die Kamarilla im November 1907, die Verschickung der Homosexuellen in eine von »gutbezahlten, kräftigen Waschfrauen überwachte Südseekolonie«.[208] Selbst der humanistische Anspruch der Liberalen reduzierte sich auf Vorschläge, Homosexuellen »Wohnsitze in einer Kolonie« anzuweisen, wie der Publizist Hans Hyan bereits 1905 ventilierte.[209] Das demokratische *Berliner Tageblatt* versuchte Homosexualität klassenspezifisch nicht als Problem des Bürgertums, sondern des Absolutismus zu fassen. »Ja es ist bezeichnend«, schrieb Paul Michaelis, »dass die Krankheit gerade dort zum Ausbruch gekommen

204 *Deutsche Tageszeitung*, »Aus den dunkelsten Winkeln«, 17. August 1907, GStA 17195.

205 *Die Post*, 14. November 1907, »Der Furor der Gesunden«, GStA 49839. Es sei ein »sehr gesunder Instinkt«, kranke Menschen zu meiden. »So soll es auch den Homosexuellen gegenüber gehalten werden.« *Leipziger Tageblatt*, »Im Plane der Natur?«, 6. November 1907, GStA 49839.

206 *Deutsche Hochwacht*, »Nachlese«, 3. November 1907, BAL 7837.

207 Oberlandesgerichtspräsident Hamm in der *Deutschen Juristenzeitung*. Zit. in *Berliner Morgenpost*, »Gegen die Aufhebung des § 175«, 3. Dezember 1907, GStA 49839.

208 *Staatsbürgerzeitung*, »Wider den § 175?«, 31. Oktober 1907, BAL 7837. Vgl. *Reichstagsverhandlungen*, 28.–30. November 1907, S. 1875–1974.

209 *Die Welt am Montag*, »Gegen die Aufhebung des § 175«, von Hans Hyan, 9. Januar 1905. Zu dem Zusammenhang Aldrich, *Colonialism and Homosexuality*, besonders S. 1–20, 83–105. Zum – skandalösen – Ausleben der Sexualität in den Kolonien Bösch, *Öffentliche Geheimnisse*, S. 264–309.

ist, wo man sich demonstrativ zu den Anschauungen früherer Zeiten bekennt, wo man in unklaren Gefühlen schwelgt und nebelhafte romantische Vorstellungen neu beleben möchte. Die Sumpfpflanze der geschlechtlichen Perversität ist auf dem Boden der Reaktion erwachsen und findet hier ihre Nahrung. Man muss das heilbringende Licht der Wissenschaft und der freien voraussetzungslosen Forschung zur Hilfe rufen, um diese reaktionäre Krankheit zu behandeln und endlich zu heilen.«[210] Auf ähnliche Weise waren auch die Stellungnahmen der Sozialdemokraten von Homophobie durchtränkt.[211] In der SPD wollte man angesichts des Eulenburg-Skandals von früheren Lippenbekenntnissen zur Liberalisierung des § 175 nichts mehr wissen. Zu gut fügte sich Homosexualität als typisches Dekadenzphänomen von Monarchie und Aristokratie in die marxistische Geschichtstheorie ein. »Der alte Fritz selbst, der preußische Nationalheros, hatte aus jenem Sanssouci, zu dem heute noch jeder patriotische Preuße mit Gefühlen inbrünstiger Andacht wallfahret, ein Brutnest der Päderastie gemacht und im 18. Jahrhundert hießen die Leute von der Gilde, der Herr Harden jede staatsmännische Befähigung abspricht, überall in Europa *les Potsdamists*, die Potsdamisten.«[212] Der *Vorwärts* bezeichnete es als »Tatsache«, dass es neben der angeborenen auch eine erworbene »künstliche Homosexualität« gab, die ein Zeichen gesellschaftlicher Dekadenz sei. »Die auffällige Verehrung der homosexuellen Betätigung in Hofkreisen ist ein solches Verfallsprodukt.«[213]

Begriff und Konzept der Homosexualität gingen durch den Eulenburg-Skandal – zumindest in Deutschland – in kürzester Zeit aus dem sexualwissenschaftlichen Fachdiskurs in Alltagssprache und Alltagswissen ein. Die moralische Deutungshoheit aber bewahrte sich die Öffentlichkeit eigensinnig. Mit der Sagbarkeit von Homosexualität wurde auch Homophobie sagbar und mit dem Mehrwissen um Homosexualität ging, Dialektik der Aufklärung, ihre moralische Verdammung Hand in Hand. An eine Liberalisierung oder gar Aufhebung des § 175 war nach dem Eulenburg-Skandal nicht mehr zu denken. Im Gegenteil. Alfred Adler, Begründer der Individualpsychologie, sprach noch 1930 von einer instinkthaften Abneigung der Normalen

210 *Berliner Tageblatt*, »Politische Wochenschau«, von Paul Michaelis, 27. Oktober 1907, BAL 7836.

211 Auch Liberale Blätter verlangten ein Ausrotten der Homosexualität »mit Stumpf und Stiel«. *Augsburger Abendzeitung*, »Nach zwei Sensationsprozessen«, 1. November 1907, BAL 7837.

212 *Leipziger Volkszeitung*, »Faul bis ins Mark«, 25. Oktober 1907, BAL 7836.

213 *Vorwärts*, »Ein Kultur- und Sittenbild«, 24. Oktober 1907, BAL 7836.

gegenüber den Homosexuellen.[214] Gefordert wurden jetzt Verschärfungen, die im Kaiserreich nur wegen des Ausuferns der »großen Strafrechtsreform« nicht mehr durchgesetzt wurden. Erst die Nationalsozialisten griffen die Überlegungen auf und setzten die Radikalisierung des § 175 um; für sie nur noch eine Formalität, bevor sie das im Eulenburg-Skandal bereits vorgedachte »Ausmerzen« und »Unschädlichmachen« Homosexueller zum Zwecke der Rassenhygiene ins Werk setzten und zur blanken Gewalt übergingen.[215] Was den Charakter öffentlicher Homophobie in ihren Konstituierungsjahren 1907–1909 betrifft, lassen sich aus dem Diskurs des Eulenburg-Skandals zwei Grundängste herauskristallisieren, die den allgemeinen modernen Homosexuellenhass trugen. Einerseits eine individuelle Furcht vor der Stigmatisierung als Homosexueller, andererseits eine kollektive Panik vor Homosexualität als ansteckender Krankheit, die, je nachdem, Jugend, Frauen, Unterschichten oder die gesamte Volksgesundheit bedrohte. Aus diesem Grund wirkte das Sprechen über Homosexualität regelrecht befreiend und erwies sich der Eulenburg-Skandal als großer Wissensproduzent; beides bezweckte allerdings keine Toleranz für Homosexuelle, sondern für Heterosexuelle.[216]

Durch den umgehenden Wahn, Männer der Homosexualität zu verdächtigen, sah es die *Vossische Zeitung* in Deutschland dahingekommen, »dass kaum noch ein Mann, der nicht maßlose Ausschweifungen mit Weibern offenkundig betreibt, vor der Verdächtigung sicher ist, homosexuell sich zu betätigen oder veranlagt zu sein.« Die »Homosexualitäts-Schnüffelei«, beklagte auch die *Staatsbürgerzeitung*, habe sich in der Reichshauptstadt bereits soweit ausgebildet, dass Freunde, die desöfteren gemeinsam dinierten, sich verdächtig machten. Wenn sie aber einmal Damen mitbrächten, werde dies als raffinierte »Tarnung ihrer Homosexualität« gedeutet.[217] Die neue Tugend Homophobie, das zeigen diese Stimmen, prallte durch den Eulenburg-Skandal mit der alten Tugend Keuschheit zusammen. Auch hier hatten die Gerichtsverhandlungen die Grundlinien des öffentlichen Diskurses vorgegeben.

214 Adler, *Das Problem der Homosexualität*, S. 24–25.

215 Vgl. Grau, *Lexikon zur Homosexuellenverfolgung 1933–1945*; Lautmann, »Paradigmen der nationalsozialistischen Homosexuellenverfolgung«, S. 41–54; Pretzel, *Homosexuellenverfolgung in Berlin 1933–1945*; Schoppmann, *Frauenliebe 1938–1945*.

216 Die »subtile Dialektik« des Eulenburg-Skandals trug dazu bei, dass der Einzelne seine Homosexualität leichter entdeckte, aber gerade nicht, wie James Steakley vermutet hat, dass er sie leichter öffentlich machte. Steakley, *Die Freunde des Kaisers*, S. 180.

217 *Vossische Zeitung*, »Der Prozess Brand«, 7. November 1907, BAL 7837. *Staatsbürgerzeitung*, »Wider den § 175?«, 31. Oktober 1907, BAL 7837.

Maximilian Harden forderte Kuno Moltke auf, doch einfach den Nachweis zu erbringen, »dass er vor und nach seiner Ehe in normalen sexuellen Beziehungen gestanden« habe. Magnus Hirschfeld erklärte die ausgelebte Heterosexualität jenseits der Ehe ebenfalls zum zentralen Punkt seines sexualwissenschaftlichen Gutachtens. »Könnte Herr Graf von Moltke, wie seine Gattin von sich sagt [...] auch seinerseits nachweisen, dass er vorher und nachher in normalsexuellen Beziehungen gestanden hat, so wäre dies von wesentlicher Bedeutung«. Aus der Not heraus bot Moltkes Rechtsanwalt tatsächlich das außereheliche Sexualleben seines Mandanten als Beweismittel an, um dessen Heterosexualität zu retten. In seinen Breslauer Jahren als Regimentskommandeur habe Moltke ein »weibliches Verhältnis« unterhalten, verkündete Justizrat Adolf von Gordon stolz. Allerdings gelang es ihm nicht, Hirschfelds Zweifel zu entkräften, dass es sich dabei um mehr als einen »geistig ritterlichen Verkehr« gehandelt hatte.[218]

»Herrn Hirschfelds ›wissenschaftliches‹ Urteil würde anders gelautet haben, wenn ein alter General von über 50 Jahren nach Lösung seiner Ehe – zu Dirnen gegangen wäre! Das wagt ein ›gerichtlicher Sachverständiger‹ dem deutschen Volke an den Kopf zu werfen! Es ist unglaublich!«, ereiferte sich Pastor Philips, der bereits zitierte Führer der protestantischen Sittlichkeitsbewegung.[219] Mit dieser Haltung stand er jedoch allein auf weiter Flur. Auch Eulenburg, jahrzehntelang hochreaktionärer Verfechter des Paktes von Thron und Altar und der Idee vom protestantischen Kaisertum der Hohenzollern, ein »neudeutscher Gustav Adolf« (vgl. Kap. V.4), griff zum heterosexuellen Befreiungsschlag, für den es nun bezeichnenderweise nicht mehr genügte, dass er verheiratet war und 8 Kinder gezeugt hatte. Dies traute die homophobe Öffentlichkeit auch Homosexuellen zu, die sich in einer Ehe »versteckten«, wie oben dargestellt wurde. Ähnlich der forensischen Strategie seines Freundes Moltke schrieb sich Eulenburg daher großzügig Eskapaden mit »schönen und geistreichen Damen, die scharenweise für ihn schwärmten« zu. Er scheute nicht einmal davor zurück, unter dem Namen seiner Frau Augusta eine schriftliche Zeugenaussage zu verfassen, in der es heißt: »Ich war nicht eifersüchtig, wusste ich doch, dass ich das volle Vertrauen meines Gatten besaß, und dass er, wenn er auch, als echter Mann – und Künstler solchen Huldigungen [anderer Frauen] gegenüber unmöglich kühl und unberührt bleiben konnte, mich dennoch den anderen vorgezogen hat-

218 Friedländer, *Prozesse*, S. 4001, 4049–55.
219 Bericht der Versammlung am 9. November 1907 in BAL 8034 II, 7837.

te, indem er mich zur Lebensgefährtin ausgesucht hatte, und ich wusste, dass er mir treu bleiben würde.«[220]

Abb. 18. Heterosexuelle Liberalisierung durch die Hintertür der Homophobie. Quelle: Der Wahre Jacob, *4. August 1908, S. 5892.*

Gegen den Verdacht der Homosexualität war »gesunde Heterosexualität« kaum anders glaubhaft zu machen als durch Promiskuität. In seinem veröffentlichten Gegengutachten zu Hirschfeld brach der Sexualwissenschaftler Georg Merzbach zu diesem Zweck sogar die ärztliche Schweigepflicht gegenüber Kuno Moltke. Der General, erklärte der Berliner Arzt für Geschlechtskrankheiten, habe selbstredend »seine Verhältnisse mit Frauen unterhalten« und ein »ganzes Leben lang normal mit Frauen sexuell verkehrt«. Vor der Heirat mit Lilly habe der Kaiserfreund oft genug den »Lockungen des Ewig-Weiblichen« nachgegeben, weshalb er auch »mit gutem Gewissen in die Ehe gehen« durfte. Den schwersten Schlag versetzte Merzbach dem Ideal der Keuschheit jedoch mit der Enthüllung, »dass Graf Moltke mehrfach Geschlechtskrankheiten durchgemacht hat; ich meine, in diesem Falle ein

220 BLHA, Rep. 37, 572. Das Schriftstück, unterschrieben von Fürstin Augusta Eulenburg und als Kopie eines Originals mit dem Privatsiegel Eulenburgs »beglaubigt«, ist ganz offenkundig von ihm selbst als Entlastungszeugnis zum Gebrauch vor Gericht verfaßt worden. Behauptet wird darin zudem, die Staatsanwaltschaft habe in der von ihr konfiszierten Privatkorrespondenz absichtlich übersehen, dass »die Freundinnen mindestens so stark vertreten sind wie die Freunde.« Zur Unglaubwürdigkeit heterosexueller Liebschaften Eulenburgs siehe das Urteil der Baronin Spitzemberg in Kap. IV.2.

Kompliment, denn sicherlich dürfte der Graf diese Infektionen nicht im Verkehr mit seinem Freunde Eulenburg davongetragen haben.« Wichtiger als Dr. med. Merzbachs vorgebliche Unkenntnis über die Übertragungswege von Geschlechtskrankheiten, bereits damals recht gut bekannt, war die Bereitschaft, ja der maskuline Stolz, angesichts der Bedrohung der Heterosexualität durch Homosexualität einen moralischen Wert wie Keuschheit völlig außer Kraft zu setzen.[221] Die *Schlesische Zeitung*, in deren Erscheinungsgebiet große Güter der Moltke-Familie lagen, war fassungslos: »Größer kann die sittliche Verwirrung kaum noch werden«.[222]

Weniger prüde sah es die *Neue Freie Presse*. Die renommierteste Zeitung Österreich-Ungarns stellte der homosexuell degenerierten wilhelminischen Gesellschaft ein so kitschig wie heterosexuell-libertär verklärtes Bild der Habsburgermonarchie entgegen. Die Berichte aus Berlin lese man in Wien wie »Nachrichten über Kranke, die mit einem Leiden behaftet sind, so widerwärtig, wie der Aussatz und alle Zwecke der natürlichen Triebe verhöhnend.« Ohne die Institution der Ehe auch nur einmal zu erwähnen, zeigte man sich dankbar für »die gesunde österreichische Fröhlichkeit der Sinne«, lobte »die Liebe zu Frauen« als »Freude an dem Schönsten, was die Erde bietet« und sah in den »Seligkeiten, die in den Beziehungen zwischen Mann und Frau liegen […] Quellen sich stets erneuernder Herrlichkeit des Lebens«.[223] Ohne in lyrische Ekstasen zu verfallen, relativierte auch der konservative Sexualwissenschaftler Albert Moll den Wert der Keuschheit. Im *Berliner Tageblatt* warnte er mit Verweis auf Max Dessoirs Theorie über die Periode des undifferenzierten Geschlechtstriebes in der Pubertät vor den Gefahren für die Volksgesundheit, wenn bei jungen Männern die »heterosexuelle Reizbarkeit« nicht zur Geltung kommen könnte. »Das heißt, solche junge Menschen können homosexuell empfinden, ohne dass dies mit einer sich entwickelnden Perversion etwas zu tun hat. Wohl aber können sie zu Homosexuellen gezüchtet werden, wenn sie anfangen, mit Männern geschlechtlich zu verkehren«.[224] Schon in seiner *Ärztlichen Ethik* von 1902 riet Moll daher

221 Merzbach, *Psychologie des Falles Moltke*, S. 38–39. Zu den bekannten Übertragungswegen von Geschlechtskrankheiten unter Homosexuellen Bloch, *Sexualleben unserer Zeit*, S. 392–415.

222 *Schlesische Zeitung*, 30. Oktober 1907, BAL 7837. Eine Definition aus theologischer Sicht: Wolfgang Trillhaas, »Sittlichkeit«, in: RGG 6 (1962), S. 60–64.

223 *Neue Freie Presse*, 25. Oktober 1907, BAL 7836. Zur Bedeutung der *Neuen Freien Presse* in Österreich-Ungarn Stefan Zweig, *Die Welt von Gestern*, S. 102–103.

224 Albert Moll zit. in *Berliner Tageblatt*, »Die Aufhebung des § 175«, 15. November 1907, BAL 6960.

Männern zum regelmäßigen Geschlechtsverkehr mit Frauen, im Zweifelsfall auch mit Prostituierten. Selbst bei älteren Homosexuellen, so Molls Therapieversprechen, könne sich mitunter noch »durch eine gewisse Gewöhnung ein heterosexueller Trieb« entwickeln.[225]

Im Wertekonflikt zwischen Homophobie und Keuschheit geriet vor allem die wilhelminische Armee in den Mittelpunkt des Interesses. Viele Publizisten schätzten hier die Gefahr, der Homosexualität zu verfallen, am größten ein. »Die Kadettenhäuser, Alumnate usw. sind Pflanzstätten für dieses Laster [der Homosexualität]«, schrieb Hans Hyan in der *Welt am Montag*. In diesen, bezeichnenderweise oft dem Adel vorbehalten, würden Jungen und junge Männer auf ungesunde Weise vom weiblichen Geschlecht ferngehalten werden. Dabei sei Abhilfe ganz einfach: »Im Kuss eines Weibes erlischt der hässliche Unfug gewöhnlich.« Neben mannmännlichen Gefährdungen wurde aber auch das Allheilmittel gegen Homosexualität in der Armee lokalisiert. Hier könne die bürgerliche Gesellschaft vom Soldaten lernen, der sich ein »Stück mittelalterlicher Ungebundenheit« bewahrt habe und für den es keinesfalls als Schande gelte, »einen, zwei oder mehr Schätze zu haben«. »Asketik und Abstinenz« seien keine militärischen Tugenden. Dafür, argumentierte Hyan, seien promiskuitive Soldaten jedoch gegen Homosexualität immunisiert, für die sie »nichts wie gesunde Verachtung und ehrlichen Manneshohn« übrig haben.[226] Aus der »Schule der Unzucht«, wie der Schriftsteller Erich Frommel die Armee mit ihren jährlich 30.000 neuen Fällen von Geschlechtserkrankungen genannt hatte, wurde auf diese Weise ein potentieller Rettungsanker der wilhelminischen Gesellschaft gegen die homosexuelle Gefahr.[227] Philipp Eulenburg selbst entrüstete sich in seinen privaten Niederschriften während Skandals über die heterosexuelle Liberalisierung an der Schnittstelle zwischen Militär und Gesellschaft, der er ungewollt Vorschub geleistet hatte: »Die jungen Leute, besonders Offiziere, zeigen sich, seit des Beginns der ›sittlichen Entrüstungshetze‹ gegen mich, aus

225 Moll sah außerehelichen Geschlechtsverkehr als im Bereich der wilhelminischen Moral liegend. Mehr noch: »Da beim Geschlechtsakt zwischen Mann und Weib zwei Personen beteiligt sind, kann ich nicht anerkennen, dass die eine hierbei unsittlicher handelt als die andere; ich kann dies selbst für die Prostituierte nicht zugeben.« Moll, *Ärztliche Ethik*, S. 220–231.

226 *Die Welt am Montag*, »Gegen die Aufhebung des § 175«, von Hans Hyan, 9. Januar 1905. Vgl. die Annahme, das Militär sei im Kaiserreich allseits als Schule der Nation anerkannt worden. Schilling, *Kriegshelden*, S. 377.

227 *Kölnische Volkszeitung*, »Der Reichstag und die Folgerungen aus dem Moltke-Harden-Prozess«, 14. November 1907, BAL 7837. Münchener *Allgemeine Zeitung*, »Der Berliner Schmutzprozess«, 7. November 1907, BAL 7837.

Angst ›man‹ könnte sie bezichtigen, einen Freund zu haben, schamlos in Gesellschaft von Dirnen, um zu dokumentieren, dass sie eine ›Freundin‹ und keinen Freund haben.«[228]

Auf wie fruchtbaren Boden die durch Homophobie bewirkte heterosexuelle Liberalisierung in den nächsten Jahren fiel, zeigt die Offenherzigkeit eines ärztlichen Frauenratgebers von 1913. Obgleich »der gesündeste Geschlechtsverkehr« natürlich in einer Ehe stattfinde, schrieb dort Dr. med. Elisabeth Lucas verständnisvoll zum frühen Sammeln heterosexueller Erfahrungen: »Viele junge Leute halten es für notwendig, mit Frauen zu verkehren, selbst wenn ihr Trieb nicht sehr stark ist [...] man hält das Unterlassen für ein Zeichen von Unmännlichkeit und fürchtet davon Schlimmes für die Zukunft.«[229] Zu dem fundamentalen Wertewandel beigetragen hatte nicht zuletzt der Patriotismus der führenden Zeitungen, der den Wert von Keuschheit stark relativierte. Die *Vossische Zeitung* sah in den in aller Öffentlichkeit betriebenen »Ausschweifungen mit Weibern« nur eine legitime »Gegenbewegung der Normalsexuellen« gegen den Verdacht der Homosexualität.[230] Das Deutsche Reich, warnten die *Hamburger Nachrichten*, dürfe nun einmal »unter keinen Umständen« in den Ruf kommen, »das klassische Land der Päderastie zu sein«. Und die *Kölnische Zeitung* mahnte, die Deutschen dürften bei ihren weltumspannenden Zukunftsplänen nicht an den »Klippen des Homosexualismus« scheitern.[231] Es vollzog sich gesellschaftlich, was Judith Surkis für denselben Zeitraum mit Blick auf die politische Philosophie Émile Durkheims eine »Sacralization of Heterosexuality« genannt hat.[232] Für Deutschland zur Zeit des Eulenburg-Skandals war die andere Seite der Sakralisierung von Heterosexualität allerdings eine ostentative Homophobie. Sie war so stark, dass sie das jahrhundertealte Keuschheitsideal zu beugen vermochte. Besser heterosexuell-promiskuitiv, auch außerhalb der Ehe, als homosexuell, so die neue, durch den Eulenburg-Skandal beförderte Maxime. Oder in zeitgenössischen Worten: besser ein »wüster Frauenjäger« à la Richard Wagner als ein »Päderast«. Die Dialektik von Homophobie und heterosexueller Liberalisierung mag wegen ihres aus heutiger Sicht hohen Gehalts an Infamie schwer zu fassen sein. Doch auch Dagmar Herzog hat diesen

228 NL Eulenburg, BA Koblenz, Akte 75, 265.

229 Lucas, »Vom gesunden und kranken Körper«, S. 47.

230 *Vossische Zeitung*, »Der Prozess Brand«, 7. November 1907, BAL 7837.

231 *Hamburger Nachrichten*, »Ein Ende mit diesen Prozessen!«, 25. Oktober 1907, BAL 7836. *Kölnische Zeitung*, »Der Prozess Moltke-Harden«, 25. Oktober 1907, BAL 7836.

232 Surkis, *Sexing the Citizen*, S. 161–183.

Nexus jüngst in einer Studie zur religiösen Rechten in den USA entdeckt.[233] Die mit ihrer Popularisierung einhergehende moralische Verdammung von Homosexualität zu bestimmten Zeiten und an bestimmten Orten lässt sich als »widersprüchliches Potential der Moderne« fassen.[234]

In seiner *Epikiritischen Studie* zum Eulenburg-Skandal versuchte Magnus Hirschfeld für die Homosexuellenemanzipation zu retten, was zu retten war. Was blieb, war jedoch nur der Blick in eine bessere Zukunft: »Diese Konflikte und Skandale werden leider nicht mehr aufhören, sie werden sich wiederholen, bis das Problem der Homosexualität die Lösung gefunden hat, die der Wahrheit, dem Recht und der Moral entspricht.«[235] Mit der Wiederkehr von Homosexualitätsskandalen sollte Hirschfeld Recht behalten, aber auch er hätte sich kaum vorstellen können, dass in Deutschland noch viele Jahrzehnte bis zu zaghaften juristischen und gesellschaftlichen Verbesserungen vergehen sollten, ja der Homosexuelle bis heute der Anti-Typus des »Vollmannes« geblieben ist.[236] Die normalsexuelle Gegenbewegung bekamen die Homosexuellen sofort zu spüren. Die Verurteiltenrate wegen § 175 verdoppelte sich fast von rund 0,6 Verurteilten auf 100.000 Einwohner im Jahr 1907 auf rund 1,1 im Jahr 1911.[237] Die deutsche Homosexuellenbewegung konnte sich in der Weimarer Republik zwar von dem Rückschlag erholen, den der Eulenburg-Skandal bedeutete; die Verfolgung nach 1933 prägt sie jedoch nach wie vor.[238] In seiner von den Nationalsozialisten verschärften Fassung wurde der § 175 erst 1969 und 1972 reformiert und 1994 ersatzlos gestrichen.[239] Homophobie kann sich heute in den meisten Ländern Europas zwar nicht mehr als Offizialnorm artikulieren. Kulturgeschichtlich von einer linearen Erfolgsgeschichte seit dem Eulenburg-Skandal zu sprechen,

233 In ihrem homophoben Aktivismus habe diese das Leitbild der »hot heterosexual romance« in ihr Programm integriert und so eine »sex positive message« erzeugt, eine Strategie mit historischen Wurzeln: »But nothing has been more succesful in the early twenty-first century than its ability to hijack the national conversation about heterosexuality.« Herzog, *Sex in Crisis*, S. 164–165. Vgl. zu der traditionelle Werte beugenden Wucht des »Cult of Masculinity« auch Hedges, *American Fascists*, S. 73–95. Für den Hinweis danke ich Richard F. Wetzell und David Dennis.

234 Bajohr, *Zivilisation und Barbarei. Die widersprüchlichen Potentiale der Moderne*.

235 Vorwort in Hirschfeld, *Epikritische Studie zum Harden-Prozess*.

236 Mosse, *Das Bild des Mannes*, S. 79–106.

237 Hutter, *Gesellschaftliche Kontrolle homosexuellen Begehrens*, S. 163.

238 Herzer, »Das Wissenschaftlich-humanitäre Komitee«, S. 83–87.

239 Sommer, *Die Strafbarkeit der Homosexualität von der Kaiserzeit bis zum Nationalsozialismus*; Sievert, *Homosexualität, Strafrecht und Schwulenbewegung im Kaiserreich und in der Weimarer Republik*.

fiele dennoch schwer. Kritische Beobachter beschleicht in Deutschland auch heute noch das unheimliche Gefühl, dass die Toleranz gegenüber Homosexuellen nur vom allgemeinen, heterosexuell dominierten *laissez faire* geborgt sein könnte.[240] Von einer Respektabilität homosexueller Liebe jenseits der Entkriminalisierung wie sie Magnus Hirschfeld vorschwebte und wie sie während des Eulenburg-Skandals unisono, von links bis rechts, verhöhnt wurde, kann nach wie vor keine Rede sein. Auch postmodernistische Ideen von Sexualität*en*, die vom Individuum jeden Tag neu konstruiert werden können, scheinen sich schon wieder überlebt zu haben.[241] Das prekäre Wechselverhältnis von Hetero- und Homosexualität wird daher auch in Zukunft stets neu ausgehandelt werden müssen.

240 So warnt Dieter Bartezko, dass der »liberale Schein« trügt. »Der Mörtel aller institutionellen Eckpfeiler unserer Gesellschaft ist die Heterosexualität – und die derzeitige große Freiheit für Schwule ist wie gewohnt überwiegend auf die Bereiche der Kunst und Intellektualität beschränkt: ein perfekt getarntes Freigehege.« *Frankfurter Allgemeine Zeitung*, »Im Freigehege«, 27. März 2007, S. 37.

241 Die gesellschaftspolitisch motivierte Kritik an der Dichotomisierung in Hetero- und Homosexualität entstand in den 1970er und 1980er Jahren. Die Forderung, den »sexuellen Erlebnishorizont« der Menschen beliebig zu erweitern, etwa bei Gindorf, »Wissenschaftliche Ideologien im Wandel. Die Angst vor der Homosexualität als intellektuelles Ereignis«, S. 144. Aktualisiert bei Dobler, *Duldungspolitik und Verbrechensbekämpfung*, S. 28.

V. Die politische und moralische Legitimationskrise der wilhelminischen Herrschaftselite

1. Der Sturz der Eulenburg-Kamarilla: An den Grenzen von verantwortlicher und unverantwortlicher Politik

Der Eulenburg-Skandal stürzte die wilhelminische Herrschaftselite in eine schwere Legitimationskrise, denn er enthüllte als ein Stück Verfassungswirklichkeit des Deutschen Reiches die Existenz von Kamarilla und Favoritentum, längst überwunden geglaubten absolutistischen Formen von Machtausübung.[1] In der *Zukunft* eröffnete Maximilian Harden ein weites Panorama auf die Machtfülle Philipp Eulenburgs als »Favorit« Kaiser Wilhelms II.: »Der zweite Kanzler [Caprivi] ist in Liebenberg gestürzt worden, der dritte war Hohenlohe. Dieser alte Herr ist soweit gekommen, dass er schäumte, wenn der Name dieses Eulenburg auch nur genannt wurde. Der vierte Kanzler, der noch im Amte ist, ja, der ward Kanzler durch den Fürsten Eulenburg [...] Bülow wollte nicht; er hatte eine italienische Gemahlin, die fuhr zu Eulenburg, aber dort war nichts zu machen. Ich erwähne das ausdrücklich, da es beweist, dass es tatsächlich eine okkulte Instanz gab, die die Sache machte. Die Frau fuhr nicht nach Berlin und stellte Majestät die Sache vor, sondern nach Wien und bat Eulenburg, er möchte sie in Rom lassen. Eulenburg sagte: ›Bernhard muss nach Berlin‹ – die Herren duzten sich ja auch. Als sie meinte ›Tun Sie's doch lieber!‹ sagte Eulenburg: ›Nein, ich will Könige machen, aber nicht König sein!‹«[2] Als er schließlich von Kuno Moltkes Äußerung »Wir haben um den Kaiser einen Ring gebildet, den niemand mehr durchbrechen kann« erfuhr, erklärte Harden, habe er »in der Kamarilla eine

1 Vgl. Seemann, »Das Konzept der ›Elite(n)‹«, S. 24–41. Theoretische Überlegungen zu den Stichwörtern »Legitimität«, »Krise« und »Eliten« in Greiffenhagen, *Politische Legitimität.* Zum Konzept der Verfassungswirklichkeit Carl Schmitt, Verfassungslehre (1928).

2 Friedländer, *Prozesse*, S. 4107–09.

Schädigung des Staatsganzen« erkannt und »als Politiker« eingreifen müssen.[3]

Der spanische Begriff *Camarilla* hatte sich spätestens seit der Monarchie Ferdinands VII. von Spanien im politischen Sprachschatz Europas etabliert. Wie dem Kabinett, wo sich die Minister und Beamten versammelten, gab der Raum der Institution den Namen. Um 1900 leiteten ihn alle Enzyklopädien von dem Kämmerchen ab, in dem der absolute Monarch politische Angelegenheiten mit seinen Favoriten, Günstlingen und Mätressen zu besprechen pflegte. Die Kamarilla ist der »illegitime Bruder und zugleich Nebenbuhler« des Kabinetts, heißt es in einer historischen Studie von 1895, die auf dem Höhepunkt der Machtentfaltung Philipp Eulenburgs veröffentlicht wurde.[4] Für den *Brockhaus* war Kamarilla »eine Hof- oder Günstlingspartei, welche in einer den allgemeinen Interessen nachteiligen Weise die Entschließungen des Regenten beeinflusst«.[5] Diese aus der frühen Neuzeit stammende institutionelle Sicht auf eine Kamarilla als Hofpartei, als klar benennbarer Personenverband, prägte noch ganz die Arbeit Isabel Hulls zur Entourage Kaiser Wilhelms II., aber auch Martin Kohlrauschs Studie zu Wilhelm II. als »Monarch im Skandal«.[6] Eine solche – personalisierende – Eindeutigkeit ist

3 Friedländer, *Prozesse*, S. 4012, 4225–26. Zum »festen Ring« Homosexueller um den Monarchen auch Tresckow, *Erinnerungen eines Kriminalkommissars*, S. 133–145. Als »politischer General« wurde Kuno Moltke von Historikern bisher unterschätzt. Zu dem Typus Anonym, *Politische Generale am preußischen Hofe seit 1848*; Bethcke, *Politische Generale, Kreise und Krisen um Bismarck*. Moltke befreundete Publizisten gaben sich im Skandal Mühe, seine Rolle zu entpolitisieren: »Und dieses große Kind, durch und durch Soldat und durch und durch Künstler, soll Politik gemacht haben?« *Der Deutsche*, 20. November 1907, BAL 7837. Tatsächlich wurde Moltke bereits in seiner frühen Karriere von Wilhelm II. für seine »Flügeladjutantenpolitik« eingesetzt. Siehe Stein, *Wilhelm II.*, S. 49–59. Nach Treffen mit dem engsten Kern der Kamarilla – Eulenburg, Moltke und Varnbüler – im April 1906 notierte der Osteuropa-Historiker und Publizist der *Kreuzzeitung* Theodor Schiemann: »Es scheint, dass die Dauer der Stellung Tschirschkys [als Außenminister] nicht wahrscheinlich ist, Moltke scheint Monts als Nachfolger zu wünschen und an Schöns Stelle [Botschafter in St. Petersburg] Varnbüler.« Zit. nach Röhl, *Wilhelm II.*, Bd. 3, S. 593. Für die Zeit nach einem Staatsstreich von oben wurde Kuno Moltke als »Reichskanzler des Inneren« gehandelt. Haller, *Eulenburg*, S. 317; Hamann, *Um den Kaiser*, S. 15.

4 Bischoff, *Camarilla*, S. 1.

5 Zit. im Vorwort von Bettauer/Lichey, *Die Kamarilla. Ein Stück deutschen Schicksals in zehn Bildern*.

6 Obgleich Kohlrausch einmal von der Kamarilla als einer »Kommunikationsblockade« spricht, versteht er sie ganz traditionell als »begrifflich eingrenzbare Gruppe« im Sinne einer Hofpartei und reduziert sie im öffentlichen Diskurs auf ein »Schlagwort«. Kohlrausch, *Monarch*, S. 177, 179–180, 185. Absurd ist die Behauptung, es habe nie eine Eulenburg-

in den öffentlichen Auseinandersetzungen des Eulenburg-Skandals aber nicht festzustellen. Magnus Hirschfeld konstatierte nüchtern, Kamarilla und Homosexualität seien »die zwei ungeklärten Worte«, um die der Skandal kreise.[7]

Im Folgenden wird gezeigt, dass die traditionelle Vorstellung von Kamarilla als Personenverband zunehmend durch ein Verständnis von Kamarilla als einer spezifischen, durchaus modernen Form von Macht*ausübung* überlagert wurde. Diese betraf in der Tat das »Staatsganze«, denn Kamarilla stellte die Einheitlichkeit der Regierung, von autoritären Staatsmännern wie Bismarck als *conditio sine qua non* politischer Herrschaft beschworen, in Zweifel. Bezeichnenderweise konnte der Idealzustand der Einheitlichkeit gerade in den monarchischen Regierungen bis 1918 nur mühsam und immer nur zeitweilig hergestellt werden. Fritz Hartung sprach bereits in den 1930er Jahren von einem ständigen »Ringen der verschiedenen Einflüsse« um die Beherrschung der Regierungsgewalt im Preußen-Deutschland des langen 19. Jahrhunderts.[8] Im Falle der wilhelminischen Monarchie konnte der Herrscher auf die Eulenburg-Kamarilla als eine friedliche Variante der *ultima ratio regum* zurückgreifen, wenn Macht nichtinstitutionell, unkonstitutionell und vor allem arkan ausgeübt werden sollte.[9] Diese drei Merkmale finden sich, in den verschiedensten Begrifflichkeiten, immer wieder in den Beschreibungen der Zeitgenossen, wobei das Arkane als wichtigster Faktor die beiden anderen zumeist implizierte.[10] Als Aktivität, nicht mehr als klar umrissener Personenverband, wurde Kamarilla wenige Jahre nach dem Eulenburg-Skandal denn auch von Carl Schmitt verstanden: »Vor jedem Raum direkter Macht bildet sich *ein Vorraum indirekter Einflüsse und Gewalten*, ein Zugang zum Ohr, ein Korridor zur Seele des Machthabers. Es gibt keine

Kamarilla gegeben: Leuchtmann, *Eulenburg*, S. 263–265. »Wann tagte sie und wer bildete sie?«, fragte bereits der Eulenburg-Apologet Haller voller Naivität, um die »Liebenberger Tafelrunde« zu verharmlosen und Eulenburg politisch zu entlasten. Haller, *Eulenburg*, S. 299.

7 Hirschfeld, *Epikritische Studie zum Eulenburg-Skandal*, S. 1–3.

8 Hartung, »Verantwortliche Regierung«, S. 230.

9 »Phili hat sich wieder ›betätigt‹«, schrieb Harden sarkastisch über die Aktivierung des kaiserlichen Favoriten zu politischen Zwecken. (*Die Zukunft*, 28. April 1906.) Ludwig Thoma warnte vor der Schönrednerei von Vernunftmonarchisten, die Wilhelm II. mit der Gleichung zu salvieren versuchten: »Eulenburg und seine Freunde bilden eine Kamarilla. Kamarilla ist das Böse, was den guten Fürsten umgibt.« Ludwig Thoma, Der große Skandal, in: März, S. 270.

10 Kamarilla als »Einflußsystem« auf »Entscheidungen« bei Huber, *Verfassungsgeschichte IV*, S. 256, 297.

menschliche Macht ohne diesen Vorraum und ohne diesen Korridor.«[11] Entscheidender als das *wer* einer »Mitgliedschaft« in der Eulenburg-Kamarilla schien den Zeitgenossen die Frage, *wie* diese spezifische Macht, wie Kamarilla ausgeübt wurde.[12] »Wer im Telefonbuch sucht wird keine ›Kamarilla‹ finden (Heiterkeit). Wer eine solche Idee von der Kamarilla hat, dass es eine festgegebene Sache sei, der müsste sich eine merkwürdige Vorstellung von den Dingen und Zuständen, wie sie da oben sind, machen«, erklärte Maximilian Harden vor Gericht. »Ich wenigstens gestehe offen zu: Ich würde nicht den Beweis führen können, dass eine Kamarilla besteht; ich würde nicht den Beweis führen können, dass der Fürst Eulenburg Einfluss hat; ich würde ihn nicht im Gerichtssaal führen können [...] Aber am Ende sollten doch auch meine erbitterten Feinde zugeben, dass Behauptungen politischer Art täglich auch von ihnen aufgestellt werden, die nicht beweisbar sind. Sie sagen doch auch: Der und der Minister ist aus dem und dem Grunde abgegangen. Ja, wenn sie ihn vor den Richter stellen, so ist er natürlich aus Gesundheitsrücksichten abgegangen!«[13]

Was die Art und Weise der Machtausübung betraf, wurden der Eulenburg-Kamarilla moderne Mittel zugeschrieben. Danach hatte sie jahrzehnte-

11 [Meine Hervorhebungen]. »Je mehr die Macht sich an einer bestimmten Stelle, bei einem bestimmten Menschen oder einer Gruppe von Menschen wie in einer Spitze konzentriert, um so mehr verschärft sich das Problem des Korridors und die Frage des Zugangs zur Spitze. Umso heftiger, verbissener und stummer wird dann auch der Kampf unter denjenigen, die den Vorraum besetzt halten und den Korridor kontrollieren. Dieser Kampf im Nebel indirekter Einflüsse ist ebenso unvermeidlich, wie er für alle menschliche Macht wesentlich ist. In ihm vollzieht sich die innere Dialektik der menschlichen Macht.« Schmitt, *Gespräch über die Macht und den Zugang zum Machthaber*, S. 19–20. Vgl. auch Huber, *Verfassungsgeschichte IV*, S. 297–299.

12 Obwohl er die Existenz der Eulenburg-Kamarilla bestritt, verstand Kamarilla als eine »Tätigkeit« bereits Eyck, *Das persönliche Regiment Wilhelms II.*, S. 466–467. Vgl. dagegen Hull, die bei ihrer Untersuchung des Liebenberger Kreises an filigransten Personenkonstellationen um den Kaiser interessiert ist und schließlich doch nur zu dem Schluss gelangt, dass die Entourage allein den Willen des Monarchen exekutierte. Im logischen Widerspruch dazu steht bereits ihre eigene Feststellung, dass die kaiserliche Umgebung den größten Teil ihrer Energie darauf verwenden musste, die Torheiten Wilhelms II. auszugleichen. Hull, *Entourage*, S. 293–302. Vgl. dies., »Kaiser Wilhelm II and the ›Liebenberg Circle‹«, in: Röhl/Sombart, *New Interpretations*, S. 193–220.

13 Erster Teil der Schlussrede Hardens im 2. Moltke-Harden-Prozess (Seiten 32–45), BLHA 566. Zum Problem der Erfassung unverantwortlicher Einflüsse in politischen Machtzentren hat bereits Hartung auf die Unbrauchbarkeit klassischer Staatsquellen hingewiesen. Aufschluss könnten allein Briefe, Tagebücher, Denkwürdigkeiten und die »öffentliche Diskussion in der Presse« geben, an der sich Arkanpolitiker als anonyme Schreiber und Inspirateure beteiligten. Hartung, »Verantwortliche Regierung«, S. 231.

lang im wahrsten Sinne des Wortes »Pressepolitik« betrieben, wie die *Berliner Morgenpost* in einem aufsehenerregenden Artikel 1907 berichtete. So sei es der Eulenburg-Kamarilla in den 1890er Jahren immer wieder gelungen, die Reichsregierung umzugestalten. Ende Oktober 1894 habe sie Reichskanzler Caprivi mit der Behauptung gestürzt, im Streit um die Agrarpolitik einen Artikel in der *Kölnischen Zeitung* gegen den junkerfreundlichen preußischen Ministerpräsidenten Botho Eulenburg, einen Cousin des kaiserlichen Favoriten, inspiriert und dadurch die Einheitlichkeit der Regierung verraten zu haben.[14] Nach dem gleichen Muster sei Anfang Dezember 1895 der Sturz des Innenministers von Köller bewerkstelligt worden, dem die Urheberschaft zweier Artikel in den *Münchner Neuesten Nachrichten* und dem *Hannoverschen Courier* über die dem Kaiser missliebige Reform der Militärgerichtsbarkeit zugeschoben wurde. 1896 dann habe Kriegsminister Bronsart von Schellendorf sein erstes Entlassungsgesuch einreichen müssen, weil er beim Kaiser denunziert wurde, in der *Kölnischen Zeitung* und dem *Hamburgischen Korrespondent* Artikel gegen das Militärkabinett veröffentlicht zu haben. Und Ende 1896 habe schließlich der Staatssekretär des Äußeren Marschall von Bieberstein »dasselbe unheimliche Messer an der Kehle« gespürt. Der gewiefte Außenpolitiker habe jedoch die Methode der Eulenburg-Kamarilla durchschaut und seine berühmte »Flucht in die Öffentlichkeit« angetreten: »Und siehe da, an dem Griffe des Messers hing die wohlerfahrene Hand des [...] Philipp Eulenburg, des gern gesehenen Jagdgenossen, Reisebegleiters und dichterischen Freundes des Kaisers.«[15]

Die auch im Fall Marschalls letztlich erfolgreiche Politik der Eulenburg-Kamarilla, er musste das Amt des Außenministers aufgeben, weil seine »Flucht in die Öffentlichkeit« als Verrat an den Prinzipien monarchischer Herrschaft gewertet wurde, veranlassten Isabel Hull und John Röhl, dahinter einen stringenten Plan zu vermuten, ein »persönliches Regiment« zu errichten. Für sie war Eulenburg der führende Ideologe dieses politischen Projektes und in den 1890er Jahren die Schlüsselfigur dafür zu sorgen, dass alle halbwegs unabhängigen Minister durch dem Kaiser ergebene Kreaturen ausge-

14 Vgl. zur Machtausübung der Kamarilla beim Sturz Caprivis Huber, *Verfassungsgeschichte IV*, S. 251–264; Hartung, »Verantwortliche Regierung«, S. 293.

15 *Berliner Morgenpost*, »Das Urteil im Prozess Moltke-Harden«, 30. Oktober 1907, BAL 7837. Alexander Hohenlohe bestätigt, Marschall habe seine berühmte »Flucht in die Öffentlichkeit« vor Eulenburgs Kamarilla angetreten. Im Tausch-Prozess habe er sie nur deshalb nicht bloßgestellt, weil ihn Eulenburg mit dem Botschafterposten in Konstantinopel abfand. Hohenlohe, *Aus meinem Leben*, S. 355.

tauscht würden.[16] Ihren Höhepunkt habe diese Strategie mit der Berufung Bülows zum Reichskanzler erreicht, urteilte ebenfalls Thomas Nipperdey, der an der raschen Emanzipation Bülows von seinem Mentor Eulenburg wie vom Kaiser aber auch den Verschleiß der Idee festmachte und soweit ging zu behaupten, Wilhelm II. habe unter der Kanzlerschaft Bülows gar nicht regiert, von einem persönlichen Regiment könne daher nach 1900 keine Rede mehr sein.[17]

Aus – personalisierter – Kamarilla-Perspektive mussten in einem persönlichen Regiment, das niemals mehr als diffuse Zielvorgabe und phantastisches Dauerprojekt Wilhelms II. war, nur Gefahren liegen.[18] Bei einer Verwirklichung hätte sie ihr Wesensmerkmal, die arkane Beeinflussung der monarchischen Entscheidungen, aufgeben müssen. Wenigstens ein Teil der Kamarilla hätte, ähnliches wurde bezeichnenderweise bereits von der Gerlach-Kamarilla nach 1849 erwogen und verworfen, in die offizielle Regierung und ins Licht der internationalen Öffentlichkeit eintreten müssen.[19] Tatsächlich blieb im Vergleich zu anderen Einflussgruppen in der Umgebung Wilhelms II. das Arkane Alleinstellungsmerkmal der Eulenburg-Kamarilla bis zu ihrem Sturz. Philipp Eulenburg wurde daher im Skandal auch wie ein politischer Vampir gezeichnet. »Für ihn war das matteste Zwielicht so Lebensbedingung wie einem anderen Tageslicht und Sonnenschein.« Er war der Gegentypus zum konstitutionell verantwortlichen und in der Öffentlichkeit agierenden Politiker.[20] Machtausübung »im Geheimen« bedeutete allerdings nicht, dass diese in der Öffentlichkeit gar nicht wahrgenommen

16 Röhl, *Kaiser, Hof und Staat*, S. 35, 55–58; Hull, »Persönliches Regiment«, S. 3–23, speziell S. 8–9. Vgl. bereits Hintze, »Das persönliche Regiment Wilhelms II.«, S. 134ff. Dazu nichts Neues in Mombauer/Deist, *The Kaiser. New Research on Wilhelm II's Role in Imperial Germany*.

17 Nipperdey, *Deutsche Geschichte II*, S. 485.

18 Zu Eulenburgs zeitweilig kritischer Sicht auf ein persönliches Regiment Haller, *Eulenburg*, S. 123–126, 203. Am schlüssigsten erscheint immer noch, das persönliche Regiment mit Huber nicht als institutionalisierte, sondern zeitweilig improvisierte Herrschaftsform Wilhelms II. zu fassen. Huber, *Verfassungsgeschichte IV*, S. 329–350, besonders S. 333–334; ebenso Hartung, »Verantwortliche Regierung«, S. 282–288. Nur wenn sich ein persönliches Regiment Wilhelms II. ausgeprägt hätte, wäre er im Übrigen auch medial alleinverantwortlich gewesen. Zu dem für diese Epoche wenig überzeugenden Konzept von *media monarchs* Plunckett, *Queen Victoria*; Kohlrausch, *Monarch*.

19 Zur Gerlach-Kamarilla sowie zu Eulenburgs Ambitionen, unkonstitutioneller Hausminister oder Reichsstatthalter im Elsass zu werden, Kap. V.1 und VI.1.

20 Die Wiener *Neue Freie Presse* sah Eulenburg nicht wie den Reichskanzler im Parlament Fragen der Volksvertreter Rede und Antwort stehen, sondern in »samtgepolsterten, tief verhängten Räumen, verwöhnt, weichlich, süßlich im ganzen Wesen« unkonstitutionelle

wurde. Bereits Ernst Rudolf Huber hat auf die wechselseitige Bedingtheit von Öffentlichem und Geheimem hingewiesen und Frank Bösch spricht treffend von »öffentlichen Geheimnissen«, die am Anfang von Skandalen stehen.[21] Den Arkanpolitiker Eulenburg brachte die zunehmende Macht von Presse und Öffentlichkeit im Laufe der Jahre mehrfach in Bedrängnis. Andeutungen über seine Kamarilla gelangten immer wieder in die Zeitungen. Bereits durch Kladderadatsch-Skandal und den durch Marschalls »Flucht in die Öffentlichkeit« ausgelösten Tausch-Skandal wäre seine Art der Machtausübung beinahe enttarnt worden.[22] Sorgsam registrierte er seitdem jede Erwähnung seines Namens in der europäischer Presse[23] und, wirklich das Gegenmodell zum modernen Parteipolitiker, unterhielt Kontakte zu handverlesenen Journalisten, um *nicht* in den Zeitungen erwähnt zu werden.[24]

Wendepunkt für die Eulenburg-Kamarilla wurde denn auch keine Indiskretion durch Journalisten, sondern die Veröffentlichung der Memoiren des dritten Reichskanzlers Chlodwig zu Hohenlohe-Schillingsfürst im Jahr 1906.[25] Dass Eulenburg in der durch Einwirken der Reichsregierung entschärften Version der Memoiren namentlich nur viermal einen Auftritt hatte, obwohl er bekanntlich bester Freund und intimer Berater Wilhelms II. war, weckte Verdacht bei Journalisten und lenkte die Aufmerksamkeit erst recht auf ihn.[26] Monatelang wurde in der Presse die von Hohenlohe mit

---

Arkanpolitik treiben. *Neue Freie Presse*, 3, Januar 1908, PAAA; *Neue Freie Presse*, 2. Mai 1908, BLHA 554.

21 »Die illegitime Macht der Kamarilla wirkte im Geheimen; aber sie blieb den Zeitgenossen nicht verborgen.« Huber, *Verfassungsgeschichte IV*, S. 256; Vgl. Bösch, *Öffentliche Geheimnisse*.

22 Rogge, »Die Kladderadatsch-Affäre«, S. 90–130; Rogge, »Affairen«, S. 58–72; Burmeister, *Eulenburg*, S. 98; Hartung, »Verantwortliche Regierung«, S. 291.

23 Er hatte ein Clipping zu seinem Namen bei einer Berliner Agentur beauftragt. Siehe BLHA 554.

24 *Kieler Neueste Nachrichten*, »Hinter den Kulissen«, 31. Mai 1907, BAL 7836. Zu Eulenburgs ambivalenter Haltung gegenüber Presse und Öffentlichkeit Burmeister, *Eulenburg*, S. 28–31.

25 Wie bei der Herausgabe von Bismarcks *Gedanken und Erinnerungen* war es der Reichsregierung zwar gelungen, die Veröffentlichung besonders heikler Interna zu verhindern. Doch auch die entschärfte Ausgabe wurde ein veritabler Skandal. »The memoirs of Prince Hohenlohe made curious reading for the uninitiated. The narrative of intrigue, the flashed of spite, the jealousies and petty revenges which crowd those indiscreet pages came as a surprise even to those who had mastered the various biographies of Bismarck.« *Daily News*, 30. Oktober 1907, PAAA.

26 »Aus dem Tagebuch des alten Chlodwig Hohenlohe«, so Maximilian Harden, »ging deutlich hervor, welche unheilvolle Rolle Fürst Eulenburg gespielt hat.« Friedländer, *Prozesse*, S. 4104.

feiner Lakonie geschilderte Begründung diskutiert, mit der es Eulenburg bereits 1893 abgelehnt hatte, Staatssekretär des Äußeren zu werden: »Nun glaubt Eulenburg zu dieser Stelle nicht geeignet zu sein, da er zu wenig Ehrgeiz und zu wenig Freude an den Exigenzen habe, die das Auswärtige Amt mit sich bringe. Er fürchtet ferner, dass sein Verhältnis zum Kaiser durch den steten persönlichen Verkehr und die Vorträge gestört werden könne; und doch sei gerade dieses freundschaftliche Verhältnis sehr wichtig und dem Kaiser nützlich, da er sich bewusst sei, vom Kaiser nie etwas zu verlangen und ihm nur ehrliche Ratschläge zu geben. Durch diese vermittelnde Stellung werde er größeren Nutzen schaffen als durch seine Tätigkeit als Leiter des Auswärtigen Amtes.«[27] Erst durch diese Indiskretion Hohenlohes war der Damm für die Presse gebrochen und folgte der »Kamarilla-Sommer« des Jahres 1906 (vgl. Kap. II.1).[28]

Für Carl Schmitt war der Freund – als politische Figur – der *missing link* zwischen zwei Grundstrukturen des Politischen: »Hinter der Entscheidung von Freund und Feind zeichnet sich als das eigentliche Politikum der Kampf um den Zugang zum Machthaber ab.« Die beiden berühmten Denkfiguren der politischen Philosophie Schmitts, Freund-Feind-Schema und Zugang zum Machthaber, verbinden und verdichten sich in der Kamarilla.[29] Was Schmitt (Jahrgang 1888), der den Eulenburg-Skandal in der prägenden Jugendphase zwischen seinem 18. und 21. Lebensjahr miterlebte, wenig später politiktheoretisch verarbeitete, erstaunte bereits während des Eulenburg-Skandals viele Zeitgenossen. Denn selten schien mit größerer Offenheit und Nonchalance unverantwortlicher vor verantwortlicher Macht der Vorzug gegeben worden zu sein; nicht als mit Ehren und Privilegien überhäufter Außenminister, sondern als »Freund des Monarchen« wollte da jemand lieber

27 Curtius, *Chlodwig zu Hohenlohe-Schillingsfürst. Denkwürdigkeiten*, hier: Band 2, S. 497. Ohne die »Redaktion« auf Druck der Reichsregierung wäre bereits 1906 veröffentlicht worden, wie sehr Hohenlohe Eulenburg hasste, seitdem dieser sich im Sommer 1896 dem Reichskanzler als unkonstitutioneller Hausminister an die Seite stellen wollte. Vgl. Müller, *Chlodwig zu Hohenlohe-Schillingsfürst. Denkwürdigkeiten*, S. 250, 253–255 und 554.

28 Auch immer mächtiger werdende Lobbyisten wie der *Bund der Landwirte* registrierten seismographisch die Verschiebungen im Machtzentrum der deutschen Politik. Der BdL beschäftigte bereits seit den 1890er Jahren hauptberufliche Pressebeobachter, die im »Kamarilla-Sommer« 1906 umgehend Sammelordner mit Clippings anlegten, heute die publizistische Hauptquelle zum Eulenburg-Skandal. Obgleich sich die Schlagzeilen und Themen im Laufe der Jahre veränderten, blieb die Klassifizierung bis 1909 »Kamarilla«. Siehe BAL R 8034 II, 7836–7839.

29 Schmitt, *Der Begriff des Politischen*, S. 29. Vgl. zu dem Zusammenhang Sombart, *Die deutschen Männer und ihre Feinde*, S. 202–207.

politisch wirken. Für die *BZ am Mittag* war dies »gerade weil es so harmlos klingt, die Selbstcharakteristik der Kamarilla«.[30] Eine machtpsychologische Erklärung für die Zurückweisung der höchsten Staatsämter durch Eulenburg, der seit der Thronbesteigung Wilhelms II. auch immer wieder als Reichskanzler im Gespräch war, fand die Wiener *Neue Freie Presse*: »Es scheint, dass er nach dem Prinzip gehandelt, dass auch die Jesuiten oft mit so großem Erfolge angewandt haben – nach dem Prinzip, sich mit der Macht zu begnügen und den Schein der Macht zu verschmähen«. Während des Skandals waren Hohenlohes Memoiren für die europäische Öffentlichkeit die Beglaubigung, dass sich alle deutschen Reichskanzler seit 1890 »in einer merkwürdigen politischen Abhängigkeit vom Fürsten Eulenburg befanden« und »dass Fürst Eulenburg einen mit dem Geiste der Verfassung wenig übereinstimmenden Einfluss auf die Politik und die politischen Stellen« im Deutschen Reich besaß.[31]

Das Unbehagen im In- und Ausland an einer Verfassungswirklichkeit, in der ein Freund des Kaisers als »täglicher Berater, sein politischer Beichtvater, der Geheimdirigent der deutschen Politik« figurierte, war gewaltig.[32] In Großbritannien war man bestürzt über das Ausmaß unkonstitutioneller Macht in Deutschland: »The Eulenburg Camarilla […] had mad Chancellors and unmade them, and, entrenched behind the Throne, had treated Ministers and Parliament with equal indifference.«[33] In Frankreich wurde nun hinter allen großen politischen Linien der vergangenen Jahrzehnte als *Mastermind* Eulenburg vermutet: »Il avait toutes les décorations, toutes les faveurs, toutes les richesses, touts le pouvoirs. Il fut, durant des années, l'homme devant qui tout ploie et tremble. Il fut le prince le plus craint, le plus vénéré, le plus adulé de tout l'Empire allemand. Il fut un autre kaiser, plus puissant que le véritable, puisqu'il en était le conseiller et l'inspirateur – et quand on disait: Guillaume, on ajoutait tout de suite: Eulenbourg.«[34] In Erinnerung an die Herrschaftsweise Bismarcks sprach man gar von einer »dictature d'Eulenbourg«.[35] Immerhin klangen hier und da abwägende, beinahe positive Einschätzungen zur Eulenburg-Kamarilla an, mit ihrer Aktivität das Funktionieren der Reichsverfassung nach Bismarcks Sturz garantiert

30 *BZ am Mittag*, »Konto Eulenburg«, 5. Mai 1908, BAL 7838.

31 *Neue Freie Presse*, »Die Kamarilla«, 9. Juni 1907, BAL 7836, 58; *Neue Freie Presse*, 3. Januar 1908, PAAA.

32 *Leipziger Volkszeitung*, »Der Meineid«, 23. April 1908, GStA 49831.

33 *The Standard*, 30. Oktober 1907, PAAA.

34 *Le Progrès* (Lyon), »Eulenbourg«, 18. Juli 1908, BLHA 554.

35 *L'Eclair*, »Eulenbourg et Arnim«, von Ernest Judet, 20. Juli 1908, PAAA.

zu haben.[36] Denn nicht allein für den Monarchen, sondern auch für die verantwortliche Regierung, die Diplomatie und das Militär fungierte der kaiserliche Favorit lange Jahre als Mann für alle Fälle.[37] »So wie größere Schwierigkeiten mit diesem [Wilhelm II.] entstanden, wurde Phili nach Berlin zitiert, oft flogen Telegramme und Kuriere« an seinen jeweiligen Aufenthaltsort, so Anton Graf Monts, der nach dem Skandal beinahe Bülow als Reichskanzler abgelöst hätte; Eulenburgs Verdienste sah Monts nicht in dem, was er an positiver Politik leistete, sondern was er »durch kluge Behandlung« des Monarchen zu verhindern wusste. Solche Einschätzungen färbten auch auf die geschichtswissenschaftliche Analyse ab. Röhl bezeichnete Eulenburg daher als »Krisenmanager der preußisch-deutschen Monarchie«. Sombart sah in seiner Vermittlerrolle wenn nicht staatsrechtlich, so doch staatssoziologisch eine »legitime, notwendige Funktion« in »diesem Reich ohne rechte Verfassung«.[38]

Für die wilhelminische Öffentlichkeit lag das Problem der Eulenburg-Kamarilla allerdings nicht in ihrer Personalstruktur; die Angehörigen derselben hochadligen Schicht besetzten schließlich auch die Posten und Ämter der offiziellen Exekutive. Eine journalistische Hatz auf die »Liebenberger« wurde während des Eulenburg-Skandals nie unternommen, obwohl dies leicht möglich gewesen wäre, denn viele ihrer Namen waren bekannt.[39] Die eigentliche Gefahr für die Nation wurde vielmehr darin gesehen, dass Kamarilla in der wilhelminischen Verfassungswirklichkeit als arkane »Gegenpolitik« und »Negativpolitik« wirkte, mit der zukunftsweisende, in der Öffentlichkeit diskutierte »Sachpolitik« und »Positivpolitik« – im Inneren zur Harmonisierung der Klassengegensätze, im Äußeren zur Erringung deut-

---

36 Zur Problematik der Reichsverfassung Mommsen, »Die Verfassung des Deutschen Reiches von 1871 als dilatorischer Herrschaftskompromiß«, S. 39–65; Pollmann, »Die Bismarckische Reichsverfassung – Verfassungsintention und -realität«, S. 93–106; Boldt, »Deutscher Konstitutionalismus und Bismarckreich«, S. 119–142.

37 Bülow bezeichnet Eulenburg explizit als »Favorit seiner Majestät«. Bülow, *Denkwürdigkeiten II*, S. 312.

38 Monts, *Erinnerungen*, S. 183. So auch Alexander Hohenlohe, *Aus meinem Leben*, S. 313–314. Vgl. Rich, *Holstein I*, S. 393; Röhl, *Kaiser, Hof und Staat*, S. 35; Sombart, *Nachdenken über Deutschland*, S. 106. In den Schwächen von Kaiser und Kanzler sah Eulenburg die Gewähr, seine Vermittlerrolle dauerhaft spielen zu können. Hartung, »Verantwortliche Regierung«, S. 305.

39 Zu den Personen in der engeren und weiteren Liebenberger Tafelrunde Hull, *Entourage*, S. 52–53.

scher Weltmacht – verhindert wurde.[40] Aus diesem Grund empfanden die drängenden Sozialreformer der Jahrhundertwende mit ihren Zukunftsutopien von »Neuen Menschen« und »Neuen Gesellschaften« die Eulenburg-Kamarilla als abgelebten Absolutismus, der nur wusste, was er politisch, sozial, wirtschaftlich und kulturell abwehren, aber nicht, wie er die Zukunft gewinnen wollte. »Die Intriganten von heute sind unklare Schwächlinge«, so fasste es die *Rheinisch-Westfälische Zeitung*, ein wichtiges Blatt der Imperialisten, »die schließlich weder sich noch anderen in die Höhe helfen, wohl aber Unendliches schaden können und schon geschadet haben.«[41]

Traditionelle Politikgeschichte versteht den Begriff »Regierung« leicht als überzeitliche Essenz und überschätzt sowohl ihre institutionelle als auch entscheidungstheoretische Kohäsion. Wie der Blick auf Kamarilla als Macht*ausübung* zeigt, ist der Ansatz einer Kulturgeschichte der Politik besser geeignet, Machtverhältnisse als temporär, als ständig neu auszuhandelnd zu fassen.[42] Traditionelle Vorbehalte gegen die Kamarilla als nichtinstitutionelle, unkonstitutionelle und arkane Machtausübung konnte Maximilian Harden entsprechend wilhelminischer Mentalität (vgl. Kap. IV) mit sexueller Devianz – als neuer politischer Qualität – verbinden. Mantrahaft wiederholte er vor Gericht und in der Presse, dass die Rede von der politischen Schädlichkeit der Eulenburg-Kamarilla aufgrund sexueller Erwägungen bereits auf Bismarck zurückging, dessen »durchaus männliche offene Art« in seinen letzten Regierungsjahren mit dem »sehr himmelnden Wesen« dieser »männlichen Kinäden« um Eulenburg zusammengeprallt war. »Das schlimmste ist«, habe ihm Bismarck über den Wesenszug von Homosexuellen in der Politik geklagt, »dass solche Leute immer die Meinung des regierenden Herrn haben. Wenn der Kaiser etwas sagt und sich umsieht, sieht er immer nur anbetende Gesichter auf sich gerichtet. Sie geben ihm immer recht und schaffen so ein Gegengewicht gegen die Berater, die ihm pflichtgemäß opponieren müssen.«[43]

---

40 Von der »Gegenkraft« als einem »gefährlicher Erreger der Verfassungsdekomposition« spricht Huber, *Verfassungsgeschichte IV*, S. 256; vgl. Hartung, »Verantwortliche Regierung«, S. 235.

41 *Rheinisch-Westfälische Zeitung*, »Der Kaiser und die Kamarilla«, 27. Oktober 1907, BAL 7836. Vgl. die Einleitung in Eley/Retallack, *Wilhelminism and its Legacies*, S. 1–15.

42 Frevert, »Einleitung«, in: Frevert/Haupt, *Neue Politikgeschichte*, S. 15, 24–26.

43 Der »psychologische Hauptgrund« zum Sturz Bismarcks sei es gewesen, so Harden, »dass der Kanzler dem jungen Herrscher zwar ehrerbietig, aber kraftvoll vor Zeugen sachlich entgegenzutreten wagte«, während die Eulenburg-Kamarilla dem Kaiser gegenüber stets in »Adorantenstellung« verfiel. Schweninger, ehemaliger Leibarzt Bismarcks, bestätigte in beeidigter Zeugenaussage, Bismarck habe Eulenburg »in der Rolle eines befreundeten unverantwortlichen Ratgebers für unheilvoll gehalten« und dabei deutlich von seiner »ge-

Rückblickend wurde auf diese Weise der Favorit Eulenburg, der den nervösen Kaiser beim Warten auf Bismarcks Entlassungsgesuch am Klavier mit seinen nordischen Balladen beruhigte, zum Sinnbild des Politikwechsels von 1890: von der maskulinen Machtpolitik Bismarcks zur effeminierten Machtverherrlichung Wilhelms II., ohne Kraft zu Taten.[44] Magnus Hirschfeld nannte Kamarilla und Homosexualität »die zwei ungeklärten Worte« des Eulenburg-Skandals.[45] Beide wurden durch den Skandal im gegenseitigen Abgleich delegitimiert; Homosexualität wurde als »sexuelle Normwidrigkeit«, Kamarilla als »politische Normwidrigkeit« verurteilt.[46]

Für Kritiker der überkommenen Herrschaftselite Deutschlands gab es Kamarilla viel länger als seit dem 15. Juni 1888, auch wenn sie das 20. Thronjubiläum Wilhelms II. auf dem Höhepunkt des Eulenburg-Skandals bereitwillig nutzten, um diese dunkle Traditionslinie des preußisch-deutschen Machtstaates zu rekonstruieren und ins öffentliche Bewusstsein zu rufen. In Süddeutschland wurde mit dem Thronjubiläum des Reichsoberhauptes zugleich der »20. Jahrestag eines Dementis« gefeiert. Die bayerische Presse erinnerte daran, dass bereits zehn Tage nach der Thronbesteigung Wilhelms II. das Gerücht von einer Kamarilla zum ersten Mal seit langer Zeit wieder aufgetaucht war, was die offiziöse *Norddeutsche Allgemeine Zeitung* damals umgehend so dementierte: »Vollends absurd ist endlich die Idee, als ob unter Kaiser Wilhelm [II.] eine Kamarilla bestehen könnte. Die Zeiten, wo für eine derartige ungesunde Erscheinung ein Feld gegeben war, sind vorbei.«[47] Der Eulenburg-Skandal gab den Anlass, die historische Traditionslinie zerklüfteter Regierungsgewalt bis zurück in die klassische Zeit Preußens nachzuzeichnen. Dabei wurde klar, dass die Kamarilla die großen Wegmarken der jüngeren Geschichte, den Regierungswechsel von Friedrich Wilhelm IV. auf Wilhelm I. 1858, die Ministerpräsidentschaft Bismarcks ab 1862 und selbst die Reichsgründung 1871 überlebt hatte. Die nichtinstitutionelle, unkonstitutionelle und arkane Machtausübung wechselte nur ihre Namen. Unter

schlechtlich abnormen Veranlagung« gesprochen. Friedländer, *Prozesse*, S. 4007–08, 4063–64, 4174, 4215.

44 »Und während der alte Mann mit sich rang, da saß im Schlosse der junge Kaiser und wartete mit höchster Ungeduld auf das Abschiedsgesuch und ließ sich die Zeit von seinem Hofpoeten [Eulenburg mit Klavierspielen und Gesang] vertreiben«. *Badische Presse*, »Maximilian Harden in Karlsruhe«, 21. Dezember 1908, PAAA.

45 Hirschfeld, *Epikritische Studie zum Harden-Prozess*, S. 1–3.

46 *Neue Freie Presse*, 2. Mai 1908, BLHA 554.

47 Das Zitat der *Norddeutschen Allgemeinen Zeitung* von 1888 in Müchener Post, »Das Jubiläum eines Dementi«, 11. Juni 1908, BAL 7838. Zum Wiederaufkommen der Rede von Kamarilla auch Hartung, »Verantwortliche Regierung«, S. 273.

Bismarcks Regierung firmierte sie unter »Friktionen«, verursacht etwa von politischen Generalen und Oberkonsistorialräten, der Kaiserin Augusta oder der Kronprinzenpartei. »Seit 20 Jahren hören wir immer wieder, dass es keine Kamarilla gibt, und trotzdem haben wir feststellen können, dass sie von jeher bestanden hat«, erklärte der SPD-Abgeordnete Philipp Scheidemann während des Eulenburg-Skandals voller Wut im Reichstag.[48] Diese Erkenntnis traf besonders Monarchisten tief, denn sie zehrten im politischen Kampf gegen die Befürworter der Republik von dem Topos, in Preußen herrschten seit jeher Recht und Ordnung.

Eine entscheidende, in seiner vergangenheitspolitischen Konsequenz sicher nicht beabsichtigte Revision des auf die Regierungsgewalt bezogenen Narrativs von den »preußischen Tugenden« leistete Reichskanzler Bülow. Angesichts des »Kamarilla-Sommers« 1906 nahm er sich im Herbst in einer Reichstagsrede scheinbar zufällig des Themas an. Tatsächlich hatte Bülow die Interpellation des ihm befreundeten Abgeordneten Ernst Bassermann initiiert.[49] Wie wir heute wissen, war er spätestens seit dem Frühjahr 1906 davon überzeugt, dass sein einstiger Gönner Eulenburg an seinem Sturz arbeite.[50] Geistreich sprach der Reichskanzler von Kaiser Tiberius auf Capri und König Ferdinand VII. im absolutistischen Spanien, um Kamarilla schließlich als eine »fremde Giftpflanze« zu bestimmen, die in Deutschland nie »ohne Schaden für Fürst und Volk« eingepflanzt worden sei.[51] Parallel zu Hardens Pressekampagne wurde von der offiziösen Presse immer wieder an diese »Kamarilla-Rede« erinnert, wenn die publizistischen Unterstützer Eulenburgs zu sehr auftrumpften.[52] Bülows Forderung an den Reichstag, »Werfen wir dieses Wort [Kamarilla] dahin, wo es hingehört, nämlich in die Vergangen-

48 *Reichstagsverhandlungen*, 5. Dezember 1908, S. 152.

49 Martin, *Deutsche Machthaber*, S. 208; vgl. Hartung, »Verantwortliche Regierung«, S. 322.

50 Holstein an Fürst Radolin, 19. Januar 1906, in Rich/Fisher, *Holstein-Papiere IV*, S. 350–352. Vgl. Monts, *Erinnerungen*, S. 184; Hammann, *Um den Kaiser*, S. 22.

51 *Reichstagsverhandlungen*, 14. November 1906, S. 3650. Im November 1907 konterte Bülow im Reichstag den Vorwurf des Zentrum-Politikers Peter Spahn, dem »Kamarillagerede« erst das amtliche Entrebillet gegeben zu haben, nochmals äußerst mehrdeutig. Kamarillen hätten in der Geschichte unbestreitbar großen Schaden angerichtet, »von Tiberius und seinem Sejan bis zur Favoritenwirtschaft des vorigen Jahrhunderts« – ein Jahrhundert, das jedoch erst wenige Jahre zurücklag. Was »die Zeit Kaiser Wilhelms II.« betreffe, erklärte Bülow lau, sei es »unbillig und ungerecht«, von »einem Ring unverantwortlicher Ratgeber um unseren Kaiser zu sprechen«. *Reichstagsverhandlungen*, 28. November 1907.

52 Bülow wurde ohnehin als »Skandalkanzler« geschmäht, da alle Skandale seiner Regierungszeit zu verhindern gewesen wären, »wenn er rechtzeitig und energisch eingegriffen hätte«. Goldbeck, *Kamarilla*, S. 36–38, 40–41.

heit!«, wurde jedoch nicht allein als Aufforderung des Regierungschefs an die Presse verstanden, zur endgültigen Vernichtung der Eulenburg-Kamarilla beizutragen. Es erwies sich überdies als geschichtspolitischer Bumerang, der in den Glauben an die preußische Monarchie als Rechts- und Verfassungsstaat einschlug.[53] Denn Kamarilla, das wurde durch den Eulenburg-Skandal immer deutlicher, war eben keine fremde, sondern eine typisch preußische Giftpflanze. Sie wurde nur wiederentdeckt, und schreckte, nachdem sie wild gewuchert war, den »reichlich vergesslichen Philister« umso furchtbarer auf, wie die *BZ am Mittag* höhnte. »Es ist die Eigenart des Deutschen, besonders aber des Preußen, von Zeit zu Zeit sich über Zustände und Verhältnisse gewaltig aufzuregen, die eigentlich ständige Institutionen sind, ihm aber als solche nur dann zu Bewusstsein kommen, wenn durch irgendeine aktuelle Enthüllung besonders viel Staub aufgewirbelt wird. Eine Kamarilla oder vielmehr verschiedene sich gegenseitig befehdende Kamarillen hat es in Brandenburg-Preußen-Deutschland seit alters her bis mitten hinein in unsere Tage stets am Hofe der Hohenzollern-Fürsten gegeben; bei dem einen operierten sie mit mehr, bei dem anderen mit weniger Erfolg.«[54]

Aus der Perspektive des Skandals geriet die preußisch-deutsche Politik der letzten 150 Jahre, insbesondere aber die Reichspolitik der letzten Jahrzehnte unter Generalverdacht: alles war jetzt Kamarilla.[55] Die großen politischen Skandale der Jahre nach Bismarcks Sturz, insbesondere Kladderadatsch-, Kotze- und Tausch-Skandal, wurden nun als Machtkämpfe interpretiert, die von der »ewigen Kamarilla« betrieben wurden. Jetzt wurde es als bittere Ironie der Geschichte verstanden, dass der Sturz Bismarcks nicht, wie von diesem immer befürchtet, durch ein von Kaiser Friedrich III. berufenes deutsches »Ministerium Gladstone«, sondern durch eine Kamarilla um den politischen General Alfred Graf Waldersee, den Arkanpolitiker Friedrich von Holstein – und den Kaiserfreund Philipp Eulenburg organi-

53 Als regierungsstabilisierend wertet die Angriffe auf die Eulenburg-Kamarilla auch Lerman, *Chancellor as Courtier*, S. 155, 162. Bülow intervenierte während des Skandals noch mehrmals öffentlich zugunsten Hardens und gegen die Eulenburg-Kamarilla. Als etwa im Juni 1907 die Presse Harden scharf kritisierte, sprang ihm in auffälliger Weise die offiziöse Presse bei. Vgl. *Norddeutsche Allgemeine Zeitung*, 2. Juni 1907. Zum spezifischen Vertrauen in die monarchische Staatsform Boldt, »Monarchie«, S. 133–214.

54 *BZ am Mittag*, »Die Eulenburgische Tafelrunde«, 7. Juni 1907, BAL 7836. Zu Kamarilla als organischem Bestandteil preußisch-deutscher Verfassungswirklichkeit Huber, *Verfassungsgeschichte III*, S. 69, 71–72, 162, 171.

55 Als zeitgenössisches Narrativ etwa in Goldbeck, *Kamarilla*, S. 66–83.

siert wurde.[56] Auf der Unterschätzung der Kamarilla beruhte Bismarcks Wort an Harden »Manches mag Ihnen noch gelingen, aber nie, Eulenburg zu stürzen«, das von dem ehrgeizigen Publizisten als politischer Auftrag für die Zukunft verstanden wurde.[57] Sozialdemokraten, Katholiken, Alldeutsche und Liberale waren sich jetzt einig, dass es seit dem Sturz Bismarcks überhaupt keine Staatsintrige gab, deren Fäden nicht bei der Eulenburg-Kamarilla zusammengelaufen waren. In ihr wurde der Hort der Reaktion innerhalb der wilhelminischen Herrschaftselite gegen die bei den Wahlen stetig erfolgreicheren Massenparteien lokalisiert. »Immer wieder steckte hinter den verschiedenen Masken Fürst Phili«, so erklärte das katholische Leitblatt *Germania* die vordem nicht greifbaren politischen Widerstände der Reichsleitung gegen die Zentrumspartei.[58]

Abb. 19. »Der deutsche Michel: Ist sie denn auch ganz und gar und wirklich und für immer tot?« Die Kamarilla als fester Bestandteil preußisch-deutscher Geschichte. Quelle: Ulk, *15. November 1907, S. 1.*

56 Hartung, »Verantwortliche Regierung«, S. 277. Als Waldersee 1889 mit Wilhelm II. auf Nordlandreise ging, ließ Bismarck seine Presse erstmals gegen eine »militärische Nebenregierung« schreiben. Bischoff, *Camarilla*, S. 45.

57 Friedländer, *Prozesse*, S. 4272; *Berliner Tageblatt*, »Die unsterbliche Kamarilla«, 3. Juni 1907, BAL 7836.

58 »Es hieße nunmehr wahrlich Eulenburge an den Hof tragen, wollte man heute noch erst ernstlich beweisen, dass das alles Phantastereien waren«. *Germania*, »Nochmals die Eulenburgerei«, 4. Juni 1907, BAL 7836.

Sturz und Entmachtung der Eulenburg-Kamarilla wurden daher parteiübergreifend als historisches Ereignis verstanden.[59] »Mit dem Prozess Moltke-Harden beginnt in der Geschichte der preußisch-deutschen Selbstherrschaft ein neues Kapitel, das so lange dauern wird, bis das Volk dem System des Absolutismus und der antiparlamentarischen Hofkabale endlich das lang verdiente Ende bereitet«, frohlockte ein sozialdemokratisches Blatt.[60] Bei den Deutschen, hoffte die liberale *BZ am Mittag*, sei nun »ein für allemal« die Überzeugung gestärkt worden, dass Kamarilla »mit den Grundsätzen eines konstitutionellen Staatswesens unvereinbar« sei.[61] Auch innerhalb der Herrschaftselite war man sich bewusst, ein Gutteil des moralischen Prestiges Preußens und seiner Herrschaftstugenden verspielt zu haben. Dem Hofmarschall Zedlitz-Trützschler zeigte der Eulenburg-Skandal, »dass wir auf dem Weg zur Katastrophe schon so weit fortgeschritten sind, dass unser an sich gut entwickelter Staatsorganismus einem solchen *moralischen* Zusammenbruch nicht vorbeugen konnte.«[62] Dem Bild Preußens als Rechts- und Verfassungsstaat war mit dem Eindringen der Kamarilla ins öffentliche Bewusstsein ein Schlag versetzt worden: Machtmissbrauch, Korruption, ja Anarchie von oben erhielten jetzt ihren Platz neben Preußens Gloria.[63] Auch hier erwies sich, dass der Nimbus, von dem das auf französischen Schlachtfeldern gegründete Reich von 1871 als politisches Konstrukt zehrte, bereits in den letzten Friedensjahren und nicht erst durch die »Urkatastrophe« des Ersten Weltkrieges ins Wanken geriet. Anhand der Traditionslinie von Kamarilla und Favoritentum konnte das seit Jahrzehnten virulente Problem unverantwortlicher Politik in Preußen-Deutschland fortan besser gefasst werden; was daraus für verantwortliche Politik und Politiker folgte, stand jedoch auf einem anderen Blatt.

Zwar waren sich die politischen Parteien und selbst Teile der aristokratischen Herrschaftselite angesichts des Eulenburg-Skandals einig, dass Kama-

59 *Neue Gesellschaftliche Korrespondenz*, zit. in *Görlitzer Volkszeitung*, »Phili's Glück und Ende«, 29. Mai 1907, BAL 7836. Ihren Einfluss beseitigt zu haben, erklärte Hardens Anwalt Max Bernstein vor Gericht, habe »eine geschichtliche Bedeutung«. Friedländer, *Prozesse*, S. 4039.

60 *Pfälzische Post*, »Der Kampf um den Kaiser«, 29. Oktober 1907, BAL 7836.

61 *BZ am Mittag*, »Der Prozess Harden-Moltke«, 26. Oktober 1907, BLHA 553.

62 Zedlitz, *Kaiserhof*, S. 170–173. Tagebucheintrag vom 26. November 1907 [Meine Hervorhebung].

63 Zu der Sicht Ebermayer, »Glanz und Gloria im Schwinden. Der Fall Fürst Philipp zu Eulenburg-Hertefeld«, S. 115–164. Wie sehr die Rechtsstaatlichkeit Preußen-Deutschlands politischen Einflüssen unterlag, betont mit Blick auf die Diskriminierung der Polen im Reichsgebiet Gosewinkel, *Einbürgern und Ausschließen*, S. 213–218.

rilla-Politik illegitim und die unheilvolle historische Traditionslinie »unverantwortlicher Einflüsse« zu beenden war.[64] Im Umkehrschluss hätte allerdings auch ein Konsens darüber hergestellt werden müssen, was verantwortliche Politik darstellte und wer konkret als legitimer Politiker gelten konnte. Die kaiserlichen Günstlinge Eulenburg und Moltke stritten vor Gericht nicht allein die Existenz einer Kamarilla ab, sie wollten sich keinesfalls als Politiker verstanden wissen und zogen sich auf ihre vorgeblich unpolitischen diplomatischen und militärischen Ämter zurück.[65] Nicht nur für Harden warf dies die Gretchenfrage nach den Grenzen des Politischen im Kaiserreich auf. »Ebenso, wenn man sagt, man treibe keine Politik«, wandte er ein. »Ja, wo fängt das an, und wo hört das auf? Wann treibt man Politik? Wenn man mit dem mächtigsten Manne im Lande verkehrt? Vielleicht in dem Gleichgültigsten, vielleicht in einem Gespräch über ganz andere Dinge kann man auf sein politisches Sensorium, auf seinen Intellekt hinwirken.«[66] Auf erstaunliche Weise ähnelte Carl Schmitts spätere Analyse des »Zugangs zum Machthaber« dieser Politikerdefinition Hardens: »Wer dem Machthaber einen Vortrag hält oder ihn informiert, hat bereits Anteil an der Macht, gleichgültig ob er ein verantwortlich gegenzeichnender Minister ist, oder ob er sich auf indirekte Weise das Ohr des Machthabers zu verschaffen weiß. Es genügt, dass er dem menschlichen Individuum, in dessen Hand für einen Augenblick die Entscheidung liegt, Eindrücke und Motive vermittelt.«[67] Nur auf den ersten Blick war Hardens (und Schmitts) Politikverständnis auf Personen, auf »große Männer« zumal, fixiert. Es erweiterte zeitgenössische Vorstellungen des Politischen, indem es herausstellte, dass auch der Öffentlichkeit kaum bekannte Kräfte und Einflussgruppen ohne »öffentliches« Amt politische Macht ausüben konnten. »Die Öffentlichkeit«, führte Harden am Typus des kaiserlichen Favoriten aus, »hat im allgemeinen nur wenig Kenntnis davon gehabt, wie groß der Einfluss war, den ›Phili‹ Eulenburg, auch nachdem er längst kein Amt im Dienste des Reiches mehr innehatte, auf dessen Oberhaupt ausüben durfte, und wie oft sein Rat, namentlich, wenn es sich um Personalfragen handelte, eingeholt wurde. Auf ihn passte die Bezeichnung

64 Von der »illegitime[n] Macht der wilhelminischen Kamarilla« spricht Huber, *Verfassungsgeschichte IV*, S. 256.

65 Friedländer, *Prozesse*, S. 4002, 4006, 4213. Zu Hardens Anspruch, Politiker zu sein, Kap. II.4.

66 Erster Teil der Schlussrede Hardens im 2. Prozess (Seiten 32–45), BLHA 566.

67 Schmitt, *Gespräch über die Macht und den Zugang zum Machthaber*, S. 17–18.

eines ›unverantwortlichen Ratgebers der Krone‹ im vollsten Sinne des Wortes.«[68]

Angesichts der Stichhaltigkeit dieser Vorwürfe konnte Eulenburg seine Entpolitisierungs-Strategie nicht durchhalten und schwenkte zu einer Legitimierung seiner politischen Rolle um. »Ich habe, solange ich aktiver Botschafter war, also bis in das Jahr 1902, kraft meines Amtes Politik getrieben«, verteidigte er sich vor Gericht. Auch nach seinem Abschied vom aktiven diplomatischen Dienst habe er als »Botschafter zur Disposition« ein Staatsamt besessen. »Dieser meiner immer noch amtlichen Stellung entsprach es, wenn ich – so oft S.M. die Gnade hatten, mich zu seiner Begleitung auf den Nordlandreisen oder auf Jagdausflügen zu befehlen – auf Anforderung S.M. in aktuellen Fragen gelegentlich meine Ansicht aussprach oder auch mich amtlich betätigte.«[69] Die Frage wie sich »amtliche Betätigung« und Politik zueinander verhalten, welches staatliche Amt als politisch gelten kann, war und ist bis heute diffizil. Immerhin glaubten in der Zeit vor dem Ersten Weltkrieg, in der die Diplomatie noch höchstes Prestige besaß, viele Menschen, die Politik eines Botschafters – ein Amt, das allein vom Monarchen vergeben wurde und sich durch das Wirken im Arkanen geradezu auszeichnete – könne Einfluss auf Wohl und Wehe ganzer Nationen haben. Ein anonymer nationalliberaler Politiker wollte sich in einem Zeitungsbeitrag kaum ausmalen, was ein Botschafter Eulenburg, »der die Geschicke des Deutschen Reiches mit in der Hand hat«, auf dem für die internationalen Beziehungen neuralgischen Wiener Posten hätte anrichten können: »Von seiner persönlichen Tätigkeit kann Krieg oder Frieden abhängen.«[70] Das politische Rollenverständnis, als beamteter Diplomat auch legitimer Politiker zu sein, nahmen ihm allerdings selbst Konservative nicht mehr ab. »Freundschaftlich ergebener Ratgeber in Bezug auf Alles und Nichts wollte der Schlossherr von Liebenberg sein«, erklärte die *Deutsche Zeitung* kurz und bündig.[71] In seinen unveröffentlichten Memoiren äußerte Eulenburg sich denn auch ganz an-

68 Friedländer, *Prozesse*, S. 4039. Als wichtigsten unverantwortlichen Ratgeber der Krone bezeichnet Eulenburg auch Lerman, *Chancellor as Courtier*, S. 4.

69 Fragmente aus den Gerichtsprotokollen, BLHA 566.

70 *Rheinisch-Westfälische Zeitung*, »Silhouetten«, 29. Oktober 1907, BAL 7836.

71 *Deutsche Zeitung*, »Das Glück der Eulenburge«, 4. Juni 1907, BAL 7836; *Deutsche Nachrichten*, »Fürst Eulenburg«, 6. Mai 1908, GStA 49831. In der Revolution 1848 wurde Friedrich Wilhelm IV. von seiner verantwortlichen Regierung als erstes geraten, nicht mehr den Rat von »Freunden« anzunehmen. Hartung, »Verantwortliche Regierung«, S. 232.

ders über seine tatsächliche politische Rolle und Funktion: »Als ›Günstling‹ aber hatte ich gewisse Qualitäten, die Anerkennung heischten.«[72]

Wer die Verantwortung »der« Macht wirklich trug, ein entscheidender Punkt bei der Grenzziehung zwischen Politischem und Unpolitischem, blieb bezeichnenderweise selbst in der *high politics* des späten Kaiserreiches ungeklärt.[73] Voller Absicht wurde der politische Status der höchsten exekutiven Ämter – Reichskanzler, Minister, Staatssekretär – von der wilhelminischen Herrschaftselite offen gelassen. Als eindrücklichster Beleg kann die beständige Rede vom Reichskanzler als »oberstem Reichsbeamten« gelten. Beflissene Wilhelminer brachten damit als Kompliment zum Ausdruck, dass sie den »leitenden Staatsmann« Deutschlands nicht als Politiker zu betrachten gedachten.[74] Die Reichskanzler, einschließlich Bismarcks, ließen sich diese Zuschreibung nicht nur gefallen, sondern gebrauchten sie situativ gerne selbst, wenn sie ihr Amt als ein über den Parlamentariern und Parteipolitikern stehendes, nur dem Monarchen verantwortliches charakterisieren wollten.[75] Aus heutiger Sicht kann nur wenig verwundern, dass Kehrseite des Bestrebens, die höchsten politischen Ämter des Deutschen Reiches zu entpolitisieren, eine starke Kamarilla war, die niemandem, jedenfalls nicht der Öffentlichkeit, politisch verantwortlich war. Die auch innerhalb der monarchischen Exekutive geführten durchaus ideologischen Machtkämpfe – das Fanal war Bismarcks Sturz über seinen Anspruch auf »Alleinverantwortlichkeit« – blieben ohne greifbares Ergebnis und ließen den Konflikt schwären. Daher lässt sich festhalten, dass politische Verantwortlichkeit, in der Reichsverfassung bewusst offen gehalten, in der Verfassungswirklichkeit des späten Kaiserreiches immer neu ausgehandelt werden musste und dabei Kamarilla als nicht-institutionelle, unkonstitutionelle und arkane Machtausübung eine wichtige Funktion zukam.[76]

---

72 »Wie sehr ich damals von allen Seiten umworben wurde, weil mein Einfluss auf den Kaiser außerordentlich überschätzt wurde«, so Eulenburgs Koketterie, »lässt sich nicht in Worte fassen.« Haller, *Aus 50 Jahren*, S. 250, 256.

73 Eine aktuelle Verteidigung des Konzepts der *high politics* ist Simms, »The Return of the Primacy of Foreign Policy«, S. 275–291.

74 Vgl. aus literaturwissenschaftlicher Sicht Keller, *Der unpolitische Deutsche.*

75 Siehe etwa Bülow, *Denkwürdigkeiten II*, S. 310. Dazu Huber, *Verfassungsgeschichte IV*, S. 196.

76 Zur allgemeinen Verwirrung über die politische Verantwortlichkeit im Kaiserreich trug nicht zuletzt Bismarck mit dem Anspruch bei, der Reichskanzler in Personalunion mit dem preußischen Ministerpräsidenten sei »alleinverantwortlicher« Politiker. Das daraus nach dem Prinzip der »Einheitlichkeit der Regierung« abgeleitete Recht, Minister und Staatssekretäre dürften nur mit seiner Genehmigung dem Monarchen Vortrag halten,

Der Eulenburg-Skandal zeigt überdies, dass ein großer Teil der wilhelminischen Journalisten sich ohnehin längst von verfassungs- und staatsrechtlichen Sophismen gelöst hatte und bereits einem Verständnis von verantwortlichen Politikern folgte, das der zunehmenden Macht von Parlament und Presse entgegenkam. So erfuhr die »Flucht in die Öffentlichkeit« des früheren Außenministers Marschall von Bieberstein im Tausch-Skandal jetzt positive Neudeutungen. Als bisher einziges Mitglied einer Reichsregierung habe er es gewagt, hieß es nun anerkennend, selbstbewusst einen arkanen Machtkampf innerhalb der Herrschaftselite in den öffentlichen Raum zu überführen. Damit habe er sich als Muster des Politikers erweisen, der nicht mehr allein dem Monarchen, sondern auch der Öffentlichkeit verantwortlich sein wollte. Versagt habe damals allein die deutsche Presse, so die Kritik der *Rheinisch-Westfälischen Zeitung*. Sie habe einen Politiker, der ihr den Status der Vierten Gewalt im Staat zubilligte, »im Regen stehen lassen«. Nur so habe Wilhelm II. den ihm unbequemen Staatssekretär ohne großes Aufsehen entlassen können.[77] Nach diesem in vielen Presseartikeln anklingenden Idealbild war derjenige ein verantwortlicher Politiker, der sich der Öffentlichkeit aktiv und selbstbewusst als solcher präsentierte und ihr Rede und Antwort stand, gleichviel ob er dies vermittels Parlament, Presse oder Volksversammlung tat. Damit war ein neuartiges, medial bestimmtes Prestige erzeugt worden, das ambitionierte Politiker in Deutschland nicht mehr von einer Amtseinsetzung durch die monarchische Obrigkeit ableiten konnten, sondern in der kommunikativen Auseinandersetzung mit der Öffentlichkeit erringen mussten.[78] In Umrissen wird hier der Typus des modernen Populis-

wurde schließlich zum formellen Grund seiner Demission 1890. Carl Schmitt sah wegen des nun einsetzenden unverantwortlichen Zugangs zum Machthaber »die Tragödie des Zweiten Reiches« beginnen. Schmitt, *Gespräch über die Macht und den Zugang zum Machthaber*, S. 21–22. Zur Alleinverantwortlichkeit des Kanzlers für das Regierungshandeln: Schwarzseher, *Unser Kaiser und sein Volk*, S. 22–23. Vgl. Huber, Verfassungsgeschichte *IV*, S. 233. Lerman kann in ihrer Studie das Problem politischer Verantwortlichkeit nicht konzise fassen. Mal sieht sie den Reichskanzler als alleinverantwortlich an, obgleich Artikel 17 der Reichsverfassung gerade nicht expliziert, *wie* und *wem* er verantwortlich ist. Mal will sie auch preußisches Staatsministerium und Bundesrat als »verantwortliche Körperschaften« wissen. Lerman, *Chancellor as Courtier*, S. 42–43; Lerman, »Responsible Government«, S. 47.

77 *Rheinisch-Westfälische Zeitung*, »Der Kaiser und die Kamarilla«, 27. Oktober 1907, BAL 7836.

78 Bereits Hartung urteilte mit Blick auf den royalen Favoriten Eulenburg, »er scheute sich vor der mit der wirklichen Macht verbundenen Verantwortung, vor der unvermeidlichen Berührung mit der *Öffentlichkeit*«. Hartung, »Verantwortliche Regierung«, S. 287 [Meine Hervorhebung].

ten erkennbar, der seinen Politikerstatus nur temporär, im Wechselspiel mit der Öffentlichkeit aufrecht erhalten kann.[79] Selbst ein konservatives Blatt wie die *Deutsche Zeitung* legte diesen politischen Maßstab bereits an, dessen Gegenmodell ein royaler Favorit wie Eulenburg darstellte, der »ein Ratgeber ohne sichtbare Verantwortung vor dem Lande und ohne parlamentarische Verantwortung vor dem Reichstage« war. Allerdings blieb dies vorerst nur ein Anspruch. In naher Zukunft aber, hoffte die Wiener *Neue Freie Presse*, werde das deutsche Volk aus dem Eulenburg-Skandal den Gewinn ziehen, »dass Menschen, die sich nicht vor das Parlament hinstellen und ihre Brust nicht den Pfeilen der öffentlichen Kritik darbieten wollen, auch nicht das Recht haben, sich politischer Strohmänner zu bedienen, welche die gesetzliche Verantwortung tragen müssen« – ein Seitenhieb auf Reichskanzler Bülow, der vielfach als Kreatur Eulenburgs galt.[80]

Für viele manifestierte sich das Versagen der – potentiell – verantwortlichen Politiker des Deutschen Reiches beim Sturz der Eulenburg-Kamarilla. »Fürwahr unbegreiflich, dass kein einziger aktiver Staatsmann die ganze ominöse und skandalöse Eulenburgiade aufzudecken den Mut gehabt hat, selbst auf die Gefahr hin, eventuell in Ungnade zu fallen. Er würde sich auf alle Fälle ein Verdienst um das Vaterland, um die Allgemeinheit, um die Gesundung der inneren, wie der äußeren Politik erworben haben und das deutsche Volk würde ihm immerdar die höchste Anerkennung und den wärmsten Dank bezeugt haben.«[81] Der Sturz Philipp Eulenburgs im Mai 1907 vollzog sich völlig ohne Zutun der Reichsregierung, die ihn, wie sich

79 Diesen Politikertypus, bei dem »die Kontrolle der öffentlichen Meinung ein sicheres Korrigens politischer Wirksamkeit« ist, forderte schon: Schwarzseher, *Unser Kaiser und sein Volk*, S. 32. Zur demokratischen Kontrollfunktion der »öffentlichen Meinung« ebd., S. 76–91. Vgl. als politikwissenschaftliche Analyse Dörner, *Politainment. Politik in der medialen Erlebnisgesellschaft*.

80 *Deutsche Zeitung* zit. in *Neue Freie Presse* 3, Januar 1908, PAAA. Die Zwitterrolle des Reichskanzlers beschreibt der *Schwarzseher* treffend so, dass Bülow »als gewandtester der Höflinge mitten aus der Kamarilla wenigstens einen beträchtlichen Teil des Einflusses auf den Monarchen« zurückeroberte, »das Eroberte in geschicktester Weise seinem verantwortlichen Amte nach außen hin verknüpfend«. Schwarzseher, *Unser Kaiser und sein Volk*, S. 37. Der Vergleich zwischen Reichskanzler Bülow und dem kaiserlichen Favoriten Eulenburg wurde im Skandal immer wieder gezogen und verweist auf die lange historische Traditionslinie des Wechselspiels beider Politikertypen. Siehe Feros, *Images of Evil*, S. 205–222. Noch im Eulenburg-Skandal galt der Sturz des Favoriten als heikler als der des Reichskanzlers, da der Monarch zum Favoriten in einem Freundschafts- und Abhängigkeitsverhältnis stand. *Leipziger Neueste Nachrichten*, »Aristides«, 11. Dezember 1908, BAL 7839.

81 *Pfälzischer Kurier*, »Die siebente Großmacht«, 30. Oktober 1907, BAL 7837.

herausstellte, durch Zaudern, Unentschlossenheit und Feigheit vor dem Monarchen sogar verzögert hatte. Monatelang wagten weder sie noch die Militärführung, den Kaiser über die Vorwürfe gegen seine engsten Freunde zu unterrichten. Erst als Kronprinz Wilhelm von den Anschuldigungen erfuhr, spitzte sich der Entscheidungsdruck zu. Bezeichnenderweise hatte auch der Thronfolger erst spät und rein zufällig davon erfahren, als er ein Gespräch unter Offizieren mit anhörte. Von Reichskanzler und Militärkabinettschef gedrängt, musste er den Schritt unternehmen, mit einigen Heften von Hardens *Zukunft* unter dem Arm den Kaiser zu informieren.[82] Der monarchische Teil der Öffentlichkeit feierte dies prompt als erste »politische Tat« des Kronprinzen und Beleg für die Kraftreserve der Monarchie in der Zukunft. Tatsächlich verstand der knapp 25jährige Hohenzoller es, den Skandal um die besten Freunde seines Vaters zur Steigerung der eigenen Reputation zu nutzen. Während des 1. Moltke-Harden-Prozesses ließ er sich demonstrativ in seinem Automobil mit kaiserlicher Fanfare durch die auf das Urteil wartende Menschenmenge in Moabit chauffieren, worauf »Hoch der Kronprinz!« – und »Hoch Harden!« Rufe ausgebracht wurden. Die Volksstimmung in jenem Moment zeigt, wie widersprüchlich sich politische Loyalitäten im wilhelminischen Deutschland artikulieren konnten: Den Sturz der Eulenburg-Kamarilla hatten, so das Momentbild, nicht Regierung und Parlament, sondern – in Szene gesetzt und exekutiert von der Justiz – monarchiekritischer Journalist und Thronfolger erreicht.[83]

Die gewandte Dialektik Reichskanzler Bülows erwies sich einmal mehr als zweischneidiges Schwert, als er im Reichstag den Schritt des Kronprinzen als »befreiende politische Tat« pries.[84] Seine persönliche Stellung mochte durch die Vernichtung der Eulenburg-Kamarilla kurzfristig gestärkt worden

82 »Niemals in meinem Leben werde ich das verzweifelte, entsetzte Gesicht meines Vaters vergessen, das mich fassungslos anstarrte, als ich ihm im Garten des Marmorpalais von den Verfehlungen seiner nahen Freunde sprach.« Rosner, *Erinnerungen des Kronprinzen Wilhelm*, S. 106. Nach Bülow war der Kronprinz ein Feind Eulenburgs. Bülow, *Denkwürdigkeiten II*, S. 311.

83 Unhinterfragt blieb diese merkwürdige Konstellation allerdings nicht. Zu den zwiespältigen Reaktionen auf Hardens politische Rolle siehe Kap. II.4. Was den Kronprinzen betraf, überschlugen sich zwar patriotische Blätter mit Lobeshymnen für den »schönen Beweis« der Lebenskraft der Hohenzollern-Dynastie. Bei anderen Zeitungen im In- und Ausland galt sein zufälliges Eingreifen hingegen als weiterer Beleg für den Niedergang der monarchischen Staatsform. Vgl. etwa *Pall Mall Gazette*, 30. Oktober 1907, PAAA.

84 Friedländer, *Prozesse*, S. 4226.

sein.[85] Seiner Regierung stellte Bülow jedoch ein Armutszeugnis aus, wenn sie sich von Dynasten und Publizisten aus der Bredouille retten lassen musste.[86] Es ist signifikant, dass der Reichsregierung nun insbesondere Angst vor der Öffentlichkeit zum Vorwurf gemacht wurde. Die *Nationalzeitung* kritisierte in einem Artikel, der auch Kaiser Wilhelm II. vorgelegt wurde, die Regierung hätte der Öffentlichkeit »eine amtliche Darlegung« zum Eulenburg-Skandal nicht vorenthalten dürfen. »Ein Verfassungsstaat kann in unseren demokratischen Zeiten nicht mehr im Dunkeln regiert werden, im ganzen nicht und auch in keinem seiner Teile.«[87] Als Erklärung für Bülows mehrdeutige, taktierende und deshalb als schwach angesehene Politik gegenüber der Öffentlichkeit machte in Presse und Diplomatie das Gerücht die Runde, dass hinter Harden nicht nur der entlassene und jetzt mit dem Herausgeber der *Zukunft* eng befreundete Außenpolitiker Friedrich von Holstein, sondern »der Reichskanzler selbst« stand, der sich wie jeder wusste immer noch von Holstein beraten ließ.[88] Bülow würde nichts mehr bestürzen, berichtete der österreichisch-ungarische Botschafter Szögyény nach Wien, als wenn der Favorit des Kaisers wieder in Ehren zurückkehren sollte.[89] Unklarheit, Widersprüchlichkeit und Furcht vor der Auseinandersetzung mit der Öffentlichkeit kennzeichneten in der Tat die Politik der Reichsregierung, die zuließ, dass diese Möglichkeit ein volles Jahr vom Sturz der Eulenburg-Kamarilla im Mai 1907 bis zur Verhaftung Eulenburgs im Mai

85 Seine journalistischen Unterstützer behaupteten, Bülow stehe im Zenit seiner Macht. Alle Feinde »am Hofe und in den Ämtern« seien gleichzeitig so gedemütigt worden, wie es nicht einmal Bismarck gelungen sei. *Neue Bayerische Landeszeitung*, »Harden, Eulenburg und Moltke« 3. Juni 1908, BAL 7838.

86 »Aber musste und konnte es nur Harden sein, der diese ›befreiende politische Tat‹ vollbrachte? War dieser Publizist der einzige berufene Berater der Krone?«. Wochenlang wiederholte die deutsche Presse als Frage, was als Anklage politischen Versagens gemeint war: »Wo war der an erster Stelle verantwortliche Ratgeber der Krone, als die Gerüchte [über die Eulenburg-Kamarilla] schon Tagesgespräch waren?«. *Kölnische Volkszeitung*, »Die Sensation des Tages«, 25. Oktober 1907, BAL 7836.

87 Vom Kaiser kommentierter Artikel der *Nationalzeitung* mit dem Titel »Kurzer Prozess« vom 7. November 1907 in GStA 49841. Eine ähnliche, vielfach variierte Forderung lautete, das deutsche Volk habe »ein Recht darauf, zu erfahren, welcher Wesensart der Mann ist, von dem lange Zeit hindurch die deutsche Politik in großen und kleinen Dingen beeinflusst worden ist«. *Münchner Neueste Nachrichten*, »Zum Fall Eulenburg«, 28. April 1908, GStA 49831.

88 Gottfried Prinz Hohenlohe an Ährenthal, Berlin 5. November 1907, HHSA Wien 165.

89 Szögyény an Ährenthal, Berlin 8. Januar 1908, HHSA Wien 165. Zur Beurteilung der »Clique« oder des »Konsortiums« in der ausländischen Diplomatie Nowak, *Das dritte deutsche Kaiserreich 2*, S. 363ff.

1908 im politischen Raum schwebte.[90] Der Eindruck auf die Mehrheit deutscher Journalisten, die eine klare Grenzziehung zwischen verantwortlicher und unverantwortlicher Politik nicht nur hofften, sondern einforderten, war desaströs. Selbst nachdem mit der Verhaftung Eulenburgs im Mai 1908 und dem gegen ihn angestrengten Meineidsprozess alle Aussichten auf Rehabilitierung der Kamarilla zerstoben waren, verfestigte sich der Argwohn, die Einheitlichkeit der monarchischen Regierung sei nur noch künstliche Fassade für eine zunehmend kritischer werdende deutsche Öffentlichkeit, während sich »hinter den Kulissen« weiterhin Politiker bekämpften, die dieser Öffentlichkeit nicht verantwortlich sein wollten.[91]

Das Bild der Schwäche, das die Reichsregierung bot, erwies freilich ein Lieblingsprojekt Wilhelms II. als potemkinsches Dorf. Der Versuch, durch ein *divide et impera* der Exekutive ein »persönliches Regiment« zu errichten, war für Beobachter endgültig zur Farce eines *bellum omnium contra omnes* mutiert.[92] Das Prestige der wilhelminischen Herrschaftselite war auf einem Tiefpunkt angelangt. Auch die herrschenden Adelskreise verübelten dem Reichskanzler nun mehr als »alle seine Misserfolge auf dem Gebiet der auswärtigen Politik«, dass er die Existenz der Eulenburg-Kamarilla zugegeben hatte. Es sei jetzt nur noch eine Zeitfrage, ahnte der *Vorwärts* bereits im Juni 1907, bis Bülow den »Erfahrungsschatz der preußischen Geschichte« bestätigen und wegen der Enthüllung der wahren Machtverhältnisse gestürzt wer-

90 »Man atmete erleichtert auf«, so die *Deutschen Nachrichten* über die überschwängliche Stimmung unter Monarchisten nach dem 2. Moltke-Harden-Prozess Anfang 1908, »es konnte ja auch gar nicht sein, dass ein deutscher Botschafter, ein Ritter des schwarzen Adlerordens, ein Freund und Berater des Kaisers, ein feinsinniger Ästhet und Dichterkomponist derartige Schmach auf seine Seele, auf sein Gewissen und seinen guten Ruf geladen haben sollte!« *Deutsche Nachrichten*, »Fürst Eulenburg«, 6. Mai 1908, GStA 49831. In der Presse wurde kolportiert, der Kaiser erwäge eine vollständige Rehabilitierung seiner gestürzten Freunde, Eulenburg solle gar zum Herzog erhoben werden. Dies wäre auch adelspolitisch ein unerhörter Vorgang gewesen. Nur Bismarck war von Wilhelm II. wegen seiner historischen Leistungen zum »Herzog von Lauenburg« erhoben worden, ein Titel, den er jedoch nicht führte. Vgl. Zedlitz, *Kaiserhof*, S. 183–184.

91 Vor Gericht versuchte Kuno Moltke die Existenz einer Kamarilla mit dem unglaubwürdigen Argument zu entkräften, dass dafür »die Ressorts bei uns viel zu streng geschieden« sind. Ebenso hatte schon im Streit zwischen Bismarck und Waldersee 1888 die offiziöse *Norddeutsche Allgemeine* der Öffentlichkeit den Konflikt dadurch zu verharmlosen gesucht, dass sie die Aufgabenbereiche von Reichskanzler und Generalstabschef als »die denkbar heterogensten« bezeichnete. *Münchener Post*, »Das Jubiläum eines Dementi«, 11. Juni 1908, BAL 7838.

92 *Leipziger Volkszeitung*, »Politischer Anschauungsunterricht«, 6. Juni 1907, BAL 7836. Vgl. Hartung, »Verantwortliche Regierung«, S. 309–310.

de.[93] Für viele Journalisten und Publizisten hatte aber nicht nur die Reichsregierung, sondern auch der Reichstag beim Sturz der Eulenburg-Kamarilla versagt. »Wann aber hat man je das Bedürfnis empfunden, derartige Fragen vor das Forum des Parlaments zu bringen? Wann hatte der Reichstag Gelegenheit, die Minister gegen die Unverantwortlichkeit zu decken? Bisher wurden alle derartigen Kämpfe im Kabinett des Monarchen ausgetragen. Ein Minister, der das Parlament zu seiner Unterstützung angerufen hätte gegen ein Militärkabinett, gegen eine intime Jagdgesellschaft oder eine sonstige Nebenregierung hätte gleichzeitig die Möbelpacker in sein Ministerhotel berufen dürfen.« Tatsächlich waren die Kamarilla-Debatten im Reichstag zwischen 1906 und 1909 bereits ein Schritt zur Einhegung der monarchischen Macht durch das Parlament.[94] In der Presse wurden konkrete Maßnahmen zur Machterweiterung der Volksvertretung ventiliert, die an westeuropäische Standards anschlossen.[95] Historischer Bezugspunkt wurde für viele Journalisten der »*Bedchamber*-Streit« unter Queen Victoria, seit dem jede neugewählte Regierung in Großbritannien das Recht besaß, die persönliche Umgebung des Monarchen auszuwechseln.[96] Auch wenn manche deutschen Journalisten sich weigerten, »englische Einrichtungen« zu kopieren, wurde im Zugriff auf die Umgebung Wilhelms II. allgemein ein erfolgversprechendes Mittel gesehen, evolutionär und friedlich zu einer stärkeren parlamentarischen Kontrolle des Monarchen und schließlich zur Parlamentsherrschaft überzugehen.[97] Dass es im Eulenburg-Skandal ein Zeitfenster für die Durchsetzung dieser Maßnahme gab, zeigen die Berichte aus hochkonservativen diplomatischen Zirkeln. Auch hier wurde eine Zeitlang die »Entlassung der

93 *Vorwärts*, »Hofkamarilla«, 7. Juni 1907, BAL 7836.

94 *Fränkischer Kurier*, »Die Berliner Kamarilla«, 11. Juni 1907, BAL 7836. Die Kamarilla-Debatten im Reichstag waren ein wirksamer Ansatz zur Machterweiterung. Wilhelm II. schäumte in Highcliffe über Bülows provozierende »Kamarilla-Reden« im Parlament, denn »von Kamarilla, höfischen Intrigen, überhaupt vom Hofe dürfe im Reichstag nicht gesprochen werden«. Bülow, *Denkwürdigkeiten II*, S. 308.

95 Goldbeck, *Kamarilla*, S. 83. Vgl. Kirsch, *Monarch und Parlament im 19. Jahrhundert*.

96 Queen Victoria musste letztlich dem Verlangen der Regierung nachgeben und ihre Kammerfrauen aus politisch genehmen Damen wählen. Siehe Williams, *The Contentious Crown*. Selbst Leopold von Gerlach, Haupt der Kamarilla unter Friedrich Wilhelm IV., erkannte das Recht verantwortlicher Regierungen zu dieser Maßnahme ausdrücklich an. Gerlach, *Denkwürdigkeiten*, S. 266.

97 Für die Liberalen war die monarchische Staatsform diskreditiert, es liege offen zu Tage, dass es in ihr »überhaupt nicht ohne absolutistische Velleitäten und ohne Nebenregierung abgehen« könne. *Berliner Tageblatt*, 9. Juni 1907, BLHA 554; Reichsbote, »Kamarilla und parlamentarisches Regiment«, 5. Juni 1907, BAL 7836.

ganzen kaiserlichen Umgebung« – einschließlich der Militärs – für notwendig und möglich gehalten.[98]

Das „Vielliebchen“ von Liebenberg oder Das Ende des „Harfners“

J'y pense! – Guten Morgen Phili-ebchen!

Abb. 20. Der Sturz des letzten royalen Favoriten Deutschlands. Die Unterschrift spielt auf die Devise des englischen Hosenbandordens »Honi soit qui mal y pense« an: Mit Nachhilfe der Presse hat Wilhelm II. bei der Freundschaft zu Philipp Eulenburg schließlich an das sexuelle Moment gedacht. Quelle: Kladderadatsch, *10. November 1907, S. 754.*

Doch selbst während der Daily-Telegraph-Affäre, die Wilhelm II. persönlich ins Visier nahm, schreckte das Parlament vor dem Versuch zurück, die kaiserliche Umgebung seiner Kontrolle zu unterwerfen. Die Delegitimation der wilhelminischen Herrschaftselite beschädigte so auch – durch ihre Untätigkeit – das Ansehen der ihrem Potential nach verantwortlichen Politiker.[99]

---

98 Gottfried Prinz Hohenlohe an Ährenthal, Berlin 5. November 1907, HHSA Wien 165. Die Heraushebung des Militärischen als selbständige politische Sphäre erscheint daher fragwürdig. So etwa bei Werner, *Fürst und Hof im 19. Jahrhundert*, S. 35–37, 43–46.

99 »Für die verantwortliche Regierung war mit der Bloßstellung des Eulenburgkreises gar nichts erreicht.« Hartung, »Verantwortliche Regierung«, S. 324. Zu Skandalen als Legiti-

»Wir stehen vor der Tatsache«, klagte die *Berliner Morgenpost*, »dass wir jahrzehntelang von Eulenburgern nebenregiert worden sind, und dass keiner von den verantwortlichen Staatsmännern den Mut und die Kraft gehabt hat, uns von den Eulenburgern zu befreien«.[100] Was sich im Eulenburg-Skandal selbstbewusst zu Repräsentanten einer der Öffentlichkeit verantwortlichen Politik hätte erklären können, der Reichstag in seiner Mehrheit sowie die Teile der Reichsregierung, die ihre Verantwortlichkeit gegenüber dem Monarchen eingrenzen oder ganz abstreifen wollten, verharrte beim Sturz der Eulenburg-Kamarilla in Lethargie.[101] Der *Schwarzseher* behielt mit seinem 1906 vorgebrachten Hohn Recht, von Reichstag und Reichsregierung sei keine »charaktervolle Opposition« gegen die monarchische Politik zu erwarten. »Nirgends ein Gegengewicht gegen Kamarilla und Kabinettsregime! So wird in Deutschland regiert im ersten Lustrum des zwanzigsten Jahrhunderts.«[102] Auch diese Lakonie findet sich in der politischen Theorie Carl Schmitts wieder, für die nur »existenzielle Katastrophen« politischen und gesellschaftlichen Fortschritt zu bringen vermochten. Auf die selbstgestellte Frage, ob ein Beschneiden der Kamarilla Sinn habe, gab Schmitt die kryptische Antwort: »Das kann man und das soll man auch tun. Aber keine noch so weise Institution, keine noch so ausgeklügelte Organisation kann den Vorraum selbst ganz ausrotten; kein Wutanfall gegen die Camarilla oder die Antichambre kann ihn restlos beseitigen. Den Vorraum selber kann man nicht umgehen.«[103]

Immerhin: Die Verdammung unverantwortlicher politischer Einflüsse war während des Eulenburg-Skandals in der transnationalen Öffentlichkeit einhellig ausgefallen und in der Verfassungs*wirklichkeit* war der Versuch endgültig gescheitert, die höchste Entscheidungsspitze des Deutschen Reiches als Freundeskreis zu organisieren.[104] Auch wenn die Reichsverfassung – normativ-positivistisch betrachtet – sich nicht änderte, wurden ihre Fundamente durch den Eulenburg-Skandal erschüttert. »So wie die Skandalaffären des Hauses Bourbon und der alten Aristokratie aus der Geschichte der französi-

mationschance: von Bredow, »Legitimation durch Empörung«, S. 190–208.

100 *Berliner Morgenpost*, »Berliner politischer Brief«, 31. Oktober 1907, BAL 7837. Von der durch den Eulenburg-Skandal erwiesenen »Verantwortungslosigkeit« Reichskanzler Bülows spricht Röhl, *Wilhelm II.*, Bd. 3, S. 599.

101 Zu in diese Richtung strebenden Ministern Hull, *Entourage*, S. 294–295.

102 Schwarzseher, *Unser Kaiser und sein Volk*, S. 44–47.

103 Schmitt, *Gespräch über die Macht und den Zugang zum Machthaber*, S. 17–18.

104 Sombart, *Die deutschen Männer und ihre Feinde*, S. 206. Als Strukturprinzip von Kamarilla bereits bei Hartung, »Verantwortliche Regierung«, S. 232.

schen Revolution nicht wegzudenken sind«, urteilte schon Ernst Rudolf Huber, »so gehören die Affären *Kuno Moltke* und *Philipp Eulenburg* zur Vorgeschichte der Krise und des Zusammenbruchs der deutschen Monarchie.«[105] Carl Schmitts Diagnose aber bleibt trotz der politischen Systemwechsel des 20. Jahrhunderts stimmig, denn Kamarilla, oder unter welchem Begriff auch immer nichtinstitutionelle, unkonstitutionelle und arkane Machtausübung gefasst wird, ist noch heute, auch in westlichen Demokratien, anzutreffen.[106] »Die Kamarilla«, schrieb Carl von Ossietzky am 31. Januar 1933 in der *Weltbühne*, »ist eine gut altpreußische Erfindung [...] So wird jetzt die merkwürdige Geschichte kolportiert, man habe Hitler beim Alten Herrn [Hindenburg] madig gemacht, indem man ein Memorandum über seine schlechten Sitten vorlegte. Darüber möchte man gerne mehr wissen, nicht wegen Hitlers Sittlichkeit, die uns, so oder so, gestohlen bleiben kann, sondern zur Kennzeichnung der heute beliebten *Regierungsmethoden*.«[107] Stets passt sie sich den politischen Bedingungen der Zeit an, nur wahrgenommen wird die »unsterbliche Kamarilla« in Umbruchzeiten deutlicher.[108]

2. Facetten modernen Auserwähltheitsglaubens: Die Aktualisierung des Gottesgnadentums durch Spiritismus

In Großbritannien war es eine der ersten Meldungen über den Eulenburg-Skandal. Im November 1906 berichtete der deutsche Botschafter in London voller Entsetzen an Reichskanzler Bülow über Presseartikel, wonach in Deutschland versucht werde, »durch Spiritismus an Allerhöchster Stelle Ein-

105 Huber, *Verfassungsgeschichte IV*, S. 301.

106 Aber auch Kamarilla ist noch in Gebrauch. Von »George W. Bush und seiner Kamarilla« sprach etwa die *Süddeutsche Zeitung*, »Im Dienste Amerikas«, von Stefan Kornelius, 21. Januar 2009.

107 Zugleich warnte Ossietzky ausdrücklich, »über dem Personellen« nie den »nackten Interessenhintergrund« zu übersehen, der jede Kamarilla bestimme. Ossietzky, »Kamarilla«, in: Die Weltbühne, 31. Januar 1933, S. 153–155. Eine ähnliche Verbindung von Vergangenheits- und Gegenwartskritik war auch das 1931 in Berlin uraufgeführte Theaterstück »Die Kamarilla. Ein Stück deutschen Schicksals in zehn Bildern« von Fritz Ernst Bettauer und Georg Lichey. Gedruckt auch in 14 Ausgaben der Zeitschrift *Chronik der Menschheit*.

108 *Berliner Tageblatt*, »Die unsterbliche Kamarilla«, 3. Juni 1907, BAL 7836.

fluss zu gewinnen«.[109] Auch bei diesem Thema war es Maximilian Harden gelungen, einen Deutungsrahmen vorzugeben, den die europäische Presse füllte. In seiner *Zukunft*-Kampagne hatte er Eulenburg als den Mann attackiert, »der mit unermüdlichem Eifer Wilhelm II. zugeraunt hat, er sei berufen, allein zu regieren, und dürfe, als unvergleichlich Begnadeter, nur von dem Wolkensitz, von dessen Höhe herab ihm die Krone verliehen ward, Licht und Beistand erhoffen, erflehen; nur ihm sich verantwortlich fühlen.«[110] Angesprochen war damit das Weltbild vom Gottesgnadentum, das westeuropäischen Staatsvorstellungen, etwa von parlamentarischer Monarchie oder Bürgerkönigtum, diametral entgegengesetzt war.[111] Für Harden und viele andere kritische Beobachter war der in der Führungsschicht des Kaiserreiches grassierende Spiritismus die markanteste Ausdrucksform des wilhelminischen Gottesgnadentums, gleichsam die zeitgenössische Aktualisierung eines voraufklärerischen Herrschaftsbildes.[112] Der Herausgeber der *Zukunft* konnte wieder auf Bismarck als Kronzeugen verweisen, der den Spiritismus als mentalen Kitt der Eulenburg-Kamarilla bezeichnet hatte: »Das sind grässliche Leute; ganz anders als wir; sentimental, geistergläubig, spukscheu. Eulenburg hat an dem Herrn [Wilhelm II.] neben anderen Wunderqualitäten ja das zweite Gesicht der Stuarts entdeckt.«[113] Harden blieb in der Bildsprache des Okkulten, als er in seiner Pressekampagne von »sichtbaren oder unsichtbaren Stellen« sprach, von denen aus »Fädchen gesponnen« werden, die dem Deutschen Reich die Atmung erschweren, weil die Eulenburg-Kamaril-

109 Metternich an Bülow, 17. November 1906, PAAA.

110 Maximilian Harden, »Abfuhr«, in: *Die Zukunft*, 8. Dezember 1906, S. 374.

111 Dollinger sieht das Bürgerkönigtum allerdings nur als vergebliche Testphase nach dem Sieg über Napoleon, die nach 1848 von neoabsolutistischer Machtrepräsentation abgelöst wurde. Langfristig seien Monarchie und bürgerliche Gesellschaft nicht zu vereinbaren gewesen. Dollinger, »Das Leitbild des Bürgerkönigtums in der europäischen Monarchie des 19. Jahrhunderts«, S. 362. Ebenfalls den unaufhaltsamen Niedergang betonend Brunner, »Vom Gottesgnadentum zum monarchischen Prinzip«, S. 186.

112 Bereits Röhl deutete die Verbreitung von Spiritismus und Steiner'scher Theosophie im deutschen Adel als Flucht vor den gesellschaftlichen Wandlungsprozessen ins Irrationale. Je unverständlicher der winzig kleinen Herrschaftselite des Kaiserreiches die Krisensymptome wurden, desto stärker habe sie sich auf ein Gefühl der »Andersartigkeit und geradezu transzendentalen Überlegenheit« zurückgezogen. Röhl, »Einleitung«, in: *Eulenburgs politische Korrespondenz I*, S. 52–53. Vgl. allgemein Kroll, »Monarchie und Gottesgnadentum in Preußen«, S. 55–74.

113 Friedländer, *Prozesse*, S. 4270. Zu diesem Phänomen zeitgenössisch du Prel, *Das zweite Gesicht*.

la ihre *spirits* nicht nur für den »Privatgebrauch«, sondern auch in der deutschen Politik arbeiten lasse.[114]

Das Prestige der wilhelminischen Herrschaftselite wurde durch den Vorwurf des Spiritismus schwer erschüttert. Zum einen, weil damit das nach wie vor wirksame christliche Idealbild der Einheit von Thron und Altar ins Absurde geführt wurde, zum anderen, weil mit den Diskussionen über die Verbreitung des Spiritismus in den allerhöchsten Kreisen stets die Frage nach negativen politischen Implikationen verbunden wurde.[115] Eulenburgs Schloss Liebenberg, idyllisch gelegen in der Uckermarck bei Berlin, wurde so im Skandal zum »Spukschloss« und »Spiritistennest« transformiert, in dem jahrzehntelang mit fragwürdigen Mitteln auf die europäische Politik eingewirkt worden war. Bei Liebenberger Séancen, schrieb die *BZ am Mittag*, sei es der Eulenburg-Kamarilla gelungen, Richtungsentscheidungen der Reichspolitik zu beeinflussen, indem sie den »zum Mystischen neigenden Sinn des Kaisers« mit »Musik, Pseudokunst, Gesundbeterei und sonstigem Dunkelkammer-Humbug« für die Interessen der politischen Reaktion einfing.[116] Es fehle nur noch die »Weiße Frau der Hohenzollern« und alle Requisiten des Kolportageromans seien beisammen, spottete die sozialdemokratische Presse, um entgeistert festzustellen: »Und doch sind diese Romanfiguren Gestalten der lebendigen Wirklichkeit« deutscher Politik.[117] Die *Germania* ging soweit, den Landesverrat der Herrschaftselite durch Spiritismus anzudeuten. Es bestehe, schrieb das Leitorgan der deutschen Katholiken, eine okkulte Verbindungslinie zwischen Liebenberg und dem Zarenhof, der bekanntlich »dem Spiritismus sowie allen anderen Mysterien geheimer Wissenschaften (Astrologie, Theosophie, Gesundbeten, Somnambulismus)« verfallen sei.[118]

Gestützt wurden solche Deutungen des Spiritismus als politische Gefahr für die Nation dadurch, dass er als fester Bestandteil der preußisch-deutschen Kamarilla-Traditionslinie rekonstruiert werden konnte. Wie ein roter Faden schien Spiritismus *alle* Kamarillen und Favoriten in Vergangenheit und Ge-

114 Maximilian Harden, »Praeludium«, in: *Die Zukunft* 17. November 1906, S. 265–266.

115 Vgl. Nowak, *Geschichte des Christentums in Deutschland.*

116 *BZ am Mittag*, »Die Eulenburgische Tafelrunde«, 7. Juni 1907, BAL 7836.

117 *Leipziger Volkszeitung*, »Der Spuk der Eulenburgs«, 3. Juni 1907, BAL 7836.

118 *Germania*, »Über spiritistische Sitzungen bei Eulenburg«, 22. Mai 1908, BLHA 554. Dazu zeitgenössisch Loewenfeld, Somnambulismus und Spiritismus. Zum Spiritismus in Russland Mannherz, »Gespenster und Politik im späten Zarenreich«, S. 235–253. Als wichtige transnationale Kultureinflüsse, die zu einer »eigenartig eklektischen, hybriden Modernität des späten Kaiserreiches beitrugen«, fasst Theosophie und Spiritismus mit ihren starken Wurzeln in den USA und Russland Blackbourn, »Das Kaiserreich transnational. Eine Skizze«, S. 319.

genwart zu verbinden.[119] »Spiritismus und Geisterspuk«, schrieb die *Berliner Morgenpost*, »haben zu allen Zeiten in Preußen und Deutschland ihr Wesen getrieben, wenn die politische Reaktion im Gange war. Wer einst die Geschichte der preußischen Reaktion ganz wahrhaftig schreiben will, der fange seine Vorstudien bei den Künsten Bischoffwerders an.« Als politischer Wiedergänger dieses Favoriten König Friedrich Wilhelms II. wurde nun Philipp Eulenburg imaginiert.[120] Die *Berliner Zeitung*, deren historisches Gedächtnis beachtlich war, zählte eine ganze Kette preußischer Würdenträger und Politiker auf, die in den rund 100 Jahren zwischen diesen beiden royalen Günstlingen als »Hohepriester in der unsichtbaren Kirche des Wahnsinns« am preußischen Hofe amtiert und die unselige Traditionslinie spiritistisch inspirierter Politik aufrecht erhalten hätten.[121] Im »mystisch-symbolistisch-politischen Kreis« um Philipp Eulenburg wurde die »ewige Reaktion« verortet.[122] Nur den Habitus sah man den Zeitverhältnissen des Kaiserreiches angepasst. Anders als die »krasse Reaktion« der ebenfalls von Spiritisten dominierten Gerlach-Kamarilla von 1848/49 schwelge die Eulenburg-Kamarilla nicht mehr in Phantasien von Kartätschen, Blutbad und Verfassungsoktroy, sondern in der »mystischen Idee vom Gottesgnadentum«.[123]

Viele Zeitungen sahen hier einen wunden Punkt des wilhelminischen Herrschaftssystems und bemühten sich, dem Zusammenhang auf die Spur zu kommen, der Kamarilla und politische Reaktion einerseits, Spiritismus und Gottesgnadentum andererseits seit jeher zu verbinden schien. Die Frage, warum der preußische Adel in der Blütezeit der Aufklärung statt Voltaire, Rousseau und Kant die spiritistischen Scharlatane Cagliostro und Swedenborg als Träger »unergründlicher Weisheit« bestaunte,[124] entdeckten sie so

119 Vgl. Biskup/Kilchmann, »Aus Preußens Geisterfabrik. Medien politischer Kritik und Spektren nationaler Entwürfe im ausgehenden 18. Jahrhundert«, S. 201–221.

120 Eulenburg und Moltke als Wiedergänger von Bischoffwerder und Wöllner in: *Hamburger Correspondent*, »Kamarilla und Klatsch«, 3. Juni 1907, BAL 7836. Zu diesem Phänomen Leonhard, »Bismarck und Hindenburg als historische Wiedergänger in der neueren deutschen Geschichte«, S. 303–321.

121 Genannt werden Wolfahrt, von Pfuel, von Aken, von Förster, von Schachtmeyer, von Eberstein, Säger, von Wollisen und Graf Brassier St. Simon. Die Gerlach-Kamarilla war nicht einmal eingeschlossen, obwohl ihre spiritistischen Vorlieben bekannt waren. *Berliner Morgenpost*, »Das Urteil im Prozess Moltke-Harden«, 30. Oktober 1907, BAL 7837.

122 *Hamburgische Correspondenz*, »Fürst Eulenburg und seine Freunde«, 29. Mai 1907, BAL 7836.

123 *Kieler Neueste Nachrichten*, »Hinter den Kulissen«, 31. Mai 1907, BAL 7836.

124 Zu Swedenborgs und Cagliostros Wirken in Preußen Sierke, *Schwärmer und Schwindler zu Ende des 18. Jahrhunderts*.

als ein erschreckend aktuelles Problem: Weshalb praktizierte man um den Deutschen Kaiser zu Beginn des 20. Jahrhunderts, inmitten von Industrialisierung und Imperialismus, religiöse Schwärmerei, Geisterbeschwörung und Gesundbeterei?[125] Verbreitet war die materialistische Erklärung, die traditionelle Führungsschicht Preußen-Deutschlands sei »mit den Freuden der wirklichen Welt« übersättigt, eine Sicht, die sich nahtlos in zeitgenössische Dekadenztheorien einfügte. Wichtiger war aber noch die Begründung, die Herrschaftselite sei von den rapiden gesellschaftlichen Umbrüchen der Moderne, den Fortschritten von Demokratie und Parlamentarismus, mental überfordert und versuche daher, einem Bedürfnis nach Selbstrechtfertigung ihrer überkommenen Macht Luft zu machen, auch wenn dies durch Spiritismus »schließlich in der Form vollendeten Wahnwitzes zum Ausbruch kommt«.[126]

Parteiübergreifend und transnational machte die Presse für dieses Ventil nach innen, in die eigene *peer group* der herrschenden Aristokratie hinein, den starken Einfluss des pietistischen Protestantismus im preußischen Adel verantwortlich. Dessen »süßliche Frömmelei« sei mit dem Glauben an das Gottesgnadentum des Monarchen genauso eng verbunden wie mit dem Hang, sich selber als gottbegnadeten Mensch, als ein höheres Menschenwesen zu betrachten, das anders als die modernen Dutzendmenschen eben auch mit den Geistern der übersinnlichen Welt zu kommunizieren verstehe.[127] »Sie möchten alle vom lieben Gott selbst abstammen, wenn's nur irgend ginge«, attackierte die *BZ am Mittag* diesen spezifisch aristokratischen Auserwähltheitsglauben.[128] Die historischen Parallelen erschienen offenkundig. Das »Milieu der Kreise, aus denen Wilhelm II. sich seine politischen Beicht-

125 *Der Tag*, »Kamarilla«, von Spectator, 8. Juni 1907, BAL 7836. Die Meinung, das spiritistische Weltbild und seine Praktiken seien in die Moderne integriert gewesen, vertreten Freytag/Sawicki, »Verzauberte Moderne«, S. 7–24. Vgl. auch Geppert/Braidt, »Moderne Magie: Orte des Okkulten und die Epistemologie des Übersinnlichen. 1880–1930«, S. 5–36.

126 Materielle »Übersättigung« war eine beliebte Erklärung für Spiritismus und Homosexualität. *Berliner Morgenpost*, »Das Urteil im Prozess Moltke-Harden«, 30. Oktober 1907, BAL 7837.

127 Im 2. Moltke-Harden-Prozess feierte Staatsanwalt Hugo Isenbiel Eulenburg als einen »jener gottbegnadeten Menschen, die man lieben muss, wenn man sie sieht«. *Hamburger Fremdenblatt*, »Harden und Isenbiel reden«, 26. April 1908, BLHA 554. Bezeichnenderweise erklärten zeitgenössische antimonarchische Kampfschriften das Gottesgnadentum zu einer Perversion der göttlichen Abstammung des ganzen Volkes. Schwann, *Das Gottesgnadentum in der Geschichte*, S. 10, 18, 20, 25.

128 *BZ am Mittag*, »Die Eulenburgs«, 27. April 1908, BAL 114, 115; Positiv konnotiert den »Übermenschen« Eulenburg dagegen Merzbach, *Psychologie des Falles Moltke*, S. 11.

väter holt«, besaß für einen Großteil der Presse »eine erschreckende Ähnlichkeit mit dem, in dem sich einst die politischen Beichtväter Friedrich Wilhelms IV. tummelten, die Gerlach, die Bibel-Thiele, die Bodelschwingh. Eine mystisch-muffige Atmosphäre, angefüllt mit Bibelsprüchen und Gebetsstammeln, mit verzückt hysterischen Visionen im Stile der Jungfrau von Orleans«. Zudem hänge Wilhelm II. wie Friedrich Wilhelm IV. der exaltierten Meinung an, Monarchen besäßen einen besonderen Zugang zu göttlichen Erkenntnissen, der anderen Sterblichen verwehrt sei.[129]

Neben dem privatreligiösen Hauptstrom des Spiritismus[130] floss immer auch dieser exklusive Nebenfluss, der Spiritismus und Politik verband, wie es Ulrich Linse ausgedrückt hat. Im Berlin des frühen 20. Jahrhunderts wirkten etwa politische Medien wie »Madame de Ferriem«, die sich als somnambule »Seherin von der Spree« auf Deutschlands Zukunft spezialisiert hatte.[131] Politisches Hellsehen erreichte noch in der Weimarer Republik einen Höhepunkt mit bekannten Medien wie Jan Erik Hanussen, der den Nationalsozialisten nahestand, den Reichstagsbrand vorhersagte und schließlich von der SA ermordet wurde.[132] Es war denn auch die Enthüllung der Verbindung von Spiritismus und Politik in der Umgebung Kaiser Wilhelms II. durch den Eulenburg-Skandal, die von allen Aufgeklärten, Emanzipierten und politisch Denkenden, aber auch von Konservativen und kirchentreuen Christen, als Provokation gewertet wurde; dass Spiritisten in der wilhelminischen Gesell-

129 Den »verfaulten Geschmack, den gekünstelten Pietismus, die süßlichen Mätzchen« der wilhelminischen Herrschaftselite sah im Spiritismus verkörpert die *Neue Freie Presse*, »Ein Straßenbild«, 30. Oktober 1907, BAL 7837. Dieser Nexus auch in *Leipziger Volkszeitung*, »Politischer Anschauungsunterricht«, 6. Juni 1907, BAL 7836; *Rheinisch-Westfälische Zeitung*, »Der Kaiser und die Kamarilla«, 27. Oktober 1907, BAL 7836; *Badische Neue Presse*, »Fall Eulenburg und Gen.«, 6. Juni 1907, BLHA 554; *Neue Hamburger Zeitung*, »Der weitere Kampf gegen Eulenburg«, 19. Mai 1908, BLHA, 554. Diese Sicht auch bereits bei Bischoff, *Camarilla*, S. 29–30. Nur Andeutungen zum Zusammenhang von Pietismus und Reaktion in Preußen bei Clark, »The Politics of Revival: Pietists, Aristocrats, and the State Church in Early Nineteenth-Century Prussia«, S. 31–60.

130 Vgl. allgemein Linse, *Geisterseher und Wunderwirker*. Zur historischen Kontinuität auch Sawicki, *Geisterglauben und die Entstehung des Spiritismus in Deutschland 1770–1900*; Barrow, *Spiritualism and English Plebeians 1850–1910*.

131 Auch bei der spiritistischen Weißenberg-Kirche spielte der politisch-historische Aspekt eine wichtige Rolle. Sie kultivierte den Glauben, dass nationale Führer ihr Volk auch im Jenseits nicht im Stich ließen und rief in Séancen den »Geistfreund« Bismarck an. Linse, *Geisterseher*, S. 194.

132 Hanussen, als Hermann Chaim Steinschneider 1889 in Wien geboren, wurde Ende März 1933 bei Berlin ermordet. Vgl. *Frankfurter Allgemeine Zeitung*, Glaubt ihr diesen Faulen Zauber etwa immer noch? Aufklärung unter Hitler. Der Kampf gegen Hellseher, Pendler und Gesundbeter, von Frank-Rutger Hausmann, 10. August 2006.

schaft nur eine exzentrische Minderheit bildeten, wird dadurch belegt, dass in den Diskursen des Eulenburg-Skandals zwischen 1906 und 1909 nicht eine einzige positive Einschätzung dieser Strömung aufzufinden ist.[133]

Wie aber stellte man sich politischen Spiritismus, wie er Eulenburg und seinem Freundeskreis vorgeworfen wurde, konkret vor?[134] Durch spiritistische Publikationen waren Ablauf und Inhalt von Séancen bekannt, etwa mit dem »Geist Emanuel«. Dass auch Eulenburg dieses übersinnliche Wesen angerufen hatte, wussten interessierte Kreise im Umfeld der Reichsleitung, aber auch sozialdemokratische Politiker und natürlich Maximilian Harden seit Jahren. Die allgemeine Öffentlichkeit wurde über die Hintergründe des zeitgenössischen Spiritismus in der Tagespresse von Experten wie Albert Moll informiert, der nicht nur als Sexualwissenschaftler, sondern auch als Spiritismus-Forscher reüssierte.[135] »Ist ein Mann«, konnte Harden vor Gericht fragen und auf die Vorkenntnisse seiner Zuhörer rechnen, »der seine geistige Nahrung aus den *Mitteilungen des Geistes Emanuel* schöpft, befähigt und berechtigt, in der Nähe der höchsten Person des Landes, von der das Geschick des Deutschen Reiches abhängt, einen Einfluss auszuüben?«[136]

Was die *Art und Weise* von Eulenburgs spiritistischem Einfluss auf den Monarchen betraf, so wurde sie allgemein als eine Art Hypnose durch eine »eigentümliche Art von anbetender Huldigung« Wilhelms II. imaginiert. Oft auch als Suggestion bezeichnet, galt ein hypnotischer Zustand als Vorbedingung zur Ausübung vieler spiritistischer Praktiken wie der Geisterbeschwörung.[137] Im Fall des royalen Favoriten konnte der Spiritismus zudem mit den seit den 1890er Jahren von Monarchiekritikern eingeführten Topoi

---

133 Es ist wenig überzeugend, den Spiritismus als Massenbewegung zu fassen, schon allein, da es ihm an innerer Kohäsion mangelte. Vgl. Treitel, *Occultism and the Genesis of the German Modern*, S. 57–60, 65–66. »Aberglaube« im weiteren Sinne war hingegen zweifellos stark verbreitet. Vgl. Freytag, *Aberglauben im 19. Jahrhundert.*

134 Als »Religionsgeschichte des Politischen« mit der Leitfrage, inwiefern der Glaube an die Kommunikation zwischen Diesseits und Jenseits handlungsleitende Kraft auf dem politischen Feld entwickelt: Gantet/d'Almeida, *Gespenster und Politik. 16. bis 21. Jahrhundert.*

135 Fragmente von Sitzungen mit dem »Geist Emanuel« in Eulenburgs Nachlass, BLHA 523. Teilweise abgedruckt in Röhl, *Eulenburgs politische Korrespondenz I*, Nr. 223. Albert Moll war über Jahrzehnte auch einer der wichtigsten Gerichtsgutachter in Deutschland zu spiritistischen Fällen. Vgl. seine Schriften *Prophezeiungen und Hellsehen* (1922); *Der Spiritismus* (1925); *Psychologie und Charakterologie der Okkultisten* (1929).

136 Friedländer, *Prozesse*, S. 4087–88. Gemeint war *Das Buch Emanuel*, herausgegeben von dem Eulenburg-Freund Bernhard Forsboom. Mit Blick aus die eigene Auserwähltheit wird »Gnade und Verdienst« der Menschen als Prinzip einer sich linear vervollkommnenden Schöpfung gefasst. Forsboom, Das Buch Emanuel (1897), S. 80–82.

137 *Badische Neue Presse*, »Fall Eulenburg und Gen.«, 6. Juni 1907, BLHA 554.

von »Byzantinismus« und »Mystizismus« am Berliner Hof verschmelzen; es ergab jetzt mit Blick auf den Spiritismus einen neuen Sinn, dass Höflinge wie Eulenburg Kaiser Wilhelm II. durch den Handkuss wie ein sakrales Wesen verehrten, eine moderner Menschen unwürdige Form von Proskynese, wie sie die *Daily News* nur als Perversion des preußischen Militärstaates erklären konnte.[138] Auch dass Eulenburg keine verantwortlichen Staatsämter anstreben musste, konnte nun spiritistisch erklärt werden: Ihm standen im Verkehr mit dem Reichsoberhaupt ja »transzendental-psychische« Mittel und Wege offen, durch die er die großen Linien der deutschen Politik »inspirieren« konnte.[139]

Solche Ängste vor einer spiritistischen Fremdsteuerung des Monarchen wurden im Eulenburg-Skandal immer wieder artikuliert. Sie waren nicht neu, sondern gehörten seit jeher zu den politischen Emotionen monarchischer Herrschaftsordnungen. Um 1900 war diese Grundangst des Untertanen im allgemeinen Bildungsgut noch so präsent, dass sich auch die Boulevardpresse auf Friedrich Schillers Stück *Der Geisterseher* beziehen konnte, in dem das Leitmotiv die bürgerliche Angst davor war, dass »der klare Verstand eines hochsinnigen Fürsten durch okkulte Praktiken« ruiniert wird – mit fatalen Folgen für Land und Untertanen.[140] Zudem war der Spiritismus in der europäischen Geistesgeschichte vor dem Ersten Weltkrieg nach wie vor relevant, etwa in Gustave Le Bons Welterfolg *Die Psychologie der Massen* (1895), in dem vom Spiritismus Schlussfolgerungen über die Beeinflussbarkeit und Leichtgläubigkeit von Menschenmassen ableitet wurden.[141]

Was die *Inhalte* von politischem Spiritismus betraf, wurde generell angenommen, politische Entscheidungsträger versuchten, in Séancen Offenbarungen aus dem Jenseits als Grundlage politischer Entscheidungen im Diesseits zu gewinnen. Tatsächlich organisierte Eulenburg zu diesem Zweck in den frühen 1890er Jahren mehrfach Séancen für Wilhelm II. in München. »In Schlaf versetzt«, notierte Generalstabschef Alfred Graf Waldersee damals

138 *Daily News*, 30. Oktober 1907, PAAA; *Leipziger Neueste Nachrichten*, »Aristides«, 11. Dezember 1908, 7839; Vgl. den Abschnitt »Das Gottesgnadentum« in Reventlow, *Wilhelm II. und die Byzantiner*, S. 40–47. Als Degenerationserscheinung der Moderne fasste den »Mystizismus« auch Nordau, Degeneration [Dt. Erstausgabe 1892], S. 45–67. Zum sakralen Körper des Monarchen die klassische Abhandlung von Kantorowicz, *The King's Two Bodies*.

139 *Neue Hamburger Zeitung*, »Der weitere Kampf gegen Eulenburg«, 19. Mai 1908, BLHA 554.

140 *BZ am Mittag*, »Konto Eulenburg«, 5. Mai 1908, BAL 7838.

141 Wie Albert Moll betätigte sich LeBon nebenberuflich als Spiritistenjäger. Linse, *Geisterseher*, S. 25–26, 217. Vgl. Barrows, *Visions of the Crowd in Late Nineteenth Century France*.

in sein Tagebuch, sei das Medium »vom Kaiser, dessen Anwesenheit ihr angeblich nicht bekannt war, gefragt worden, was er von einem Freunde in Russland – natürlich in Anspielung auf den Zaren – zu halten habe. Ist der Herr in solcher Weise zu beeinflussen, so befindet sich das Wohl des Vaterlandes rettungslos in der Hand von Schwindlern. Friedrich [Wilhelm] II. und Bischoffwerder!«[142] Auch die politische und mentale Funktion des Spiritismus im Umfeld des Monarchen erkannte Waldersee mit erstaunlicher Klarheit: »An höchster Stelle glaubt man allein regieren zu können, *alles* zu verstehen, *alles* am besten zu wissen, während man sich in Wirklichkeit über *kein* Ziel völlig klar ist, nichts wirklich gründlich versteht.«[143] In der Mentalität der traditionellen Führungsschicht des Kaiserreiches, dem nervösen Wechselspiel von Großmannsucht, Tatendrang und Selbstüberschätzung mit Schwäche, Unvermögen und Überforderung, trug politischer Spiritismus in erster Linie dazu bei, die Auserwähltheit zur Herrschaft intrinsisch – sich selbst und der eigenen Kaste gegenüber – zu legitimieren, allen Demokratieforderungen und Partizipationsbestrebungen der Moderne zum Trotz.[144]

Die Tatsache, dass Kaiser und Favorit die *spirits* beschworen, blieb nicht Arkanwissen, sondern gelangte durch den Eulenburg-Skandal an die Öffentlichkeit.[145] Hart am Rande des gerade erst liberalisierten Majestätsbeleidigungs-Paragraphen erklärte Harden in mehreren Interviews, der Kaiser habe

---

142 Meisner, *Waldersee II*, Eintrag vom 18. November 1891. Zur Funktion spiritistischer Medien Skultans, *A Study of Spiritualism, Mediums and Groups*.

143 Dass es nicht bei einzelnen Séancen blieb, belegt ein Eintrag Waldersees gut zwei Jahre später, in dem er über die fortgesetzten spiritistischen Abenteuer des Kaisers und seines Favoriten klagte. Inzwischen war auch noch der Liebenberger Axel von Varnbüler, Diplomat in württembergischen Diensten, dazugestoßen. »Er gehört derselben Richtung an; ich fürchte, diese angebliche Skatpartie wird viel Unheil anrichten. Vor hundert Jahren trieben Bischoffwerder und Konsorten ihr verhängnisvolles Spiel.« Meisner, *Waldersee II*, Eintrag vom 23. September 1893.

144 Zu Auserwähltheit/*exceptionalism* als politischem Movens Ottmann, *Geschichte des politischen Denkens 3/2*, S. 3. Als säkularisiertes puritanisches Element des modernen Nationalismus fasst das Auserwähltheitsprinzip Wehler, *Nationalismus*, S. 55; Wehler, »Radikalnationalismus und Nationalsozialismus«, S. 209. Vgl. bereits Voegelin, *Die politischen Religionen*, S. 49–63.

145 Eulenburg wagte es im März 1892 sogar, dem misanthropen Außenpolitiker Friedrich von Holstein einen Hypnotiseur Gössel zu empfehlen, der einen »ganz außerordentlichen Überschuss an tierischem Magnetismus« und die »unleugbare Gabe des Hellsehens« besitze. Gössel erkenne Krankheiten und heile sie »durch Anwendung seiner magnetischen Kräfte«. Röhl, »Einleitung«, in *Eulenburgs politische Korrespondenz I*, S. 49. Vgl. zeitgenössisch Moll, *Hypnotismus, Tierischer Magnetismus, Spiritismus*.

durch Vermittlung Eulenburgs bei Séancen politische Erkenntnisse zu erlangen versucht. Um noch dem letzten autoritätsgläubigen Deutschen vor Augen zu führen, was das bedeutete, enthüllte er die makabere Begebenheit, dass Wilhelm II. über lange Zeit ein Stück »Geisterstoff« als eine Art Talisman in seiner Uhr mit sich getragen habe, das von der Erscheinung einer toten Tochter Eulenburgs zurückgeblieben war.[146] Diese Behauptung sorgte für eines der wenigen offiziellen Dementis, das im Eulenburg-Skandal gegeben wurde. Die *Norddeutsche Allgemeine Zeitung* musste sie als »glatt erfunden« zurückweisen und hinzufügen, dass durch die Verbreitung dieser Äußerung dem Ansehen des Deutschen Kaisers schwerer Schaden zugefügt werde, »dem schon als ernstem Christen jeder spiritistische Aberglaube derart fernliegen muss«.[147] Das Dementi war nicht nur falsch, wie wir heute wissen, sondern trug bereits damals wegen seiner merkwürdig defensiven Form im In- und Ausland noch zur Steigerung politischer Befürchtungen bei. In Frankreich fand man es auffällig, dass Wilhelm II. nur seinen Spiritismus dementieren ließ. Wie konnte er dann aber, fragte der *Gaulois*, einem dem Aberglauben verfallenen Mann wie Philipp Eulenburg mehrfach das Auswärtige Amt und die Reichskanzlerwürde anbieten lassen?[148] Presserecherchen konfrontierten Eulenburg damit, in den 1880er und 1890er Jahren eine schillernde Gestalt in der Münchener Szene, zu jener Zeit eine Hochburg des Spiritismus, gewesen zu sein. In seiner Villa in Starnberg habe er Gästen aus Adel, Diplomatie und Bohème spiritistische Attraktionen vorgeführt, etwa eine moderne »Pythia«, die aus einem Erdspiegel die Zukunft wahrsagte.[149]

---

146 Harden in Interviews mit der *Neuen Hamburger Zeitung* und der *Leipziger Abendzeitung*. *Berliner Tageblatt*, »Harden-Interviews«, 30. Juni 1908, BAL 7839.

147 *Reichsbote*, »Zur Eulenburgaffäre«, 7. Juli 1908, GStA 49833.

148 *Le Gaulois*, »Le prince d'Eulenbourg«, von Denis Guibert, 19. Juli 1908, PAAA.

149 *Münchener Post*, »Philiana«, 19. Mai 1908, GStA 49831. Von einem Gespräch zwischen französischem und deutschem Botschafter in Rom im Juli 1908 erfuhr Reichskanzler Bülow umgehend, dass Eulenburg seine Zeit als preußischer Diplomat in München »eigentlich nur dem Spiritismus gewidmet« habe, dem er »geradezu mit Leidenschaft« verfallen sei. Monts an Bülow, 23. Juli 1908, PAAA. In die Szene gelangte Eulenburg durch Séancen bei Prinz Rudolf von Liechtenstein. Siehe BLHA 521. Liechtensteins spiritistische Schriften leitete Eulenburg auch dem damaligen Kronprinzen Wilhelm weiter. Vgl. Haller, *Eulenburg*, S. 29. Seit dieser Zeit stand Eulenburg auch mit Carl du Prel und Albert von Schrenck-Notzing, den Doyens des Spiritismus in Deutschland, in Kontakt. In einer Séance mit du Prel erlebte Eulenburg etwa, wie das Medium den letzten Brief des Kaisers an ihn wiedergeben konnte. Vgl. Röhl, *Eulenburgs politische Korrespondenz I*, Nr. 207, Anmerkung 2; siehe du Prel, *Der Spiritismus*. Vgl. Linse, *Geisterseher*, S. 69.

Dass der Spiritismus nicht nur wichtiger Bestandteil ihrer Freundschaft war, sondern vom royalen Favoriten wirklich als Instrument politischer Beeinflussung des Monarchen verstanden wurde, zeigte sich bei der Thronbesteigung Wilhelms II. 1888. Umgehend versuchte Eulenburg, dieses Einfallstor beim Reichsoberhaupt für fremde Einflussversuche zu verriegeln. Es könnten sich jetzt unqualifizierte Spiritisten an ihn »herandrängen«, warnte Eulenburg den kaiserlichen Freund. Diese müsse er allesamt abwehren, denn der »Humbug« auf diesem Gebiet sei entsetzlich. Selbst wenn es anderen gelingen sollte, ihm Geister zu offenbaren, so der Günstling voller Eifersucht, seien diese Medien betrügerisch. »Ich darf wohl Ew. Majestät bitten, Allerhöchst sich in diesen heiklen und aufregenden Dingen nur *meiner* Vermittlung zu bedienen.«[150] Wie ernst es Eulenburg langfristig mit dem Spiritismus war, machen seine Pläne deutlich, Wilhelm II. einmal als Schutzherrn der neuen Bewegung zu etablieren, wobei er sich durchaus über die Gefahren eines solchen Unternehmens im Klaren war. Denn »den meisten unserer vortrefflichsten Mitbürger geht der Sinn für das Wunderbare völlig ab«, hatte er schon dem Thronfolger geschrieben, »teils aus Irreligiosität, teils aus Opposition, teils aus Bequemlichkeit, teils aus Naturanlage.« Keinesfalls dürfe er seine »wahren Ansichten« zu früh äußern oder sich gar öffentlich als Spiritist bekennen. Erst wenn dieser Glaube einmal so stark ist, dass der Staat zu ihm Stellung nehmen muss, solle er seine Macht zur Geltung bringen. »Dann wird der Zeitpunkt eintreten, wo Ew. Königl. Hoheit in der bedeutungsvollsten Weise ein Wort mitsprechen werden. Die Zeit kleinlichen Odiums ist besser zu übergehen!«[151]

Bezeichnenderweise wurde Wilhelm II. die Gefahr spiritistischer Enthüllungen für die Monarchie bereits einige Jahre vor dem Ausbruch des Eulenburg-Skandals bewusst. Als im Juli 1901 in der deutschen Presse heftig kritisiert wurde, dass in der Berliner Hofgesellschaft das Gesundbeten nicht auszurotten sei, sah er – offenkundig passend zur Jahrhundertwende – die

150 Eulenburg an Kaiser Wilhelm II., 15. Oktober 1888, in: Röhl, *Eulenburgs politische Korrespondenz I*, Nr. 199. Röhl, »Einleitung«, in: *Eulenburgs politische Korrespondenz I*, S. 50–51.

151 Eulenburg an Kronprinz Wilhelm, 9. August 1887, in: Röhl, *Eulenburgs politische Korrespondenz I*, Nr. 120. Bezeichnenderweise entschärfte Eulenburg die Abschrift dieses Briefes nach 1909 mit Blick auf die Veröffentlichung seines Nachlasses. Nun war keine Rede mehr von den »wahren Ansichten« des zukünftigen Monarchen, der sich für die große Stunde des spiritistischen Durchbruchs in Deutschland bereithalten möge. Siehe Haller, *Eulenburg*, S. 29.

Chance, sein »mystisches« Monarchenimage zu modernisieren.[152] In einem Zwiegespräch teilte er seinem Favoriten mit, die Sozialdemokraten hätten von dessen spiritistischen Abenteuern in München erfahren und warteten nur darauf, ihm »mit der Sache öffentlich unangenehm zu werden«. Diese unerwartete Auseinandersetzung, bei der Wilhelm II. bei sich selbst keinerlei Fehlverhalten erinnern wollte, irritierte Eulenburg so sehr, dass er sich umgehend an Reichskanzler Bülow wandte. »Der Versuch des Kaisers, sich mit gegenüber gewissermaßen als antispiritistisch zu zeigen, missglückte natürlich vollkommen. Er ist ja viel zu mystisch und abergläubisch für eine solche Komödie mir gegenüber.« Erst einige Monate später, im Februar 1902, ging Eulenburg das eigentliche Ziel Wilhelms II. auf, sich dem Zeitgeist besser anzupassen; ein Unternehmen, bei dem er als prominentester Spiritist des Hofes in Gefahr stand, für die Öffentlichkeit zum Sündenbock gemacht zu werden. Der Kaiser versuche offenkundig, »den Mystizismus in irgendeiner frappanten Form über Bord zu werfen, der seiner ›modernen Kaisergestalt‹ Abbruch tut«, klagte Eulenburg in einem Brief an Bülow.[153] Der monarchische Imagewandel, wenn er je mehr als eine Laune war, gelang bis zum Eulenburg-Skandal allerdings nicht mehr. Der Spiritismus-Vorwurf traf daher auch Wilhelm II. und die Monarchie mit voller Wucht.

Gerade Vernunftmonarchisten, Konservative, strenggläubige Protestanten und Katholiken waren entsetzt darüber, dass der Kaiser – der auch Oberhaupt der Preußisch-Unierten Kirche war und es liebte, in Gottesdiensten persönlich die Kanzel zu ersteigen und donnernde Predigten zu halten – Geisterbeschwörungen praktiziert hatte.[154] Für sie war dadurch die Bindung von Thron und Altar gelöst, die für die Entwicklung Preußen-Deutschlands so prägend gewesen war.[155] Die Kritik an der gottgegebenen Obrigkeit erstreckte sich bis auf die Konservative Partei, die »lange nicht mehr so eifrig

152 Zur Aufbruchstimmung um 1900 allgemein Frevert, *Das Neue Jahrhundert.* Darin zum religiösen Moment Graf, »Religiöse Zukunftserwartungen um 1900«, S. 185–229.

153 Die Briefe an Reichskanzler Bülow vom 24. Juli 1901 und 18. Februar 1902 zit. n. Haller, *Eulenburg*, S. 29–30.

154 Brude-Firnau, *»Preußische Predigt«. Die Reden Kaiser Wilhelms II.*, S. 149–170. Leider ohne Hinweise auf den Spiritismus Samerski, *Wilhelm II. und die Religion*; Benner, *Die religiöse Dimension des Kaisertums unter Wilhelm II.* Die Unfähigkeit Wilhelms II. als »oberster Bischof« betont Schwarzseher, *Unser Kaiser*, S. 92–105.

155 Die Vorstellung des Spiritismus »von dem Hineinragen einer übersinnlichen in die sinnliche Welt« sei mit dem orthodoxen Protestantismus unvereinbar. *Kieler Neueste Nachrichten*, »Hinter den Kulissen«, 31. Mai 1907, BAL 7836. Vgl. Pollmann, »Wilhelm II. und der Protestantismus«, S. 91–103; Eykmann, »Religionsunterricht. Stütze für König und Vaterland, Waffe gegen den Umsturz«, S. 265–283; Kupisch, »Bürgerliche Frömmigkeit im

wie in früherer Zeit für das positive Christentum und die daraus zu ziehenden politischen Folgerungen« eintrete.[156] Nicht allein beim Monarchen und seinem Favoriten, sondern bei der ganzen »Blüte« des preußischen Adels legte der Eulenburg-Skandal eine selbst von seinen schärfsten Kritikern kaum für möglich gehaltene Obsession für Spiritismus frei.[157] Die Sozialdemokraten konnten sich angesichts dieser moralischen Selbstzerstörung der wilhelminischen Herrschaftselite nur die Augen reiben. Endlich erfahre das Volk, triumphierte die *Neue Volkszeitung*, wie es bei denen »da oben« zugehe, die »der gute Deutsche von Jugend auf als die geborenen Stützen von Thron und Altar zu verehren angehalten wird. Und so fällt wieder einmal ein gutes Stück von dem Nimbus weg, mit dem sich diese Klasse der ›zum Herrschen Prädestinierten‹ unter Mitwirkung der reaktionären, junkerbegeisterten Presse zu umgeben weiß.«[158] Die spiritistische Exklusivität dieser »höheren Menschenwesen« sei ein Beleg dafür, schrieben die *Leipziger Neuesten Nachrichten*, dass der Kaiserhof zum Fremdkörper innerhalb der deutschen Nation geworden war und ausgestoßen werden müsse.[159] Getroffen war damit, was Otto Brunner als »ein lebendiges Gefühl der Anhänglichkeit« ausgemacht hat, von dem die Monarchie anders als alle »rationalen« staatlichen Einrichtungen zehre.[160]

Im Theaterstück *Kamarilla*, das 1931 in Berlin uraufgeführt wurde, spielt eine Szene, in der eine Geisterbeschwörung auf Schloss Liebenberg bevorstand. Auf die Frage, welcher *spirit* denn heute eingeladen sei, antwortet die

Wilhelminischen Zeitalter«, S. 40–59; Fischer, »Der deutsche Protestantismus und die Politik im 19. Jahrhundert«, S. 49–71.

156 *Kölnische Volkszeitung*, »Das Tages-Problem«, 30. Oktober 1907, BAL 7837.

157 *Leipziger Volkszeitung*, »Eulenburg«, 8. Mai 1908, BAL 7838. Kuno Moltkes Schwester Gräfin Hertha Danckelmann schilderte im 2. Moltke-Harden-Prozess spiritistische Praktiken in ihrer Familie, um die Unzurechnungsfähigkeit ihrer Ex-Schwägerin Lilly von Elbe zu belegen. Friedländer, *Prozesse*, S. 4184. Zur Pathologisierung von Frauen aufgrund spiritistischer Neigungen vgl. Kap. 5 und 6 in Harris, *Murder and Madness*; Owen, *Women, Power, and Spiritualism in late Victorian England*; Porter, *Women, Madness and Spiritualism*.

158 *Neue Volkszeitung*, »Die Potsdamer Orgien«, 25. Oktober 1907, BAL 7836.

159 *Leipziger Neueste Nachrichten*, »Das Gewitter«, 6. Juni 1907, BAL 7836. »Bigotterie« und »religiöse Heuchelei« der wilhelminischen Herrschaftselite waren auch feste alldeutsche Motive. Siehe Reventlow, *Wilhelm II. und die Byzantiner*, S. 48–57.

160 Selbst rationale Erwägungen zu Gunsten der Monarchie mussten daher zur »Erschütterung ihres geistigen Fundamentes« beitragen. Brunner, »Vom Gottesgnadentum zum monarchischen Prinzip«, S. 160. Der Theoretiker der *Labour Party* Harold Laski sah die Monarchie wegen ihres »metaphysischen Gehalts« generell rationaler Kritik entzogen. Nicolson, *King George V. His Life and Reign*, S. 120.

Theaterfigur Eulenburg: »Der Geist Oscar Wildes«.[161] Nicht erst am Ende der Weimarer Republik, sondern bereits während des Eulenburg-Skandals trat die Homosexualität als drittes Element zu der bereits explosiven Mischung von Politik und Spiritismus und verstärkte die Wucht der Angriffe auf die Herrschaftselite noch. Über die »Liebenberger Liebes- und Gespensterbruderschaft« mit ihrem »ausgesprochenen Bedürfnis, Vorsehung für Deutschland zu spielen«, höhnte eine Berliner Zeitung.[162] Ein bayerisches Blatt malte sich aus, wie Eulenburg den Geist des antiken griechischen Staatsmannes Alkibiades herbeizitierte, mit ihm über Politik konferierte und »homosexuellen Spiritismus« betrieb.[163] Die katholische Presse warnte vor einer »Tafelrunde von Spiritisten und Homosexuellen«.[164] Für die Sozialdemokraten war das Neue an der Eulenburg-Kamarilla im Vergleich zu ihren Vorgängern in der preußisch-deutschen Geschichte, dass zur »geistigen« noch die »körperliche Perversität« hinzugekommen sei.[165] Und auch in der liberalen Presse sprach man schlichtweg von »aktivhomosexuellen geistergläubigen Teilnehmern des Liebenberger Kreises«.[166] Erleichtert wurde die Fusion politischer, moralischer und religiöser Vorwürfe, da selbst innerhalb der Homosexuellenbewegung eine Affinität von Homosexuellen zum Spiritismus eingeräumt wurde.[167] Der *Vorwärts* begründete, weshalb Politik, Spiritismus und Homosexualität im Kampf gegen die Eulenburg-Kamarilla geradezu verbunden werden mussten: »Hätten Eulenburg und seine Getreuen sich auf Gesundbeten, Spiritismus und anderen Hokuspokus beschränkt [...] sie würden vermutlich noch heute das Ohr des deutschen Kaisers haben, sie wären für Bülow und andere unangreifbar geblieben.«[168]

161 Bettauer/Lichey, *Die Kamarilla. Ein Stück deutschen Schicksals in zehn Bildern* (1931).

162 *Berliner Morgenpost*, »Das Urteil im Prozess Moltke-Harden«, 30. Oktober 1907, BAL 7837.

163 *Münchener Post*, »Philiana«, 19. Mai 1908, GStA 49831.

164 Es sei erwiesen, »dass Personen mit krankhaften Neigungen sehr leicht mystischen Kulten zugänglich sind«. *Germania*, »Über spiritistische Sitzungen bei Eulenburg«, 22. Mai 1908, BLHA 554.

165 *Leipziger Volkszeitung*, »Politischer Anschauungsunterricht«, 6. Juni 1907, BAL 7836.

166 *Berliner Morgenpost*, »Das Urteil im Prozess Moltke-Harden«, 30. Oktober 1907, BAL 7837.

167 Vgl. den Abschnitt »Konträrsexuelle und Spiritismus« in Schuman-Arndt, *Wir vom dritten Geschlecht*.

168 *Vorwärts*, »Der Prozess der Patrioten«, 27. Oktober 1907, BAL 7836.

Abb. 21. »Aktivhomosexuelle geistergläubige Teilnehmer des Liebenberger Kreises« (Berliner Morgenpost*). Politik, Homosexualität und Spiritismus verbinden sich durch den Eulenburg-Skandal zu einer explosiven Mischung. Bildquelle:* Der Wahre Jacob*, 26. November 1907, S. 5627.*

Die Wirkung der Spiritismusvorwürfe war auch im Ausland verheerend. Schweizer Zeitungen konnten ohne den deutschen Majestätsbeleidigungsparagraphen fürchten zu müssen verkünden, der Eulenburg-Skandal beweise, dass »der große Kaiser Wilhelm II.« nur ein »Hampelmann und leichtgläubiger, willenloser Mensch« und ein »unwissendes Werkzeug fürstlicher Päderasten und Spiritisten« sei. In Großbritannien hielt man das Gottesgnadentum in Deutschland endgültig für desavouiert. »It were idle to deny«, schrieb die *Pall Mall Gazette*, »that a severe blow has been dealt to that principle of almost autocratic monarchy upon which Prussia, and to some extent Germany, is governed.«[169] Die Verdammung des politischen Spiritismus fiel so ein-

169 *Schweizer Presse* (o.A.) und *Pall Mall Gazette*, 30. Oktober 1907, PAAA. Für alldeutsche Monarchiekritiker blieb das Gottesgnadentum »im Munde des Monarchen« ein unschätzbares Mittel, um eine »gesunde und rechtzeitige Scheidung der Geister in monarchische

hellig aus, weil er als Bedrohung der Nation verstanden wurde, die Schuld aber, anders als andere Dekadenzerscheinungen der Epoche (vgl. Kap. II.3), als Klassenphänomen allein dem degenerierten Geburtsadel zugewiesen werden konnte. Am Ende des Skandals war die Enttäuschung in der Öffentlichkeit keineswegs groß, wie John Röhl meinte, weil einige angebliche Kreaturen Eulenburgs wie Helmuth von Moltke »oben« blieben, die dem Spiritismus verfallen waren; auch wenn es eine gespenstische Vorstellung ist, dass sich der deutsche Generalstabschef während der Marne-Schlacht 1914 Rudolf Steiner in sein Hauptquartier kommen ließ.[170] Der moralische Führungsanspruch der wilhelminischen Herrschaftselite wurde durch die Skandalenthüllungen, zu denen der Spiritismus einen Mosaikstein beisteuerte, *in toto* beschädigt, wie die weiteren Kapitel zeigen. Dem Spiritismus als aktualisiertem Gottesgnadentum, wie er innerhalb des preußischen Adels kultiviert wurde, konnten weder Eulenburg-Skandal, verlorene Marne-Schlacht noch Systemwechsel und Machteinbuße durch die Revolution 1918 etwas anhaben. Auf Schloss Liebenberg wurden die Geister noch Mitte der 1920er Jahre beschworen.[171]

3. Ästhetischer Antisemitismus: Der Eulenburg-Skandal als Kampf von Germanentum und Judentum

In der deutschen Presse wurde während des Eulenburg-Skandals der Ausruf des Berliner Kammerherren Edgard Graf von Wedel viel zitiert, mit dem dieser seinen Hass über Maximilian Harden zum Ausdruck brachte: »Regiert denn dieser Jude heute in Preußen und setzt Generäle und Botschafter ab?«[172] Neben der bemerkenswerten Machtzuschreibung an den Politiker Harden (vgl. Kap. II.4) kristallisiert sich in diesem Satz der spezifisch aristokratische und, wie im Folgenden argumentiert wird, ästhetische Antisemitis-

---

und nichtmonarchische zu beschleunigen«. Reventlow, *Der Kaiser und die Monarchisten*, S. 242.

170 Röhl, »Einleitung«, in *Eulenburgs politische Korrespondenz I*, S. 48. Laut Albert Moll ließ Moltke sich 1914 auch ein bekanntes Berliner Medium ins militärische Hauptquartier nach Koblenz kommen. Moll, *Ein Leben als Arzt der Seele*, S. 101–102. Keine Hinweise in der Autobiographie Steiners, *Mein Lebensgang*.

171 »Diktierte Mitteilungen aus der Geisterwelt von Helene, Mayrhaus und Deinhard an Mitglieder der Familie Eulenburg im Jahr 1925«, BLHA 888.

172 Wedel nach Tresckow, *Erinnerungen eines Kriminalkommissars*, S. 183.

mus des späten Kaiserreiches.[173] Bisher lautete das Urteil selbst unparteiischer Historiker wie Hans Wilhelm Burmeister, Philipp Eulenburg sei kein Antisemit gewesen. Noch die *Encyclopedia Judaica* von 2006 erkennt nicht, dass die Unterstützung Eulenburgs für Theodor Herzls Bemühen, das Deutsche Reich als Schutzmacht für ein jüdisches Protektorat in Palästina zu gewinnen, antisemitisch motiviert war.[174] Klarheit und Eindeutigkeit ist bei der Benennung Eulenburgs als gläubigem Antisemiten umso wichtiger, da auch neue kultur- und mediengeschichtliche Studien wieder suggerieren, bis zum Ende der *Belle Époque* im Ersten Weltkrieg sei Antisemitismus in den *higher echelons* Mitteleuropas, dass heißt vor allem in der Aristokratie, kaum verbreitet und geradezu verpönt gewesen.[175] Tatsächlich stand Kaiser Wilhelm II. so sehr unter dem Einfluss des Antisemitismus, dass er wie sein gestürzter Favorit den gesamten Skandal aus diesem Weltbild heraus interpretierte. Für Eulenburg war es ein fataler Fehler des Monarchen und seiner militärischen Berater, durch seine und Moltkes überstürzte Entlassung »eine

173 Auch im vielzitierten Tagebuch der Baronin Spitzemberg ist der spezifisch ästhetische Antisemitismus des ausgehenden 19. Jahrhunderts zu finden: Erstens als eine phänotypische Verächtlichmachung von Juden. Einzelne Juden sind der Autorin intuitiv unsympathisch, weil sie unästhetisch sind, wie eine »dicke Wiener Jüdin« (S. 132) oder der Sultan in Konstantinopel, ein »kleiner, krummbeiniger Jude (seine Mutter war eine Armenierin)« (S. 395). Zweitens im Abscheu vor antisemitischen Krawallen der »rasenden Menge«, etwa während des Dreyfus-Skandals (S. 366), bei gleichzeitiger Kultivierung eigener antisemitischer Stereotype. Drittens durch das beanspruchte, traditionell aristokratische Vorrecht, zwischen guten und schlechten Juden zu unterscheiden. So spricht Spitzemberg einerseits von »Geldjuden« (S. 128), »Börsenjuden« (S. 132), »Judenbaronen« (S. 137) und »Judenbankiers« (S. 219); wenn es um Presse, Literatur und Theater geht von »Juden und Judengenossen« (S. 348). Andererseits besucht sie mit ihren Kindern Sabbatgottesdienste in Synagogen, wo »erhebende« Orgel- und Chormusik geboten wurde (S. 194), ärgert sich über die Abberufung des jüdischen Professors Moritz Lazarus von der Kriegsakademie durch den frömmelnden General Ollech (S. 136) und die »schamlose« Behandlung Dr. Kaysers im Auswärtigen Amt, nur weil er Jude war (S. 365). Alle Seitenangaben zu: Vierhaus, *Tagebuch Spitzemberg*.

174 »His friendship with Rothschild an his acquaintance with Herzl indicate that despite his association with Chamberlain and Gobineau, he was not a confirmed anti-Semite.« Burmeister, *Eulenburg*, S. 24; »His deeper reasons for so fervently supporting Herzl can only be surmised, for there is little documentary evidence.« Isaiah Friedman, Eintrag »Theodor Herzl«, in: *Encyclopaedia Judaica*, Band 9, S. 56–61, hier: S. 57. Zu Eulenburgs Protektion Herzls und des Zionismus und ihre Gründe siehe unten.

175 Vyleta, *Crime, Jews and News. Vienna 1895–1914*. Vyleta kommt mit Blick auf die Wiener Presse zu dem – tautologischen – Ergebnis, Antisemitismus sei in Österreich-Ungarn vor dem Ersten Weltkrieg nur bei Antisemiten verbreitet gewesen und habe keine Strahlkraft in andere Milieus, besonders nicht in die respektablen, tonangebenden und aristokratischen Kreise entwickelt.

tiefe Verbeugung vor diesem Judenbengel [Harden]« gemacht zu haben.[176] Auch Wilhelm II. bereute den Schritt bald aus demselben Grund und klagte in einem Brief an Houston Stewart Chamberlain über seinen trauten »Freundeskreis, der auf einmal gesprengt wird durch jüdische Frechheit, Verleumdung und Lüge«.[177] Wenige Tage nach der Freisprechung Maximilian Hardens im 1. Moltke-Harden-Prozess erklärte er bei einem Frühstück mit Persönlichkeiten des europäischen Hochadels, »dass die ganze Sache eine Kampagne des Judentums und der Sozialdemokratie gegen seine Person und die Armee« sei.[178] Noch im Exil spitzte Wilhelm II. den Eulenburg-Skandal zu einer Verschwörung von Juden und Sozialdemokraten gegen die deutsche Monarchie zu, als deren erster »Märtyrer« sein bester Freund Eulenburg gefallen sei, ein Glaube, der in antisemitischen Kreisen der Weimarer Republik verbreitet war und zur offiziellen Sicht der Nazi-Historiographie im Dritten Reich aufstieg.[179]

Der Eulenburg-Skandal wurde von Antisemiten des späten Kaiserreichs als Auseinandersetzung mit »den Juden« in Publizistik, Justiz und Wissenschaft, repräsentiert durch Harden, Bernstein und Hirschfeld, genutzt und zu einem »Kampf zwischen Germanentum und Judentum« stilisiert. Er kann als Kulminationspunkt in einer Entwicklungslinie von Sensationalisierun-

---

176 Bülow, *Denkwürdigkeiten II*, S. 310.

177 Kaiser Wilhelm II. an Chamberlain, 23. Dezember 1907, Pretzsch, *Chamberlain Briefe II*, S. 226–227.

178 Auch der anwesende Reichskanzler Bülow stimmte pflichtschuldig zu. Bezeichnenderweise teilte auch das Mitglied des mondänen Hochadels, das diese politische Stimmungslage von Berlin nach Wien kolportierte, die antisemitische Interpretation. Prinz Gottfried Hohenlohe bezweifelte in seiner Analyse für Außenminister Ährenthal zwar, dass Judentum und Sozialdemokratie den Skandal wirklich inszeniert hatten. Aber auch er ging von diesen beiden Gruppen als Entitäten aus, die am Skandal »ihre größte Freude« hätten. Gottfried Prinz Hohenlohe an Ährenthal, Berlin 5. November 1907, HHSA Wien 165.

179 »Der Schlag«, schrieb Wilhelm II. aus dem Exil an Eulenburgs Sohn Friedrich-Wend, »den Dein seliger Vater als hingebender Märtyrer auffing, galt mir. Er stammte aus jüdischer Quelle, für deren Revolutionsbestrebungen gegen mich es der einleitende Schritt war.« Klose, *Wend Graf zu Eulenburg-Hertefeld. Ein Schloss in der Mark Brandenburg*, S. 72. Ein populäres antisemitisches Pamphlet der frühen Weimarer Republik behauptete, der »Große Rat« der Juden habe das Ende des Kaiserreichs mit dem Eulenburg-Skandal bereits Jahre vor dem Weltkrieg eingeleitet: »Nach dem Falle Eulenburg war der Kaiser rettungslos verloren. Von da an zog sich das Netz immer fester und für Juda begann die Ernte voll und reif aufzugehen.« Wilhelm Meister, Judas Schuldenbuch. Eine Deutsche Abrechnung (1924), S. 117–118. Innerhalb von fünf Jahren war die Schrift in mehr als 50.000 Exemplaren erschienen. Vgl. auch die weiteren Belege für diese Deutung in der Weimarer Zeit bei Hirsinger, *»Die geistige Zersetzung Deutschlands?«*, S. 16–18.

gen der jüdischen Frage im Kaiserreich gelten.[180] Bei antisemitischer Hetze in Presse und Agitationsveranstaltungen spielten Schuldfragen und politische Verantwortlichkeiten keine Rolle mehr.[181] Im Gegenteil. Wie bei der Dreyfus-Affäre wurde die Parole ausgegeben, dass die Wahrheit dem Patriotismus unterzuordnen sei: »Wir dürfen diesen deutschen Mann nicht durch Judenbuben in den Schmutz ziehen lassen«, forderte die *Staatsbürgerzeitung*. Sie sah eine Kampagne des internationalen Judentums, repräsentiert durch Maximilian Harden, gegen einen »Träger des Namens Moltke« am Werk. Fakten waren dabei Schall und Rauch.[182] Noch 1953 vertrat der »erste Historiker« der Wandervogel-Bewegung und Männerbund-Ideologe Hans Blüher die Behauptung, Maximilian Harden habe mit dem Angriff auf die Eulenburg-Kamarilla in erster Linie den erstarkenden Antisemitismus in Deutschland treffen wollen.[183] Dieses – antisemitische – Zerrbild, das während des Skandals bereits von Fanatikern wie dem NS-Vordenker und *Hammer*-Herausgeber Theodor Fritsch, aber auch von »gemäßigten« Antisemiten wie Adolf Stein verbreitet wurde,[184] verweist im Umkehrschluss allerdings auf einen wichtigen Sachverhalt: Eulenburg wurde von Antisemiten, jedenfalls geraume Zeit, als Repräsentant des Antisemitismus verstanden.

Tatsächlich war es das politische, kulturelle und symbolische Kapital des Favoriten Wilhelms II., das bis zum Ausbruch des Skandals 1906 über Jahrzehnte dazu beitrug, einen ästhetischen Antisemitismus im wahrsten Sinne

180 Zu den Anfängen der Sensationalisierung der »jüdischen Frage« unter Bismarck, allerdings ohne den historischen Kontext davor und danach zu berücksichtigen, Hartston, *Sensationalizing the Jewish Question*. Zum Fall Konitz 1900–1902 Walser Smith, *Die Geschichte des Schlachters. Mord und Antisemitismus im deutschen Kaiserreich*; Nonn, »Zwischenfall in Konitz. Anti-Semitismus und Nationalismus im preußischen Osten um 1900«, S. 387–418.

181 Als »Kampf von Germanentum und Judentum« bezeichnete ihn die *Post*, zit. in *Berliner Tageblatt*, »Zum Prozess Moltke-Harden«, 31. Oktober 1907. Zum Radikalantisemitismus Schildt, »Radikale Antworten von rechts auf die Kulturkrise der Jahrhundertwende«. Zu den verschiedenen Formen und Ausprägungen des Antisemitismus allgemein Berding, *Moderner Antisemitismus in Deutschland*. Deterministisch Katz, *Vom Vorurteil bis zur Vernichtung. Der Antisemitismus 1700–1933*.

182 *Staatsbürgerzeitung*, 10. November 1907, BAL 7837.

183 Blüher, *Werke und Tage. Geschichte eines Denkers*, S. 237–238. Harden, *Fürst Eulenburg*, S. 183.

184 *Der Hammer*, »Anti-Harden«, von Peter Arbogast, Dezember 1907, S. 712–717. Zum Einfluss Theodor Fritschs, bis zu seinem Tod 1933 Herausgeber des zwischen 1902 und 1940 erscheinenden *Hammer*, Ferrari Zumbini, *Die Wurzeln des Bösen. Gründerjahre des Antisemitismus*, S. 321. Stein, *Wilhelm II.*, S. 97. Stein begründete 1904 die imperialistische Wochenzeitschrift *Der Deutsche* und war in der Weimarer Republik einer der wichtigsten Agitatoren des Hugenberg-Konzerns.

des Wortes salonfähig zu machen; Antisemitismus aber auch auf klassischen politischen Feldern, sei es Diplomatie, Außenpolitik oder Kultur, nach Kräften zu fördern.[185] Ästhetischer Antisemitismus, einer von vielen ästhetischen Fundamentalismen in der Moderne, kann als kultureller Code von Aristokraten und Geistesaristokraten am Ende des langen 19. Jahrhunderts verstanden werden. Durch die Abstrahlung ihres Prestiges in die Gesellschaft hinein trug er mithin Züge eines Paradigmas.[186] Vier Merkmale dieses »Antisemitismus aus Reflexion«, wie er von Zeitgenossen mit Bezug auf den Eulenburg-Protegé Houston Stewart Chamberlain genannt wurde,[187] können im Kontext des Eulenburg-Skandals ausgemacht werden. Neben dem elitär-aristokratischen Habitus, der mit der Verkörperung des Antisemitismus durch den kaiserlichen Favoriten einherging, ist zweitens vor allem die Art und Weise der Vermittlung antisemitischer Stereotype als spezifisch ästhetisch zu bezeichnen. Eulenburg war nicht nur Dichter und Komponist der »süßlich kitschigen« *Rosenlieder*, die im Kaiserreich ungemein erfolgreich waren und bis in die 1920er Jahre rund 500.000mal verkauft wurden,[188] sondern auch Schöpfer klassischer wilhelminischer Hofdichtungen wie des *Sanges an Aegir*, in denen rassistischer Pangermanismus in sanfte Worte gekleidet wurde. Ästhetischer Antisemitismus fand nicht über Radauantisemiten wie Ahlwardt, Dühring, Fritsche oder Stöcker, sondern in poetischen Zwischentönen seinen Weg in Adel und obrigkeitsorientiertes Bürgertum.[189] Drittens funktionierte ästhetischer Antisemitismus als Protektionssystem innerhalb der wilhelminischen Herrschaftselite für antisemitische Vordenker, Ideen und Projekte. Neben der dauerhaften Absicherung der Bayreuther

185 Die Salonfähigkeit des Antisemitismus bestreitet in seiner wenig analytischen Arbeit, die sich auf die Wiedergabe einer nicht repräsentativen Presseauswahl beschränkt, Hirsinger, *»Die geistige Zersetzung Deutschlands?«*, S. 13.

186 Breuer, *Ästhetischer Fundamentalismus. Stefan George und der deutsche Antimodernismus*; Volkov, *Antisemitismus als kultureller Code*. Dazu Ziemann, »›Linguistische Wende‹ und ›kultureller Code‹ in der Geschichtsschreibung zum modernen Antisemitismus«, S. 301–322. Allgemein Benz/Königseder, *Judenfeinschaft als Paradigma*. Maximilian Harden erkannte den spezifisch ästhetisch-aristokratischen Charakter dieses Antisemitismus und erwiderte ihn während des Skandals mit geistesaristokratischen Gegenargumenten. Siehe Richard Graf Du Moulin-Eckart, »Lindenberg und Liebenberg«, in: *Die Zukunft*, 30. November 1907, S. 309–310.

187 Stein, *Wilhelm II.*, S. 97.

188 Die Wertung der *Rosenlieder* in Vierhaus, Tagebuch Spitzemberg, S. 483–484 (30. Juni 1908). Vgl. Haller, *Eulenburg*, S. 7. Bezeichnenderweise wurden selbst diese »empfindsamen« Balladen für Militärmusik nutzbar gemacht. Erhältlich waren Arrangements für »Infanterie-, Cavallerie-, Jäger- und Pionier-Musik«. *Rosenlieder*. Erste Auflage 1888.

189 Zu Ahlwardt Hartston, *Anti-Semitic Trials and the Press*, S. 219–261.

Festspiele mit ihrem Wagner-Kult förderte Eulenburg mit dem Franzosen Arthur de Gobineau und dem Engländer Houston Stewart Chamberlain zwei der wichtigsten Rassepropheten des 19. Jahrhunderts und trug entscheidend zum *Entrée* ihrer Ideen in die »allerhöchsten Kreise« des Kaiserreiches bei. Viertens zeichnete sich der ästhetische Antisemitismus durch eine hohe, eigennutzorientierte Flexibilität aus, zwischen »Juden und Juden« zu unterscheiden.[190] Dieser Aushandlungsprozess nützlicher Juden stand ganz in der Tradition des preußisch-deutschen Adels,[191] sich Haus- und Hofjuden zu halten, war neben materiellen Erwägungen aber stets auch ästhetisch bestimmt.

Eulenburgs künstlerische Werke transportierten eine ästhetische Grundhaltung, eine Kultur des Rassismus und Antisemitismus.[192] Ideengeschichtlich ist dies wenig verwunderlich, denn sie waren vor allem durch die Gedanken des *Essai sur l'inégalité des races humaines* (1853–1855) Arthur de Gobineaus geprägt; die Rassetheorie des französischen Aristokraten wurde von seinen Anhängern nicht umsonst als eine umfassende Ästhetik von Geschichte und Gesellschaft verstanden.[193] 1874 lernte Eulenburg den »Vater des Rassismus« in Stockholm kennen und trat sofort in eine schwärmerische Freundschaftsbeziehung zu dem gut 30 Jahre älteren Diplomaten.[194] In Schweden verbrachten sie glückliche Stunden unter dem »nordischen Himmel, wo die alte Götterwelt noch in Sitten und Gebräuchen, wie in der Empfindung des Volkes fortlebte«, wie Eulenburg schwärmte.[195] Auch Gobineau war entzückt, in Eulenburg einen eifrigen Adepten gefunden zu ha-

190 Zur Elastizität des Antisemitismus Breuer, *Ordnungen der Ungleichheit*; Geulen, *Rassendiskurs und Nationalismus.*

191 Der Aushandlungsspielraum zeigte sich auch darin, dass homosexuelle Antisemiten/antisemitische Homosexuelle Eulenburg aufmunternde Schreiben zusandten, in denen er als »Opfer jüdischer Mache zur Freude der Sozialdemokraten« entschuldigt wurde. Siehe etwa anonymes Schreiben an Eulenburg, datiert Berlin, 22. Juli 1908, BLHA 555.

192 Vgl. den Abschnitt »Byzantinische Literatur« bei Reventlow, *Wilhelm II. und die Byzantiner*, S. 178–197. Zu Rassismus als Kultur Goldberg, *Racist Culture.* Zum Rassismus als »kultureller Code« Volkov, *Antisemitismus.*

193 Gobineau, *Essai sur l'inégalité des races humaines.* Young, *Gobineau und der Rassismus*, S. 226; Chickering, *Pan-German League*, S. 238.

194 Zeitgenössisch das Werk seines Verehrers Schemann, *Gobineau. Eine Biographie*; Vgl. Biddiss, *Father of Racist Ideology*; S. 63–64; Crouzet, *Arthur de Gobineau cent ans après.*

195 Eulenburg, *Gobineau*, S. 17. Später besuchte Gobineau Eulenburg auf dessen Landgut Wulkow bei Neu-Ruppin, wo er am *Amadis* schrieb, an stillen Abenden Szenen aus seiner *Renaissance* vorlas und an einer Büste von Eulenburgs Gattin meißelte. *Der Tag*, »Fürst Eulenburg und Gobineau«, von Dr. Ernst Wachler, 16. November 1907, BAL 7837. Haller, *Aus 50 Jahren*, S. 49.

ben, der sein Werk und Weltbild intuitiv verstand, so sein Kompliment, wie es vordem nur Richard Wagner mit seiner Musik gelungen sei. Ausdrücklich ermunterte Gobineau seinen jungen deutschen Verehrer, ihre gemeinsame Weltanschauung zu verbreiten, »so werden Sie manchen helfen, schneller zu verstehen«.[196] In den folgenden Jahren förderte Eulenburg denn auch das Weltbild von Rassismus und Antisemitismus nach Kräften, ideologisch wie politisch.[197] Noch kurz vor dem Ausbruch des Skandals brachte er 1906 *Eine Erinnerung an Graf Arthur Gobineau* heraus. Mit Genugtuung stellte Eulenburg darin fest, dass durch die Arbeit der letzten Jahrzehnte die abfällige Kritik an Gobineau und seinem Weltbild verklungen sei. Seine Ideen trügen »unleugbar den Charakter der jetzt bestehenden neuen Richtung«.[198] Ironischerweise behielt damit Alexis de Tocqueville Recht. Gobineaus erster Förderer in den 1840er und 1850er Jahren hatte sich scharf von dessen rassistischen Ideen abgegrenzt, ihnen aber eine umfassende Rezeption in Deutschland vorausgesagt.[199] Mit dieser Einschätzung bewies Tocqueville ein feines Gespür für die politisch-kulturelle Tendenzwende, die sich in Deutschland in der ersten Hälfte des 19. Jahrhunderts abzuzeichnen begann und die unter der Herrschaft Wilhelms II. ihren Höhepunkt fand. Alexander von Humboldt überliefert, wie bereits der Goethe-Freund Karl August von Weimar düster eine Kamarilla-Herrschaft für Deutschland prophezeite und sie mit der allmählichen Verdrängung von Aufklärern durch Reaktionäre auf den Feldern von Ästhetik, Kunst und Kultur in einen Zusammenhang brachte: »Mit der poetischen Liebe zum Mittelalter«, so der Duodezfürst, »haben sie

196 Eulenburg, *Gobineau*, S. 20, 44.

197 Das Versprechen begann Eulenburg ab 1886 einzulösen, indem er Teile des Briefwechsels mit seinem »wahrhaft geistesverwandten Freund« publizierte. Eulenburg, »Eine Erinnerung an Graf Arthur Gobineau«, *Bayreuther Blätter* 9, Nr. 5 (Mai 1886), S. 156–75. Wie Eulenburg 1885 an den Herausgeber der *Bayreuther Blätter* Hans von Wolzogen schrieb, hatte er die 50 Briefe stark gekürzt, da sie »zuviel ganz intim Persönliches« beinhalteten. Röhl, *Eulenburgs politische Korrespondenz I*, S. 35–36 und FN 109. Zuvor war Eulenburg bereits einer der drei Gründungsväter der deutschen *Gobineau-Vereinigung* geworden, die von Beginn an auch eugenische Ideen verbreitete. Zu den Verbindungslinien von Gobineau- und Wagner-Rezeption Mosse, *Rassismus. Ein Krankheitssymptom in der europäischen Geschichte*, S. 55–56; Geiss, *Geschichte des Rassismus*, S. 168–172; Rose, *Wagner. Race and Revolution*; Katz, *Richard Wagner. Vorbote des Antisemitismus.*

198 Dies war eine Neuauflage des Artikels in den *Bayreuther Blättern* von 1886: Eulenburg, *Gobineau*, S. 15, 40.

199 Siehe die Briefe vom 17. November und 20. Dezember 1853 und 30. Juli 1856, abgedruckt in Schemann, *Gobineaus Rassenwerk. Aktenstücke und Betrachtungen*, S. 17–21, 30–32. Vgl. Schemann, *Correspondance entre Alexis de Tocqueville et Arthur de Gobineau. 1843–1859.* Dazu Thibaudet, »Tocqueville et Gobineau«, S. 215–222.

sich eingeschlichen.«[200] Was im Weimar der späten Klassik noch schemenhaftes Schreckensbild war – die Verbindung von Geist und Macht unter reaktionären Vorzeichen –, verkörperte wenige Jahrzehnte später Philipp Eulenburg *par excellence*. Anti-aufklärerischer Politikstil verband sich bei ihm mit einem Kunstverständnis, das völkisch-rassische Romantik gegen die Avantgarde der Moderne setzte. Als Kaiser Wilhelm II. 1893 dem Schriftsteller Ludwig Fulda den Schillerpreis für sein Bühnenstück *Der Talisman* aberkannte, in dem bezeichnenderweise der politische Anachronismus von Kamarilla und Favoritentum kritisiert wurde, war es Eulenburg, der dem Monarchen bei dieser unpopulären Entscheidung mit einer Mischung aus Byzantinismus und Antisemitismus den Rücken stärkte. »Der Kaiser ist doch ein herrlicher Mann!«, berichtete er Wilhelm II. beflissen von der Stimmung in seinem Freundeskreis: »Das ist eine Tat, es zu wagen, dem Juden Fulda für den *Talisman* den Schillerpreis abzusprechen!«[201]

Doch erst auf dem Höhepunkt des Eulenburg-Skandals trat die Verbindungslinie zwischen reaktionärem Geist und reaktionärer Macht ins öffentliche Bewusstsein. »Es ist zehn zu eins zu wetten, dass der Skalde, der Freund und Bewunderer Gobineaus, es war, der den Freund und Kaiser zuerst auf den gelehrigsten Schüler des Rassenpropheten Gobineau, auf Stewart Chamberlain, hinwies«, ahnte Theodor Wolff im *Berliner Tageblatt*. »Die mystische Idee von der ›weltordnenden Rasse‹ ist von Gobineau über Eulenburg und Stewart Chamberlain zum Kaiser gelangt, und aus ihr heraus entstand der Gedanke, dass ›am deutschen Wesen die Welt genesen‹ solle.«[202] Tatsächlich war es Eulenburg, der 1901 auf seinem Schloss Liebenberg das erste Treffen zwischen Kaiser Wilhelm II. und Houston Stewart Chamberlain arrangiert hatte. »Der Kaiser rührte mich in seiner Dankbarkeit, dass ich ihm diese Bekanntschaft vermittelt hatte«, durfte Eulenburg sich über diesen Erfolg seiner Favoritenkunst freuen. »Er stand vollkommen unter dem Zauber dieser Persönlichkeit.«[203] Chamberlain, seinerseits stark von Gobineau und

200 Zit. n. Bischoff, *Camarilla*, S. 5–6.

201 Eulenburg an Kaiser Wilhelm II., 29. Dezember 1893, in: Röhl, *Eulenburgs politische Korrespondenz II*, Nr. 875. Ludwig Fulda, *Der Talisman. Dramatisches Märchen in vier Aufzügen* (1895). Vgl. Kohlrausch, *Monarch*, S. 122, 181.

202 *Berliner Tageblatt*, »Die Geste«, von Theodor Wolff, 20. Juli 1908, BAL 7839. Vgl. Zelinsky, »Kaiser Wilhelm II., die Werk-Idee Richard Wagners und der ›Weltkampf‹«, S. 297–356.

203 Bereits im Mai 1900 hatte Chamberlain sich Wilhelm II. mit einem Artikel in der *Jugend* angedient, in dem er ihn als den »Berufenen« pries, die Ideen der Zeit zu erfüllen. Eulenburg vergaß dennoch nicht, sich vor dem Treffen noch einmal Chamberlains »Verehrung für den Kaiser« zu versichern. Muschler, *Eulenburg*, S. 524–528; Hull, *Entourage*, S. 74.

Wagner geprägt, trug entscheidend dazu bei, so Geoffrey Field, das Weltbild des Monarchen mit seinen verworrenen Ängsten vor schwarzen und gelben »Horden«, Slawen, Juden, Ultramontanen, Sozialdemokraten und Freidenkern in einem umfassenden Weltbild des Rassismus und Antisemitismus, strotzend vor Fußnoten und Gelehrsamkeit, zu verorten. Wie Theodor Wolff bereits im Skandal präzise erkannte, sublimierte dieses Weltbild den Traum Wilhelms II. von einer deutschen Mission in ein gottgegebenes Rassenschicksal.[204] Selbst der Untergang des Kaiserreichs konnte des Kaisers Glauben nichts anhaben. »Das Germanentum in seiner Herrlichkeit ist dem erstaunten deutschen Volk erst durch Chamberlain in seinen *Grundlagen des XIX. Jahrhunderts* klar gemacht und gepredigt worden. Aber, wie der Zusammenbruch des deutschen Volkes zeigt, erfolglos.«[205] Noch bis in den Anfang des Skandals war Chamberlain einer der größten Nutznießer der Kunst- und Kulturpolitik Eulenburgs.[206] Es war eine seiner letzten politischen Handlungen, dem Rassepropheten einen Essay in dem bombastischen Geschichtswerk *Deutsche Gedenkhalle* (April 1906) zu sichern, neben so illustren Namen wie Hermann Oncken, Ernst Troeltsch, Martin Spahn, Karl Lamprecht, Felix Dahn und Friedrich Meinecke. Zum Rekordpreis von 5.000 Reichsmark pro Prachtband herausgebracht, und in der ersten Auflage mit einem Vorwort Eulenburgs versehen, war es das einzige Buch, das jemals unter der Schirmherrschaft des Deutschen Kaisers veröffentlicht wurde.[207] Schlichte Kernaussage des Mammutprojektes, das für den *Hamburgischen Correspondenten* eine »vaterländische Bibel« und ein »Pantheon des deutschen Volkes« darstellte: Die letzten 2.000 Jahre der Weltgeschichte waren teleologisch auf das Haus Hohenzollern, die deutsche Nation und die germanische Rasse zugelaufen.[208]

Mit Chamberlain verband sich schließlich auch ein anderes aus dem Weltbild des ästhetischen Antisemitismus inspiriertes Projekt Eulenburgs.

Vierhaus, *Tagebuch Spitzemberg*, S. 398–399 (9. Juli 1900). Vgl. den Abschnitt »Kaiser Wilhelm und Houston Stuart Chamberlain«, in: Eulenburg, *Erlebnisse II*, S. 321–358.

204 Field, *Evangelist of Race*, S. 254; Thomas, *The »Weltanschauung« of Houston Stewart Chamberlain*. Zu den wagnerianischen Ursprüngen Large, »Ein Spiegelbild des Meisters? Die Rassenlehre von Houston Stewart Chamberlain«, S. 144–159.

205 Wilhelm II., *Ereignisse und Gestalten*, S. 154.

206 Vgl. den Abschnitt »Kunst und Gunst« in Schwarzseher, *Unser Kaiser und sein Volk*, S. 134–160.

207 Als intellektuelles Großprojekt des späten Wilhelminismus bisher noch nicht historisch untersucht: *Deutsche Gedenkhalle. Bilder aus der vaterländischen Geschichte* (1906). Weitere Auflagen erschienen 1907, 1910, 1924, 1925, 1927 und 1939.

208 *Hamburgischer Correspondent*, »Deutsche Gedenkhalle«, 11. Dezember 1907, BLHA 553.

Bei einem Salonabend im März 1892 saß ihm der berühmte Kapellmeister Hermann Levi gegenüber, der, wie Eulenburg notierte, »mit jüdischen Argusaugen meine etwaige antisemitische Unterhaltung überwachte« und einen Hustenanfall bekam, als er mit seiner Tischnachbarin über »germanische Aufgaben« zu sprechen begann. Auch beim nächsten Gesellschaftsereignis »spitzte Levi verdachtsvoll die semitischen Löffel«, wie Eulenburg wieder sorgsam registrierte, als er mit derselben Dame über Politik diskutierte.[209] Die Dame war niemand anders als Cosima Wagner und sie wusste im Favoriten Wilhelms II. einen der wichtigsten Unterstützer der Bayreuther Festspiele. Hier wollte Eulenburg die aus seiner Sicht 1871 versäumte »kulturelle Reichsgründung« nachholen und auf Dauer das Epizentrum einer die ganze Nation, ja die ganze germanische Rasse umfassenden Kunst etablieren.[210] Um die Zukunft der Bayreuther Festspiele zu sichern, hatte er eine geschickte Politik betrieben. Indem er eine Schirmherrschaft des Deutschen Kaisers ventilierte, die als preußischer Eingriff in die bayerische Kulturpolitik und Affront des Hauses Wittelsbach verstanden worden wäre, nötigte er die bayerische Staatsregierung, die Schirmherrschaft des Wagner-Kults zu übernehmen.[211] Von der völkischen Wirkung für die Zukunft war Eulenburg beseelt. »Ich stehe auf dem Standpunkte, dass ich das deutsche Element Wagnerscher Musik, verkörpert in den feststehenden Festspielen zu Bayreuth, für eine Kräftigung des nationalen Bewusstseins halte, deren der Deutsche mehr bedarf, als andere Nationalitäten.«[212]

209 Eulenburg an Kaiser Wilhelm II., 21. März 1892, in: Röhl, *Eulenburgs politische Korrespondenz II*, Nr. 622. Über einen von Cosima Wagner gewünschten Wechsel Levis nach Berlin, er war seit 1872 Generalmusikdirektor in München, schrieb Eulenburg am 22. Februar 1887 an Prinz Wilhelm von Preußen: »Das wäre mir recht, denn Levi ist eine Perle, wenn auch eine orientalische.« Haller, *Eulenburg*, S. 26–28.

210 Die Schuld wies Eulenburg dem Reichsgründer Bismarck zu, der ein Machtmensch, aber kein Medici gewesen sei. Muschler, *Eulenburg*, S. 195; Haller, *Aus 50 Jahren*, S. 61. Vgl. Kohn, *The Mind of Germany. The Education of a Nation*, S. 182, 190, 203–206.

211 Burmeister, *Eulenburg*, S. 21–22; Zelinsky, »Eulenburg und die Kräftigung der Wagnersache«, S. 311.

212 Auszug aus Eulenburgs Tagebuch, notiert nach einem Besuch bei Cosima Wagner am 18. September 1887. Röhl, *Eulenburgs politische Korrespondenz I*, S. 265. Siehe auch Nr. 147. Vgl. Boucher, *The Political Concepts of Richard Wagner*, S. 45, 84, 93; Barzun, *Darwin, Marx, Wagner*, S. 276, 281, 321–322; Veltzke, *Richard Wagners Traumwelten und die deutsche Gesellschaft 1871–1918*.

Abb. 22. Die Ersetzung des homosexuellen Rings um Kaiser Wilhelm II. durch einen jüdischen Ring: Als »Kampf von Germanentum und Judentum« ließ der Eulenburg-Skandal in ganz Europa antisemitische Verschwörungstheorien blühen. Quelle: Kikeriki *(Wien), 10. November 1907, S. 2.*

Das wichtigste Element des ästhetischen Antisemitismus Eulenburgs bildete der abscheuliche Phänotyp der Juden. In ihm vor allem spiegelte sich für ihn die Minderwertigkeit der jüdischen Rasse.[213] Bester Beleg für die menschliche Entwürdigung, die auch der aristokratischen Spielart des Antisemitismus an der Wende zum 20. Jahrhundert inhärent war, ist ein »Genrebild«, das Eulenburg im Herbst 1895 als deutscher Botschafter in Österreich-Ungarn an Kaiser Wilhelm II. sandte. Ein jüdisches Wohltätigkeitskonzert in Vößlau bei Wien, an dem er als »einziger Arier« teilgenommen habe, verzerrte der Schöngeist für den Kaiser zu einer Farce, in der beinahe jedes ästhetische und habituelle Klischee des Antisemitismus bedient wurde: Da ist die Rede vom »unbeschreiblichen Gemisch von österreichisch-böhmisch-ungarischem Deutsch mit internationalem Gemauschel«, von »hängenden und

213 Kiefer, *Das Problem einer »jüdischen Rasse«. Eine Diskussion zwischen Wissenschaft und Ideologie.*

ungeheuer krummen Adlernasen«, »tapirartigen Nasen«, »dicken Lippen«, »krummen Knien«, »schräggestellten und geschlitzten Augen«, »vorstehenden Backenknochen«, »walroßartig entwickelten Augenzähnen«, »fürchterlichen aufgerissenen Mäulern mit hohlen Zähnen« und »dekolletierten Fettschultern« jüdischer Frauen, aus denen sich Schweißströme ergießen. Da man dem neben ihm sitzenden »jüdischen Greis« großen Respekt erwies, vermutete Eulenburg ironisch, er müsse wohl viele »Christenkinder geschlachtet und gefressen [haben], denn es starren zwei Dutzend lange gelbe Zähne aus dem grässlichen Maul«. Den »unruhigen« jüdischen Kindern sah der feinsinnige Kaiserfreund bereits an, »ob sie zu der schmalgesichtigen-krummnasigen oder zu der breitbackigen-knorpelnasigen Judenschaft gehören werden«. Wo einer der Anwesenden attraktiv erschien, mischte der Dichter der *Rosenlieder* einen Schuss Animalität hinzu. Die Hauptsängerin war für ihn »eine blutjunge Jüdin mit schönen Farben und Augen, einer Knorpelnase und einem unaussprechlich großen, vielversprechenden Mund, der das Gesicht, wie bei einer Schwalbe, in zwei Teile teilt. Aber sie hat schöne Zähne, so dass es bei den hohen Tönen, wenn sie den Mund aufreißt, gar nicht einmal direkt hässlich war, ihr bis in die Gedärme zu sehen«. Mit diesem »Sonntags-Ferienaufsatz« glaubte der Botschafter dem Deutschen Kaiser »die Judenfrage« in Bezug auf Stil und Geschmack erschöpfend behandelt zu haben.[214]

Diesen Antisemitismus als ästhetischen zu fassen, bedeutet keineswegs, ihn zu entpolitisieren. Im Gegenteil. Er strahlte direkt in die politische Praxis des Kaiserreiches ab, vermutlich stärker als der Radauantisemitismus à la Ahlwardt. Im Sommer 1898 verhinderte Eulenburg beispielsweise gemeinsam mit Friedrich von Holstein die Aufnahme des ersten »Vollblut-Juden« Dr. Max Freiherr von Oppenheim in den Diplomatischen Dienst, obwohl der Kandidat von fürstlichen Freunden aus dem Berliner Unionsklub protegiert wurde. »Halbblut-Juden haben wir ja schon manche gehabt, bzw. haben sie noch, aber Vollblut-Semiten, wie Mendelssohn, Warschauer, Bleichröder, Oppenheim haben wir bisher noch nicht«, appellierte Holstein an den kaiserlichen Favoriten, seinen Einfluss zur Geltung zu bringen. Es gehe nicht um »bloß um einen Semiten«, sondern um einen Präzedenzfall. »Jetzt ist diese Gesellschaft resigniert, da sie weiß, dass keine Semiten überhaupt ge-

214 Eulenburg an Kaiser Wilhelm II., 1. September 1895, Röhl, *Eulenburgs politische Korrespondenz III*, Nr. 1125. Zur körperlichen Stigmatisierung von Juden in dieser Zeit Hödl, *Die Pathologisierung des jüdischen Körpers*, S. 60–61, 105. »Ekel, Angst, Aggression und Distanzierung« dienten nicht allein der Unterhaltung, sondern auch »als Katalysator einer politischen Programmatik«: Schäfer, *Judenbilder in populären Zeitschriften*, S. 92.

nommen werden, ich meine keine Vollblut-Juden. Ist aber einer mal reingekommen, so wird ein Zetergeschrei entstehen, wenn man andere ablehnt.« Eulenburg stimmte den Argumenten Holsteins völlig zu, trug gerne »aus moralischen Gründen« zur Vereitelung des Projektes bei und mokierte sich über die soziale Offenheit seiner hochadligen Freunde, die Oppenheim protegiert hatten: »Jeder Mensch, der Rennpferde hält, ist nach dem Standpunkt des Unionsklubs ein ›hervorragender Gentleman‹. Außerdem sind sehr reiche Juden (wie die Oppenheims) in der Lage, Geld zu ›pumpen‹. Das ist ungefähr die moralische Basis des Klubs, der in ›gesellschaftlichen‹ Fragen und Fragen der ›Ehre‹ – in dem, was sich schickt und nicht schickt – maßgebend ist.«[215]

In der Tat war das »zwischen Juden – und Juden einen großen Trennungsstrich«-Machen, wie es der vergleichsweise fortschrittlich denkende Kanzlersohn Alexander von Hohenlohe nannte, im adligen Milieu gang und gäbe. Von alters her hielt man sich nützliche »Haus- und Hofjuden«, ein Habitus, der im Kaiserreich eine Renaissance erlebte.[216] Die hohe Kunst adligen Differenzierungsvermögens zwischen Juden und Juden stellte auch Eulenburg unter Beweis, als 1908 im Skandal die für einen führenden Antisemiten wie ihn immerhin erklärungsbedürftige Freundschaft mit Nathaniel Rothschild, dem Chef des Wiener Hauses der Rothschilds, in die öffentliche Debatte geriet. Generös rechtfertigte sich Eulenburg in diesem Fall mit der familienrechtlichen Verpflichtung der Rothschilds, Juden bleiben zu müssen, als einer Tatsache, »mit der sich ein Christ abfinden muss«. Leicht gefallen sein dürfte Eulenburg dies jedoch weniger als guter Christ denn als Vergnügungsmensch. Jahrzehntelang war »Nati« Rothschild für hochadlige Freunde wie ihn ein freigiebiger Gastgeber »in seinem herrlichen Palais in Wien und auf

215 Holstein an Eulenburg, 21. Juli 1898, Röhl, *Eulenburgs politische Korrespondenz III*, Nr. 1382. Zu diesem Fall auch Cecil, *The German Diplomatic Service*, S. 101–102; Grupp, »Juden, Antisemiten und jüdische Frage im Auswärtigen Amt«, S. 237ff. Antisemitische Verleumdungen setzte Eulenburg innerhalb des Auswärtigen Amtes zielgerichtet ein, um seinen Feinden zu schaden. Seinem alten Gegenspieler Raschdau sagte er nach, sich an eine 20 Jahre ältere »jüdische reiche Witwe« verkauft zu haben. Röhl, *Eulenburgs politische Korrespondenz III*, Nr. 1112.

216 »Jude durfte einer nicht sein«. Die Taufe war Grundbedingung, hinzu kamen Geld und – Ästhetik. Nur wenn mit dem Erbe der verblichene Glanz einer Adelsfamilie wieder aufgefrischt werden konnte »dann wurde über die Rasse, wenn sie in der Gesichtsformation nicht gar zu auffallend hervortrat, hinweggesehen«. Alexander Hohenlohe, *Aus meinem Leben*, S. 187. Vgl. den Abschnitt »Unsere Hofjuden«, in Stein, *Wilhelm II.*, S. 96–106. Allgemein die hervorragende Studie von Stern, *Gold und Eisen. Bismarck und sein Bankier Oppenheimer*.

seinen Landsitzen«. Dass Rothschild in seiner Gutmütigkeit von solchen Freunden vielfach ausgebeutet wurde, musste selbst Eulenburgs Hagiograph Johannes Haller einräumen.[217] Auch nach seinem Rücktritt als deutscher Botschafter in Wien 1902 ließ Eulenburg, stets in pekuniären Nöten steckend,[218] die Beziehung zu dem homosexuellen Junggesellen nicht erkalten. Und seine feinfühlige Korrespondenz mit Rothschild in dessen letzten Lebensmonaten machte sich bezahlt.[219] Sein Tod am 13. Juni 1905 trug dem preußischen Fürsten eine märchenhafte Erbschaft ein. Maximilian Harden ließ die Öffentlichkeit nicht über den merkwürdigen Vorgang im Unklaren, dass ein ehemaliger deutscher Botschafter von einem Untertanen der Macht, bei der er akkreditiert gewesen war, »ungefähr ein Milliönchen geerbt« hatte.[220] Erst nach der Veröffentlichung wollte Eulenburg von einer intimen Freundschaft zu seinem »liebsten Nat« nicht mehr viel wissen, der für ihn jetzt »trotz seines blonden Kopf- und Barthaares« doch immer »etwas jüdisch« ausgesehen habe. Die ästhetische wie materielle Bedingtheit der Grenzziehung zwischen schönen und hässlichen, nützlichen und unbrauchbaren Juden belegt zudem der hasserfüllte Antisemitismus Eulenburgs ge-

217 Haller, *Eulenburg*, S. 135; Muschler, *Eulenburg*, S. 437.

218 Obwohl ihm durch seine Mutter das beträchtliche Hertefeld'sche Erbe zufiel, verschlang sein Lebenswandel als preußischer Grande erhebliche Summen. Nach seiner Fürstung zu Neujahr 1900 wurde seine Vermögenslage besonders heikel, da er den neuen Rang angemessen zu repräsentieren hatte, wozu unter anderem der Ausbau des Gutes Liebenberg zum Fürstenschloss gehörte. In Berliner Hofkreisen wurde mit Schadenfreude zur Kenntnis genommen, dass der frisch kreierte Fürst keineswegs über das entsprechende Vermögen verfügte. Vierhaus, *Tagebuch Spitzemberg*, S. 392–393 (1./5. Januar 1900).

219 Wenige Monate vor Rothschilds Tod schrieb ihm Eulenburg: »Auf die letzten Jahre – seit unserer Trennung – blicke ich wie auf einen bösen Traum. Die Männer gehen ebenso wie die Frauen in gewissen Lebensjahren durch eine Periode der Veränderung des Körpers. Ich glaube, dass die Männer, welche in ihrer Sensitivität und ihrer feineren Organisation eine Art weibliche Empfindung neben ihrer männlichen Aktivität haben, sogar viel mehr in dieser Periode zu leiden haben, als die männlichen – Kanonen. Ich versuche mich mit diesem ›Perioden-Gedanken‹ zu trösten und mache auch Deinetwegen ähnliche und tröstende Gedankenausflüge.« Eulenburg an Nathaniel Freiherr von Rothschild, 17. September 1904, Röhl, *Eulenburgs politische Korrespondenz III*, Nr. 1500.

220 Harden nutzte die Freundschaft zudem als Indiz für Eulenburgs Homosexualität. In einem Brief vom 7. Juli 1908 schrieb er an Staatsanwalt Isenbiel, Eulenburg habe eine »Erbschaft von dem als Onanisten (mutual) bekannten Nati Rothschild« erhalten. BAK NL Isenbiel, Nr. 690. Laut Eulenburg wurde dem Kaiser von der »Generalskamarilla« suggeriert, er habe sich in Wien in »jüdischen Händen« befunden. Auch die Heirat seines ältesten Sohnes mit einer reichen katholischen Österreicherin wurde von ihnen als »jüdische Machenschaft« verkauft. BAK NL Eulenburg, Nr. 84, S. 11. Vgl. Maximilian Harden, »Präludium«, in: *Die Zukunft*, 17. November 1906, S. 265.

genüber Aufsteigern aus angesehenen Familien jüdischer Herkunft, selbst wenn sie längst getauft und geadelt waren.[221] Die Weigerung des »Rothschild in Frankfurt«, Geld zum Bau des monarchistischen Niederwald-Denkmals zu geben, kommentierte er mit den Worten: »Der Jude ist eben international, was wir vergessen haben, als wir ihm die Rechte deutscher Staatsbürger einräumten.« Die Sicht, die staatsbürgerliche Emanzipation der Juden rückgängig zu machen, sie entweder auszuweisen oder unter Fremdenrecht zu stellen, war durch den Berliner Antisemitismus-Streit 1879–1881 öffentlich sagbar geworden und findet sich bei Eulenburg immer wieder.[222] Auch die aristokratische Entscheidungsgewalt über gute und schlechte Juden beanspruchte er bis an sein Lebensende. Dem Berliner Historiker Kurt Breysig gegenüber, der ihm in den 1920er Jahren seinen Antisemitismus vorwarf, versuchte Eulenburg sich mit diesem Habitus gar als Philosemit zu gerieren, schließlich habe er in den 1870er Jahren in den Berliner Salons der Richter, Meyerbeer, Meyerheim und Lindau verkehrt.[223] Das in diesem Argumentationsmuster zum Vorschein kommende Weltbild des ästhetischen Antisemitismus brachte der von der Eulenburg-Familie bezahlte Biograph Reinhold Conrad Muschler auf den Punkt: »Eulenburg machte einen Unterschied zwischen Juden und Juden, vielleicht den gleichen, den ich als Philosemit durchführe, indem ich unterscheide zwischen Juden und Jidden.«[224]

Eulenburg blieb jedoch nicht bei der traditionellen Verachtung der Aristokraten für ihre Haus-und Hofjuden stehen. Jenseits des von ihm verabscheuten Massen- und Parteiantisemitismus eines Karl Lueger, der die Sentenz »Wer Jude ist, bestimme ich« popularisierte und dessen Aufstieg er als deutscher Botschafter in Wien genau beobachten konnte, wollte er lieber die großen Linien des internationalen Antisemitismus mit den Mitteln der Ka-

221 Zur gesellschaftlichen Verbesserung Volkov, *Die Juden in Deutschland 1780–1918*, S. 113–131; Meyer, *Deutsch-jüdische Geschichte 3*.

222 Haller, *Aus 50 Jahren*, S. 179. Diese Sicht hatten Adolf Stöcker und andere Antisemiten bereits in den 1880er Jahren popularisiert. »Ihre Emanzipation [der jüdischen Deutschen] [...] in dem Sinne [...] völliger staatsbürgerlicher Gleichstellung war ein prinzipieller und verhängnisvoller Fehler [...] Man sollte sie [...] nicht als vollgültige Deutsche behandeln.« *Siegerländer Volksfreund*, »Hofprediger Stöckers Kandidatenrede«, 19. September 1882. Vgl. Krieger, *Der Berliner Antisemitismusstreit 1879–1881*; Boehlich, *Der Berliner Antisemitismusstreit*.

223 Eulenburg an Kurt Breysig, 19. Mai 1920, Röhl, *Eulenburgs politische Korrespondenz III*, Nr. 1601. Vgl. vom Brocke, *Kurt Breysig. Geschichtswissenschaft zwischen Historismus und Soziologie*.

224 Muschler, *Eulenburg*, S. 437. Die Unterscheidung zwischen »Juden und Juden« auch in Haller, *Eulenburg*, S. 135.

marilla (vgl. Kap. V) bestimmen,[225] wie die bisher von Historikern kaum beachtete Unterstützung Eulenburgs und Wilhelms II. für Theodor Herzls Zionismus belegt. Der Kaiser und sein Favorit waren von der Vorstellung fasziniert, auf diese Weise könnte der »Abfluss« der europäischen Juden aus Europa bewerkstelligt und die germanische Rasse gereinigt werden; eine antisemitische Phantasie, die Herzl bereitwillig bediente, um seine Idee von einem Judenstaat im Heiligen Land zu verwirklichen. Schauplatz, an dem die Fäden gezogen wurden, war einmal mehr Schloss Liebenberg. Sicher eine der bemerkenswertesten Szenen des politischen *Fin de siècle*, fand sich der Zionistenführer dort am 7. Oktober 1898 mitten in dem hocharistokratisch-agrarischen Milieu Preußens wieder, »von de[m] man in meinem früheren Lebenskreis, dem jüdisch-spöttisch-liberalen, nur mit Hass, Angst und Hohn gesprochen hatte«, wie er in sein Tagebuch notierte.[226] Eulenburg benahm sich zwar wie ein »grandioser Gentleman«, seine antisemitischen Überzeugen verbarg er aber keineswegs. »Natürlich fühlt er sich mir überlegen als der Angehörige einer Rasse, die er für die höhere hält. Aber kann ich es ihm übel nehmen, wenn ich bedenke, wie miserabel sich gerade die ›höheren‹ Juden, also diejenigen, mit denen er im günstigsten Falle zusammengekommen ist, gegen unsere ideale Sache verhalten?« Herzl gestand dem kaiserlichen Favoriten freimütig ein, wie merkwürdig es aus Sicht der Zionisten doch sei, »dass wir gerade in Ew. Exzellenz den Fürsprecher gefunden haben, der ja geradezu ideal ist«. Eulenburg sah es genauso: »Das ist wahr. Wie ich mit dem Kaiser stehe, kann ich anders und mehr mit ihm sprechen, als mancher andere. Nicht bald einer kann so weit gehen.« Fast 20 Jahre vor der Balfour-Deklaration von 1917 wurde durch die Zusammenarbeit von Eulenburg und Herzl ein jüdisches Palästina unter deutschem Protektorat beinahe Wirklichkeit. Allerdings hatten der Zionistenführer und sein antisemitischer Gönner ihre Rechnung ohne den »kranken Mann am Bosporus« gemacht. So rasch ihr gemeinsames politisches Projekt vom »Abfluss« der europäischen Juden in den Nahen Osten Formen angenommen hatte, so rasch scheiterte es an der

225 Zum einen besaß Eulenburg für die kleinbürgerliche Wählerklientel keine Sympathien, zum anderen fürchtete er durch den Erfolg populistischer antisemitischer Parteien eine Erschütterung der monarchischen Staatsform: Die Juden würden ihr Geld nach dem Niedergang der Liberalen den Arbeiterparteien zuwenden, damit die Monarchie und nicht das Judentum Hauptstreitpunkt der Politik wäre. Leuchtmann, *Eulenburg*, S. 136–138.

226 Theodor Herzl an Eulenburg, Paris, 24. September 1898, in: Röhl, *Eulenburgs politische Korrespondenz III*, Nr. 1386. Vgl. Bein, »Erinnerungen und Dokumente über Herzls Begegnung mit Wilhelm II.«, S. 35ff.

unerwarteten Heftigkeit, mit der Sultan und osmanische Regierung den Plan ablehnten.[227]

Als er ihrer dringend bedurft hätte, konnte Philipp Eulenburg die von Theodor Herzl versprochene Gefälligkeit nicht mehr einfordern, denn der Zionistenführer war im Juli 1904 gestorben. »Der Barde, der am Bugspriet eines nordischen Schiffes den Meeresgott besang, wird sich jetzt vom Verdachte reinigen müssen, einem Knecht gegenüber jahrelang [homosexuell] verbrecherisch gehandelt zu haben«, höhnte die *Neue Freie Presse*, das Hausblatt Herzls. Im Skandal zählte sie zu den schärfsten Gegnern Eulenburgs.[228] Dafür unterstützte die antisemitische Presse ihren »nordischen Skalden« lange Zeit umso erbitterter in seinem Kampf gegen an »Rabulistik und Thora geschulte Semiten« wie Maximilian Harden, Max Bernstein und Magnus Hirschfeld.[229] Eulenburgs in Jahrzehnten angesammeltes antisemitisches Kapital zahlte sich jetzt aus. »Das Zeugnis, das Gobineau aus dem Grabe heraus dem Freunde ausstellt, reicht in den Augen aller Denkenden hin, den Namen des Fürsten vor allen Anwürfen zu schützen; denn der große Tote schenkte keinem Unwürdigen seine Freundschaft. Der Pöbel hat zu schweigen, wo ein Gobineau seine Stimme erhebt«, erklärte der *Tag* apodiktisch. Was die Vorwürfe Maximilian Hardens betraf: *Credeat Judaeus* – nur ein Jude könne sie glauben.[230] Auch der große alte Mann des deutschen Antisemitismus, der ehemalige Hofprediger Adolf Stöcker, meldete sich noch einmal zu Wort, um dem Eulenburg-Skandal eine transzendentale Deutung zu verleihen: Als das deutsche Judentum kurz davor gewesen sei, den § 175 aufzuheben und die Homosexualität straflos zu machen, »da hat Gott in seiner Barmherzigkeit das Geschwür aufbrechen lassen! Wäre das nicht geschehen, so wäre man wirklich in diese jüdische Falle gegangen! Gott sei Dank, das ist nun unmöglich.« Eine vollständige Zurückweisung solcher antisemitischer

---

227 Am 3. Januar 1901 teilte Eulenburg Herzl dazu mit: »Was damals die Schwierigkeit war, das haben wir bis heute nicht herausfinden können. Der Sultan lehnte die Anregung des Kaisers bezüglich der Zionisten so schroff ab, dass es nicht möglich war, die Sache weiter zu verfolgen.« Herzl, *Werke III/2*, S. 142–149, 523.

228 *Neue Freie Presse*, 2. Mai 1908, BLHA 554.

229 Einer der schärfsten Angriffe auf Harden, »diesen Juden mit dem bartlosen Weibsgesicht«, dessen Taufe nur der Schleier sei, »um die Reize seines Judentums desto dekolletierter zu entfalten«: *Der Hammer*, »Anti-Harden«, von Peter Arbogast, Heft 131 (Dezember 1907), S. 712–717.

230 *Der Tag*, »Fürst Eulenburg und Gobineau«, von Dr. Ernst Wachler, 16. November 1907, BAL 7837. Mit antisemitischen Stereotypen versuchte Eulenburg auch auf wichtige Skandalbeteiligte wie Staatsanwalt Isenbiel einzuwirken. Siehe Eulenburg an Isenbiel, 11. Mai 1908, BAK NL Eulenburg, Nr. 78.

Ausfälle kam nur sporadisch von linksliberalen und sozialdemokratischen Blättern wie der *Leipziger Volkszeitung*, die zu Stöckers Sermon sarkastisch anmerkte: »Sehr richtig! Die Juden sind an allem schuld. Die Grafen Hohenau und Lynar und wer sonst von den erlauchten Offizieren der Garde an den perversen Orgien in der Adlervilla teilgenommen hat, sind alles Juden! Und schon der Name: der Liebenberger!«[231] Ein Grund für die Zurückhaltung vieler wilhelminischer Journalisten in dem von Antisemiten zum »Kampf von Germanentum und Judentum« ausgerufenen Eulenburg-Skandal mochte die Wucht sein, die eine Verschmelzung biologistischer Rassestereotype mit älteren religiösen Antijudaismen entwickelte und die schließlich in kaum kaschierten Gewaltaufrufen kulminierte. »Was sich der jüdische Rechtsanwalt Bernstein mit einer geradezu ekelerregenden Ausnutzung seiner advokatorischen Überlegenheit in Anwürfen an einen preußischen General leisten konnte, ist unerhört selbst in deutschen Beleidigungsprozessen«. Diesen Abschnitt aus einem Artikel der konservativen *Täglichen Rundschau* ließ Kaiser Wilhelm II. dick unterstrichen in der Reichsleitung zirkulieren.[232]

Die offen antisemitische Presse erging sich derweil bereits in Pogromphantasien: »Herr Bernstein wäre im Wilden Westen dafür geteert und gefedert worden, dass er das Wort ›warme‹ in zweideutigem Zusammenhange aussprach, sich vor dem Kläger lächelnd verbeugte und ›Entschuldigen Sie!‹ sagte«, hetzte die *Deutsche Tageszeitung*. In diesem »Papageno-Kleide als dem würdigen Ausdruck seines inneren Wertes« hätte man ihn »durch die jubelnde Volksmenge« in Berlin-Moabit führen sollen.[233] Unter Verweis auf die politische Kultur Frankreichs wurde unverhohlen zu Gewalttaten gegen die Harden-Partei aufgerufen. In Paris, verkündete die *Volkskorrespondenz*, wäre ein frecher jüdischer Advokat wie Bernstein vor der »Anwendung handgreiflicher Selbsthilfe keineswegs sicher – und der französische Gerichtshof würde jeden, der sich in solchen Fällen Selbsthilfe verschafft, freisprechen.«[234]

231 Stöcker zit. in *Leipziger Volkszeitung*, »Der Jude wird verbrannt«, 30. November 1907, BAL 7837. Im Reichstag hatte Stöcker bereits im März 1906 einen Zusammenhang zwischen zunehmender Homosexualität, Frauenbewegung und Pornographie hergestellt. *Reichstagsverhandlungen*, 3. März 1906, S. 1712. Vgl. Jochmann, »Stöcker als nationalkonservativer Politiker und antisemitischer Agitator«, S. 123–198.

232 *Tägliche Rundschau*, »Der Skandal des Tages«, 27. Oktober 1907, BAL 7836.

233 *Zeitfragen. Wochenschrift für deutsches Leben*, »Was uns bleibt«, 3. November 1907, BAL 7837.

234 *Volkskorrespondenz*, »Auslandslob«, 7. November 1907, BAL 7837; *Die Post*, »Die feindlichen Mächte im Harden-Prozess«, 30. Oktober 1907, BAL 7837.

Die *Neue Bayerische Landeszeitung* evozierte das Bild von der mittelalterlichen Judensau und schmähte die hardenfreundlichen Journalisten der jüdisch-liberalen Berliner »Schmockblätter« als in »politischen und sexuellen Perversitäten schwelgende Preßbestien«. »Ihr Benehmen erinnert an das Treiben im Schweinekoben im Augenblick der Fütterung«.[235] Flankiert wurde dieser sich radikalisierende Presseantisemitismus durch den Verbandsantisemitismus. In vielen deutschen Städten organisierte der *Deutschen Antisemiten Bund* »Volksversammlungen« gegen Maximilian Harden, bei denen dieser, obgleich er sich als Jugendlicher hatte taufen lassen und seine *Zukunft* antisemitischen Beiträgern geöffnet hatte, als Repräsentant des Judentums attackiert wurde.[236] »Seine spezifisch jüdische Schreibweise ist bezeichnend für den ganzen Geist seiner Rasse«, erklärte der Maler und Reichstagsabgeordnete Fritz Bindewald unter stürmischem Beifall in den Berliner Germania-Sälen. »Wenn das Vaterland in Gefahr ist, so werden sich ganz andere Leute finden als Isidor Wittkowsky, ein Mann aus dem Osten, aus dem dies Laster [der Homosexualität] erst gekommen ist.«[237]

Wie in der Dreyfus-Affäre blühten zudem antisemitische Verschwörungstheorien, die in ihrem Gehalt transnational, in ihrer Form elastisch waren.[238] So wurde der Eulenburg-Skandal mal zu einer jüdisch-jesuitischen Konspiration zugespitzt, deren Opfer mit Preußen-Deutschland die protestantische Vormacht des Kontinents werden sollte (vgl. Kap. V.3).[239] Mal galt als Skandalauslöser der Drang des internationalen Judentums in die höchsten gesellschaftlichen Kreise Europas, die jedoch zuerst moralisch zerrüttet werden mussten. Nach dieser Logik betrieben die »Organe der *Alliance Israelite*« den

235 *Neue Bayerische Landeszeitung*, »Die große Kloake«, 31. Oktober 1907, BAL 7837. Zur langen Tradition antijüdischer Stereotype Shachar, *The Judensau*; Erb, *Die Legende vom Ritualmord*.

236 Zur Unterstützung Chamberlains und seiner Jünger durch Rathenau und Harden, der ihren Ideen auch seine *Zukunft* öffnete, Hellige, »Rathenau und Harden«, S. 113, 182–187, 192, 260–261, 268. Die antisemitische Presse verhöhnte dies im Skandal als typischen Versuch jüdischer Intellektueller, die »jetzt in verstärktem Maße in Antisemitismus machen«, um einen Blitzableiter gegen den »mit Judenhaß gefüllten deutschen Dampfkessel« zu besitzen. *Der Hammer*, »Anti-Harden«, von Peter Arbogast, Heft 131 (Dezember 1907), S. 712–717. Vgl. das Kap. »Maximilian Harden« in Lessing, *Der jüdische Selbsthaß*, S. 191–227; Boelke-Fabian, »In der Falle der Ambivalenz«, S. 219–241; allgemein Armbrecht, *Maximilian Hardens Haltung zu Deutschtum und Judentum*.

237 *Staatsbürgerzeitung*, 10. November 1907, BAL 7837.

238 Vgl. Lindemann, *The Jews Accused. Three Antisemitic Affairs 1894–1915*.

239 *Egerer Neueste Nachrichten*, zit. in *Neue Bayerische Landeszeitung*, »Prozess Moltke-Harden«, 6. November 1907, BAL 7837. Eine solche Verschwörung sah auch Eulenburg in, »Prememoria«, datiert: Liebenberg, 25. April 1908. BAK NL Eulenburg, Nr. 78.

Sturz des kaiserlichen Favoriten Eulenburg planmäßig als eine »moralische Hinrichtung eines Angehörigen jener Kaste, die fast als einzige in der Welt bisher noch den Mut besessen hat, Juden aus ihren Kreisen fernzuhalten«. Dichotom wurden die Skandalbeteiligten in diesem Weltbild als »Juden« oder »Germanen« bestimmt. Durch Verballhornung seines Geburtsnamens figurierte Maximilian Harden als polnischer Jude »Moses« oder »Isidor« Wittkowsky, der gemeinsam mit Max Bernstein und Magnus Hirschfeld als Repräsentanten jüdischer Justiz und jüdischer Wissenschaft die moralische Degeneration des deutschen Volkes betrieb.[240] Auch für Zwischenstufen stellte der Antisemitismus Begrifflichkeiten bereit. Hardens alldeutscher Unterstützer Dr. Paul Liman, Chefredakteur der *Leipziger Neuesten Nachrichten*, sowie Kuno Moltkes Ex-Frau Lilly von Elbe, geborene von Heyden, wurden als »Halbjuden« oder »jüdisches Halbblut« tituliert, um damit den Wert ihrer Aussagen vor Gericht in Zweifel zu ziehen.[241] Selbst Friedrich von Holstein, seit Bismarcks Sturz die Graue Eminenz der deutschen Außenpolitik, wurde als Unterstützer von Hardens Pressekampagne als »aller Wahrscheinlichkeit nach jüdischer Abstammung« bezeichnet.[242]

Dies zeigt eindrücklich die Eigendynamik, die der ästhetische Antisemitismus mit seiner elitären Aushandlung zwischen »Juden und Juden« entwickelte, sobald er in die Öffentlichkeit überführt und in einen Massenantisemitismus transformiert wurde. Dieselbe Wendigkeit und Flexibilität, ja das Machtbewusstsein, sich allmählich von der wilhelminischen Herrschaftselite abgrenzen zu können, bewies die antisemitische Presse nach Eulenburgs Verhaftung im Mai 1908 wegen Meineids, die einem Nachweis seiner Homosexualität und seiner endgültigen politischen und moralischen Vernichtung gleichkam. Gleichsam über Nacht wurde der eben noch gefeierte »Skalde« zu einem Angehörigen der »verjudeten Aristokratie« umgedeutet.[243] In dieser

240 In Antisemitenkreisen radikalisierte sich diese Sicht in den Jahren nach dem Skandal. Hirschfeld und Harden wurden als Agenten »der Internationale« betrachtet, die nach »einheitlichem Plane im Interesse des Judentums« den Skandal inszeniert hatte. Witte, *Wider das Juden- und Kynädenregiment*, S. 7, 14–15.

241 *Neue Bayerische Landeszeitung*, »Die große Kloake«, 31. Oktober 1907, BAL 7837. Zu Liman *Märkische Volkszeitung*, Die Hardenfronde. Paasche, Liman, Harden, 4. Januar 1908, BAL 7838.

242 *Der Hammer*, »Anti-Harden«, von Peter Arbogast, Heft 131 (Dezember 1907), S. 712–717.

243 Eulenburg galt jetzt »durch die bedenkliche Verheiratung seiner Tochter mit seinem ehemaligen Privatsekretär, einem rumänischen Juden [als] schwer kompromittiert.« Aber auch seine Verbindung mit Nathaniel Rothschild wurde nun schwer kritisiert. *Deutsche Zeitung*, »Der Sturz vom goldenen Stuhl«, 8. Mai 1908, BAL 7838; *Tägliche Rundschau*,

eigendynamischen Neujustierung offenbart sich die ganze Absurdität des Antisemitismus, der sich als moralischer Vorwurf gegen *jedermann* richten kann. Auch Eulenburg drehte die »Wer Jude ist, bestimme ich«-Spirale weiter. In seinen Memoiren bezeichnete er, offenkundig als späte Rache für die versagte Hilfe im Skandal, Kaiser Wilhelm II. als geldgierigen »Achteljuden«. Er wisse sicher, schrieb der gestürzte Favorit nieder, dass einer der Urgroßväter des Kaisers ein Jude gewesen sei.[244] Auch in antisemitischen Publikationen wurde das Bild von Kaiser Wilhelm II. als Judenfreund in den Jahren nach dem Skandal gängig. Mehr noch: Es wurde ein Nexus zwischen der Verjudung und der Homosexualität der traditionellen Herrschaftselite behauptet.[245] »Was uns noch helfen kann«, schrieb kurz vor dem Ausbruch des Ersten Weltkrieges der fanatische Hirschfeld- und Harden-Hasser Emil Witte, »ist ein Systemwechsel, der das *Juden- und Kynädenregiment* radikal auslöscht!«[246] Auf diese Weise trug der durch den Eulenburg-Skandal gestärkte Antisemitismus tatkräftig dazu bei, die politische und moralische Legitimationskrise der wilhelminischen Herrschaftselite zu vergrößern und dies für seine Zwecke, die Errichtung eines Rassestaates, zu nutzen. Dies schloss keineswegs aus – Flexibilität des Antisemitismus –, dass die Schuld am Sturz der Monarchie von führenden Historikern des Dritten Reiches wie Walter Frank Maximilian Harden als »geschmeidigem Parasit« und Verkörperung des ewigen Juden zugewiesen wurde.[247]

»Die Kamarilla«, 11. Juni 1907, BAL 7836. Witte, *Wider das Juden- und Kynädenregiment*, S. 16. Zum Motiv des »verjudeten Adels« siehe den *Semi-Gotha. Historisch-genealogisches Taschenbuch des gesamten Adels jüdischen Ursprungs* (1913).

244 Eulenburg glaubte, Prinz Albert, der Gemahl Queen Victorias und Großvater Wilhelms II., sei ein »Halbjude« gewesen, weil seine Mutter Luise »speziell wegen ihres Verhältnisses mit einem – Juden« geschieden worden sei. BAK NL Eulenburg, »Valori«, Nr. 80, S. 32–33. Das Motiv der »verjudeten« Hohenzollern als *pars pro toto* der degenerierten Aristokratie findet sich auch in Heinrich Manns *Der Untertan*, dem Schlüsselroman der Epoche (Ausgabe 2001, S. 146–47).

245 Vgl. die Versammlung der »Christlich-Sozialen« in Berlin, bei der sich ebenfalls antisemitische mit homophober Hetze verband. Bericht in BAL 7837, 10. November 1907. Zum Zusammenhang von Antisemitismus und Homophobie Steakley, *Die Freunde des Kaisers*, S. 60–61. Zur Affinität von Faschismus und Homosexualität Mosse, *Nationalismus und Sexualität*, S. 175–176.

246 Witte, *Wider das Juden- und Kynädenregiment*, S. 24, Zitat: S. 31 [Meine Hervorhebung].

247 Frank, »Maximilian Harden und das wilhelminische Deutschland«, S. 13, 54. Vgl. Schulze, »Walter Frank«, S. 69–81; Vierhaus, »Walter Frank und die Geschichtswissenschaft«, S. 617–627; Umfassend Ash, *Walter Frank. A Study in Nazi Historiography*. Zur nationalsozialistischen Deutung auch der in Kap. II.4 zitierte Nachruf von Joseph Goebbels auf Harden 1927.

Abb. 23. Der Antisemitismus richtet sich im Laufe des Eulenburg-Skandals gegen die wilhelminische Herrschaftselite. Quelle: Kikeriki *(Wien), 3. November 1907, S. 1.*

Was die Klassifizierung von Individuen nach dem Weltbild von Rassismus und Antisemitismus betraf, so versuchten bereits im Eulenburg-Skandal nur noch wenige Zeitungen, wie etwa das linksliberale *Berliner Tageblatt*, auf grundsätzliche Weise gegen sie anzuschreiben. Auch ihr Chefredakteur Theodor Wolff musste eingestehen, dass »Rasse« von der Allgemeinheit inzwischen nicht nur als biologische, sondern auch als sozialmoralische Kategorie anerkannt wurde, aus der die Anständigkeit der Gesinnung und der moralische Wert einzelner Menschen abgeleitet werden durften.[248] Unmittelbar nach dem Ende des Eulenburg-Skandals 1909 stellte der Publizist Adolf Stein

248 *Berliner Tageblatt*, »Das Ende des Moltke-Harden Prozesses«, von Theodor Wolff, 29. Oktober 1907; *Berliner Tageblatt*, »Zum Prozess Moltke-Harden«, 31. Oktober 1907. BAL 7836.

mit Genugtuung fest, dass der »latente Antisemitismus zum unangreifbaren Reservefonds jedes zweiten deutschen Hauses geworden ist«.[249] Der Eulenburg-Skandal trug gleichsam durch die Opferung des »nordischen Barden« Philipp Eulenburg dazu bei, den ästhetischen Antisemitismus vom Prestige der wilhelminischen Herrschaftselite zu lösen, ihn zu popularisieren, sagbarer zu machen und seine gesellschaftliche Grundlage zu verbreitern, bevor er sich im Nachgang des Ersten Weltkrieges brutalisierte und in Form des Radikalantisemitismus tief in Mentalität und politische Kultur der Weimarer Republik hineinfressen konnte.[250]

4. Preußische Fürsten und bayerische Fischer: Die Vitalität des Partikularismus im späten Kaiserreich

Im Januar 1908 erlitt Maximilian Harden im 2. Moltke-Harden-Prozess eine herbe Niederlage. Die Staatanwaltschaft war überraschenderweise nachträglich in das Gerichtsverfahren eingetreten und hatte damit einen rechtshistorischen Präzedenzfall geschaffen. Mit neuen Gutachtern, darunter die konservativen Sexualwissenschaftler Albert Moll und Albert Eulenburg, war es Oberstaatsanwalt Hugo Isenbiel gelungen, Hardens Kronzeugin Lilly von Elbe als typische »Hysterikerin« unglaubwürdig zu machen. General Moltke wurde vom Gericht als »nicht homosexuell« entlastet, Harden wegen Beleidigung verübt durch die Presse zu vier Monaten Gefängnis verurteilt. Eine glänzende Rehabilitierung Eulenburgs und Moltkes durch Kaiser Wilhelm II. stand im Raum, der Skandal war an einen Wendepunkt gelangt. Harden, dessen Gesundheit bereits unter mehr als einem Jahr Festungshaft wegen Majestätsbeleidigung gelitten hatte, musste nun mit allen Mitteln die Vollstreckung der Gefängnisstrafe abwehren. Der Herausgeber der *Zukunft*, wenige Wochen zuvor nach dem sensationellen Urteil des 1. Moltke-Harden-Prozesses noch als Retter des Vaterlandes gefeiert, stand mit dem Rücken zur Wand. Seinen Anwalt Max Bernstein ließ er sofort Revision beim Reichsgericht einlegen. Wichtiger noch war aber ein raffinierter juristischer Schachzug, der sich den latenten Nord-Süd-Konflikt im Deutschen Reich zu Nutze machte. Zwei »Reinigungseide« hatte Eulenburg nach dem 1. Moltke-Har-

249 Stein, *Wilhelm II.*, S. 96.
250 Wehler, *Gesellschaftsgeschichte IV*, S. 497.

den-Prozess, bei dem er sich aus Krankheitsgründen entschuldigen ließ, geleistet, einen im Bülow-Brand-Prozess und einen im 2. Moltke-Harden-Prozess.[251] In diesen stritt er nicht nur Vergehen gegen den § 175, sondern homosexuelle »Schmutzereien« jeder Art ab. Ende 1907 waren jedoch Privatdetektive Hardens auf Georg Riedl und Jakob Ernst gestoßen, ehemalige Fischerknechte vom Starnberger See. Im 2. Moltke-Harden-Prozess war ihre Aussage nicht mehr zugelassen worden. Harden und Bernstein konnten aber Anton Städele, einen Redakteur der bayerischen *Neuen Freien Volkszeitung*, gewinnen, die absurde Meldung zu verbreiten, Harden habe von Eulenburg 1 Million Reichsmark Schweigegeld erhalten, um keine weiteren Behauptungen über seine Homosexualität zu verbreiten. Bei dem im Frühjahr 1908 außerhalb preußischer Jurisdiktion in München durchgeführten Beleidigungsprozess wurde Städele wegen Verbreitung unwahrer Tatsachen erwartungsgemäß zu einer Geldstrafe verurteilt, die ihm Harden wie verabredet erstattete. Viel wichtiger aber war, dass durch den Prozess das eigentliche Ziel erreicht wurde: Riedl und Ernst, vom Vorsitzenden Richter und Hardens Anwalt Max Bernstein unter Druck gesetzt, gaben – unter Eid – zu, in den 1880er Jahren mit Eulenburg homosexuelle Praktiken ausgeübt zu haben. Die Sensation war perfekt. Eulenburg musste zweimal einen Meineid geleistet haben. Die Aussagen waren schon deshalb glaubwürdig, weil sich die beiden Zeugen damit zwar nicht strafrechtlich, die kriminellen Geschlechtsakte waren verjährt, wohl aber sozial schwer schädigten.[252]

Der Münchener Prozess – aus »wohlbegründetem moralischem Interesse« Hardens hatte der Vorsitzende Richter selbst bei der detaillierten Schilderung homosexueller Praktiken die Anwesenheit der internationalen Presse zugelassen (vgl. Kap. III.3/4) – wurde so zur sensationellen Wende des gesamten Skandals. »Fürst Eulenburg [ist] ein toter Mann. Er ist es nicht nur gesellschaftlich und politisch, er ist es auch rein juristisch«, schrieb das *Leipziger Tageblatt*. Desavouiert war zudem die preußische Justiz, die in Sachen Rechtstaatlichkeit Nachhilfe aus Bayern erhalten hatte. An der juristischen Mainlinie wurde die politische, kulturelle und mentale Kluft zwischen Nord- und Süddeutschland, Protestanten und Katholiken, Reichspatrioten

251 Vgl. Hecht, *Harden-Prozesse*.

252 Georg Riedl war zwar 32mal vorbestraft, allerdings fast ausschließlich »wegen Verfehlungen, die auf einen gewalttätigen Charakter«, nicht jedoch auf Lügenhaftigkeit schließen lassen, wie das Gerichtsprotokoll festhielt. »Es ist auch gar nicht einzusehen, was Riedl veranlassen sollte, zum Nachteil einer Person, mit der er 25 Jahre ohne jede Verbindung war, zweimal einen Meineid zu leisten.« Jakob Ernst wurde als »ein gut situierter, angesehener Bürger von Starnberg und völlig unbestraft« gewürdigt. GStA 49830.

und Partikularisten wieder sichtbar.[253] Mentalitätsgeschichtlich offenbarte der Eulenburg-Skandal, dass das 1871 gegründete Reich keineswegs eine lineare Erfolgsgeschichte war. Vielmehr konnte an ihm auch rund 40 Jahre nach Sedan und Versailles die ungebrochene Vitalität des regionalen und konfessionellen Partikularismus und die Fragilität des Deutschen Reiches abgelesen werden.[254] Blätter aus Bayern, aber auch aus den 1866 von Preußen besiegten und annektierten Territorien ließen die Gelegenheit zu einer Abrechnung nicht verstreichen. Die *Frankfurter Zeitung* begrüßte es ausdrücklich, dass die preußische Justiz aus München »eine so empfindliche Lektion erhalten« hatte.[255] Die preußische Judikative stehe vor einem Scherbenhaufen, triumphierten die *Münchner Neuesten Nachrichten*, denn das »Fehlurteil von Berlin« im 2. Moltke-Harden-Prozess sei vor den Augen »der ganzen zivilisierten Welt ergangen«.[256] Der juristische Teil des Eulenburg-Skandals sei eine »Tragikomödie«, schrieb die *Zeit* aus Wien, die jedoch »uns Österreicher mit Stolz erfüllen« könne, da derartig krasse Rechtsbeugungen wie in Preußen in der Habsburgermonarchie unmöglich seien. Man müsse jetzt, schrieb Viktor Rosenfeld, »den Ausspruch des Müllers von Sanssouci ins Gegenteil verwandeln und rufen: ›Es gibt noch Richter – aber nicht in Berlin‹«[257]

Die bayerische Justiz, traditionell so liberal wie preußenkritisch, war sich der entscheidenden Rolle im Eulenburg-Skandal bewusst, die ihr mit dem »Harden-Städele-Prozess« zugefallen war. Noch im Gerichtssaal nannte der Vorsitzende Richter, Oberlandesgerichtsrat Wilhelm Mayer, den sensationellen Ausgang des Prozesses einen »Markstein« für den weiteren Skandalverlauf. Dem »wackeren Richter« aus Bayern wurde von vielen Zeitungen »der erfolgreichste Staatsanwalt Preußens« Hugo Isenbiel gegenübergestellt, der den 2. Moltke-Harden-Prozess dominiert und erfolgreich auf vier Monate Gefängnis für Maximilian Harden plädiert hatte.[258] »Der Fürst, der, wie in

253 *Leipziger Tageblatt*, »Rehabilitation«, 23. April 1908, GStA 49831.

254 Vgl. »Regionaler Patriotismus« in: Greiffenhagen, *Politische Legitimität*, S. 99–101.

255 *Frankfurter Zeitung*, 22. April 1908, GStA 49831.

256 *Münchner Neueste Nachrichten*, »Zum Fall Eulenburg«, 28. April 1908, GStA 49831.

257 »Il y a encore des juges à Berlin« war ein geflügeltes Wort in Europa, um Preußen als Rechtsstaat zu loben. Eine Anspielung auf den berühmten Gerichtsprozess, den der Müller von Sanssouci gegen Friedrich den Großen gewann. *Die Zeit*, »Anmerkungen zum Prozess Eulenburg«, von Dr. Viktor Rosenfeld, BLHA 554. Zu den wechselseitig bedingten Nationenbildern Fellner, »Wilhelm II. und das wilhelminische Deutschland im Urteil österreichischer Zeitgenossen«, S. 79–91; Mommsen, »Österreich-Ungarn aus der Sicht des deutschen Kaiserreichs«, S. 214–233.

258 *Hamburgischer Correspondent*, »Eulenburgs Fall«, 23. April 1908, GStA 49831.

der [Münchener] Verhandlung ausgesagt wurde, Fischerknechte und Soldaten zu schmutzigen Geschlechtsakten verleitete, und, als Vertreter Preußens in München, in seiner Wohnung durch Entgelt einen Soldaten veranlassen wollte, mit einem seiner Freunde die gröblichste aller homosexuellen Handlungen [Analverkehr] zu begehen: Das ist der Mann, von dem in offener Gerichtssitzung der Oberstaatsanwalt am Berliner Landgericht I gesagt hat, er sei ›einer jener gottbegnadeten Menschen, die man lieben muss, wenn man sie sieht‹«. Mit diesen Worten gab das *Hamburger Fremdenblatt* seiner Verachtung für die preußische Justiz Ausdruck.[259] Staatsanwalt Isenbiel, ätzte die *Münchener Post*, habe wahrhaftig bewiesen, dass er ein Virtuose sei »in dem Fach, die osteuropäische Rauheit der preußischen Rechtspflege mit einem Schein von Zivilisation zu bekleiden«. In seinem Plädoyer gegen Harden habe man die »diabolische Kunst« des Preußen aufblitzen sehen: Je drakonischer seine Maßnahme, »desto heller leuchtet gewöhnlich seine Rede von Liberalität und Kulturgesinnung«.[260]

Doch auch die meisten Berliner Zeitungen kritisierten die eigene Justiz, die sich vor Deutschland und aller Welt blamiert hatte.[261] Zugleich wurde »der süddeutsche Partikularismus« attackiert, der nun in dem Wahn lebe, »dass in Bayern bessere und schnellere Justiz gemacht würde« als in Preußen, wie die *Kreuzzeitung* schrieb. Solche Provokationen im innerdeutschen Pressekrieg blieben nicht unbeantwortet. Unter der Schlagzeile »Preußische Junker und bayerische Justiz« reagierte die *Münchener Post* scharf. In Preußen gelte offenkundig nur diejenige Justiz als gerecht, »die jeden Junker, ob er nun mordet, falsch schwört, betrügt oder stiehlt, völlig ungeschoren lässt«.[262] Tatsächlich kippte die Stimmung in der gesamten deutschen Presse nun endgültig gegen Eulenburg. Insbesondere im konservativen Milieu, wo dadurch ein schwieriger Kurswechsel vollzogen werden musste, führte dies zu Belastungsproben zwischen Nord und Süd. Die *Deutsche Tageszeitung*, das Blatt der mächtigen Agrar-Lobby »Bund der Landwirte« wurde von der *Bayerischen Landeszeitung* heftig dafür angegriffen, Eulenburg immer noch entlasten zu wollen. Dies sorge, so die unverhüllte Drohung mit Abspaltung, für großes »Befremden in den Kreisen süddeutscher Landwirte«, die langsam glaubten, ihr gesamtdeutsches Verbandsorgan sei »ebenfalls homosexuell angesteckt«.[263]

259 *Hamburger Fremdenblatt*, »Harden und Isenbiel reden«, 26. April 1908, BLHA 554.
260 *Münchener Post*, »Die Plädoyers im Harden-Prozess«, 3. Januar 1908, GStA 49839.
261 *Berliner Morgenpost*, »Preußische und bayerische Richter«, 26. April 1908, GStA 49831.
262 *Münchener Post*, »Preußische Junker und bayerische Justiz«, 25. April 1908, GStA 49831.
263 *Neue Bayerische Landeszeitung*, 25. April 1908, BAL 7838. Vgl. Kaiser, »Die Formierung des protestantischen Milieus«, S. 257–289.

Das Aufwallen der öffentlichen Meinung im ganzen Reich verfehlte seine Wirkung auch nicht auf die preußische Justiz. Am 2. Mai erließ die Staatsanwaltschaft Berlin Haftbefehl gegen den besten Freund Kaiser Wilhelms II. Doch selbst dieses unerhörte Ereignis in der Geschichte der Monarchie brachte die Kritik an Preußen und seiner Justiz nicht mehr zum Verstummen. Der *Vorwärts* spottete, an Gründlichkeit und Schnelligkeit übertreffe sie sogar »die Strafrechtpflege Sr. Majestät des Schahs Mohammed Ali von Persien«, da es nach dem Münchener Prozess »nur« zwei Wochen dauerte, um »in der Berliner Staatsanwaltschaft den Verdacht zu wecken, dass vielleicht Fürst Phili einen Meineid geleistet haben könnte«.[264] In Bayern wurde es zudem als Affront verstanden, dass die Berliner Staatsanwaltschaft für ihre Meineidsermittlungen gegen Eulenburg zunächst nicht die bayerische Justiz, sondern die Polizeidirektion München und den Bürgermeister von Starnberg um Amtshilfe ersuchte. »Preußen haben ja immer eine besondere Schwäche für die Polizei gehabt«, erklärte die *Münchener Post* dieses merkwürdige Verständnis von Rechtstaatlichkeit.[265]

Immerhin konnte schließlich doch bereits im Juni 1908 der Meineidsprozess gegen Eulenburg beginnen. Der forensische Schauplatz des Skandals wechselte wieder von München nach Berlin, durch die zahlreichen Zeugen, die man nun aus Bayern vorladen musste, folgte der Nord-Süd-Konflikt jedoch in die Reichshauptstadt.[266] Mit einer Mischung aus Verwunderung und Hochmut berichtete die Berliner Presse, wie man im Gerichtssaal erst einmal vor einem Sprachenproblem stand. Weder Gericht noch Geschworene konnten die bayerischen Zeugen verstehen. Staatsanwalt Isenbiel, der die Scharte des 2. Moltke-Harden-Prozesses durch eine Verurteilung Eulenburgs wegen Meineid wieder auswetzen wollte, gab einer geradezu kolonialen Verständnislosigkeit Ausdruck, weshalb die Oberbayern nicht ins Hochdeutsche zu wechseln vermochten, »am Starnberger See verkehrten doch jeden Sommer viele Norddeutsche«. Das binnendeutsche Kommunikationsproblem konnte nur gelöst werden, indem Dr. Hans Fischer aus Karlshorst als »Dolmetscher der deutschen Sprache« hinzugezogen wurde.[267]

Als Belastungszeuge gegen Eulenburg war der »gut situierte« Kleinbürger Jakob Ernst wichtiger als der wegen »typisch bayrischer Raufhändel« 32fach vorbestrafte Georg Riedl. Er wurde daher von der Eulenburg-Partei zu einer

264 *Vorwärts*, »Herr Isenbiel und Herr Harden«, 3. Mai 1908, BAL 7838.
265 *Münchener Post*, »Eulenburgiana«, 29. April 1908, GStA 49831.
266 *Berliner Tageblatt*, »Fürst Eulenburg vor den Geschworenen«, 8. Juli 1908, PAAA.
267 *Berliner Morgenpost*, 8. Juli 1908, GStA 49833.

Projektionsfläche gemacht, auf der sich preußische Vorbehalte gegen Bayern mit Klassendünkel verbanden. So verharmloste Fürstin Eulenburg das intime Verhältnis zwischen ihrem Mann und dem jungen Jakob Ernst nachgerade ethnologisch: »In Bayern, wie in allen Gebirgsgegenden, ist auch der Verkehr der Eingeborenen mit den Fremden so viel formloser und wie die Leute selber sagen: gemütlicher wie bei uns in Norddeutschland. Mein Mann speziell hat sich besonders gern mit solchen einfachen Naturmenschen [...] unterhalten. Es ist dieselbe Abwechslung, dasselbe Ausruhen, wie die Unterhaltung mit Kindern, wenn man übermüdet und abgehetzt von dem Leben der Kulturmenschen und der großen Welt ist.« Nicht nur der Fürst, auch seine ganze Familie habe »den Jakob«, an einer chronischen Lungenkrankheit leidend, stets fürsorglich behandelt. Wenn er im Sommer die Eulenburgs von ihrer Starnberger Villa aus über den See ruderte, habe man ihn sogar ermahnt, sich nicht zu überanstrengen. Es sei eine große Freundlichkeit des Fürsten gewesen, den jungen Burschen als persönlichen Diener mit auf seine Reisen zu nehmen. Leider sei er im Laufe der Jahre immer undankbarer geworden, da er dem Bier »sogar für bayerische Verhältnisse« stark zugesprochen habe. Mit Alkohol, stand für Fürstin Eulenburg fest, habe die Harden-Partei Jakob Ernst auch dazu gebracht, einen Meineid gegen ihren Gemahl zu schwören, von dem er nun aus Angst vor Gefängnisstrafe nicht mehr abzuweichen traue. »Das ist der Mann, dessen Eid mehr Glauben geschenkt wurde wie Fürst Eulenburg; ein früher braver, aber tauber und vertrunkener bayerischer Bauer!«[268] Dieses bemerkenswerte preußisch-bayerische Sittengemälde zerfloss allerdings noch während des Prozesses. In die Hände der Staatsanwaltschaft war ein eigenhändiger Brief Eulenburgs an Jakob Ernst gelangt, in dem der Fürst ihn mit der entlarvenden Formulierung »Es ist alles verjährt« von belastenden Aussagen abzuhalten versuchte; dies erweiterte den juristischen Vorwurf des zweifachen Meineides gegen den Kaiserfreund noch um das Delikt der »Verleitung zum Meineid«.[269]

268 »Verteidigungsschrift und Aussage der Fürstin Augusta zu Eulenburg und Hertefeld in dem Prozess gegen ihren Gatten. 1908 und 1909. Hrsg. Philipp zu Eulenburg, Liebenberg 1910.« BLHA 572.

269 Mehrere Male wurde Ernst zudem vom Eulenburg-Vertrauten Hofrat Georg Kistler aus München beschworen, keinesfalls etwas über »Schmutzereien« auszusagen, wenn er nach Berlin müsse. Dabei hatte Kistler pantomimisch »die Bewegung einer unsittlichen, nicht strafbaren Handlung [mutuelle Onanie] angedeutet«. *Berliner Tageblatt*, »Fürst Eulenburg vor den Geschworenen«, 8. Juli 1908, PAAA. *Berliner Lokalanzeiger*, »Fürst Philipp zu Eulenburg vor den Geschworenen«, 9. Juli 1908, GStA 49833.

Nord und Süd.

Abb. 24. »Und da heißt's noch immer, Preußen und Bayern wollen nichts voneinander wissen!« Der deutsche Nord-Süd-Konflikt aus Schweizer Sicht. Quelle: Nebelspalter *(Zürich), 9. Mai 1908, S. 8.*

In der Presse erhielt der forensische Partikularismus aber erst durch das konfessionelle Element Züge von Schärfe, Unerbittlichkeit und Hass.[270] Auch wenn die These von einem »zweiten konfessionellen Zeitalter« in Deutschland zwischen 1800 und 1970 überspitzt ist, enthüllte der Eulenburg-Skandal, dass auch das späte Kaiserreich entlang der Konfessionsgrenzen tief gespalten blieb. Nationalismus und ein nach 1871 oftmals nur oberflächlicher, aufgesetzter »Reichspatriotismus« glätteten schwelende religiös-landsmannschaftliche Konflikte nicht einfach, wie Helmut Walser Smith ausgeführt hat, sondern befeuerten sie weiter, etwa indem sie die Gegensätze mit neuem Vokabular wie dem Kampfbegriff von den »inneren Reichsfeinden« versorgten, zu denen je nach Anlass und Situation Polen, Juden, Katholiken oder Süddeutsche erklärt werden konnten.[271] Eulenburg selbst instrumentalisier-

270 Vgl. von Thadden, »Kirchengeschichte als Gesellschaftsgeschichte«, S. 598–614.

271 Das erste konfessionelle Zeitalter lokalisiert er 1517 bis 1648. Blaschke, *Religion im Kaiserreich*, S. 8. Zu konfessioneller Konfliktlinie und Nationalismus im Kaiserreich Wal-

te den konfessionellen Partikularismus gezielt politisch, um die bayerischen Zeugen in Verruf zu bringen und sich als verfolgten Preußen und Reichspatrioten zu entlasten.[272] Dem Gericht war aus Österreich, wo Eulenburg seit seiner Botschafterzeit neben vielen Feinden auch einige Freunde hatte, ein Brief mit der Behauptung zugeschickt worden, der Zeuge Jakob Ernst handele »im Auftrage der klerikalen Partei«, die den besten Freund Wilhelms II. verderben wolle.[273] »Ich hatte in München Preußen nicht nur politisch, sondern auch kirchlich zu vertreten«, nutzte Eulenburg im Gerichtssaal diese Gelegenheit zu einer großangelegten Rechtfertigung. »Mein Leben lang bin ich ein Verfechter des protestantischen Kaisertums gewesen. Das hat mir namentlich im Süden viele Feinde gemacht.« Da der deutsche Nuntius des Papstes nicht in Berlin, sondern in München residiere, erklärte der ehemalige Spitzendiplomat, sei er jahrelang dessen Verhandlungspartner gewesen und habe dabei stets »im Sinne der protestantischen, norddeutschen Kaiserreichsidee« gewirkt. »Dadurch bin ich dem Klerikalismus ebenso wie dem bayerischen Partikularismus verhasst geworden. Vielleicht bin ich jetzt eines der Opfer dieser großen Idee.« Es sei gut möglich, dass die Homosexualitätsvorwürfe gegen ihn »aus diesem Milieu« des Ultramontanismus kämen, und die bayerischen Zeugen von den Jesuiten mit Geld gekauft worden seien.[274]

Über die *BZ am Mittag* gelangte diese als »hochpolitisch« gewertete Verteidigungsrede des kaiserlichen Favoriten aus der geschlossenen Gerichtsverhandlung in die Öffentlichkeit, wo sie eine kulturkämpferische Eigendynamik entwickelte. Die *Münchener Post* verhöhnte Eulenburg als »Märtyrer« des deutschen Protestantismus. Er habe in Bayern das evangelische Kaisertum zweifellos »so stark von vorne und von hinten vertreten, dass der Papst alle Jesuiten gegen ihn mobil gemacht hat.«[275] Die Alldeutschen hielten es für eine Ironie der Geschichte, dass gerade der Bismarckfeind Eulenburg »in

ser Smith, *German Nationalism and Religious Conflict*; ders., *Protestants, Catholics and Jews in Germany*; Haupt/Langewiesche, *Nation und Religion in der deutschen Geschichte*; Klein, *Zwischen Reich und Region*; Weichlein, *Nation und Region*.

272 Zuvor hatte bereits sein Rechtsanwalt Chodziesner bei der Befragung von Jakob Ernst die Antastung des Beichtgeheimnisses erwogen und damit die – heftige – Resonanz der katholischen Presse getestet. *Kölnische Volkszeitung*, »Fürst Eulenburg als moderner Gustav Adolf«, 13. Juli 1908, BLHA 554.

273 *Deutsche Warte*, »Fürst Eulenburg vor den Geschworenen«, 12. Juli 1908, BLHA 554.

274 Vgl. Schlossmacher, »Der Antiultramontanismus im wilhelminischen Deutschland«, S. 164–198; von Arx, *Varieties of Ultramontanism*; Samerski, »Papst und Kaiser«, S. 199–234; Strötz, »Wilhelm II. und der Katholizismus«, S. 171–198.

275 *Münchener Post*, »Eulenburg als Hauptmann des Jungfrauenstifts«, 5. Juni 1908, BAL 114; *Münchener Post*, »Ein Märtyrer!«, 14. Juli 1908, BAL 7839.

zitternder Todesnot« an das Jenaer Diktum des Reichsgründers anzuschließen versuche, er sei »eingeschworen auf eine weltliche Leitung eines evangelischen Kaisertums«.[276] Das Schlagwort »Partikularismus«, wird dadurch deutlich, konnte als ein kommunikatives *divide et impera* nicht allein von der preußisch dominierten Herrschaftselite in Berlin gegen politisch widerstrebende Peripherien genutzt werden, sondern in einem Skandal auch gegen das Herrschaftszentrum.[277] Obwohl sie in der Presse hitzig diskutiert wurde, und einen guten Anlass für alle möglichen innerdeutschen Abrechnungen bot, nahm niemand Eulenburg die fixe Idee einer jesuitischen Verschwörung ab. Reichskanzler Bülow nannte sie in seinen Memoiren eine »phantastische Ausflucht«.[278] Für preußenkritische Zeitungen war etwas anderes entscheidend. Dass der gestürzte Favorit des Reichsoberhauptes überhaupt mit derartig antikatholischen und antisüddeutschen Ressentiments einen Befreiungsschlag versuchte, erschien als endgültiger Beweis, dass im Kreis um Kaiser Wilhelm II. ein »antikatholischer Fanatismus« herrsche. Eulenburgs »Indiskretion«, so die Stimmung in Süddeutschland, entfalte eine schlimmere Wirkung auf katholische Patrioten als die jahrelange Hetze des *Evangelischen Bundes* und des *Antiultramontanen Reichsverbandes*.[279] Bestätigt schien, dass Wilhelm II. nie von seinen Aversionen gegen Katholiken und Süddeutsche losgekommen war; seine Ausfälle, wie zuletzt anlässlich der Weihe des Berliner Domes 1905, als er die »Zusammengehörigkeit aller Protestanten, für den Kampf mit dem Ultramontanismus« beschwor, vielmehr ein festes Weltbild widerspiegelten.[280] Die Vorstellung, das Deutsche Reich sei ein paritätischer Staat, sah man als »preußisches Kindermärchen« für unzufriedene Katholiken entlarvt. Durch Eulenburgs Gerichtsrede sei klargeworden, »wie

---

276 *Leipziger Neueste Nachrichten*, »Der Glaubensheld«, 16. Juli 1908, BAL 7839.

277 Reichsdeutsche Polen, berichtete das Generalkonsulat Warschau an den Reichskanzler, hetzten jetzt gegen die »zentralistische Machtentfaltung« des »preußischen Sodom« mit seinem »Cäsarismus« und seiner »Favoritenwirtschaft«. Bericht an den Reichskanzler, 6. November 1907, PAAA. Auf die kommunikative Konstituierung von Partikularismus und Nationalismus verweisen Confino, *The Nation as a Local Metaphor*; Applegate, *A Nation of Provincials. The German Idea of Heimat*.

278 Bülow, *Denkwürdigkeiten II*, S. 314.

279 *Kölnische Volkszeitung*, »Fürst Eulenburg als moderner Gustav Adolf«, 13. Juli 1908, BAL 7839; *Augsburger Volkszeitung* zit. in *B.Z. am Mittag*, »Eulenburg und Kaisertum«, 13. Juli 1908, PAAA; *Münchner Neueste Nachrichten*, »Prozess Eulenburg«, 19. Juli 1908, BAL 7839.

280 Schröder, *Reden Wilhelms II.*, S. 116–117. Kolportiert wurde auch die Äußerung Prinz Heinrichs: »Mein kaiserlicher Bruder und ich wünschen eine antiultramontane Bewegung«. *Bayerischer Kurier*, »Eulenburgs Aufgabe«, 16. Juli 1908, BLHA 554.

infernalisch der Hass ist, der ihnen aus den vornehmsten Gesellschaftsklassen Preußen entgegenblitzt«.[281]

Rückblickend auf die Reichspolitik der letzten Jahrzehnte, wurde die Eulenburg-Kamarilla von der Zentrumspresse jetzt als die maßgebliche katholikenfeindliche Kraft innerhalb der wilhelminischen Herrschaftselite ausgemacht. In Hof und Diplomatie habe sie ein »protestantisches Kartell« gebildet und Kaiser Wilhelm II. mit einem »konfessionellen Ring« umgeben, der ihn von seinen katholischen Untertanen entfremdet habe.[282] Es sei eine »geschichtliche Tatsache«, dass es niemand anderes als »der moderne Gustav Adolf« Philipp Eulenburg gewesen war, der das kirchenfreundliche Volksschulgesetz des Kultusministers Zedlitz durch »falsche Stimmungsbilder über die Situation im Süden Deutschlands« zu Fall gebracht habe, schrieb die *Kölnische Volkszeitung*.[283] Auch die Abkehr von Reichskanzler Caprivis liberaler Polenpolitik habe der »*furor protestanticus*« innerhalb der Reichsleitung forciert; den gemäßigten Polenpolitiker Józef Kościelski habe Eulenburg persönlich dem Kaiser entfremdet, indem er ihm dessen Lemberger Rede entstellt berichtete.[284] »Das Zentrum hat keinen Grund zu bedauern, dass seine gefährlichsten Gegner vor Gericht vernichtet werden«, schrieb das wichtige katholische Blatt. Schließlich sei die Eulenburg-Kamarilla auch die treibende Kraft gewesen, die durch die Bildung des »Bülow-Blockes« auf die Entmachtung der Zentrumspartei hingearbeitet habe.[285] Protestantische Blätter witterten hinter solchen katholisch-süddeutschen Ausfällen gegen die wilhelminische Herrschaftselite eine Strategie, sich für den Machtverlust im Reichstag zu rächen. Der gestürzte Favorit des Kaisers, meinte die *Kreuzzeitung*, werde bewusst als Deutschlands größter »Katholikenhasser« konst-

281 *Kölnische Volkszeitung*, »Hier steht Eulenburg, er kann nicht anders!«, 13. Juli 1908, BAL 7839.

282 Katholisch seien nur ein einziger besoldeter Hofbeamter und zwei Adjutanten des Kaisers, von denen einer zudem »in protestantischer Ehe« lebe. *Kölnische Volkszeitung*, »Verlegenes Schweigen«, 16. Juli 1908, BAL 7839. Auch über den konfessionellen Proporz im diplomatischen Korps wurde heftig debattiert. Die wichtigen Diplomaten Hohenlohe, Radowitz, Radolin, Metternich, Arco und Hatzfeldt seien allesamt Katholiken, stellte die regierungsnahe Presse heraus. *Kölnische Zeitung*, »Auch eine Berichtigung«, 21. Juli 1908, PAAA.

283 *Kölnische Volkszeitung*, »Eine Irreführung der öffentlichen Meinung«, 15. Juli 1908, BAL 7839. *Germania*, »Nochmals die Eulenburgerei«, 4. Juni 1907, BAL 7836. Vgl. Hartung, »Verantwortliche Regierung«, S. 290.

284 *Deutsche Volkswirtschaftliche Correspondenz*, »Koscielski und Eulenburg«, 14. Juli 1908, BLHA 554.

285 *Kölnische Volkszeitung*, »Weitere Bemerkungen zum Harden-Prozess«, 28. Oktober 1907, BAL 7836.

ruiert, »auf den jedes Unglück der Zentrumspartei zurückzuführen ist«. Gezielt versuchten »klerikale Eiferer«, die Höfe in München und Wien gegen die Hohenzollern »scharf zu machen«. Der deutsche Protestantismus lasse sich Eulenburg jedoch nicht einfach an die Rockschöße hängen.[286]

Allerdings ging es bei diesen innerdeutschen Auseinandersetzungen weniger um die Person Eulenburgs als um das von ihm repräsentierte Konzept des »evangelischen Kaisertums« und damit um eine mentale Grundstruktur des Reiches von 1871.[287] Katholische und preußenkritische Zeitungen veröffentlichten im Skandal Leserklagen, wonach diese Idee stärker als jemals zuvor von deutschen Protestanten verkündet und, vermittelt durch die »borussische« Geschichtswissenschaft, als Unterrichtsstoff an allen höheren Schulen gelehrt werde. Aus diesem konfessionellen Weltbild heraus werde gar der deutsche Bruderkrieg von 1866 als Religionskrieg gefeiert. Schamlos, so die Klagen, würdige diese offiziöse Geschichtsdeutung die Katholiken zu Parias innerhalb des neudeutschen Reiches herab.[288] Ausländische Kirchenzeitungen warnten ihre deutschen Glaubensbrüder, sich noch länger »gefährlichen Illusionen« über die Gesinnung ihrer Führungselite hinzugeben. Die ausländischen Katholiken erlebten seit Jahrzehnten, wie das Deutsche Reich sich in Europa als »protestantischer Machtstaat« aufführe.[289]

Was den politischen Föderalismus betraf, enthüllte Eulenburgs Gerichtsrede für Preußenkritiker zuvor nur geahnte Zusammenhänge. Seit langem wisse man, hieß es hier, dass »nach dem Ausscheiden Österreichs aus dem Reichsverband« versucht wurde, Bayern politisch lahmzulegen. Jetzt aber habe man die Bestätigung erhalten, dass diese fragwürdige Politik Bismarcks nie beendet worden sei. Nach der Thronbesteigung Wilhelms II. sei Eulenburg zu ihrer Schlüsselfigur geworden. In München habe er daher die bayerischen Liberalen, in Wien die »Los von Rom«-Bewegung unterstützt, damit das Deutsche Reich sich in dem Moment, da das Habsburgerreich auseinan-

---

286 *Kreuzzeitung* zit. in *Correspondenz Wedekind*, 17. Juli 1908, PAAA. *Schwäbischer Merkur*, 15. Juli 1908, PAAA. *Schwäbischer Merkur*, »Das Zentrum und der Prozess Eulenburg«, 18. Juli 1908, BAL 7839. *Kölnische Zeitung*, »Fürst Eulenburg und der Klerikalismus«, 14. Juli 1908, BAL 7839.

287 Vgl. Mommsen, »Preußisches Staatsbewusstsein und deutsche Reichsidee«, S. 66–85; Fehrenbach, *Kaisergedanke*. Zeitgenössisch: Roth, *Der deutsche Kaisergedanke*.

288 *Kölnische Volkszeitung*, »Die Spekulation auf den Furor Protestanticus«, 21. Juli 1908, BAL 7839; *Germania*, »Fürst Eulenburg und das protestantische Kaisertum«, 14. Juli 1908, BAL 7839; *B.Z. am Mittag*, »Eulenburg und Kaisertum«, 13. Juli 1908, PAAA.

289 *Bayerischer Kurier*, »Die Aufgabe der preußischen Gesandtschaft in München«, 14. Juli 1908, BAL 7839. *B.Z. am Mittag*, 11. Juli 1908, PAAA. Zum internationalen Moment Fleckenstein, *Ultramontanismus*, S. 7, 219–221.

derfalle, territorial erweitern könne.[290] Durch die Erkenntnis, dass deutsche Diplomaten im In- und Ausland als »Agenten der Idee des protestantischen Kaisertums« fungierten, war für das katholische Leitblatt *Germania* die Reichsregierung kompromittiert worden.[291] Die journalistische Empörung schwappte innerhalb kürzester Zeit in die Parlamente. Im bayerischen Landtag musste Ministerpräsident von Podewils bereits am Tag nach Eulenburgs Gerichtsrede versichern, kein deutscher Gesandter erhalte konfessionelle Instruktionen. Mit Blick auf den Günstling Wilhelms II. fügte er jedoch mehrdeutig hinzu, falls er sie sich selbst gebe, mache er sich eines Disziplinarvergehens schuldig.[292] Im Reichstag interpellierte der aufstrebende Zentrumsabgeordnete Matthias Erzberger an die Reichsregierung, ob Eulenburg als deutscher Botschafter in Wien etwas mit der »Los von Rom-Bewegung« zu tun gehabt habe. Deutsche Diplomaten, versicherte ihm Außenstaatssekretär Wilhelm von Schoen, »haben keine konfessionellen Interessen zu vertreten, sondern politische«. Eine Abgrenzung, die wenig überzeugend wirkte.[293] Zur Beruhigung der Öffentlichkeit wurde schließlich kolportiert, Kaiser Wilhelm II. habe Prinzregent Luitpold ein Handschreiben zukommen lassen, in dem Eulenburgs Behauptungen als »absolute Lügen« bezeichnet wurden.[294]

Den Eindruck, dass der konfessionelle Hass in Deutschland nach wie vor lebendig war, konnte dies nicht mehr verwischen. »Man kann ohne weiteres behaupten, dass das deutsche Ansehen nach innen wie nach außen seit Bestehen des Reiches keine so enorme, kaum wiedergutzumachende Schädigung erlitten hat, als in diesen Tagen«, schrieben die katholischen *Historisch-*

290 *Bayerischer Kurier*, »Eulenburgs Aufgabe«, 16. Juli 1908, BLHA 554; *Münchener Post*, »Nachklänge zum Hofprozess«, 30. Oktober 1907, BAL 7837. Vgl. Möckl, »Der ›unvollendete‹ Föderalismus des zweiten deutschen Kaiserreiches«, S. 71–76. Eulenburg war besessen von der Idee eines vatikanischen Plots mit dem Ziel einer modernen Gegenreformation. Siehe Eulenburg an Caprivi, 8. September 1892, in: Röhl, *Eulenburgs politische Korrespondenz II*, Nr. 700. Vgl. Röhl, *Kaiser, Hof und Staat*, S. 42; Hull, *Entourage*, S. 94; Walser Smith, *German Nationalism and Religious Conflict*, S. 120; Stickler, »Machtverlust und Beharrung. Dimensionen einer erneuerten politischen Geschichte der regierenden Dynastien Europas im 20. Jahrhundert«, S. 385.

291 *Germania*, »Fürst Eulenburg als Vorkämpfer des protestantischen Kaisertums«, 14. Juli 1908, BAL 7839.

292 *Wolffsches Telegraphenbüro*, 14. Juli 1908, PAAA. Von Konservativen wurde Podewils kritisiert, sich bei seinem raschen Dementi nur auf die »unkontrollierbaren Gerichtsberichte« der Presse gestützt zu haben. *Deutsche Tageszeitung* »Zum Eulenburg-Prozesse«, 14. Juli 1908, BAL 7839. Vgl. Hammann, *Letzte Kaiserzeit*, S. 20–22.

293 *Reichstagsverhandlungen*, 11. Dezember 1908, S. 155.

294 *Rheinisch-Westfälische Zeitung*, 20. Juli 1908, BAL 7839.

politischen Blätter.[295] »Das Kaiserreich gleicht heute politisch einer ernsthaft belagerten Festung«, stimmten die alldeutschen Imperialisten dem Ansehensverlust der Berliner Führungsschicht zu, »in einer Zeit, wo wir Einigkeit und Kraftentwicklung nach ganz anderen wichtigen Richtungen hin bedürfen.«[296] Mit kontrafaktischen, aber gerade deshalb hochbrisanten Überlegungen konnte Maximilian Harden im Dezember 1908 bei einer Volksversammlung in der badischen Residenz Karlsruhe die ungebrochene Vitalität des Partikularismus in Deutschland feststellen. »Kaiser und Reich« seien kein »einheitlicher Begriff« mehr, erklärte er in seiner Rede vor über tausend Zuhörern. »Denken Sie sich, wenn das Deutsche Reich noch nicht bestände, würden wohl die deutschen Bundesfürsten diesem König von Preußen die Krone anbieten? Ich glaube es nicht. Auch das Deutsche Reich käme unter den heutigen Verhältnissen nicht zustande. Man stelle das Volk nicht vor die gefährliche Frage: Soll ich dem Kaiser folgen oder dem Reich. Wehe, dass es soweit kommen konnte.«[297] Die Bewusstmachung der partikularen Kräfte, gut 40 Jahre nach der Reichsgründung, war noch nicht alles. Durch den Eulenburg-Skandal konnte sich mit dem Partikularismus eine weitere gesellschaftliche Konfliktlinie verbinden, der Klassenkampf. Dies verdoppelte die Wucht des Schlages gegen die wilhelminische Herrschaftselite.

5. »Es gibt noch Richter – aber nicht in Berlin«: Das zweischneidige Schwert der Klassenjustiz

Als die entschiedensten Gegner der wilhelminischen Herrschaftselite auf dem gemeinsamen politischen Schlachtfeld von Partikularismus und Klassenkampf erwies sich weniger das liberale Bürgertum als das katholische Süddeutschland und die Sozialdemokratie.[298] Vor allem sie setzten den historisch eingeführten Kampfbegriff »Klassenjustiz« in den Gefechten an der juristischen, politischen und gesellschaftlichen Mainlinie ein, die das Deut-

295 *Historisch-politische Blätter für das katholische Deutschland*, 140/9, S. 712.

296 *Rheinisch-Westfälische Zeitung*, 8. Juli 1908, BAL 7839; *Leipziger Neueste Nachrichten*, »Der Glaubensheld«, 16. Juli 1908, BAL 7839.

297 *Badische Presse*, »Maximilian Harden in Karlsruhe«, 21. Dezember 1908, PAAA.

298 Als wichtigste Gegner der Kamarilla bereits bei Hartung, »Verantwortliche Regierung«, S. 302.

sche Reich während des Eulenburg-Skandals zerschnitt.[299] Die Gelegenheit war günstig. Die Monarchie steckte beim strafrechtlichen Umgang mit dem besten Freund des Monarchen in einem Dilemma. Eine Verurteilung Eulenburgs zu einer Zuchthausstrafe hätte das Prestige Wilhelms II. irreparabel beschädigt. Ein Freispruch hätte, angesichts erdrückender Beweise für zweifachen Meineid und Verleitung zum Meineid, das Ansehen Preußen-Deutschlands als Rechtsstaat ruiniert. Die Verfassung des Kaiserreiches kannte zwar keine Standesprivilegien mehr. In der Verfassungswirklichkeit aber besaß der Adel nach wie vor den politischen Führungsanspruch – abgeleitet aus dem moralischen Führungsanspruch, »Gottesfurcht und fromme Sitte« der Nation aufrechtzuerhalten.[300] Umgekehrt konnte, ja musste, wer den Adel politisch bekämpfen wollte, zunächst einen sozialmoralischen Klassenkampf gegen ihn führen.

Eine entscheidende Rolle spielte dabei die »moralische Fallhöhe«, wie die Skandalsoziologie festgestellt hat ein bedeutender Faktor in den meisten Skandalen.[301] Im Fall Eulenburgs war sie durch eine spezifische Hochadelspolitik Wilhelms II. noch heraufgesetzt worden. Der Kaiser hatte seinen besten Freund an Neujahr 1900 zu einem von vier neuen preußischen Fürsten gemacht, nicht allein aus persönlicher Gunst, sondern als Teil eines politischen Projekts, den deutschen Hochadel, der auch nach 1871 vorwiegend süddeutsch und katholisch war, zu prussifizieren und zu protestantisieren.[302] Dieses in Jahren rapider Industrialisierung und moderner gesellschaftlicher Wandlungsprozesse völlig anachronistische Vorhaben, mehr an die letzten Jahrzehnte des Heiligen Römischen Reiches Deutscher Nation erinnernd, ist historiographisch bisher kaum beachtet worden.[303] Dabei spiegelt es nicht

299 Buchhandlung Vorwärts, *Sodom und Gomorrha. Der Prozess der Königsmacher*. Vgl. Hall, *Scandal, Sensation and Social Democracy*, S. 72–88. Die politische Justiz des Kaiserreichs als Surrogat für den fehlenden Mut der Herrschaftselite zu politischer und sozialer Innovation sieht Blasius, *Geschichte der politischen Kriminalität*, S. 66. Vgl. Scholle, *Die preußische Strafjustiz im Kulturkampf 1873–1880*. Eher eine Studie des Kwilecki-Sensationsprozesses ist Linnemann, *Klassenjustiz und Weltfremdheit. Deutsche Justizkritik 1890–1914*. Eine zeitgenössische Verteidigung der Justiz gegen den Vorwurf der Klassenjustiz am Beispiel der Richter Kern und Lehmann im 1. und 2. Moltke-Harden-Prozess ist Kade, *Klassenjustiz*.

300 *Berliner Zeitung*, 1. November 1907, GStA 49839.

301 Bei den wilhelminischen Führungsschichten, die »Ebenbürtigkeit höher stellen als Talent, Geburt mehr schätzen als Begabung« dürfe »ein schärferer Maßstab sittlicher Beurteilung angelegt werden«. *Neue Freie Presse*, »Ein Straßenbild«, 30. Oktober 1907, BAL 7837.

302 BAK NL Eulenburg, Nr. 84, S. 3, 45–46.

303 Abzugrenzen von der gut erforschten Erhebung Bürgerlicher in den Adelsstand. Siehe Thompson, »Decorations, the State and Bourgeois Society in Imperial Germany«, S. 171–

nur die rückwärtsgewandte Mentalität der wilhelminischen Herrschaftselite wider, sondern war eine ernstgemeinte Antwort auf bürgerliche wie sozialdemokratische Emanzipationsbestrebungen, ein bewusst geführter Klassenkampf von oben, der sowohl allen Versuchen, Klassengegensätze abzubauen, als auch süddeutsch-katholischen Befindlichkeiten Hohn sprach. Mit dem Eulenburg-Skandal wurde das Scheitern dieses Projektes evident. Mehr noch: An »Fürst Phili« konnte das ganze überkommene Ständesystem Preußen-Deutschlands in Frage gestellt werden. Der *Vorwärts* ließ die Chance zur moralischen Hatz auf die Führungsschicht des Deutschen Reiches nicht verstreichen und ging soweit, zu Denunziationen homosexueller Adliger aufzurufen. Fadenscheiniger Vorwand: Eine Beseitigung des ungerechten § 175 sei erst möglich, wenn »der gesamte hohe Adel« öffentlich als homosexuell bloßgestellt sei.[304] Bei dem Gedanken der Homosexualisierung des gesunden Bürgertums durch den kranken Adel steigerte sich aber auch ein Theodor Wolff in revolutionäre Wut: Das deutsche Volk müsse endlich mit seiner verkommenen Herrscherkaste »abrechnen«.[305] Selbst die *Evangelisch-Lutherische Kirchenzeitung* vergaß ihre traditionelle Rücksichtnahme auf das Bündnis von Thron und Altar und forderte den Adel ultimativ auf, die zahlreichen Homosexuellen in seinen Kreisen »auszumerzen«.[306] Dies zeigt, dass sich in der zunehmend kritischen Mediengesellschaft des späten Kaiserreiches Monarchie und Adel nicht mehr wechselseitig stützen konnten, wie in früheren Jahrhunderten und noch Jahrzehnten, sondern jede Verfehlung des einen jetzt eigendynamisch das Prestige des anderen mitzerstörte. Zahlreiche Adlige erkannten deshalb auch in der als unkonstitutionell wahrgenommenen Herrschaftsweise Wilhelms II. eine größere Gefahr für ihre Klasse und ihren Stand als in der Wandlung Deutschlands zu einer parlamentarischen Monarchie. Wie Stephan Malinowski festgestellt hat, kann das Jahr 1908 aus adels-

---

204. Zu den Fürstungen 1900 nur eine Andeutung bei Hertz-Eichenrode, »Zur Praxis der Adelsverleihung in Preußen vor 1914«, S. 670.

304 Diese Strategie der Sozialdemokraten nimmt bereits im Krupp-Skandal Formen an. Vgl. *Leipziger Tageblatt*, »Der *Vorwärts*, § 175 und das Strafrecht«, 5. Januar 1905, GStA 57917; *Vorwärts*, »Der Geheimprozess«, 7. Juli 1908, BAL 7839. Daran anknüpfend die DDR-Historiographie: Kaul, »Der Kaiser und seine Getreuen. Der Prozess Harden-Eulenburg«, S. 128–184.

305 *Berliner Tageblatt*, »Die Geste«, von Theodor Wolff, 20. Juli 1908, BAL 7839.

306 *Evangelisch-Lutherische Kirchenzeitung* zit. in *Hamburger Nachrichten*, »Der Skandal«, 19. Mai 1908, BAL 7838. Vgl. Küenzlen, »Protestantischer Fundamentalismus und die säkulare Kultur der Moderne«, S. 3–10.

geschichtlicher Perspektive als Zäsur der – versuchten, so sollte ergänzt werden – Ablösung des Adels vom Monarchen gelten.[307]

Abb. 25. »An dieser Stelle hat mir der Fürst zum ersten Mal seine Liebe gestanden.« Der Eulenburg-Skandal lenkt den Blick auf eine zunehmende (homo-) sexuelle Verwischung der Standesgrenzen. Quelle: Simplicissimus, *8. Juni 1908, S. 165.*

Befördert wurden diese Auflösungstendenzen innerhalb der wilhelminischen Herrschaftselite durch eine gesellschaftspolitische Entwicklung, die in das öffentliche Bewusstsein drang. Der Eulenburg-Skandal machte das Ausmaß deutlich, in dem die Standesgrenzen durch ausgelebte Sexualität bereits verwischt waren. Nicht nur die Homosexualität Eulenburgs, vorwiegend praktiziert mit Angehörigen der untersten Gesellschaftsschichten, Fischerknechten, Leibdienern, Matrosen, Forstgehilfen und Bademeistern, auch die unstandesgemäßen Liebesheiraten seiner Kinder, immerhin Bestandteil der

307 Malinowski, *Vom König zum Führer*, S. 172.

Hochadelspolitik Wilhelms II., waren für Gesellschaftskritiker ein schlagender Beweis für die Auflösung der Klassen- und Standesgrenzen durch eine schleichende sexuelle Evolution.[308] Vorstellungen vom adligen »Wollüstling«, der ehrbare bürgerliche Mädchen verdarb, waren alt. Jetzt fanden sie ihre skandalöse Aktualisierung in der Homosexualität und wurden wichtiger Bestandteil des sozialmoralischen Klassenkampfes gegen den Adel. Bereits das gegenseitige Duzen Eulenburgs und seines Privatsekretärs Georg Kistler wurde als Indiz für eine homosexuelle Beziehung der beiden gewertet. »Wenn Sie ihn duzen, würde es nicht auffallen«, hielt Richter Lehmann dem Kaiserfreund vor. »Wenn Sie nun noch so gut sind, noch so sehr für die Verwischung der Unterschiede des Standes sind, so ist es doch komisch, wenn der Mann von Ihnen als Philipp spricht.«[309] Homosexualität wurde als großer gesellschaftlicher Gleichmacher und als Signum verstanden, wie unhaltbar das Ständesystem und wie weit die demokratische Modernität unter der Oberfläche der Ständegesellschaft fortgeschritten war.[310] Nicht einmal vor dem Körper des Monarchen machte die Homosexualität halt. Für das *Leipziger Tageblatt* waren »Berührungspunkte politischer, psychischer, ja körperlicher Art zwischen dem Träger der höchsten politischen Gewalt« und Philipp Eulenburg eine unbestreitbare Tatsache.[311]

Dass von Eulenburg keine ihn entlastenden Aussagen in Richtung des Kaiserthrones erfolgten, erklärte für den größten Teil der deutschen Öffentlichkeit die in ihrem Ausmaß beispiellose Klassenjustiz zu Gunsten des gestürzten Favoriten. Nach dem Urteil im Münchener Harden-Städele-Prozess wäre ein des Meineids dringend verdächtiger »gewöhnlicher Untertan« wegen Flucht- und Verdunkelungsgefahr sofort verhaftet und angeklagt wor-

308 Neben der unstandesgemäßen Heirat seines Sohnes Fritz-Wend wurde im Skandal insbesondere das »Durchbrennen« der Tochter Vicky mit Eulenburgs schönem »judeo-rumänischen« Privatsekretär Edmund Jarolymek diskutiert. *Deutsche Zeitung*, »Der Sturz vom goldenen Stuhl«, 8. Mai 1908, BAL 7838; *Tägliche Rundschau*, »Die Kamarilla«, 11. Juni 1907, BAL 7836.

309 Zur Deutung des Gerichtes trug die Formulierung Eulenburgs bei, Kistler sei ihm leider »durch Verheiratung entzogen« worden. 12. Verhandlungstag, Fragment, Juli 1908, BLHA 562. *B.Z. am Mittag*, »Kistler und Schäfer«, 17. Juli 1908, PAAA. Bereits im Münchener Harden-Städele-Prozess hatte es für Aufsehen gesorgt, dass sich Eulenburg von Ernst und Riedl duzen ließ.

310 Eine »Gleichmacher«-Wirkung auf die bürgerliche Öffentlichkeit wurde in der preußisch-deutschen Monarchie, im Gegensatz zum britischen Königshaus, bereits bei unebenbürtigen Fürstenhochzeiten gefürchtet. Siehe das Fiasko des »Battenberger Heiratsprojektes«. Röhl, *Wilhelm II.*, Bd. 1, S. 518–547.

311 *Leipziger Tageblatt*, »Rehabilitation«, 23. April 1908, GStA 49831.

den, monierte die *Pfälzer Post.* Eulenburg hingegen wurden zwei volle Wochen Schonfrist gewährt, die er tatsächlich dazu nutzte, wie sich später herausstellte, Beweise zu vernichten und Zeugen zu beeinflussen. Die Polizei erschien in dieser Zeit auf Schloss Liebenberg nur in Person des *high society*-Kriminalkommissars Hans von Tresckow als Jagdgast Eulenburgs.[312] Um die Herausforderung zu verdeutlichen, vor der die Justiz Preußens im Hinblick auf den Zustand der wilhelminischen Klassengesellschaft stand, wurden im Sommer 1908 häufig Vergleiche zum Fall Wilhelm Voigts gezogen, des »Hauptmanns von Köpenick«. Dieselbe konservative Presse, argwöhnte die *Berliner Morgenpost*, die im Fall Voigt vor »Sentimentalität und Schlappheit« gegenüber einem Vorbestraften warnte, behaupte nun ernsthaft, Eulenburg sei durch kritische Presseartikel bereits genug gestraft.[313] Zu den Zeitungen, die die Gleichheit vor dem Gesetz auf diese Weise ganz offen relativierten, gehörten die *Hamburger Nachrichten.* Ein »Angehöriger der höheren Stände«, wurde argumentiert, werde durch eine Haftstrafe ungleich schwerer getroffen »als etwa ein Handarbeiter«. Für »einfache Menschen« sei die Sache mit der Strafverbüßung abgetan, die ihnen in ihrem Milieu kaum schade, während ein kultivierter Mensch, »abgesehen von den stärkeren seelischen Leiden«, seine »ganze bisherige Existenz, seine soziale und wirtschaftliche Stellung, sein Lebens- und Familienglück« verliere. »Hier besteht also die Gleichheit vor dem Gesetze, die da fordert, dass jeden für die gleiche Straftat auch die gleiche Strafe treffe, nur theoretisch und dem Buchstaben nach, während in der Praxis eine schreiende Ungleichheit eintritt.«[314] Standesdünkel, Elitismus und Verachtung der Massenmenschen führten auch zu genau entgegengesetzten Schlussfolgerungen. Die *Evangelisch-Lutherische Kirchenzeitung* forderte eine exemplarisch harte Bestrafung Eulenburgs mit der Begründung: »Wenn ein Alkoholiker aus dem Arbeiterstande ein Kind vergewaltigt, so ist das nicht so schlimm wie Eulenburgs Verfehlung; denn dieser hat ganz andere Hemmungen des Bösen in sich als jener: die Erziehung, die

312 *Pfälzische Post*, »Die Eulenburg-Affäre. Wenn Phili kein Fürst wäre«, 29. April 1908, BAL 7838.

313 *Berliner Morgenpost*, »Mitgefühl. Der Hauptmann von Köpenick – der Fürst zu Eulenburg«, 11. Juli 1908, GStA 49833.

314 *Hamburger Nachrichten*, »Gleichheit vor dem Gesetz?«, 27. September 1908, BAL 7839. Bekannt wurde, dass Graf Lynar im Gefängnis Selbstbeköstigung gewährt wurde, was der zuständige Gefängnisinspektor damit rechtfertigte, dass ihm schließlich nicht seine *bürgerlichen* Ehrenrechte aberkannt worden seien. Eine solche Vorzugsbehandlung, kritisierte der *Vorwärts*, sei einem sozialdemokratischen »Preßverbrecher« noch nie zugestanden worden. *Vorwärts*, »Der Fürst und sein Staatsanwalt«, 30. April 1908, BAL 7838.

Bildung, die Stellung, die Tradition, das Christentum. Alles wie Spreu verflogen!«[315]

Wie sehr selbst fundamentale Gerechtigkeitsvorstellungen im Kaiserreich klassengebunden waren, belegt auch die ungewöhnlich lange Jugendphase, die Eulenburg von der Staatsanwaltschaft zugestanden, einem Arbeiter oder Kleinbürger aber niemals eingeräumt worden wäre. Zu »Jugendsünden« verharmloste Staatsanwalt Isenbiel etwa den strafbaren homosexuellen Geschlechtsverkehr Eulenburgs in seiner Zeit als preußischer Legationssekretär in Bayern. »Ach, Isenbielchen«, schrieb dazu die *Münchener Post*. »Als Phili in München mit den Fischern Unzucht trieb und den leichten Reiter Riedl seinem Freunde, dem kurzen und dicken Päderasten verkuppelte, hatte er das dritte Dezennium seines glorreichen Lebens schon überschritten. Aber die goldene Jugend hält doch ewig. Und so wird dem alten Phili das kleine Meineidchen auch nur als ein Kinderstreich angerechnet werden.«[316] Staatstragende Zeitungen versuchten mit der Meldung zu beruhigen, Wilhelm II. habe aus seinem Palast auf Korfu eigens per Telegramm Anweisung erteilt, die Justiz habe keinerlei Rücksicht auf seinen Freund zu nehmen. Was als großartige Geste des Monarchen verkauft werden sollte, war Kritikern nur eine weitere »Monstrosität«, die ein Weltbild enthüllte, in dem »die Gleichheit aller vor dem Gesetze« erst durch Kabinettsjustiz genehmigt werden musste.[317]

Tatsächlich geriet denn auch die Verhaftung des Kaiserfreundes am 7. Mai 1908 zu einer einzigen klassenspezifischen Rücksichtnahme, denn mit der Polizei reiste die Wissenschaftliche Deputation der Provinz Brandenburg nach Schloss Liebenberg.[318] Der fürstliche Untersuchungshäftling

315 *Evangelisch-Lutherische Kirchenzeitung*, zit. in *Hamburger Nachrichten*, »Der Skandal«, 19. Mai 1908, BAL 7838.

316 *Münchener Post*, zit. in *Tägliche Rundschau*, 26. April 1908, BLHA 554.

317 *Hamburgischer Correspondent*, »Gleiches Recht«, 5. Mai 1908, GStA 49831. Bereits beim unter Juristen umstrittenen Eintritt der Staatsanwaltschaft in das Verfahren nach dem 1. Moltke-Harden-Prozess hatte der nationalliberale Parteiführer Bassermann die Berliner Justiz vor Klassenjustiz gewarnt. *Deutsches Reichsblatt*, »Was lehrt den Liberalismus der Harden-Prozess«, 4. Januar 1908, GStA 49839. Auch die Alldeutschen kritisierten dies unter Verweis auf den Monarchietheoretiker Friedrich Julius Stahl scharf, der propagiert hatte, »dass in der unverbrüchlichen Handhabung der Gerechtigkeit vor allem die Majestät und Heiligkeit des Staates besteht«. Seit jeher hätten sich die Könige von Preußen viel darauf eingebildet, der Justiz nicht in den Arm zu fallen, auch wenn es um die vornehmsten adeligen Namen, »die Lindenberg, Köckeritz und Lüderitz« ging. *Leipziger Neueste Nachrichten*, 3. Mai 1908, BAL 7838.

318 Die 20minütige Untersuchung der Allgemeinmediziner stieß auf Unverständnis, da angesichts der rasanten Spezialisierungen der letzten Jahre Fachärzte für innere Medizin und

durfte wegen seiner Gesundheitsprobleme, so die Entscheidung dieser obersten, von der Regierung abhängigen Medizinalbehörde, nicht im Moabiter Untersuchungsgefängnis, sondern nur in der Berliner Charité untergebracht werden. Dort wurde ihm gestattet, in einer separaten Räumlichkeit mit eigenem Diener zu logieren, seine Familie um sich zu haben und mit ihnen Englisch und Französisch zu sprechen, wodurch eine erhebliche Verdunkelungsgefahr hingenommen wurde.[319] Der im Juni 1908 beginnende Meineidsprozess gegen Eulenburg, der nun täglich von der Charité mit einem Motorkrankenwagen in den Moabiter Justizpalast transportiert und auf einer Trage in den großen Schwurgerichtssaal gebracht wurde, war ein Panoptikum der deutschen Gesellschaft, denn in ihm kamen die unterschiedlichsten Klassen körperlich auf engstem Raum zusammen. Auf der Zeugenbank saß etwa ein ehemaliger bayerischer Fischerknecht wie Jakob Ernst neben General Alexander Graf Wartensleben, einem der schneidigsten Kavallerieoffiziere der preußischen Armee. Die *BZ am Mittag* warnte jedoch vor dem Eindruck trauter Klassenharmonie, der viele Beobachter ergriff. Sie verglich den Strafprozess gegen den besten Freund Kaiser Wilhelms II. mit einem Shakespeare-Drama, um die feinen, aber unverrückbaren Klassenunterschiede kenntlich zu machen, die nach wie vor die deutsche Gesellschaft durchzogen: »Auf der einen Seite stehen die Herren. Edle oder Schurken gleichviel. Aber die Herren. Auf der anderen Seite die Knechte, das Volk, Gevatter Schneider und Handschuhmacher, die Komischen, die Nichternstzunehmenden, Leute, die man unter Umständen abwehren muss wie lästige Fliegen. Leute, die mit anderem Maße gemessen werden müssen. Von ihren Aussagen gehen noch nicht zehn auf einen einzigen fürstlichen Eideshelfer.« Die Anspielung bezog sich darauf, dass ein preußisches Gericht einem gewöhnlichen Angeklagten niemals Dutzende fragwürdiger Entlastungszeugen aus ganz Europa bewilligt hätte, nur um auszusagen, dass sie »den Fürsten kennen und […] er weder mitgeteilt noch angedeutet hat, dass er Männer zu geschlechtlicher Intimität verführt [und] wissentlich falsch geschworen« hat.[320]

Den durch solche offenkundigen Begünstigungen des Fürsten Eulenburg immer lauter werdenden Vorwürfen von Klassenjustiz begegnete ein staatstragendes Blatt wie die *Vossische Zeitung* mit dem rechtspositivistischen,

Nerven hätten herangezogen werden müssen. *Der Tag*, »Verhandlungsfähig«, von Sanitätsrat Dr. Rust, 10. Juli 1909, BAL 7839.

319 *Dresdener Nachrichten*, »Zum Eulenburg-Prozess«, 12. Juli 1908, BLHA 554.

320 *BZ am Mittag*, »Der Prozess«, 11. Juli 1908, BAL 7839; *Die Welt am Montag*, »Es wird weiter vernommen!«, 13. Juli 1908, GStA 49833.

reichlich unpolitischen Einwand, der Justizminister und damit auch Reichskanzler und Monarch besäßen keinerlei Einfluss auf Eulenburgs Prozess, schließlich werde allen Richtern ihr Geschäftsbereich ein Jahr im Voraus zugeteilt und die Schöffen ausgelost.[321] Der Teufel steckte jedoch im Detail, wie ein Blick auf Eulenburgs zwölf Geschworene zeigte, die von Staatsanwalt Isenbiel, dem Repräsentanten derjenigen Behörde, die seit den 1870er Jahren Speerspitze im Kampf gegen die Sozialdemokratie war, pathetisch aufgefordert wurden, ein »Volksgericht im besten Sinne des Wortes« zu sein.[322] Zu ihrer sozialen Zusammensetzung schrieb Helmuth von Gerlach: »Ja, du lieber Himmel, unser Volk besteht doch nicht zur Hälfte aus Fabrikbesitzern!« Auch die übrigen sechs Geschworenen – Sattlermeister, Ingenieur, Chemiker, Kaufmann, Kommerzienrat und königlicher Hoflieferant – bildeten ausschließlich das mittlere und gehobene Bürgertum ab. Da für Schöffen- und Geschworenendienst keine finanzielle Entschädigung gezahlt wurde, konnte der Friedrich Naumann nahestehende Linksliberale Gerlach zu Recht von einem raffinierten sozialen »Filtriersystem« sowohl im Prozess Eulenburg, als auch im parallel stattfindenden Prozess von Bülows Pressechef Otto Hammann sprechen. »So wird das Volksgericht in zahllosen Fällen zum Klassengericht.«[323] Hinzu kamen Berufsrichter, die fast komplett dem konservativen Milieu entstammten. Landgerichtspräsident de Niem machte aus ihrem im Skandal vielkritisierten Klassendünkel keinen Hehl. Er stellte in der *Deutschen Juristenzeitung* fest, dass ein Richter zu den »Anschauungen des Gebildeten doch noch immer mehr Zutrauen haben darf, als zu denen des durch keine Bildung angekränkelten Proletariers«.[324] Helmuth von Ger-

321 *Vossische Zeitung*, 31. Oktober 1907, GStA 49839.

322 *Rheinisch-Westfälische Zeitung*, »Peinliche Fragen«, 31. Oktober 1907, GStA 49839. Vgl. Blasius, *Politische Kriminalität*, S. 64.

323 Das Reservoir von 30 Geschworenen für beide Prozesse, für jeden wurden 12 Geschworene und 2 Ersatzgeschworene benötigt, war in der Tat gutbürgerlich: Prokurist, Apotheker, Fabrikbesitzer, Architekt, Fabrikant, Verlagsbuchhändler, Kaufmann, Regierungsbaumeister, Kunstmaler, Hotelier, Zimmermeister, Ingenieur, Möbelhändler, Schleifereibesitzer, Fabrikant, Kupferdruckereibesitzer, Buchhändler, Zimmermeister, Goldschmiedemeister, Lehrer a.D., Königlicher Lotterieeinnehmer. *Berliner Tageblatt*, »Die Geschworenenliste für die Prozesse Hammann und Eulenburg«, 4. Juli 1909, BAL 7839. Das klassenspezifische sogenannte »Sieben« von Schöffen und Geschworenen stand noch bis in die Weimarer Republik unter Dauerkritik der politischen Linken. Vgl. Tucholsky, *Politische Justiz*.

324 »Na also! Mit diesen Worten bestätigt der Verfasser vollinhaltlich selbst das Bestehen einer Klassenjustiz. Gerade die Bildung und soziale Stellung des aus der Bourgeoisie hervorgegangenen Richters ist es ja, die es ihm unmöglich macht, sich in das Denken und Fühlen des Arbeiters hineinzudenken und seine Handlungen richtig zu begreifen.« *Leipziger Volkszeitung*, »Klassenjustiz«, 14. Juli 1908, GStA 49833.

lach hob zudem die Bedeutung der Presse bei der Sozialisation, aber auch der tagesaktuellen Beeinflussung von Richtern und Schöffen hervor: »Wer von seinem vierzehnten Lebensjahre an regelmäßig die *Tägliche Rundschau* gelesen hat, wird anders urteilen, als wer das *Berliner Tageblatt* oder den *Vorwärts* regelmäßig zu lesen pflegt [...] Der Mensch ist, was er liest.«[325] Noch am selben Tag fand diese Diagnose ihre Bestätigung vor Gericht. Nach der immerhin ehrlichen Erklärung »Ich fühle mich in dieser Sache voreingenommen und befangen [...] Ich habe mir schon aus den Zeitungen mein Urteil gebildet« musste einer von Eulenburgs Geschworenen, der Möbelhändler Christoph Tennigkeit, ausgewechselt werden.[326]

Von Eulenburgs Verhaftung an, so bedeutsam sie für den Ansehensverlust von Monarchie und Aristokratie war, wurde allseits angenommen, es werde niemals zu seiner Verurteilung kommen. Viele glaubten, der gestürzte Favorit sei im Besitz kompromittierender Briefe Wilhelms II. oder wisse um heikle Staatsgeheimnisse. Sehr früh wurde es für wahrscheinlich gehalten, dass bei ihm, als rettender Ausweg, eine Geisteskrankheit diagnostiziert wird.[327] Wenige Tage nach Eulenburgs Verhaftung machte die *Tribüne* mit der Überschrift »Psychiater gesucht!« auf und traf damit eine in der deutschen Presse verbreitete Stimmung.[328] Zwar wurde auch als Möglichkeit in Betracht gezogen, dass man ihn als »halbverfallenen Morphinisten« hinstellen werde, ein bereits mehrfach in Strafprozessen von Hocharistokraten

325 *Die Welt am Montag*, »Klassenjustiz«, von Helmuth von Gerlach, 6. Juli 1908, GStA 49833.

326 *Vossische Zeitung*, »Prozess Eulenburg«, 7. Juli 1909, BAL 7839. Erstaunlicherweise versuchte die Berliner Justiz, ihre Geschworenenpolitik öffentlich zu rechtfertigen: Im Sommer sei es nun einmal besonders schwer, »geeignete« Geschworene zu verpflichten. »Welchem Bewohner von Berlin W. kann denn sein Hausarzt nicht bezeugen«, höhnte die *Welt am Montag*, »dass er sich im Juli unbedingt an der See oder im Hochgebirge erholen muss? In Berlin N. oder O. gibt es allerdings Hunderttausende von Männern, die auch im Juli als Geschworene fungieren könnten und es auch gern tun würden. Aber das sind ja Arbeiter und meist Sozialdemokraten obendrein. Die kommen erst gar nicht auf die Vorschlagsliste.« Welt am Montag, »Es fehlt an Richtern für Eulenburg«, 5. Juli 1909, BAL 7839. Auch die *Nationalzeitung* forderte die Justizverwaltung auf, »ruhig in etwas ›niedere Schichten‹ herabzusteigen, dann wird sie genug Männer finden, dies zu diesem Geschworenenamt Fähigkeit und Mut finden«. Zit. in *Vorwärts*, »Ein Vorschlag zum Eulenburgprozess«, 29. Juni 1909, BAL 7839; *Tribüne*, »Justiz im Dunkeln«, 2. Juli 1908, GStA 49833.

327 *Neue Bayerische Landeszeitung*, »Harden, Eulenburg und Moltke« 3. Juni 1908, BAL 7838. Bereits im Juni 1907 wurde die »Flucht in die Krankheit« als Ausweg Eulenburgs aus dem Skandal ventiliert. *Kölnische Volkszeitung*, »Die verkannte Kamarilla«, 12. Juni 1907, BAL 7836.

328 *Tribüne*, »Eulenburg«, 12. Mai 1908, GStA 49831.

praktiziertes Verfahren, um hinter den Mauern einer »fashionablen Heilanstalt« straflos zu bleiben. Bei Eulenburgs politischer Bedeutung erschien dies allerdings als zu »banal«.[329]

Die »Flucht in die Krankheit« als Rettung vor der Strafjustiz wurde im Kaiserreich vor allem Angehörigen der höchsten Gesellschaftsklassen eingeräumt, wie die *Zeit am Montag* scharf kritisierte: »Das deutsche Volk ist nach allem, was es auf dem Gebiete der Rechtsprechung bereits erlebt hat, misstrauisch geworden und glaubt nicht recht an jene Geisteskrankheit vornehmer Damen und Herren, die erst dann entdeckt wird, wenn es gilt, die von ihr befallenen Personen der strafrechtlichen Verantwortung für verbrecherisches Tun zu entziehen.«[330] Bezeichnenderweise versuchten auch immer mehr bürgerliche Angeklagte »aus sogenannter guter Familie« durch Hinzuziehung ärztlicher Sachverständiger in den Genuss dieses Privilegs zu gelangen. Albert Moll warnte in der *Ärztlichen Ethik* von 1902 seine Kollegen ausdrücklich, zu dieser Form von Klassenjustiz beizutragen.[331]

Anders als in anderen aristokratischen Fällen war das Klassenprivileg Krankheit im Fall Eulenburg jedoch höchst ambivalent, denn es bot der monarchiekritischen Presse die Chance, mit Spekulationen über den langjährigen »politischen Wahnsinn« des kaiserlichen Favoriten sowohl die Politik Wilhelms II. als auch die ganze monarchische Staatsform als pathologisch zu diskreditieren. Die *Münchener Post* kolportierte, Eulenburg sei seit Jahren »Fetischist«, sammele Stiefelsohlen und besitze eine »krankhafte Neigung für Gartenzäune und Gartengitter«. So bizarr die Vorwürfe, so scharf die politischen Schlussfolgerungen: »Demnach wäre Phili schon geistesgestört gewesen, als er noch in Liebenberg äußere und innere Politik machte. Demnach wären die gesuchten Briefe Wilhelms II. an einen Geisteskranken gerichtet gewesen.« Das Blatt aus Bayern, wie viele Zeitungen bei diesem Punkt zwischen Satire und bitterem Ernst schwankend (vgl. Kap. VI.3), zitierte genüsslich aus einem Gedicht Theodor Fontanes, um die in den letzten Jahrzehnten in der Reichshauptstadt gemachte Politik zu charakterisieren:

---

329 Gemeint waren die Fälle des Prinzen Prosper von Arenberg und der Fürstin Wrede. *Breslauer Morgenzeitung*, »Sittlichkeit und Heuchelei«, 12. Juli 1908, BLHA 554; *Leipziger Volkszeitung*, »Eulenburg als Spitalkrüppel«, 15. Mai 1908, BAL 7838.

330 *Zeit am Montag*, »Eulenburg vor den Geschworenen«, 15. Juni 1908, GStA 49831.

331 »Der Wohlhabende ist freilich dadurch schon besser geschützt, dass er, reicher als der Arme, zunächst ein privatärztliches Attest über seinen Geisteszustand erlangen und vorlegen kann und daher die Einleitung einer vom Gericht anzuordnenden gerichtsärztlichen Untersuchung erleichtert wird.« Moll, *Ärztliche Ethik*, S. 456–468.

Du bist verrückt mein Kind,
Du musst nach Berlin,
Wo die Verrückten sind,
Da gehörst du hin.«[332]

Dass Homosexualität negativ auf die »Gesamtpsyche« wirke, erklärte Maximilian Harden vor Gericht, bestätige die gesamte Literatur »von Krafft-Ebing bis auf Kraepelin«. Mit der Suggestion eines Zusammenhangs zwischen sexueller Devianz und Geisteskrankheit konnte der Publizist nahtlos an den kriminalanthropologischen Diskurs anschließen, den nicht zuletzt seine *Zukunft* seit ihrer Gründung 1892 im deutschen Sprachraum zu popularisieren half.[333] Von vielen Tageszeitungen wurde in der Folge Eulenburgs »politischer Wahnsinn« ventiliert, ein Konzept, das Césare Lombroso in seinem 1891 erschienen Werk *Der politische Verbrecher und die Revolutionen* beschrieben hatte. Dies war, von Historikern bisher erstaunlich unbeachtet, nichts anderes als Lombrosos ins Politische gewendete Theorie vom »geborenen Verbrecher«. Zwar räumte der italienische Kriminalanthropologe darin ein, es könne politische Verbrecher, die er als »moralisch Irre« und »Mattoïde« benannte, auch unter den Herrschenden und insbesondere im degenerierten Adel geben. Eigentlich war seine anthropolitische Theorie jedoch auf Europas Revolutionäre, Rebellen und Anarchisten seit 1789 gemünzt.[334] Diese hochreaktionäre Perspektive konnte im Fall Eulenburgs jedoch umgekehrt und gegen die wilhelminische Herrschaftselite gerichtet werden. Ein Fetischist wie Eulenburg sei nicht »einfach« verrückt, argumentierte die *Pfälzer Volkszeitung*, »ebensowenig, wie man die Fetischanbeter in Afrika und anderen wilden Ländern als wahnsinnig bezeichnen kann.« Vielmehr müsse man die reaktionären Ideen, für die seine Politik stehe, als politischen Wahnsinn charakterisieren.[335] Noch deutlicher in der Herrschaftskritik wurde die *Zeit am Montag*, die zur jahrelangen politischen Beratung Wilhelms II. durch Eulenburg anmerkte: »Ein durchschlagender Beweis für völlige

332 Münchener Post, »Der geisteskranke Phili«, 12. Juni 1908, BAL 7838. Vgl. auch den fast wortgleichen Berliner Gassenhauer in Richter, *»Mutter, der Mann mit dem Koks ist da!«*, S. 144.

333 Friedländer, *Prozesse*, S. 4266–67.

334 Lombroso, *Der politische Verbrecher und die Revolutionen 1*, S. 240, 273–274. Wie beim »geborenen Verbrecher« geht Lombroso auch bei den »politischen Verbrechern« von angeborener Degeneration aus, die physiognomisch erkennbar sei. Zur Illustration sind Porträts von »Moralisch Irren« und »Mattoïden« wie Marat, Mirabeau und Nobiling beigefügt. Zum Konzept vom »geborenen Verbrecher« Wetzell, *Inventing the Criminal*, S. 28–31.

335 *Pfälzische Volkszeitung*, »Eine Hilfsaktion der Kinäden«, 17. Juli 1908, BAL 114.

geistige Intaktheit kann aber auch darin nicht erblickt werden«.[336] Ausländische Zeitungen wie die *Union* aus Prag mussten bei der Verknüpfung von wilhelminischer Politik und politischem Irrsinn keine Rücksicht auf den deutschen Majestätsbeleidigungsparagraphen nehmen. Sie sahen die Außenpolitik des Kaiserreiches als eine einzige Handlungsabfolge politisch Wahnsinniger, weshalb die Entschuldigung der Kolonialskandale mit »Tropenkoller« die Wahrheit gewesen sei, nur habe man die Tollheit aus Berlin in die Kolonien eingeschleppt.[337]

Mit der Deutung Eulenburgs und Wilhelms II. als politisch Irrer konnte nahtlos an den monarchiekritischen Topos vom »Cäsarenwahnsinn« angeknüpft werden, mit dem im 19. Jahrhundert gegen die meisten europäischen Monarchien agitiert wurde. Von Ludwig Quidde, inspiriert von Hardens »Apostata«-Artikeln, war er mit dem berühmten Wilhelm II./Caligula-Vergleich 1892 in die politische Kultur des Kaiserreiches übertragen worden (vgl. Kap. II.4). Das Eulenburg zugeschriebene homosexuelle Doppelleben bot den Stoff entsprechender Phantasien. Die Wiener *Neue Freie Presse* sagte ihm nach, ein Leben geführt zu haben »wie Oscar Wildes Held Dorian Gray, der abends in den Soiréen der vornehmen Welt durch Witz, Schönheit und Geist die Gesellschaft bezauberte und um Mitternacht, wenn er die Gesellschaft verlassen hatte, den Frack mit gemeinen Kleidern vertauschte und die verrufensten Matrosenspelunken aufsuchte [...] Erscheint ein solches Doppelspiel nicht wie ein Wahnsinn, wie eine Ausgeburt kranken Geistes?«[338] Wie nah all diese obrigkeitskritischen Spekulationen der Realität kamen, zeigte sich, als Eulenburg tatsächlich Verhandlungsunfähigkeit bescheinigt wurde, wenn auch schließlich nicht aus psychischen, sondern physischen Gründen.[339] Nach 12 Verhandlungstagen im Moabiter Justizpalast attestierten die Gerichtsärzte dem Fürsten Transportunfähigkeit, worauf das Gericht die sensationelle Entscheidung fällte, den Prozess in der Charité weiter zu verhandeln. Nach drei Verhandlungstagen im Krankenhaus stellten die Gerichtsärzte jedoch fest, Eulenburg schwebe durch die »fortgesetzte Anstrengung und Aufregung« des Prozesses in seinen Krankenräumen in Lebensgefahr. Dem Gericht blieb keine andere Wahl mehr, als den Prozess auf unbestimmte Zeit zu vertagen.

336 *Zeit am Montag*, »Eulenburg vor den Geschworenen«, 15. Juni 1908, GStA 49831.
337 *Union* (Prag), 30. Oktober 1907, PAAA.
338 *Neue Freie Presse*, 9. Mai 1908, BAL 7838.
339 *Hannoverscher Courier*, »Die schmerzhafte Stelle am Knie«, 7. Mai 1908, BAL 7838.

Bei der Beurteilung dieser Entscheidung löste sich innerhalb von Politik, Justiz und Presse immerhin manch traditionelle Front auf. Staatsanwalt Hugo Isenbiel, der Eulenburg noch wenige Monate zuvor im 2. Moltke-Harden-Prozess in den Himmel plädiert hatte, sah sich um die Möglichkeit gebracht, mit einer Verurteilung sein beschädigtes Ansehen und das der Berliner Staatsanwaltschaft, vom *März* als »Die objektivste Behörde von der Welt« verspottet, wiederherzustellen. Er unternahm den für einen preußischen Staatsanwalt unerhörten Schritt, dem Pariser *Matin* ein Interview zu geben, in dem er der Öffentlichkeit bekanntgab, wie sein Plädoyer ausgefallen wäre: Beim gegenwärtigen Verhandlungsstand, verkündete Isenbiel, hätte er für Fürst Eulenburg eine Zuchthausstrafe beantragt.[340] Das demokratische *Berliner Tageblatt* hieß die Vertagung dagegen gut, weil »in einer Krankenstube« eine faire Rechtsprechung unmöglich sei, eine Meinung, die sich mit dem monarchiefreundlichen Pariser *Figaro* traf, der sich zu dem Urteil verstieg, man habe nie »an einem Mörder oder an dem gefährlichsten Apachen derartige Grausamkeiten geübt« wie an Eulenburg, dessen Krankenzimmer zu einem Gerichtshof gemacht wurde.[341] Demgegenüber kritisierte Kaiser Wilhelm II. die Vertagung mit drastischen Worten. Es dürfe nicht sein, dass die »ganze Wirtschaft« umsonst war und »die Schweinerei« noch einmal von vorne anfange, telegraphierte er Reichskanzler Bülow. »Ist denn den Leuten gar nicht klar, was das unserem Ansehen im Auslande für immensen Schaden tut? [...] Der Prozess musste fortgehen und wenn Eulenburg im Feuer blieb! Das wäre immer noch besser für ihn, als in monatelanger Haft zu vegetieren«.[342] Justizminister Beseler bemühte sich vergebens, dem Monarchen verständlich zu machen, dass durch die gerichtsmedizini-

340 *Le Matin*, »Le procès Eulenbourg. Déclarations du procureur au correspondant du Matin«, 20. Juli 1908, PAAA. Der ungewöhnliche Schritt erstaunte die französische Presse: »Pour qu'un magistrat prussien commette une infraction si grave aux convenances les plus élémentaires, il faut vraiment ou bien qu'il y ait quelque chose de changé en Prusse«. *Journal des Debats*, »L'adjournement du procès Eulenbourg«, von Maurice Muret, 20. Juli 1908, PAAA; *BZ am Mittag*, »Isenbiel über den Eulenburg-Prozess«, 20. Juli 1908, BAL 7839.

341 *Berliner Tageblatt*, »Der unmögliche Prozess«, 16. Juli 1908, GStA 49833. Die Alldeutschen warfen dem demokratischen Blatt vor, im Namen der Humanität mit »weicher Rührseligkeit« und »schleimiger Sentimentalität« einen Verbrecher wie Eulenburg entlasten zu wollen. *Rheinisch-Westfälische Zeitung*, »Sentimentalität und Rechtsgefühl«, 12. Mai 1908, BAL 7838; *Figaro* zit. in *Vossische Zeitung*, 18. Juli 1908, BAL 7839.

342 Wilhelm II. an Bülow, 18. Juli 1908, PAAA. Ebenso wurde Justizminister Beseler telegraphiert: »Seine Majestät der Kaiser und König sind durch die Nachricht von der Vertagung des Prozesses Eulenburg auf das Unangenehmste überrascht und beklagen diese Entwicklung aus vielen Gründen.« Wilhelm II. an Beseler, 17. Juli 1908, PAAA.

schen Gutachten ein Prozess zu einer »tatsächlichen und rechtlichen Unmöglichkeit geworden« sei.[343]

Paradoxerweise war es die um 1900 ausgesprochen progressive Gerichtsmedizin, die im Fall Eulenburg als Motor der Klassenjustiz identifiziert werden kann. Sie transformierte die Aristokraten früher gewährte Flucht ins Exil in eine Flucht in die Krankheit. Da die Charité sich nach dem Prozessabbruch weigerte, den prominenten Untersuchungshäftling länger zu beherbergen, versuchte die Staatsanwaltschaft, Eulenburg ins Untersuchungsgefängnis Moabit überstellen zu lassen; ausdrücklich auch deshalb, um bei ihm den Willen zu stärken, »sich seinem Richter zum Urteilsspruch zu stellen«, und die vielen öffentlichen Stimmen zum Schweigen zu bringen, ein Fürst werde »mit anderem Maß gemessen wie ein Häftling einfachen Standes«. Allein ein neu angefordertes gerichtsmedizinisches Gutachten vereitelte abermals den Versuch, den Gerichtsprozess gegen den Kaiserfreund zu einem Abschluss zu bringen. Eine Untersuchungshaft in Moabit, hieß es in der Diagnose, könne dem Fürsten nur zugemutet werden, wenn er »ein eigenes Bett, Selbstverköstigung, Lektüre und Korrespondenz« erhalte. Ermöglicht werden müssten ferner tägliche »Besuche mindestens seitens der Frau, an welcher E. in besonderem Grade hängt, wie diese auch ihrerseits an dem Fürsten. Eine allzu starke Beschränkung in dieser Beziehung würde den Zustand des Patienten bald wesentlich verschlechtern. Die Beibehaltung eines Dieners erklären wir für eine *conditio sine qua non*, und eine ebensolche ist die Bereitstellung eines extra für den Fürsten zu engagierenden Arztes […] Die Herbeiholung eines der beiden Gefängnisärzte wäre, da beide viel zu weit wohnen, untunlich«.[344] Tunlich war dies offenkundig aber für die übrigen kranken Untersuchungshäftlinge. Das Motto »Gleiches gleich und Ungleiches ungleich«, ein noch heute beliebter Euphemismus, um in Stände und Klassen zerklüftete Gesellschaftsordnungen zu legitimieren, wirkte erfolgreich als gerichtsmedizinische Kategorie im Berlin des frühen 20. Jahrhunderts, wie das Gutachten belegt. Nach fünfmonatiger »Untersuchungshaft« in der Charité durfte Fürst Eulenburg schließlich gegen eine Kaution von 100.000 Mark auf sein Schloss Liebenberg zurückkehren. Im *Berliner Tageblatt* konnte die Satirefigur »Nunne« im Kiez-Slang spotten: »In Moabit haben se nu mit dem langen Prozess kurzen Prozess jemacht. Det Meineid-

343 GStA 49830.

344 Der 1. Staatsanwalt beim Königlichen Landgericht I Berlin an den Justizminister, 15. September 1908; Ärztliches Gutachten über Fürst Eulenburg, 14. September 1908, erstellt von Dr. Kraus, Geheimer Medizinalrat, und Dr. Störmer, Königlicher Gerichtsarzt. GStA 49830.

verfahren war so jrindlich verfahren, det nich bloß der Anjeklachte, sondern ooch de Justiz ohnmächtlich wurde. Eulenburgen, dem vor seine Rosenlieder so ville Lob zugefallen war, fielen de Oogenlider zu. Alle waren sich darieber einig, det bei dem Anjeklachten de Krankenpflege und nich de Rechtspflege anjebracht is [...] Philippen is seine Krankheit sehr jesund jewesen. Denn es hat sich jezeicht, det er zu manchem fähich is, aber transportfähich is er nich [...] Man kann Eulen nach Athen tragen, aber nich Eulenburgen nach Moabit.«[345]

Der juristische Umgang mit dem gestürzten Favoriten Wilhelms II. führte bis in das Jahr 1909 zu erhitzten Debatten im Reichstag. Aufstrebende Parlamentarier von SPD und Zentrum nutzten den Fall zu scharfer Justizkritik. Philipp Scheidemann verglich den im Automobil in sein Schloss heimkehrenden Fürsten Eulenburg mit Karl Liebknecht, dessen Haftentlassung zur selben Zeit brüsk abgelehnt wurde, obwohl er zwischenzeitlich ins Parlament gewählt worden war. »Dadurch wird unser Freund nicht verletzt, aber die Art, wie man mit einem Ehrenmann umspringt und wie man einen Eulenburg behandelt, wird im Volk verstanden werden (Sehr Richtig! Bei den Sozialdemokraten).«[346] Auch Matthias Erzberger attackierte die Art und Weise, wie Eulenburg für verhandlungsunfähig erklärt wurde. Wer bisher nicht an Klassenjustiz geglaubt habe, sage jetzt: »Was Wahres ist doch daran! Ein Geschäftsmann oder ein oppositioneller Redakteur wäre ganz anders behandelt worden.«[347] Die Fraktionen von SPD und Zentrum forderten mit Verweis auf die Klassenjustiz gegenüber Eulenburg die Einführung von Tagesgeldern für Geschworene und Schöffen, die Erhöhung des Zeugengeldes, eine Beschleunigung der Verfahrensdauer sowie die Erleichterung der Untersuchungshaft für alle inhaftierten Beschuldigten, die krank waren.[348]

Joachim Radkau hat die wilhelminische Epoche auf politischer, kultureller und gesellschaftlicher Ebene als krankes, als »nervöses Zeitalter« analy-

345 *Berliner Tageblatt*, 24. Juli 1908, BLHA 554. In ihrem politischen Ressort klagte die Zeitung über die Deutungsmacht einer Gerichtsmedizin, die sich in den Dienst überkommener Standesprivilegien gestellt hatte: »Die Krankheit, die ein trauriger Bundesgenosse ist und jetzt doch der beste Freund des von allen anderen Freunden verlassenen Fürsten Eulenburg war, hat über die Justiz triumphiert, und die Juristen strecken vor den Medizinern die Waffen.« *Berliner Tageblatt*, »Die Vertagung«, 18. Juli 1908, BAL 7839.

346 *Reichstagsverhandlungen*, 5. Dezember 1908, S. 152. Vgl. Frank, *Die Prozesse gegen Liebknecht und Harden.*

347 *Reichstagsverhandlungen*, 11. Dezember 1908, S. 155.

348 *Reichstagsverhandlungen*, 6. Februar 1909, S. 167. *Germania*, »Der Prozess«, 24. Juli 1908, BAL 7839.

siert.[349] Dass Krankheit wie im Fall Eulenburg sogar als Klassenprivileg fungierte, kann nur mit einem Weltbild erklärt werden, das Angehörige der höheren Stände als von Geburt her feinere Naturen und bestimmte Krankheiten als »Vorrecht der bemittelten Klassen« betrachtete.[350] Der angeblich todkranke Eulenburg bestätigte jedenfalls diese Sicht, als er im Mai 1909 Deutschland für eine Kur im österreichischen Luxusheilbad Bad Gastein verließ. Die Presse tobte parteiübergreifend, einige Zeitungen sprachen bereits von einer Flucht ins Ausland. »Ein wahres Märchen! Ort der Handlung: Königreich Preußen. Zeit: 20. Jahrhundert«, erregte sich die *Berliner Volkszeitung*.[351] »Dieser Mann«, klagte der *Hamburger Courier*, »begibt sich jetzt in ein internationales Bad, wo die Bewohner der fünf Erdteile sein Erscheinen als ein trauriges Kuriosum deutscher Zustände anstaunen werden. Immer wieder muss die Frage aufgeworfen werden, was wohl Herrn Müller oder Herrn Schulze in der gleichen Situation geschehen wäre.«[352] An allen Stammtischen Preußens werde diskutiert, so die *BZ am Mittag*, ob es heute überhaupt »noch eine Rechtsgleichheit wie zu Zeiten Friedrichs des Großen gebe«.[353] Diesmal reagierte die Berliner Justiz umgehend und entsandte einen Kriminalkommissar nach Gastein, um Eulenburg zurück nach Berlin zu begleiten. Doch selbst in der derartig erregten Berliner Stimmung scheiterte der Versuch kläglich, den Meineidsprozess wiederaufzunehmen – Eulenburg fiel nach wenigen Minuten in Ohnmacht, eine der Simulationen, die er nach Meinung vieler Zeitungen perfektioniert hatte.[354] Dass seine Kaution auf die sagenhafte Summe von 500.000 Reichsmark erhöht wurde, konnte die öffentliche Empörung nicht besänftigen.[355] Nie habe sich die preußische Klassenjustiz deutlicher gezeigt als im Fall Eulenburg, urteilte Hans Leuß in der *Welt am Montag*. Der zur SPD konvertierte ehemalige antisemitische

349 Radkau, *Zeitalter der Nervosität*.

350 Moll, *Das nervöse Weib*, S. 197.

351 *Berliner Volkszeitung*, »Auf nach Gastein. Ein wahres Märchen«, 26. Mai 1909, BAL 7839.

352 Hamburger Courier, »Eulenburg – in Gastein«, 26. Mai 1909, BAL 7839; Welt am Montag, »Phili im Bade«, 1. Juni 1909, BAL 7839.

353 *BZ am Mittag*, »Der neueste Eulenburg«, 26. Mai 1909, BAL 7839.

354 Jeder Mensch könne ernste medizinische Symptome wie Atemstillstand, Pulserhöhung und Herzkrampf erzeugen. *Münchener Post*, »Die Kunst des Atmens und die deutsche Justiz«, 10. Juli 1909, BAL 7839.

355 Dem Kommissar war über das österreichisch-ungarische Außenministerium ein Haftbefehl verschafft worden. Den auf 500.000 Mark erhöhten Kautionsbetrag konnte Eulenburg nur mit größter Mühe fristgerecht aufbringen. GStA 49831. *Münchener Zeitung*, »Fürst Eulenburgs Reise«, 28. Mai 1909, BLHA 554.

Sozialimperialist war selber mehr als drei Jahre wegen eines Meineides inhaftiert gewesen und hatte 1903 den Bestseller *Aus dem Zuchthause* veröffentlicht, eine Abrechnung mit dem Justiz- und Gefängnissystem des Kaiserreiches. Leuß musste bei jeder Erwähnung des Namens Eulenburg an »das Gebrüll der Misshandelten in den preußischen Strafanstalten« denken, in denen 70jährige Männer, die den Hofgang nicht bewältigten, zur Strafe in Zwangsjacken gesteckt und in denen selbst von Anstaltsärzten für geisteskrank erklärte Insassen zunächst mit 30 Peitschenhieben auf Simulation geprüft werden. »Man möchte wünschen, dass recht oft Fürsten und Millionäre vor die Schranken gebracht würden, damit sich in ihrer Behandlung die Justiz erst zu der schönen Humanität erziehe, die ihr leider sonst nicht eignet.«[356]

Sogenannte »Eulenburgiana«, mit denen die Klassenjustiz in Deutschland bloßgestellt wurde, ereigneten sich in den folgenden Jahren immer wieder. So entschlüpfte etwa 1911 dem Arbeiter Karl Lütje die Bemerkung, als er vor dem Berliner Landgericht auf die Folgen eines Meineides hingewiesen wurde: »Nanu, ich denke, ein Meineid wird nicht mehr bestraft, sonst hätten sie doch den Fürsten Eulenburg schon wegen Meineids verurteilt!« Es war dasselbe Gericht, das die dauernde Verhandlungsunfähigkeit Eulenburgs akzeptiert hatte, das Lütje darauf wegen »grober Ungebühr« zu drei Tagen Gefängnis mit »Entziehung der warmen Kost und des Nachtlagers« verurteilte.[357] Neben Scheidemann und Erzberger hielt auch der ehrgeizige nationalliberale Reichstagsabgeordnete Gustav Stresemann die Wunde am Körper der wilhelminischen Monarchie offen. »Die Gleichheit vor dem Gesetze steht im Gesetze«, erklärte er am 8. Dezember 1912 auf einer Wählerversammlung, »aber in der Praxis mangelt sie manchmal, sonst hätten wir es

356 *Die Welt am Montag*, »Keine Unmenschen«, 12. Juli 1909, von Hans Leuß, GStA 49833. Die preußische Justiz, ätzte Theodor Wolff, gewinne wie eine schöne Frau an verführerischem Reiz, »wenn irgendetwas in ihrer Frisur oder in ihrer Toilette in Unordnung geraten, eine Locke herabgeglitten, eine Spitze zerzaust ist. Der preußische Staat, sittsam und zugeknöpft, ist in seiner starren Ordnungsliebe nicht sehr reizvoll, und mit Vergnügen sehen wir, dass eine Locke sich gelöst hat.« *Berliner Tageblatt*, »Die Heimkehr nach Liebenberg«, 28. September 1908, GStA 49833.

357 *Berliner Tageblatt*, »15. November 1911, BAL 7839. Auf ähnliche Weise erregte im Mai 1914 der Fall einer jungen Arbeiterin aus Bochum, die mit ihrem wenige Wochen alten Säugling eingesperrt wurde, das sozialdemokratische Milieu: »Die Jahreszeiten kommen und gehen, ein neues Geschlecht wächst heran, Recht wandelt sich noch immer zu Unrecht und Unrecht zu Recht, tausend neue Ereignisse stürmen auf den Menschen ein: aber die ewige Krankheit des Eulenburgers überdauert alles«, *Leipziger Volkszeitung*, »Gesegnet sei die Krankheit!«, 28. Mai 1914, BAL 7839.

in den letzten Jahren nicht erleben können, dass die Träger hoher Namen, die in Prozessen als meineidig erwiesen wurden, frei umhergehen.« Die *Deutsche Richterzeitung* reagierte entrüstet, es gebe nur einen einzigen solchen Fall in Deutschland, nämlich den Eulenburgs. Und der gehe nicht frei umher, sondern stehe unter ständiger »Aufsicht und Kontrolle«.[358] Tatsächlich war spätestens seit dem Herbst 1909 bekannt, dass Eulenburg wieder auf die Jagd ging, in eleganten Automobilen Spazierfahrten in der Uckermark unternahm und nach wie vor gerne Champagner trank.[359] In Presse und Parlament wurde seine Verhandlungsunfähigkeit während des Ersten Weltkrieges und in der Anfangszeit der Weimarer Republik immer wieder öffentlich thematisiert; ein Beleg, wie sehr der abgebrochene Prozess gegen den besten Freund Kaiser Wilhelms II. das Rechtsgefühl in Deutschland belastete.[360] Die öffentliche Empörung über die eklatante Klassenjustiz erhielt immerhin noch während des Eulenburg-Skandals eine symbolische Satisfaktion. Natürlich ging man nicht soweit, Karl Liebknecht freizulassen, der im Oktober 1907 wegen Hochverrats zu anderthalb Jahren Festungshaft verurteilt worden war. Die kaiserliche Gnadensonne erstrahlte über dem populären »Hauptmann von Köpenick« Wilhelm Voigt. Am 16. August 1908, auf dem Höhepunkt der Entrüstung über Eulenburg, wurde er vorzeitig aus dem Gefängnis entlassen.[361]

358 *Deutsche Tageszeitung*, »Eine Abfuhr für Dr. Stresemann«, 8. März 1913, GStA 49834.

359 *Der Tag*, »Angina Pectoris«, 15. Juli 1909, BAL 7839.

360 Im Ersten Weltkrieg wurde in der Presse wiederholt die Frage aufgeworfen, ob Schloss Liebenberg bewacht werde, da Eulenburg Staatsgeheimnisse an die Feinde verraten könnte. Im Reichstag stellte daneben Pastor Mumm, ein Führer der protestantischen Sittlichkeitsbewegung, bis 1918 regelmäßig Anfragen an den Justizminister, warum Fürst Eulenburg nicht endlich der Prozess gemacht werde. GStA 49831. Der mit Eulenburg befreundete Rechtsanwalt Conrad Haussmann, einflussreicher Politiker der Demokratischen Volkspartei, bemühte sich 1913, alle Prozesse, die wegen Krankheit ruhten, unter eine Jubiläumsamnestie des Kaisers fallen zu lassen. Noch 1919 versucht Haussmann, jetzt DDP-Politiker und Vizepräsident der Weimarer Nationalversammlung, im Rechtsausschuss eine Petition zu begünstigen, durch die der Prozess Eulenburg ausgesetzt worden wäre. BAK NL Eulenburg, Nr. 72.

361 Vgl. etwa *Berliner Morgenpost*, »Mitgefühl. Der Hauptmann von Köpenick – der Fürst zu Eulenburg«, 11. Juli 1908, GStA 49833. Voigt war nach der »Köpenickiade« vom 16. Oktober 1906 wegen unbefugten Tragens einer Uniform, Verletzung der öffentlichen Ordnung, Freiheitsberaubung, Betruges und schwerer Urkundenfälschung zu vier Jahren Gefängnis verurteilt worden. Er wurde also noch vor Verbüßung der Hälfte seiner Haftzeit entlassen. Vgl. Hett, »The ›Captain of Köpenick‹ and the Transformation of German Criminal Justice«, S. 1–43.

VI. Deutschlands Außenpolitik und Militär unter dem Verdacht der Homosexualität

1. Die Eulenburg-Kamarilla als frankophile Friedenspartei und homosexuelle Internationale

Aus heutiger Sicht mag es befremdlich, beinahe grotesk wirken, Strukturen wie Außenpolitik und Militär unter einen sexuellen Verdacht zu stellen. Die *Belle Époque* war jedoch das Zeitalter der Prestigepolitik. Dass der Eulenburg-Skandal das Sexualmoralische als Deutungskategorie der angespannten internationalen Beziehungen aufbrachte, wie im Folgenden gezeigt wird, bildete nur die Zuspitzung in einer Kette internationaler Verwerfungen, von der Schnäbele-Affäre 1887, über die Beschlagnahme des Postdampfers »Bundesrat« im Burenkrieg 1899 bis zum Venezuela-Zwischenfall 1902, die vermeintlich lokale und rudimentäre Ereignisse zu Fragen von nationaler Ehre stilisierten. In den Blick rückt damit zugleich die immer noch unterbelichtete gesellschaftliche Dimension der internationalen Beziehungen.[1]

Von einer Kriegspartei innerhalb der Führungsspitze von Regierung, Militär und Diplomatie des Kaiserreiches ist in der politik- und militärgeschichtlichen Literatur häufig die Rede, insbesondere bei der Suche nach den Ursprüngen des Ersten Weltkrieges. Obwohl dieser Begriff ohne ein Pendant kaum Sinn macht, wurde eine Friedenspartei bisher entweder gar nicht oder nur als Silhouette ausgemacht.[2] Dabei erahnten schon die Zeitgenossen die Auseinandersetzungen zwischen diesen beiden Einflussgruppen im Arkanbe-

---

1 Conze, »Die gesellschaftliche Dimension in der internationalen Geschichte«, S. 117–140.

2 Nipperdey, *Deutsche Geschichte II*, S. 688–689; Winkler, *Der lange Weg nach Westen*, S. 327; Schmidt, *Der europäische Imperialismus*, S. 90; Moritz, *Das Problem des Präventivkrieges*, S. 29. Zur Machterweiterung der Kriegspartei durch den Sturz der Eulenburg-Kamarilla Röhl, *Wilhelm II.*, Bd. 3, S. 607; vgl. auch Band 1, S. 739–755; Hull, *Entourage*, S. 175–265; Lerman, *Chancellor as Courtier*, S. 258. Zeitgenössisch: Meinhold, *Wilhelm II.*, S. 200; Friedländer, *Wilhelm II.*, S. 30. Dagegen Gasser, *Deutschlands Sonderung von Europa 1862–1945*, S. 151. Ein Kritik der Unterscheidung in Kriegs- und Friedenspartei Stegmann/Wendt, *Industrielle Gesellschaft und politisches System*, S. 359.

reich der Reichsleitung. »Der will den Frieden«, kritisierte der *Schwarzseher* 1906 den Widerstreit innerhalb der wilhelminischen Herrschaftselite, »und jener hält einen ›frischen fröhlichen Krieg‹ für eine nationale Notwendigkeit«.[3] Auch in dieser Frage gelang es Maximilian Harden, den Deutungsrahmen vorzugeben, in dem sich die europäische Presse anschließend bewegte. Er erklärte die Eulenburg-Kamarilla zur wilhelminischen Friedenspartei und machte dies plausibel, indem er einen Nexus zwischen einer den nationalen Interessen Deutschlands schädlichen Friedensliebe und Homosexualität behauptete: Die »träumen nicht von Weltenbränden, haben's schon warm genug«, so fasste er den Zusammenhang in seiner *Zukunft*.[4] In Politik, Diplomatie und Militär des Auslandes, wurde der Publizist dann Ende 1907 vor Gericht deutlich, denke man über die Staatsführung des Deutschen Reiches, »das sind Homosexuelle [...] und deshalb brauchen wir politisch keine Furcht zu haben«. Weil die Mitglieder der Eulenburg-Kamarilla homosexuell waren, mussten sie pazifistisch sein, weil sie pazifistisch waren, mussten sie homosexuell sein, so die Konstruktion dieser Korrelation zwischen Politik und Sexualität. Aber laut Harden gab es auch eine maskuline Gegenkraft. Mit der Eulenburg-Kamarilla im Widerstreit sah er, was viele Beobachter der Reichspolitik »die Militärpartei nennen, nämlich die Partei unzufriedener, ehrgeiziger Generale.«[5] Damit lag für viele allerdings auch auf der Hand, dass die publizistische Speerspitze der Kriegspartei niemand anderes als Maximilian Harden selbst war: »Er würde diesen Vorwurf nicht erhoben haben, wenn er nicht auf der Seite derjenigen gestanden hätte, die in diesem Falle für ›Weltbrände‹ waren, sondern, wenn er auf Seiten derjenigen gewesen wäre, die auf der Seite des Weltfriedens waren«, erklärte General Moltkes Anwalt vor Gericht und unterstrich damit die globale Dimension, die dieser Grundfrage wilhelminischer Politik zugemessen wurde.[6]

Der Widerstreit zwischen Kriegstreibern und Kriegsgegnern erklärte für viele überdies das eigenartige Bündnis Hardens mit dem im Frühjahr 1906 gestürzten Außenpolitiker Friedrich von Holstein, von dem sich Reichskanzler Bülow auch danach in einer auffälligen Abhängigkeit befand. Holstein, mit dem ehemaligen Generalstabschef Schlieffen befreundet und vermutlich

3 Schwarzseher, *Unser Kaiser und sein Volk*, S. 41. Vgl. Deist, »Kaiser Wilhelm II. in the Context of his Military and Naval Entourage«, S. 169–192.

4 Maximilian Harden, »Monte Carlino«, in: *Die Zukunft*, 13. April 1907, S. 39–50. Zur Verbindung mit dem Begriff »warme Brüder« siehe das Urteil im 2. Moltke-Harden-Prozess, BLHA 557.

5 Fortsetzung der Schlussrede Hardens im 2. Prozess, S. 45ff, BLHA 557.

6 Friedländer, *Prozesse*, S. 4076–77.

mit seinem Offensivplan gegen Frankreich vertraut, galt in der Öffentlichkeit bald als die Schlüsselfigur, die Harden endgültig für die Kriegspartei gewonnen hatte.[7] Diese Deutung war aus journalistischer Perspektive nur folgerichtig, denn seit Jahren verhöhnte die *Zukunft* Wilhelm II. trotz seines ständigen Säbelrasselns als »*Guillaume pacifiste*« und »Wilhelm der Friedliche«.[8] Bestätigt wurde das von Harden behauptete Ringen zwischen einer Friedens- und Kriegspartei um Wilhelm II. aber auch durch Philipp Eulenburg selbst; er und seine politischen Freunde hätten bis zu ihrer Ausschaltung das Gegengewicht zum »militärischen Gebilde« in der Umgebung des Kaisers, der »Generals-Kamarilla« dargestellt, der Eulenburg in seinen Erinnerungen die Generäle Plessen, Hülsen, Kessel und Admiral Senden namentlich zuordnete.[9] Diese Konstellation war Harden bereits während des Skandals bekannt. Nicht zufällig beantragte er als Zeugen seiner Behauptung, »dass Fürst Eulenburg und seine Freunde dem Deutschen Reiche geschadet haben«, die Generäle Hülsen und Kessel vor Gericht zu vernehmen.[10]

7 *Zeit am Montag*, »Immer noch Eulenburg«, von Karl Schneidt, 13. Juli 1908, BLHA 554. Vgl. Rich, *Holstein II*, S. 696–757. Mit Entsetzen registrierte Philipp Eulenburg das Zusammengehen seiner erbitterten Feinde: »Was werden diese beiden brauen? Das Bündnis Holstein-Harden halte ich für eine verhängnisvolle Tatsache – und nicht nur ich. Wer diese beiden Verschwörer kennt, teilt meine Ansicht.« Haller, *Eulenburg*, S. 331–332. Holstein hatte Bülow angeblich mit Liebesbriefen des Komponisten Carl Tausig an seine Frau in der Hand; eine Affäre, die allerdings schon über 30 Jahre zurücklag. Vgl. von Kürenberg, *Die graue Eminenz*, S. XXII; ders., *Das Leben Kaiser Wilhelms II.*, S. 168–172; Baumont, *Eulenburg*, S. 89. Dieses Abhängigkeitsverhältnis bestätigt auch Eulenburg. Bülow habe ihn Holstein opfern müssen, »wenn er nicht den Ruf seiner geliebten vortrefflichen Frau, auf dem ein Schatten in der Vergangenheit lag, den Holstein in seiner steten teuflischen Minierarbeit ergründet hatte, preisgeben wollte«. BAK NL Eulenburg, Nr. 70. Dagegen: Rogge, *Holstein und Harden*, S. 359. Adolf Brand verbreitete Anfang der 1930er, Bülow selbst habe mit Tausig ein homosexuelles Verhältnis gehabt. Adolf Brand, »Tante Reichskanzler«, in: *Eros* 2 (1930), S. 49–52.

8 Maximilian Harden, »Wilhelm der Friedliche«, in: *Die Zukunft*, 6. April 1907, S. 6–7. Vgl. *New Yorker Staatszeitung*, zit. in *Kölnische Volkszeitung*, »Eulenburgs politische Geständnisse«, 28. Juli 1908, BAL 7839.

9 Vgl. Eulenburgs maschinenschriftliche Skripte »Mein Freund Jan Wendelstadt oder der Orden als Waffe. Die Geschichte eines Verbrechens« [1909], BLHA 623. »Leid. Seltsame Schicksalswege von der Jugend bis zum Alter. Eine kurze Darstellung innerlicher und äußerlicher Erlebnisse« [1919], BLHA 505. Auch Bülow bezeichnete die »Generals-Kamarilla« als ausgewiesene Feinde Eulenburgs. Bülow, *Denkwürdigkeiten III*, S. 30. Vgl. Haller, *Eulenburg*, S. 366; Muschler, *Eulenburg*, S. 524–528.

10 Friedländer, *Prozesse*, S. 4005–08.

Um der Öffentlichkeit das unheilvolle Wirken der Liebenberger Friedenspartei vor Augen zu führen, konnte Harden auf das Zeugnis der beiden Spitzenmilitärs dann doch verzichten. Stattdessen enthüllte er, dass Deutschland und Frankreich in der Marokko-Krise 1905/06 kurz vor einem Krieg gestanden hatten. Seit 1904 war der jahrzehntealte imperialistische Streit um das nordafrikanische Land eskaliert, das Frankreich unter seine unmittelbare Kontrolle nehmen wollte. Formell wich es damit von der im Madrider Abkommen 1880 vereinbarten Politik der *open door* ab, die allen Signatarmächten gleichen Zugang bei der wirtschaftlichen Erschließung gewährte. Von den Planern im Auswärtigen Amt unter Leitung Holsteins wurde die Marokko-Krise als Chance zu einem Befreiungsschlag gegen die immer bedrohlichere Isolation des Deutschen Reiches begriffen. Kompensationsangebote für den französischen Zugriff auf Marokko wurden in Berlin ausgeschlagen. Frankreich sollte auf einer internationalen Konferenz ins Unrecht gesetzt werden. Wenn Großbritannien, so die dahinter stehende Überlegung, seinem Verbündeten nicht aus der Bredouille helfen könnte, wäre die soeben begründete *Entente Cordiale* bereits in ihren Anfängen gescheitert. Im Gegenzug, so die Strategie Holsteins, würde Deutschland als Bündnispartner für England und Frankreich attraktiv werden. Die Gelegenheit zu diesem Experiment war in der Tat günstig, da Russland durch den verlorenen Krieg gegen Japan und revolutionäre Unruhen handlungsunfähig war und Deutschland bis auf weiteres keinen Zweifrontenkrieg befürchten musste; eine Lage, die der zu dieser Zeit entworfene »Schlieffen-Plan« einkalkulierte.[11] Wie von deutscher Seite gewollt, kam es Anfang 1906 zu einer internationalen Konferenz im südspanischen Algeciras. »Eine wunderlichere Konferenz sah die Sonne wohl nie«, schrieb Harden in der *Zukunft*. Entgegen der hochgespannten Erwartungen Bülows und Holsteins geriet sie zum Fiasko der Berliner Außenpolitik. England und Frankreich ließen sich nicht auseinanderdividieren, die *Entente Cordiale* bestand ihre Bewährungsprobe. Zudem rückten alle neutralen Staaten unter Führung der USA von Deutschland ab. Selbst der Dreibund-Partner Italien stellte sich gegen den eigenen Verbündeten, der am Ende nur noch von Österreich-Ungarn unterstützt wurde. Das Ziel, die Isolation des Deutschen Reiches aufzubrechen, hatte sich ins Ge-

11 Heidorn, *Die Rolle der Presse bei der Vorbereitung des Ersten Weltkrieges*, S. 163–164.

genteil verkehrt. »Wir haben keine Freunde«, so Hardens bitteres Fazit.[12] Noch nie war das Land in der Mitte Europas isolierter gewesen.[13]

»Es wird sich kein Mensch im Deutschen Reiche finden«, schrieben am 23. Oktober 1907 die *Hamburger Nachrichten*, »der einen juristischen Zusammenhang zwischen der marokkanischen Frage und der Beleidigung, wegen der Graf Moltke geklagt hat, zu entdecken.« Tatsächlich war diese apodiktische Feststellung politisches Wunschdenken. Die Marokko-Krise war das außenpolitische Thema im Justizpalast von Berlin-Moabit. »On a parlé politique, samedi, au procès Harden-Moltke«, verkündete André Mévil im regierungsnahen *Echo de Paris*; von einer »political demonstration« sprach auch die *Westminster Gazette*.[14] Maximilian Harden nutzte die transnationale Presseöffentlichkeit des Gerichtssaales, um der Marokko-Niederlage eine ungeheuerliche Deutung zu geben. Eine Kriegsdrohung Deutschlands, von der die europäische Öffentlichkeit bis dahin nicht einmal wusste, dass es sie gegeben hatte, sei dem Pariser Außenministerium als Bluff verraten worden.[15] »Schwärmende Friedensstifter«, erläuterte Harden, seien am Werk gewesen und hatten der Diplomatie des Kaiserreiches ihr »Jena« bereitet.[16] Gemeint waren Eulenburg und der ihm seit den 1880er Jahren befreundete französische Spitzendiplomat Raymond Lecomte, der auf dem Höhepunkt der Marokko-Krise am 25. Juli 1905 als Botschaftsrat nach Berlin versetzt worden war.[17] Als Harden erfuhr, dass Lecomte im November 1906 zur Kai-

12 Maximilian Harden, »Die Konferenz«, in: *Die Zukunft*, 20. Januar 1906, S. 94. *Badische Presse*, »Maximilian Harden in Karlsruhe«, 21. Dezember 1908, PAAA. Eine psychologische Deutung der Konferenz (»weich werden«, »ruhige Hand«) auch bei Radkau, *Nervosität*, S. 383–385.

13 Rich, *Holstein II*, S. 696–757; Mayer, *Parlamente und Marokkokrise*, S. 208; Haferkorn, *Bülows Kampf ums Kanzleramt*, S. 25–41. Allgemein Hildebrand, *Deutsche Außenpolitik*, S. 227–235, 260–268.

14 *Hamburger Nachrichten*, »Zum Prozess Moltke-Harden«, 28. Oktober 1907, BAL 7836; *Echo de Paris*, Les origines et le but de la campagne de M. Harden, von André Mévil, 28. Oktober 1907; *Westminster Gazette*, 30. Oktober 1907; beide PAAA.

15 Friedländer, *Prozesse*, S. 4110–13. *Allgemeine Rundschau* zit. in *Kölnische Volkszeitung*, »Glossen zum Prozess Moltke-Harden«, 31. Oktober 1907, GStA 49839. Zu dem Bluff mit der Kriegsdrohung instruierte Bülow seinen Pressechef Hammann: »Das muss nicht in einem einzelnen Artikel irgendeiner Revue gesagt werden, sondern als Grundton durch eine Reihe von Artikeln in Tagesblättern gehen.« Auch Wilhelm II. sollte bei seinem Besuch in Marokko (»Tangerlandung«) bei verschiedenen Gesprächspartnern einen Krieg andeuten. Vgl. GP 20, 1, Nr. 6576; GP 20, 2, Nr. 6609 und Nr. 6875; GP 21, 1, Nr. 6916.

16 Maximilian Harden, »Schlussvortrag«, in: *Die Zukunft*, 9. November 1907, S. 206.

17 Frankreich hatte einer internationalen Konferenz über Marokko am 8. Juli 1905 zugestimmt. *BZ am Mittag*, »Die Zeugen im Prozess Harden-Moltke«, 21. Oktober 1907, BAL

serjagd nach Liebenberg eingeladen worden war und, offenkundig nicht zum ersten Mal, Gelegenheit zu vertraulichen Gesprächen mit Wilhelm II. erhalten hatte, war er sicher, in ihm den *missing link* zur Erklärung der deutschen Niederlage in Algeciras gefunden zu haben.[18] Nur das Tandem Eulenburg-Lecomte konnte der französischen Diplomatie den »unschätzbaren Dienst« erwiesen haben, den unbedingten Friedenswillen Kaiser Wilhelms II. zu beglaubigen und damit die Drohpolitik Bülows und Holsteins als Taktik zu verraten.[19] Für Harden ein unverzeihlicher politischer Fehler. »Soll man die Friedenssehnsucht, das Friedensbedürfnis in kritischen Zeiten – es handelt sich um Marokko – so stark betonen, dass der andere einen für schwach hält? Oder soll man ihm die Möglichkeit lassen, dass er glaubt, der wird losschlagen?« Mit dem kriegerischen Drohpotential, dem allseits geglaubten »Starksein«, war der deutschen Außenpolitik nach Meinung des *Zukunft*-Herausgebers der letzte Trumpf aus der Hand geschlagen worden, um die Isolation zu verhindern.[20]

Weltweit stieß Hardens Marokko-Theorie auf Beachtung. Wie viele europäische Zeitungen zog die Prager *Union* die Bilanz, das französische Außenministerium sei durch die Zusammenarbeit von Eulenburg und Lecomte besser über die politische Haltung Kaiser Wilhelms II. informiert gewesen als die Regierung Bülow und ihre Diplomaten.[21] Einmal mehr trug das Abtauchen der Reichsregierung dazu bei, dass eine Skandalenthüllung für

7836.

18 Harden, schrieb Holstein, sei in »eine wahre Tobsucht« geraten, als er von Lecomtes Einladung nach Liebenberg erfuhr. Rogge, *Holstein*, S. 296. Hardens Pressekampagne begann zwei Wochen darauf, am 24. November 1906. In der »kritischsten Zeit, die zwischen Deutschland und Frankreich seit 1870 war«, hatte Eulenburg seinen Freund Lecomte ein Dutzend Mal zu »Privatbesuchen« in Liebenberg empfangen, konnte Harden eruieren. *Berliner Lokalanzeiger*, »Harden über die Angelegenheit des Fürsten Eulenburg«, 7. Mai 1908, BAL 7838. Vor Gericht stellte sich heraus, dass Lecomte auf ausdrücklichen Wunsch Wilhelms II. vom Hofmarschallamt zur Liebenberger Jagd eingeladen worden war. Friedländer, *Prozesse*, S. 4163–64.

19 Tatsächlich gelangte der Friedenswille Wilhelms II. in der Marokko-Frage über mehrere Kanäle nach Frankreich, etwa über den Welfenabgeordneten Hermann von Hodenberg sowie die Zentrumsabgeordneten Franz von Arenberg und Emile Wetterlé; zudem war ein Aktenstück zur Marokkopolitik mit dem kaiserlichen Vermerk »Aber keinen Krieg deshalb!« aus dem Auswärtigen Amt gestohlen worden. Mayer, *Parlamente und Marokkokrise*, S. 177, 214–219, 307. Vgl. Zedlitz, *Kaiserhof*, S. 173–174; Bülow, *Denkwürdigkeiten II*, S. 12–13; Wilhelm II., *Ereignisse und Gestalten*, S. 92. Dazu Röhl, *Wilhelm II.*, 3. Bd., S. 589–590.

20 Fortsetzung der Schlussrede Hardens im 2. Prozess, S. 45ff, BLHA 557; Friedländer, *Prozesse*, S. 4110–13.

21 *Union* (Prag), 30. Oktober 1907, PAAA.

glaubwürdig gehalten wurde. Wenn in einer so wichtigen außenpolitischen Frage kein amtlicher Widerspruch erfolge, erregte sich die deutsche Presse, solle man doch gleich »den ganzen Dementierungsapparat außer Funktion« setzen.[22] Auch die Londoner *Times* hielt es für »the most striking and certainly the most mysterious feature [that] the alleged antogonism between the Emperor's policy and the Chancellor's policy with regard to the Moroccan crisis remained unchallenged and unrebutted«.[23] Wie sich aus Eulenburgs erhaltenen Aufzeichnungen ergibt, griff er in der Tat nach jahrelanger Abstinenz wieder in die deutsche Politik ein, um eine Wende im Verhältnis zwischen Frankreich und Deutschland herbeizuführen. Die »unhaltbaren und uns mit Frankreich verhetzenden Machenschaften« Holsteins müssten »unbedingt abgewehrt« werden. Sie trügen »einen so bedenklichen Charakter«, wie er im September 1905 notierte, »dass ich mir den Kopf darüber zerbrach, wie ich mich gegenüber einer möglicherweise zu einem Kriege treibenden Verhetzung stellen sollte.« Wie bereits bei der Gewinnung Wilhelms II. für ein deutsches Protektorat über ein zionistisches Palästina (vgl. Kap. V.3) wirkte Eulenburg mit rassepolitischen Argumenten auf den Kaiser ein. Nur eine »europäische Koalition« könne die »gelbe Rasse« abwehren. »Hierzu muss der Antagonismus Frankreichs gegen Deutschland überwunden werden; sonst bleibt der Gedanke eine Phantasie.« Die russische Schwächephase sei die große Chance, zur Aussöhnung mit dem Nachbarn zu gelangen. Der Kaiser stimmte der Analyse seines Favoriten zu, dass »die Marokko-Frage wie ein reinigendes Gewitter wirken und den Weg für die Entente zwischen uns und Frankreich« freimachen müsse.[24] Als besten Partner, den Plan durchzuführen, sah Eulenburg wirklich seinen Freund Raymond Lecomte. »Der aufrichtigste und treueste Anhänger des Gedankens einer dauernden deutsch-französischen Verständigung«, wie er ihn nannte. »Als letztes Ziel sah er ein Bündnis.« Seinen »hyperpatriotischen« Landsleuten sollte die Allianz zwischen den Erbfeinden dadurch versüßt werden, eine Lösung für das Problem des »*malheureuse Alsace*« zu finden.[25] »Wir haben *keinerlei* entgegengesetzte

22 *Kölnische Volkszeitung*, »Glossen zum Prozess Moltke-Harden«, 31. Oktober 1907, GStA 49839.

23 *The Times*, The Prussian Court Scandals, 30. Oktober 1907, PAAA.

24 Memorandum »Pathologische Politik«, BAK NL Eulenburg, Nr. 77. Vgl. auch die gedruckten Notizen Eulenburgs zu Gesprächen mit Wilhelm II. in Rominten, 23.-25. September 1905, in: Röhl, *Eulenburgs politische Korrespondenz III*, Nr. 1509.

25 Lecomte erklärte ihm auf dem Höhepunkt der Marokko-Krise: »Sie [werden] jetzt wieder Politik machen müssen – und wenn es nur für einige Stunden wäre.« Siehe Memorandum »Der Botschaftsrat Lecomte und der Krieg mit Frankreich«, BAK NL Eulenburg, Nr. 70.

Interessen mit Frankreich – außer Elsass und Lothringen«, hob Eulenburg hervor.[26] Der aus diesen Quellen in Konturen erkennbare Masterplan einer deutsch-französischen Aussöhnung, der seines persönlichen Einsatzes bedurfte, kann auch die ansonsten irrationale Handlung Eulenburgs erklären, Anfang 1907 aus dem Schweizer Exil nach Berlin zurückzukehren und dadurch seinen Waffenstillstand mit Harden zu brechen.[27]

Die Zusammenarbeit von kaiserlichem Favoriten und französischem Spitzendiplomaten, von der die europäische Presse im Skandal schemenhaft und vor allem aus der Perspektive Hardens erfuhr, stieß auf völlig unterschiedliche Reaktionen. Für deutsche Journalisten hatten die beiden, wohlgemerkt, weil sie homosexuell waren, »in Liebenberg ein *rapprochement franco-allemand* besonderer Art« betrieben, das nichts anderes als einen »Vaterlandsverrat« Eulenburgs darstellte.[28] Die französischen Zeitungen verwiesen hingegen auf die politische Verantwortung des Kaisers: »Guillaume II. n'est pas un crétin«, schrieb das *Echo de Paris*. Der Monarch habe doch ganz offenkundig die Weitergabe seines Friedenswillens in der Marokko-Krise an die französische Regierung gewollt und dabei auch die Düpierung seiner eigenen Regierung in Kauf genommen.[29] Der chauvinistische Pressekrieg wurde durch ein Interview Lecomtes mit dem Pariser *Matin* angeheizt.[30] Mit einer für einen aktiven Diplomaten ungewöhnlichen Offenheit bezeichnete er darin den gestürzten Außenpolitiker Holstein mit seiner in der Marokko-

26 Röhl, *Eulenburgs politische Korrespondenz III*, S. 2110, FN 3; S. 2267–68, FN 2.

27 *Vossische Zeitung*, 18. Juli 1908, BAL 7839; *Zeit am Montag*, »Immer noch Eulenburg«, von Karl Schneidt, 13. Juli 1908, BLHA 554. Zur Herstellung des »Waffenstillstandes« Ende 1906 durch den sowohl mit Harden als auch mit Eulenburg und Moltke befreundeten Theaterdirektor Baron Alfred Berger Friedländer, *Prozesse*, S. 4010, 4217. Vgl. Radolin an Bülow, 20. Juli 1908, PAAA.

28 *Frankfurter Zeitung*, 27. Oktober 1907, BAL 7836.

29 *Echo de Paris* zit. in *Germania*, »Liebenberg und Place de l'Opera«, 31. Oktober 1907, BAL 7837. Auch Fürstin Marie Radziwill, eine Freundin Lecomtes, bestätigte, dass Eulenburg und Lecomte gemeinsam Politik betrieben. Lecomte habe ihr nicht einmal, sondern »oft Dinge erzählt, die Seine Majestät im anvertraut hatte«. Wiegler, *Briefe vom deutschen Kaiserhof*, S. 297. Den gemeinsamen Aufenthalt Lecomtes und Wilhelms II. in Liebenberg im November 1906 nannte sie bereits wenige Tage später einen politischen Fehler. Ebd., S. 288–289.

30 Für Harden war die ständige Privatpolitik des Kaisers ein Hauptgrund für den Weg Deutschlands in die Isolation. »Es kam häufig vor, dass gerade in den kritischsten Augenblicken die Politik des Reiches festgelegt wurde durch Äußerungen des höchsten Herrn der Nation. Daher kam das ganze Unglück.« *Badische Presse*, »Maximilian Harden in Karlsruhe«, 21. Dezember 1908, PAAA. Zu dieser eigensinnigen Form royaler Politik Hartung, »Verantwortliche Regierung«, S. 238. Allgemein McLean, *Royalty and Diplomacy in Europe. 1890–1914*.

Krise gescheiterten Strategie der Kriegsdrohung als die Figur hinter Hardens Pressekampagne. Mit Eulenburg sei er seit Jahrzehnten befreundet, aber einen »table ronde«, zu dem er gehöre, gebe es nur in der Phantasie der deutschen Presse.[31] Für ebenso großes Aufsehen sorgte die zeitversetzte Antwort Holsteins. Auf Anregung Hardens gab er am 23. Mai 1908 dem Berliner Korrespondenten des *Matin* ein Interview. Die in Frankreich zum Feindbild schlechthin stilisierte Graue Eminenz der nachbismarckischen Außenpolitik beteuerte darin durchaus den Wunsch, Deutschland und Frankreich mögen allmählich zu einer Aussöhnung kommen. Der Hass zwischen beiden Völkern sei ein kostspieliger Luxus. Gleichzeitig warnte Holstein jedoch die französische Öffentlichkeit, eine Änderung des Frankfurter Friedensvertrages anzustreben. Weder der Kaiser noch die Mehrheit der Deutschen seien für die nahe Zukunft zum Verzicht auf Elsass-Lothringen bereit.[32]

Erstaunlicherweise wies kein zeitgenössischer Kritiker auf die Ungereimtheiten in Hardens Marokko-Theorie hin.[33] Das Deutsche Reich hatte ja partout eine internationale Konferenz als Tribunal über Frankreichs völkerrechtswidrige Marokkopolitik gewollt. Eine deutsche Kriegsdrohung wäre jedoch nur in bilateralen Verhandlungen, wie sie Frankreich angeboten hatte, möglich gewesen.[34] Die mangelnde Plausibilität seiner Marokko-Theorie konnte Harden überspielen, da sie nur der sensationelle Aufhänger war, um die *gesamte* deutsche Außenpolitik seit dem Sturz Bismarcks als von einer homosexuellen Friedenspartei bestimmt darzustellen: »Wir treiben im Deutschen Reich eine viel zu süßliche und weichliche Politik«, erklärte er vor Gericht. »Wenn wir, im Bewusstsein unserer Kraft, jede unwürdige Zumutung ablehnten, wenn wir zeigten, dass im Notfall das Schwert gezogen wer-

31 *Le Matin*, »Le procès de Berlin. Interview de M. Raymond Lecomte, notre conseiller d'ambassade en Allemagne«, von Jules Hedeman, 28. Oktober 1907, PAAA. Zu den erregten Reaktionen in Deutschland *BZ am Mittag*, 28. Oktober 1907, BAL 7836.

32 *Le Matin*, 1. Juni 1908, PAAA. Vgl. Rogge, *Holstein und Harden*, S. 292; Rogge, *Holstein*, S. 315.

33 Auch der Frankreich-Insider Theodor Wolff kritisierte nur abstrakt: »Er sah diese Ereignisse nicht wie ein Historiker, der zwischen den einzelnen Vorgängen seine künstlichen Zusammenhänge zu schaffen sucht, er sah sie mit der Phantasie eines Dramatikers, der im Notfalle Karl den Großen nach Berlin versetzt«. *Berliner Tageblatt*, »Des Harden-Prozesses zweiter Teil«, 16. Dezember 1907, BAL 7837.

34 Wie falsch Reichskanzler Bülow die mit der Konferenz eintretende Konstellation einschätzte, zeigte seine Instruktion an Botschafter Radolin *vor* Konferenzbeginn, der französischen Regierung die »in der Konferenz unbedingt liegende Gefahr« vor Augen zu führen: Das Ende der *open door policy* sei »eine sehr kritische Situation«, die einen »schweren Konflikt« unvermeidlich machen würde. GP 21, 1, Nr. 6916.

den kann, gezogen werden wird, sobald die Ehre und die Zukunft der Nation es fordert, dann würde unsere Weltstellung besser sein.«[35] Auf welch fruchtbaren Boden diese Botschaft in Deutschland fiel, zeigt die Reaktion der zentrumsnahen *Kölnischen Volkszeitung*, eines ausgesprochen hardenfeindlichen Blattes: »In Harden'scher Beleuchtung erinnert die deutsche Auslandspolitik ja fast an ein Kasperle-Theater […] Da sind die Alldeutschen wenigstens noch reeller und konsequenter gewesen, wenn sie offen verlangten, Deutschland solle Marokko an sich reißen. Einen Rechtstitel hätten wir dafür freilich nicht gehabt, es wäre die reinste Gewaltpolitik gewesen, aber es war wenigstens ein klares Programm.«[36] Gewerbsmäßige Kriegstreiber wie die Alldeutschen sahen sich bestätigt; bereitwillig nutzten sie Homosexualität als neue sexualmoralische Kategorie, sowohl um die internationalen Beziehungen der letzten Jahrzehnte zu fassen als auch die Konflikte der Gegenwart zu verschärfen. Für die *Leipziger Neuesten Nachrichten* stand fest, dass die Eulenburg-Kamarilla der »eigentliche Träger jener dürftigen und unmännlichen Versöhnungspolitik« war, »an deren Nachwehen wir noch immer kranken«. Ihre »ewige Betonung unserer Friedenssehnsucht«, so das imperialistische Blatt, habe das Ausland ermutigt, »uns als *quantité négligeable* zu behandeln und unser gelegentliches Auftrumpfen mehr als eine Spielerei denn als Ausdruck eines entschlossenen Willens zu betrachten«.[37] Auf ähnliche Weise hetzte die *Neue Bayerische Landeszeitung*: »Die deutsche Politik, namentlich nach außen, trug seit 1889 das Gepräge des unmännlichen, weibischen, schwankenden Süßholzrasplers Eulenburg. Diese perverse Eunuchen- und Homunkelpolitik ohne Rückgrat, ohne Saft und Kraft, hat Deutschlands Ansehen und Einfluss in der Welt tief herabgesetzt und auch die Niederlage in Algeciras herbeigeführt.«[38] Wie, fragte der Sozialimperialist Friedrich Naumann, konnten feminine Typen wie Eulenburg und Moltke überhaupt in ihre Positionen gelangen? »Es rollt und grollt in allen Gemütern, dass diese Leute Deutschland vertreten und Berlin kommandieren durften!« Im Eulenburg-Skandal wurde »die deutsche Politik als das Produkt mehr oder weniger geschlechtlich Abnormer« hingestellt, resü-

35 Friedländer, *Prozesse*, S. 4266.

36 *Kölnische Volkszeitung*, »Der diplomatisch-internationale Hintergrund des neuesten Skandalprozesses«, 30. Oktober 1907, BAL 7837. Tendenzen in diese Richtung sind dann bei der 2. Marokko-Krise 1911 unverkennbar. Vgl. Meyer, *»Panthersprung nach Agadir« unter dem Druck der öffentlichen Meinung*; Heidler, *West-Marokko deutsch! Oder: Wie werden Meinungen gemacht?*, S. 103–107.

37 *Leipziger Neueste Nachrichten*, »Rückblick«, 6. Juli 1908, BAL 7839.

38 *Neue Bayerische Landeszeitung*, 25. April 1908, BAL 7838.

mierte 1931 der Hirschfeld-Mitarbeiter Richard Linsert in seiner Studie *Politik und Geschlechtsleben.*[39]

Der Topos von einer landesverräterischen Friedenspartei im Arkanbereich der Macht, an den Harden mit seiner Anklage homosexueller Außenpolitik unter Wilhelm II. erfolgreich anknüpfte, wie diese Stimmen zeigen, war weit älter als der Eulenburg-Skandal. Er tauchte bei allen Kamarilla-Regimen der jüngeren preußischen Geschichte auf. Als spezifisch wilhelminische Befürchtung formulierte ihn 1895 Erich Bischoff: »Ich denke und mit mir hegt wohl ein jeder […] die Überzeugung, dass in den Tafeln der Geschichte die Worte ›Wilhelm II.‹ und ›Kamarillen-Herrschaft‹ nie zusammenstehen werden, so wenig wie die Worte ›Deutscher Kaiser‹ und ›Rückgabe von Elsass und Lothringen‹. Das wird mir jeder gute Deutsche glauben.« Diesen einerseits monarchiekritischen, andererseits kriegerischen Patriotismus vertraten im Eulenburg-Skandal selbst sozialdemokratische Zeitungen.[40] Aus der Perspektive einer politischen Kulturgeschichte ist entscheidend, dass sowohl französische als auch deutsche Presse die Existenz einer »homosexuellen Achse Paris-Berlin« mit ihrem Masterplan einer deutsch-französischen Allianz unter Rückgabe Elsass-Lothringens für plausibel hielten. Entsprechend wurden Eulenburg Ambitionen auf den Pariser Botschafterposten oder die Reichstatthalterschaft in Elsass-Lothringen nachgesagt, Lecomte auf den Berliner Botschafterposten oder eine führende Stellung am Quai d'Orsay, um den Plan voranzutreiben.[41] Zuvor hätte allerdings Reichskanzler Bülow stürzen müssen.[42] Dieser hatte tatsächlich eine solche Gefahr

39 *Die Hilfe*, »Der Schmutzprozess«, von Friedrich Naumann, 3. November 1907, BAL 7837. Vgl. Linsert, *Politik und Geschlechtsleben*, S. 125. Allgemein Theiner, *Friedrich Naumann im Wilhelminischen Deutschland.*

40 Bischoff, *Camarilla*, S. 45–46. Wie Friedrich Wilhelm IV. sich von der Kamarilla nach Olmütz habe sich Wilhelm II. von ihr nach Algeciras führen lassen. *Leipziger Volkszeitung*, »Kamarilla«, 5. Juni 1907, BAL 7836. Im Umkehrschluss bedeutete demnach Krieg die würdigere Alternative.

41 Im Laufe des Skandals ergänzte Harden die homosexuelle Achse Paris-Berlin noch um Wien. Pressemeldungen, Wilhelm II. habe in Algeciras auf Eulenburgs Rat eine »österreichische Lösung« angenommen, erklärte er mit dem Einfluss Graf Johann Lonyays, Schwagers der Erzherzogin Stephanie. Eulenburg-Lecomte-Lonyay seien seit ihrer gemeinsamen Diplomatenzeit in München in den 1880er Jahren ein homosexuelles Trio. *Le Gaulois*, »Le prince d'Eulenbourg«, von Denis Guibert, 19. Juli 1908, PAAA; *Vorwärts*, »Hardens Rückzug«, 18. Juni 1907, BAL 7836. Vgl. Rogge, *Holstein und Harden*, S. 296–297.

42 Gleich nach Ernennung zum Reichskanzler hatte Bülow klargestellt, fortan die Grundlinien der deutschen Politik allein zu bestimmen und auch Eulenburgs Vermittlerdienste zum Kaiser nicht mehr zu benötigen. Burmeister, *Eulenburg*, S. 148; Hull, *Entourage*, S. 121; Hartung, »Verantwortliche Regierung«, S. 317.

gewittert. Bereits in den ersten Tagen der Algeciras-Konferenz – also fast ein Jahr vor Hardens Pressekampagne – war daher zwischen Bülow und Holstein die Abwehrstrategie erdacht worden, Eulenburg und Lecomte durch ein »Skandalprojekt« mit dem Thema »Päderastie« zu vernichten. Schon als publizistischer Skandalorganisator gehandelt: Maximilian Harden. »Hübsch wird es freilich nicht werden, wenn Harden die ›deutsch-französische Annäherung von der unrechten Seite‹ in seiner [*Zukunft*] bespricht«, vertraute Holstein am 19. Januar 1906 dem deutschen Botschafter in Paris Fürst Radolin an.[43] Diese bisher vollkommen unbeachtete Quelle aus dem Arkanbereich wilhelminischer *high politics* zeigt neben dem langen, untergründigen Vorlauf des Eulenburg-Skandals, dass seine Ursache in den außenpolitischen Turbulenzen der Epoche zu finden ist.

In Deutschland nutzten bezeichnenderweise alle politischen Parteien die bloße Idee einer deutsch-französischen Annäherung für Angriffe gegen die Reichsleitung. Die hardenfreundliche *Augsburger Abendzeitung* warnte vor der »Romantikergefahr«, die dem Reich durch das Tandem Eulenburg-Lecomte von seiner westlichen Flanke gedroht habe und der man gerade noch entkommen sei.[44] Katholische und sozialdemokratische Presse machten den Aussöhnungsgedanken unmöglich, indem sie behaupteten, ein Ausgleich mit Frankreich wäre mit Verfassungsbruch und Staatsstreich nach innen einhergegangen. Nach dem Sturz Bülows hätte Kuno Moltke zum »Reichskanzler des Inneren« ernannt werden sollen, während in der Außenpolitik ein »persönliches Regiment« des Kaisers und seines Favoriten errichtet worden wäre.[45] Selbst exponierte Frankreichfreunde wie Harry Graf Kessler warnten

43 Holstein an Radolin, 19. Januar 1906, in Rich/Fisher, *Holstein-Papiere IV*, Nr. 927, S. 350–352. Eulenburgs »Achillesferse« war in den Berliner Herrschaftszirkeln seit Jahren bekannt. Siehe Monts, *Erinnerungen*, S. 184. Weite Kreise erfuhren von dem Verdacht, als Eulenburgs Bruder Friedrich von seiner Frau beim homosexuellen Geschlechtsverkehr ertappt wurde, in eine Scheidung einwilligen und aus der Armee ausscheiden musste. Da Eulenburg sich weigerte, den Kontakt mit ihm abzubrechen, kam es zu einem zeitweiligen Zerwürfnis mit Wilhelm II. Bülow und Holstein wussten zudem aus Protokollen des Auswärtigen Amtes, dass Eulenburg während seiner Botschafterzeit in Wien wegen »schmutziger Handlungen« in öffentlichen Badeanstalten erpresst worden war. Burmeister, *Eulenburg*, S. 170.

44 *Augsburger Abendzeitung*, »Hardens Enthüllungen«, 23. Juni 1907, BAL 7836.

45 Dieser Plan sei, so sozialdemokratische und katholische Presse, durch die Interpellation des nationalliberalen Parteiführers Bassermann am 14. November 1906 im Reichstag vereitelt worden, woraufhin Harden seine Kampagne gegen die Eulenburg-Kamarilla in der *Zukunft* begann. *Vorwärts*, »Der enthüllte Absolutismus«, 29. Oktober 1907, BAL 7836; *Kölnische Volkszeitung*, »Weitere Bemerkungen zum Harden-Prozess«, 28. Oktober 1907, BAL 7836. Berichtet wurde überdies, dass Bülow durch eine Unvorsichtigkeit Eulenburgs

vor gefährlichen Trugschlüssen: »Es ist eine fundamentale Tatsache, dass es in den nächsten zwanzig Jahren nie und unter gar keinen Umständen eine wirkliche ›Entente‹ zwischen Frankreich und Deutschland geben kann«, schrieb er Harden im April 1907 aus Paris. »Man muss sich doch endlich einmal auch bei uns auf den französischen Standpunkt stellen. Es ist gar keine Frage, dass die französische Volkspsyche noch heute aufs schwerste unter 70 leidet; nicht so sehr unter dem Verlust der Provinzen, der nur ein Symbol ist, als unter der Tatsache des Besiegtseins. Es gibt keine Manifestation des französischen Geistes, weder in der Kunst noch in der Literatur noch in der Politik noch in der allgemeinen Welterscheinung, die nicht irgendwo diesen ›Fleck auf der Ehr‹ an sich trägt; mag man noch so sehr waschen und waschen und vorbauen und umwerten, immer wieder erscheint diese Tatsache wie Lady Macbeth's Blutflecken.« Kesslers Positionierung verwandelte Harden in der *Zukunft* in einen eindringlichen Appell an die deutschen Journalisten, im Skandal als Korrektiv verfehlter Außenpolitik zu agieren: »Lasst euch nicht einlullen, Ihr Herren der Presse! Nur Euch ist der Wachdienst jetzt anvertraut!«[46]

Allein in Großbritannien und Frankreich, und dies auch nur zeitweise, wurde die Vernichtung der wilhelminischen Friedenspartei bedauert. Gaston Calmette, Chefredakteur des am deutschen Kaiserhof angesehenen *Figaro*, sah in der Liebenberger Tafelrunde diejenigen, die »toujours dans le sens pacifique et d'un rapprochement avec la France« gearbeitet hatten, während Harden und Holstein in ihrem »bismarckisme persistant« einen neuen Krieg mit Frankreich anstrebten.[47] Auch beim *Entente Cordiale*-Partner Großbri-

---

von der Absicht seiner politischen Beseitigung erfahren hatte. Monts, *Erinnerungen*, S. 184.

46 Harry Graf Kessler an Harden, 13. April 1907, zit. n. Rogge, *Holstein und Harden*, S. 143–144; Maximilian Harden, »Pot-luck«, in: *Die Zukunft*, 18. Mai 1907, S. 240.

47 Die Friedenspartei um Eulenburg habe »les projets provocateurs et belligieux« vereitelt, während die Kriegspartei um Holstein eine Politik verfolgte, »qui saisit toutes les occasions d'excitet contre nous les plus mauvaises passions«. Bereits während der Marokko-Krise habe Harden alles getan »pour rendre l'entente impossible, pour brouiller les cartes, pour aggraver les chocs […] Nous tenons donc M. Harden pour un ennemi de notre pays.« *Le Figaro*, »Le vrai but«, von Gaston Calmette, 18. Juli 1908. Zum hohen Ansehen des *Figaro* am Berliner Hof Messidor, »Le Proces Eulenbourg«, von Gérault-Richard, 20. Juli 1908, PAAA. Vgl. die bis in die Wortwahl identische gegenseitige Zustimmung: *Le Temps*, »Le bilan d'un scandale«, 31. Oktober 1907, PAAA; *Berliner Tageblatt*, »Der ›Temps‹ über den Prozess«, 31. Oktober 1907, BAL 7837. Auch der *L'Eclair* lobte, durch »des tendences pacifiques que représentait Eulenbourg« sei in Algeciras noch einmal der europäische Friede gerettet worden. *L'Eclair*, »Eulenbourg et Arnim«, von Ernst Judet, 20. Juli 1908, PAAA.

tannien fragte die Presse, ob Harden, der nach eigenen Angaben seit 13 Jahren von der Existenz einer Kamarilla und seit 5 Jahren von ihrer Homosexualität wisse, »would have ever awoke at all if Prince Eulenburg and his friends had been more Bismarckian in their treatment of the Morocco question«.[48] Immerhin: Außenpolitisches *scaremongering*, die Zuweisung von nationalistischen Phobien und Philien, wurde in allen europäischen Innenpolitiken dieser Jahre als Waffe gegen politische Gegner eingesetzt. So spielte noch 1916, mitten im Ersten Weltkrieg, in Großbritannien der Vorwurf der Germanophilie eine wichtige Rolle, um die Regierung Asquith zu stürzen.[49]

Abb. 26. Die Eulenburg-Kamarilla als wilhelminische Friedenspartei und ihre Delegitimierung durch den Vorwurf der Homosexualität. Quelle: Kladderadatsch, *29. Dezember 1907, S. 921.*

Die Idee einer deutsch-französischen Aussöhnung, lässt sich festhalten, geriet durch den Eulenburg-Skandal auch bei wohlmeinenden Journalisten in Verruf und machte realpolitischer Ernüchterung und Resignation Platz; ein Beleg für die problematische Rolle der Presse im Vorfeld des Ersten Weltkrie-

48 *Daily Graphic*, 30. Oktober 1907, PAAA.
49 Morris, *The Scaremongers. The Advocacy of War and Rearmement 1896–1914*, S. 386.

ges.[50] »Die Franzosen sind doch wirklich nicht verpflichtet, uns liebevoll ans Herz zu drücken, und im übrigen meinen wir, dass wir ruhig darauf verzichten können«, schrieb die *Kölnische Volkszeitung* als wichtiges Sprachrohr der deutschen Katholiken. »Wir sind schon 37 Jahre ohne die französische Freundschaft sehr gut ausgekommen, und es wird auch in Zukunft gehen. Das deutsche Volk ist weder geneigt, die Franzosen zu umwerben, noch ihnen den Krieg zu machen, sondern es glaubt, dass es am besten sei, wenn jeder von uns – unser westlicher Nachbar und wir – in seinem eigenen Teich bliebe und wir uns möglichst wenig umeinander kümmern, denn eine echte Herzensfreundschaft und Liebe zwischen ›Michel‹ und ›Marianne‹ wird doch in absehbarer Zeit nicht aufkommen.«[51] Erst nach dem Ersten Weltkrieg bereute Maximilian Harden, zur Vernichtung der Eulenburg-Kamarilla beigetragen zu haben, weil sie als Friedenspartei im wilhelminischen Machtzentrum gewirkt hatte. Bei einer Diskussionsrunde über den Eulenburg-Skandal in Magnus Hirschfelds Berliner *Institut für Sexualwissenschaften* 1923/24 sagte Harden nach Erinnerung eines Teilnehmers, heute bedauere er außerordentlich, gegen Eulenburg und seinen »mäßigenden Einfluss« vorgegangen zu sein.[52]

Mit Raymond Lecomte hatte die Eulenburg-Kamarilla jedoch nicht nur einen Vertreter Frankreichs in ihre Reihen aufgenommen, sondern den »König der Päderasten«, wie ihn zunächst Harden und bald die ganze deutsche Presse titulierte.[53] Es war ein forensischer Fehler *par excellence*, dass General Moltke und sein Rechtsanwalt dem Gericht im 1. Moltke-Harden-Prozess einen *Zukunft*-Artikel als Beleidigung Moltkes eingereicht hatten, in dem Harden nur die Homosexualität Lecomtes behauptete. Moltke, von Harden

50 Vgl. Daniel, »Einkreisung und Kaiserdämmerung«, S. 279–328; Heidorn, *Die Rolle der Presse bei der Vorbereitung des Ersten Weltkrieges*. Zur Presse als konstitutiver Teil der Außenpolitik bereits zeitgenössisch: von Brandt, »Die deutsche Presse und die auswärtige Politik«, S. 197–201; ders., »Die europäische Diplomatie und die Presse«, S. 181–185; Anonym [Fritz Walz], *Die Presse und die deutsche Weltpolitik*; Nippold, *Der deutsche Chauvinismus*; Bradshaw Fay, »Der Einfluß der Vorkriegspresse in Europa«, S. 411–445.

51 *Kölnische Volkszeitung*, »Der diplomatisch-internationale Hintergrund des neuesten Skandalprozesses«, 30. Oktober 1907, BAL 7837.

52 Aus der Erinnerung des Publizisten Harry Schulze-Wilde Ende der 1950er Jahre. Kiaulehn, *Berlin*, S. 578.

53 Selbst der kaum zu Werturteilen neigende Hugo Friedländer fügte seinen Gerichtsberichten die Information hinzu, dass Lecomte in Berlin aus seiner »anormalen Veranlagung keinerlei Hehl« gemacht, eine »vollständige Abneigung gegen das ›schöne Geschlecht‹ zur Schau getragen« habe und in den einschlägigen Lokalen eine bekannte Persönlichkeit gewesen sei. Friedländer, *Prozesse*, S. 3964. Vgl. Tresckow, *Erinnerungen eines Kriminalkommissars*, S. 168.

darauf mit dem Vorwurf des Landesverrates unter Druck gesetzt, gestand zu, Lecomtes Homosexualität sei innerhalb der wilhelminischen Herrschaftselite ein offenes Geheimnis gewesen. Dem Sexualmoralischen als Deutungskategorie der internationalen Beziehungen konnte damit eine weitere überraschende Wendung gegeben werden.[54]

Ein wichtiges Kennzeichen der Globalisierung um 1900 ist die institutionelle, aber auch diskursive Entstehung von Internationalen. Die Jahre vor dem Ersten Weltkrieg waren eine Blütezeit grenzüberschreitender Wissenschaftskongresse und humanitärer Bewegungen wie dem *Roten Kreuz*. In der Politik wurde die »rote« sozialistische Internationale prägend, an die sich Verschwörungstheorien über eine »goldene« jüdisch-zionistische und »schwarze« ultramontane Internationale anknüpften.[55] Vor diesem Hintergrund lag es nahe, nachdem Begriff und Konzept des Homosexuellen durch den Eulenburg-Skandal popularisiert worden waren (vgl. Kap. IV), auch eine homosexuelle Internationale zu imaginieren, die »über alle Wälle des Glaubens, der Staaten und Klassen ein Band schlingt«, wie Maximilian Harden schrieb, und »die einander Fernsten, Fremdesten zu Schutz und Trutz in Brüderlichkeit vereint«.[56] In der Zeit eines hochaggressiven Nationalismus, vor wie nach dem Ersten Weltkrieg, ging mit der Zuordnung von Menschen zur »Vierten Internationale«, wie sie Kurt Tucholsky in den 1920er Jahren nannte, zwangsläufig der Vorwurf nationaler Unzuverlässigkeit einher. »Bei vielen Homosexuellen habe ich auch einen bedauerlichen Mangel an Nationalgefühl gefunden«, schrieb der ehemalige Leiter des Berliner Homosexuellende-

54 Moltke: »Es wurde ja über Herrn Lecomte gemunkelt, wie manchmal über jemand gemunkelt wurde und jetzt wohl über die meisten gemunkelt wird.« Harden: »Also der Generaladjutant des Deutschen Kaisers hat munkeln hören, dass der Vertreter einer fremden Macht derartigen Neigungen huldigt, und er hat es geduldet, dass der Botschaftsrat in Verbindung mit dem Deutschen Kaiser gebracht wurde.« Moltke: »Ich hatte gar keinen politischen Einfluß auszuüben.« Bernstein: »Herr Harden hat von Herrn Lecomte gesprochen und von anderen Päderasten, und es ist doch merkwürdig, dass, wenn jemand ruft: Päderast! nun Herr Graf Moltke die Tür aufmacht und fragt: Wer hat mich hier gerufen? (Heiterkeit.) Was geht den Grafen Moltke die aktive Homosexualität des Herrn Lecomte an? Weshalb stellt er den Strafantrag, wo es sich um Herrn Lecomte handelt?« Friedländer, *Prozesse*, S. 3984–85, 4091–95.

55 Vgl. allgemein Geyer/Paulmann, *The Mechanics of Internationalism*. Zur schwarzen Internationale Lamberts, *The Black International. L'Internationale noire*. Eine historische Studie zur homosexuellen Internationale ist ein Desiderat.

56 Harden, »Fürst Eulenburg«, S. 182–183.

zernates Hans von Tresckow ungefähr zur selben Zeit in seinen Memoiren. »Sie empfinden international und empfinden sich als Kosmopoliten.«[57]

Bereits während des Eulenburg-Skandals witterte die antisemitische Presse Verbindungslinien zwischen homosexueller und jüdischer Internationale, so wie sie zuvor einen Zusammenhang zwischen jüdischer und sozialistischer Internationale konstruiert hatte. Es könne kein Zufall sein, dass gerade die »Organe der *Alliance Israelite*« immer wieder die Abschaffung des »Liebenberger Paragraphen« forderten, schrieb die *Neue Bayerische Landeszeitung*; eine Wahnvorstellung, die sich bei Antisemiten tief einprägen sollte.[58] Als Kronzeugen für die Existenz einer homosexuellen Internationale und der daraus abzuleitenden Gefährlichkeit von Homosexuellen für eine von nationalen Interessen bestimmte Politik beschwor Maximilian Harden einmal mehr Bismarck.[59] »Da gibt's Zusammenhänge und Hautsympathien, die unsereins gar nicht versteht«, habe ihn der Altkanzler vor der grenzenlosen »Kamarilla der Kinäden« gewarnt, deren Mitglieder »grässliche Leute; ganz anders als wir« seien, »ohne Sinn für die Nüchternheit des politischen Lebens, ohne den Nerv der Tapferkeit, die eine große Nation braucht«.[60] Bismarck, versicherte Harden der Öffentlichkeit, habe ihm geklagt: »Ihnen missfällt der Kaiser als politische Persönlichkeit in vielen wesentlichen Zügen; mir auch. Aber Sie können mir glauben: alle oder mindestens neun Zehntel dieser nicht erfreulichen Seiten wären nicht sichtbar, wenn Philipp Eulenburg nicht seine Sippschaft an ihn herangebracht hätte.« Eulenburg bestätigte die Richtigkeit dieser Behauptungen, indem er freimütig einräumte, dass Bismarck ihn in seinem »vulkanischen Hass« als Homosexuellen gebrandmarkt hatte. Für den gestürzten Favoriten war dies der »Partherpfeil, der sehr geschickt gewählt war und der wohl seine Wirkung nicht verfehlen konnte«.[61]

57 Tucholsky und Tresckow zit. n. Linsert, *Politik und Geschlechtsleben*, S. 145, 161. Zu Tresckow jetzt Dobler, *Duldungspolitik und Verbrechensbekämpfung*, S. 303–419.

58 *Neue Bayerische Landeszeitung*, »Die große Kloake«, 31. Oktober 1907, BAL 7837. Zur Folgewirkung bei Antisemiten Witte, *Wider das Juden- und Kynädenregiment*. Vgl. Nipperdey, *Deutsche Geschichte II*, S. 296. Schildt, »Radikale Antworten von Rechts auf die Kulturkrise der Jahrhundertwende«, S. 72.

59 Auf die Vorstellung von einer homosexuellen Internationale verweist, ohne dies jedoch zu belegen, Hull, *Entourage*, S. 11, 135. Vgl. mit Fokus auf den »Männerbund« als sozialem Strukturprinzip Bruns, »Skandale im Beraterkreis um Kaiser Wilhelm II.«, S. 52–80.

60 Zu diesem Aspekt die Beiträge in Dudink/Hagemann/Tosh, *Masculinities in Politics and War*.

61 Friedländer, *Prozesse*, S. 4158–60, 4269–73. Diese Charakterisierungen, von Bismarck anlässlich des Tausch-Skandals 1896/97 verwendet, wurden von Moritz Schweninger und

Den transnationalen Charakter der Homosexuellen sah Harden dadurch determiniert, dass sie »eine gegenseitige Lebensversicherung abgeschlossen« hatten. Ihre homosexuelle »Gemeinschaft« und »Verbündelung« funktioniere nach dem keine nationalen Grenzen kennenden Prinzip *Tes amis sont mes amis*. Diesem Selbsterhaltungsprinzip folgend, habe Eulenburg auf alle wichtigen politischen Posten »homosexuelle Menschen hingesetzt«. Auf diese Weise habe er schließlich auch Raymond Lecomte in die Nähe Kaiser Wilhelms II. gebracht und in der Außenpolitik »ein nationales Unglück« und eine »Gefahr für das Vaterland« beschworen.[62]

Die Vorstellung von einer homosexuellen Internationale stieß in der Presse auf große Resonanz. Auch kritische Intellektuelle wie Friedrich Naumann sprachen jetzt von der »internationalen Ansteckung des Lasters«.[63] Eulenburg figurierte bald als »der große Kinäde«, Mittelpunkt eines homosexuellen Netzwerkes im wilhelminischen Arkanbereich, eines »schwülen Treibens«, in dem er »mit bewundernswerter Kunst seine Kreaturen, seine ›Lieblinge‹ überall hinzubringen« wusste.[64] Harden hatte keine Skrupel, Wilhelm II. als »Fetisch« der politischen Homosexuellen hinzustellen. Seit dem Sturz Bismarcks habe ihr »Kampf um die Person des Kaisers getobt«, erklärte er vor Gericht, um sich ostentativ zu korrigieren: »ich meine der Kampf, der Versuch, sich seine Gunst, den Einfluss auf ihn zu sichern«.[65] Transnationale Homosexualität konnte ohnehin leicht an ältere Vorbehalte gegenüber Hof und Diplomatie angeschlossen werden; beide Institutionen galten im nationalen Sinne nie als verlässlich. Diplomaten hatten nach einem zeitgenössischen Bonmot nichts gelernt als »Französisch sprechen, nichts sprechen und die Unwahrheit sagen«.[66] Der Topos vom Hof als Tummelplatz effeminierter, national unzuverlässiger Charaktere besaß eine noch längere Tradition. Die sozialdemokratische Presse berief sich während des Skandals gar auf die Briefe Liselottes von der Pfalz, um Höfe als »Hauptbrutstätte der Päderastie« zu kennzeichnen. Der latente Landesverrat, der speziell

---

Paul Liman als authentisch bestätigt und von der Harden-Partei als Indizien dafür behandelt, dass Bismarck gegen Eulenburg »in der krassesten Weise den Vorwurf der Homosexualität ausgesprochen hat«. Friedländer, *Prozesse*, S. 4007.

62 Friedländer, *Prozesse*, S. 3962–63, 4024, 4060–64, 4113, 4269–70.

63 *Die Hilfe*, »Der Schmutzprozess«, von Friedrich Naumann, 3. November 1907, BAL 7837.

64 *Neue Freie Presse*, 3. Januar 1908, PAAA; *Lübecker Neueste Nachrichten*, »Der Sumpf«, 24. Oktober 1907, BAL 7836; *Dresdener Nachrichten*, »Maximilian Harden«, 13. Mai 1908, BAL 7838.

65 Erster Teil der Schlussrede Hardens im 2. Prozess, Seiten 32–45, BLHA 566.

66 Bischoff, *Camarilla*, S. 6–7.

am preußischen Hof waltete, wurde mit der Bezeichnung *les Potsdamists* zum Ausdruck gebracht, mit der bereits unter Friedrich dem Großen die homosexuellen Höflinge »überall in Europa« bezeichnet worden seien.[67] Besonders in der britischen Presse wurde bei der Beschreibung der Eulenburg-Kamarilla noch vielfach die seit dem Mittelalter nachweisbare Bezeichnung *mignon/minion* für den homosexuellen Höfling gebraucht. Mit ihr konnten sowohl der transnationale Charakter der homosexuellen Bruderschaft – der *Standard* sprach von der »disgraced fraternity of minions« – als auch ihre landesverräterische Neigung – »the intriguers of Berlin were working in co-operation with sympathetic malefactors in Paris« – herausgestellt werden.[68]

Solche Vorstellungen von der homosexuellen Internationale als einer großen Verschwörung, wie sie um 1900 auch zum Repertoire des Redens über sozialistische, jüdische und ultramontane Internationale gehörten, spitzte die *Neue Gesellschaftliche Korrespondenz* zu. Sie erkannte einen »über ganz Europa verbreiteten Geheimbund der geschlechtlich verderbten Männer«, der nach einem »kühlen, in vielen Stunden und Tagen ersonnenen Plane« einen »Ring« von Homosexuellen um Kaiser Wilhelm II. gelegt habe, um antinationale »sexuale Interessen« zu verfolgen. Standes- und Klassengrenzen, wie in Kapitel V.5 gezeigt, glaubte man in der homosexuellen Internationale aufgehoben. So wurde die Nachricht verbreitet, Eulenburg und andere aristokratische Homosexuelle hätten dem Kaiser »Freunde und Bekannte – alles Hunderfünfundsiebziger – aus Kreisen zugeführt, mit denen er sonst nie in Berührung gelangt wäre«. Diese – politische – Gefahr sah auch Kriminalkommissar Hans von Tresckow, obgleich er der Homosexuellenbewegung mit Sympathie gegenüberstand: »Da die Homosexuellen miteinander wie die Kletten zusammenhingen und keiner vor dem anderen ein Geheimnis hatte, so bildeten sie eine Mauer um den Kaiser.« Auf diese Weise wurde die

67 Die *Arbeiterzeitung* warf die ironische Frage auf, ob Mutter Natur wirklich »alle Kinder, von denen sie ahnt, dass sie einmal Höflinge werden können, mit dieser unnatürlichen Anlage ausrüstet.« *Leipziger Volkszeitung*, »Einer dieser Ehrenmänner«, 28. Oktober 1907, BAL 7836. »Der alte Fritz selbst, der preußische Nationalheros, hatte aus jenem Sanssouci, zu dem heute noch jeder patriotische Preuße mit Gefühlen inbrünstiger Andacht wallfahrtet, ein Brutnest der Päderastie gemacht und im 18. Jahrhundert hießen die Leute von der Gilde, der Herr Harden jede staatsmännische Befähigung abspricht, überall in Europa *les Potsdamists*, die Potsdamisten.« *Leipziger Volkszeitung*, »Faul bis ins Mark«, 25. Oktober 1907, BAL 7836. Leider ohne Hinweise Lindemann, *Sex, Law and Diplomacy in the Age of Frederick the Great*.

68 *The Standard*, 30. Oktober 1907, PAAA. Zu *mignons* als hochverräterischen Charakteren Elliott/Brockliss, *The World of the Favourite*. Zur nationalen Unzuverlässigkeit von Homosexuellen Hull, *Entourage*, S. 135; Mosse, *Moderne Männlichkeit*, S. 91.

Idee einer homosexuellen staatsfeindlichen Verschwörung geprägt, wie sie später beispielsweise von Hitler in der Röhm-Affäre aufgegriffen wurde.[69]

In der Presse wurde es für unbegreiflich gehalten, dass weder Monarch noch verantwortliche Minister das »pathologische Band« bemerkt haben wollten, das die Homosexuellen um Eulenburg zusammenhielt.[70] Doch auch dafür fand sich eine historisch tradierte Erklärung im Charakter des (homosexuellen) Höflings: Seit jeher sei er daran gewöhnt, seine wahren Ansichten hinter einer Rollenmaske zu verstecken. Maximilian Harden und mit ihm zahlreiche Journalisten übertrugen diese »angeborene Falschheit« direkt auf den Habitus moderner Homosexueller, die »ihre wahre Veranlagung vor der Welt durch eine Maske zu verbergen« suchten; dass diese Welt sie durch Intoleranz dazu nötigen mochte, wurde nicht einmal erwogen. Gleichzeitig war damit ein weiteres Argument für die Gefährlichkeit Homosexueller in der Politik gegeben, denn sie waren nicht nur viel stärker erpressbar als »Normalsexuelle«, sie mussten schon allein durch ihre »innere Unwahrhaftigkeit« Schaden anrichten.[71] Waren Homosexuelle hinter den Masken ihrer sozialen Rollen nur schwer erkennbar, wurde im Gegenzug angenommen, dass sie sich über alle nationalen und sozialen Grenzen hinweg miteinander verständigen, mithin allein am Blick erkennen konnten. Der »homosexuelle Blick« fand bereits bei Johann Ludwig Casper Erwähnung, dem Wegbereiter der Gerichtsmedizin. Ein Homosexueller hatte ihm zu diesem Phänomen mitgeteilt, »in Paris, Italien, Wien, überall [...] wir finden uns gleich, es ist kaum ein Blick des Auges, wie ein elektrischer Schlag, und hat mich bei einiger Vorsicht noch nie getäuscht.« Unter Homosexuellen war dieses »Sich-auf-den-ersten-Blick-Erkennen« fast ein Dogma, bestätigte Albert Moll, Sexualgutachter im 2. Moltke-Harden-Prozess, bereits in einer Studie von 1891.[72]

69 Zit. in *Kölnische Volkszeitung*, »Die Pfütze«, 30. Oktober 1907, BAL 7837. Tresckow, *Erinnerungen eines Kriminalkommissars*, S. 134. Ashby Turner, *Hitler aus nächster Nähe*, S. 200. Vgl. zur Nieden, »Der homosexuelle Staatsfeind. Zur Geschichte einer Idee«, S. 395–396.

70 *Deutsche Nachrichten*, »Fürst Eulenburg«, 6. Mai 1908, GStA 49831. *Neue Gesellschaftliche Korrespondenz* zit. in *Kölnische Volkszeitung*, »Die Pfütze«, 30. Oktober 1907, BAL 7837.

71 Friedländer, *Prozesse*, S. 4058.

72 Casper, *Klinische Novellen zur Gerichtlichen Medicin*, S. 38. Moll, *Die conträre Sexualempfindung*, S. 82. Vgl. Müller, *Homosexuelle Autobiographien und medizinische Pathographien*, S. 185, 316. Kulturgeschichtlich wurde der Blick schon früher als *pars pro toto* des Menschen verstanden. So bemerkte der reisende Berliner Verleger Friedrich Nicolai Ende des 18. Jahrhunderts bei süddeutschen Mädchen einen »katholischen Augenaufschlag«, der sie ihm »verliebter« erschienen ließ. Blaschke/Kuhlemann, *Religion im Kaiserreich*, S. 37.

Der Eulenburg-Skandal popularisierte und festigte solche zuvor nur in Umrissen und Spezialdiskursen vorhandenen Vorstellungen von der transnationalen Natur der Homosexualität und den dadurch von ihr ausgehenden politischen Gefahren. In einem klassischen Zirkelschluss konnte Max Bernstein so vor Gericht die Behauptung aufstellen, dass Eulenburg »überall, wo er gewesen ist, in dem Rufe des Päderasten gestanden« habe.[73] Als Beweis erschien zudem, dass die Berliner Justiz in ganz Europa gegen den Kaiserfreund ermitteln ließ, juristisch ein für die damalige Zeit tatsächlich ungewöhnlicher Vorgang. In den diplomatischen Protestnoten, die nicht ausblieben, insbesondere über das forsche Auftreten preußischer Untersuchungsrichter in der Wiener *high society*, konnte wiederum leicht das Werk einer homosexuellen Internationale erkannt werden.[74] Philipp Eulenburg selbst gelangte noch während des Skandals zu der Überzeugung, er bekam aufmunternde Briefe von Homosexuellen aus aller Welt zugesandt, zum Maskottchen einer homosexuellen Internationale geworden zu sein: »Der Eindruck, den ich unter den vielen Phasen der Katastrophe zu den schwersten zählen musste, war, dass mit dem Augenblick, da der Kaiser sich von mir wandte, die gesamte homosexuelle Welt – denn es war zu meinem Entsetzen wirklich eine Welt! – mich für sich reklamierte.«[75] Auch die Presse der Sozialdemokratie, selber unter dem Dauerverdacht des Internationalen und Landesverräterischen stehend, verschmähte die Idee von einer homosexuellen Internationale nicht. In den letzten Jahren seien erstaunlich viele Freunde Wilhelms II. aus dem In- und Ausland in den Verdacht der Homosexualität geraten, schrieb die *Leipziger Volkszeitung* leutselig, zuletzt Lord Tweedmouth, mit dem der Monarch »die intimsten Briefe« gewechselt habe.[76]

73 Fragmente aus den Gerichtsprotokollen, BLHA 566.

74 *Berliner Tageblatt*, »Eulenburg«, von Theodor Wolff, 29. Juni 1908, BAL 7839; *Vossische Zeitung*, 22. Juni 1908, BAL 7839. Ein wichtiger Beleg für Eulenburgs nationale Unzuverlässigkeit waren seine »eigenartigen Beziehungen« zu Nathanael Rothschild, dem Chef des Wiener Hauses der Rothschild-Familie. Es sei eine der »Unbegreiflichkeiten des neuen Kurses und in der neueren europäischen Diplomatiegeschichte wohl einmalig«, dass Eulenburg als ehemaliger Botschafter »von einem Untertan der Macht, bei der er akkreditiert« gewesen war, eine Million Gulden erhalten hat. *Bayerischer Kurier*, »Geschenke an Diplomaten«, 31. Mai 1908, BAL 114.

75 Memorandum »Landesverräter«, BAK NL Eulenburg, Nr. 65.

76 *Leipziger Volkszeitung*, »Wieder einer«, 5. Juni 1908, BAL 7838. Zur Affäre um den »Privatbrief« Wilhelms II. an Edward Tweedmouth, den Ersten Lord der Admiralität, ausgelöst durch einen *Times*-Artikel am 6. März 1908: Reinermann, *Der Kaiser in England*, S. 325–332; Morris, *Scaremongers*, S. 135–143; Kennedy, *The Rise of the Anglo-German Antagonism*, S. 443–44.

Als Zufluchtsort der homosexuellen Internationale wurde allgemein der »warme« Süden, im geographisch unbestimmten Sinne, betrachtet.[77] Die *New York World* verbreitete das Gerücht, Graf Johannes Lynar habe sich auf der ersten Station seiner Flucht aus Deutschland im Londoner Nobel-Stadtteil Mayfair aufgehalten, da er viele homosexuelle Freunde in der britischen Aristokratie besitze, sei nach einer Warnung Scotland Yards aber »nach dem Süden« aufgebrochen.[78] Harden warf Eulenburg vor, er hätte den Skandal leicht verhindern können, wenn er nicht so schnell von seiner Reise »nach dem Süden« zurückgekommen wäre – er hatte sich einige Zeit in die Schweiz zurückgezogen – und auch »seinen französischen Intimus ersucht hätte, seiner Betätigung unter südlicherem Himmel ein neues Feld zu suchen«.[79] Die Wochenschrift *Der Deutsche* riet Eulenburg ebenfalls, Deutschland den Rücken zu kehren und seine Homosexualität »im Süden« auszuleben. »Die Welt ist groß und hat Sammelplätze für Drohnen. In Paris und an der Riviera sitzt eine ganze Kolonie von Großfürsten, päpstlichen Grafen, Börsenmillionären [...] Auf diesem Düngerhaufen der Menschheit ist ja noch Platz genug.«[80] Im wilhelminischen Deutschland wurde transnationale Homosexualität stets im Süden lokalisiert, wo sie kulturgeschichtlich aus griechisch-antiker, römisch-katholischer oder orthodox-osmanischer Sittenlosigkeit hergeleitet werden konnte. Dass homosexueller Geschlechtsverkehr in den meisten südeuropäischen Ländern keinen Straftatbestand darstellte, wurde als rechtsgeschichtlicher Beweis dieses sexualgeographischen Nord-Süd-Gefälles angesehen.[81] Als »Dorado der normwidrig empfindenden Männer aller Staaten« firmierte jedoch Italien. In Florenz, klärten die *Dresdener Nachrichten* ihre Leser auf, »besteht eine richtige internationale Kolonie derartiger Männer der höheren und höchsten Stände«.[82]

Der Eulenburg-Skandal bewirkte denn auch, dass sich in Italien Widerstand gegen ausländische Homosexuelle regte. »Vorgearbeitet haben in dieser

77 Zur Verortung von Homosexualität an den – aus eurozentrischer Perspektive – globalen Peripherien Aldrich, *Colonialism and Homosexuality*.

78 *World* (New York), »King Edward must chuckle«, 26. Oktober 1907, zit. b. Steakley, *Die Freunde des Kaisers*, S. 114.

79 Friedländer, *Prozesse*, S. 4166; *Berliner Lokalanzeiger*, »Harden über die Angelegenheit des Fürsten Eulenburg«, 7. Mai 1908, BAL 7838.

80 *Hamburger Nachrichten*, 20. Mai 1908, BAL 7838. Die nach diesem Weltbild richtige Entscheidung trafen dagegen Gardegeneral Graf Wilhelm Hohenau und Kammerherr Graf Edgard Wedel, die sogleich nach der Beschuldigung der Homosexualität »nach Italien« abreisten. *Leipziger Volkszeitung*, »Wieder einer«, 5. Juni 1908, BAL 7838.

81 Vgl. Tamagne, »Das homosexuelle Zeitalter. 1870–1940«, S. 167–196.

82 *Dresdener Nachrichten*, 21. Juni 1908, BAL 6961.

Beziehung die vielen Filialen, welche die deutsche Bruderschaft in Florenz, Capri, Taormina und in Rom selbst eingerichtet hat«, berichtete der deutsche Botschafter in Rom Anton Graf Monts an Reichskanzler Bülow.[83] Frappierend ist, wie stark die Vorstellung von einer homosexuellen Internationale bis in die Wortwahl Eingang in die selber hochgradig internationalisierte Spitzendiplomatie jener Jahre fand. Werde jetzt irgendwo in Italien »ein Nest von Homosexuellen« ausgehoben, klagte der aus französischem Uradel stammende Monts nach Berlin, nennen es die Zeitungen unter Verweis auf die Eulenburg-Kamarilla »tavola rotonda«. »Auch wird das Laster selbst, wie einst im Altertum das griechische, so jetzt in Italien das deutsche genannt.« König Victor Emanuel persönlich habe sich bei ihm beschwert, beklagte Monts, dass die deutsche Regierung es angesichts der seit Jahren bekannten Schwierigkeiten mit deutschen Homosexuellen in Italien zum Skandal habe kommen lassen. Ihm sei klar, habe der König zugegeben, dass »es Laster und Abweichungen von der Norm zu allen Zeiten und in allen Ländern gegeben« habe. Nun sei das Problem der Homosexualität jedoch in der hohen Politik angekommen und dort schlügen die italienischen Gegner des Dreibundes »viel politisches Kapital« aus dem Eulenburg-Skandal. Mit Belegen aus der Presse bestätigte Monts, dass dieser tatsächlich von allen »Feinden des Reiches« in Italien als »ein Zeichen für die beginnende Dekadenz Deutschlands« ausgeschlachtet werde.[84]

Auch wegen solcher nationalistischer Anwürfe aus dem Ausland, die nicht nur von der Diplomatie, sondern auch von der Presse hochsensibel registriert wurden, geriet Homosexualität in der deutschen Öffentlichkeit in den Ruch des Landesverrates.[85] In einem breiten überparteilichen Konsens wurde sie als undeutsch definiert. »Ziehen Sie einen scharfen Grenzstrich zwischen Männern wie Eulenburg, Hohenau, Moltke und den Männern Deutschlands! Dann entsprechen Sie dem allgemeinen Empfinden!«, rief Max Bernstein unter stürmischer Zustimmung des Gerichtssaales aus. Auch für Moltkes Anwalt Erich Sello war Homosexualität für jeden Deutschen »ein Schimpf«. Staatsanwalt Hugo Isenbiel war es ganz gleich, ob der § 175 existierte, »der Vorwurf geschlechtlicher perverser Triebe, des Umgangs von Männern untereinander ist für Deutsche etwas Herabwürdigendes, etwas Gemeines, eine Hundemoral.«[86] Für die Alldeutschen wiesen Homosexuelle

83 Als transnationale Gemeinschaft wurden auch die Theosophen imaginiert. Linse, »Universale Bruderschaft oder nationaler Rassenkrieg«, S. 602–651.

84 Monts an Bülow, 31. Oktober 1907 und 23. Juli 1908, PAAA.

85 Steakley, *Die Freunde des Kaisers*, S. 158.

86 Friedländer, *Prozesse*, S. 4086–88, 4204, 4199.

»in ihrer Wesensart auch nicht einen Zug von Deutschheit mehr auf«.[87] Selbst das liberal-demokratische *Berliner Tageblatt* hielt es für legitim, dass Harden der Öffentlichkeit »den Flötenbläser Phili, den Musen- und Männerfreund, der die Generaladjutanten einsetzt«, kenntlich gemacht hat, damit er aus der Politik beseitigt werden konnte. Und selbst die Sozialdemokraten nutzten den Rekurs auf homosexuellen Landesverrat im Kampf gegen die wilhelminische Gesellschaftsordnung: Am 26. Oktober 1907 machte der *Vorwärts* mit der Schlagzeile »Die Nebenregierung des § 175« auf.[88]

Im Juni 1908 teilte Theodor Wolff, der Chefredakteur des *Berliner Tageblattes*, seinen Lesern mit, von den gegen Eulenburg ermittelnden Untersuchungsrichtern als »Frankreichkenner« über »gefährliche politische Aktionen« des kaiserlichen Favoriten in der Marokko-Krise befragt worden zu sein; ein Hinweis, dass eine Anklageerhebung wegen Landesverrats, offiziell wurde gegen Eulenburg nur wegen Meineid und Verleitung zum Meineid ermittelt, erwogen wurde.[89] Andere Zeitungen vermuteten gar, gegen Eulenburg werde wegen Landesverrats verhandelt, ohne die Öffentlichkeit davon in Kenntnis zu setzen. Als Indiz wurde der fast permanente Ausschluss der Presse aus den Gerichtsverhandlungen gewertet, der nur bei Gefährdung der Sittlichkeit – und bei Landesverrat – angeordnet werden konnte.[90] Für französische Blätter wie den *Temps* war klar, weshalb Eulenburg, seine Freunde und Unterstützer als homosexuelle Landesverräter behandelt wurden: »Weil sie einen Krieg mit Frankreich verhindert haben!«[91] Was für den einen ein landesverräterisches Komplott war, räsonierte Gaston Calmette im *Figaro*, sei für den anderen ein Dienst am europäischen Frieden: »En attaquant le prince d'Eulenbourg dans son honneur, on l'a ruiné dans l'amitié que lui

---

87 *Rheinisch-Westfälische Zeitung*, »Sentimentalität und Rechtsgefühl«, 12. Mai 1908, BAL 7838.

88 *Berliner Tageblatt*, »Das Ende des Moltke-Harden Prozesses«, von Theodor Wolff, 29. Oktober 1907, BAL 7836; *Vorwärts*, 26. Oktober 1907.

89 *Berliner Tageblatt*, »Eulenburg«, von Theodor Wolff, 29. Juni 1908, BAL 7839. Harden setzte den Verdacht landesverräterischer homosexueller Solidarität als politische Waffe auch gegen Kriegsminister von Einem und Justizminister von Beseler ein, die er für seine erbitterten Feinde innerhalb der Reichsregierung hielt. *Dresdener Nachrichten*, »Maximilian Harden«, 13. Mai 1908, BAL 7838.

90 Es wurde bereits spekuliert, dass die Urteilsverkündung gegen Eulenburg nichtöffentlich sein würde, was nach der liberalen Justizreform vom 5. April 1888 nur bei einer Verurteilung wegen Landesverrats möglich gewesen wäre. Immerhin hätte der gerichtliche Beschluss dazu mit Angabe der Gründe veröffentlicht werden müssen. *Berliner Börsen Courier*, »Unter Ausschluss der Öffentlichkeit«, 30. Juni 1908, BAL 7839.

91 *Le Temps* zit. in *Vorwärts*, »Hardens Rückzug«, 18. Juni 1907, BAL 7836.

portait le souverain et on a détruit sa politique de conciliation envers la France. Le but est atteint.«[92]

Es ist dennoch überzogen, Maximilian Harden als Individuum – ohne Beachtung des sozialen Kontextes und der historischen Traditionslinien – dafür verantwortlich zu machen, die Figur des »homosexuellen Staatsfeindes« aus der Taufe gehoben zu haben.[93] Vielmehr wurde durch den Eulenburg-Skandal in einer transnationalen Presseöffentlichkeit, mit historischen Rekursen ebenso wie mit Verweisen auf den letzten Stand von Sexualwissenschaft und Kriminalanthropologie, ein Zusammenhang zwischen dem traditionellen Delikt des Landesverrats und einer spezifisch modernen homosexuellen Internationale hergestellt. Auf diese Weise wurde im deutschsprachigen Raum die Figur des homosexuellen Landesverräters etabliert, deren Wirkung vom Eulenburg-Skandal über die Traditionslinie Redl-Röhm-Kießling bis in die Zeitgeschichte reicht.[94] Langzeitwirkung, und das ist entscheidend, entfaltete der Kurzschluss von Politik und Homosexualität aber auch in anderen Ländern. So wurde in Großbritannien im letzten Jahr des Ersten Weltkrieges ein sensationeller Verleumdungsprozess um die Behauptung geführt, die homosexuelle Kamarilla, von der das Deutsche Reich laut englischer Kriegspropaganda nach wie vor beherrscht wurde, habe auf den britischen Inseln Tausende Männer und Frauen durch Geheimagenten zur Homosexualität verführen lassen und mit ihrer Erpressbarkeit konspirativen Anweisungen aus Berlin unterworfen.[95] Für die USA hat Robert Dean in seiner ausgezeichneten Studie *Imperial Brotherhood* die Verbindungslinie von kommunistischer und homosexueller Bedrohung in der McCarthy-Ära – »Red Scare« und »Lavender Scare« – aufgezeigt.[96] Aus heutiger Sicht kann man mit Blick auf die Sprengkraft der Homophobie in der klassischen Mo-

92 *Le Figaro*, »Le vrai but«, von Gaston Calmette, 18. Juli 1908, PAAA.

93 Vgl. zur Nieden, »Der homosexuelle Staatsfeind. Zur Geschichte einer Idee«, S. 394–427; dies., »Homophobie und Staatsräson«, S. 17–51.

94 Zu dieser Entwicklungslinie politischer Homophobie siehe die zeitgenössische Hetzschrift von Fried, *Das männliche Urningtum in seiner sozialen Bedeutung* (1919). Den Fall Redl deutet schon zeitgenössisch als internationale homosexuell-jüdische Verschwörung Witte, *Wider das Juden- und Kynädenregiment*, S. 14. Vgl. Kisch, *Der Fall des Generalstabschefs Redl*. Sichtermann, »Die Affäre Wörner/Kießling«, S. 243–248.

95 Steakley, *Die Freunde des Kaisers*, S. 114–115; Igra, *Germany's National Vice* (1945); Kettle, The Libel Case of the Century, S. 4–12.

96 Dean, *Imperial Brotherhood. Gender and the Making of Cold War Foreign Policy*, S. 72, 113, 131, 152. Vor allem in der politischen Rechten der USA war im Kalten Krieg der Glaube an einen Nexus von kommunistischer und homosexueller Internationale fest verwurzelt. Clabaugh, *Thunder on the Right*, S. 52.

derne nur froh sein, dass in der Dreyfus-Affäre, auch so als Krise »französischer Männlichkeit« gedeutet, *nicht* bekannt geworden war, dass die Pariser Militärattachés Deutschlands und Italiens ein homosexuelles Verhältnis unterhielten.[97]

Angesichts des Zuspruchs seiner Zeitgenossen konnte sich Maximilian Harden bestätigt fühlen, eingegriffen zu haben, »als die Dinge sich politisch und nach der Seite der Sexualität« zuspitzten und »das Staatswohl« gefährdeten.[98] Die damit bediente abstrakte Angst drückte sich in den Debatten der Tagespresse schnell in konkreten Befürchtungen aus: Es wurde ernsthaft geglaubt, dass eine Aufhebung des § 175 »für das junge Deutsche Reich nach kaum vierzigjähriger Geschichte« den Untergang bedeuten könnte.[99] Mit der im wahrsten Sinne des Wortes Sexualpolitik der späten Wilhelminer ist zugleich sichtbar geworden, was bisher weder von außen- noch militärpolitischer Geschichtsschreibung identifiziert worden war: die Friedenspartei innerhalb des wilhelminischen Machtzentrums. Wenn auch nur kurz, denn die Definition der Eulenburg-Kamarilla als frankophile Friedenspartei war zugleich der Moment ihrer politischen Vernichtung als Teil einer homosexuellen Internationale. Durch diesen Befreiungsschlag, hoffte 1908 die *New Yorker Staatszeitung*, werde in der Außenpolitik des Deutschen Reiches endlich wieder »die Fanfare des Kürassierstiefels« erschallen. Rundheraus empfahl das wichtige Organ der Auslandsdeutschen in den USA einen »frischen, fröhlichen Krieg« als bestes Mittel, die Homosexualität abzuwerfen, durch die nicht nur Deutschlands Außenpolitik, sondern auch sein Militär kompromittiert war.[100]

97 Gervais/Huret/Peretz, »Homosexualité et antisémitisme dans l'Affaire Dreyfus«, S. 125–147. Forth, *The Dreyfus Affair and the Crisis of French Manhood.*

98 Friedländer, *Prozesse*, S. 3980, 4139, 4198. Komplexe Zwischentöne, die Harden durchaus anbot, erreichten die Öffentlichkeit kaum, etwa wenn er beteuerte, ihm liege »nichts ferner als eine fanatische Bekämpfung der Homosexuellen«. Er schätze nicht nur »den Mann der Faust, nur den Poltron des Säbels«. Eine Abweichung von der Norm müsse keinesfalls immer »nach unten gehen«. Kein vernünftiger Bürger könne jedoch zweifeln, »dass es gefährlich ist, ganze Gruppen solcher [homosexueller] Menschen an irgendeiner Stelle zu versammeln«. Fortsetzung der Schlussrede Hardens im 2. Prozess, BLHA 557; Friedländer, *Prozesse*, S. 4264.

99 *Volkszeitung*, »Soll § 175 aufgehoben werden?«, 31. Oktober 1907, GStA 49839.

100 *New Yorker Staatszeitung*, zit. in *Kölnische Volkszeitung*, »Eulenburgs politische Geständnisse«, 28. Juli 1908, BAL 7839.

2. Das Verblassen des Moltke-Mythos und die moralischen Rechtfertigungen eines kommenden Krieges

Neben der Außenpolitik geriet durch den Eulenburg-Skandal die preußisch-deutsche Armee, bis dahin unbändig stolz, an Schlagkraft, Zucht und Ordnung die erste Militärmacht der Welt zu sein, unter den Verdacht der Homosexualität. Schatten fielen auf militärische Institutionen und Statussymbole wie den preußischen Generalsrang, die Potsdamer Gardes-du-Corps und den Moltke-Mythos. Auch »des Königs Rock« – die preußische Uniform – und »Deutschlands erster Offizier« – Kaiser Wilhelm II. – erlitten durch den Skandal einen für Friedenszeiten beachtlichen Ansehensverlust, der schließlich eine alte Form der Kriegsrechtfertigung, die moralische, neu belebte. Die Vorstellung von dem nach der Jahrhundertwende von 1900 unausweichlichen Krieg ist historiographisch nach wie vor herrschend. Warum aber, hat Joachim Radkau gefragt, sollte gerade eine boomende Wirtschaft wie die wilhelminische ein »tödliches Wagnis« eingehen und mit dem Krieg einen Sprung ins Dunkle riskieren? Die Frage ist insofern rhetorisch, als sie den ökonomischen ebenso wie den außen- oder innenpolitischen Erklärungsansatz des Kriegsausbruchs 1914 nicht zurückweist, sondern dazu auffordert, überkommene rationalistische und deterministische Deutungen um die Untersuchung irrationaler Elemente – »pathologischer Mechanismen« und »neurotischer« Interpretationen von Interessen – zu erweitern. Dieser Vorschlag soll hier im Sinne einer politischen Kulturgeschichte aufgenommen werden.[101]

Dass General Kuno Graf Moltke, eben noch stolzer Stadtkommandant von Berlin, bei den Gerichtsprozessen gegen Maximilian Harden in schwarzem Frack und Zylinder erschien (Abb. 12), besaß einen hohen Symbolwert, denn ein General in Zivil war ein wilhelminisches Unding. Die preußisch-deutsche Gesellschaft war gewohnt, selbst dem kleinsten Leutnant den größ-

101 Radkau, *Nervosität*, S. 274. Weniger überzeugend ist der Ansatz, politisch-militärisches Denken als grundsätzlich rational zu betrachten und allein nach Störfaktoren zu fahnden. Vgl. Förster, »Angst und Panik. ›Unsachliche‹ Einflüsse im politisch-militärischen Denken des Kaiserreiches und die Ursachen des Ersten Weltkrieges«, S. 74–86; ders., »Im Reich des Absurden. Die Ursachen des Ersten Weltkrieges«, S. 211–252. Ausgewogener Mommsen, »Der Topos vom unvermeidlichen Krieg. Außenpolitik und öffentliche Meinung im Deutschen Reich im letzten Jahrzehnt vor 1914«, S. 380–406. Gegen den Topos vom »unvermeidlichen« Krieg wurde jüngst kaum plausibel versucht, das andere Extrem, den Topos vom »unwahrscheinlichen« Krieg anzuführen. Afflerbach/Stevenson, *An Improbable War?*

ten Respekt zu erweisen, sobald er seine Uniform trug. Der Fall des »Hauptmanns von Köpenick« lag gerade ein Jahr zurück und hatte der Welt die Allmacht der Uniform in Deutschland vor Augen geführt.[102] General Moltkes Griff zu ziviler Kleidung, obwohl er nach seiner Entlassung das »Recht zum Tragen der Uniform« behalten hatte, wurde noch im Gerichtssaal zum Thema. Einerseits rechtfertigte sich der Kaiserfreund, durch den Prozess seine »in den Schmutz getretene Ehre als alter Soldat« wiederherstellen zu wollen. Andererseits weigerte er sich aber, dies in Uniform zu tun, da er sich als Offizier durch die Verhandlungen eines zivilen Gerichts nicht »beschimpfen« lassen dürfe.[103] Die Widersprüchlichkeit in Moltkes Argumentation brachte das Spannungsverhältnis von militärischer und ziviler Autorität im Kaiserreich auf den Punkt, das seit 1871 in der Schwebe belassen worden war.[104] Im preußischen Abgeordnetenhaus empörte sich der Abgeordnete Rudolf von Campe: »Wohin soll es kommen, wenn in einem Gerichtshofe des Königs Rock sich nicht mehr sehen lassen darf?« Der Nationalliberale, hauptberuflich Richter, gab die Schuld jedoch nicht General Moltke, sondern der Justiz, die den »Gerichtssaal zum Theatersaal und zur Volksversammlung herabgewürdigt« habe.[105] Das Problem erhitzte auch die Gemüter pensionierter Generäle, die sich in der Presse eifrig zu Wort meldeten. Zivile Gerichte, so ihr Tenor, seien *per se* ungeeignet, um über die Ehre eines preußischen Generals zu befinden. Für annehmbar wurde nur ein vom Monarchen einberufenes militärisches Ehrengericht gehalten (vgl. Kap. III.1).[106] Für Linksliberale waren Äußerungen, wonach ordentliche Gerichte für preußische Generäle »nicht vornehm genug« waren, Wasser auf die Mühlen ihrer Militärkritik. Besonders deutlich wurde die süddeutsche Presse: »Ihr wollt

102 Stein, »Der Bilse-Skandal von 1903«, S. 259–278.

103 Friedländer, *Prozesse*, S. 4096–98.

104 Diese Mentalität erstreckte sich selbst auf Ziviluniformen. Vgl. die Beiträge in Hackspiel-Mikosch/Hass, *Die zivile Uniform als symbolische Kommunikation*. Zur rhetorischen Verherrlichung von Uniform und militärischem Habitus durch den Monarchen vgl. das Kap. »Der vornehmste Rock« bei Schröder, *Reden Kaiser Wilhelms II.*, S. 5–23.

105 *Verhandlungen des preußischen Abgeordnetenhauses*, 28. Januar 1908.

106 Für jeden, der »Ahnung von militärischen Verhältnissen« habe, sei klar, so der pensionierte Kommandierende General Wilhelm von Blume, dass Moltke »angesichts der gegen ihn erhobenen Beschuldigungen nicht als aktiver General und Kommandant von Berlin die Flucht in die Öffentlichkeit unternehmen konnte.« *Der Tag*, »Militärische Betrachtungen über den Prozess Graf Moltke-Harden«, 3. November 1907, GStA 49839. Diese Argumentation konnte nur für diejenigen überzeugend sein, die Generälen eine größere Ehre als Reichskanzler und Außenminister zusprachen, denn auch Bülow und Marschall waren im Amt geblieben während sie sich gerichtlich gegen Verleumdungen wehrten.

etwas Besonderes sein«, fragte die *Münchner Allgemeine Zeitung*, »ihr wollt und sollt als zeitweilige Erzieher von Hunderttausenden junger deutscher Männer, als Angehörige einer mit manchen Privilegien ausgerüsteten Klasse besonderes Ansehen genießen, da muss man euch auch mit besonderem Maße messen dürfen«.[107] Der Großteil der deutschen Journalisten, kritisierte die hardenfreundliche *Rheinisch-Westfälische Zeitung*, stehe allein deshalb auf Moltkes Seite, auch wenn er in Zivil auftrat, »weil er die Armee repräsentiert.«[108]

Für die zahlreichen Militaristen, die zunächst für die alte Herrschaftselite Partei ergriffen, war es deshalb ein Schock, wie schließlich ein preußischer General vor einem preußischen Gericht moralisch vernichtet wurde: General Moltke mutierte im Berliner Justizpalast nicht allein zu einem Homosexuellen, sondern zu einem Transvestiten. Maximilian Harden warf ihm vor, sich mit Rouge zu schminken und zu Hause »auffällige Kostüme« wie Kimonos und Schleppröcke zu tragen.[109] Von seinen Freunden lasse sich Moltke »Tütü« rufen und in den Kreisen der Berliner Theaterbesucher sei er nur als »der Süße mit der Tüte« bekannt, weil er so gerne Pralinen mit in die Vorstellungen bringe, was offenkundig ebenso wie allzu häufiger Theaterbesuch als typisch weibliche Angewohnheit galt. Selbst am Tag des Skandals um den »Hauptmann von Köpenick« hatte man den Stadtkommandanten erst abends im Deutschen Theater ausfindig machen können, wie der Herausgeber der *Zukunft* bekannt machte. Eine besondere Zumutung für brave wilhelminische Untertanen war es, dass Harden ausgerechnet an den Sexualwissenschaftler Magnus Hirschfeld die Frage richtete, ob er beim Blick auf den Habitus des Kaiserfreundes sagen würde: »Das ist ein normaler preußischer General«.[110] Die antisemitische Presse tobte, ein »Judenbube« wie Harden werfe sich »zum Verteidiger des männlichen Offiziers, des rauen Kriegers im Sinne Zietens und Blüchers« auf. Es sei bereits so weit gekommen, dass ein Jude wie »Herr Dr. med. Hirschfeld aus Berlin [...] die Norm für preußische

107 *Frankfurter Zeitung*, 4. November 1907, GStA 49839; *Münchner Allgemeine Zeitung*, »Der Berliner Schmutzprozess«, 7. November 1907, BAL 7837.

108 *Rheinisch-Westfälische Zeitung*, »Peinliche Fragen«, 31. Oktober 1907, GStA 49839.

109 Protokolle des Prozesses gegen den Fürsten Philipp zu Eulenburg, 12. Verhandlungstag (Fragment, Juli 1908), BLHA 562. Bernstein warf Moltke vor, sich den Rock nur durch die »Lebenslüge« über sein abnormes Wesen erhalten zu haben, »sonst hätte er, ein General« nicht vor der Anstrengung eines Prozesses eine Verständigung mit Harden gesucht. Friedländer, *Prozesse*, S. 4011–12, 4045.

110 Friedländer, *Prozesse*, S. 4007–8, 4057.

Generäle festlegt!«[111] Hirschfeld, der die Frage wohlweislich unbeantwortet ließ, hätte sich ruhig zu den Generalsqualitäten Moltkes äußern sollen, meinte die *Nationalzeitung* verbittert: »Stand nicht Graf Moltke höchst ungeneralshaft vor ihm, viel zu groß und stattlich, zu ruhig in den Bewegungen, zu gemessen in seinen Worten, zu sehr diszipliniert, zu energisch im Schwung seiner Hakennase, zu sehr im Besitz eines Schnurrbarts?«[112]

Kuno Moltke selbst war fassungslos gegenüber der Strategie, ihm einen »weibischen Anstrich« zu geben. Dass er sich im Gerichtssaal kaum gegen solche Insinuationen wehrte, verstärkte für viele Beobachter den von der Harden-Partei suggerierten Eindruck eines unmilitärischen Habitus.[113] Als ambivalent erwies sich auch Moltkes Charakterisierung als »Hofgeneral«, die als entlastende Erklärung der monarchistisch gesinnten Presse gedacht war. Der Berliner Gesellschaftsreporter Adolf von Wilke sah in der Existenz solcher Titulargeneräle ohne militärische Befähigung, die eigentlich nur kostümierte Höflinge waren, nichts schlimmes, sondern »nur eine natürliche Folge davon, dass Preußen als Militärstaat groß wurde«. Den Inhabern hoher Hofämter und Staatsstellungen verleihe Preußen nun einmal gerne den Generalsrang.[114] Tatsächlich offenbarte sich an diesem Punkt die Problematik des Kaiserreiches, das gesamte soziale Leben militärischen Kategorien unterwerfen zu wollen. Repräsentanten höchster Staatsämter, wie Reichskanzler Bülow oder Reichstagspräsident Graf Ballestrem, erschienen bei gesellschaftlichen Ereignissen vorzugsweise in militärischen Uniformen, die jedoch ihrer politischen Bedeutung in keiner Weise entsprachen. Sozialdemokratische und liberale Blätter nutzten daher die seltene Gelegenheit, am Beispiel Kuno Moltkes, des »hilflosen, weltfremden […] Typus eines Generals in Zivil« und »pietistischen Operettengenerals«, den Uniformfimmel zu verspotten, aber auch die militärische Schlagkraft Preußen-Deutschlands in Zweifel zu ziehen.[115]

111 *Deutsche Tageszeitung*, »Juristische Bemerkungen zum Prozess Moltke gegen Harden«, 1. November 1907, GStA 49839.

112 Zit. in *Magdeburgische Zeitung*, »Der Moltke-Harden Prozess«, 2. November 1907, GStA 49839.

113 Friedländer, *Prozesse*, S. 4046, 4058.

114 Als Mustertyp dieser Mischung aus Höfling, Renommieroffizier und Arkanpolitiker wurde der 1904 verstorbene Alfred Graf Waldersee angesehen, der es immerhin bis zum Generalstabschef und – in Friedenszeiten – zum Generalfeldmarschall gebracht hatte. *Berliner Tageblatt*, »Aus der Gesellschaft, von Lucius von Nordegg [Adolf von Wilke], 4. Juni 1907, BAL R 7836. Vgl. Martin, *Zur Sozialgeschichte der preußischen Generalität. 1812–1918*.

115 *Pfälzische Volkszeitung*, »Ein Straßenbild«, 30. Oktober 1907, BAL 7837; *Leipziger Volkszeitung*, »Politischer Anschauungsunterricht«, 6. Juni 1907, BAL 7836. *Frankfurter*

Abb. 27. »Marschall Vorwärts und General Rückwärts!« Der Verfall der militärischen Schlagkraft Preußen-Deutschlands, personifiziert durch einen Vergleich Marschall Blüchers und General Kuno Moltkes. Quelle: Wiener Caricaturen, *3. November 1907, S. 12.*

Für die staatstragende Presse, bemüht, Schaden vom Ansehen des Militärs abzuwenden, war die Konstellation des Eulenburg-Skandals zum Verzweifeln. »Noch nie«, so die *Post*, »ist der unbefleckte Name eines preußischen Generals in so frivoler Weise in den Schmutz gezogen worden«. Die Enthüllung, dass der Kaiserfreund mehrfach von seiner weitaus jüngeren Ehefrau verprügelt worden war und sich von ihr, einer symbolischen Degradierung gleichkommend, die Epauletten von der Uniform reißen ließ, blieb unerklärlich. Dass Moltke während der Gerichtsverhandlungen ab und an ein Riechfläschchen benutzte, einmal gar seinem ohnmächtig werdenden Kon-

Zeitung, 27. Oktober 1907, BAL 7836. Von anderen wurde Kuno Moltkes militärpolitische Bedeutung weit höher eingeschätzt. Seine friedensbewahrende Rolle in der Umgebung des Kaisers hätten in Folge des Skandals zum Krieg drängende »bürgerliche Marineflügeladjutanten« eingenommen. *Weser Zeitung*, »Hardens Verdienst«, 12. Juli 1908, BAL R 8034 II, 7839.

trahenten Maximilian Harden damit wieder auf die Beine half, machte es der militaristischen Presse schließlich ganz unmöglich, den General gegen »den ihm gemachten Vorwurf des Feminismus« zu verteidigen. Wenn auch nicht Wilhelm II., so ihr resigniertes Fazit, habe ihm doch die öffentliche Meinung Deutschlands die Berechtigung abgesprochen, »Freund des Kaisers und General« zu sein.[116]

Wie ein böses Omen wurde empfunden, dass sich am zweiten Prozesstag des 1. Moltke-Harden-Prozesses der Geburtstag des 1891 verstorbenen Generalfeldmarschalls Helmuth von Moltke jährte. »Der Schatten des Namens schwebt über allem. Das wusste ich von der ersten Stunde dieser Aktion an«, erklärte Maximilian Harden.[117] Der Moltke-Mythos, der antisemitische *Hammer* sprach ebenso von dem »uns Deutschen heiligen Namen Moltke« wie Harden ihn den »Stolz Deutschlands« nannte, war für das Selbstwertgefühl der preußischen Armee konstitutiv.[118] Von Schlachten und Wunden und Eisernem Kreuz habe man im Moabiter Justizpalast fabuliert, höhnte der *Vorwärts*. »Helmuth v. Moltke, der Sieger von 1866 und 1870 wurde heraufbeschworen«.[119] Nach preußisch-österreichischem und deutsch-französischem Krieg war der Name Moltke zum Synonym der militärischen Schlagkraft des neudeutschen Reiches geronnen. Moltke-Hagiographien ge-

116 *Die Post*, »Der Gerechtigkeit freien Lauf!«, 28. Dezember 1907, GStA 49839; *Die Post*, »Die öffentliche Meinung über den Prozess Moltke-Harden«, 28. Oktober 1907, BAL 7836. Im 3. Moltke-Harden-Prozess bemängelte ausgerechnet die *Evangelisch-Lutherische Kirchenzeitung* Moltkes Antrag, von der Anwesenheitspflicht aus gesundheitlichen Gründen entbunden zu werden: »Es gibt aber im Leben Situationen – das brauchen wir einem alten General wohl kaum zu sagen – in denen ein Mann auch seine Gesundheit in die Schanze schlagen muss.« Zit. in *Leipziger Tageblatt*, »Zum Harden-Prozess«, 18. April 1909, GStA 49839.

117 Harden versuchte dennoch, Kuno und Helmuth Moltke voneinander abzugrenzen; ihr letzter gemeinsamer Vorfahre habe im 30jährigen Krieg gelebt. Friedländer, *Prozesse*, S. 4100–01. »Unkundige konnten den Eindruck erhalten, dass da ein ganz naher Verwandter des Siegers von Königgrätz und Sedan sprach, kommentierte die hardenfreundliche *BZ am Mittag*. »In Wirklichkeit ist die Blutsgemeinschaft dieser beiden preußischen Generale eine so weitläufige, dass sie sich in bürgerlichen Familien längst verwischt haben würde.« *BZ am Mittag*, »Aus der Gesellschaft«, 11. November 1907, BAL 7837. Nach den »bei uns herrschenden Gebräuchen und Überlieferungen«, schrieb dagegen der Gesellschaftsreporter Adolf von Wilke, »lebt jeder Mensch seinen Familiennamen, mit allen Vorzügen und Nachteilen, die dies mit sich bringt«. *Berliner Tageblatt*, »Aus der Gesellschaft«, von Lucius von Nordegg [Adolf von Wilke], 4. Juni 1907, BAL 7836.

118 *Der Hammer*, »Anti-Harden«, von Peter Arbogast, Heft 131 (Dezember 1907), S. 712–717. Vgl. Wülfing/Bruns/Parr, *Historische Mythologie der Deutschen. 1789–1918*; Girard, *Violence and the Sacred*.

119 *Vorwärts*, »Der Prozess der Patrioten«, 27. Oktober 1907, BAL 7836.

hörten zur literarischen Grundausstattung jedes patriotischen Haushalts in Deutschland, aber auch bei Militärbewunderern weltweit.[120] Nach Meinung Kaiser Wilhelms II. und seiner militärischen Berater sowie großer Teile der deutschen Öffentlichkeit hatte Kuno Moltke schon allein deshalb die Pflicht vor Gericht zu gehen, um dort »seinen ehrlichen Namen durchzufechten«.[121] Genau diese hochgespannte Erwartungshaltung bewirkte, dass der Eulenburg-Skandal überhaupt zu einer symbolischen Verhandlung der militärischen Ehre Deutschlands ausufern konnte. Wie schon bei anderen Personen, Themen und Konfliktlinien, deren Bedeutungszuschreibungen sich durch die Eigendynamik des Skandals wandelten, spielte auch hier eine entscheidende Rolle, dass die moralische Fallhöhe nicht gesenkt, sondern noch erhöht wurde (vgl. Kap. II.2). Den Moltke-Mythos, wie er bis dahin kultiviert wurde, malte die Wiener *Neue Freie Presse* aus:

»Heute ist der Geburtstag des Grafen Helmuth von Moltke, noch steht er da vor der Erinnerung, eine Gestalt wie aus Erz, für die Ewigkeit gehämmert [...] Er war nicht bloß ein Feldherr, der blutige Schlachten gewonnen, Völker mit dem Schwerte gebeugt und in die Höhe gehoben, Staaten zerstört und gegründet hat und dabei selbst zum ewigen Ruhm eingegangen ist [...] Noch in Jahrhunderten wird er Deutschland als das Männlichste vorschweben, dessen sich die Geschichte des nationalen Lebens jemals erfreuen konnte. Denn an ihm war nichts Weichliches, nicht Zerfahrenes und Zerrissenes, sondern nur volle Sicherheit, starke Willenskraft, stete Fähigkeit, die Nerven zu beherrschen und nie versagende Bereitschaft, alle Gedanken auf ein festes Ziel zu richten. Wie er dasteht, um die Mittagsstunde in der Schlacht von Königgrätz, ruhig, kaltblütig, sich selbst vertrauend, während die Sorge auf dem Gesicht des Königs und Bismarcks heraufzuziehen beginnt, wird stets ein denkwürdiges Beispiel seines männlichen Charakters sein.«

Tatsächlich betrieb die führende Zeitung Österreich-Ungarns, das 1866 bei Königgrätz von den preußischen Truppen unter Befehl Moltkes besiegt worden war, mit diesen pathetischen Worten auf hintergründige Weise Geschichtspolitik, wie ihre weiteren Ausführungen zeigen. Denn durch den Eulenburg-Skandal war eine neue Perspektive gewonnen worden, mit der sich der Moltke-Mythos wenn nicht zerstören, so doch relativieren ließ: »Helmuth v. Moltke und Kuno v. Moltke, beide Angehörige desselben Hauses, Träger des gleichen Namens. Helmuth ist das Beste, was aus deutschem Soldatenblut jemals hervorgegangen ist, und Kuno stand heute vor Gericht

120 Etwa Müller-Bohn, *Graf Moltke. Ein Bild seines Lebens und seiner Zeit*; O'Connor Morris, *Moltke. A Biographical and Critical Study*; Lewal, *Le maréchal de Moltke. Organisateur et stratège.*

121 *Der Deutsche*, 20. November 1907, BAL 7837.

[…] und weiß nicht, ob ihm gestattet wird, am nächsten Dienstag nach der Verkündigung des Urteils den Rock des deutschen Generals zu tragen […] Verblasst wirklich schon nach wenigen Jahren der Glanz […] Fällt diese stolze Vergangenheit so rasch in die Niederung, wo sie von Staub und Laster befleckt wird?«[122] Mit einem der Homosexualität überführten General Moltke war nicht nur das Andenken an den militärischen Reichsgründer beschädigt, sondern das Überlegenheitsgefühl vieler Deutscher in Frage gestellt, jederzeit bereit zum Krieg zu sein und notfalls gegen »eine Welt voll Feinden« bestehen zu können.[123] Durch den Skandal wurde der Name Moltke zum Spielball für Satirezeitungen und »ordinäre Ansichtskarten«, so dass selbst Liberale beklagten, dass sich nun mit dem »großen Namen dauernd der ekle Geruch des scheußlichsten aller Laster« verbinden würde.[124] Vor allem Angehörige der Unterschichten nahmen in den folgenden Jahren eigensinnig die Chance wahr, an der Abwertung dieses Sinnbildes des Kaiserreichs mitzuwirken. Bereits im Mai 1908 wurde ein reisender Handlungsgehilfe zu einer Geldstrafe verurteilt, weil er einem Gendarmeriewachtmeister aus dem Fenster eines Zuges »Moltke« zugerufen hatte. Das Schöffengericht in Rixdorf wertete dies als schwere Beleidigung. »Moltke als Schimpfwort!«, stöhnte die monarchistische *Tägliche Rundschau*. »Wer hätte gedacht, dass es dahin kommen würde?«[125]

Das militärische Gepräge der Moltke-Harden-Prozesse war trotz eines Generals in Zivil unübersehbar, denn auffällig viele hohe Militärs wohnten den Gerichtsverhandlungen – in Uniform – als Zuschauer bei. Sie konnten beobachten, wie die Vernehmung des Zeugen Bollhardt, eines ehemaligen Soldaten der Gardes-du-Corps, das Desaster vollendete, das die moralische Vernichtung General Moltkes für das Ansehen der preußisch-deutschen Armee bedeutete; die Gardes-du-Corps waren seit den Zeiten Friedrichs des Großen Leibwache der Könige von Preußen, Kaderschmiede und Aushängeschild der Armee. Vor der internationalen Presse berichtete Bollhardt nun in allen anatomischen Details über den homosexuellen Missbrauch von Garde-Rekruten durch hochadlige Offiziere wie Johannes Graf Lynar, Schwager des

122 *Neue Freie Presse*, 27. Oktober 1907, BAL 7836.

123 Vgl. Dülffer, »Dispositionen zum Krieg im wilhelminischen Deutschland«, S. 9–20; Funck, »Ready For War?«, S. 43–68; Vogel, *Nationen im Gleichschritt. Der Kult der Nation in Waffen*.

124 *Berliner Börsen Zeitung*, »Der Schluss des Hardenprozesses«, 4. Januar 1908, BAL 7838.

125 Es machte für die Öffentlichkeit keinen Unterschied, dass das Gericht feststellte, nicht der Verweis auf Helmuth, sondern nur auf Kuno Moltke sei als Beleidigung zu werten. *Tägliche Rundschau*, 20. Mai 1908, BLHA 554.

Großherzogs von Hessen, und Wilhelm Graf Hohenau, Cousin des Kaisers aus einer illegitimen Hohenzollernlinie.[126] In seiner Adlervilla am Potsdamer Heiligensee habe Graf Lynar hübsche Rekruten sogar an die Prinzen Friedrich Leopold und Friedrich Heinrich von Preußen verkuppelt. In der dem kaiserlichen Marmorpalais gegenüberliegenden Villa wollte Bollhardt auch Kuno Moltke, damals Flügeladjutant Wilhelms II., und einen »Herrn in Zivil« erkannt haben, den er, nachdem ihm ein Bild aus dem *Gotha* gezeigt worden war, als Philipp Eulenburg identifizierte. Im Bestreben, seinen Mandanten und Eulenburg zu entlasten, beschädigte Moltkes Rechtsanwalt Adolf von Gordon das Ansehen des Militärs noch weiter. Wie könne er, fragte er den Zeugen, unter den bekanntlich sehr zahlreichen homosexuellen Offizieren bei den Gardes-du-Corps und bei Hofe und nach zehn Jahren, die Vorfälle hatten sich 1896 ereignet, gerade Moltke und Eulenburg wiedererkennen: »Kamen solche Exzesse nicht oft vor?« Worauf Bollhardt zur allgemeinen Erheiterung erwiderte: »Jetzt ist es ja verboten. Ich meine, es ist jetzt verboten, mit weißen Hosen und langen Stiefeln auszugehen, früher war es erlaubt, das war gewissermaßen das Erkennungszeichen, und die Soldaten wurden in dieser Tracht sehr viel von Männern belästigt.«[127] Gemeint war damit die blendendweiße Ausgehuniform der Gardes-du-Corps mit dem roten Saum und den markanten schwarzen Stulpenstiefeln, die bis über das Knie reichten; ein Symbol des preußischen Militärstaates (vgl. Abb. 17).

Die Uniform des »ersten Regimentes des deutschen Heeres«, konnte die *Kölnische Volkszeitung* die Zäsur bilanzieren, war durch die gerichtlichen Aussagen des einfachen Soldaten Bollhardt, der sich seit Jahren als Zirkusdompteur durchschlug, »eine Art Prostituiertentracht« geworden. Zu Bollhardts Vernehmung kam noch gleichsam beiläufig die Enthüllung der Ausmaße männlicher Prostitution in Berlin hinzu, speziell derjenigen von Soldaten in Uniform. Beides verkehrte die hergebrachten Zuschreibungen

126 Gegen beide wurde zu diesem Zeitpunkt bereits militärgerichtlich ermittelt. Den Stein ins Rollen gebracht hatte Lynars Stallbursche, der sich über dessen sexuelle Annäherungen dienstlich beschwert hatte. *Tägliche Rundschau*, »Der Skandal des Tages«, 27. Oktober 1907, BAL 7836. Friedländer, *Prozesse*, S. 4017. Auch die ehemaligen Gardes-du-Corps-Rekruten Ferenti, Krause, Liebmann, Lücke, Moldenhauer und Thielbart bestätigten, dass über die »Orgien« in der Adlervilla im gesamten Regiment »gemunkelt« wurde. Friedländer, *Prozesse*, S. 4002–3. Die *Militärisch-politische Korrespondenz* kritisierte, dass nur militärgerichtlich wegen »Missbrauchs der Dienstgewalt« ermittelt werde. Solange der § 175 in Kraft sei, müssten die Militärbehörden solche Straftaten auch der Staatsanwaltschaft mitteilen. Zit. in *Freisinnige Zeitung*, »Über die militärische Seite des Moltke-Harden-Prozesses«, 3. November 1907, BAL 7837.

127 Friedländer, *Prozesse*, S. 4013–20.

von maskulinem Militär und femininem Zivil in ihr Gegenteil.[128] Während Kriegsminister Karl von Einem im Reichstag versuchte, das Militär als durch homosexuelle Zivilisten bedroht darzustellen, erhielt die umgekehrte Deutung eine glaubwürdigere amtliche Bestätigung durch Innen- und Polizeiminister Theodor von Bethmann-Hollweg, der publik machte, dass sogar er schon im Berliner Tiergarten von Strichern in Uniform belästigt worden war.[129] Die Gardes-du-Corps, deren Offiziersstellen nach wie vor nur von Söhnen der angesehensten Fürsten- und Adelsfamilien bekleidet werden konnten, mutierten innerhalb kürzester Zeit zum Bürgerschreck und Motiv dankbarer Karikaturenzeichner in ganz Europa (vgl. Abb. 5 und 17). Die *Berliner Morgenpost* warnte alle anständigen Familien davor, ihren Söhnen dort noch länger den Eintritt als Mannschaft zu gestatten. Sie würden in Potsdam »zu scheußlichen Lastern verführt und so verseucht, dass sie ansteckend wirken müssen in den Kreisen, in die sie zurückkehren, nachdem sie den Rock des vornehmen Regiments ausgezogen haben«.[130] Für die antisemitische Presse steckte hinter dem drastischen Ansehensverlust des Militärs beim Bürgertum eine Verschwörung der jüdischen Internationale, die deutsche Wehrkraft zu zersetzen. »Schon ist es durch die Macht der jüdischen Presse so weit gekommen, dass für die verhetzte Menge adelig und Offizier sein und widernatürliche Unzucht treiben synonyme Begriffe geworden sind!«[131] Die Alldeutschen warfen die Frage auf, wie nach diesen Enthüllungen aus dem »ersten Regiment Deutschlands« die Disziplin der gesamten Armee noch aufrecht erhalten werden könne, da nun jeder Soldat seine Offiziere der Homosexualität für fähig hielt; versagt habe insbesondere Kaiser Wilhelm II. als »erster Offizier der Nation«.[132]

128 *Kölnische Volkszeitung*, »Der Reichstag und die Folgerungen aus dem Moltke-Harden-Prozess«, 14. November 1907, BAL 7837. Vgl. Seifert, »Identität, Militär und Geschlecht«, S. 53–68. Kurz zuvor erschienenen Publikationen war es nicht gelungen, die Tatsache mit solcher Wucht ins öffentliche Bewusstsein zu rücken, etwa Hans Ostwald, *Männliche Prostitution im kaiserlichen Berlin* (1906).

129 Steakley, *Die Freundes des Kaisers*, S. 142. Vgl. das Kap. »Säbel und Schminke« in Schuman-Arndt, *Wir vom dritten Geschlecht*. Zum herausragenden Prestige der Garde innerhalb der Armee von Einem, *Erinnerungen*, S. 131–135. Vgl. Funck/Malinowski, »Geschichte von oben«, S. 236–270.

130 *Berliner Morgenpost*, »Berliner politischer Brief«, 31. Oktober 1907, BAL 7837.

131 *Der Hammer*, »Anti-Harden«, von Peter Arbogast, Heft 131 (Dezember 1907), S. 712–717.

132 *Rheinisch-Westfälische Zeitung*, »Der Kaiser und die Kamarilla«, 27. Oktober 1907, BAL 7836. Vgl. Deist, »Kaiser Wilhelm II. als oberster Kriegsherr«, S. 25–42.

Die Enthüllung der Soldatenprostitution in Berlin und der homosexuellen Übergriffe bei den Gardes-du-Corps erschütterte das Ansehen der preußisch-deutschen Armee auch im Ausland. Die *Daily News* verwiesen darauf, dass die skandalösen Vorfälle sich über Jahre hinweg und nicht in irgendeiner Provinzgarnison, sondern »im Schatten des Thrones« abgespielt hatten. Für das Blatt stützte dies sogar das Argument, in Großbritannien nicht die allgemeine Wehrpflicht einzuführen.[133] Für viele argwöhnische Nachbarn des Kaiserreiches, insbesondere für Frankreich, hatten deutsche Überheblichkeit und Großmannsucht endlich einen Dämpfer erhalten: Die Männlichkeit der »allerhöchsten Kreise«, der Generalität, der Elitetruppe Gardes-du-Corps war kompromittiert,[134] der Moltke-Mythos, von dem das mit Blut und Eisen gegründete Reich von 1871 immer noch zehrte, verblaßte.[135] Dass von den Skandalenthüllungen auch im Ausland auf moralischen Verfall und abnehmende Schlagkraft einer ganzen Armee und Nation geschlossen wurde, entsprach nur dem gängigen, zu jener Zeit überall in Europa herrschenden nationalistischen Prestigedenken. »Die verehrtesten Namen«, durfte so Arthur Meyer triumphieren, der Chefredakteur des chauvinistischen *Gaulois*, »von denen sich einige innig mit dem Kolossalwerk der Reichsgründung verbinden, dem allgemeinen Spott, der Volkswut gewissermaßen als Fraß hingeworfen, der Name des Herrschers mitten in diesem Schlamm verkündet: Welche Schmach und welche Erniedrigung an einem Tage! Ah! Man wird es nicht mehr wagen, vom modernen Babylon zu reden, das der große Richard Wagner in trivialen Strophen besang, als wir besiegt und gedemütigt am Boden lagen!«[136] Frankreichs kriegstreiberische Zeitungen, Blätter wie *Libre Parole* und *Intransigeant* mit ihren Edelfedern Éduard

133 *Kölnische Zeitung*, »Moltke-Harden«, 31. Oktober 1907, BAL 7837. Vgl. Frevert, »Allgemeine Wehrpflicht und Nationsbildung in Preußen-Deutschland«, S. 17–47.

134 *Le Gaulois*, »Vertige Royal«, von Arthur Meyer, 28. Oktober 1907, PAAA. Vgl. Jeismann, *Vaterland der Feinde*. Hinweise zu (homosexuellen) Männlichkeitszuschreibungen in der preußisch-deutschen Armee bei MacDonnel, »Masden Hartley, Gay Identity and the Wilhelmine German Military«, S. 62–69. Zum offiziellen, hyperheterosexuellen Selbstbild Sösemann, »Die Hunnenrede Wilhelms II.«, S. 342–358.

135 Zum militärischen Gründungsmythos des Kaiserreiches Becker, *Bilder von Krieg und Nation*, S. 292–376. Ausgewählte Dokumente in Ulrich/Vogel/Ziemann, *Untertan in Uniform*, S. 39–49.

136 *Le Gaulois*, »Vertige Royal«, von Arthur Meyer, 28. Oktober 1907, PAAA. Tatsächlich wurde auch reziprok, etwa am Beispiel der Fremdenlegion, die in homosexueller Hinsicht »berüchtigt« sei, auf die Verbreitung von Homosexualität und militärischer Dekadenz in Frankreich hingewiesen. *Augsburger Abendzeitung*, »Nach zwei Sensationsprozessen«, 1. November 1907, BAL 7837. Zur Mentalität nationalistischen Bellizismus Digeon, *La crise allemande*; Schumann, »Kriegserinnerungen, Kriegsszenarien und Kriegsbereitschaft«,

Drumont und Henri Rochefort, griffen zielgerichtet die Maskulinität des Deutschen Reiches an, wenn sie dessen »ersten Offizier« Wilhelm II. mit Napoleon III. verglichen, der auch »le bien-aimé« genannt worden sei – allerdings von Frauen, die ihn als Helden siegreicher Kämpfe bewunderten, während der Deutsche Kaiser, ohne je in Schlachten gezogen zu sein, von Männern den Kosenamen »Liebchen« erhalten habe.[137]

Signifikanterweise mischten sich Spott und Revanchegelüste: »Sedan ne pas encore vengé«, erinnerte Arthur Meyer seine Landsleute.[138] Die journalistischen Kriegsdrohungen gingen zudem mit einer Tendenzwende in der Regierungspolitik einher. Als der französische General Maurice Bailloud in aller Öffentlichkeit vom »Rachekrieg« gegen Deutschland sprach, die Rückeroberung Elsass-Lothringens eine »Patriotenpflicht« nannte, für die sich nach der vertanen Chance der Marokko-Krise schon bald ein neuer »Vorwand« finden werde, wurde er nicht mehr wie bei früheren verbalen Entgleisungen von Militärs in die Schranken gewiesen, sondern von Ministerpräsident Clemenceau und Kriegsminister Picquart gegen deutsche Kritik verteidigt; formell wurde Bailloud zwar versetzt, weil eine Kriegserklärung nicht Sache der Generalität, sondern des Parlamentes sei. »Die Gefühle des Generals Bailloud sind auch die meinigen«, versicherte Clemenceau der französischen Öffentlichkeit jedoch ausdrücklich.[139]

»Das Ausland erwägt triumphierend und skeptisch die deutsche Wehrkraft und spielt von neuem mit Gelüsten, die sich bisher aus Furcht vor der Wucht unseres Armes scheu verkrochen«, kommentierte die *Rheinisch-Westfälische Zeitung* die militärpolitischen Folgen des Eulenburg-Skandals; eine in vielen deutschen Blättern vertretene Meinung.[140] Bei all denen, die

S. 113–146. Allgemein Schivelbusch, *Die Kultur der Niederlage*; Gay, *The Cultivation of Hatred*.

137 *Libre Parole* und *Intransigeant* zit. in *Augsburger Abendzeitung*, »Beleidigungsprozess Moltke-Harden«, 29. Oktober 1907, BAL 7836.

138 *Le Gaulois*, »Vertige Royal«, von Arthur Meyer, 28. Oktober 1907, PAAA. Vgl. die umfassendste zeitgenössische Analyse des Eulenburg-Skandals aus französischer Perspektive Weindel/Fischer, *L'Homosexualité en Allemagne* (1908). Zum deutsch-französischen Dekadenzwettstreit Kap. II.2.

139 H.v.M., *Enthüllungen*, S. 16–20. Maximilian Harden, »Wilhelm der Friedliche«, in: *Die Zukunft*, 6. April 1907, S. 6–7. Vgl. Weber, *The Nationalist Revival in France. 1905–1914*; Girardet, (Hg.) *Le nationalisme francais. 1871–1914*.

140 *Rheinisch-Westfälische Zeitung*, »Der Kaiser und die Kamarilla«, 27. Oktober 1907, BAL 7836. Frankreich, warnte der pensionierte Kommandierende General Wilhelm von Blume, mache sich durch den Eulenburg-Skandal Hoffnungen, die Ergebnisse von 1871 zu verändern. *Der Tag*, »Militärische Betrachtungen über den Prozess Graf Moltke-Harden«, 3. November 1907, GStA 49839.

sich bis dahin im Glauben gewiegt hatten, Heer und Offizierkorps würden »von der ganzen Welt als Muster männlicher und soldatischer Fähigkeiten« bewundert und vom »Erbfeind« Frankreich gefürchtet, sorgten solche Provokationen keineswegs für Selbstbescheidung, sondern militärische Radikalisierung.[141] Wer aber »bei unseren Gegnern in der Welt die Meinung hervorruft, dass das deutsche Offizierkorps pervers und verrottet sei, beschmutzt das eigene Nest und erweckt falsche Vorstellungen, die dem am verhängnisvollsten werden könnten, der sie sich zu eigen macht«, warnte die der Reichsregierung nahestehende *Kölnische Zeitung* alle »Reichsfeinde« im In- und Ausland.[142] Eine Drohgebärde nach außen schloss für viele deutsche Journalisten jedoch harsche Kritik an der eigenen Armee nicht mehr aus, die jetzt »schonungslos« von Homosexuellen gesäubert werden sollte, um sie wieder kriegstüchtig zu machen.[143] Die antisemitische Presse forderte, bei der Gelegenheit auch gleich alle jüdischen Offiziere auszusondern.[144] Einigkeit bestand darüber, dass ein Homosexueller absolut untauglich zum Offizier war, »der auch in seiner moralischen Lebenshaltung dem Volk in Waffen, das durch seine Schule geht, ein Muster und Beispiel sein soll«; eine der staatstragenden Kernideologien des Kaiserreiches wurde auf diese Weise durch die Bedrohung der Homosexualität revitalisiert.[145] Beflügelt wurde aber vor allem ein sprachlich kaum noch verbrämter Bellizismus. Große Teile des rechten politischen Spektrums plädierten angesichts der »moralischen Wunde am deutschen Volkskörper«, als die sie den Eulenburg-Skandal empfanden,

141 *Kölnische Volkszeitung*, »Der Reichstag und die Folgerungen aus dem Moltke-Harden-Prozess«, 14. November 1907, BAL 7837. Vgl. Deist, »Zur Geschichte des preußischen Offizierskorps«, S. 43–56.

142 *Kölnische Zeitung*, »Der Prozess Moltke-Harden«, 28. Oktober 1907, BAL 7836.

143 Eine Kritik am Zustand der Armee nach dem Skandal ist Stein, *Wilhelm II.*, S. 72–85.

144 *Kreuzzeitung*, 27. Oktober 1907, BAL 7836. Die antisemitische Forderung mit Verweis auf das *Wiener Volksblatt* von *Neue Bayerische Landeszeitung*, »Die große Kloake«, 31. Oktober 1907, BAL 7837.

145 *Tägliche Rundschau*, »Die Stellung der Armee zum Moltke-Harden-Prozess«, von General Karl Litzmann, 31. Oktober 1907, BAL 7837. Ebenso General von Blume: »In der Arme aber herrscht heute und hoffentlich für alle Zeiten unerschütterlich der Grundsatz, dass ein Offizier mit derartigen Neigungen, selbst wenn er sie nicht betätigt, unwürdig ist, des Königs Rock zu tragen.« *Der Tag*, »Militärische Betrachtungen über den Prozess Graf Moltke-Harden«, 3. November 1907, GStA 49839. Vgl. Frevert, »Das Militär als ›Schule der Männlichkeit‹«, S. 145–173: Funck, »Entwurf und Praxis militärischer Männlichkeit im preußisch-deutschen Offizierkorps«, S. 69–77; Breymayer/Ulrich/Wieland, *Willensmenschen. Über deutsche Offiziere*. Ausgewählte Dokumente in Ulrich/Vogel/Ziemann, *Untertan in Uniform*, S. 100–145.

für eine Gesundung der Nation durch einen »frischen, fröhlichen Krieg«.[146] Ultrakonservative wie die *Deutsche Tageszeitung* delirierten sich beim Blick auf den Skandal bereits in den apokalyptischen Erwartungszustand einer »Götterdämmerung«:

»Es war, wie […] ein flammendes, in die Gewissen greifendes ›Mene Tekel‹ an der Wand unseres Volkshauses. Das deutsche Volk in seinen Höhen und Tiefen, in seiner Gesamtheit hat wohl daran getan, wenn es an die eigene Brust schlug und die ernste Bußtagsfrage sich durch die Seele gehen ließ, welchen Teil an den Verfehlungen, die zu Tage traten, die Gesamtheit trage […] Wir haben trotz alledem keinen Anlass, an unserem Volke und seiner Zukunft zu verzweifeln. Im Gegenteil, wir dürfen die Hoffnung hegen, dass der widerliche Skandal den Anlass zur Selbstbesinnung, zur Reinigung, zur Erneuerung geben werde […] Wir wissen, wo die Brunnen fließen, aus denen unser Volk immer wieder Verjüngung und Gesundung, Kraft und Saft erhalten kann […] Manche haben wohl in diesen schwülen Tagen an das alte Wort gedacht, dass ein frischer fröhlicher Krieg manchmal ein Segen für ein Volk sein kann […] Wenn uns aber der Lenker der Geschicke vor solche Entscheidungen stellen und in blutige Kämpfe hineinführen sollte, so würde das deutsche Volk in seiner überwiegenden Mehrheit, so würde die deutsche Jugend, so würden auch die Kreise, auf die jetzt in böswilliger Verallgemeinerung Giftpfeile und Steine geschleudert werden, wiederum beweisen, dass sie für das Vaterland zu sterben gelernt haben; dann würde der hässliche Schmutz vom Sturmwinde zerstreut und verscheucht werden.«[147]

Das massenhafte Sterben von Männern auf Schlachtfeldern kann in jenen Jahren als ein quasireligiöses Weltbild ausgemacht werden; »die den Tod einschließende archaische Alternative zur parlamentarischen Streitkultur« hat es Martin Mayer in seiner Studie zur 1. Marokko-Krise genannt. Im Eulenburg-Skandal wurde ein Krieg von vielen als das einzige von niemandem bestreitbare Manifest erachtet, mit dem der Vorwurf der Homosexualität gegen das deutsche Militär zum Verstummen gebracht werden konnte.[148] Auch Maximilian Harden regte eine Zeitlang, die militärische Dekadenz des späten Kaiserreiches in Sätzen von alttestamentarischer Üppigkeit ausmalend, diesen Befreiungsschlag an:

146 *Augsburger Abendzeitung*, »Beleidigungsprozess Moltke-Harden«, 29. Oktober 1907, BAL 7836.

147 *Deutsche Tageszeitung*, »Die Köpfe hoch, die Herzen hoch!«, 2. November 1907, BAL 7837.

148 Mayer, *Parlamente und Marokko-Krise*, S. 326. Vgl. auch Hagemann, »German Heroes. The Cult of Death for the Fatherland in Nineteenth-Century Germany«, S. 116–137. Zur religiösen Verarbeitung von Kriegen Harris, *Lourdes. Body and Spirit in a Secular Age*.

»Schon ist ein Teilchen der Kriegerkaste, das sichtbarste, zu weibischer Putzsucht verführt. Schmückt mancher die Hand und den Arm, die in Schlachtgewittern das Schwert schwingen sollen, allzu üppig mit Goldreifen und glitzerndem Gestein. Schenken Männer in festlicher Stunde einander Blumen. Tauschen Kosenamen und Küsse, die von Gethsemane her doch in Verruf sind. Schnüren den Leib über der Hüftengegend und umschlingen so effeminiertes Mannsvolk zum Kasinoreigen. Das säuselt, klimpert, girrt, poetelt, tätschelt, hat im Hagestolzenheim, das dem Tarifeden einer Luxusdirne ähnelt, neben dem breiten Himmelbett das neueste Buch des just in die Mode gelotsten Sexualmystagogen und strömt auf zwanzig Schritte die Wohlgerüche Arabiens aus. Müssen wir einen Kriegssturm ersehnen, der diesen schwülen Spuk mit eisigem Atem hinwegfegt? Soll der starke Schoß deutscher Frauen aus edel gezüchtetem, unerschöpftem Stamm verdorren, weil dem Herrn Gemahl Ephebenfleisch besser schmeckt? Empfindet jeder denn nicht die Verleitung auch nur eines Soldaten oder anderswo fronenden Burschen zu solchem Gräuel als eine Nationalschande?«[149]

Andere wiederum empfahlen den Krieg in der Folgezeit mit einer Mischung aus Lakonie und Zynismus, als eine regelmäßig zu veranstaltende Kur gegen Dekadenz, wie Heinrich Claß, ein Führer der Alldeutschen. Mochte es für manche »frivol und gewalttätig« klingen, hielt er Staatsstreich nach innen und Krieg nach außen für probate Mittel, um die wilhelminischen Deutschen zu gesunden, denn sie seien ein »sterbenskrankes« Volk.[150] Für jede neue Generation, stimmte *Der Deutsche* zu, bilde dies eine Art hygienische Notwendigkeit: »Der Krieg macht ein Volk männlich und lehrt es Verachtung weibischer Verfeinerung und unnatürlicher Laster.« Das Deutsche Reich sei ohnehin im Verzug, denn die Heldenjugend des letzten großen Krieges sei alt geworden. Bald werde Deutschland lauter Generäle haben, die noch nie einen Krieg gesehen haben. Es wirke daher wie eine Erlösung, wenn man hin und wieder einen jungen Menschen mit schwarzweißem Bande im Knopfloch sehe, dem Abzeichen für eine Kriegsteilnahme, und wenn es »auch nur gegen die Hottentotten ging«.[151] Entscheidend ist, dass solche Stimmen in jenen Jahren weder inhaltlich noch im Tonfall exaltiert waren. Krieg erlangte im Kaiserreich eine »soziale Dignität«, wie

149 Maximilian Harden, »Fürst Eulenburg«, S. 248.

150 Daniel Frymann [Heinrich Claß], *Wenn ich der Kaiser wär* (1912). Vgl. Radkau, *Nervosität*, S. 380–381.

151 Vgl. das Kap. »War, Youth, and Beauty«, in Mosse, *Nationalism and Sexuality*. Zum wilhelminischen Generationenkonflikt Bügner/Wagner, »Die Alten und die Jungen im Deutschen Reich«, S. 177–190; Guttmann, *Schattenriß einer Generation. 1888–1919*.

René Schilling es formuliert hat; dies beinhaltete vor allem die Idee, die Gesellschaft müsse sich durch Krieg und nicht durch Reformen erneuern.[152] »An die Sanierung des öffentlichen Geistes durch die Mahnung tief besorgter Vaterlandsfreunde glauben wir längst nicht mehr, sondern sind der Ansicht, dass es zur moralischen Wiedergenesung unseres Volkes furchtbar aufrüttelnder äußerer und innerer Katastrophen bedarf.« So drückten angesichts des Eulenburg-Skandals die respektablen *Hamburger Nachrichten*, das Leibblatt Bismarcks, die Forderung nach einem Krieg um der Moral willen aus: »Kriege aber – ja Kriege führen wir nicht, sondern verhindern sie. Und derweil blüht die Kultur des Automobils, der drahtlosen Telegraphie und der Homosexualität [...] Jetzt züchten wir Renaissancemenschen der Kunst«, klagte die Zeitung mit Blick auf den »Künstlergeneral« Kuno Moltke. »Wir brauchen aber wieder Renaissancemenschen der Gewalt.«[153] Die *Tägliche Rundschau*, deren wichtigster Leser Kaiser Wilhelms II. war, stimmte ein. Deutschland befinde sich in der schwersten »Krisis seit 1890«, wenn die Herabwürdigungen des deutschen »Ansehens im Auslande« durch den Eulenburg-Skandal weitergingen, sei er »bald nicht mehr bloß eine innere, sondern auch eine äußere Gefahr«.[154]

Derselbe aufgeregte Ton griff schließlich auch in der Staatsführung um sich. Mit Feuer und Schwert möge er »solche ekelhaften Geschwüre« ausbrennen, wie sie jetzt durch den Skandal aufgedeckt worden sind, forderte Reichskanzler Bülow den Kaiser auf. »Die Armee ist zu gesund, und unser Volk ist in seinem innersten Kern zu gesund, als dass der Reinigungsprozess nicht bald vollzogen sein sollte.« Selbst der von Kriegstreibern als friedenssüchtiger »Schönwetterkanzler« geschmähte Bülow leitete aus der öffentlichen Erregung des Eulenburg-Skandals kriegerische Optionen ab: »Die skandalösen Enthüllungen, welche jetzt das sensationslüsterne Publikum beschäftigen«, schrieb er Wilhelm II., »werden wir am besten dadurch überwinden, dass wir nach innen und außen eine feste und würdige Politik machen, welche die Nation aus diesem Schlamme zu großen Zielen emporhebt.«[155]

All diese Reaktionen auf die Kompromittierung des deutschen Militärs durch den Eulenburg-Skandal, so verschieden sie in ihren Nuancierungen sind, haben doch gemeinsam, dass sie einen kommenden Krieg – öffentlich

152 Schilling, *Kriegshelden*, S. 380.

153 Zit. in *Kreuzzeitung*, »Aus anderen Blättern«, 26. Oktober 1907, BAL 7836. Vgl. auch *Hamburger Nachrichten*, 20. Mai 1908, BAL 7838.

154 Zit. in *Deutsche Tageszeitung*, »Hardenprozesse«, 25. Mai 1908, BAL 7838.

155 Bülow an Wilhelm II., 26. Oktober 1907. PAAA.

– als moralisch wünschenswert legitimierten; diese Rechtfertigungsmöglichkeit trat jetzt neben politische, militärische, ökonomische und bevölkerungssoziologische Kriegsbegründungen, wie sie bei den bisherigen »Krieg-in-Sicht«-Krisen des Kaiserreiches ventiliert wurden.[156] Aus Sicht einer politischen Kulturgeschichte ist dies zugleich ein Argument gegen Wiederbelebungsversuche des Primats der Außenpolitik.[157]

Kritik am moralisch erwünschten Krieg kam während des Eulenburg-Skandals nur von den Sozialdemokraten. Mit Redensarten vom Krieg als »reinigendem Gewitter« und »großem Reinemachen«, diagnostizierte die *Neue Zeit*, möge die spätfeudal-kapitalistische Gesellschaft an eine blutige Lösung ihrer inneren Widersprüche glauben. Die Millionen deutscher Arbeiter, war man sich sicher, würden sich für ein solches Verbrechen an den Völkern niemals hergeben.[158] »Die weltpolitische Atmosphäre ist angefüllt mit den Erwartungen eines Weltkrieges«, schrieb die sozialdemokratische *Leipziger Volkszeitung*, »und wir wissen, dass für gewisse Kreise der Gedanke einer solchen ungeheuren Katastrophe ein perverser, wollüstiger Gedanke ist.«[159] Dies zeigt allerdings, dass Krieg nun auch von Pazifisten mit der Kategorie des Sexualmoralischen gefasst wurde.

Dass sich eine »Verkörperung literarischer Dekadenz« wie Maximilian Harden zur intellektuellen Speerspitze der deutschen Kriegspartei gemacht hatte, fand die sozialdemokratische Presse nur passend.[160] Der Herausgeber der *Zukunft* vollzog mit Blick auf die durch den Skandal gestiegene Kriegsgefahr jedoch eine seiner berühmten Kehrtwenden, wenn auch erst Ende 1908, als die Vernichtung der Eulenburg-Kamarilla vollbracht und Kaiser Wilhelm II. zudem durch die Daily-Telegraph-Affäre politisch gestutzt worden war. In der Rolle des Volkstribuns betonte Harden jetzt, Krieg sei niemals Selbstzweck, schon gar nicht um der Moral wegen. »Gibt es aber bei uns einen Menschen«, rief er bei einer Rede vor über tausend Zuhörern in Karlsruhe aus, »der da glaubt, dass zur Zeit ein Krieg für uns von Nutzen sein könnte? Nein, wir wissen alle, dass er nur geführt würde, um das verlo-

156 Vgl. Hildebrand, *Deutsche Außenpolitik*, S. 161–165.

157 Simms, »The Return of the Primacy of Foreign Policy«, S. 275–291. Überzeugender Mommsen, »Innenpolitische Bestimmungsfaktoren der deutschen Außenpolitik vor 1914«, S. 316–357.

158 *Die Neue Zeit*, »Das große Reinemachen«, 9. November 1907, BLHA 553.

159 *Leipziger Volkszeitung*, »Kamarilla«, 5. Juni 1907, BAL 7836. Dies konnte an den älteren Vorwurf des Zusammenhangs von Sadismus und Militarismus anschließen. Vgl. Rau, *Der Sadismus in der Armee* (1904).

160 *Vorwärts*, »Eulenburg«, 18. Juli 1908, BAL 7839.

rene Prestige wiederherzustellen, dafür, um die Achtung wieder zu gewinnen, die wir durch unsere Irrlichterpolitik verloren haben. Ein solcher Krieg aber wäre der traurigste, den wir überhaupt führen könnten […] Deutschland soll und darf nur einen Krieg führen, den es selbst für nötig hält, nicht einen Krieg, der als Rechtfertigung für die Fehler Einzelner zu gelten hat.«[161]

In der europäischen Presse ging jedoch längst das Wort vom »Weltkrieg« um. Der *Siècle* hielt ihn nur noch für eine Zeitfrage und mahnte die Franzosen bereits zum Zusammenhalt: »Qui sait quel reve caresseraient les cervelles de tous ces militaires peu habitués aux sifflets des Berlinois? Il ne convient pas d'insister ni meme de souligner; indiquer est plus que suffisant, pour nous réveler a tous la nécessité de la paix sociale et de la solidarité nationale.«[162] Der Eulenburg-Skandal leistete seinen Beitrag dazu, dem »kommenden Krieg« bei seinen Befürwortern moralische Legitimität zu verleihen und ihn bei seinen Gegnern wahrscheinlicher werden zu lassen.[163] Dass der Friede noch einmal erhalten blieb, war das einzige, was die *Germania*, das Leitblatt der deutschen Katholiken, dem Jahr 1908 nachrühmen wollte.[164] Erwartungsvoll in die Zukunft des »Eisernen Zeitalters« blickten hingegen die Alldeutschen. Sie werteten dieses Jahr als mentale Zäsur, als »merkwürdiger Abschluss dieser Ära der Friedensschalmeien«.[165] Krieg war damit noch lange nicht unausweichlich geworden. Aber der Eulenburg-Skandal erweiterte den Erwartungshorizont des Kriegerischen[166] und stärkte ein Weltbild, in

161 Deutschland könne, appellierte Harden jetzt an sein Publikum, wenn es nur Ruhe bewahre, die ihm gebührende »Weltstellung« allein durch seine zunehmende Wirtschaftsmacht erlangen. *Badische Presse*, »Maximilian Harden in Karlsruhe«, 21. Dezember 1908, PAAA. Vgl. Wernecke, *Der Wille zur Weltgeltung*. Zu Harden als Volkstribun Bösch, »Volkstribune und Intellektuelle«, S. 99–120.

162 Le Siècle, »A Berlin«, von J. Cornély, 27. Oktober 1907, PAAA.

163 »Weltkrieg« war schon in der 1. Marokko-Krise 1905/06 ein Schlagwort in der Presse, aber noch überwiegend ablehnend konnotiert. Rosenberger, *Zeitungen als Kriegstreiber?*, S. 155–164. Als kriegstreiberische »vox diaboli« sieht die Presse jener Jahre Hale, *Germany and the Diplomatic Revolution*, S. 1–30, 77–107, 181–214. Zu den zur selben Zeit zunehmend diskutierten »Kriegsszenarien« Ulrich/Vogel/Ziemann, *Untertan in Uniform*, S. 100–145.

164 *Germania*, »Zum Jahreswechsel«, 1. Januar 1909, BLHA 554.

165 *Leipziger Neueste Nachrichten*, »Rückblick«, 6. Juli 1908, BAL 7839.

166 »Erfahrungsraum« und »Erwartungshorizont« als historische Kategorien bei Koselleck, *Zur Semantik geschichtlicher Zeiten*, S. 349–375. Als mentale Prerequisite des Ersten Weltkrieges sieht den Eulenburg-Skandal bereits Baumont, *Eulenburg* (1933). Zu späteren moralischen Kriegsrechtfertigungen Mommsen, *Kultur und Krieg*; Flasch, *Die deutschen Intellektuellen und der Erste Weltkrieg*. Zeitgenössisch Kellermann, *Der Krieg der Geister*.

dem er als Mittel, ja Notwendigkeit für die moralische Reinigung eines dekadent gewordenen Reiches figurierte.

3. Ernst sein ist alles: Zur Ambivalenz von Satire in Zeiten der Prestigepolitik und Kriegsangst

Der Eulenburg-Skandal begeisterte über Jahre die satirische Phantasie in ganz Europa zu gewagten Karikaturen, sarkastischen Zeitungsbeiträgen, frivolen Couplets, schamlosen Postkartenmotiven und anzüglichen Theaterstücken.[167] Die Karikaturen zum Skandal waren die ersten massenhaft verbreiteten Bilddarstellungen von Homosexuellen in der Geschichte, auf denen sie mit phänotypischen Merkmalen ausgestattet wurden.[168] Auch Satireamateure eigneten sich den Skandal an, wie ein Bürgermeister im hessischen Mühltal, der zwei Spottgedichte »hektographiert und unter die Dorfbewohner verteilt« hatte.[169] Ein Satireprofi wie John Grand-Carteret, der wichtigste Karikaturen-Sammler der *Belle Époque*, arbeitete in anderen Dimensionen: Er brachte umgehend nach dem 1. Moltke-Harden-Prozess eine internationale Anthologie von 150 Karikaturen zum Eulenburg-Skandal heraus. Dabei unterstrich er die globale Aufmerksamkeit, die ein Skandal in der Moderne allein durch seine Verbildlichung erlangte. »Aujourd'hui, [scandals] viennent s'étaler devant la publicité des tribunaux et se trouvent avoir

167 In Schreibwarenhandlungen wurden von der Polizei massenhaft die »ebenso schmutzigen als geistlosen Phili und Tütü-Karten« zusammen mit obszönen Couplets, in denen von »Phili und seiner Kuno-gunde« die Rede ist, beschlagnahmt. *Die Post*, 14. November 1907, GStA 49839. Vgl. May, *Deutsch sein heißt treu sein. Ansichtskarten als Spiegel von Mentalität und Untertanenerziehung in der wilhelminischen Ära.* Zu den Karikaturen des Eulenburg-Skandals siehe die zahlreichen leicht variierten Artikel-Veröffentlichungen von James D. Steakley. Steakleys Arbeit beruht weitgehend auf der zeitgenössischen Publikation von John Grand-Carteret, *Derrière »Lui«. L'Homosexualité en Allemagne* (1908). Nichts Neues bietet Bruns, »Der Eulenburg-Skandal im Spiegel europäischer Karikaturen«, S. 77–96. Rebentisch kommt in seiner oberflächlichen Karikaturenstudie Wilhelms II. zu der grotesken Fehleinschätzung, der Eulenburg-Skandal sei unter Karikaturgesichtspunkten »eher marginal« gewesen; ein Grund dürfte sein, dass es ihm gelungen ist, sowohl Grand-Carterets *Derrière »Lui«* als auch die Veröffentlichungen von Steakley zu übersehen. Rebentisch, *Wilhelm II. in der deutschen und britischen Karikatur*, S. 91.

168 Grand-Carteret, *Derrière »Lui«*, S. 59. Vgl. Steakley, *Die Freunde des Kaisers*, S. 170.

169 *BZ am Mittag*, 13. Mai 1908, BAL 7838.

devant eux l'opinion publique; vous, moi, tout le monde.«[170] Gleich nach dem 1. Moltke-Harden-Prozess hatte Theodor Wolff prognostiziert: »Der Witz von ganz Europa muss sich an unsere Hosen heften.« Wenige Wochen zuvor hatte der Kunsthistoriker Théodore Duret, ein Freund Émile Zolas und Édouard Manets, bei einem Besuch der Reichshauptstadt mit ironischem Lächeln bemerkt, dass »diese glücklichen Berliner sich doch alles anschafften – und nun haben sie sogar die Perversität«. Der alte Duret habe Recht, gestand Wolff entnervt ein: »Wir haben sie.« Denn was seien schon »die Spitzenröcke eines Pariser Skandalprozesses gegen die Unterhosen eines Generaladjutanten und die verführerischen weißen Hosen der Potsdamer Gardekürassiere«. Auffallenderweise fürchtete eine frankreichfreundliche Zeitung wie das *Berliner Tageblatt* die Auswirkungen der Satire auf das deutsche Prestige ebenso wie chauvinistische Blätter, die schon die »französischen Romane« veröffentlicht sahen, welche die Skandalenthüllungen gegen Deutschland verwerteten.[171]

Dass Satire befreiend wirkt, ist bis heute eine kaum hinterfragte Grundannahme menschlichen Zusammenlebens. Wer die vielen Karikaturen zum Eulenburg-Skandal aus aller Welt betrachtet, von denen in dieser Studie nur ein Bruchteil abgedruckt werden kann, könnte ebenfalls den Eindruck gewinnen, die Zeitgenossen hätten das Ereignis über nationale Grenzen hinweg lachend bewältigt. Zumal sich Satiriker selbst im moralinsauren Preußen-Deutschland auf Friedrich den Großen berufen konnten, der an d'Alembert geschrieben hatte: »Ich denke über die Satire, wie Epiktet: ›Sagt man Böses von dir, und es ist wahr, so bessere Dich, sind es Lügen, so lache darüber‹«. Ein gesunder Staat, so sein Fazit, brauche keine Zensur von Satire.[172] Der Eulenburg-Skandal zeigt allerdings, dass die Sicht auf Satire als politisch-moralisches Überdruckventil zu eindimensional ist. Belege sind weniger staatliche Restriktionen und Repressionen, auch wenn von der Toleranz Friedrichs des Großen im Jahr 1908 nicht viel geblieben war: Der ein-

170 Die globalen Medienmächte Großbritannien und USA brachten fast keine Karikaturen mit Anspielungen auf Homosexualität. Bereits Grand-Carteret stellte hier ein nationales Gefälle in Abhängigkeit der jeweiligen Moral fest. Grand-Carteret, *Derriere »Lui«*, S. I. Trotz manch interessanter Deutungen der einzelnen Karikaturen hat Steakley den soziokulturellen Kontext des Eulenburg-Skandals wenig beachtet, in dem Satire als Bedrohung nationalen Prestiges wahrgenommen wurde. Steakley, *Die Freunde des Kaisers*, S. 22.

171 *Berliner Tageblatt*, »Das Ende des Moltke-Harden Prozesses«, von Theodor Wolff, 29. Oktober 1907, BAL 7836. Reichsbote, »Das Ausland und der Harden Prozess«, 31. Oktober 1907, BAL 7837.

172 Am 1. März 1775 an d'Alembert. Zit. in Bischoff, *Camarilla*, S. 48–49.

gangs erwähnte Gelegenheitssatiriker von Mühltal wurde wegen »Verbreitung unzüchtiger Schriften« zu 30 Mark Geldstrafe oder 6 Tagen Gefängnis verurteilt. Wichtiger sind die ambivalenten Wechselwirkungen von Satire im Spannungsfeld nationalen Prestiges, insbesondere in transnationalen Kontexten.[173] Bis heute scheint sich daran erstaunlich wenig geändert zu haben, wenn auch die Erkenntnis erst seit wenigen Jahren wieder zu Bewusstsein gelangt, verdrängt von der ideologischen und machtpolitischen Stasis des Kalten Krieges, dass Moral und Prestige in einer globalisierten Welt »ein grenzüberschreitendes Druckmittel der Politik« darstellen.[174] Spätestens seit dem jüngsten Streit um die Verletzung religiöser Gefühle durch Karikaturen, der internationale Ausmaße annahm, muss der postmoderne Mensch der westlichen Welt realisieren, dass Satire zwar transnational verbreitet wird, ihre Deutung und Wirkung aber keineswegs global einheitlich, sondern kulturrelativ ist: Ein Motiv, über das der eine lacht, kann für den anderen Legitimation von Mord und Totschlag werden.[175]

Wie sehr die Globalisierung der Satire-Produktion bereits zu Beginn des 20. Jahrhunderts vorangeschritten war, zeigt der Eulenburg-Skandal. Deutsche »Witzblätter«, eine gängige zeitgenössische Bezeichnung, druckten französische Karikaturen nach, französische Kinematographien zu den Sensationsprozessen wurden nach Großbritannien verkauft und anzügliche Postkarten und Couplets, produziert in Genf oder Prag, waren in ganz Europa unter den Ladentheken zu haben.[176] Die englische Spielzeugindustrie reagierte umgehend auf das große Interesse am »deutschen Skandal«. Zum Renner bei Kindern wie Erwachsenen wurde das »Harden-Eulenburg-Diabolo« – »zwei Halbmarionetten mit Riesenköpfen und kleinen Körpern, die ihre Karikaturgesichter einander zuwenden«. In London konnten sich die Menschen den Eulenburg-Skandal auch bereits in Stummfilmszenen anschauen, die, obwohl offenkundig in Paris produziert, auf manche so »lebenswahr« wirkten, dass die Theaterbesitzer behaupten konnten, sie stammten aus den Berliner Gerichtsverhandlungen. Moltke und Harden fielen

173 Vgl. konzeptionell Werner/Zimmermann, »Vergleich, Transfer, Verflechtung«, S. 607–636. Dazu jetzt an historischen Beispielen Geppert/Gerwarth, *Wilhelmine Germany and Edwardian Britain*.

174 *Süddeutsche Zeitung*, »China und die Moral«, von Stefan Kornelius, 12./13. April 2008, S. 4.

175 Vgl. Debatin, *Der Karikaturenstreit und die Pressefreiheit*.

176 Für zwei falsche Liebesbriefe Eulenburgs hatte angeblich ein englischer Lord und Autographensammler in Paris 20.000 Francs ausgegeben. *Augsburger Abendzeitung*, 29. Mai 1908, BAL 7838.

darin öfters in Ohnmacht, Eulenburg hob pathetisch die Hände zum Schwur, und selbst »ein kleines Handgemenge zwischen Verteidiger und Staatsanwalt ist arrangiert«, wie der *Augsburger Abendzeitung* von einem London-Korrespondenten berichtet wurde.[177] Besser »die Spottlust der Pariser« entfachen, meinte die *Kölnische Zeitung* zur Satire des Auslandes, als ihren Neid oder Groll; es sei doch tröstlich, »dass man über ärgerliche Dinge mit Lachen hinwegzukommen sucht.« Das Blatt brachte im Februar 1908 eine Reportage vom Montmartre, wo der bekannte Conférencier Fursy in seinem Kabarett »Harden-Partys« organisierte und wo in der *music hall* »Européen« am Place Clichy die Kompanie »Crick-Krack« Graf Kuno Moltke als »Comte Motte« und Fürst Philipp Eulenburg als »Prince de Combourg« in ihr Programm aufnahmen. Der deutsche Reporter registrierte sorgsam, dass Moltke in körperbetonter »französischer Husarenuniform« auftrat und Eulenburg »in der Rolle eines weiblichen jungen Mannes, der mit einer verzärtelten Stimme spricht und eine Rose in der Hand trägt«, dargestellt wurde. Den Höhepunkt des Abends im »Européen« bildete jedoch das Wortgefecht zwischen einem Maximilian Harden, der mit »echt französischem Pathos« als Volkstribun gegeben wurde, und der beliebten Soubrette Jeanne Bloch, die als »Procureuse« Staatsanwalt Hugo Isenbiel spielte; ein pikanter Geschlechtertausch und ein Dialog, der »an volkstümlicher Derbheit nichts zu wünschen übrig« ließ. Doch auch für das Blatt aus der katholischen Karnevalshochburg am Rhein hörte der satirische Unterhaltungswert beim Spott über nationale Statussymbole auf. Dass *Le Rire*, ein französisches Witzblatt, anlässlich des Eulenburg-Skandales »wochenlang Abbildungen unseres Heeres [brachte], wie sie zum ersten Male seit dem Jahre 1870 gemacht worden sind«, sei empörend und werde eine entsprechende Erwiderung finden.[178]

Noch schneller als in Paris hatte der Eulenburg-Skandal seinen großen Auftritt auf den Wiener Theaterbühnen.[179] Der Kabarettist Rudolf Österreicher, berichtete das *Wiener Illustrierte Extrablatt* im November 1907, schlug

177 Kommentiert wurde die Vorführung von einem Live-Sprecher, »wobei auch mit Kraftworten nicht gespart« wurde. *Augsburger Abendzeitung*, 29. Mai 1908, BAL 7838.

178 *Kölnische Zeitung*, »Maximilian Harden auf den Pariser Theatern«, 15. Februar 1908, BAL 7838.

179 Viele malten sich bereits ein deutsches Eulenburg-Drama aus, in dem die bekannten Schauspieler Friedrich Haase oder Oskar Sauer eine perfekte Besetzung für »solch einen altpreußischen Grandseigneur« wären. *Volkszeitung*, »Eulenburg-Schauspiel«, 1. Juli 1908, GStA 49833. Im Dezember 1912 wurde im Hamburger Dom-Theater »Die Welt ohne Frauen/Le monde sans femmes« als ein »großes Pariser Sittendrama in einem Aufzug« aufgeführt, das auf dem Eulenburg-Skandal basierte. Steakley, *Die Freunde des Kaisers*, S. 11–12. Eine große Theater-Inszenierung erfuhr der Eulenburg-Skandal erst mit dem

mit seinem neuen Programm »Amor im Panoptikum« »aus der aktuellen Affäre satirisches Kapital«. In der »Hölle«, einer beliebten Wiener *music hall*, wurden »Phili« und »Tütü« in »gelungenen Masken und mit herzbrechender Tragikomik gemimt und gesungen«. Wie in Paris wurde auch in Wien die satirische Enttabuisierung von Homosexualität vor allem gegen den preußisch-deutschen Militarismus gerichtet. Österreich-Ungarn war zwar Dreibundpartner, hatte die militärischen Demütigungen durch Preußen unter Bismarck und Moltke aber keineswegs vergessen (vgl. Kap. VI.2): Der Höhepunkt des Abends in der »Hölle« war daher der Auftritt »zweier baumlanger Grenadiere, die die ominösen Stulpenstiefel und weißen Beinkleider« der Potsdamer Gardes-du-Corps trugen.[180] Noch auf den Straßen von Wien und Paris ging die Travestie auf Kosten des preußisch-deutschen Militärstaates weiter. »Indem wir nach dem Theater in ein Boulevardcafé treten«, so die Reportage aus Paris, »rufen vor uns die Hausierer das neueste Couplet aus: ›Le cœur des Allemands!‹ Der Inhalt entzieht sich jeder Wiedergabe. Wir weisen es zurück mit dem tröstlichen Gefühl, dass für einige Zeit genug gesorgt ist für den Ruhm unseres Vaterlandes im Auslande.«[181]

Vordergründig zeigt die satirische Aneignung des Eulenburg-Skandals durch die Vergnügungsindustrie der *Belle Époque* zunächst nur seinen großen allgemeinen Unterhaltungswert.[182] Dahinter jedoch verweist der immer wieder durchscheinende Galgenhumor darauf, wie bitterernst Satire von ihren politisch denkenden Konsumenten als Gradmesser nationaler Reputation, ja als Waffe in internationalen Prestigekämpfen verstanden wurde. Dem kam der Anspruch vieler berühmter Satiriker entgegen, mit Komik, Humor und Witz nichts zu tun zu haben.[183] »Schmutzkrisis im Innern – Einkreisung von außen«, so beschrieb das Leibblatt Kaiser Wilhelms II., die *Tägliche Rundschau*, den Zusammenhang zwischen satirisch befördertem Prestigeverlust, außenpolitischer Isolation und Kriegsgefahr. »Es liegt eine moralische Kreditschädigung Deutschlands in diesem jahrelangen Ausspinnen homose-

Stück »Kamarilla« von Fritz-Ernst Bettauer und Georg Lichey, uraufgeführt in Berlin 1932.

180 *Illustriertes Wiener Extrablatt*, »Die Liebenberger Tafelrunde in der ›Hölle‹«, 3. November 1907, BLHA 553. Zu dieser Form moderner Unterhaltungskultur Jelavich, *Berlin Cabaret*.

181 *Kölnische Zeitung*, »Maximilian Harden auf den Pariser Theatern«, 15. Februar 1908, BAL 7838.

182 Konzeptionell Maase, »Ästhetische Erfahrung als Gegenstand historischer Kulturforschung«, S. 423–432.

183 Rebentisch, *Gesichter des Kaisers*, S. 24–25; Steakley, *Die Freunde des Kaisers*, S. 22.

xueller Prozesse«, stimmte ein kriegstreiberisches Blatt wie die *Deutsche Tageszeitung* zu und betonte, dass in Prestigefragen der Unterschied zwischen Schein und Sein irrelevant war. »Der Schein einer gefährlichen, weitverbreiteten Sittenkrankheit fällt auf Deutschland [...] Vor dem Ausland ist jeder falsche Schein eine unverkennbare, bei den internationalen Trübungen doppelt ernste Gefahr.« Gemeint war damit auch explizit Satire.[184]

Abb. 28. Eine deutsch-französische Satire-Koproduktion – mit bellizistischer Wirkung. Quelle: L'Assiette au Beurre *(Paris), Ausgabe:* Derrière l'Aigle Noir/ Deutsche Helden. *November 1907, S. 547.*

Angesichts der Flut ausländischer Satiren hielt sich die deutsche Presse keineswegs mit Gegenattacken auf die Dekadenz der Anderen zurück.[185] Leicht

184 *Tägliche Rundschau* zit. in *Deutsche Tageszeitung*, »Hardenprozesse«, 25. Mai 1908, BAL 7838. Vgl. den Angriff auf den *März* als »das politische Sammel der *Simplicissimus*-Leute« in *Deutsche Tageszeitung*, »Die Presse zum Eulenburgprozess«, 7. Juli 1908, BAL 7839.

185 *Freisinnige Zeitung*, »Hardens Ende«, 29. Dezember 1907, BAL 7838.

fiel der Angriff auf krasse Fälle wie den französischen Antisemiten und Deutschenhasser Édouard Drumont, Herausgeber der *Libre Parole*, der im »Überschwang der Freude über die Enthüllungen [...] deutscher Sittenlosigkeit ein Triumphgeheul ausstößt« wie ein Hund, wie die Münchener *Allgemeine Zeitung* spottete. Harsch abgefertigt wurde ebenso die französische Linke, die »den pharisäischsten Betrachtungen über die durch den Prozess enthüllte Verrottung der ganzen Hofgesellschaft und der bürgerlichen Gesellschaft dazu« Ausdruck gebe, weil sie »bekanntlich alle Menschentugenden für sich monopolisiert hat«. Für alle Deutschen müsse es, so die böse Ironie, ein großer Trost in diesen schweren Tagen sein, »dass uns die großherzige, tugendhafte, alleinseligmachende Partei von Jaures und Genossen einst den Zukunftsstaat aufbauen wird, wenn alle Stricke reißen.«[186] Zivilgesellschaftliche Versuche, die internationale Verständigung zu verbessern, wie ein deutsch-englischer Journalistenaustausch und ein deutsch-französischer Studentenaustausch, die während des Eulenburg-Skandals stattfanden, wurden durch den internationalen Pressekrieg um Satiren, ja selbst um einzelne mokante Worte konterkariert. Zur selben Stunde, »wo junge französische Studenten bei uns gefeiert werden wie Helden«, beklagte die *Märkische Volkszeitung* die »französische Undankbarkeit« gegenüber der deutschen Gastfreundschaft, »hat einer der Wortführer der *Patriotenliga gegen die Deutschen* das Schimpfwort von den ›Landsleuten Eulenburgs‹ geprägt. Wir können es überreich zurückgeben und von den ›Landsleuten Lecomtes‹ sprechen«.[187]

Die zunehmende deutsche Aggression blieb nicht ohne Rückwirkung auf angesehene Zeitungen wie die *Pall Mall Gazette*, deren ehemaliger Chefredakteur William T. Stead während des Skandals an dem deutsch-britischen Journalistenaustausch teilnahm. Das Londoner Blatt warnte eindringlich vor weiteren Demütigungen des Kaiserreichs; das Land sei moralisch in seinen Grundfesten erschüttert, satirische Attacken könnten jetzt leicht den Frieden gefährden: »The whole Imperial system of the modern Germany stands gravely discredited. And in that discredit there is a certain element of danger to others. To seek distraction abroad from discredit at home is a method of es-

186 *Allgemeine Zeitung*, »Der Prozess Moltke-Harden in französischer Beleuchtung«, GStA 49839.

187 *Märkische Volkszeitung*, »Der Meineid«, 29. April 1908, BAL 7838. Beim Bankett zu Ehren der englischen Journalisten wurde es als böses Omen empfunden, dass nicht der von Harden als Teil der Eulenburg-Kamarilla attackierte Außenstaatssekretär von Tschirschky, sondern Unterstaatssekretär von Mühlberg die Rede hielt. Hamburger Correspondenz, »Kamarilla und Klatsch«, 3. Juni 1907, BAL 7836. Zu den Journalistenreisen Geppert, *Pressekriege*, S. 351–386; vgl. Rogge, *Holstein und Harden*, S. 161–162, FN 4.

cape which is by no means unknown to history, and that method has never tended towards the keeping of the world peace«.[188]

Besonders heikel gestaltete sich das Verhältnis zwischen deutscher und auslandsdeutscher Presse, wenn es um Satire ging. Auf ihren Spott, und wenn er nur vorsichtig formuliert war, reagierten Journalisten in Deutschland mit schweren Beleidigungen. Die *Deutsche Tageszeitung* ermahnte ihre Kollegen von der *New Yorker Staatszeitung*, wegen des Skandals bloß nicht zu glauben, es gehe in Deutschland bereits »zu wie im amerikanischen Wirtschafts- und Rechtsleben«, wo jeder gegen jeden kämpfe. Ihre satirische Kritik am deutschen Rechtssystem könne »man nur als Ausgeburt amerikanischer Journalistenphantasie betrachten.«[189] Die Empfindlichkeiten waren an dieser transnationalen Nahtstelle des Journalismus besonders groß, da die auslandsdeutschen Journalisten als intellektuelle *men on the spot*, als geistige Sachwalter des Deutschtums auf der ganzen Welt verstanden wurden. Satire wurde hier nie als hergebrachte journalistische Darstellungsform, sondern als globale Bedrohung deutschen Prestiges verstanden. Bereits 1906 hatte der Publizist Fritz Walz unter dem Pseudonym »Auslandsdeutscher« in einem Pamphlet gegen die »politische Gemeingefährlichkeit der deutschen Witzpresse« agitiert. Ihre Tätigkeit sei ein »europäischer Skandal« und eine »stetige Kriegsgefahr für das deutsche Volk«. Den permanenten »deutsch-englischen Witzblätter-Krieg« sah Walz als Vorwegnahme für den »bevorstehenden wirklichen Krieg«. Wie Großbritannien mit diesem Problem fertig werde, sei seine Sache, deutsche Satiriker müssten jedoch mit einer eigens einzuführenden Strafe, dem »ideellen Landesverrat«, in Zaum gehalten werden.[190]

Gerade die deutschsprachigen Zeitungen im Ausland empfanden sich im Eulenburg-Skandal als erste Opfer der satirischen Berichterstattung in Deutschland. Einen »Entrüstungsschrei« schleuderte die *Deutsche Wochenzeitung für die Niederlande und Belgien* gegen »die deutsche Witzpresse, welche mit ihrer schmutzigen Karikierung dem Deutschtum im Auslande unübersehbaren Schaden zufügt«; ein eindrucksvoller Beleg der Transnationalität von Satire im Zeitalter nationalistischen Prestigewahns.

»Was die deutsche Witzpresse im ›Falle Harden‹ geleistet hat, und noch leistet, ist geradezu das Werk eines Wahnsinnigen, der seine eigene Familie ermordet […] Ihr

188 *Pall Mall Gazette*, 30. Oktober 1907, PAAA. Vgl. Aschmann, »Ehre. Das verletzte Gefühl als Grund für den Krieg«, S. 151–175.

189 *Deutsche Tageszeitung*, »Legendenbildung zum Harden-Prozess«, 29. Mai 1908, BAL 7838.

190 Anonym, [Fritz Walz], *Die Presse und die deutsche Weltpolitik*, S. 23–34, 52–64.

Karikaturisten kennt ja die Schuldigen alle. Zeichnet sie denn auch! Hängt sie an den Galgen mit ihrem Namen und ihrem Wappen darüber und darunter! Werft sie den Schweinen vor! Alles gut! Aber stellt nicht *den* Offizier, *den* Soldaten, in der Allgemeinheit genommen, an den Pranger! Ihr, zu Hause, wisst ja die Spreu vom Korn zu scheiden. Ihr habt täglich den gesunden Kern vor Augen. Aber wir – man nennt uns Deutsche im Ausland höflicherweise: die Pioniere des Deutschtums! – wir müssen tagtäglich durch den Kot waten, den eure Tusche und Farbe erzeugt haben, müssen den Spott und Hohn der deutschfeindlichen Karikaturisten, die euren Stoff mit Geschick noch weiter ausspinnen, hinunterwürgen, ohnmächtig, die großen Massen vom wahren Zustande zu überzeugen. Ein Engländer, ein Franzose würde eine solche Herabwürdigung seiner eigenen Nation durch Künstler und Schriftsteller des eigenen Landes mit Entrüstung zurückweisen. Der Deutsche aber lässt sich ruhig gefallen, dass ein deutscher Künstler seine Fähigkeiten dazu missbraucht, die Fehler einzelner dem ganzen Volke auf die Schulter zu laden. Das Gute, was wir deutsche Journalisten im Auslande durch jahrelanges Mühen zur Förderung des Deutschtums zu verrichten vermocht, vernichtet ein deutscher Karikaturist an einem Tage.«[191]

Durch solche nur wenig zeitversetzten Rückkopplungen aus dem Ausland wurde wiederum die Haltung zu der Frage beeinflusst, was innerhalb Deutschlands als politische Satire zulässig war. »Wenn man sich die moderne satirische Literatur ansieht«, so verteidigte sich Harden gegen den Vorwurf, mit Ausdrücken wie »der Süße« der Witzpresse im In- und Ausland Steilvorlagen zur Hetze gegen die preußisch-deutsche Herrschaftselite geliefert zu haben, »so wird man noch ganz andere, viel schärfere Ausdrücke finden«. Nicht nur Satirezeitschriften, sondern auch seriöse deutsche Tageszeitungen hätten schließlich jahrelang die »Grübchen« Reichskanzler Bülows aufs Korn genommen, um seinen Politikstil ins Lächerliche zu ziehen, erklärte er vor Gericht. »Hohn und Spott sind doch erlaubte Waffen im politischen Kampf, Spott ist doch nicht gleich eine ehrverletzende Beleidigung. Ich habe nur das Grüppchen politisch bekämpft und nur hin und wieder ein Wort eingefügt, was auf Sexualempfindungen hindeutet.«[192] Vor Gericht fand politische Satire jedoch ihre amtliche Missbilligung. »Hohn und Spott sind in gewissen Grenzen erlaubt und können für einen satirischen Schriftsteller unter Umständen geboten sein.« Wenn Satire jedoch wie bei Harden auf unbeweisbaren Tatsachen und Verdächtigungen beruhe, sei sie als Beleidigung strafbar, erklärte der bald zum preußischen Generalstaatsanwalt beförderte Hugo

191 *Germania*, »Die deutsche Witzpresse und das Ausland«, 5. Dezember 1907, BAL 7837.

192 Erster Teil der Schlussrede Hardens im 2. Prozess, S. 32–45, BLHA 566; Friedländer, *Prozesse*, S. 4130, 4237. Zum Zusammenhang von Satire und politischer Kritik bei Karl Kraus Bohn, *Karl Kraus. Satire und Kritik*; Merkel, *Strafrecht und Satire im Werk von Karl Kraus*.

Isenbiel. Als Publizist müsse Harden auch deshalb streng verurteilt werden, weil er »sein Vaterland vor dem Auslande diskreditiert« habe. »Lesen Sie nur die Blätter des Auslandes, da werden Sie sehen, wie man jubelt, dass an unserem Kaiserhof eine Gruppe perverser Leute sich gebildet habe, die um unseren geliebten tatkräftigen Kaiser ihre Fäden spinne.«[193]

Après le procès Moltke-Eulenburg

Général autrichien (prononçant un toast à un banquet). — « Et maintenant, mesdames et messieurs, je vous invite à lever votre verre à la santé de nos braves camarades de l'armée allemande ! »
Les dames (unisono). — Ah non ! pas ça !

Caricature de K. Nejedly (*Humoristicke Listy*, de Prague, novembre).

Abb. 29. In Friedenszeiten kompromittierte Maskulinität: Der Ehrverlust der deutschen Armee auch bei den letzten verbliebenen Verbündeten. Entnommen aus Grand-Carteret, Derrière »Lui«, *S. 135.*

In der nationalistischen Empörungsmentalität über ausländische Satiren lag ein Gutteil wilhelminischer Untertanengeist und vorauseilender Gehorsam. Wilhelm II. selbst war weitaus liberaler im Umgang mit internationalen Satireprodukten. Er las nicht nur gerne den britischen *Punch*, in seiner Kajüte an Bord der kaiserlichen Yacht »Hohenzollern« fanden sich seine besten Ka-

193 Plädoyer Oberstaatsanwalt Dr. Isenbiel, 31. Dezember 1907, BLHA 557. Friedländer, *Prozesse*, S. 4202, 4221.

rikaturen gerahmt an der Wand.[194] Überdies trug er, wenn auch vermutlich ohne tiefere politische Absichten, zur Verringerung staatlicher Repression gegen Satire bei. Einige Monate vor dem Eulenburg-Skandal 1906 wurde bekannt, dass er persönlich verfügt hatte, die deutsche Ausgabe europäischer Wilhelm II.-Karikaturen – John Grand-Carterets *»Er« im Spiegel der Karikatur* – nicht zu verbieten. Der Kaiser konnte nicht ahnen, dass der alerte Franzose die dergestalt erweiterte Satirefreiheit in Deutschland sofort nach Ausbruch des Eulenburg-Skandals zur Veröffentlichung einer wenig schmeichelhaften Fortsetzung, der eingangs erwähnten Karikaturensammlung *Derrière »Lui« (L'Homosexualité en Allemagne)* nutzen würde.[195]

Weniger kulant war man in Preußen aus alter Erfahrung gegenüber den heimischen, vor allem in Süddeutschland ansässigen Satiremagazinen.[196] Der Vertrieb einer »Moltke-Harden-Nummer« des *Simplicissimus* wurde im Straßenhandel sofort polizeilich untersagt. Konservative Journalisten kritisierten solche Zensurmaßnahmen gegen die deutsche Witzpresse, wenn auch nur deshalb, weil sie deren Popularität noch steigerten. Denn die *Simplicissimus*-Sonderausgabe durfte weiterhin in Zeitungsfachgeschäften und Trinkhallen verkauft werden, wo sie nun als heiße Ware mit dem Slogan »Der vom Straßenhandel ausgeschlossene ›Simplicissimus‹ ist hier noch zu haben« beworben werden konnte.[197]

Wie sehr Satire mit ihrem inhärent transnationalen Charakter innerhalb der fragilen Konstruktion des Deutschen Reiches als politischer Sprengstoff angesehen wurde, belegen die massiven Angriffe der »ernsten Presse« auf die süddeutschen Satiremagazine. Ihnen wurde vorgeworfen, bewusst den Partikularismus zu fördern und den Zusammenbruch des Reiches herbeizuschreiben und zu zeichnen. Für ihre »schamlosen« preußenfeindlichen Karikaturen gebühre ihnen »geradezu der Preis der Gemeinheit«. Die Entrüstung bezog sich vor allem auf Zeichnungen, die Homosexualität als typisch preußische Eigenschaft aufs Korn nahmen und vor der Karikierung hohenzol-

194 Coupe, »Kaiser Wilhelm II and the Cartoonists«, S. 19. Asser/Ruitenberg, »Wilhelm II. und die Fotografie als PR-Instrument«, S. 16–77.

195 Grand-Carteret, *»Er« im Spiegel der Karikatur.* In seiner Karikaturensammlung zum Eulenburg-Skandal konnte Grand-Carteret befriedigt feststellen: »La cause de la liberté de la Caricature, en Allemagne, n'a donc plus à être défendue. Elle est gagnée.« Grand-Carteret, *Derrière »Lui«*, S. VI. Vgl. Lammel, *Majestätsbeleidigung. Die Hohenzollern in der Karikatur.*

196 Rebentisch, *Gesichter des Kaisers*, S. 41–60; Rieger, *Wilhelminische Presse im Überblick*, S. 148–158.

197 *Die Post*, 14. November 1907, GStA 49839.

lernscher Prestigesymbole nicht zurückschreckten: Der *Simplicissimus* zeigte etwa ein royales Schloss an der Spree, von Spinat überwuchert. Die Pflanze wurde in Süddeutschland traditionell mit Homosexualität in Verbindung gesetzt, ähnlich wie *finocchio* (Fenchel) in Italien. Die *Jugend* provozierte mit der Karikatur eines neuen preußischen Staatswappens »nach Liebenberger Entwurf« helle Empörung, das der dynastische Wahlspruch »Meine Seele – Mein Alterchen – Mein einziger Dachs« zierte und auf dem zwei halbnackte »Wilde Kerle« mit den Zügen Eulenburgs und Moltkes turtelten (Abb. 3). Die offiziöse *Kölnische Zeitung* brachte ihre Wut zum Ausdruck, indem sie die Frage aufwarf, ob beim Phänomen der Homosexualität »München pharisäisch auf Berlin deuten« dürfe, wo doch »ernste Männer, mit den Verhältnissen wohl vertraut« die Zahl der Homosexuellen in der bayerischen Landeshauptstadt auf 10.000 taxierten. In Bayern möge man mit der Sittenlosigkeit »im eigenen Hause« aufräumen, bevor man Preußen verhöhne.[198] Solche Ermahnungen störten im Süden wenig; der Eulenburg-Skandal blieb in Bayern noch jahrelang ein beliebtes Satireobjekt.[199]

In deutschen Satirikerkreisen galt Maximilian Harden in jenen Jahren als Autorität, trotz seines nach langer *Zukunft*-Herausgeberschaft zunehmend barocken Schreibstils, in dem Ironie und Sarkasmus heute nur noch schwer zu erkennen sind; ein wesentlicher Unterschied zur klaren Sprache Karl Kraus', der zum Stil seines Nebenbuhlers das böse Wort vom »Desperanto« prägte, und bei Germanisten bis heute als »Satiriker der Apokalypse« gilt.[200] Tatsächlich aber war Hardens zeitgenössische satirische Wirksamkeit kaum geringer. Auf dem Höhepunkt des Eulenburg-Skandals Ende 1908 schrieb er und kein anderer das Vorwort zu dem Buch *20 Jahre S.M.*, einer Anthologie der besten Wilhelm II.-Karikaturen aus den *Lustigen Blättern*, der *Jugend* und dem *Kladderadatsch*. »Auf keinem Gebiete der Publizistik«, meinte Harden dort zum politischen Erfolg von Satire, »wird so wirksam öffentliche Meinung gemacht wie im papiernen Bezirk der satirisch illustrierten Zeitung, die sich an die hellsten und an die dunkelsten Hirne wendet und mit ihrem zornigen Trutzruf und ihrem schrillen Gelächter in alle Einlass findet.« Satiriker seien Seismographen ihrer Epoche und drückten »mit leiden-

198 *Kölnische Zeitung*, 21. November 1907, BAL 7837.

199 Münchener Varietés brachten noch 1910 Eulenburg-Nummern, die sich laut Polizeiberichten größter Beliebtheit erfreuten. Auf dem Oktoberfest 1911 wurde als Spottgegenstand das Urteil im Eulenburg-Prozess ausgestellt: »ein leerer Bogen Papier«. Schneider, *Populäre Kritik an Staat und Gesellschaft*, S. 152–153.

200 Vgl. Timms, *Karl Kraus. Satiriker der Apokalypse*. Zu Hardens spätem Stil als »phantastisch-künstlichem Sprachgebilde« Weller, *Harden*, S. 361–374.

schaftlicher oder witziger Zuspitzung« aus, was die meisten Menschen fühlten. Spätere Generationen würden sich beim Betrachten der Kaiserkarikaturen wundern, »wie früh der Schwalbeninstinkt dieser Künstler die Wetterzeichen erkannte und ahnte, was kommen müsse und wirklich an finsteren Spätherbsttagen dann kam.«[201]

In diesem Sinne wurde Satire seit Jahrhunderten in ganz Europa als legitime politische Waffe und als grenzüberschreitendes Mittel der Gesellschaftskritik verstanden und verwendet.[202] Im Eulenburg-Skandal versuchten viele deutsche Journalisten jedoch, einen Trennstrich zwischen nationalem Prestige schädlicher und nützlicher, ja geradezu staatstragender Satire zu ziehen. Erinnert wurde dafür an Sir Robert Francis, den »Vater der modernen politischen Satire«, der Ende des 18. Jahrhunderts im *Public Advertiser* seine berühmten satirischen *Juniusbriefe* veröffentlichte. »Aber dieser Landedelmann, Selbstverwaltungsmann und Gesetzgeber schrieb nur über Verhältnisse die er kannte und wollte sein Land wieder voranbringen«, erklärte die ultrakonservative *Ostpreußische Zeitung*. »Er handhabte das Messer des Operateurs, nicht das Fallbeil der Danton und Robespierre« – wie Maximilian Harden. Dessen Satiren seien »weder auf englische noch auf deutsche Vorbilder zurückzuführen – man müsste denn Börne und Heine als typische Vertreter deutschen Geistesheldentums ansehen«. Vielmehr habe sich Harden wie Ferdinand Lasalle in die »überaus geistvolle oppositionelle Publizistik unter dem Bürgerkönig Louis Philippe und Napoleon III. versenkt«, um »ganz bewusst und systematisch« auf die große politische Katastrophe in Deutschland hinzuschreiben: den »Kladderadatsch«. Als passend wurde angesehen, dass Harden für die erfolgreiche wilhelminische Satirezeitschrift gleichen Namens jahrelang Beiträge unter Pseudonym lieferte.[203]

Mentalitätsgeschichtlich interessant ist die sogenannte »Simplicissimus-Stimmung«, in die ein großer Teil der wilhelminischen Gesellschaft durch destruktive politische Satiriker wie Harden gekommen sei, wie reaktionäre Journalisten kritisierten. Eine Stimmung, die »eine ganz bestimmte opposi-

201 Morré, *20 Jahre S.M.*, S. 3–5. Vgl. Sprengel, »Kaiser-Satiren um 1900«, S. 139–158.

202 Allgemein Koschatzky, *Karikatur & Satire. Fünf Jahrhunderte Zeitkritik*; Schneider, *Karikatur und Satire als publizistische Kampfmittel*; Knobel, *Die Schweiz im Nebelspalter*. Zur wilhelminischen Satirepresse Taylor Allen, *Satire and Society in Wilhelmine Germany*; Rieger, *Wilhelminische Presse im Überblick*, S. 148–158.

203 *Ostpreußische Zeitung*, »Auf abschüssiger Bahn«, 4. Januar 1908, GStA 49839. Vgl. Rogge, »Kladderadatsch-Skandal«. Zum Blatt Schulz, *Der Kladderadatsch*; Heinrich-Jost, *Der Kladderadatsch*. Rebentisch, *Gesichter des Kaisers*, S. 43–45. Zu wilhelminischen Zukunftsbefürchtungen und -hoffnungen Hölscher, *Weltgericht oder Revolution*.

tionelle Auffassung von Menschen und Dingen in unserem öffentlichen Leben bezeichnet«, wie der bereits zitierte Pressetheoretiker und Satirehasser Fritz Walz klagte. »Maximilian Harden mit der Feder in der Berliner *Zukunft* und Th. Th. Heine mit dem Stift im Münchner *Simplicissimus* sind die stärksten Pamphletisten im modernen Deutschland und haben am grimmigsten die Gedankengänge in gebildeten deutschen Köpfen revolutioniert. Natürlich hätten sie die Erfolge nie gehabt, wenn der geistige Boden nicht durch die Entwicklung unserer öffentlichen Verhältnisse empfänglich vorbereitet wäre. Nicht die Witzblätter, nicht die satirischen Zeichner und Pamphletisten machen selbstherrlich eine Zeit, sondern sie werden aus ihr geboren und verkündigen deren Geist umso erfolgreicher, je schärfer sie als deutliche Münze ausprägen, was in weiteren Schichten unklar gefühlt wird.«[204] Ein anderer Kritiker politischer Satire im Besonderen und publizistischer Moralprediger des Wilhelminismus im Allgemeinen war Richard Nordhausen. Im *Tag* warnte er die deutschen Journalisten immer wieder davor, sich überhaupt mit dem Eulenburg-Skandal zu befassen, der erst als öffentliche Angelegenheit »eine nationale Tragödie, ein Staatsunglück« werde. Seit Jahren brandmarkte der misanthrope Kulturpessimist Satire als unkontrollierbare, transnationale Gefahr für die deutsche Nation: »Wir können uns kaum mehr retten vor all dem Schmutz, der von Paris und Berlin, Wien und Budapest her in Deutschland zusammenströmt: es ist geradezu unheimlich, wie tief und rapid der Stand der öffentlichen Anständigkeit in den letzten zehn Jahren gesunken ist: Durch Bücher, Bilder, Tingeltangel, Postkarten, Annoncen, Witzblätter, Gassenhauer, Operetten, Possen, reine und pseudowissenschaftliche Pornographie, durch gewisse Redouten und Herrenabende, durch Schaufenster, durch breit und behaglich nachgedruckte Gerichtsverhandlungen wird eine Art geistiger Syphilis verbreitet, die grauenhaft ist; der Schmutz türmt sich höher und höher, er stinkt zum Himmel; keine Stand, kein Lebensalter ist mehr intakt.« Schuld sei der »Terrorismus« der modernen *laissez faire, laissez aller*-Moral, der sich darin zeige, dass

204 Anonym, [Fritz Walz], Die Presse und die deutsche Weltpolitik, S. 55. Vgl. dazu auch Rieger, *Wilhelminische Presse im Überblick*, S. 150. Walz' Pamphlet von 1906 ist eine bisher unbeachtete mediengeschichtliche Quelle, in der zahlreiche von staatlicher Propaganda später verwirklichte Ideen der Pressebeeinflussung und -beherrschung ventiliert werden: Staatliche Depeschenbüros und Übersetzungsbüros für Nachrichten, Presseattachés für die deutschen Gesandtschaften und journalistisch gebildete Konsuln, offizielle Dementis, Interviews, Vermittlungsbüros für wissenschaftliche Artikel in den Zeitungen des Auslandes, Vermittlungsbüros für Vortragsreisen und Vorlesungen an Universitäten des Auslandes, Komitees zur Verbreitung deutscher Literatur im Ausland uvm.

Kladderadatsch, *Jugend* und *Simplicissimus* »in allen Ständen von Hand zu Hand« gingen und sich bereits Schulkinder um das *Kleine Witzblatt*, *Das kleine Album* und den *Satyr* rissen. Bezeichnenderweise wies Nordhausen der Satire auch die Schuld zu, Deutschlands militärische Schlagkraft zu vermindern. »Keine Staatsform kann Bestand haben, wenn sie auf ein sittlich entnervtes, durch Sinnentaumel erschöpftes Geschlecht sich stützen soll. Die sittliche Gesundheit des Volkes ist darum die notwendige Voraussetzung aller äußeren Wehrkraft.«[205]

Unterstützung erhielt der hochreaktionäre Publizist von kirchlichen Tugendwächtern. Um seinen Lesern die transnationale Gefahr von Satire auch zahlenmäßig vor Augen zu führen, berichtete Armin Kausen, Herausgeber der *Allgemeinen Rundschau*, dass aus »deutschen Schmutzgroßhandlungen« in Barcelona, Paris, Turin, Neapel, Triest, Budapest, Belgrad, Luzern, Antwerpen und London – zwei von Frauen geführt – bei Fertigstellung eines neuen Satiremotivs mitunter bis zu 25.000 Exemplare einer »Schmutzpostkarte« allein in eine deutsche Mittelstadt eingeführt würden. Bereitwillig unterstützte das katholische Blatt auch Nordhausens These von dem Zusammenhang zwischen Satire und militärischer Dekadenz. Es sei kein Zufall, dass »elf Jahre nach Gründung der *Jugend* und neun Jahre nach Gründung des *Simplicissimus* mit ihrem Gefolge niedrigsten Grades« die Kraft nachlasse, »die Frankreich zu Boden geschlagen hat: die unbesiegbare moralische Kraft der Nation.« Wegen der zersetzenden Wirkung der Satire dürfe Paris bald auf eine militärische »Umdrehung des Rades« hoffen.[206] Doch nicht nur ultrakonservative Intellektuelle und orthodoxe Mucker rückten die satirische Beschäftigung mit dem Eulenburg-Skandal in das Licht des Landesverrates. Die regierungsnahe *Kölnische Zeitung* kritisierte, dass der »Gemeinheitsanhäufung« und Abstumpfung des moralischen »Reinlichkeitsgefühls« durch den Skandal die »sogenannten Witzblätter« seit Jahren vorgearbeitet hätten. Auch bei anderen Flaggschiffen der deutschen Presse kollidierte Sati-

205 *Der Tag*, »Neues Belastungsmaterial gegen Phili«, von Richard Nordhausen, 28. Mai 1908, BAL 7838. Vgl. Maase, »Zum Deutungshorizont der Gegner der modernen Populärkünste 1880–1918«, S. 290–342. Wie unterentwickelt das Verständnis für Satire zu dieser Zeit auch bei renommierten Intellektuellen wie Alfred Kerr war, zeigt sein unter dem Pseudonym »Gottlieb« veröffentlichtes humorfreies Satiregedicht »Kamarilla« im *Tag* am 4. Juni 1907. Zur Feindschaft Alfred Kerrs, Maximilian Hardens und Karl Kraus', nach einem Wort Thomas Manns die »drei feindlichen Brüder«, siehe Martin, *Briefwechsel Maximilian Harden, Frank Wedekind, Thomas und Heinrich Mann.*

206 *Allgemeine Rundschau*, »Privilegierte Massenvergiftung des deutschen Volkes«, von Armin Kausen, 27. Januar 1906, GStA 17195.

re mit einem eingeübten Habitus journalistischer Ernsthaftigkeit. Je bedrohlicher die außenpolitische Isolation des Deutschen Reiches empfunden wurde, desto lauter erschallte hier, wie in der *Vossischen Zeitung*, der Ruf nach »ernster Politik« und »ernsten Männern«, die sie ausführen sollten. Auch das journalistische Selbstbild wurde vom Ideal des »ernsten Journalisten« bestimmt und so von den Schreibern »schmutziger Satiren« abgegrenzt.[207]

Maximilian Hardens Unterstützer vergaßen während des Skandals denn auch selten, ihn trotz seiner satirischen Leistungen als »ernsten Mann«, »ernsten Schriftsteller« und »ernsten Politiker« zu apostrophieren (vgl. Kap. II.4). Wegen dieses Anspruchs löste Harden gar einen kleinen Satirikerkrieg mit seinen Kollegen Ludwig Thoma und Karl Kraus aus. Hintergrund war die Behauptung, der *Simplicissimus* vertreibe eine »französische Ausgabe«. In mehreren öffentlichen Vorträgen warf Harden dem Blatt, für das er selbst hin und wieder schrieb, mangelnden Patriotismus und künstlerischen Landesverrat vor – ausgeübt durch die internationale Verbreitung seiner Satiren. Wie der regelmäßige *Simplicissimus*-Mitarbeiter Thoma klarstellte, ließ die europaweit beliebte Satirezeitschrift lediglich eine Schleife mit den französischen Übersetzungen seiner Karikaturen für die 650 für Frankreich bestimmten Exemplare anfertigen. Kraus hingegen, ebenfalls gelegentlicher Mitarbeiter des »Simpl«, griff seinen Intimfeind Harden am 15. Dezember 1908 im *März* mit dem Artikel »Der Patriot« scharf an. Was er seinen Kollegen vorwerfe, betreibe der Herausgeber der *Zukunft* selbst: »Die Scham seines Volkes zu entblößen, um seine Einnahmemöglichkeit zu vergrößern!« Er habe Harden und seine »Methode, mit der Moral Politik zu machen«, seit langem durchschaut.[208]

Den mentalitätsgeschichtlichen Hintergrund der Ambivalenz von politischer Satire bildete das typisch wilhelminische Ideal der Ernsthaftigkeit: Eine zumindest nach außen gelebte ostentative Ironieunfähigkeit. Oscar Wilde hatte eine furiose Kritik an dem korrespondierenden viktorianischen Habitus nicht zufällig *The Importance of Being Earnest* (1895) betitelt. Erst auf

207 *Kölnische Zeitung*, 21. November 1907, BAL 7837; *Vossische Zeitung*, »Frankreich«, 22. Juli 1908, PAAA; Mit dem Gegentypus zum ernsten Journalisten war die »Schriftstellerkorona« gemeint, die sich während der Prozesse des Eulenburg-Skandals im Moabiter Weinlokal »Peter Becker« regelmäßig über künstlerische Bearbeitungen des Stoffes austauschte und zu der u.a. die Literaten Hans Olden, Julius Freund, Ernst Heilemann und Felix Philippi zählten. *BZ am Mittag*, »Der Prozess Harden-Moltke«, 26. Oktober 1907, BLHA 553. Zu der beanspruchten Sittenstrenge wilhelminischer Journalisten und Publizisten zeitgenössisch Otto von Leixner, *Zum Kampfe gegen den Schmutz in Wort und Bild*.

208 Rogge, *Holstein und Harden*, S. 406–408.

diese Weise wird verständlich, weshalb Satire als Landesverrat empfunden, jede »Freude am Skandal« gebrandmarkt und pauschal dem Ausland, dem weltanschaulichen Gegner oder als moralische Verfallserscheinung der gesamten Epoche zugewiesen werden konnte. Im Deutschen Reich, klagte die *Freisinnige Zeitung*, gebe es zu viele »der Sensationslust Frönenden«, die »nicht im geringsten nach Anlass oder Zweck fragen, sondern die Enthüllungen um ihrer selbst willen lieben.«[209] Die Schuld treffe, stimmte die regierungsnahe *Kölnische Zeitung* ein, insbesondere »die sogenannten besseren Stände, das Bürgertum [...] Man muss nur einmal bei Neuerscheinungen einer [Satire-]Nummer an einem Zeitungskiosk Beobachtungen anstellen, wer die Käufer – und Käuferinnen – sind, man wird geradezu staunen. Insolange ein Publikum da ist, welches nach der moralischen Schmutzkost verlangt, so lange werden die Köche derselben nicht in andere Bahnen lenken.«[210]

Satire, kann festgehalten werden, dient in einer politisch-moralischen Krise wie dem Eulenburg-Skandal nie einfach als Überdruckventil für hochkochende Emotionen, sondern entfaltet stets eine ambivalente Wirkung. [211] Der Blick auf diesen repräsentativen politischen Skandal zeigt, dass nicht erst heute Satire Konflikte innerhalb von Gesellschaften wie zwischen ihnen anheizen und sogar selbst Anlass internationaler Krisen werden kann. Im Eulenburg-Skandal gerieten Preußen über Satiren aus Bayern, Deutsche über Satiren aus Europa völlig außer sich vor Wut. Empörung, ein wesentlicher Faktor in jedem Skandal, wurde so nicht abgebaut, sondern gesteigert. Zu diesem Prozess trugen sowohl überspanntes individuelles Ehrgefühl und nationalistischer Prestigewahn bei, in der *Belle Époque* zwei Seiten einer Medaille (vgl. Kap. II.2/3 und III.1), als auch die gerade wegen dieser mentalen Disposition noch stärker als heute rezipierten, transnational zirkulierenden Satireprodukte, deren Satiregehalt in nationalen Kontexten völlig verschiedene Wirkungen erzielte.[212] Auf diese Weise trug schließlich selbst die Satire dazu bei, dass der Eulenburg-Skandal in Europa »comme un engin de guerre« wirkte, wie der Pariser *Gaulois* im Sommer 1908 resümierte – ohne jede Ironie.[213]

209 *Freisinnige Zeitung*, »Der Beleidigungsprozess des Grafen Moltke«, 27. Oktober 1907, BAL 7836.

210 *Kölnische Zeitung*, 21. November 1907, BAL 7837.

211 Vgl. Aschmann, »Vom Nutzen und Nachteil der Emotionen in der Geschichte«, S. 9–33.

212 Zum transnationalen Nachdruck von Karikaturen Steakley, *Die Freunde des Kaisers*, S. 18.

213 *Le Gaulois*, »Le prince d'Eulenbourg«, von Denis Guibert, 19. Juli 1908, PAAA.

VII. Das lange Ende des deutschen Skandals

1. Abdankung oder Abfindung: Der Deal zwischen Publizist und Reichskanzler

Für Thomas Mann war der Eulenburg-Skandal der Sieg Maximilian Hardens und damit der Intellektuellen über den sinkenden Feudalismus, gleichviel, dass er »aus deutschen Gründen nicht vollkommen rechtskräftig gemacht wurde«.[1] Wie wir heute wissen, ließ sich Harden für den Verzicht, den Skandal noch einmal vor das Reichsgericht zu bringen, teuer bezahlen: in symbolischem Kapital. Kein deutscher Intellektueller erreichte, was ihm gelang. Er forderte und erhielt von der Staatsführung ein Schriftstück, das ihm für seinen schweren Angriff auf die politische Grundordnung patriotische Motive zugebilligte. Es war zwar nicht für die Öffentlichkeit bestimmt, zugestanden wurde ihm aber, es im Vertrauen zeigen zu dürfen, wem er wollte. Thomas Mann, obwohl mit Harden befreundet, kam offenkundig nicht in den Genuss, den Kniefall der wilhelminischen Macht vor dem Geist in Händen halten zu dürfen, sonst hätte er zweifellos auf die Einschränkung des intellektuellen Sieges über die Reste des Feudalismus verzichtet.

Für das Prestige der preußisch-deutschen Monarchie zu spät, war das Arrangement zwischen Reichskanzler Bülow und Harden im Frühjahr 1909 zustande gekommen, mit dem der Eulenburg-Skandal seinen förmlichen Abschluss fand. Dass der Kanzler sich auf einen Vergleich mit dem umstrittensten Intellektuellen des Landes einließ, war eine Forderung politischer Opportunität. Eulenburg beklagte in seinen Memoiren nichts stärker, als dass die Reichsleitung nicht schon in der Anfangsphase des Skandals eine »Verständigung« mit Harden zu erreichen versuchte.[2] Nun bereute er den

1 Zit. n. Martin, »Der europäische Publizist«, S. 191.

2 Er hätte der Reichsregierung Mittel und Wege nennen können, so Eulenburg, um das »moralische Jena« zu verhindern, dass der Skandal schließlich wurde. BAK NL Eulenburg, Nr. 75, S. 240.

von ihm geförderten Hochmut Wilhelms II., die scharfe Feder Hardens nicht bereits bei seinem Regierungsantritt 1888 gekauft zu haben, als dieser sie ihm, angeblich noch vor Bismarck, angeboten hatte.[3] Auch wenn diese Behauptung nicht erwiesen ist, steht fest, dass die allerhöchste Politik zu solch elastischen Schritten auf den Feldern des Politischen nie bereit war, bis zu ihrem Untergang 1918. Eulenburgs politisches Urteil mag durch Eigeninteresse getrübt gewesen sein, unpolitisch war es in diesem Fall nicht. Albert Ballin und Walther Rathenau sahen es genauso wie der gestürzte Favorit des Kaisers. Die beiden Wirtschaftsführer waren sich nicht zu schade, Vermittler zwischen Bülow und Harden zu spielen. Die Schlüsselrolle übernahm Ballin, der stolz darauf war, dass er »von gentleman zu gentleman« mitwirken durfte bei der »wahrhaft patriotischen Erledigung der Sache«.[4] Bereits die über ihn abgewickelte Erstattung der 40.000 Reichsmark Prozesskosten aus der Reichskasse hätte Harden als Genugtuung ausreichen können; materiell konnte nicht deutlicher zum Ausdruck gebracht werden, dass er einen politischen Kampf »im Reichsinteresse« geführt hatte. Die Krönung seiner Machtentfaltung aber war es, eine schriftliche Ehrenerklärung des Reichskanzlers zu verlangen und zu erhalten, deren Inhalt er diktiert hatte. Am 29. Mai unterzeichnete Bülow den erwähnten, an Ballin adressierten, aber Harden auszuhändigenden Brief, in dem er dessen Verzicht auf die Revisionsverhandlung des 3. Moltke-Harden-Prozesses beim Reichsgericht ein »Opfer« für das Vaterland nannte und anerkannte, »dass Herr Harden nicht aus Sensationslust, sondern aus patriotischen Erwägungen gehandelt hat und nicht leichtfertig dabei zu Werke gegangen ist«.[5] Was Max Bernstein jahrelang immer wieder vor Gericht beansprucht hatte, »Maximilian Harden hat sich um das Deutsche Reich und das deutsche Volk unvergängliche Verdienste erworben«, war damit vom leitenden Staatsmann schriftlich zugestanden worden.[6]

Für diesen Triumph war Harden nicht vor der äußersten politischen Drohung zurückgeschreckt. Bereits im Oktober 1908 ließ er über Holstein

3 »Und das war ein großer Fehler, dessen tragische Konsequenzen dem Kaiser und seinem Königsthron bittere Zeiten und schwere Schäden verursachten.« BAK NL Eulenburg, Nr. 76, S. 2.

4 Ballin an Harden, 29. Juni 1909, Rogge, *Holstein und Harden*, S. 462, 465–466.

5 Bülow an Ballin, 29. Mai 1909, BAK NL Harden. Abgedruckt in Rogge, *Holstein und Harden*, S. 462–463. In Gesprächen mit Baron Alfred Berger bekräftigte Bülow zudem, er erkenne Hardens »Genie« und »Patriotismus« voll und ganz an. Rogge, *Holstein und Harden*, S. 463–464.

6 Friedländer, *Prozesse*, S. 4268–69.

an Bülow ausrichten, er werde, wenn der Reichskanzler nicht in seinem Interesse auf das Urteil des 3. Moltke-Harden-Prozesses einwirke, »mit äußerster Energie und Rücksichtslosigkeit« vorgehen und in Versammlungen im ganzen Reich »das Volk über die wirkliche Sachlage« des Skandals unterrichten. Holstein unterstützte die Drohung ausdrücklich und warnte Bülow vor weiterem Zaudern, das »eine schwere Schädigung der Staatsidee und besonders des monarchischen Gefühls zur Folge haben muss«. »Für einen alten Royalisten«, schrieb Holstein, »ist es ein tieftrauriger Gedanke, dass niemand den Kaiser auf die Gefahr aufmerksam macht, die ihn und sein Haus umgibt.«[7]

Mit der Drohung, um die alle Beteiligten wie um den heißen Brei herumtanzten, war gemeint, den Kaiser öffentlich in eine nahe Beziehung zum ehemaligen Starnberger Fischer Jakob Ernst zu bringen, der vor Gericht über einen Zeitraum von mehr als 20 Jahren andauernde homosexuelle Verfehlungen mit Eulenburg beschworen hatte. Harden wusste, dass sich Wilhelm und Eulenburg in den 1880er Jahren gemeinsam von Jakob Ernst auf dem Starnberger See rudern ließen, ein Ort, der durch den Skandal zum Sammelpunkt Homosexueller im Süden Deutschlands mutiert war (vgl. Abb. 18).[8] Daneben erwog Harden eine Andeutung auf den Umgang Wilhelms II. mit dem der Homosexualität verdächtigten Georg Kistler, Eulenburgs langjährigem Privatsekretär und Günstling. Skrupel glaubte der Publizist nicht mehr haben zu müssen, da sich der Kaiser aufgrund derselben Informationen bereits in Eulenburgs »Erpresserhänden« befinde.[9] Es wäre vielleicht das Beste, ventilierte Harden, »die traurige Notwendigkeit des allerhöchsten Personenwechsels« zu erzwingen, »selbst wenn dabei unter vier Augen das stärkste Mittel angewandt werden muss. (Ich könnte auch sagen, »Ernst« gemacht werden muss)«, als wegen des verlorenen monarchischen Prestiges bald einen

7 Sowohl Harden als auch Holstein gingen davon aus, dass der Kaiser den Reichskanzler übergangen und Justizminister Beseler persönlich befohlen hatte, den 3. Moltke-Harden-Prozess zu einem für Moltke günstigen Ende bringen zu lassen. Holstein an Bülow, 11. Oktober 1908, Rogge, *Holstein und Harden*, S. 348–350.

8 »Gestern fuhr ich in Starnberg mit dem gewissen Fischer Jakob nach Berg und gedachte unserer Exkursion 1886. Jakob huldigt immer noch den alten Grundsätzen.« Eulenburg an Kronprinz Wilhelm, 22. Mai 1888, in Röhl, *Eulenburgs politische Korrespondenz I*, Nr. 176.

9 Der Monarch sollte daher dringend erfahren, dass auch er Belege über die Verbindungslinie »Kistler-Ernst-S.M.« besitze, die er im äußersten Fall veröffentlichen würde. Harden an Holstein, 16. September 1908, zit. in Hull, *Entourage*, S. 141.

Krieg vom Zaun zu brechen.[10] Seine Bereitschaft, mit der Veröffentlichung dieser Informationen eine Abdankung Wilhelms II. herbeizuführen, deutete Harden auch vor Gericht an. Den unheilvollen Einfluss der Eulenburg-Kamarilla »auf diese für das Reich wichtigste Seele« versah er mit dem drohenden Zusatz: »Wieweit es gegangen ist: ich komme hoffentlich nie in die Notwendigkeit, es zu sagen.« Und in seinem Schlussplädoyer im 3. Moltke-Harden-Prozess warnte er düster, gegen ein ihm unerträgliches Urteil »mehr als ein wirksames Mittel« zu besitzen.[11]

„Gebt mir das Haupt . . .“

Abb. 30. Der Eulenburg-Skandal als Anfang vom Ende der Monarchie in Deutschland. »Der Schlag«, schrieb Wilhelm II. aus dem Exil an Eulenburgs Sohn Friedrich-Wend, »den Dein seliger Vater als hingebender Märtyrer auffing, galt mir.« (Klose, »Wend Graf zu Eulenburg-Hertefeld«, S. 72). Bildquelle: Lustige Blätter, *27. Mai 1908, S. 1.*

10 Harden an Holstein, 15. November 1908, in: Rich/Fisher, *Holstein-Papiere IV*, Nr. 1151. Holstein an Bülow, 16. November 1908, in Rogge, *Holstein und Harden*, S. 366–388. Zum erpresserischen Potential Eulenburgs mit Kaiserbriefen auch Röhl, *Wilhelm II.*, Bd. 3, S. 623.

11 Friedländer, *Prozesse*, S. 4264, 4273.

Tatsächlich schöpfte Harden sein Drohpotential damit nur ebenso voll aus wie Eulenburg. Einem Kriminalbeamten, der bei der Durchsuchung von Schloss Liebenberg nach dem Schlüssel zu seinem Privatschreibtisch fragte, entgegnete der gestürzte Favorit spöttisch, die politischen Briefe längst in Sicherheit gebracht zu haben. Um darin bestätigt zu werden, wie sehr die Veröffentlichung einer einzigen mehrdeutigen Äußerung Wilhelms II. als »ein sensationelles Ereignis allerersten Ranges« herbeigesehnt wurde, das dessen Abdankung nach sich ziehen konnte, brauchten Eulenburg und Harden nur eine beliebige Tageszeitung aufzuschlagen.[12] Zu all dem kam es durch den Deal zwischen Publizist und Reichskanzler nicht. Dafür fand eine Machtverschiebung von der Monarchie zur Öffentlichkeit statt. »Holstein und Harden haben zwei Jahre Deutschland regiert«, konstatierte Wilhelm II., bezeichnenderweise nach der Entlassung Reichskanzler Bülows am 9. Juli 1909.[13] »Dass letzterer [Harden] noch lebt, nach dem, was er mir angetan, ist merkwürdig!«, hatte der Kaiser bereits ein halbes Jahr zuvor gegenüber einem Vertrauten geäußert. »Kein Leutnant, keine Hofschranze, der uns von dieser Pestilenz zu befreien den Schneid gehabt«.[14] Für die Mächtigen spürbar und für die internationale Öffentlichkeit sichtbar, hatte der Eulenburg-Skandal die überkommenen Machtverhältnisse des Kaiserreichs in ihren Grundfesten erschüttert.

2. Zusammenfassung

Die Untersuchung des Eulenburg-Skandals als transnationales Medienereignis, gleichzeitig gefasst als eine auf die historische Skandalforschung übertragene politische Kulturgeschichte, hat sowohl neue Ergebnisse als auch bisher wenig oder gar nicht beachtete Zusammenhänge über altbekannte Themen, Ereignisse, Strukturen und Personen zu Tage gefördert.

---

12 Eulenburg wurde offen ermuntert, als rechtmäßiger Eigentümer von Kaiserbriefen könne er diese juristisch gefahrlos publizieren; Wilhelm II. könne eine Veröffentlichung nicht einmal unter Verweis auf das Urheberrecht verhindern. *Die Zeit am Montag*, »Kaiserbriefe an Eulenburg«, 18. Mai 1908, GStA 49831.

13 Der Kaiser machte die Äußerung gegenüber Axel von Varnbüler, von dem Eulenburg sie erfuhr. BAK NL Eulenburg, Nr. 75, S. 238.

14 Wilhelm II. an Fürst Fürstenberg, 1. Dezember 1908, zit. n. Röhl, *Wilhelm II.*, Bd. 3, S. 780. Zu der Meinung des Kaisers, während des Skandals hätten Holstein und Harden das Reich regiert, ebd. S. 753.

Das späte Kaiserreich war politisch weitaus vielschichtiger als bisher gedacht. Die Menschen suchten und fanden auch jenseits klassischer politischer Institutionen wie etwa der Parlamente Orte, um virulente gesellschaftliche Konfliktlinien auszuhandeln. Als politische Kampfplätze wurden Moral, Justiz, Presse und, mit der größten gemeinsamen Schnittmenge, Skandale genutzt. Skandale können als Fortsetzung wilhelminischer Politik mit anderen Mitteln verstanden werden. Kenntlich wurde bei dieser Herangehensweise der politische Skandal, der eine Gesellschaft nicht temporär gegen Normverletzer vereint, sondern in Deutungsgemeinschaften zersplittert, die miteinander um die Sinngebung der Skandalenthüllungen kämpfen.

Mentalitätsgeschichtlich sichtbar wurde desweiteren das späte Kaiserreich als Übergangsphase von der *Belle Époque* in ein »Eisernes Zeitalter« und als wichtiger Knotenpunkt global gedachter, medial vermittelter Prestigepolitik. Ohne in einen Determinismus auf den Ersten Weltkrieg zu verfallen, zeigten sich dadurch Anfänge fundamentaler gesellschaftlicher Wandlungsprozesse, etwa im Verständnis von Ehre, Prestige, Sexualmoral, Privatheit, Öffentlichkeit und Obrigkeitsgläubigkeit, *bevor* die »Urkatastrophe« des 20. Jahrhunderts sie wie ein moralischer Teilchenbeschleuniger ergriff.

Durch die Kombination der drei genannten historiographischen Ansätze konnte weiterhin gezeigt werden, dass der soziale Typus des Intellektuellen in Deutschland um 1900 ebenso wirkungsmächtig wie im Frankreich der Dreyfus-Affäre war. Hier sollte insgesamt weniger von einer nationalen als europäischen Figur gesprochen werden, die einerseits lange Traditionen bis zurück in die Aufklärung besaß, andererseits von journalistischen Innovationen des langen 19. Jahrhunderts wie dem Aufkommen der Massenpresse und den Methoden des *New Journalism* profitieren konnte. Als wenig plausibel erwies sich dadurch das auf Überlegungen Karl Mannheims zurückgehende, die Intellektuellengeschichte bis heute beherrschende Axiom der Dichotomie von Geist und Macht. Maximilian Hardens Aufstieg als von Bismarck protegierter Monarchiekritiker zum führenden Intellektuellen Deutschlands im Eulenburg-Skandal demonstriert die Unbrauchbarkeit des *Insider-Outsider*-Konzepts. Ebenso fraglich macht die genaue Analyse seines Aufstiegs die reflexhafte Verortung Intellektueller bei der politischen Linken: Es war der an das konservativ-bürgerliche *juste milieu* des Kaiserreiches appellierende Intellektuelle Harden, der in der Funktion des Anklägers gesellschaftlicher und politischer Mißstände erfolgreich den Status des Politikers beanspruchte.

Diese Pose konnte vom übersteigerten individuellen wie kollektiven Ehrverständnis im wilhelminischen Deutschland zehren. Auf der Ebene des Individuums fanden hier beachtliche Transformationsprozesse statt, die als Zivilisierung vom Selbstjustiz suchenden »Ehrenmann« hin zu dem an einem britischen Idealbild orientierten »Gentleman« gefasst werden können. So erwies sich das Duell im Eulenburg-Skandal als hoffnungslos anachronistische, gesellschaftlich rudimentäre Institution. Seine theoretische Erwägung spielte mit leerer Formalität. Sie manifestierte allein die aus heutiger Sicht erstaunliche, von den Zeitgenossen aber allseits akzeptierte Tatsache der sozialen Ebenbürtigkeit des Kaiserfreundes General Kuno Graf Moltke und des Publizisten mit dem selbstgemachten Namen Maximilian Harden. Als selbstverständlicher Ort ihres »Kampfes ums Recht« wurde der Gerichtsprozess angesehen, wie in rund 60.000 anderen Streitfällen um individuelle Ehrenfragen pro Jahr. Besondere Eigendynamik entwickelte der Fall Moltke-Harden allerdings dadurch, dass in ihm zwangsläufig kollektive Ehre und nationales Prestige mit verhandelt wurden. Auf diese Weise verliefen die Gerichtsprozesse des Eulenburg-Skandals nach dem historisch und literarisch-publizistisch eingeführten Muster der *Cause Célèbre*: Seit der Aufklärung fungierte der Sensationsprozess als Forum gesellschafts- und obrigkeitskritischer Politik.

Entsprechend leicht fanden deutsche wie internationale Presse in den mehrjährigen Sensationsprozessen institutionelle Anschlusspunkte für ihre Berichterstattung über den »deutschen Skandal«. Angesichts der Verhandlung nationaler Statussymbole in einer transnationalen Presseöffentlichkeit verfielen zwar große Teile der deutschen Presse in eine chauvinistische Abwehrhaltung, die selbst vor Forderungen nach Zensur und Selbstzensur nicht zurückschreckte. Mit der tatsächlichen Einschränkung der Gerichtsöffentlichkeit für Journalisten fand die Mehrheit der wilhelminischen Presse jedoch zu dem Anspruch, »berechtigte Interessen der Allgemeinheit« zu vertreten und wie ihre Kollegen in parlamentarisch regierten Ländern eine Vierte Gewalt im Staat zu repräsentieren. Erleichtert wurde dies durch die Erkenntnis, dass die Verteidigung des Privaten im Fall Moltkes und Eulenburgs nur einen Vorwand zur Abschirmung legitimer politischer Forderungen bildete. Auffällig an diesen Skandaldebatten war der transnationale Charakter des Journalismus in jenen Jahren global überspannter Prestigepolitik: Journalisten zitierten, kritisierten und bekräftigen einander jenseits nationaler Grenzen mit größter Selbstverständlichkeit. Interessanterweise ist hier keine medien- und kommunikationsgeschichtliche Progression bis in die Gegenwart feststellbar, denn sie taten dies in einem weitaus stärkeren Maße als in der heutigen Presse.

Transnationalisierung bedeutete jedoch nicht zwangsläufig Denationalisierung. Rege Kommunikation, geistiger Austausch und – in Skandalzeiten – fast alltäglicher Meinungstransfer führten nicht automatisch zu Völkerverständigung. Nationalistische Exklusionsprozesse konnten genauso die Folge sein. Deshalb wurde im Eulenburg-Skandal ein erbitterter internationaler Pressekrieg um den Ort des »modernen Babylon« geführt. Erstmals konkurrierte Berlin-Potsdam mit Paris, London, Rom und Wien um diesen, je nach Perspektive, Schattenplatz oder Sehnsuchtsort der Moderne. Das moralische Überlegenheitsgefühl der wilhelminischen Deutschen, der unsicher und nervös gewordenen Erbengeneration der Sieger von 1871, fand hier sogar die Bestätigung, noch im Skandal etwas Besonderes zu sein: Deutsche Presse und Publizistik senkten die moralische Fallhöhe ihres Landes nicht, sondern erhöhten sie noch. Erleichtert wurde dieses irrationale Verhalten durch revanchistisch motivierte moralische Anwürfe aus Frankreich. Deutsche und französische Presse trugen so wechselseitig zur Verfestigung und Verschärfung nationalistischer Differenzen zwischen ihren Ländern bei, die unmittelbar mit militärischen Gelüsten verbunden wurden.

Ausgemacht werden kann auch eine Grenze journalistischer Transnationalität, was die Inhalte der Skandal-Enthüllungen betraf. Begriff, Konzept und Idee der Homosexualität wurden durch den Eulenburg-Skandal in völlig unterschiedlichem Ausmaß sagbar und popularisiert. Während der Sexualdiskurs der deutschen Tagespresse als der im europäisch-transatlantischen Vergleich bei weitem freizügigste gelten kann, vermieden britische und amerikanische Journalisten ängstlich selbst die Verwendung des Begriffes »Homosexualität« und die Abbildung von Karikaturen, die auf ihn verwiesen. Umgekehrt führten Sagbarkeit und Wissensproduktion jedoch nicht automatisch zu mehr gesellschaftlicher Toleranz. Im Gegenteil. Die geradezu obsessive öffentliche Besprechung von Homosexualität in Deutschland ging mit der Artikulation von Homophobie Hand in Hand. Männerfreundschaft wurde als potentielle Männerliebe erkannt, die Ehe als mögliches Versteck Homosexueller identifiziert. Was zuvor als Freundschaft verstanden worden war, wurde so weit in den Bereich der Sexualität verschoben, während die in Deutschland immer noch stark verbreiteten Zweckehen delegitimiert wurden. Obgleich die Hauptzeugin Lilly von Elbe als *femme fatale* dämonisiert wurde, konnte sich so anhand der Moltke angelasteten Zweckehe ein weiblicher Anspruch auf sexuelle Befriedigung artikulieren.

In dieser Frage konnte die vor allem in Person Magnus Hirschfelds in den Eulenburg-Skandal intervenierende Sexualwissenschaft ihre noch junge Deutungsmacht unter Beweis stellen. An ihre Grenzen geriet sie jedoch, wo sie die moralische Neuerungsbereitschaft der für sexuelle Themen durchaus empfänglichen wilhelminischen Deutschen überstrapazierte. Homosexualität rückte bei ihnen nicht allein als Fortsetzung menschlicher Emanzipation, sondern auch als Gefahr für Gesellschaft und Nation ins öffentliche Bewusstsein. In den Debatten der deutschen Öffentlichkeit wurde Homosexualität zwar in allen Details besprochen, damit einhergehend wurde jedoch Homophobie als neue Tugend etabliert. Die antihomosexuellen Emotionen waren derartig stark, dass sie angesichts der in Frage gestellten Maskulinität des einzelnen Mannes wie der ganzen Nation sogar die uralte Tugend der Keuschheit beugten. Es fand ein moralischer Umwertungsprozess statt, der sexualhistorisch bisher nicht gesehen wurde, oder gesehen werden sollte, da er kaum in das heute gängige Bild einer progressiven und egalitären sexuellen Revolution in den westlichen Gesellschaften des 20. Jahrhunderts passt: Die durch den Eulenburg-Skandal in Deutschland noch für Jahrzehnte bekräftigte und verstärkte Homophobie bewirkte einen heterosexuellen Liberalisierungsschub. Um der »asiatischen Gefahr« der Homosexualität zu wehren, wurde Männern deutlich mehr sexueller Spielraum jenseits der Ehe zugestanden. Der Eulenburg-Skandal war daher nicht nur ein Homo-, sondern auch ein Heterosexualitätsskandal.

Ebenso eigendynamisch wurde Homosexualität auf dem innen- und außenpolitischen Feld als umfassendes Erklärungsmuster nutzbar, insbesondere für Nachgiebigkeit, Kooperationsbereitschaft und Friedensliebe; Tugenden, die durch die begriffliche Gleichsetzung mit Homosexualität mitunter bewusst delegitimiert wurden. Auf diese Weise wurden auch Kamarilla und Favoritentum und andere preußische Traditionslinien wie der Hang zu Gottesgnadentum und Spiritismus als ins Politische transponierte Homosexualität diskreditiert. Erstaunlich viele Kritiker auch innerhalb Deutschlands richteten die moralische Transformation des »preußischen Sparta« zu einem »Babylon an der Spree« gegen den besonders von der zeitgenössischen borussischen Geschichtswissenschaft verbreiteten Topos preußischer Tugend und Auserwähltheit.

War die Öffentlichkeit in der Verdammung homosexuell konnotierter »unverantwortlicher« Politik einig, konnte bezeichnenderweise jedoch kein Konsens darüber hergestellt werden, was im späten Kaiserreich als »verantwortliche« Politik zu gelten hatte. Es gelang nicht einmal, den Reichskanzler als einen dem Parlament und der Öffentlichkeit verantwortlichen Politiker zu definieren und dadurch im konstitutionellen Sinne gegen den Erbmonarchen und die traditionellen aristokratischen Herrschaftseliten Preußens aufzuwerten; stattdessen wurde sein Amt nach wie vor bewusst als das des »obersten Reichsbeamten« entpolitisiert. Im Zusammenhang mit der problematisierten Verfassungswirklichkeit des späten Kaiserreiches riss der Skandal die nach dem Kulturkampf mühsam kaschierte konfessionelle Konfliktlinie auf, nachdem sich Eulenburg vor Gericht zum Vorkämpfer der Idee vom evangelischen Kaisertum und Opfer des Ultramontanismus stilisiert hatte. Die sich anschließenden Debatten zeigten, dass auch 40 Jahre nach Gründung des Deutschen Reiches großdeutsch-katholische Konzepte auf Zustimmung stießen und das Ergebnis von 1871 keineswegs von allen Deutschen als historischer Endpunkt der Nationsbildung angesehen wurde.

Durch den Eulenburg-Skandal rückte die Presse schließlich, eine wichtige Parallele zur Dreyfus-Affäre, Armee und Außenpolitik aus ihrem Arkanbereich ans Licht der Öffentlichkeit. Nach der Enthüllung homosexueller »Orgien« in Potsdam, der Residenz des deutschen Militärstaates, brach anhand von Moltke-Name, Generalsrang, Potsdamer Gardes-du-Corps und militärischer Uniformierung ein heftiger Streit über gesunkene Kampfmoral und Schlagkraft der größten Territorialarmee Europas aus. An einer militärischen Bewährungsprobe, auch das enthüllte der Skandal, war das wilhelminische Deutschland in der Marokko-Krise von 1905/06 knapp vorbeigeschlittert; es wurde bekannt, dass eine Kriegserklärung an Frankreich als diplomatisches Druckmittel erwogen worden war, um die *Entente Cordiale* zu sprengen und die deutsche Isolation aufzubrechen. Schuld an dem missglückten Coup, so die von Harden popularisierte Deutung, war die Eulenburg-Kamarilla, die wegen ihrer Kontakte zum französischen Spitzendiplomaten Raymond Lecomte nun auch als Teil einer homosexuellen Internationale hingestellt werden konnte. Neben der leichteren Vernichtung der vorgeblich landesverräterischen Friedenspartei im Machtzentrum wilhelminischer Politik wurde *en passant* auch die Idee, unter Modifikation des Frankfurter Friedens und Preisgabe Elsass-Lothringens zu einer deutsch-französischen Allianz zu gelangen, als Plan einer »homosexuellen Achse Paris-Berlin« desavouiert.

Ohne einen Determinismus auf »1914« hin zu behaupten, stärkte der Eulenburg-Skandal durch seine schweren Kompromittierungen prestigeträchtiger Symbole des Kaiserreiches so insgesamt ein Weltbild, in dem Krieg als ein »reinigendes Gewitter« sowohl für die in Frage gestellte Legitimität der traditionellen Herrschaftseliten als auch die ganze Nation dargestellt wurde. Ein »Weltkrieg« konnte jetzt nicht mehr nur aus machtpolitischen, militärstrategischen, volkswirtschaftlichen oder bevölkerungssoziologischen, sondern auch aus moralischen Gründen gerechtfertigt werden.

3. Ausblick

Mit dem Deal zwischen Reichskanzler Bülow und Maximilian Harden und dem auf unbestimmte Zeit vertagten Meineidsprozess gegen Eulenburg im Frühsommer 1909 fand der Skandal *ein* Ende. In gewisser Weise behielt Thomas Mann natürlich doch recht, wenn er die Bedeutung des fehlenden rechtskräftigen Skandalabschlusses in Deutschland herausstrich, nämlich für das öffentliche Bewusstsein. Eine noch nicht hinreichende, wohl aber notwendige Bedingung zur Bewältigung eines jeden Skandals blieb damit unerfüllt. Der Eigensinn »einfacher« Menschen rächte sich auf seine Art für die eklatante Klassenjustiz. Sie verwendeten den Namen »Eulenburg« noch jahrelang als Schimpfwort für Homosexuelle. Ein Bergmann namens Lack, der 1913 in Recklinghausen einem Schullehrer auf der Straße »Eulenburg« zurief, erhielt dafür zwei Monate Gefängnis. »Allgemein bezeichnet man damit unter Anspielung auf den Eulenburgprozess einen Mann mit anormalen sexuellen Empfindungen«, urteilte das zuständige Schöffengericht. »Der Ausdruck trifft einen in dieser Hinsicht unbescholtenen Mann sehr schwer.«[15] Aber auch von der Presse und ehrgeizigen Politikern aller Parteien wie Philipp Scheidemann, Matthias Erzberger und Gustav Stresemann wurde mit dem mental schwärenden Eulenburg-Skandal in den letzten Jahren des Kaiserreiches, selbst während des Ersten Weltkrieges, weiterhin Politik gegen die aristokratische Herrschaftselite betrieben. Sogar über den Systemwechsel 1918 hinaus – Phantomschmerzen der untergegangenen Monarchie – wurde regelmäßig öffentlich daran erinnert, dass der Prozess gegen den besten Freund Kaiser Wilhelms II. 1909 nicht beendet, sondern nur unterbrochen worden war. Noch im Januar 1921, wenige Monate vor Eulenburgs Tod, attackierte die kommunistische *Rote Fahne* anlässlich des Kapp-Putsches die »Justiz der Ebert-Republik und ihre ärztlichen Helfershelfer«, die nicht nur

15 Die Berufung gegen das Urteil wurde von der Strafkammer verworfen. *Berliner Tageblatt*, 17. Juli 1913, BAL 114. Zur ähnlichen Verwendung des Namens »Moltke« als Schimpfname siehe oben.

die aktuellen Justizskandale, sondern auch die der wilhelminischen Ära wie den Fall Eulenburg »von vorn und von hinten« zu vertuschen suchten.[16] All dies sind Belege dafür, wie der Eulenburg-Skandal das Rechts- und Gerechtigkeitsgefühl in Deutschland noch lange weiter belastete und ein Argument in den politischen Kämpfen des ersten Jahrhundertdrittels blieb.[17]

Auch sexualmoralisch ließ der Erste Weltkrieg den Skandal nicht in Vergessenheit geraten. Im Gegenteil. Er radikalisierte nur, um das Bild vom moralischen Teilchenbeschleuniger noch einmal aufzugreifen, den durch die Skandalenthüllungen forcierten Mentalitätswandel, von zunehmender heterosexueller Freizügigkeit auf der einen und Homophobie auf der anderen Seite. Über diese sexuelle Evolution – nicht Revolution – ist immer noch wenig bekannt. In jedem Fall verlief sie nicht ohne Brüche und Gegenläufigkeiten: Für den Sexualwissenschaftler Magnus Hirschfeld begannen die »Goldenen Jahre« der Weimarer Republik 1920 mit einem tätlichen Angriff von Rechtsradikalen. Dabei erklangen Rufe, er sei der Mann, der die »Eulenburgerei« nach Deutschland eingeschleppt habe.[18] Die Prägewirkung des Eulenburg-Skandals für die damals zu »politischem Bewusstsein kommende Generation« (Nicolaus Sombart) war beachtlich, und zwar, wie Maximilian Harden beabsichtigt hatte, besonders im konservativen *juste milieu* Deutschlands. Noch in seinem 1973 erschienenen Roman *Die Zwille* gebrauchte Ernst Jünger den Ausdruck »Eulenburger« als Synonym für den Homosexuellen.[19]

Moral ist nicht nur eine von Historikern vergessene Konfliktlinie des wilhelminischen Deutschland. Moral wirkt nach wie vor als weitgehend unbekannte Repräsentantin und Produzentin sozialer, politischer und kultureller Verhältnisse. Daher bietet sich das Moralische als Untersuchungsgegenstand für eine Kulturgeschichte des Politischen an. Dabei darf es nicht darauf ankommen, retrospektiv möglichst viel Rationalität zu konstruieren und die Grenzen zwischen Politik und Moral geschickt so zu ziehen, dass Unverständliches, Fremdes, Absurdes und vor allem scheinbar Ungleichzeitiges

16 Der Artikel stellte bloß, dass ein früherer kaiserlicher General in einem Meineids-Prozess für verhandlungsunfähig erklärt wurde, drei Tage später jedoch rüstig genug war, um am Kapp-Putsch teilzunehmen. Rote Fahne, »Der verhandlungsunfähige Eulenburg«, 27. Januar 1921, BAL 114.

17 Siehe Kap. V.

18 Magnus Hirschfeld, »Aus der Bewegung«, *Jahrbuch für sexuelle Zwischenstufen*, 20 (1921), S. 125.

19 Ernst Jünger, *Die Zwille* (1973), S. 176.

ausgeblendet wird.[20] Eine unbefangene, auf noch nicht entdeckte Zusammenhänge neugierige politische Kulturgeschichte des Eulenburg-Skandals hätte sich und den Quellen jedenfalls Gewalt antun müssen. Dass damals wie heute Sinngebungen oft nur einen hohlen Glauben widerspiegeln, den die Menschen für das Denken »der Anderen« über die eigene Moral halten, steht auf einem anderen Blatt. Dies ist ein Tribut, den das demokratische Prinzip Öffentlichkeit einfordert.

20 Die kulturelle Einheit eines Zeitalters ist dafür nicht absolut, sondern fragil zu verstehen. Die Theorie von der »Gleichzeitigkeit von Ungleichzeitigem«, wie sie Ernst Bloch in den 1930er Jahren begründete, kann dazu beitragen, sowohl *contingency* als Strukturprinzip der Geschichte zu verarbeiten als auch retrospektive Überrationalisierung zu vermeiden. Vgl. Burke, *Was ist Kulturgeschichte?*, S. 38.

Quellen und Literatur

Ungedruckte Quellen

Bundesarchiv, Berlin-Lichterfelde (BAL)

R 8034 II	(Reichslandbund Pressearchiv)
1763–1770	(Strafrecht)
2685	(Antisemitismus)
4005–4012	(Kaiser Wilhelm II.)
6082–6083	(BGB, Zivilprozessordnung)
6157	(Majestätsbeleidigung)
6958–6962	(Lex Heinze, Sittlichkeit, Prostitution)
7358–7359	(Juristen)
7366	(Spionage)
7836–7839	(Kamarilla)
8388–8389	(Duelle)
8596	(Adel)

R 8034 III (Reichslandbund Pressearchiv)

114	(Philipp Eulenburg)
216	(Hugo Isenbiel)
233	(Alfred Kerr)

Varia

R 43	(Reichskanzlei) 798/a und b
R 1501	(Reichsministerium des Innern)
R 3001	(Reichsjustizministerium)
5314	(Presse über den Fall Kwilecki)
6157	(Majestätsbeleidigung)
R 3002	(Reichsgericht)
R 3003	(Oberreichsanwalt beim Reichsgericht)

Bundesarchiv, Koblenz (BAK)

N 1016 (Bernhard Fürst von Bülow)

29	Prozess Dr. Carl Peters
31	Bismarck-Tradition, Eulenburg-Prozesse, Krupp-Prozess
32	Moltke gegen Harden, Ballin, Harden, Rathenau, Holstein, Eugen Zimmermann
75–77	Philipp Eulenburg
82	Maximilian Harden
156	Karikaturensammlung
176–178	Hofangelegenheiten, Prozess Fürst Philipp Eulenburg, Prozess Moltke-Harden

N 1029 (Philipp Fürst zu Eulenburg-Hertefeld)

65	Manuskriptbruchstück »Landesverräter« (ca. 1910)
66	Manuskript »Graf Herbert Bismarck« (ca. 1910)
68	Manuskript »Welche Gründe veranlassten den Erfinder zu seinen Anschuldigungen?« (ca. 1910)
71	Schriftwechsel
72	Briefe Eulenburgs an Conrad Haußmann, Aufzeichnungen und Briefe Dritter (1908–1920)
73	Manuskript »Ich selbst. Betrachtungen, die meinen Kindern gewidmet sind« (1900–1902)
74	Manuskript »Die Nordlandreise«, enthält: »Geselliger Verkehr« (1903), »Zur Psyche und Politik Wilhelms II.« (1902, 1908, 1920)
75–76	Manuskript »Aufzeichnungen des Fürsten Eulenburg (Hintergründe des Prozesses) Teil 1+2 (1910)
77	Manuskript »Pathologische Politik« (ca. 1913)
78	Manuskript »Niederschrift Eulenburgs zur Vorgeschichte und zum Ablauf seines Prozesses« (ca. 1918)
79	Manuskript »Graf Herbert Bismarck« (ca. 1908)
80	Manuskript »Valori. Kaiser Wilhelm II.« (ca. 1908)
81	Manuskript »Hineinragende Persönlichkeiten. Drei Freunde« (ca. 1911)
84	Manuskript »Kaiser Wilhelm II. und Gräfin Mathilde Stubenberg. Die Geschichte einer Intrige im Hause Eulenburg« (ca. 1902–1904)
90	Literarische Arbeiten

N 1062 (Maximilian Harden)

14	Max Bernstein
59	Leo Katz
99	Erich Sello

104	Theodor Suse
118	Fritz Friedmann
119	Majestätsbeleidigung
120	Majestätsbeleidigung
121	Sello, Hibernia-Skandal
122	Eulenburg
123	Eulenburg

N 690 (Hugo Isenbiel)

Auswärtiges Amt, Politisches Archiv, Berlin (PAAA)

IA Deutschland, 122, Nr. 3g, R 1248–1251. »Der Schriftsteller Maximilian Harden und die Wochenschrift ›Die Zukunft‹«, August 1891–Dezember 1918 [»Geheimakte Harden«]

Geheimes Staatsarchiv Preußischer Kulturbesitz, Berlin (GStA)

Rep. 84a Justizministerium

10207	(Straftaten gegen die Persönlichkeit)
10215	(N.N.)
17195	(Presse zum Thema Sittlichkeit)
17333	(Verbreitung unsittlicher Schriften durch den Arzt Dr. Magnus Hirschfeld)
49803	(Majestätsbeleidigung durch Harden, ab Januar 1893)
49804–05	(Beleidigung der Kommandierenden Generäle Waldersee und Loë, 1893)
49806	(Majestätsbeleidigung durch Harden, ab Juli 1893)
49818–19	(Majestätsbeleidigung durch Harden, ab Juli 1898)
49830	(Prozesse, Eulenburg 1908–1909)
49831–36	(Presse)
49837	(Prozess Harden-Städele, 1908)
49838	(Prozesse, Moltke-Harden, 1907–1909)
49839–40	(Presse)
49841	(Presse und Prozessfragmente)
55578	(Attentat auf Harden, 1922–1928)

Brandenburgisches Landeshauptarchiv, Potsdam (BLHA)

Rep. 37 Liebenberg

521–524	(Séancen, Spiritismus)
552–555	(Briefe; Presse zu den Gerichtsprozessen)
556	(Manuskripte Eulenburg, Prozessfragmente, Urteil 1. Moltke-Harden-Prozess)
557	(Beleidigung Eulenburgs durch Harden und Bernstein)
560	(Presse)
562–567	(Presse, Gerichtsprotokollfragmente)
571	(Pamphlet Franz Schwarzer »Bülow-Eulenburg-Intrige«, Berlin 1909)
572	(Verteidigungsschrift der Fürstin Augusta, Verfasser: Philipp Eulenburg)
888	(Séancen, Spiritismus)

Bayerisches Hauptstaatsarchiv, München

MA I 739	Beschwerde Philipp Graf Eulenburgs über Presseangriffe 1894
MA I 865	Deutscher Botschafter in Wien, 1894
MA I 76140	Bülows Krankheit, 1906
MA I 95310	Philipp zu Eulenburg: Erhebung in den Fürstenstand, Feier der silbernen Hochzeit, strafrechtliche Untersuchung, 1900–1909
MA 92040	Die kgl. Preuß. Gesandtschaft am Kgl. Bayer. Hofe betr. 1907–1918
MA 92200	Die Vorlage der Pflichtexemplare des März und Simplicissimus betreffend, 1907–1910
MA 95310	Den Kaiserl. Deutschen Botschafter Grafen von Eulenburg betr.
M Ju 20377	Bernstein, Max Ernst, Rechtspracticant, Rechtsanwalt in München 1881

Haus-, Hof- und Staatsarchiv, Wien (HHSA)

Politisches Archiv, Abteilung III Preußen (Berlin), 1848–1919: 165 Varia (1907), 166 Berichte (1908)

Landesarchiv Berlin

A Pr.Br.Rep. 030–T5 Nr. 9640 (»Beleidigungsprozess: Maximilian Harden gegen den Universitätsprofessor Dr. Hans Delbrück«, 1898–1900)

Otto-von-Bismarck-Stiftung, Friedrichsruh

Diverse Briefe Maximilian Hardens an die Familie Bismarck in den 1890er Jahren

Gedruckte Quellen

Abret, Helga/Aldo Keel, *Die Majestätsbeleidigungsaffäre des »Simplicissimus«-Verlegers Albert Langen. Briefe und Dokumente zu Exil und Begnadigung 1898–1903*, Frankfurt 1985.

Anonym [Fritz Walz], *Die Presse und die deutsche Weltpolitik*, Zürich 1906.

—, *Der Jungfrauentribut des modernen Babylon. Die Enthüllungen der Pall Mall Gazette, Berlin o.J. (1890).*

—, *Die Mädchenopfer im modernen Babylon. Enthüllungen der Pall Mall Gazette über die sittlichen Zustände in London, Hagen i.W. 1885.*

—, *Politische Generale am preußischen Hofe seit 1848*, Berlin 1897.

—, *Damenpolitik am Berliner Hofe 1850–1890*, Berlin 1897.

—, *Unser Kaiser und sein Volk. Deutsche Sorgen. Von einem Schwarzseher*, Freiburg und Leipzig ^{4}1906.

—, *Der Skandal. Harden und Kraus. Auch eine Erledigung*, Wien o.J. (1908).

—, *Das perverse Berlin. Kulturkritische Gänge*, Berlin 1910.

Aretz, A.R./P.E. Esser, *Moltke contra Harden. Vorgeschichte. Verhandlungen. Urteil*, Köln 1907.

Bahn, Walter, *Meine Klienten. Beiträge zur modernen Inquisition* (Großstadtdokumente 42), Berlin 1907.

Bertillon, Jacques, *La dépopulation de la France*, Paris 1911.

Bethcke, Ernst, *Politische Generale, Kreise und Krisen um Bismarck*, Berlin 1930.

Bettauer, Fritz Ernst/Georg Lichey, *Die Kamarilla. Ein Stück deutschen Schicksals in zehn Bildern*, Berlin 1931.

Bischoff, Erich, *Die Camarilla am preußischen Hofe. Eine geschichtliche Studie*, Leipzig ^{2}1895.

Bleek, Siegfried, *Die Majestätsbeleidigung im geltenden deutschen Strafgesetz*, Berlin 1909.

Bloch, Iwan, *Das Sexualleben unserer Zeit in seinen Beziehungen zur modernen Kultur*, Berlin 1907.

Blüher, Hans, *Werke und Tage. Geschichte eines Denkers*, München 1953.

Böhm, Hermann (Hg.), *Karl Kraus contra [...] Die Prozessakten der Kanzlei Oskar Samek*, Wien 1995–1997.

Boelcke, Hans, *Die Majestätsbeleidigung des deutschen Reichsstrafgesetzbuches unter besonderer Berücksichtigung der ausländischen Gesetzgebungen*, Heidelberg 1911.

Böninger, Arthur, *Die Presse und die internationale Verständigung*, München 1911.

Bogulawski, Albert von, *Die Ehre und das Duell*, Berlin 1896.

Bohn, Friedrich, *Materialien zur Bekämpfung der unsittlichen Literatur. Ein kulturgeschichtliches Denkmal für die deutsche Presse*, Berlin 1905.

Brandt, Max von, »Die deutsche Presse und die auswärtige Politik«, *Deutsche Revue* 25 (1900), S. 197–201.

—, »Die europäische Diplomatie und die Presse«, *Deutsche Revue* 34 (1909), S. 181–185.

Breuer, Karl, *Höhere Schule und Schundliteratur. Erzieher-Sorgen und Streben*, Frankfurt 1911.

Buchhandlung Vorwärts (Hg.), *Sodom und Gomorrha. Der Prozess der Königsmacher* (Zeitbilder aus dem Klassenstaat VIII), Berlin 1907.

Bülow, Bernhard Fürst von, *Denkwürdigkeiten*, 4 Bd., Berlin 1930–31.

Bußmann, Walter (Hg.), *Staatssekretär Graf Herbert von Bismarck. Aus seiner politischen Privatkorrespondenz*, Göttingen 1964.

Casper, Johann Ludwig, *Klinische Novellen zur Gerichtlichen Medicin*, Berlin 1863.

—, *Das Treiben der Homosexuellen. Volle Aufklärung zum Verständnis der Andeutungen und »halben Worte« im Moltke-Harden-Prozess*, Leipzig 1907.

Cramer, August/Georg Puppe/Otto Rapmund (Hg.), *Der beamtete Arzt und ärztliche Sachverständige. Bd. 1: Die ärztliche Sachverständigentätigkeit auf dem Gebiete der gerichtlichen Medizin und Psychiatrie, der Unfall-, Invaliditäts- und Lebensversicherung*, Berlin 1904.

Curtius, Friedrich (Hg.), *Fürst Chlodwig zu Hohenlohe-Schillingsfürst. Denkwürdigkeiten*, 2 Bd., Stuttgart 1906.

Delbrück, Hans, *Kautsky und Harden*, Berlin 1920.

Dovifat, Emil, *Auswüchse der Sensations-Berichterstattung*, Stuttgart 1930.

Dubarry, Armand, *Les invertis. Le vice allemand*, Paris 1896.

Eberstein, Oberst Freiherr von, *Über die Ehre und falsche Ehrbegriffe*, Leipzig 1894.

Ellis, Havelock, *Das konträre Geschlechtsgefühl*, Leipzig 1896.

Erdmann, Karl Otto, *Das monarchische Gefühl*, Leipzig 1898.

Erler, Curt, *Von der Macht der Presse in Deutschland*, Berlin 1911.

Eulenburg, Philipp zu, *Erlebnisse an deutschen und fremden Höfen*, 2 Bd., Leipzig 1934.

—, *Mit dem Kaiser als Staatsmann und Freund auf Nordlandreisen*, 2 Bd., Dresden 1931.

— (Hg.), *Deutsche Gedenkhalle. Bilder aus der vaterländischen Geschichte*. Schriftleitung: Julius von Pflugk-Harttung, Leitung des illustrativen Teils: Hugo von Tschudi, veranstaltet von Max Herzig, Berlin/Leipzig 1906.

—, *Eine Erinnerung an Graf Arthur Gobineau*, Stuttgart 1906.

—, *Fünf Jahre der Freundschaft in Briefen von Fritz von Farenheid-Beynuhnen und Philipp Graf zu Eulenburg-Hertefeld*, München 1897.

—, *Skaldengesänge*, Braunschweig 1892.

Evans, Richard (Hg.), *Kneipengespräche im Kaiserreich. Stimmungsberichte der Hamburger Politischen Polizei 1892–1914*, Reinbek 1989.

Falckenberg, Otto (Hg.), *Das Buch von der Lex Heinze*, Leipzig 1900.
Fehr, Hans, *Der Zweikampf*, Berlin 1908.
Fleischmann, August, *Kein Schweigen mehr! Die Wahrheit über Eulenburg!*, München 1908.
Forel, Auguste, *Die sexuelle Frage. Eine naturwissenschaftliche, psychologische, hygienische und soziologische Studie für Gebildete*, München 1905.
Forsboom, Bernhard, *Das Buch Emanuel*, München [9]1989 [1897].
Fränkel, Heinrich, *Ein neuer Weg zur sittlichen und geistigen Hebung des Volkes*, Berlin [5]1889.
Frank, Ludwig, *Die Prozesse gegen Liebknecht und Harden*, Mannheim 1907.
Freud, Sigmund, *Das Unbehagen in der Kultur und andere kulturtheoretische Schriften*, Frankfurt 1994.
Freund, Fedor, *Maximilian Harden der Vaterlandsretter*, Berlin 1907.
Fried, Eugen, *Das männliche Urningtum in seiner sozialen Bedeutung*, Wien 1919.
Friedegg, Ernst, *Harlekin als Erzieher. Eine Studie über Maximilian Harden*, Berlin 1906.
Friedländer, Adolf, *Wilhelm II. Eine politisch-psychologische Studie*, Halle 1919.
Friedländer, Hugo, *Interessante Kriminal-Prozesse von kulturhistorischer Bedeutung. Darstellung merkwürdiger Strafrechtsfälle aus Gegenwart und Jüngstvergangenheit*, 12 Bd., Berlin 1910–1920 (= Hugo Friedländer, *Interessante Kriminal-Prozesse. Ein Pitaval des Kaiserreichs*, CD-Rom, Berlin 2001).
Friedmann, Fritz, *Was ich erlebte*, 2 Bd., Berlin [3]1909.
—, *Der Deutsche Kaiser und die Hofkamarilla. Bd. 1: Der Fall Kotze. Bd. 2: Wilhelm II. und die Revolution von oben*, Zürich 1896.
Frymann, Daniel [Heinrich Claß], *Wenn ich der Kaiser wär – Politische Wahrheiten und Notwendigkeiten*, Leipzig [2]1912.
Fulda, Ludwig, *Der Talisman. Dramatisches Märchen in vier Aufzügen*, Stuttgart [13]1895.
Gerlach, Agnes von (Hg.), *Denkwürdigkeiten aus dem Leben Leopold von Gerlachs, Generals der Infanterie und General-Adjutanten König Friedrich Wilhelms IV.*, Berlin 1891.
Geyer, Franz, *Die Majestätsbeleidigung unter besonderer Berücksichtigung des Gesetzes vom 17. Februar 1908*, Bonn 1909.
Glaser, Fritz, *Das Verhältnis der Presse zur Justiz. Unter besonderer Berücksichtigung der Berichterstattung durch die Presse und ihrer gesetzlichen Verantwortlichkeit*, Berlin 1914.
Gleichen-Russwurm, Alexander von, *Freundschaft. Eine psychologische Forschungsreise*, Stuttgart 1912.
Gobineau, Arthur de, *Versuch über die Ungleichheit der Menschenrassen*, 4 Bd., übers. u. hrsg. von Ludwig Schemann, Stuttgart 1898–1901 [1853–1855].
Goldbeck, Eduard, *Die Kamarilla*, Berlin 1907.
Grand-Carteret, John, *Derrière »Lui«. L'Homosexualité en Allemagne*, Paris 1908 [Neudruck 1992].
Grünewald, Wilhelm, *Mehr Licht! Die »Deutsche Reichsglocke« und ihre Gönner. Aktenmäßige Klarstellungen*, Berlin 1878.
Haller, Johannes (Hg.), *Aus 50 Jahren. Erinnerungen, Tagebücher und Briefe aus dem Nachlass des Fürsten Philipp zu Eulenburg*, Berlin 1923.
—, *Aus dem Leben des Fürsten Philipp zu Eulenburg*, Berlin 1924.

Halpert, David, *Der Prozess Sternberg. Kriminalistische Randglossen*, Berlin 1900.
Hammann, Otto, *Bilder aus der letzten Kaiserzeit*, Berlin 1922.
—, *Um den Kaiser. Erinnerungen aus den Jahren 1906–1909*, Berlin 1919.
—, *Zur Vorgeschichte des Weltkrieges. Erinnerungen aus den Jahren 1897–1906*, Berlin 1918.
—, *Der neue Kurs. Erinnerungen*, Berlin 1918.
Harden, Maximilian, *Von Versailles nach Versailles*, Dresden 1927.
—, *Prozesse. Köpfe III. Teil*, Berlin 1913.
—, *Apostata*, 2 Bd., Berlin 1892.
Hellige, Hans-Dieter (Hg.), *Walter Rathenau und Maximilian Harden. Briefwechsel 1897–1920* (Walter Rathenau-Gesamtausgabe Bd. VI), München/Heidelberg 1983.
Henning, Adolf, *Die öffentliche Sittenlosigkeit und die Arbeit der deutschen Sittlichkeitsvereine*, Berlin 1897.
Herzl, Theodor, *Gesammelte Zionistische Werke*, 5 Bd., Tel Aviv/Berlin 1934–35.
Hirschfeld, Magnus, *Die Homosexualität des Mannes und des Weibes*, Berlin und New York ^{3}2001.
—, *Sexualpsychologie und Volkspsychologie. Eine epikritische Studie zum Harden-Prozess*, Leipzig 1908.
—, *Berlins Drittes Geschlecht* (Großstadtdokumente 3), Berlin und Leipzig ^{9}1904.
Hitzig, Julius Eduard/Wilhelm Häring, *Der neue Pitaval. Eine Sammlung der interessantesten Kriminalgeschichten, Frankfurt 1986* [1842].
Hoegel, Franz, »Die Stellung der Tagespresse zur Strafrechtspflege«, *Das Recht. Rundschau für den Deutschen Juristenstand*, 14 (1907), S. 862–870.
Hoeniger, Franz, *Berliner Gerichte* (Großstadtdokumente 24), Berlin ^{5}1905.
Hötzsch, Otto, »Auswärtige Politik und Presse«, *Deutsche Monatsschrift für das gesamte Leben der Gegenwart*, XI (1906/07), S. 160–172.
Hohenlohe, Alexander von, *Aus meinem Leben*, Frankfurt 1925.
Holland, Merlin, *Oscar Wilde im Kreuzverhör. Die erste vollständige Niederschrift des Queensberry-Prozesses*, München 2003.
Hugländer, F. [Hugo Friedländer], »Aus dem homosexuellen Leben Alt-Berlins«, *Jahrbuch für sexuelle Zwischenstufen*, 1914, S. 45–63.
H.v.M., *Enthüllungen. Bismarck, Bülow und – Harden*, Leipzig 1907.
Ihering, Rudolf von, *Der Kampf ums Recht*, Wien 1872.
Jacta, Maximilian [Erich Schwinge], *Berühmte Strafprozesse. Spektakuläre Fälle der internationalen Kriminalgeschichte*, München 2001.
Johann, Ernst (Hg.), *Reden des Kaisers. Ansprachen, Predigten und Trinksprüche Wilhelms II.*, München ^{2}1977.
Joze, Victor, *Babylone d'Allemagne*, Paris 1894.
Kade, Karl, *Klassenjustiz*, Berlin 1908.
Kahlenberg, Hans von [Helene von Monbart], *Nixchen. Ein Beitrag zur Psychologie der höheren Töchter*, Wien 1904.
Kaul, Friedrich Karl, »Der Kaiser und seine Getreuen. Der Prozess Harden-Eulenburg«, in: Ders., *Von der Stadtvogtei bis Moabit. Ein Berliner Pitaval*, Berlin/Ost ^{3}1985 [1965], S. 128–184.

Kellermann, Hermann, *Der Krieg der Geister. Eine Auslese deutscher und ausländischer Stimmen zum Weltkrieg 1914*, Weimar 1915.
Kerr, Alfred, *Wo liegt Berlin? Briefe aus der Reichshauptstadt*, Berlin 51998 [1899].
Kessler, Harry Graf u.a. (Hg.), *Maximilian Harden zum 60. Geburtstag*, Berlin 1921.
Kisch, Egon Erwin, *Der Fall des Generalstabschefs Redl*, Berlin 1924.
Knese, Adolf, *Die Majestätsbeleidigung des Reichsstrafgesetzbuches unter besonderer Berücksichtigung der Novelle vom 17. Februar 1908*, Jur. Diss. Göttingen 1909.
Kohl, Horst (Hg.), *Briefe des Generals Leopold von Gerlach an Otto von Bismarck*, Stuttgart 1912.
Kraepelin, Emil, *Psychiatrie. Ein Handbuch für Studierende und Ärzte*, Bd. 4: Klinische Psychiatrie, Leipzig 81915.
Krafft-Ebing, Richard von, *Der Conträrsexuale vor dem Strafrichter*, Leipzig/Wien 1894.
—, *Psychopathia Sexualis mit besonderer Berücksichtigung der conträren Sexualempfindung*, 171924 [1886].
Kraus, Karl, *Sittlichkeit und Kriminalität*, Wien 21908.
—, *Maximilian Harden. Ein Nachruf*, Wien 1908.
—, *Maximilian Harden. Eine Erledigung*, Wien 1907.
Krieger, Karsten (Hg.), *Der Berliner Antisemitismusstreit 1879–1881. Eine Kontroverse um die Zugehörigkeit der deutschen Juden zur Nation. Kommentierte Quellenedition*, München 2003.
Kuhn, Hermann, *Aus dem modernen Babylon. Pariser Bilder*, Köln 1892.
Le Bon, Gustave, *Psychologie der Massen*, Leipzig 1908.
LeDuc, Léouzon, *Odeurs de Berlin*, Paris 1874.
Leexow, Karl Franz von, *Armee und Homosexualität. Schadet Homosexualität der militärischen Tüchtigkeit einer Rasse?*, Leipzig 1908.
Leixner, Otto von, *Zum Kampfe gegen den Schmutz in Wort und Bild. Ein Mahnwort und ein Aufruf*, Leipzig 1904.
Lémann, Augustin, *Un fléau plus redoutable que la guerre, la peste, la famine*, Paris 1908.
Lepsius, Johannes (Hg.), *Die große Politik der europäischen Kabinette 1871–1914. Sammlung der diplomatischen Akten des Auswärtigen Amts*, 40 Bd., Berlin 1924–1927.
Lessing, Theodor, *Der jüdische Selbsthaß*, Berlin 2004 [1930].
Lewal, Jules, *Le maréchal de Moltke. Organisateur et stratège*, Paris 1891.
Lindau, Paul, *Ausflüge ins Kriminalistische*, München 1909.
Linden, Karl Friedrich von, *Die Süßen*, Hamburg 2007 [1909].
Loë, Otto von, *Fürst Bismarck und die Reichsglocke*, Zürich 1877.
Lombroso, Césare, *Der politische Verbrecher und die Revolutionen in anthropologischer, juristischer und staatswissenschaftlicher Beziehung*, Hamburg 1891–92.
Ludwig, Emil, *Geschenke des Lebens*, Berlin 1931.
Maecker, Eugen-Johannes, *Harden-Hirschfeld. Eine Aufklärungsschrift*, o.O. o.J (1908).
Mahlin, Friedrich, *Der Kampf um das christliche Sittlichkeitsideal*, Hamburg 1901.
Mann, Heinrich, *Der Untertan*, Leipzig 1918.
Martin, Ariane (Hg.), *Briefwechsel mit Maximilian Harden, Frank Wedekind, Thomas und Heinrich Mann*, Darmstadt 1996.
Martin, Rudolf, *Deutsche Machthaber*, Berlin 1910.
Maze-Sencier, Georges, *Le role social et moral des la presse*, Paris 1911.

Meents, Ernst, *Die Majestätsbeleidigung in geschichtlicher und dogmatischer Beziehung*, Berlin 1894.
Mehring, Franz, *Herrn Hardens Fabeln. Eine notgedrungene Abwehr*, Berlin 1899.
—, *Kapital und Presse. Ein Nachspiel zum Fall Lindau*, Berlin 1891.
—, *Der Fall Lindau*, Berlin 1890.
Meinhold, Paul, *Wilhelm II. 25 Jahre Kaiser und König*, Berlin 1912.
Meisner, Heinrich Otto (Hg.), *Denkwürdigkeiten des Generalfeldmarschalls Alfred Grafen von Waldersee*, 3 Bd., Stuttgart 1923.
Meister, Wilhelm, *Judas Schuldenbuch. Eine Deutsche Abrechnung*, München [10]1924.
Merzbach, Georg, *Zur Psychologie des Falles Moltke*, Leipzig/Wien 1907/08.
Méténier, Oscar, *Vertus et vices allemands. Les Berlinois chez eux*, Paris 1904.
Michaelis, Hermann, *Die Homosexualität in Sitte und Recht*, Berlin 1907.
Moll, Albert, *Die conträre Sexualempfindung. Mit Benutzung amtlichen Materials*, Berlin 1891.
—, *Das nervöse Weib*, Berlin 1898.
—, *Ärztliche Ethik. Die Pflichten des Arztes in allen Beziehungen seiner Tätigkeit*, Stuttgart 1902.
—, *Gesundbeten. Medizin und Okkultismus*, Berlin 1902.
—, *Hypnotismus, Tierischer Magnetismus, Spiritismus*, Halle 1905.
—, *Berühmte Homosexuelle*, Wiesbaden 1910.
—, *Prophezeiungen und Hellsehen*, Stuttgart 1922.
—, *Der Spiritismus*, Stuttgart 1925.
—, *Psychologie und Charakterologie der Okkultisten*, Stuttgart 1929.
—, *Ein Leben als Arzt der Seele*, Dresden 1936.
Morré, Harold (Hg.), *20 Jahre S.M. Heitere Bilder zu ernsten Ereignissen*, Berlin 1909.
Mühsam, Erich, *Die Jagd auf Harden*, Berlin 1908.
Müller, Alexander von (Hg.), *Fürst Chlodwig zu Hohenlohe-Schillingsfürst. Denkwürdigkeiten der Reichskanzlerzeit*, Stuttgart 1931.
Müller-Bohn, Hermann, *Graf Moltke. Ein Bild seines Lebens und seiner Zeit*, Berlin [4]1895.
Nippold, Ottfried, *Der deutsche Chauvinismus*, Berlin 1913.
Nordau, Max, *Entartung*, Berlin 1892.
—, *Degeneration*. With an Introduction by George L. Mosse, Lincoln 1993.
Nordegg, Lucius von [Adolf von Wilke], *Die Berliner Gesellschaft*, Berlin [3]1907.
Nowak, Karl Friedrich/Friedrich Thimme (Hg.), *Erinnerungen und Gedanken des Botschafters Anton Graf Monts*, Berlin 1932.
Nussbaum, Arthur, *Der Polnaer Ritualmordprozess. Eine kriminalpsychologische Untersuchung auf aktenmäßiger Grundlage*, Berlin 1906.
O'Connor Morris, William, *Moltke. A Biographical and Critical Study*, London 1894.
Oncken, Hermann, *Historisch-politische Aufsätze und Reden*, Bd. 1, München 1914.
Ostwald, Hans, *Männliche Prostitution im kaiserlichen Berlin*, Leipzig 1906.
— (Hg.), *Großstadtdokumente*, 51 Bd., Berlin/Leipzig 1904–1908.
O.Z., *Les bas-fonds de Berlin*, Paris o.J.
Penzler, Johannes (Hg.), *Die Reden Kaiser Wilhelms II.*, 3 Bd., Leipzig 1913.

Plüddemann, Max F. (Hg.), *Königin Viktorias Briefwechsel und Tagebuchblätter*, Bd. II., Berlin [2]1908.

Podrecca, Guido, *La tavola rotanda in Germania*, Rom 1919 [2. Auflage: *Sessualità e politica della Germania imperiale*, Rom 1945].

Prel, Carl du, *Das zweite Gesicht. Eine psychologische Studie*, Breslau 1882.

—, *Der Tod. Das Jenseits. Das Leben im Jenseits*, Jena 1901.

Pretzsch, Paul (Hg.), *Houston Stewart Chamberlain, Briefe 1882–1924 und Briefwechsel mit Kaiser Wilhelm II.*, 2 Bd., München 1928.

Quanter, Rudolf, *Wider das dritte Geschlecht*, Berlin [2]1904.

Rau, Hans, *Der Sadismus in der Armee*, Berlin 1904.

Reichsjustizamt und Kaiserlich-Statistisches Amt (Hg.), *Statistik des Deutschen Reiches*.

Reichstag (Hg.), *Stenographische Berichte über die Verhandlungen des Reichstages*, Berlin 1890ff.

Reinhold, Josef, *Die Chantage. Ein Beitrag zur Reform der Strafgesetzgebung*, Berlin 1909.

Reventlow, Ernst Graf, *Kaiser Wilhelm II. und die Byzantiner*, München 1906.

—, *Der Kaiser und die Monarchisten*, Berlin 1913.

Rich, Norman/M.H. Fisher (Hg.), *Die Geheimen Papiere Friedrich von Holsteins*. Deutsche Ausgabe von Werner Frauendienst, 4 Bd., Göttingen 1956–1963.

Richter, Lukas (Hg.), *»Mutter, der Mann mit dem Koks ist da!« Berliner Gassenhauer*, Leipzig [2]1977.

Rochefort, Henri, *Abenteuer meines Lebens*, 2 Bd., Stuttgart 1900.

Röhl, John (Hg.), *Philipp Eulenburgs politische Korrespondenz*, 3 Bd., Boppard 1976–1983.

Roeren, Hermann, *Die öffentliche Unsittlichkeit und ihre Bekämpfung*, Köln 1904.

Rogge, Helmuth (Hg.), *Friedrich von Holstein. Lebensbekenntnis in Briefen an eine Frau*, Berlin 1932.

— (Hg.), *Holstein und Hohenlohe. Neue Beiträge zu Friedrich von Holsteins Tätigkeit als Mitarbeiter Bismarcks und als Ratgeber Hohenlohes. Nach Briefen und Aufzeichnungen aus dem Nachlass des Fürsten Chlodwig zu Hohenlohe-Schillingsfürst 1874–1894*, Stuttgart 1957.

— (Hg.), *Holstein und Harden. Politisch-publizistisches Zusammenspiel zweier Außenseiter des Wilhelminischen Reiches*, München 1959.

Rosner, Karl (Hg.), *Erinnerungen des Kronprinzen Wilhelm. Aus den Aufzeichnungen, Dokumenten, Tagebüchern und Gesprächen*, Stuttgart 1922.

Roth, Georg Barthel, *Der deutsche Kaisergedanke. Ein ernstes Mahnwort an das deutsche Volk*, Köln 1893.

Rüdin, Ernst, »Zur Rolle der Homosexuellen im Lebensprozess der Rasse«, *Archiv für Rassen- und Gesellschaftsbiologie*, 1 (1904), S. 99–109.

Schemann, Ludwig, (Hg.), *Correspondance entre Alexis de Tocqueville et Arthur de Gobineau. 1843–1859*, Paris 1908.

—, *Gobineaus Rassenwerk. Aktenstücke und Betrachtungen zur Geschichte und Kritik des »Essai sur l'inégalité des races humaines«*, Stuttgart 1910.

—, *Gobineau. Eine Biographie*, 2 Bd., Straßburg 1913–1916.

Scheffler, Karl, *Berlin. Ein Stadtschicksal*, Berlin 1910.

Scherr, Johannes, *Deutsche Kultur- und Sittengeschichte*, Leipzig [7]1879.

Schiller, Friedrich (Hg.), *Merkwürdige Rechtsfälle als ein Beitrag zur Geschichte der Menschheit*, Jena 1792–1796 [Neuauflage 2005].

Schirmer, Henri, *L'Affaire Ott-Eulenbourg*, Paris ²1866.

—, *Ott-Eulenburg! Die Ott'sche Entschädigungsfrage. Ein Zwiegespräch zweier Elsässer*, Mannheim 1866.

Schmitt, Carl, *Gesetz und Urteil. Eine Untersuchung zum Problem der Rechtspraxis*, Berlin 1912.

Schmoller, Gustav, *Grundriß der allgemeinen Volkswirtschaftslehre*, Bd. 1, Leipzig 1901.

Schneider, Louis, *Les nuits de Berlin*, Paris 1838.

—, *Bilder aus Berlin's Nächten. Genre-Skizzen aus der Geschichte, Phantasie und Wirklichkeit*, Berlin 1835.

Schrenck-Notzing, Albert von, »Ein Fall von konträrer Sexualempfindung, gebessert durch hypnotische Suggestion«, *Internationale Klinische Rundschau*, 3/40 (1889).

Schröder, Wilhelm (Hg.), *Das persönliche Regiment. Reden und sonstige öffentliche Äußerungen Kaiser Wilhelms II.*, München 1907.

Schultze, Ernst, *Wichtige Entscheidungen aus dem Gebiete der gerichtlichen Psychiatrie*, Halle 1906.

Schuman-Arndt, Oskar, *Wir vom dritten Geschlecht. Lebensbeichte eines Entarteten*, Leipzig 1908.

Schwann, Mathieu, *Das Gottesgnadentum in der Geschichte*, Leipzig 1895.

Schwarzer, Franz, *Interessante Briefe und Dokumente zur Bülow-Eulenburg-Intrige. Eine Aufklärungs- und Abwehrschrift gegen die Skandale und ihre Hintermänner*, Berlin 1909.

Scott, Benjamin, *Is London more immoral than Paris or Brussels?*, London 1882.

Seeberg, Reinhold, *Der Geburtenrückgang in Deutschland*, Leipzig 1913.

Sello, Erich, *Zur Psychologie der Cause Célèbre*, Berlin 1910.

Semi-Gotha. Historisch-genealogisches Taschenbuch des gesamten Adels jüdischen Ursprungs, München 1913.

Senizza, Guiseppe [G. Zani], *La crudeltà tedesca e la corruzione sessuale in Germania*, Florenz 1917.

Soden, Eugenie von (Hg.), *Das Frauenbuch. II. Teil: Die Frau als Gattin, Hausfrau und Mutter*, Stuttgart 1914.

— (Hg.), *Das Frauenbuch. III. Teil: Stellung und Aufgaben der Frau im Recht und in der Gesellschaft*, Stuttgart 1914.

Sösemann, Bernd (Hg.), *Theodor Wolff. Die wilhelminische Epoche. Fürst Bülow am Fenster und andere Begegnungen*, Frankfurt 1989.

— (Hg.), *Theodor Wolff. Der Journalist. Berichte und Leitartikel*, Düsseldorf 1993.

Soleilhac, Paul, *Le gran levier ou de la presse et de son influence politique et sociale à notre époque*, Paris 1906.

Ssuworin, Alexej S., *Das Geheimtagebuch*, Berlin 1925.

Stahl, Friedrich Julius, *Das monarchische Prinzip*, Heidelberg 1845.

Statistisches Bundesamt (Hg.), *Fachserie 10, Reihe 3: Rechtspflege. Strafverfolgung*, Wiesbaden 2009.

Stein, Adolf, *Wilhelm II.*, Leipzig 1909.

Stein, August, *Es war alles ganz anders. Aus der Werkstätte eines politischen Journalisten*, Frankfurt 1926.
Steiner, Rudolf, *Mein Lebensgang*, Dornach 1925.
Stürmer, Dietrich, *Maximilian Harden! Der »geheimnisvolle Gewaltige«*, Leipzig 1920.
Sturm, Karl-Friedrich, *Maximilian Harden. Beiträge zur Kenntnis und Würdigung eines deutschen Publizisten*, Leipzig 1908.
Thoma, Ludwig, *Die Reden Kaiser Wilhelms II. und andere zeitkritische Stücke*, München 1963.
Thoste, Werner, *Der Monstreprozess. Seine Mängel und ihre Beseitigung*, Diss. Jena 1935.
Tissot, Victor, *L'Allemagne amoureuse*, Paris 1884.
Treitschke, Heinrich von, *Deutsche Geschichte im neunzehnten Jahrhundert*, Leipzig ²1894.
Tresckow, Hans von, *Von Fürsten und anderen Sterblichen. Erinnerungen eines Kriminalkommissars*, Berlin 1922.
Tucholsky, Kurt, *Ausgewählte Werke*, herausgegeben von Fritz Raddatz, Berlin 1956.
Ulrichs, Karl Heinrich, *Forschungen über das Rätsel der mannmännlichen Liebe*, herausgegeben von Hubert Kennedy, Berlin 1994.
Karl Valentin, *Sämtliche Werke*, Bd. 2: Couplets, München 1994.
Vierhaus, Rudolf (Hg.), *Das Tagebuch der Baronin Spitzemberg. Aufzeichnungen aus der Hofgesellschaft des Hohenzollernreiches*, Göttingen 1960.
Wachenhusen, Hans, *Vom neuen Babylon*, o.O. 1872.
Walter, Franz, *Aberglaube und Seelsorge mit besonderer Berücksichtigung des Hypnotismus und Spiritismus*, Paderborn 1911.
Wedderkopp, Frank [Johannes W. Harnisch], *Harden im Recht?*, Berlin 1908.
—, *Harden, Eulenburg und Moltke*, Berlin 1908.
Weindel, Henri de/F.P. Fischer, *L'Homosexualité en Allemagne. Étude documentaire et anecdotique*, Paris 1908.
Werthauer, Johannes, *Moabitrium. Szenen aus der Großstadt-Strafrechtspflege* (Großstadtdokumente 31), Berlin 1908.
Wiegler, Paul, *Maximilian Harden*, Berlin 1908.
—, (Hg.), *Marie Fürstin Radziwill. Briefe vom deutschen Kaiserhof. 1889–1915*, Berlin 1936.
Wilhelm II., *Ereignisse und Gestalten aus den Jahren 1878–1918*, Leipzig 1922.
Wile, Frederic, *Men around the Kaiser*, London 1913.
Winzen, Peter, *Das Kaiserreich am Abgrund. Die Daily-Telegraph-Affäre und das Hale-Interview von 1908. Darstellung und Dokumentation*, Stuttgart 2002.
Witte, Emil, *Wider das Juden- und Kynädenregiment*, Berlin 1914.
Witte, Sergej, *Erinnerungen*, Berlin 1923.
Wolff, Theodor, *Der Marsch durch zwei Jahrzehnte*, Amsterdam 1936.
Wysling, Hans (Hg.), *Thomas Mann-Heinrich Mann. Briefwechsel 1900–1949*, Frankfurt 1984.
Zedlitz-Trützschler, Robert Graf, *Zwölf Jahre am deutschen Kaiserhof*, Stuttgart ⁵1924.
Zobeltitz, Fedor von, *Chronik der Gesellschaft unter dem letzten Kaiserreich. 1894–1914*, 2 Bd., Hamburg 1922.

Literatur

Adler, Alfred, *Das Problem der Homosexualität und sexueller Perversionen*, Frankfurt 1981 [1930].

Afflerbach, Holger/David Stevenson, *An Improbable War? The Outbreak of World War I and European Political Culture before 1914*, Oxford 2007.

Albrecht, Friedrich, »Maximilian Hardens Wochenschrift *Die Zukunft* und Frankreich. 1911–1914«, in: Michel Grunewald (Hg.), *Der Europadiskurs in den deutschen Zeitschriften. 1871–1914*, Bern 1997, S. 155–176.

Aldrich, Robert, *Colonialism and Homosexuality*, London 2003.

— (Hg.), *Gleich und anders. Eine globale Geschichte der Homosexualität*, Hamburg 2007.

Allen, Ann T., *Satire and Society in Wilhelmine Germany. Kladderadatsch & Simplicissimus. 1890–1914*, Lexington 1984.

Applegate, Celia, *A Nation of Provincials. The German Idea of Heimat*, Berkeley 1990.

Armbrecht, Sabine, *Verkannte Liebe. Maximilian Hardens Haltung zu Deutschtum und Judentum*, Oldenburg 1999.

Arni, Caroline, *Entzweiungen. Die Krise der Ehe um 1900*, Köln 2004.

Arx, Jeffrey von (Hg.), *Varieties of Ultramontanism*, Washington 1998.

Arzt, Gunther, *Der strafrechtliche Schutz der Intimsphäre. Vom zivilrechtlichen Persönlichkeitsschutz aus betrachtet*, Tübingen 1970.

Aschmann, Birgit, »Ehre. Das verletzte Gefühl als Grund für den Krieg. Der Kriegsausbruch 1870«, in: Dies. (Hg.), *Gefühl und Kalkül. Der Einfluss von Emotionen auf die Politik des 19. und 20. Jahrhunderts*, Stuttgart 2005, S. 151–175.

Ash, Walter, *Walter Frank. A Study in Nazi Historiography*, Chicago 1950.

Ashby Turner, Henry (Hg.), *Otto Wagener. Hitler aus nächster Nähe. Aufzeichnungen eines Vertrauten. 1929–1932*, Frankfurt 1978.

Asser, Saskia/Liesbeth Ruitenberg, »Der Kaiser im Bild. Wilhelm II. und die Fotografie als PR-Instrument«, in: Saskia Asser (Hg.), *Der Kaiser im Bild. Wilhelm II. und die Fotografie als PR-Instrument. Der fotografische Nachlass des letzten deutschen Kaisers*, Zaltbommel 2002, S. 16–77.

Baczko, Bronislaw, »Der Revolutionär«, in: Francois Furet (Hg.), *Der Mensch der Romantik*, Frankfurt 1998, S. 215–252.

Bagel-Bohlan, Anja/Michael Salewski, *Sexualmoral und Zeitgeist im 19. und 20. Jahrhundert*, Opladen 1990.

Baldick, Chris, *The Social Mission of English Criticism 1848–1932*, Oxford 1987.

Barclay, David, »The Court Camarilla and the Politcs of Monarchical Restauration in Prussia. 1848–1858«, in: Jones/Retallack (Hg.), *Between Reform, Reaction and Resistance*, S. 123–156.

Barrow, Logie, *Independent Spirits. Spiritualism and English Plebeians 1850–1910*, London 1986.

Barrows, Susanna, *Distorting Mirrors. Visions of the Crowd in Late Nineteenth Century France*, New Haven 1981.

Baumont, Maurice, *L'Affaire Eulenburg et les origines de la guerre mondiale*, Paris [2]1973 [1933].

Barzun, Jacques, *Darwin, Marx, Wagner. Critique of a Heritage*, Boston 1941.

Baylen, Joseph, »Politics and the New Journalism. Lord Esher's Use of the Pall Mall Gazette«, in: Joel H. Wiener (Hg.), *Papers for the Millions. The New Journalism in Britain. 1850s to 1914*, New York 1988, S. 107–143.

Becht, Hans-Peter, »Wahlkämpfe, Medien und Öffentlichkeiten im Kaiserreich«, in: Zimmermann (Hg.), *Politischer Journalismus*, S. 79–98.

Becker, Frank, *Bilder von Krieg und Nation. Die Einigungskriege in der bürgerlichen Öffentlichkeit Deutschlands. 1864–1913*, München 2001.

Becker, Karin, *Politisch-gesellschaftliche Dimensionen. Ein Beitrag zum Wandel des Grundsätzlichen im Lichte und Medium von Zeitkritik*, Berlin 1992.

Bein, Alexander, »Erinnerungen und Dokumente über Herzls Begegnung mit Wilhelm II.«, *Zeitschrift für die Geschichte der Juden*, 2 (1965), S. 35ff

Bellany, Alastair, *The Politics of Court Scandal in Early Modern England. News Culture and the Overbury Affair 1603–1660*, Cambridge 2002.

Benner, Thomas, *Die Strahlen der Krone. Die religiöse Dimension des Kaisertums unter Wilhelm II. vor dem Hintergrund der Orientreise 1898*, Marburg 2001.

Benhabib, Seyla (Hg.), *Democracy and Difference. Contesting the Boundaries of the Political*, Princeton 1996.

Benz, Wolfgang/Angelika Königseder (Hg.), *Judenfeinschaft als Paradigma. Studien zur Vorurteilsforschung*, Berlin 2002.

Berding, Helmut, *Moderner Antisemitismus in Deutschland*, Stuttgart 1988.

Berenson, Edward, *The Trial of Madame Caillaux*, Berkeley 1992.

Berglar, Peter, »Harden und Rathenau. Zur Problematik ihrer Freundschaft«, *Historische Zeitschrift*, 209 (1969), S. 75–94.

Bering, Dietz, »Der Intellektuelle«, in: Ute Frevert/Heinz-Gerhard Haupt, *Der Mensch des 20. Jahrhunderts*, Frankfurt 1999, S. 197–230.

Bethke Elshtain, Jean, *Public Man, Private Woman*, Princeton 1981.

Biddiss, Michael, *Father of Racist Ideology. The Social and Political Thought of Count Gobineau*, London 1970.

Birmele, Jutta, *The Mass-Circulation Press and the Crisis of Legitimation in Wilhelmine Germany. 1908–1918*, Diss. Claremont Graduate School 1991.

Biskup, Thomas/Esther Kilchmann, »Aus Preußens Geisterfabrik. Medien politischer Kritik und Spektren nationaler Entwürfe im ausgehenden 18. Jahrhundert«, in: Gantet/d'Almeida (Hg.), *Gespenster und Politik*, S. 201–221.

Blackbourn, David, »Das Kaiserreich transnational. Eine Skizze«, in: Conrad/Osterhammel (Hg.), *Kaiserreich*, S. 302–324.

—, »The Politics of Demagogy in Imperial Germany«, in: Ders., *Populists and Patricians. Essays in Modern German History*, London 1987, S. 217–245.

—/Richard J. Evans (Hg.), *The German Bourgeoisie. Essays on the Social History of the German Middle Class from the the Late 18th to the early 20th Century*, London 1993.

Blaschke, Olaf u.a. (Hg.), *Religion im Kaiserreich. Milieus, Mentalitäten, Krisen*, Gütersloh 1996.

Blasius, Dirk, *Bürgerliche Gesellschaft und Kriminalität. Zur Sozialgeschichte Preußens im Vormärz*, Göttingen 1976.

—, *Geschichte der politischen Kriminalität in Deutschland 1800–1980*, Frankfurt 1983.

—, *Ehescheidung in Deutschland 1794–1945. Scheidung und Scheidungsrecht in historischer Perspektive*, Göttingen 1987.

—, *»Einfache Seelenstörung«. Geschichte der deutschen Psychiatrie 1800–1945*, Frankfurt 1994.

Blic, Damien de, »Moraliser l'argent. Ce que Panama a changé dans la societé française«, *Politix*, 71 (2005), S. 61–82.

Blue, Gregory, »Gobineau on China. Race Theory, the ›Yellow Peril‹ and the Critique of Modernity«, *Journal of World History*, 10/196 (1999), S. 122–129.

Boehlich, Walter, *Der Berliner Antisemitismusstreit*, Frankfurt 1965.

Boelke-Fabian, Andrea, »›In der Falle der Ambivalenz‹. Überlegungen zum projektiven Gehalt in Theodor Lessings Essay ›Der jüdische Selbsthaß‹ am Beispiel der Fallstudie über Maximilian Harden«, *Zeitschrift für Religions- und Geistesgeschichte*, 50 (1998), S. 219–241.

Bohn, Volker, *Karl Kraus. Satire und Kritik*, München 1974.

Bösch, Frank, *Öffentliche Geheimnisse. Skandale, Politik und Medien in Deutschland und Großbritannien 1880–1914*, München 2009.

—, »Volkstribune und Intellektuelle. W.T. Stead, Maximilian Harden und die Transformation des politischen Journalismus in Deutschland und Großbritannien«, in: Zimmermann (Hg.), *Politischer Journalismus*, S. 99–120.

—/Manuel Borutta (Hg.), *Die Massen bewegen. Medien und Emotionen in der Moderne*, Frankfurt/New York 2006.

—, »Zwischen Populärkultur und Politik. Britische und deutsche Printmedien im 19. Jahrhundert«, *Archiv für Sozialgeschichte*, 45 (2005), S. 549–584.

—, »Historische Skandalforschung als Schnittstelle zwischen Medien-, Kommunikations- und Geschichtswissenschaft«, in: Fabio Crivellari (Hg.), *Die Medien der Geschichte. Historizität und Medialität in interdisziplinärer Perspektive*, Konstanz 2004, S. 445–464.

—, »Das Private wird politisch: Die Sexualität des Politikers und die Massenmedien des ausgehenden 19. Jahrhunderts«, *Zeitschrift für Geschichtswissenschaft*, 52 (2004), S. 781–801.

—, *Das konservative Milieu. Vereinskultur und lokale Sammlungspolitik in ost- und westdeutschen Regionen. 1900–1960*, Göttingen 2002.

Boldt, Hans, »Deutscher Konstitutionalismus und Bismarckreich«, in: Stürmer (Hg.), *Das kaiserliche Deutschland*, S. 119–142.

—, »Monarchie«, in: Brunner/Conze/Koselleck (Hg.), *Geschichtliche Grundbegriffe*, Bd. 4, S. 133–214.

Bollinger, Ernst, *Pressegeschichte. Bd. 1: 1500–1800. Das Zeitalter der allmächtigen Zensur*, Freiburg 1995.

—, *Pressegeschichte. Bd. 2: 1840–1930. Die goldenen Jahre der Massenpresse*, Freiburg ^{2}2000.

Boog, Horst, *Graf Ernst zu Reventlow. 1869–1943. Eine Studie zur Krise der deutschen Geschichte seit dem Ende des 19. Jahrhunderts*, Diss. Heidelberg 1965.

Boucher, Maurice, *The Political Concepts of Richard Wagner*, New York 1950.

Bourdieu, Pierre, *Sozialer Raum und »Klassen« – Leçon sur la Leçon*, Frankfurt 1985.

Boyce, George, »The Fourth Estate. The Reappraisal of a Concept«, in: Ders. u.a. (Hg.), *Newspaper History from the Seventeenth Century to the Present Day*, London 1978, S. 17–30.

Bradshaw Fay, Sidney, »Der Einfluß der Vorkriegspresse in Europa«, *Berliner Monatshefte*, 10 (1932), S. 411–445.

Bredow, Wilfried von/Thomas Noetzel, *Befreite Sexualität? Streifzüge durch die Sittengeschichte seit der Aufklärung*, Hamburg 1990.

—, »Legitimation durch Empörung. Vorüberlegungen zu einer politischen Theorie des Skandals«, in: Schoeps (Hg.), *Der politische Skandal*, S. 190–208.

Breuer, Stefan, *Ästhetischer Fundamentalismus. Stefan George und der deutsche Antimodernismus*, Darmstadt 1996.

—, *Ordnungen der Ungleichheit. Die deutsche Rechte im Widerstreit ihrer Ideen 1871–1945*, Darmstadt 2001.

Breymayer, Ursula u.a. (Hg.), *Willensmenschen. Über deutsche Offiziere*, Frankfurt 1999.

Bringmann, Tobias, *Reichstag und Zweikampf. Die Duellfrage als innenpolitischer Konflikt des Kaiserreiches 1871–1918*, Freiburg 1997.

Brocke, Bernhard vom, *Kurt Breysig. Geschichtswissenschaft zwischen Historismus und Soziologie*, Lübeck 1971.

Brown, Lucy, *Victorian News and Newspapers*, Oxford 1985.

Bruch, Rüdiger vom, »Kaiser und Bürger. Wilhelminismus als Ausdruck kulturellen Umbruchs um 1900«, in: Adolf Birke/Lothar Kettenacker (Hg.), *Bürgertum, Adel und Monarchie. Wandel der Lebensformen im Zeitalter des bürgerlichen Nationalismus*, München 1989, S. 119–146.

Brude-Firnau, Gisela, »›Preußische Predigt‹. Die Reden Kaiser Wilhelms II.«, in: Gerald Chapple/Hans Schulte (Hg.), *The Turn of the Century. German Literature and Art 1890–1915*, Bonn 1981, S. 149–170.

—, *Die literarische Deutung Kaiser Wilhelms II. zwischen 1889 und 1989*, Heidelberg 1996.

Brüggemeier, Franz Josef, »Eine virtuelle Gemeinschaft. Deutschland und die Fußballweltmeisterschaft 1954«, *Geschichte und Gesellschaft*, 31/4 (2005), S. 610–635

Brunner, Otto, »Vom Gottesgnadentum zum monarchischen Prinzip«, in: Ders., *Neue Wege der Verfassungs- und Sozialgeschichte*, Göttingen ²1968, S. 160–186.

Burkhardt, Steffen, *Medienskandale. Zu moralischen Sprengkraft öffentlicher Diskurse*, Köln 2006.

Brall, Helmut, »Geschlechtlichkeit, Homosexualität, Freundesliebe. Über mannmännliche Liebe in mittelalterlicher Literatur«, *Forum Homosexualität und Literatur*, 13 (1991), S. 5–27.

Brunn, Gerhard/Jürgen Reulecke, *Metropolis Berlin. Berlin als deutsche Hauptstadt im Vergleich europäischer Hauptstädte 1871–1939*, Bonn 1992.

Bruns, Claudia, »Skandale im Beraterkreis um Kaiser Wilhelm II. Die homoerotische ›Verbündelung‹ der Liebenberger Tafelrunde als Politikum«, in: zur Nieden (Hg.), *Homosexualität und Staatsräson*, S. 52–80.

—, »The Politics of Masculinity in the (Homo-)Sexual Discourse. 1880 to 1920«, *German History*, 23/3 (2005), S. 306–320.

—, »Männlichkeit, Politik und Nation. Der Eulenburg-Skandal im Spiegel europäischer Karikaturen«, in: Ulrike Brunotte/Rainer Herrn (Hg.), *Männlichkeiten und Moderne. Geschlecht in den Wissenskulturen um 1900*, Bielefeld 2008, S. 77–96.

Bügner, Torsten/Gerhard Wagner, »Die Alten und die Jungen im Deutschen Reich. Literatursoziologische Anmerkungen zum Verhältnis der Generationen 1871–1918«, *Zeitschrift für Soziologie*, 20 (1991), S. 177–190.

Burke, Peter, *Was ist Kulturgeschichte?*, Bonn 2005.

Burmeister, Hans Wilhelm, *Prince Philipp Eulenburg-Hertefeld. His Influence on Kaiser Wilhelm II and his Role in the German Government, 1888–1902*, Wiesbaden 1981.

Bussiek, Dagmar, *»Mit Gott für König und Vaterland!« Die Neue Preußische Zeitung (Kreuzzeitung) 1848–1892*, Münster 2002.

Cecil, Lamar, *The German Diplomatic Service 1871–1914*, Princeton 1976.

Chamberlain, Edward/Sander L. Gilman (Hg.), *Degeneration. The Dark Side of Progress*, New York 1985.

Charle, Christoph, *Théâtres en capitales. Naissance de la société du spectacle à Paris, Berlin, Londres et Vienne 1860–1914*, Paris 2008.

—, *La crise des sociétés impériales. Allemagne, France, Grande-Bretagne (1900–1940)*, Paris 2001.

—, *Vordenker der Moderne. Die Intellektuellen im 19. Jahrhundert*, Frankfurt 1997.

Chauncey, George (Hg.), *Hidden from History. Reclaiming the Gay and Lesbian Past*, New York 1989.

—, *Gay New York. Gender, Urban Culture and the Making of the Gay Male World. 1890–1940*, New York 1994.

Chickering, Roger, *We Men who feel most German. A Cultural Study of the Pan-German League. 1886–1914*, Boston 1984.

Clabaugh, Gary K., *Thunder on the Right. The Protestant Fundamentalists*, Chicago 1974.

Clark, Christopher, »The Politics of Revival: Pietists, Aristocrats, and the State Church in Early Nineteenth-Century Prussia«, in: Jones/Retallack (Hg.), *German Conservatism*, S. 31–60.

Confino, Alon, *The Nation as a Local Metaphor. Württemberg, Imperial Germany and National Memory 1871–1918*, Chapel Hill 1997.

Conrad, Sebastian, *Globalisierung und Nation im Deutschen Kaiserreich*, München 2006.

—/Jürgen Osterhammel (Hg.), *Das Kaiserreich transnational*, Göttingen ²2006.

Conze, Eckart, »Zwischen Staatenwelt und Gesellschaftswelt. Die gesellschaftliche Dimension in der internationalen Geschichte«, in: Loth/Osterhammel (Hg.), *Internationale Geschichte*, S. 117–140.

— u.a., (Hg.), *Geschichte der internationalen Beziehungen. Erneuerung und Erweiterung einer historischen Disziplin*, Köln 2004.

Conze, Werner (Hg.), *Sozialgeschichte der Familie in der Neuzeit Europas*, Stuttgart 1977.

Cole, Terence F., »The Daily-Telegraph Affair«, in: Röhl/Sombart (Hg.), *New Interpretations*, S. 249–268.

Collini, Stefan, »›Every Fruit-Juice Drinker, Nudist, Sandal-wearer […] ‹ Intellectuals as Other People«, in: Helen Small (Hg.), *The Public Intellectual*, Oxford 2002, S. 203–224.

Copley, Antony, *Sexual Moralities in France 1780–1980*, New York 1989.

Corbin, Alain, *Women for Hire. Prostitution and Sexuality in France after 1850*, Harvard 1990.

Crouzet, Michel (Hg.), *Arthur de Gobineau cent ans après*, 1882–1982, Paris 1990.

Dainat, Holger, »›Wie wenig irgend ein Mensch für die Unsträflichkeit seiner nächsten Stunde sichere Bürgschaft leisten könne!‹. Kriminalgeschichten in der deutschen Spätaufklärung«, in: Schönert (Hg.), *Erzählte Kriminalität*, S. 193–204.

Daniel, Ute, »Einkreisung und Kaiserdämmerung. Ein Versuch, der Kulturgeschichte vor dem Ersten Weltkrieg auf die Spur zu kommen«, in: Barbara Stollberg-Rilinger (Hg.), *Was heißt Kulturgeschichte des Politischen?*, Berlin 2005, S. 279–328.

—/Wolfram Siemann (Hg.), *Propaganda. Meinungskampf, Verführung und politische Sinnstiftung 1789–1989*, Frankfurt 1994.

Daum, Andreas W., *Wissenschaftspopularisierung im 19. Jahrhundert. Bürgerliche Kultur, naturwissenschaftliche Bildung und die deutsche Öffentlichkeit 1848–1914*, München ²2002.

Davies, Natalie Zemon, *The Return of Martin Guerre*, Harvard 1983.

Dean, Robert, *Imperial Brotherhood. Gender and the Making of Cold War Foreign Policy*, Amherst 2001.

Debatin, Bernhard, *Der Karikaturenstreit und die Pressefreiheit. Wert- und Normenkonflikte in der globalen Medienkultur*, Berlin 2007.

Debray, Regis, *»Voltaire verhaftet man nicht!«. Die Intellektuellen und die Macht in Frankreich*, Köln 1981.

Deist, Wilhelm, »Zur Geschichte des preußischen Offizierskorps 1888–1918«, in: Ders., *Militär, Staat und Gesellschaft. Studien zur preußisch-deutschen Militärgeschichte*, München 1991, S. 43–56.

—, »Kaiser Wilhelm II. in the Context of his Military and Naval Entourage«, in: Röhl/Sombart (Hg.), *New Interpretations*, S. 169–192.

—, »Kaiser Wilhelm II. als oberster Kriegsherr«, in: Röhl (Hg.), *Der Ort Kaiser Wilhelms*, S. 25–42.

Diamond, Michael, *Victorian Sensation or, the Spectacular, the Shocking and the Scandalous in Nineteenth-Century Britain*, London 2003.

Dickinson, Edward R., »›A Dark, Impenetrable Wall of Complete Incomprehension‹. The Impossibility of Heterosexual Love in Imperial Germany«, Central European History, 40 (2007), S. 467–497.

—/Richard F. Wetzell, »The Historiography of Sexuality in Modern Germany«, *German History*, 23/3 (2005), S. 291–305.

Digeon, Claude, *La crise allemande dans la pensée francaise, 1870–1914*, Paris ²1992 [1959].

Dijkstra, Bram, *Idols of Perversity. Fantasies of Feminine Evil in Fin-de-Siècle Culture*, Oxford 1986.

Dobler, Jens, *Zwischen Duldungspolitik und Verbrechensbekämpfung. Homosexuellenverfolgung durch die Berliner Polizei von 1848–1933*, Frankfurt 2008.

Döcker, Ulrike, *Die Ordnung der bürgerlichen Welt. Verhaltensideale und soziale Praktiken im 19. Jahrhundert*, Frankfurt 1994.

Doering-Manteuffel, Sabine, *Das Okkulte. Eine Erfolgsgeschichte im Schatten der Aufklärung*, München 2008.

Dörner, Andreas, *Politainment. Politik in der medialen Erlebnisgesellschaft*, Frankfurt 2001.

Doerry, Martin, *Übergangsmenschen. Die Mentalität der Wilhelminer und die Krise des Kaiserreiches*, München 1986.

Dollinger, Heinz, »Das Leitbild des Bürgerkönigtums in der europäischen Monarchie des 19. Jahrhunderts«, in: Werner (Hg.), *Hof, Kultur und Politik*, S. 325–364.

Domeier, Norman, »Im Reich der Skandale. Moralische Skandale und die Bedeutung der Intellektuellen«, *Die Politische Meinung*, 428 (2005), S. 61–64.

—, Rezension zu: Luc Boltanski u.a. (Hg.), Affaires, scandales et grandes causes. De Socrate à Pinochet. Paris 2007, H-Soz-u-Kult, 12. November 2007. http://hsozkult.geschichte.hu-berlin.de/rezensionen/2007-4-121.

—, Rezension zu: Jens Dobler: Zwischen Duldungspolitik und Verbrechensbekämpfung. Homosexuellenverfolgung durch die Berliner Polizei von 1848 bis 1933. Frankfurt 2008. H-Soz-u-Kult, 13. Januar 2009. http://hsozkult.geschichte.hu-berlin.de/rezensionen/2009-1-029.

Dudink, Stefan u.a. (Hg.), *Masculinities in Politics and War. Gendering Modern History*, Manchester/New York 2004.

Dülffer, Jost, Dispositionen zum Krieg im wilhelminischen Deutschland, in: Ders. (Hg.), *Bereit zum Krieg. Kriegsmentalität im wilhelminischen Deutschland 1890–1914*, Göttingen 1986, S. 9–20.

Dulinski, Ulrike, *Sensationsjournalismus in Deutschland*, Konstanz 2003.

Durot, Nicole, *Ludwig Thoma et Munich. Une contribution à la vie sociale, politique et culturelle à Munich autour de 1900*, Bern 2007.

Ebbinghausen, Rolf/Sighard Neckel (Hg.), *Anatomie des politischen Skandals*, Frankfurt 1989.

Ebermayer, Erich, »Glanz und Gloria im Schwinden. Der Fall Fürst Philipp zu Eulenburg-Hertefeld«, in: Robert A. Stemmle (Hg.), *Der neue Pitaval, Bd. 14: Skandale*, München 1967, S. 115–164.

Eckert, Andreas/Michael Pesek, »Bürokratische Ordnung und koloniale Praxis. Herrschaft und Verwaltung in Preußen und Afrika«, in: Conrad/Osterhammel (Hg.), *Das Kaiserreich transnational*, S. 87–106.

Eley, Geoff, »Anti-Semitism, Agrarian Mobilization, and the Conservative Party. Radicalism and Containment in the Founding of the Agrarian League, 1890–93«, in: Jones/Retallack (Hg.), *German Conservatism*, S. 187–228.

—, *Wilhelminismus, Nationalismus, Faschismus. Zur historischen Kontinuität in Deutschland*, Münster 1991.

—/James Retallack (Hg.), *Wilhelminism and its Legacies. German Modernities, Imperialism and the Meanings of Reform*, New York/Oxford 2003.

Elias, Norbert, *Die höfische Gesellschaft. Untersuchungen zur Soziologie des Königtums und der höfischen Aristokratie*, Frankfurt 1983.

—, *Studien über die Deutschen. Habitusentwicklung und Machtkämpfe im 19. und 20. Jahrhundert*, Frankfurt 1989.

Elliott, J.H./L.W.B. Brockliss (Hg.), *The World of the Favourite*, New Haven 1999.

Engelsing, Rolf, *Massenpublikum und Journalistentum im 19. Jahrhundert in Nordwestdeutschland*, Berlin 1966.

Erb, Rainer, *Die Legende vom Ritualmord. Zur Geschichte der Blutbeschuldigung gegen Juden*, Berlin 1993.

Escott, T.H.S., *Masters of English Journalism. A Study of Personal Forces*, London 1911.

Esser, Frank, *Die Kräfte hinter den Schlagzeilen. Englischer und deutscher Journalismus im Vergleich*, München 1998.

Evans, Peter u.a. (Hg.), *Bringing the State back in*, Cambridge 1985.

Evans, Richard J., *Szenen aus der deutschen Unterwelt. Verbrechen und Strafe, 1800–1914*, Reinbek 1997.

—, *Rituale der Vergeltung. Die Todesstrafe in der deutschen Geschichte 1532–1987*, Berlin 2001.

Eyck, Erich, *Das persönliche Regiment Wilhelms II. Politische Geschichte des deutschen Kaiserreiches von 1890–1914*, Zürich 1948.

Eykmann, Walter, »Religionsunterricht. Stütze für König und Vaterland, Waffe gegen den Umsturz«, in: Samerski (Hg.), *Wilhelm II. und die Religion*, S. 265–283.

Fehrenbach, Elisabeth, *Wandlungen des deutschen Kaisergedankens 1871–1918*, Diss. Köln 1969.

Fellner, Fritz, »Wilhelm II. und das wilhelminische Deutschland im Urteil österreichischer Zeitgenossen«, in: Röhl (Hg.), *Der Ort Kaiser Wilhelms*, S. 79–91.

Ferrari Zumbini, Massimo, *Die Wurzeln des Bösen. Gründerjahre des Antisemitismus. Von der Bismarckzeit zu Hitler*, Frankfurt 2003.

Feros, Antonio, »Images of Evil, Images of Kings. The Contrasting Faces of the Royal Favourite and the Prime Minister in Early Modern European Political Literature, 1580–1650«, in: Elliott/Brockliss (Hg.), *The World of the Favourite*, S. 205–222.

Fesser, Gerd, »Bernhard von Bülow und der Sturz Bismarcks«, in: Jost Dülffer/Hans Hübner (Hg.), *Otto von Bismarck. Person-Politik-Mythos*, Berlin 1993, S. 191–202.

Field, Geoffrey G., *Evangelist of Race. The Germanic Vision of Houston Stewart Chamberlain*, New York 1981.

Fischer, Fritz, »Der deutsche Protestantismus und die Politik im 19. Jahrhundert«, in: Helmut Böhme (Hg.), *Probleme der Reichsgründungszeit 1848–1879*, Köln 1968, S. 49–71.

Fischer, Heinz-Dietrich, *Deutsche Publizisten des 15. bis 20. Jahrhunderts*, München 1971.

—, *Handbuch der politischen Presse in Deutschland 1480–1980. Synopse rechtlicher, struktureller und wirtschaftlicher Grundlagen der Tendenzpublizistik im Kommunikationsfeld*, Düsseldorf 1981.

Fischer-Frauendienst, Irene, *Bismarcks Pressepolitik*, Münster 1963.

Flasch, Kurt, *Die geistige Mobilmachung. Die deutschen Intellektuellen und der Erste Weltkrieg. Ein Versuch*, Berlin 2000.

Fleckenstein, Gisela (Hg.), *Ultramontanismus. Tendenzen der Forschung*, Paderborn 2005.

Flemming, Thomas/Bernd Ulrich, *Vor Gericht. Deutsche Prozesse in Ost und West nach 1945*, Berlin 2005.

Förster, Stig, »Angst und Panik. ›Unsachliche‹ Einflüsse im politisch-militärischen Denken des Kaiserreiches und die Ursachen des Ersten Weltkrieges«, in: Aschmann (Hg.), *Der Einfluß von Emotionen auf die Politik*, S. 74–86.

—, »Im Reich des Absurden. Die Ursachen des Ersten Weltkrieges«, in: Bernd Wegner (Hg.), *Wie Kriege entstehen*, Paderborn 2000, S. 211–252.

Foldy, Michael S., *The Trials of Oscar Wilde. Deviance, Morality and Late-Victorian Society*, New Haven 1997.

Forth, Christopher, *The Dreyfus Affair and the Crisis of French Manhood*, Baltimore 2004.

Foucault, Michel, *Sexualität und Wahrheit, Bd. 1: Der Wille zum Wissen*, Frankfurt 1977.

Fout, John C., »Sexual Politics in Wilhelmine Germany. The Male Gender Crisis, Moral Purity and Homophobia«, *Journal of the History of Sexuality*, 2 (1992), S. 388–421.

—, »The Moral Purity Movement in Wilhelmine Germany and the Attempt to regulate Male Behaviour«, *The Journal of Men's Studies*, 1 (1992), S. 5–31.

Frank, Walter, »Maximilian Harden und das wilhelminische Deutschland«, *Forschungen zur Judenfrage*, 3 (1938), S. 9–61.

—, *Höre Israel! Harden, Rathenau und die moderne Judenfrage*, Hamburg 1939.

Frei, Norbert/Michael Stolleis (Hg.), *Geschichte vor Gericht. Historiker, Richter und die Suche nach Gerechtigkeit*, München 2000.

Frehsee, Detlev (Hg.), *Strafrecht, soziale Kontrolle, soziale Disziplinierung*, Opladen 1993.

Frevert, Ute, *Frauen-Geschichte? Zwischen bürgerlicher Verbesserung und neuer Weiblichkeit*, Frankfurt 1986.

—, (Hg.), *Bürgerinnen und Bürger. Geschlechterverhältnisse im 19. Jahrhundert*, Göttingen 1988.

—, *Ehrenmänner. Das Duell in der bürgerlichen Gesellschaft*, München 1991.

—, *»Mann und Weib, und Weib und Mann«. Geschlechter-Differenzen in der Moderne*, München 1995.

—, »Das jakobinische Modell. Allgemeine Wehrpflicht und Nationsbildung in Preußen-Deutschland«, in: Dies. (Hg.), Militär und Gesellschaft im 19. und 20. Jahrhundert, Stuttgart 1997, S. 17–47.

—, »Das Militär als ›Schule der Männlichkeit‹. Erwartungen, Angebote, Erfahrungen im 19. Jahrhundert«, in: Ebd., S. 145–173.

—/Heinz-Gerhard Haupt (Hg.), *Der Mensch des 19. Jahrhunderts*, Frankfurt 1999.

—/Heinz-Gerhard Haupt (Hg.), *Der Mensch des 20. Jahrhunderts*, Frankfurt 1999.

—, »Bourgeois Honor. Middle-Class Duelists in Germany from the late 18th to the early 20th Century«, in: Blackbourn/Evans (Hg.), *The German Bourgeoisie*, S. 255–292.

—, »Die Zukunft der Geschlechterordnung. Diagnosen und Erwartungen an der Jahrhundertwende«, in: Dies. (Hg.), *Das Neue Jahrhundert. Europäische Zeitdiagnosen und Zukunftsentwürfe um 1900*, Göttingen 2000, S. 146–185.

—, »›Wo du hingehst […] ‹ Aufbrüche im Verhältnis der Geschlechter. Rollentausch anno 1908«, in: Nitschke u.a. (Hg.), *Jahrhundertwende*, S. 27–36.

—/Heinz-Gerhard Haupt (Hg.), *Neue Politikgeschichte,. Perspektiven einer historischen Politikforschung*, Frankfurt/New York 2005.

Freytag, Nils, *Aberglauben im 19. Jahrhundert. Preußen und seine Rheinprovinz zwischen Tradition und Moderne. 1815–1918*, Berlin 2002.

—/Diethard Sawicki, »Verzauberte Moderne. Kulturgeschichtliche Perspektiven aus das 19. und 20. Jahrhundert«, in: Dies. (Hg.), *Wunderwelten. Religiöse Ekstase und Magie in der Moderne*, München 2006, S. 7–24.

Führer, Karl Christian, »Skandal, Moralität und die ›Ruhe der Familien‹. Sensationspresse und Zensur im vormärzlichen Hamburg (1815–1846)«, *Zeitschrift des Vereins für Hamburgische Geschichte*, 81 (1995), S. 75–102.

— u.a. (Hg.), *Eliten im Wandel. Gesellschaftliche Führungsschichten im 19. und 20. Jahrhundert*, Münster 2004, S. 24–41.

Funck, Marcus, »Ready For War? Conceptions of Military Manliness in the Prusso-German Officer Corps Prior to WWI«, in: Karen Hagemann/Stephanie Schüler-Springorum (Hg.), *Home/Front: The Military, War and Gender in Twentieth-Century Germany*, New York 2002, S. 43–68.

—/Stephan Malinowski, »Geschichte von oben. Autobiographien als Quelle einer Sozial- und Kulturgeschichte des deutschen Adels in Kaiserreich und Weimarer Republik«, *Historische Anthropologie*, 7 (1999), S. 236–270.

Galassi, Silviana, *Kriminologie im Deutschen Kaiserreich. Geschichte einer gebrochenen Verwissenschaftlichung*, Stuttgart 2004.

Gantet, Claire/Fabrice d'Almeida (Hg.), *Gespenster und Politik. 16. bis 21. Jahrhundert*, München 2007.

Gasser, Adolf, *Deutschlands Sonderung von Europa, 1862–1945*, Frankfurt 1984.

Gay, Peter, *The Cultivation of Hatred*, New York 1993.

—, *Die Republik der Außenseiter. Geist und Kultur der Weimarer Zeit 1918–1933*, Frankfurt 1987.

—, *Die zarte Leidenschaft. Liebe im bürgerlichen Zeitalter*, München 1987.

Gebhardt, Hartwig, »›Halb kriminalistisch, halb erotisch‹. Presse für die ›niederen Instinkte‹. Annäherungen an ein unbekanntes Kapitel deutscher Mediengeschichte«, in: Maase/Kaschuba (Hg), *Schund und Schönheit*, S. 184–217.

Geertz, Clifford, *Dichte Beschreibung. Beiträge zum Verstehen kultureller Systeme*, Frankfurt 2003 [1983].

Geiss, Imanuel, *Geschichte des Rassismus*, Frankfurt 1988.

—, »Zur Fischer-Kontroverse. 40 Jahre danach«, in: Martin Sabrow (Hg.), *Zeitgeschichte als Streitgeschichte. Große Kontroversen seit 1945*, München 2003, S. 41–57.

Geppert, Alexander/Andrea Braidt, »Moderne Magie: Orte des Okkulten und die Epistemologie des Übersinnlichen. 1880–1930«, *Österreichische Zeitschrift für Geschichtswissenschaften*, 14/4 (2003), S. 5–36.

Geppert, Dominik, *Pressekriege. Öffentlichkeit und Diplomatie in den deutsch-britischen Beziehungen 1896–1912*, München 2007.

—/Robert Gerwarth (Hg.), *Wilhelmine Germany and Edwardian Britain. Essays on Cultural Affinity*, Oxford 2008.

Gervais, Pierre u.a., »Les plis de l'Affaire. Une relecture du »dossier secret«. Homosexualité et antisémitisme dans l'Affaire Dreyfus«, *Revue d'Histoire Moderne et Contemporaine*, 55 (2008), S. 125–147.

Gestrich, Andreas, »Jürgen Habermas' Konzept der bürgerlichen Öffentlichkeit. Bedeutung und Kritik aus historischer Perspektive«, in: Zimmermann (Hg.), *Politischer Journalismus*, S. 25–40.

Geulen, Christian, *Wahlverwandte. Rassendiskurs und Nationalismus im späten 19. Jahrhundert*, Hamburg 2004.

Geuter, Ulfried, *Homosexualität in der deutschen Jugendbewegung. Jungenfreundschaft und Sexualität im Diskurs von Jugendbewegung, Psychoanalyse und Jugendpsychologie am Beginn des 20. Jahrhunderts*, Frankfurt 1994.

Geyer, Martin/Johannes Paulmann (Hg.), *The Mechanics of Internationalism. Culture, Society, and Politics from the 1840s to the First World War*, Oxford 2001.

Girardet, Raoul (Hg.), *Le nationalisme francais. 1871–1914*, Paris 1983.

Girard, René, *Violence and the Sacred*, London 2005 [1977].

Glaser, Hermann, *Bildungsbürgertum und Nationalismus. Politik und Kultur im Wilhelminischen Deutschland*, München 1993.

Gluckman, Max, »Gossip and Scandal«, *Current Anthropology*, 4/3 (Juni 1963), S. 307–316.

Goebel, Hans-Joachim, *Maximilian Harden als politischer Publizist im Ersten Weltkrieg*, Frankfurt 1977.

Göckenjan, Gerd, *Kurieren und Staat machen. Gesundheit und Medizin in der bürgerlichen Welt*, Frankfurt 1985.

Gödde-Baumanns, Beate, »Die Dreyfus-Affäre. Vom politischen Skandal zum Streit über die Grundwerte einer Nation«, in: Schoeps (Hg.), *Der politische Skandal*, S. 79–107.

Goldberg, David, *Racist Culture. Philosophy and the Politics of Meaning*, Oxford 1993.

Gorham, Debora, »The ›Maiden Tribute of Modern Babylon‹ Re-examined. Child Prostitution and the Idea of Childhood in late-Victorian England«, *Victorian Studies*, 21/3 (1978), S. 353–379.

Gose, Walther, »Der Müller-Arnold-Skandal und Preußens Justizkrise von 1779«, in: Schoeps (Hg.), *Der politische Skandal*, S. 52–78.

Gosewinkel, Dieter, *Einbürgern und Ausschließen. Die Nationalisierung der Staatsangehörigkeit vom Deutschen Bund bis zur Bundesrepublik Deutschland*, Göttingen 2001.

Graf, Friedrich Wilhelm, »Die Moralisierung des Politischen«, in: Ders., *Der Protestantismus. Geschichte und Gegenwart*, Bonn 2007, S. 90–96.

—, »Alter Geist und neuer Mensch. Religiöse Zukunftserwartungen um 1900«, in: Frevert (Hg.), *Das neue Jahrhundert*, S. 185–229.

Grau, Günter, *Lexikon zur Homosexuellenverfolgung 1933–1945. Institutionen-Personen-Betätigungsfelder*, Münster 2006.

Greiffenhagen, Martin, *Politische Legitimität in Deutschland*, Bonn 1998.

Grenz, Sabine/Martin Lücke (Hg.), *Verhandlungen im Zwielicht. Momente der Prostitution in Geschichte und Gegenwart*, Bielefeld 2006.

Gritschneider, Otto, *Angeklagter Ludwig Thoma. Mosaiksteine zu einer Biographie aus unveröffentlichten Akten*, München [2]1992.

Groß, Mathias, *Die evangelische Sittlichkeitsbewegung im deutschen Kaiserreich. Entstehung – Ideologie – Tätigkeitsfelder 1885–1914*, Hamburg 1994.

Groth, Otto, *Die Zeitung. Ein System der Zeitungskunde*, Mannheim 1929.

Grupp, Peter, »Juden, Antisemiten und jüdische Frage im Auswärtigen Amt in der Zeit des Kaiserreichs und der Weimarer Republik. Eine erste Annäherung«, in: *Zeitschrift für Geschichtswissenschaft*, 46 (1998), S. 237ff.

Gumbrecht, Hans-Ulrich/Karl Ludwig Pfeiffer (Hg.), *Materialität der Kommunikation*, Frankfurt [2]1995.

Gummer, Steven Chase, *Sympathy and Horror. German Turcophilism and the Fall of the Ottoman Empire, 1874–1913* [Arbeitstitel], Diss. Georgetown University, vorauss. 2010.

Guttandin, Friedhelm, *Das paradoxe Schicksal der Ehre. Zum Wandel der adeligen Ehre und zur Bedeutung von Duell und Ehre für den monarchischen Zentralstaat*, Berlin 1993.

Guttmann, Bernhard, *Schattenriß einer Generation. 1888–1919*, Stuttgart 1950.

Haage, Peter, *Ludwig Thoma. Mit Nagelstiefeln durchs Kaiserreich. Eine Biographie*, München 1975.

Haacke, Wilmont, *Die politische Zeitschrift. 1665–1965*, Stuttgart 1968

—, *Publizistik und Gesellschaft*, Stuttgart 1970.

Habermas, Jürgen, *Strukturwandel der Öffentlichkeit. Untersuchung zu einer Kategorie der bürgerlichen Gesellschaft*, Frankfurt [4]1995.

—, »Heinrich Heine und die Rolle der Intellektuellen in Deutschland«, in: Ders. (Hg.), *Eine Art Schadensabwicklung*, Frankfurt 1987, S. 25–54.

Hackspiel-Mikosch, Elisabeth/Stefan Hass (Hg.), *Die zivile Uniform als symbolische Kommunikation*, Stuttgart 2006.

Haeberle, Erwin J., »Justitias zweischneidiges Schwert. Magnus Hirschfeld als Gutachter in der Eulenburg-Affäre«, in: Klaus M. Beier (Hg.), *Sexualität zwischen Medizin und Recht*, Stuttgart 1991, S. 5–20.

Haefs, Gabriele/Klaus Gille, *Von Sittenstrenge und Aufbegehren. Die wilhelminische Zeit*, Hamburg 1994.

Hagemann, Karen, »Aus Liebe zum Vaterland. Liebe und Haß im frühen deutschen Nationalismus«, in: Aschmann (Hg.), *Der Einfluß von Emotionen auf die Politik*, S. 101–124.

—/Stefanie Schüler-Springorum (Hg.), *Heimatfront. Militär und Geschlechterverhältnisse im Zeitalter der Weltkriege*, Frankfurt 2001.

—, »Of ›manly Valor‹ and ›German Honor‹. Nation, War and Masculinity in the Age of the Prussian Uprising against Napoleon«, *Central European History*, 30 (1997), S. 187–220.

—, »German Heroes. The Cult of Death for the Fatherland in Nineteenth-Century Germany«, in: Dudink u.a. (Hg.), *Masculinities in Politics and War*, S. 116–137.

Hale, Oron James, *Germany and the Diplomatic Revolution. A Study in Diplomacy and the Press 1904–1906*, Diss. Philadelphia 1931.

Hall, Alex, *Scandal, Sensation and Social Democracy. The SPD Press and Wilhelmine Germany 1890–1914*, Diss. Cambridge 1977.

—, »The Kaiser, the Wilhelmine State and Lèse Majesté«, *German Life and Letters*, 27 (1973/74), S. 101–115.

Hank, Manfred, *Kanzler ohne Amt. Fürst Bismarck nach seiner Entlassung. 1890–1898*, München 1977.

Haupt, Heinz-Gerhard/Dieter Langewiesche (Hg.), *Nation und Religion in der deutschen Geschichte*, Frankfurt/New York 2001.

Harris, Ruth, *Murder and Madness. Medicine, Law and Society in the Fin de Siècle*, Oxford 1989.

—, *Lourdes. Body and Spirit in a Secular Age*, London 1999.

Hartston, Barnet, *Sensationalizing the Jewish Question. Anti-Semitic Trials and the Press in the early German Empire*, Leiden 2005.

Hartung, Fritz, »Verantwortliche Regierung, Kabinette und Nebenregierungen im konstitutionellen Preußen 1848–1918«, in: Ders., *Volk und Staat in der deutschen Geschichte. Gesammelte Abhandlungen*, Leipzig 1940, S. 230–339.

Hausen, Karin, »›Eine Ulme für das schwankende Efeu‹. Ehepaare im deutschen Bildungsbürgertum«, in: Frevert (Hg.), *Bürgerinnen und Bürger*, S. 85–117.

—, »Die Polarisierung der ›Geschlechtscharaktere‹ – Eine Spiegelung der Dissoziation von Erwerbs- und Familienleben«, in: Conze, *Sozialgeschichte der Familie*, S. 363–393.

Haskell, Thomas L., *The Authority of Experts. Studies in History and Theory*, Bloomington 1984.

Hecht, Karsten, *Die Harden-Prozesse. Strafverfahren, Öffentlichkeit und Politik im Kaiserreich*, Jur. Diss. München 1997.

Heidler, Mario, »West-Marokko deutsch! Oder: Wie werden Meinungen gemacht?«, in: Sigrid Stöckel (Hg.), *Die »rechte Nation« und ihr Verleger. Politik und Popularisierung im J.F. Lehmanns Verlag 1890–1979*, Köln 2002, S. 103–107.

Heidorn, Günter, *Monopole, Presse, Krieg. Die Rolle der Presse bei der Vorbereitung des Ersten Weltkrieges*, Berlin/Ost 1960.

Heinrich-Jost, Ingrid, *Kladderadatsch. Die Geschichte eines Berliner Witzblattes von 1848 bis ins Dritte Reich*, Köln 1982.

Heitfeldt, Petra, »Durchbrochene Konzepte von Weiblichkeit und Männlichkeit. Rollentausch in Kriegen des späten Mittelalters«, *Invertito*, 3 (2001), S. 94–123.

Hekma, Gert, »›A female soul in a male body‹. Sexual Inversion as Gender Inversion in 19th century Sexology«, in: Herdt (Hg.), *Third Sex*, S. 213–239.

Hellige, Hans-Dieter, »Rathenau und Harden in der Gesellschaft des Deutschen Kaiserreichs. Eine sozialgeschichtlich-biographische Studie zur Entstehung neokonservativer Positionen bei Unternehmern und Intellektuellen«, in: Ders./Ernst Schulin (Hg.), *Walther Rathenau-Gesamtausgabe. Bd. 6: Walther Rathenau-Maximilian Harden. Briefwechsel 1897–1920*, München 1983, S. 15–300.

Hennig, Jörg, »Gerichtsberichterstattung in deutschen Tageszeitungen 1850–1890«, in: Schönert (Hg.), *Erzählte Kriminalität*, S. 349–368.

Herbert, Ulrich, *Best. Biographische Studien über Radikalismus, Weltanschauung und Vernunft 1903–1989*, Bonn 1996.

—, (Hg.), *Wandlungsprozesse in Westdeutschland. Belastung, Integration, Liberalisierung 1945–1980*, Göttingen 2002.

—, »Intellektuelle im Dritten Reich«, in: Hübinger/Hertfelder (Hg.), *Kritik und Mandat*, S. 160–181

Herdt, Gilbert (Hg.), *Third Sex, Third Gender. Beyond Sexual Dimorphism in Culture and History*, New York 1994.

Hergemöller, Bernd-Ulrich, *Einführung in die Historiographie der Homosexualitäten*, Tübingen 1999.

—, *Sodom und Gomorrha. Zur Alltagswirklichkeit und Verfolgung Homosexueller im Mittelalter*, Hamburg 2000.

—, *Mann für Mann. Biographisches Lexikon zur Geschichte von Freundesliebe und mannmännlicher Sexualität im deutschen Sprachraum*, Frankfurt 2001.

Hertz-Eichenrode, Dieter, »Wilhelminischer Neuadel? Zur Praxis der Adelsverleihung in Preußen vor 1914«, *Historische Zeitschrift*, 282 (2006), S. 645–679.

Herzer, Manfred, *Magnus Hirschfeld. Leben und Werk eines jüdischen, schwulen und sozialistischen Sexologen*, Frankfurt/New York 1992.

—/James Steakley (Hg.), *Magnus Hirschfeld. Von einst bis jetzt. Geschichte einer homosexuellen Bewegung 1897–1922*, Berlin 1986.

Herzog, Dagmar, *Sex in Crisis. The new Sexual Revolution and the Future of American Politics*, New York 2008.

Hett, Benjamin, *Death in the Tiergarten. Murder and Criminal Justice in the Kaiser's Berlin*, Harvard 2004.

—, »The ›Captain of Köpenick‹ and the Transformation of German Criminal Justice 1891–1914«, *Central European History*, 36 (2003), S. 1–43.

Hettling, Manfred/Stefan-Ludwig Hoffmann, »Der bürgerliche Wertehimmel. Zum Problem individueller Lebensführung im 19. Jahrhundert«, *Geschichte und Gesellschaft*, 23 (1997), S. 333–359.

Hildebrand, Klaus, *Deutsche Außenpolitik 1871–1918*, München ³2008.

Hintze, Otto, »Das persönliche Regiment Wilhelms II.«, *Zeitschrift für Religions- und Geistesgeschichte*, 3 (1951), S. 134ff.

Hirsinger, Hauke, *»Die geistige Zersetzung Deutschlands«? Vom Wandel des Antisemitismus im Gefolge des Eulenburg-Skandals zu Beginn des 20. Jahrhunderts*, Diss. Bremen 2008.

Hodenberg, Christiane von, »Die Journalisten und der Aufbruch zur kritischen Öffentlichkeit«, in: Herbert (Hg.), *Wandlungsprozesse in Westdeutschland*, S. 278–315.

Hödl, Klaus, *Die Pathologisierung des jüdischen Körpers. Antisemitismus, Geschlecht und Medizin im Fin de Siècle*, Wien 1997.

Hohmann, Joachim (Hg.), *Der unterdrückte Sexus*, Lollar 1977.

Hölscher, Lucian, *Weltgericht oder Revolution. Protestantische und sozialistische Zukunftsvorstellungen im deutschen Kaiserreich*, Stuttgart 1989.

Holl, Karl u.a. (Hg.), *Caligula – Wilhelm II. und der Caesarenwahnsinn. Antikenrezeption und wilhelminische Politik am Beispiel des »Caligula« von Ludwig Quidde*, Bremen 2001.

Holub, Robert C., »Heine's Sexual Assaults. Towards a Theory of the Total Polemic«, *Monatshefte*, 73 (1981), S. 415–428.

Hondrich, Karl Otto, *Enthüllung und Entrüstung. Eine Phänomenologie des politischen Skandals*, Frankfurt 2002.

Honneth, Axel, *Kampf um Anerkennung. Zur moralischen Grammatik sozialer Konflikte*, Frankfurt 1992.

Horstmann, Carl, »Gerichtsberichterstattung«, in: Walter Heide (Hg.), *Handbuch der Zeitungswissenschaft*, Bd. 1, Leipzig 1940, Spalten 1250–1262.

Huber, Ernst Rudolf, *Deutsche Verfassungsgeschichte seit 1789. Bd. IV: Struktur und Krisen des Kaiserreichs*, Stuttgart 1969.

Hübinger, Gangolf, »Journalist und Literat. Vom Bildungsbürger zum Intellektuellen«, in: Mommsen/Hübinger (Hg.), *Intellektuelle im Deutschen Kaiserreich*, S. 95–110.

—, »Die Intellektuellen im wilhelminischen Deutschland. Zum Forschungsstand«, in: Ebd., S. 198–210.

—/Thomas Hertfelder (Hg.), *Kritik und Mandat. Intellektuelle in der deutschen Politik*, Stuttgart 2000.

Hull, Isabel V., *The Entourage of Kaiser Wilhelm II. 1888–1918*, Cambridge 1982.

—, »Persönliches Regiment«, in: Röhl (Hg.), *Der Ort Kaiser Wilhelms*, S. 3–23.

—, »Kaiser Wilhelm II. und der ›Liebenberg-Kreis‹«, in: Lautmann/ Taeger (Hg.), *Männerliebe im alten Deutschland*, S. 81–117.

—, »Kaiser Wilhelm II and the ›Liebenberg Circle‹«, in: Röhl/Sombart (Hg.), *New Interpretations*, S. 193–220.

—, »Der kaiserliche Hof als Herrschaftsinstrument«, in: Wilderotter (Hg.), *Der letzte Kaiser*, S. 19–30.

Hunter, John C., »The Problem of the French Birth Rate on the Eve of World War I«, *French Historical Studies*, 2/4 (1962), S. 490–503.

Hutter, Jörg, *Die gesellschaftliche Kontrolle des homosexuellen Begehrens. Medizinische Definitionen und juristische Sanktionen im 19. Jahrhundert*, Frankfurt 1992.

Imhof, Kurt/Peter Schulz (Hg.), *Die Veröffentlichung des Privaten – die Privatisierung des Öffentlichen*, Opladen 1998.

James, Harold, *A German Identity, 1770–1990*, London 1989.

Janssen-Jurreit, Marielouise (Hg.), *Frauen und Sexualmoral*, Frankfurt 1986.

Janz, Oliver, *Bürger besonderer Art. Evangelische Pfarrer in Preußen 1850–1914*, Berlin/New York 1994.

Jarausch, Konrad H., »Die unfreien Professionen. Überlegungen zu den Wandlungsprozessen im deutschen Bildungsbürgertum. 1900–1950«, in: Jürgen Kocka (Hg.), *Bürgertum im 19. Jahrhundert. Deutschland im europäischen Vergleich*, 3 Bd., München 1988, Bd. 2, S. 124–146.

—, »Jewish Lawyers in Germany. 1848–1938. The Disintegration of a Profession«, *Yearbook of the Leo Baeck Institute*, 36 (1991), S. 601–613.

Jarren, Otfried u.a. (Hg.), *Zerfall der Öffentlichkeit?*, Opladen 2000.

Jeismann, Michael, *Das Vaterland der Feinde. Studien zum nationalen Feindbegriff und Selbstverständnis in Deutschland und Frankreich 1792–1918*, Stuttgart 1992.

Jelavich, Peter, *Berlin Cabaret*, Cambridge 1996.

Jennings, Jeremy/Anthony Kemp-Welch, *Intellectuals in Politics. From the Dreyfus Affair to Salman Rushdie*, London 1997.

Jochmann, Werner, »Stöcker als nationalkonservativer Politiker und antisemitischer Agitator«, in: Günter Brakelmann (Hg.), *Protestantismus und Politik. Werk und Wirkung Adolf Stöckers*, Hamburg 1982, S. 123–198.

Johansson, Warren/William A. Percy, *Outing. Shattering the Conspiracy of Silence*, New York 1994.

John, Michael, »Between Estate and Profession. Lawyers and the Development of the Legal Profession in 19th Century Germany«, in: Blackbourn/Evans (Hg.), *The German Bourgeoisie*, S. 162–197.

Jones, Aled, *Powers of the Press. Newspapers, Power and the Public in Nineteenth-Century England*, Aldershot 1996.

Jones, Gareth Steadman, *Klassen, Politik und Sprache. Für eine theorieorientierte Sozialgeschichte*, Münster 1988.

Jones, Larry/James Retallack (Hg.), *Between Reform, Reaction and Resistance. Studies in the History of German Conservatism from 1789–1945*, Oxford 1993.

Jones, Pierce, *Saint or Sensationalist? The Story of W.T. Stead*, Chichester 1988.

Jungblut, Peter, *Famose Kerle. Eulenburg – Eine wilhelminische Affäre*, Hamburg 2003.

Kaiser, Jochen-Christoph, »Die Formierung des protestantischen Milieus. Konfessionelle Vergesellschaftung im 19. Jahrhundert«, in: Blaschke/ Kuhlemann (Hg.), *Religion im Kaiserreich*, S. 257–289.

Kantorowicz, Ernst, *The King's Two Bodies. A Study in Medieval Political Theology*, Princeton 1957.

Käsler, Dirk (Hg.), *Der politische Skandal. Zur symbolischen und dramaturgischen Qualität von Politik*, Opladen 1991.

Katz, Jacob, *Richard Wagner. Vorbote des Antisemitismus*, Königstein 1985.

—, *Vom Vorurteil bis zur Vernichtung. Der Antisemitismus 1700–1933*, München 1989.

Keilson-Lauritz, Marita, *Emanzipation hinter der Weltstadt. Adolf Brand und die Gemeinschaft der Eigenen*, Berlin 2000.

Keitsch, Christine, *Der Fall Struensee. Ein Blick in die Skandalpresse des ausgehenden 18. Jahrhunderts*, Hamburg 2000.

Keller, Ernst, *Der unpolitische Deutsche. Eine Studie zu den »Betrachtungen eines Unpolitischen« von Thomas Mann*, Bern 1965.

Kennedy, Paul, *The Rise of the Anglo-German Antagonism. 1860–1914*, London 1980.

Kepplinger, Hans Matthias, *Die Kunst der Skandalierung und die Illusion der Wahrheit*, München 2001.

Kerchner, Brigitte, »›Unbescholtene Bürger‹ und ›gefährliche Mädchen‹ um die Jahrhundertwende. Was der Fall Sternberg für die aktuelle Debatte zum sexuellen Mißbrauch an Kindern bedeutet«, *Historische Anthropologie*, 6 (1998), S. 1–32.

Kessel, Martina, »The ›Whole Man‹. The Longing for a Masculine World in Nineteenth-Century Germany«, *Gender & History*, 15/1 (2003), S. 1–31.

Kiaulehn, Walther, *Berlin. Schicksal einer Weltstadt*, München 1958.

Kiefer, Annegret, *Das Problem einer »jüdischen Rasse«. Eine Diskussion zwischen Wissenschaft und Ideologie. 1870–1930*, Frankfurt 1991.

Kiernan, Victor G., *The Duel in European History. Honour and the Reign of Aristocracy*, Oxford 1988.

Kirsch, Martin, *Monarch und Parlament im 19. Jahrhundert. Der monarchische Konstitutionalismus als europäischer Verfassungstyp – Frankreich im Vergleich*, Göttingen 1999.

Klein, Michael B., *Zwischen Reich und Region. Identitätsstrukturen im Deutschen Kaiserreich, 1871–1918*, Stuttgart 2005.

Klose, Dirk (Hg.), *Wend Graf zu Eulenburg-Hertefeld. Ein Schloss in der Mark Brandenburg*, Stuttgart 1990.

Knight, David, *The Age of Science. The Scientific World View in the 19th Century*, Oxford 1986.

Knight Hunt, Frederic, *The Fourth Estate. Contributions Towards a History of Newspapers and the Liberty of the Press*, London 1850.

Knobel, Bruno, *Die Schweiz im Nebelspalter. Karikaturen 1875–1974*, Rorschach 1974.

Knoch, Habbo/Daniel Morat, »Medienwandel und Gesellschaftsbilder 1880–1960. Zur historischen Kommunikologie der massenmedialen Sattelzeit«, in: Dies. (Hg.), *Kommunikation als Beobachtung. Medienbilder und Gesellschaftsbilder 1889–1960*, München 2003, S. 9–33.

Koch, Friedrich, *Sexuelle Denunziation. Die Sexualität in der politischen Auseinandersetzung*, Frankfurt 1986.

Köhne, Roland, »Effi Briest und die Duellfrage. Zu einem Brief Fontanes an Maximilian Harden«, *Fontane-Blätter*, 64 (1997), S. 110–116.

Kohlrausch, Martin, *Der Monarch im Skandal. Die Logik der Massenmedien und die Tranformation der wilhelminischen Monarchie*, Berlin 2005.

—, »Der unmännliche Kaiser. Wilhelm II. und die Zerbrechlichkeit des königlichen Individuums«, in: Schulte (Hg.), *Der Körper der Königin*, S. 254–275.

Kohn, Hans, *The Mind of Germany. The Education of a Nation*, New York 1960.

Koschatzky, Walter, *Karikatur & Satire. Fünf Jahrhunderte Zeitkritik*, München 1992.

Koselleck, Reinhart, *Kritik und Krise. Eine Studie zur Pathenogenese der bürgerlichen Welt*, Frankfurt [8]1997.

—, *Vergangene Zukunft. Zur Semantik geschichtlicher Zeiten*, Frankfurt [4]2000.

Koszyk, Kurt, *Geschichte der deutschen Presse. Teil 2: Deutsche Presse im 19. Jahrhundert*, Berlin 1966.

Kotowski, Elke-Vera/Julius H. Schoeps (Hg.), *Magnus Hirschfeld. Ein Leben im Spannungsfeld von Wissenschaft, Politik und Gesellschaft*, Berlin 2004.

Kraus, Hans-Christof, »Monarchischer Konstitutionalismus. Zu einer neuen Deutung der deutschen und europäischen Verfassungsentwicklung im 19. Jahrhundert«, *Der Staat*, 43 (2004), S. 595–620.

Kretschmann, Carsten (Hg.), *Wissenspopularisierung. Konzepte der Wissensverbreitung im Wandel*, Berlin 2003.

Krettenauer, Tobias, »Moralische Emotionen und Gewißheit. Über den kompetenten Umgang mit dem Gefühl moralischer Empörung«, in: Roland Reichenbach/Heiko Breit (Hg.), *Skandal und politische Bildung. Aspekte zu einer Theorie des politischen Gefühls*, Berlin 2005, S. 61–78.

Kroll, Frank-Lothar, »Monarchie und Gottesgnadentum in Preußen«, in: Ders., *Das geistige Preußen. Zur Ideengeschichte eines Staates*, Paderborn 2001, S. 55–74.

Krumeich, Gerd, »Die Resonanz der Dreyfus-Affäre im Deutschen Reich«, in: Mommsen/Hübinger (Hg.), *Intellektuelle im Deutschen Kaiserreich*, S. 13–32.

Küenzlen, Gottfried, »Feste Burgen. Protestantischer Fundamentalismus und die säkulare Kultur der Moderne«, *Aus Politik und Zeitgeschichte*, 33 (1992), S. 3–10.

Kürenberg, Joachim von, *Die graue Eminenz. Der Lebensroman des Geheimrats Fritz v. Holstein*, Berlin 1932.

—, *War alles falsch? Das Leben Kaiser Wilhelms II.*, Basel 1940.

Kuhn, Bärbel, *Familienstand: Ledig. Ehelose Frauen und Männer im Bürgertum. 1850–1914*, Köln 2000.

Kupisch, Karl, »Bürgerliche Frömmigkeit im Wilhelminischen Zeitalter«, in: Hans-Joachim Schoeps (Hg.), *Zeitgeist im Wandel*, Bd. 1, Stuttgart 1967, S. 40–59.

Labouchere Thorold, Algar, *The Life of Henry Labouchere*, New York/London 1913.

Lamberts, Emiel (Hg.), *The Black International. L'Internationale noire. 1870–1878. The Holy See and Militant Catholicism in Europe*, Leuven 2002.

Lammel, Gisold, *Majestätsbeleidigung. Die Hohenzollern in der Karikatur*, Berlin 1998.

Lange, Karl, *Bismarcks Sturz in der öffentlichen Meinung in Deutschland und im Auslande*, Berlin 1927.

Large, David C., »Ein Spiegelbild des Meisters? Die Rassenlehre von Houston Stewart Chamberlain«, in: Dieter Borchmeyer (Hg.), *Richard Wagner und die Juden*, Stuttgart 2000, S. 144–159.

Lasch, Christopher, *The New Radicalism in America 1889–1963. The Intellectual as Social Type*, New York 1965.

—, *Haven in a Heartless World*, New York 1977.

Lautmann, Rüdiger/Angela Taeger (Hg.), *Männerliebe im alten Deutschland. Sozialgeschichtliche Abhandlungen*, Berlin 1992.

—, *Homosexualität. Handbuch der Theorie- und Forschungsgeschichte*, Frankfurt/New York 1993.

—, »Geschichte und Politik. Paradigmen der nationalsozialistischen Homosexuellenverfolgung«, in: Burkhard Jellonnek (Hg.), *Nationalsozialistischer Terror gegen Homosexuelle. Verdrängt und ungesühnt*, Paderborn 2002, S. 41–54.

Le Moigne, Nicolas, »L'affaire Eulenburg. Homosexualité, pouvoir monarchique et dénonciation publique dans l'Allemagne impériale. 1906–1908«, *Politix*, 71 (2005), S. 83–106.

Le Rider, Jacques, »L'affaire dreyfus vue par les juifs assimiles de Vienne et de Berlin. Die Fackel de Karl Kraus et Die Zukunft de Maximilian Harden«, *Revue de la bibliothèque nationale de France*, 2 (1994), S. 36–43.

Lehmkuhl, Ursula, »Diplomatiegeschichte als internationale Kulturgeschichte. Theoretische Ansätze und empirische Forschung zwischen Historischer Kulturwissenschaft und Soziologischem Institutionalismus«, *Geschichte und Gesellschaft*, 27 (2001), S. 394–423.

Lehmstedt, Marc, *Bücher für das »dritte Geschlecht«. Der Max Spohr Verlag in Leipzig. Verlagsgeschichte und Bibliographie. 1881–1941*, Wiesbaden 2002.

Lemieux, Cyril, »L'accusation tolérante. Remarques sur les rapports entre commérage, scandale et affaire«, in: Boltanski u.a. (Hg.), *Affaires, scandales et grandes causes*, S. 367–394.

Lenger, Friedrich/Ansgar Nünning (Hg.), *Medienereignisse der Moderne*, Darmstadt 2008.

Lenman, Robin, »Art, Society and the Law in Wilhelmine Germany. The Lex Heinze«, *Oxford German Studies Review*, 8 (1972), S. 86–113.

Leonhard, Jörg, »Verheißung, Wiederauferstehung, Erlösung: Bismarck und Hindenburg als historische Wiedergänger in der neueren deutschen Geschichte«, in: Gantet/d'Almeida (Hg.), *Gespenster und Politik*, S. 303–321.

Lenz, Friedrich, *Werden und Wesen der öffentlichen Meinung*, Aalen 1981 [1956].

Lepenies, Wolf, *Aufstieg und Fall der Intellektuellen in Europa*, Frankfurt am Main 1992.

Lepsius, M. Rainer, »Über die Institutionalisierung von Kritierien der Rationalität und die Rolle der Intellektuellen« und »Kritik als Beruf. Zur Soziologie der Intellektuellen«, in: Ders., *Interessen, Ideen und Institutionen*, Opladen 1990, S. 44–52, 270–285.

Lerman, Katharine A., *The Chancellor as Courtier. Bernhard von Bülow and the Governance of Germany. 1990–1909*, Cambridge 1990.

—, »The Chancellor as Courtier. The Position of the Responsible Government under Kaiser Wilhelm II. 1900–1909«, in: Röhl (Hg.), *Der Ort Kaiser Wilhelms*, S. 43–52.

Leuchtmann, Angela, *Der Fall Philipp Eulenburg. Anfang und Ende einer Karriere im wilhelminischen Deutschland*, Diss. München 1997.

Leupolt, Erich, *Die Stellung der bedeutendsten politischen Zeitschriften Deutschlands zum neuen Kurs der deutschen Außenpolitik bis zum Rücktritt Bülows*, Diss. Leipzig 1932.

Lindemann, Albert, *The Jews Accused. Three Antisemitic Affairs (Dreyfus, Beilis, Frank) 1894–1915*, Cambridge 1991.

Lindemann, Mary, *Liaisons dangereuses. Sex, Law and Diplomacy in the Age of Frederick the Great*, Baltimore 2006.

Linder, Joachim, »Deutsche Pitavalgeschichten in der Mitte des 19. Jahrhunderts. Konkurrierende Formen der Wissensvermittlung und der Verbrechensdeutung«, in: Schönert (Hg.), *Erzählte Kriminalität*, S. 313–34.

Linnemann, Gerd, *Klassenjustiz und Weltfremdheit. Deutsche Justizkritik 1890–1914*, Diss. Kiel 1989.

Linse, Ulrich, *Geisterseher und Wunderwirker. Heilssuche im Industriezeitalter*, Frankfurt 1996.

—, »›Universale Bruderschaft‹ oder nationaler Rassenkrieg – die deutschen Theosophen im Ersten Weltkrieg«, in: Haupt/Langewiesche (Hg.), *Nation und Religion*, S. 602–651.

Linsert, Richard, *Kabale und Liebe. Über Geschlechtsleben und Politik*, Berlin 1931.

Lisberg-Haag, Isabel, *»Die Unzucht ist das Grab der Völker«. Die evangelische Sittlichkeitsbewegung und die »sexuelle Moderne« 1870–1918*, Münster 2002.

Loth, Wilfried/Jürgen Osterhammel (Hg.), *Internationale Geschichte. Themen – Ergebnisse – Aussichten*, München 2000.

—, *Das Kaiserreich. Obrigkeitsstaat und politische Mobilisierung*, München 1996.

Loué, Thomas, »L'affaire Dreyfus«, in: Luc Boltanski u.a. (Hg.), *Affaires, scandales et grandes causes*, S. 213–230.

Lücke, Martin, *Männlichkeit in Unordnung. Homosexualität und männliche Prostitution in Kaiserreich und Weimarer Republik*, Frankfurt 2008.

Maase, Kaspar, *Grenzenloses Vergnügen. Der Aufstieg der Massenkultur 1850–1970*, Frankfurt 1997.

—, »›Ein unwiderstehlicher Drang nach Freude‹. Ästhetische Erfahrung als Gegenstand historischer Kulturforschung«, *Historische Zeitschrift*, 8 (2000), S. 423–432.

—, »Zum Deutungshorizont der Gegner der modernen Populärkünste 1880–1918«, in: Ders./Wolfgang Kaschuba (Hg.), *Schund und Schönheit. Populäre Kultur um 1900*, Köln 2001, S. 11–28.

MacDonnel, Patricia, »›Essentially Masculine‹. Masden Hartley, Gay Identity and the Wilhelmine German Military«, *Art Journal*, 65/2 (1997), S. 62–69.

Machtan, Lothar, »Bismarck-Kult und deutscher National-Mythos 1890–1940«, in: Ders. (Hg.), *Bismarck und der deutsche National-Mythos*, Bremen 1994, S. 14–67.

—, *Bismarcks Tod und Deutschlands Tränen. Reportage einer Tragödie*, München 1998.

—, »Wilhelm II. als oberster Sittenrichter. Das Privatleben der Fürsten und die Imagepolitik des letzten deutschen Kaisers«, *Zeitschrift für Geschichtswissenschaft*, 53 (2006), S. 5–19.

Mackenzie, Iain M., *Reconstituting Social Criticism. Political Morality in an Age of Scepticism*, Basingstoke 1999.

Mah, Harold, »Phantasies of the Public Sphere. Rethinking the Habermas of Historians«, *The Journal of Modern History*, 72 (2000), S. 153–182.

Malinowski, Stephan, *Vom König zum Führer. Sozialer Niedergang und politische Radikalisierung im deutschen Adel zwischen Kaiserreich und NS-Staat*, Berlin 2003.

Mannherz, Julia, »Die Geister und der Dumaabgeordnete Graf Orlov-Davydov: Gespenster und Politik im späten Zarenreich«, in: Gantet/d'Almeida (Hg.), *Gespenster und Politik*, S. 235–253.

Martin, Ariane, »Der europäische Publizist. Thomas Manns unbekannter Kriegs-Essay über Maximilian Harden. Neue Quellen zu den *Betrachtungen eines Unpolitischen*«, *Heinrich-Mann-Jahrbuch*, 14 (1996), S. 185–209.

Martin, Günther, *Die bürgerlichen Exzellenzen. Zur Sozialgeschichte der preußischen Generalität. 1812–1918*, Düsseldorf 1979.

Martin-Fugier, Anne, *La Bourgeoisie. Femme au temps de Paul Bourget*, Paris 2007.

Marxen, Klaus, »Zum Verhältnis von Strafrecht und Gerichtsberichterstattung in der zweiten Hälfte des 19. Jahrhunderts«, in: Schönert (Hg.), *Erzählte Kriminalität*, S. 369–374.

Mast, Peter, *Künstlerische und wissenschaftliche Freiheit im Deutschen Reich 1890–1901*, München 1978.

Maugue, Annelise, *L'identité masculine en crise*, Paris 1987.

Mayer, Arno, *Adelsmacht und Bürgertum. Die Krise der europäischen Gesellschaft 1848–1914*, München 1984.

Mayer, Martin, *Geheime Diplomatie und öffentliche Meinung. Die Parlamente in Frankreich, Deutschland und Großbritannien und die Erste Marokkokrise 1904–1906*, Düsseldorf 2002.

Martin, Benjamin F., *The Hypocrisy of Justice in the Belle Epoque*, Baton Rouge 1984.

Martin, Robert K., »Knights-Errants and Gothic Seducers. The Representation of Male Friendship in Mid-Nineteenth-Century America«, in: Chauncey (Hg.), *Hidden from History*, S. 169–182.

Massie, Robert K., *Schalen des Zorns. Großbritannien, Deutschland und das Heraufziehen des Ersten Weltkrieges*, Frankfurt 1998.

May, Otto, *Deutsch sein heißt treu sein. Ansichtskarten als Spiegel von Mentalität und Untertanenerziehung in der wilhelminischen Ära. 1888–1918*, Hildesheim 1998.

—, Sarah, *Private Lives and Public Affairs. The Causes Célèbres of Prerevolutionary France*, Berkeley 1993.

—, »Domestic Melodrama as Political Ideology. The Case of the Comte de Sanois«, *American Historical Review*, 94/ 5 (Dezember 1989), S. 1257–1259.

McAleer, Kevin, *Dueling. The Cult of Honor in Fin-de-Siecle Germany*, Princeton 1994.

McLaren, Angus, *Sexuality and Social Order*, New York 1983.

McLean, Roderick, *Royalty and Diplomacy in Europe. 1890–1914*, Cambridge 2001.

Melzer, Arthur M. (Hg.), *The Public Intellectual. Between Philosophy and Politics*, Oxford 2003.

Mendelssohn, Peter de, *Zeitungsstadt Berlin*, Frankfurt 1982.

Mergel, Thomas, *Parlamentarische Kultur in der Weimarer Republik. Politische Kommunikation, symbolische Politik und Öffentlichkeit im Reichstag*, Düsseldorf 2002.

—, »Überlegungen zu einer Kulturgeschichte der Politik«, *Geschichte und Gesellschaft*, 28 (2002), S. 574–606.

Merkel, Reinhard, *Strafrecht und Satire im Werk von Karl Kraus*, Baden-Baden 1994.

Meyer, Michael A. (Hg.), *Deutsch-jüdische Geschichte in der Neuzeit, Bd. 3: Umstrittene Integration 1871–1918*, München 1997.

Meyer, Thomas, *»Endlich eine Tat, eine befreiende Tat«. Alfred von Kiderlen-Wächters »Panthersprung nach Agadir« unter dem Druck der öffentlichen Meinung*, Husum 1996.

—, *Mediokratie. Die Kolonisierung der Politik durch die Medien*, Frankfurt 2001.

Mildenberger, Florian, *»In Richtung der Homosexualität verdorben«. Psychiater, Kriminalpsychologen und Gerichtsmediziner über männliche Homosexualität. 1850–1970*, Hamburg 2002.

Möckl, Karl, »Der ›unvollendete‹ Föderalismus des zweiten deutschen Kaiserreiches«, in: Röhl (Hg.), *Der Ort Kaiser Wilhelms*, S. 71–76.

Mombauer, Annika/Wilhelm Deist (Hg.), *The Kaiser. New Research on Wilhelm II's Role in Imperial Germany*, Cambridge 2003.

Mommsen, Wolfgang J., *War der Kaiser an allem Schuld? Wilhelm II. und die preußisch-deutschen Machteliten*, München 2002.

—, »Homosexualität, aristokratische Kultur und Weltpolitik. Die Herausforderung des wilhelminischen Establishments durch Maximilian Harden 1906–1908«, in: Uwe Schultz (Hg.), *Große Prozesse. Recht und Gerechtigkeit in der Geschichte*, München ³2001, S. 279–288.

—, »Heinrich Heine und die Deutschen«, in: Ders., *Bürgerliche Kultur und politische Ordnung. Künstler, Schriftsteller und Intellektuelle in der deutschen Geschichte 1830–1933*, Frankfurt 2000, S. 113–133.

—, *Kultur und Krieg. Die Rolle der Intellektuellen, Künstler und Schriftsteller im Ersten Weltkrieg*, München 1996.

—/Gangolf Hübinger (Hg.), *Intellektuelle im Deutschen Kaiserreich*, Frankfurt 1993.

—, »Max Weber. Ein politischer Intellektueller im Deutschen Kaiserreich«, in: Ebd., S. 33–62.

—, *Der autoritäre Nationalstaat. Verfassung, Gesellschaft und Kultur im Kaiserreich*, Frankfurt 1990.

—, »Die Verfassung des Deutschen Reiches von 1871 als dilatorischer Herrschaftskompromiß«, in: Ebd., S. 39–65.

—, »Preußisches Staatsbewusstsein und deutsche Reichsidee. Preußen und das Deutsche Reich in der jüngeren deutschen Geschichte«, in: Ebd., S. 66–85.

—, »Österreich-Ungarn aus der Sicht des deutschen Kaiserreichs«, in: Ebd., S. 214–233.

—, »Innenpolitische Bestimmungsfaktoren der deutschen Außenpolitik vor 1914«, in: Ebd., S. 316–357.

—, »Der Topos vom unvermeidlichen Krieg. Außenpolitik und öffentliche Meinung im Deutschen Reich im letzten Jahrzehnt vor 1914«, in: Ebd., S. 380–406.

Mommsen, Hans, »Politische Geschichte«, in: Klaus Bergmann (Hg.), *Handbuch der Geschichtsdidaktik*, Hannover [5]1997, S. 197–200.

Moritz, Albrecht, *Das Problem des Präventivkrieges in der deutschen Politik während der 1. Marokko-Krise*, Bern 1974.

Morris, Anthony, *The Scaremongers. The Advocacy of War and Rearmement 1896–1914*, London 1984.

Mosse, George L., *Rassismus. Ein Krankheitssymptom in der europäischen Geschichte des 19. und 20. Jahrhunderts*, Königstein 1978.

—, *Nationalism and Sexuality. Respectability and Abnormal Sexuality in Modern Europe*, New York 1985.

—, *Jüdische Intellektuelle in Deutschland. Zwischen Religion und Nationalismus*, Frankfurt 1992.

—, *Das Bild des Mannes. Zur Konstruktion moderner Männlichkeit*, Frankfurt 1997.

Moulton, Alexander P., *The Insider as Outsider. The Networks of Maximilian Harden in Wilhelmine and Weimar Germany*, Diss. Columbia University 2005.

Müller, Anton, *Medizin und Okkultismus um die Jahrhundertwende. 1875–1925*, Zürich 1967.

Müller, Christian, »Zensur, Geheimnis und Öffentlichkeit. Der Journalismus des literarischen ›Jungen Deutschland‹ und dessen Politisierung durch den Deutschen Bund 1835/36«, in: Zimmermann (Hg.), *Politischer Journalismus*, S. 41–60.

Müller, Klaus, *»Aber in meinem Herzen sprach eine Stimme so laut«. Homosexuelle Autobiographien und medizinische Pathographien im neunzehnten Jahrhundert*, Berlin 1991.

Müller, Philipp, *»Ganz Berlin ist Hintertreppe«. Sensationen des Verbrechens und die Umwälzung der Presselandschaft im wilhelminischen Berlin 1890–1914*, Diss. EUI Florenz 2004.

—, *Auf der Suche nach dem Täter. Die öffentliche Dramatisierung von Verbrechen im Berlin des Kaiserreichs*, Frankfurt am Main/New York 2005.

Müller-Dietz, Heinz, »Kriminalität und Kriminalitätsverarbeitung in der Fackel. Zur Justiz- Strafrechts- und Pressekritik von Karl Kraus«, in: Schönert (Hg.), *Erzählte Kriminalität*, S. 571–605.

Muchembled, Robert, *Die Verwandlung der Lust. Eine Geschichte der abendländischen Sexualität*, München 2008.

Muhs, Rudolf u.a. (Hg.), *Aneignung und Abwehr. Interkultureller Transfer zwischen Deutschland und Großbritannien im 19. Jahrhundert*, Bodenheim 1998.

Muschler, Reinhold, *Philipp zu Eulenburg. Sein Leben und seine Zeit*, Leipzig 1930.

Naujoks, Eberhard, »Bismarck und die Organisation der Regierungspresse«, *Historische Zeitschrift*, 205 (1967), S. 46–80.

—, »Pressepolitik und Geschichtswissenschaft«, *Geschichte in Wissenschaft und Unterricht*, 22 (1971), S. 7–22.

Neckel, Sighard, »Das Stellhölzchen der Macht. Zur Soziologie des politischen Skandals«, *Leviathan*, 14 (1986), S. 581–605.

Neitzel, Sönke, *Kriegsausbruch. Deutschlands Weg in die Katastrophe 1900–1914*, Zürich 2002.
Neubauer, Hans-Joachim, *Fama. Eine Geschichte des Gerüchts*, Berlin 1998.
Neumann, Helga und Manfred, *Maximilian Harden. Ein unerschrockener deutsch-jüdischer Kritiker und Publizist*, Würzburg 2003.
—, »Maximilian Harden. Förderer und Wegbegleiter der Brüder Mann«, *Zeitschrift für deutsche Philologie*, 122/4 (2003), S. 564–582.
Nicklas, Thomas, »Macht-Politik-Diskurs. Möglichkeiten und Grenzen einer Politischen Kulturgeschichte«, *Archiv für Kulturgeschichte*, 86 (2004), S. 1–25.
Nicolson, Harold, *King George V. His Life and Reign*, London 1952.
Nipperdey, Thomas, *Deutsche Geschichte 1866–1918. Machtstaat vor der Demokratie*, München 1992.
Nitschke, August u.a. (Hg.), *Jahrhundertwende. Der Aufbruch in die Moderne. 1880–1930*, Hamburg 1990.
Nonn, Christoph, »Zwischenfall in Konitz. Anti-Semitismus und Nationalismus im preußischen Osten um 1900«, *Historische Zeitschrift*, 266 (1998), S. 387–418.
Nowak, Karl Friedrich, *Das dritte deutsche Kaiserreich*, 2 Bd., Berlin 1931.
Nowak, Kurt, *Geschichte des Christentums in Deutschland. Religion, Politik und Gesellschaft vom Ende der Aufklärung bis zur Mitte des 20. Jahrhunderts*, München 1995.
Nye, Robert A., *Crime, Madness and Politics in Modern France. The Medical Concept of Decline*, Princeton 1984.
—, »Honor, Impotence and Male Sexuality in Nineteenth-Century French Medicine«, *French Historical Studies*, 16/ 1 (1989), S. 48–71.
Offen, Karen, »Depopulation, Nationalism and Feminism in Fin-de-Siècle France«, *American Historical Review*, 89/3 (June 1984), S. 648–676.
Oosterhuis, Harry, *Stepchildren of Nature. Krafft-Ebing, Psychatry and the Making of Sexual Identity*, Chicago 2000.
Osterhammel, Jürgen, »Transnationale Gesellschaftsgeschichte. Erweiterung oder Alternative?«, *Geschichte und Gesellschaft*, 27 (2001), S. 464–479.
Ottmann, Henning, *Geschichte des politischen Denkens*, Stuttgart 2008.
Owen, Alex, *The Darkened Room. Women, Power, and Spiritualism in late Victorian England*, Chicago 2004.
Pacharzina, Klaus/Karin Albrecht-Désirat, »Die Last der Ärzte. Homosexualität als klinisches Bild von den Anfängen bis heute«, in: Hohmann (Hg.), *Der unterdrückte Sexus*, S. 97–112.
Parr, Leslie (Hg.), *Documents of the Homosexual Rights Movement in Germany 1836–1937*, New York 1975.
Parr, Rolf, *»Zwei Seelen wohnen, ach! in meiner Brust«. Strukturen und Funktionen der Mythisierung Bismarcks*, München 1992.
Patel, Kiran, »Transnationale Geschichte – Ein neues Paradigma?«, in: H-Soz-u-Kult, 2. Februar 2005. http://hsozkult.geschichte.hu-berlin.de/forum/2005–02–001.
Patzig, Günther, *Der Unterschied zwischen subjektiven und objektiven Interessen und seine Bedeutung für die Ethik*, Göttingen 1978.

Paulmann, Johannes, *Pomp und Politik. Monarchenbegegnungen in Europa zwischen Ancien Régime und Erstem Weltkrieg*, Paderborn 2000.
—, »Internationaler Vergleich und interkultureller Transfer. Zwei Forschungsansätze zur europäischen Geschichte des 18. bis 20. Jahrhunderts«, *Historische Zeitschrift*, 267 (1998), S. 649–685.
Pearson, Hesketh, *Labby. The Life and Character of Henry Labouchere*, London 1936
Pedersen, Susan, »What is Political History Now?«, in: David Cannadine (Hg.), *What is History Now?*, New York 2002, S. 36–56.
Perrot, Michelle (Hg.), *Histoire de la vie privée, Bd. 4: De la Révolution à la Grande Guerre*, Paris 1987.
Petzina, Dietmar, *Sozialgeschichtliches Arbeitsbuch III. Materialien zur Statistik des Deutschen Reiches*, München 1978.
Phillips, Roderick, *Putting Asunder. A History of Divorce in Western Society*, New York 1988.
Pick, Daniel, *Faces of Degeneration. A European Disorder 1848–1918*, Cambridge 1989.
Planert, Ute, *Antifeminismus im Kaiserreich. Diskurs, soziale Formation und politische Mentalität*, Göttingen 1998.
Plunckett, John, *Queen Victoria. First Media Monarch*, Oxford 2003.
Pollmann, Klaus Erich, »Die Bismarckische Reichsverfassung: Verfassungsintention und -realität«, in: Jost Dülffer/Hans Hübner (Hg.), *Otto von Bismarck. Person-Politik-Mythos*, Berlin 1993, S. 93–106.
—, »Wilhelm II. und der Protestantismus«, in: Samerski (Hg.), *Wilhelm II. und die Religion*, S. 91–103.
Popper, Karl, *Die offene Gesellschaft und ihre Feinde, Bd. I: Der Zauber Platons*, Tübingen [8]2003
Porter, Roy, *Women, Madness and Spiritualism*, London 2003.
Pretzel, Andreas, *»Wegen der zu erwartenden hohen Strafe«. Homosexuellenverfolgung in Berlin 1933–1945*, Berlin 2000.
Prokowsky, Dieter, *Geschichte der Duellbekämpfung*, Bonn 1965.
Puff, Helmut, *Sodomy in Reformation Germany and Switzerland, 1400–1600*, Chicago 2003.
Pytlik, Priska, *Okkultismus und Moderne. Ein kulturhistorisches Phänomen und seine Bedeutung für die Literatur um 1900*, Paderborn 2005.
—, (Hg.), *Spiritismus und ästhetische Moderne – Berlin und München um 1900. Dokumente und Kommentare*, Tübingen 2006.
Radkau, Joachim, *Das Zeitalter der Nervosität. Deutschland zwischen Bismarck und Hitler*, München 1998.
Reagin, Nancy R., *A German Women's Movement. Class & Gender in Hanover 1880–1933*, Chapel Hill 1995.
Rebentisch, Jost, *Die vielen Gesichter des Kaisers. Wilhelm II. in der deutschen und britischen Karikatur. 1888–1918*, Berlin 2000.
Reimann, Mathias, *Der Hochverratsprozess gegen Gustav Struve und Karl Blind. Der erste Schwurgerichtsfall in Baden*, Sigmaringen 1985.
Reinermann, Lothar, *Der Kaiser in England. Wilhelm II. und sein Bild in der britischen Öffentlichkeit*, Paderborn 2001.

Reinhard, Wolfgang, *Geschichte der Staatsgewalt. Eine vergleichende Verfassungsgeschichte Europas von den Anfängen bis zur Gegenwart*, München 1999.

Reinhardt, Sonja, *»Wie ihr's euch träumt, wird Deutschland nicht erwachen.« Formen der Herrschaftslegitimation in ausgewählten Reden von Kaiser Wilhelm II. und Adolf Hitler*, Diss. Hannover 1994.

Requate, Jörg, *Journalismus als Beruf. Entstehung und Entwicklung des Journalisteberufs im 19. Jahrhundert. Deutschland im internationalen Vergleich*, Göttingen 1995.

—, »Die Lebedame und der Querulant. Zu Grenzverschiebungen zwischen Öffentlichem und Privatem in der Gerichtsberichterstattung der 60er Jahre«, in: Imhof/Schulz (Hg.), *Veröffentlichung des Privaten – Privatisierung des Öffentlichen*, S. 55–66

—, »Öffentlickeit und Medien als Gegenstände historischer Analyse«, *Geschichte und Gesellschaft*, 25 (1999), S. 5–33.

—, »Der Journalist«, in: Frevert/Haupt (Hg.), *Der Mensch des 20. Jahrhunderts*, S. 138–162.

—/Martin Schulze Wessel, »Europäische Öffentlichkeit: Realität und Imagination einer appellativen Instanz«, in: Dies. (Hg.), *Europäische Öffentlichkeit. Transnationale Kommunikation seit dem 18. Jahrhundert*, Frankfurt/New York 2002, S. 11–39.

Retallack, James N., *The German Right. 1860–1920. Political Limits of the Authoritarian Imagination*, Toronto 2006.

—, »Demagogentum, Populismus, Volkstümlichkeit. Überlegungen zur ›Popularitätshascherei‹ auf dem politischen Massenmarkt des Kaiserreichs, *Zeitschrift für Geschichtswissenschaft*, 48 (2000), S. 309–325.

—, »German Conservatism Revisited«, in: Ders./Larry E. Jones (Hg.), *Between Reform, Reaction and Resistance. Studies in the History of German Conservatism. 1789–1945*, Providence 1993, S. 1–30.

—, *Notables of the Right. The Conservative Party and Political Mobilisation in Germany. 1876–1918*, Boston 1988.

—, »Conservatives contra Chancellor. Official Responses to the Spectre of Conservative Demagoguery from Bismarck to Bülow«, *Canadian Journal of History*, 20 (1985), S. 203–236.

Reuss, Martin, »Bismarck's Dismissal and the Holstein-Circle«, *European Studies Review*, 5 (1975), S. 31–44.

Reuter, Helmut Harald, *Der Intellektuelle und die Politik. Beiträge zur politisch-literarischen Intellektualität von Schiller bis Handke*, Frankfurt 1982.

Rich, Norman, *Friedrich von Holstein. Politics and Diplomacy in the Era of Bismarck and Wilhelm II*, Cambridge 1965.

Rieger, Isolde, *Die wilhelminische Presse im Überblick*, München 1957.

Ringer, Fritz K., *Die Gelehrten. Der Niedergang der deutschen Mandarine 1890–1933*, Stuttgart 1983.

Röhl, John, *Wilhelm II. Bd. 1: Die Jugend des Kaisers. 1859–1888, Bd. 2: Der Aufbau der Persönlichen Monarchie. 1888–1900, Bd. 3: Der Weg in den Abgrund. 1900–1941*, München 1993–2008.

— (Hg.), *Kaiser, Hof und Staat. Wilhelm II. und die deutsche Politik*, München 1995.

— (Hg.), *Der Ort Kaiser Wilhelms II. in der deutschen Geschichte*, München 1991.

—, »Hof und Hofgesellschaft unter Wilhelm II.«, in: Werner (Hg.), *Hof, Kultur und Politik*, S. 237–290.

—, *Deutschland ohne Bismarck. Die Regierungskrise im 2. Kaiserreich 1890–1900*, Tübingen 1969.

—, »Staatsstreichplan oder Staatsstreichbereitschaft? Bismarcks Politik in der Entlassungskrise«, *Historische Zeitschrift*, 203 (1966), S. 610–624.

Rösch, Gertrud, *Ludwig Thoma als Journalist. Ein Beitrag zur Publizistik des Kaiserreichs und der frühen Weimarer Republik*, Frankfurt 1989.

Rössler, Beate, *Der Wert des Privaten*, Frankfurt 2001.

Rogge, Helmuth, *Zur Geschichte der Holstein-Forschung*, Bonn 1974.

—, »Affairen im Kaiserreich. Symptome der Staatskrise unter Wilhelm II.«, *Die Politische Meinung*, 8 (1963), S. 58–72.

—, »Die Kladderadatschaffäre. Ein Beitrag zur inneren Geschichte des wilhelminischen Reiches«, *Historische Zeitschrift*, 195 (1962), S. 90–130.

Rohe, Karl, *Wahlen und Wählertraditionen in Deutschland. Kulturelle Grundlagen deutscher Parteien und Parteiensysteme im 19. und 20. Jahrhundert*, Frankfurt 1992.

Rose, Paul, *Wagner. Race and Revolution*, New Haven 1992.

Rosenberger, Bernhard, *Zeitungen als Kriegstreiber? Die Rolle der Presse im Vorfeld des Ersten Weltkrieges*, Köln 1998.

Roth, Andreas, *Kriminalitätsbekämpfung in deutschen Großstädten 1850–1914. Ein Beitrag zur Geschichte des strafrechtlichen Ermittlungsverfahrens*, Berlin 1997.

Rothfels, Hans, »Bismarcks Sturz als Forschungsproblem«, *Preußische Jahrbücher*, 191(1923), S. 1–29.

Sabrow, Martin (Hg.), *Skandal und Diktatur. Formen öffentlicher Empörung im NS-Staat und in der DDR*, Göttingen 2004.

—, »Zwischen Geist und Macht. Zeitkritik als Integrationsleistung bei Walter Rathenau und Maximilian Harden«, in: Hübinger/Hertfelder (Hg.), *Kritik und Mandat*, S. 47–71.

Salewski, Michael, »Weiberherrschaft«, in: Ders./Bagel-Bohlan, *Sexualmoral und Zeitgeist*, S. 43–69.

—, »Weiberlüste-Männerängste. Zum Geschlechterdiskurs im Fin de Siècle«, in: Ders./Lundt (Hg.), *Frauen in Europa*, S. 378–396.

Samerski, Stefan, »Papst und Kaiser«, in: Ders. (Hg.), *Wilhelm II. und die Religion. Façetten einer Persönlichkeit und ihres Umfelds*, Berlin 2001, S. 199–234.

Sarcinelli, Ulrich, »Das ›legitime Theater‹ der Politik. Über die Rolle des Politischen in der Mediendemokratie«, *Vorgänge*, 41 (2002), S. 10–22.

Sawicki, Diethard, *Leben mit den Toten. Geisterglauben und die Entstehung des Spiritismus in Deutschland 1770–1900*, Paderborn 2002.

Schäfer, Julia, *Vermessen-gezeichnet-verlacht. Judenbilder in populären Zeitschriften. 1918–1933*, Frankfurt 2005.

Schaeffer, Jürgen W., *Kanzlerbild und Kanzlermythos. Das Reichskanzleramt 1890–1900 und seine Beurteilung in der zeitgenössischen deutschen Presse*, Paderborn 1973.

Schildt, Axel, »Radikale Antworten von rechts auf die Kulturkrise der Jahrhundertwende. Zu Herausbildung und Entwicklung einer ›Neuen Rechten‹ in der ›Wilhelminischen

Gesellschaft‹ des Kaiserreiches«, *Jahrbuch für Antisemitismusforschung*, 4 (1995), S. 63–87.

—, »Das Jahrhundert der Massenmedien. Ansichten zu einer künftigen Geschichte der Öffentlichkeit«, *Geschichte und Gesellschaft*, 27 (2001), S. 177–206.

Schilling, Andreas, *»Kriegshelden«. Deutungsmuster heroischer Männlichkeit in Deutschland 1813–1945*, Paderborn 2002.

Schivelbusch, Wolfgang, *Die Kultur der Niederlage*, Darmstadt 2001.

Schlich, Jutta, *Intellektuelle in Deutschland im 20. Jahrhundert*, Tübingen 2000.

Schlör, Joachim, *Nachts in der großen Stadt. Paris, Berlin, London 1840–1930*, München 1991.

Schlossmacher, Norbert, »Der Antiultramontanismus im wilhelminischen Deutschland«, in: Wilfried Loth (Hg.), *Deutscher Katholizismus im Umbruch zur Moderne*, Stuttgart 1991, S. 164–198.

Schmidt, Gustav, *Der europäische Imperialismus*, München 1989.

Schmitt, Carl, *Gespräch über die Macht und den Zugang zum Machthaber. Gespräch über den Neuen Raum*, Berlin 1994 [1954].

—, *Der Begriff des Politischen*, Berlin ^{7}2002 [1932].

—, *Verfassungslehre*, München 1928.

Schmitz, Manfred, *Theorie und Praxis des politischen Skandals*, Frankfurt am Main 1981.

Schneider, Elfriede, *Karikatur und Satire als publizistische Kampfmittel. Ein Beitrag zur Wiener humoristisch-satirischen Presse des 19. Jahrhunderts*, Wien 1972.

Schneider, Ludwig, *Die populäre Kritik an Staat und Gesellschaft in München. 1886–1914*, München 1975.

Schönert, Jörg (Hg.), *Erzählte Kriminalität. Zur Typologie und Funktion von narrativen Darstellungen in der Strafrechtspflege, Publizistik und Literatur zwischen 1770 und 1920*, Tübingen 1991.

Schoeps, Julius (Hg.), *Der politische Skandal*, Stuttgart 1992.

Scholle, Manfred, *Die preußische Strafjustiz im Kulturkampf 1873–1880*, Diss. Marburg 1974.

Schoppmann, Claudia, *Verbotene Verhältnisse. Frauenliebe 1938–1945*, Berlin 1999.

Schütze, Christian, *Die Kunst des Skandals. Über die Gesetzmäßigkeit übler und nützlicher Ärgernisse*, München 1967.

—, *Skandal. Eine Psychologie des Unerhörten*, Bern/München ^{2}1985.

Schulte, Regina (Hg.), *Der Körper der Königin*, Frankfurt 2002.

Schults, Raymond L., *Crusader in Babylon. W.T. Stead and the Pall Mall Gazette*, Lincoln 1972.

Schultz, Julius Henri, *Albert Molls Ärztliche Ethik*, Zürich 1986.

Schulz, Andreas, »Der Aufstieg der vierten Gewalt. Medien, Politik und Öffentlichkeit im Zeitalter der Massenkommunikation«, *Historische Zeitschrift*, 270 (2000), S. 65–97.

Schulz, Klaus, *Der Kladderadatsch. Ein bürgerliches Witzblatt von der Märzrevolution bis zum Nationalsozialismus, 1848–1944*, Bochum 1975.

Schulz, Uwe (Hg.), *Große Prozesse. Recht und Gerechtigkeit in der Geschichte*, München 1996.

Schulze, Hagen, »Walter Frank«, in: Hans-Ulrich Wehler (Hg.), *Deutsche Historiker*, Bd. 7 (1980), S. 69–81.

Schumann, Dirk, »Der brüchige Frieden. Kriegserinnerungen, Kriegsszenarien und Kriegsbereitschaft«, in: Frevert (Hg.), *Das neue Jahrhundert*, S. 113–146.

Schwarz, Hans-Peter, *Der konservative Anarchist. Politik und Zeitkritik Ernst Jüngers*, Freiburg 1962.

Schwenk, Herbert, »Dieses Land, diese Mörder, diese Justiz. Maximilian Harden und sein Plädoyer wider den terroristischen Antisemitismus«, *Berlinische Monatsschrift*, 10/2 (2001), S. 34–40.

Scott, Joan. W., *Gender and the Politics of History*, New York 1988.

Seeber, Gustav/Heinz Wolter, *Monarchen und Minister. Sozialdemokratische Publizistik gegen Monarchismus und Volksbetrug*, Berlin/Ost 1974.

Seeber, Gustav, »Bismarcks ›Gedanken und Erinnerungen‹ von 1898 in der Politik. Bemerkungen zur Publizistik«, in: Dülffer/ Hübner (Hg.), *Otto von Bismarck*, S. 237–246.

Seeck, Andreas (Hg.), *Durch Wissenschaft zur Gerechtigkeit? Textsammlung zur Rezeption des Schaffens von Magnus Hirschfeld*, Münster 2003.

Seemann, Birgit-Katharine, »Das Konzept der ›Elite(n)‹. Theorie und Anwendbarkeit in der Geschichtsschreibung«, in: Führer u.a. (Hg.), *Eliten im Wandel*, S. 24–41.

Seifert, Ruth, »Identität, Militär und Geschlecht. Zur identitätspolitischen Bedeutung einer kulturellen Konstruktion«, in: Hagemann/Schüler-Springorum (Hg.), *Militär und Geschlechterverhältnisse im Zeitalter der Weltkriege*, S. 53–68.

Sennett, Richard, *Verfall und Ende des öffentlichen Lebens. Die Tyrannei der Intimität*, Frankfurt 1996 [1974].

Setz, Wolfram (Hg.), *Die Geschichte der Homosexualitäten und die schwule Identität an der Jahrhundertwende. Eine Vortragsreihe aus Anlaß des 175. Geburtstags von Karl Heinrich Ulrichs*, Berlin 2000.

Shachar, Isaiah, *The Judensau. A Medieval anti-Jewish Motif and its History*, London 1974.

Sichtermann, Barbara, »Die Affäre Wörner/Kießling«, in: Georg M. Hafner/Edmund Jacoby (Hg.), *Die Skandale der Republik. 1949–1989*, Hamburg 1994, S. 243–248.

Siegrist, Hannes, *Advokat, Bürger und Staat. Sozialgeschichte der Rechtsanwälte in Deutschland, Italien und der Schweiz. 18. bis 20. Jahrhundert*, Frankfurt 1996.

Siemens, Daniel, *Metropole und Verbrechen. Die Gerichtsreportage in Berlin, Paris und Chicago 1919–1933*, Stuttgart 2007.

Sierke, Eugen, *Schwärmer und Schwindler zu Ende des 18. Jahrhunderts*, Leipzig 1874.

Silbermann, Adolph, »Vom Skandal und dem Mythos der öffentlichen Meinung«, in: Schoeps (Hg.), *Der politische Skandal*, S. 37–51.

Simms, Brendan, »The Return of the Primacy of Foreign Policy«, *German History*, 21 (2003), S. 275–291.

Skultans, Vieda, *Intimacy and Ritual. A Study of Spiritualism, Mediums and Groups*, London 1974.

Slaughter, Jane/Robert Kern (Hg.), *European Women on the Left. Socialism, Feminism and the Problems faced by Political Women. 1880 to the Present*, Westport 1981.

Smith, E.A. (Hg.), *A Queen on Trial. The Affair of Queen Caroline*, Dover 1993.

Sofsky, Wolfgang, *Verteidigung des Privaten. Eine Streitschrift*, München 2007.

Sösemann, Bernd, »Pardon wird nicht gegeben; Gefangene nicht gemacht«, in: Wilderotter/Pohl (Hg.), Der letzte Kaiser, S. 79–94.

—, »Die Hunnenrede Wilhelms II.«, *Historische Zeitschrift*, 222 (1976), S. 342–358.

Sombart, Nicolaus, *Die deutschen Männer und ihre Feinde. Carl Schmitt – ein deutsches Schicksal zwischen Männerbund und Matriarchatsmythos*, München 1991.

—, *Wilhelm II. Sündenbock und Herr der Mitte*, Berlin 1996.

Sprengel, Peter, »Die frühe Moderne in Opposition zum Wilhelminismus. Kaiser-Satiren um 1900«, *Jahrbuch der Berliner Wissenschaftlichen Gesellschaft*, 1993, S. 139–158.

Stark, Gary D., »Pornography, Society and the Law in Imperial Germany«, *Central European History*, 14/3 (September 1981), S. 200–229.

Steakley, James D., »Iconography of a Scandal. Political Cartoons and the Eulenburg Affair«, in: Wayne R. Dynes (Hg.), *History of Homosexuality in Europe and America*, New York/London 1992, S. 323–385.

—, *Die Freunde des Kaisers. Die Eulenburg-Affäre im Spiegel zeitgenössischer Karikaturen*, Hamburg 2004.

Stearns, Peter, *Be a Man! Males in Modern Society*, New York 1979.

Stegmann, Dirk/Bernd-Jürgen Wendt (Hg.), *Industrielle Gesellschaft und politisches System. Beiträge zur politischen Sozialgeschichte*, Bonn 1978.

Stein, Hartwig, »Der Bilse-Skandal von 1903. Zu Bild und Zerrbild des preußischen Leutnants im späten Kaiserreich«, in: Führer u.a. (Hg.), *Eliten im Wandel*, S. 259–278.

Steinmetz, Willibald, *Das Sagbare und das Machbare. Zum Wandel politischer Handlungsspielräume. England 1789–1867*, Stuttgart 1993.

Stern, Fritz, *The Politics of Cultural Despair. A Study in the Rise of the Germanic Ideology*, Berkeley 1961.

—, »Die politischen Folgen des unpolitischen Deutschen«, in: Stürmer (Hg.), *Das kaiserliche Deutschland*, S. 168–186.

—, *Gold und Eisen. Bismarck und sein Bankier Oppenheimer*, Frankfurt 1978.

Stern, Frank/Maria Gerlinger (Hg.), *Ludwig Börne. Deutscher, Jude, Demokrat*, Berlin 2004.

Stickler, Matthias, »Machtverlust und Beharrung. Dimensionen einer erneuerten politischen Geschichte der regierenden Dynastien Europas im 20. Jahrhundert«, in: Hans-Christof Kraus/Thomas Nicklas (Hg.), *Geschichte der Politik. Alte und neue Wege*, in: Historische Zeitschrift, Beiheft (Neue Folge), Bd. 44 (2007), S. 375–398.

Stöber, Gunda, *Pressepolitik als Notwendigkeit. Zum Verhältnis von Staat und Öffentlichkeit im Wilhelminischen Deutschland 1890–1914*, Stuttgart 2000.

Stöber, Rudolf, »Der Prototyp der deutschen Massenpresse. Der ›Berliner Lokalanzeiger‹ und sein Blattmacher Hugo von Kupfer«, *Publizistik*, 39 (1994), S. 315–331.

—, »Bismarcks geheime Presseorganisation von 1882«, *Historische Zeitschrift*, 262 (1996), S. 423–453.

—, *Deutsche Pressegeschichte. Einführung, Systematik, Glossar*, Konstanz 2000.

Stolleis, Michael, *Geschichte des öffentlichen Rechts in Deutschland*, 3 Bd., München 1988–1999.

Stribrny, Wolfgang, *Bismarck und die deutsche Politik nach seiner Entlassung 1890–1898*, Paderborn 1977.

Strötz, Jürgen, »Wilhelm II. und der Katholizismus«, in: Samerski (Hg.), *Wilhelm II. und die Religion*, S. 171–198.

Stümke, Hans-Georg, *Homosexuelle in Deutschland. Eine politische Geschichte*, München 1989.

Stürmer, Michael (Hg.), *Das kaiserliche Deutschland. Politik und Gesellschaft 1870–1918*, Düsseldorf 1970.

—/Siegfried Ziegler (Hg.), *Das deutsche Kaiserreich und die europäischen Großmächte im Zeitalter des Imperialismus*, München 1977.

Surkis, Judith, *Sexing the Citizen. Morality and Masculinity in France. 1870–1920*, Ithaca 2006.

Swart, Koenraad, *The Sense of Decadence in Nineteenth Century France*, Den Haag 1964.

Tamagne, Florence, »Das homosexuelle Zeitalter. 1870–1940«, in: Aldrich (Hg.), *Eine globale Geschichte der Homosexualität*, S. 167–196.

Taube, Utz-Friedbert, *Ludwig Quidde. Ein Beitrag zur Geschichte des demokratischen Gedankens in Deutschland*, München 1963.

Taylor Allen, Ann, *Satire and Society in Wilhelmine Germany. Kladderadatsch & Simplicissimus. 1890–1914*, Diss. University of Kentucky 1984.

Taylor, Antony, *»Down with the Crown«. British Anti-Monarchism and Debates about Royalty since 1790*, London 1999.

Thadden, Rudolf von, »Kirchengeschichte als Gesellschaftsgeschichte«, *Geschichte und Gesellschaft*, 9 (1983), S. 598–614.

Theiner, Peter, *Sozialer Liberalismus und deutsche Weltpolitik. Friedrich Naumann im Wilhelminischen Deutschland*, Baden-Baden 1983.

Thibaudet, Albert, »Tocqueville et Gobineau«, *La nouvelle revue française*, 22 (1934), S. 215–222.

Thimme, Annelise, *Hans Delbrück als Kritiker der wilhelminischen Epoche*, Düsseldorf 1955.

Thomas, Donald E., *Idealism, Romanticism and Race. The »Weltanschauung« of Houston Stewart Chamberlain*, Diss. University of Chicago 1971.

Thompson, Alastair, »Honours Uneven. Decorations, the State and Bourgeois Society in Imperial Germany«, *Past and Present*, 144 (1994), S. 171–204.

Thompson, John B., *Political Scandal. Power and Visibility in the Media Age*, Cambridge 2000.

—, *The Media and Modernity. A Social Theory of the Media*, Stanford 1996.

Tidrick, Kathryn, *Empire and the English Character*, London 1992.

Timms, Edward, *Karl Kraus. Satiriker der Apokalypse. Leben und Werk 1874–1918*, Wien 1986.

—, *Karl Kraus und der Kampf ums Recht*, Wien 2005.

Tönnies, Ferdinand, *Kritik der öffentlichen Meinung*, Berlin 1922.

Tondorf, Babette, *Strafverteidigung in der Frühphase des reformierten Strafprozesses. Das Hochverratsverfahren gegen die badischen Aufständischen Gustav Struve und Karl Blind. 1848/49*, Berlin 2006.

Treitel, Corinna, *A Science for the Soul. Occultism and the Genesis of the German Modern*, Baltimore 2004.

Tucholsky, Kurt, *Politische Justiz*, Reinbek 1990.

Ullmann, Hans-Peter, *Politik im deutschen Kaiserreich 1871–1918*, München 1999.

Ullrich, Sebastian, »Im Dienste der Republik von Weimar. Emil Ludwig als Historiker und Publizist«, *Zeitschrift für Geschichtswissenschaft*, 49 (2001), S. 119–140.

Ulrich, Bernd u.a. (Hg.), *Untertan in Uniform. Militär und Militarismus im Kaiserreich 1871–1914*, Frankfurt 2001.

VanArsdel, Rosemary T., »Women's periodicals and the New Journalism. The Personal Interview«, in: Wiener (Hg.), *The New Journalism in Britain*, S. 243–56.

VanKley, Dale, *The Damiens Affair and the Unraveling of the »Ancien Régime«. 1750–1770*, Princeton 1984.

van Dülmen, Richard, *Theater des Schreckens. Gerichtspraxis und Strafrituale in der frühen Neuzeit*, München [3]1988.

van Ussel, Jos, *Sexualunterdrückung. Geschichte der Sexualfeindschaft*, Reinbek 1970.

Veltzke, Veit, *Der Mythos des Erlösers. Richard Wagners Traumwelten und die deutsche Gesellschaft 1871–1918*, Stuttgart 2002.

Verhey, Jeffrey, *The Spirit of 1914. Militarism, Myth and Mobilisation in Germany*, Cambridge 2000.

Vicinus, Martha, »Distance and Desire. English Boarding School Friendships, 1870–1920«, in: Chauncey (Hg.), *Hidden from History*, S. 212–232.

Vierhaus, Rudolf, »Walter Frank und die Geschichtswissenschaft im nationalsozialistischen Deutschland«, *Historische Zeitschrift*, 207 (1968), S. 617–627.

Voegelin, Eric, *Die politischen Religionen*, Paderborn [3]2007.

Vogel, Jakob, *Nationen im Gleichschritt. Der Kult der Nation in Waffen*, Göttingen 1997.

Völger, Gisela/Karin Welck (Hg.), *Männerbünde. Zur Rolle des Mannes im Kulturvergleich*, Köln 1990.

Vogel, Walter, *Die Organisation der amtlichen Presse- und Propagandapolitik des deutschen Reiches von den Anfängen unter Bismarck bis zum Beginn des Jahres 1933*, Berlin 1941.

Volkov, Shulamit, *Antisemitismus als kultureller Code. Zehn Essays*, München [2]2000.

—, *Die Juden in Deutschland 1780–1918*, München [2]2000.

Vyleta, Daniel M., *Crime, Jews and News. Vienna 1895–1914*, New York/Oxford 2007.

Wadle, Elmar, »Kontrolle und Schutz – Presserecht des 19. Jahrhunderts im Spannungsfeld von öffentlichem Recht und Privatrecht«, in: Zimmermann (Hg.), *Politischer Journalismus*, S. 61–78.

Wahl, Hans-Rudolf, »Männerbünde, Homosexualitäten und politische Kultur im ersten Drittel des 20. Jahrhunderts. Überlegungen zur Historiographie der SA«, *Zeitschrift für Geschichtswissenschaft*, 52/2 (2004), S. 218–237.

Walkowitz, Judith R., *City of Dreadful Delight. Narratives of Sexual Danger in Late-Victorian London*, Chicago 1994.

Walser Smith, Helmut, *German Nationalism and Religious Conflict. Culture, Ideology, Politics, 1870–1914*, Princeton [2]1995.

—, (Hg.), *Protestants, Catholics, and Jews in Germany, 1800–1914*, Oxford 2001.

—, *Die Geschichte des Schlachters. Mord und Antisemitismus im deutschen Kaiserreich*, Göttingen 2002.

Walzer, Michael, *Zweifel und Einmischung. Gesellschaftskritik im 20. Jahrhundert*, Frankfurt 1991.
Weber, Eugen, *The Nationalist Revival in France. 1905–1914*, Berkeley 1968.
—, *France. Fin de Siècle*, Harvard 1986.
Weeks, Jeffrey, *Sex, Politics and Society. The Regulations of Sexuality since 1800*, London 1981.
Wehler, Hans-Ulrich, (Hg.), *Ludwig Quidde. Caligula. Schriften über Militarismus und Pazifismus*, Frankfurt 1977.
—, (Hg.), *Europäischer Adel 1750–1950*, Göttingen 1990.
—, *Deutsche Gesellschaftsgeschichte. Bd. III: Von der »Deutschen Doppelrevolution« bis zum Beginn des Ersten Weltkrieges. 1849–1914*, München 1995.
—, *Nationalismus. Geschichte, Formen, Folgen*, München 2001.
—., »Radikalnationalismus und Nationalsozialismus«, in: Jörg Echternkamp/Sven Oliver Müller (Hg.), *Die Politik der Nation. Deutscher Nationalismus in Krieg und Krisen. 1760–1960*, München 2002, S. 203–218.
Weibel, Peter (Hg.), *Phantom der Lust. Visionen des Masochismus. Bd. 1: Essays und Texte*, München 2003.
Weiler, Inge, *Giftmordwissen und Giftmörderinnen. Eine diskursgeschichtliche Studie*, Tübingen 1998.
Weingart, Peter (Hg.), *Rasse, Blut und Gene. Geschichte der Eugenik und Rassenhygiene in Deutschland*, Frankfurt 1988.
Weisbrod, Bernd, »Medien als symbolische Form der Massengesellschaft. Die medialen Bedingungen von Öffentlichkeit im 20. Jahrhundert«, *Historische Anthropologie*, 9 (2001), S. 270–283.
— (Hg.), *Die Politik der Öffentlichkeit – die Öffentlichkeit der Politik. Politische Medialisierung in der Geschichte der Bundesrepublik*, Göttingen 2003.
Weller, Bernd Uwe, *Maximilian Harden und die »Zukunft«*, Bremen 1970.
Wernecke, Klaus, *Der Wille zur Weltgeltung. Außenpolitik und Öffentlichkeit im Kaiserreich am Vorabend des Ersten Weltkrieges*, Düsseldorf 1970.
Werner, Karl-Ferdinand, »Fürst und Hof im 19. Jahrhundert. Abgesang oder Spätblüte«, in: Ders. (Hg.), *Hof, Kultur und Politik im 19. Jahrhundert*, Bonn 1985, S. 1–53.
Werner, Michael/Bénédicte Zimmermann, »Vergleich, Transfer, Verflechtung. Der Ansatz der Histoire Croisée und die Herausforderung des Transnationalen«, *Geschichte und Gesellschaft*, 28 (2002), S. 607–636.
Wesel, Uwe, *Geschichte des Rechts. Von den Frühformen bis zum Vertrag von Maastricht*, München 1997.
Wetzell, Richard, *Inventing the Criminal. A History of German Criminology 1880–1945*, Chapel Hill 2000.
Wiehn, Eberhard, *Intellektuelle in Politik und Gesellschaft*, Stuttgart 1971.
Wiener, Joel H., (Hg.), *Papers for the Millions. The New Journalism in Britain, 1850s to 1914*, New York 1988.
Wildt, Michael, »Differierende Wahrheiten. Historiker und Staatsanwälte als Ermittler von NS-Verbrechen«, in: Norbert Frei/Dirk van Laak/Michael Stolleis (Hg.), *Geschichte vor Gericht. Historiker, Richter und die Suche nach Gerechtigkeit*, München 2000, S. 46–59.

Wilke, Jürgen, *Grundzüge der Medien- und Kommunikationsgeschichte. Von den Anfängen bis ins 20. Jahrhundert*, Köln 2000.

—, »Auf dem langen Weg zur Öffentlichkeit. Von der Parlamentsdebatte zur Mediendebatte«, in: Jarren u.a. (Hg.), *Zerfall der Öffentlichkeit?*, S. 23–38.

Williams, Kevin, *Get me a Murder a Day! A History of Mass Communication in Britain*, London 1998.

Williams, Richard, *The Contentious Crown. Public Discussion of the British Monarchy in the Reign of Queen Victoria*, Aldershot 1997.

Winkler, Heinrich August, *Der lange Weg nach Westen, Bd. 1: Deutsche Geschichte 1806–1933*, München 2000.

Winock, Michel, *Das Jahrhundert der Intellektuellen*, Konstanz 2003.

Weichlein, Siegfried, *Nation und Region. Integrationsprozesse im Kaiserreich*, Düsseldorf 2006.

Whyte, Frederic, *The Life of W.T. Stead*, 2 Bd., London 1925.

Wolff, Charlotte, *Magnus Hirschfeld. A Portrait of a Pioneer in Sexology*, London 1986.

Wolter, Hans-Wolfgang, *Generalanzeiger – das pragmatische Prinzip. Zur Entwicklungsgeschichte und Typologie des Pressewesens im späten 19. Jahrhundert mit einer Studie über die Zeitungsunternehmungen Wilhelm Gorardets. 1838–1918*, Bochum 1981.

Wülfing, Wulf u.a. (Hg.), *Historische Mythologie der Deutschen. 1789–1918*, München 1991.

Young, E.J., *Gobineau und der Rassismus. Eine Kritik der anthropologischen Geschichtstheorie*, Meisenheim 1968.

Young, Harry F., *Maximilian Harden. Censor Germaniae*, Münster 1971.

—, *Maximilian Harden. Censor Germaniae. The Critic in Opposition from Bismarck to the Rise of Nazism*, Den Haag 1959.

Zelinsky, Hartmut, »Kaiser Wilhelm II., die Werk-Idee Richard Wagners und der ›Weltkampf‹«, in: Röhl (Hg.), *Der Ort Kaiser Wilhelms*, S. 297–356.

Ziemann, Benjamin, »›Linguistische Wende‹ und ›kultureller Code‹ in der Geschichtsschreibung zum modernen Antisemitismus«, *Jahrbuch für Antisemitismusforschung*, 14 (2005), S. 301–322.

Zimmermann, Clemens (Hg.), *Politischer Journalismus, Öffentlichkeiten und Medien im 19. und 20. Jahrhundert*, Ostfildern 2006.

Zipfel, Friedrich, *Kritik der Öffentlichkeit an der Person und der Monarchie Wilhelms II. bis zum Ausbruch des Weltkrieges*, Diss. Berlin 1952.

zur Nieden, Susanne, »Aufstieg und Fall des virilen Männerhelden. Der Skandal um Ernst Röhm und seine Ermordung«, in: Dies. (Hg.), *Homosexualität und Staatsräson. Männlichkeit, Homophobie und Politik in Deutschland 1900–1945*, Frankfurt 2005, S. 147–192.

—, »Der homosexuelle Staatsfeind. Zur Geschichte einer Idee«, in: Lutz Raphael/Heinz-Elmar Tenorth (Hg.), *Ideen als gesellschaftliche Gestaltungskraft im Europa der Neuzeit. Beiträge für eine erneuerte Geistesgeschichte*, München 2006, S. 394–427.

Dank

Scheinbar bekannte Geschehnisse neu zu denken, sie in Zusammenhänge zu stellen, in denen sie bislang noch nicht gesehen worden sind – dies vor allem, hoffe ich, spiegelt sich als ein Teil der in den letzten Jahren jenseits nationaler Befindlichkeiten und geschichtswissenschaftlicher Einseitigkeiten empfangenen Eindrücke, Inspirationen und Ideen im vorliegenden Buch. Es ist die überarbeitete und um rund ein Drittel gekürzte Fassung der Dissertation, mit der ich im Oktober letzten Jahres am *Europäischen Hochschulinstitut* in Florenz promoviert worden bin. Tiefer Dank geht an meine beiden Doktorväter Heinz-Gerhard Haupt (EHI/Bielefeld) und Frank Bösch (Giessen) für ein spannendes Betreuungsverhältnis, in dem drei Historikergenerationen mit ihren unterschiedlichen thematischen, methodischen und weltanschaulichen Herangehensweisen verbunden waren. Zusammen mit der akademischen Freiheit und dem wahrhaft europäischen Gesichtskreis des EHI hätte ich mir keine bessere Doktorandenzeit wünschen können.

Dank gebührt den beiden anderen Mitgliedern meiner Jury, Corey Ross (Birmingham) und Sebastian Conrad (EHI/Berlin), deren Anregungen ich aufzugreifen versucht habe, soweit es die kurze Überarbeitungszeit zuließ. Ungemein hilfreich waren die Kritiken und Denkanstöße, die die Arbeit bei Konferenzen weltweit erfahren hat. Hervorheben möchte ich das vorzügliche *Transatlantic Doctoral Seminar 2009* in Washington unter Leitung von Richard F. Wetzell (DHI) und Roger Chickering (Georgetown), das in der Endphase des Schreibens noch einmal einen kreativen Schub bewirkt hat.

An die Studien und Forschungen, die zwischen 2005 und 2009 für dieses Buch notwendig waren, denke ich gerne als aufregende Jahre des »Jagens und Sammelns« zurück. Dass alle Ereignisse des Eulenburg-Skandals während der Recherchezeit ihre 100jährige Wiederkehr feierten, war für mich kein Grund, spiritistischen Praktiken zu verfallen, bot aber immer wieder Anlass zur Reflektion von Traditionslinien deutscher und europäischer Geschichte. Für die Quellenauswertung habe ich zahlreiche Archive und Bibliotheken besucht. Danken möchte ich besonders Gregor Pickro vom Bundesarchiv Koblenz und Jens Dobler, mit dem ich nicht nur die sexualhistorische Seite des Eulenburg-Skandals diskutiert habe, sondern der mir auch rasch und unkompliziert die Bestände der *Magnus Hirschfeld Gesellschaft* in Berlin zugänglich gemacht hat; diesem kulturgeschichtlich reizvollen und noch längst nicht erschöpften Forschungsmaterial ist die Übernahme durch eine in möglichst naher Zukunft zu gründende bundesunmittelbare *Magnus Hirschfeld Stiftung* zu wünschen.

Wie bemerkte ein Kollege einmal treffend bei einem Workshop in Budapest: Historiker gehören dem »fahrenden Volk« an. Dafür, dass ich während der Archivrecherchen mein Lager aufschlagen durfte, danke ich Jan Redmann und Peter Schubert (Berlin), Nicole und Kai Dittmann (München) und ganz besonders Christian Ernst und Simone Domeier-Ernst (Potsdam). Erkenntlich zeigen möchte ich mich schließlich dem *Deutschen Akademischen Austauschdienst* und dem *Europäischen Hochschulinstitut* für ein mehrjähriges Promotionsstipendium; letzterem zudem für einen Druckkostenzuschuss. Was die Drucklegung betrifft, gilt mein herzlicher Dank der *DKB Stiftung für gesellschaftliches Engagement*, namentlich Andrea Geffers als der zuständigen Koordinatorin für Wissenschaft und Forschung. Ohne die großzügige Unterstützung der *DKB Stiftung*, der heutigen Besitzerin des wunderbar restaurierten und Besuchern zugänglichen Eulenburg-Schlosses Liebenberg in der Uckermark, wäre eine Veröffentlichung in dieser Form kaum möglich gewesen. Die verteidigte Fassung der Studie ist in Teilen von Henning Holsten, in Gänze von Daniel Gerster gegengelesen worden, eine große Hilfe, für die ich mich revanchieren zu können hoffe.

Gewidmet ist dieses Buch denen, die mir immer einen Hafen geboten haben, wenn sich das Forschungsprojekt in schweren Fahrwassern befand: meinen Eltern.

Göttingen, im Sommer 2010
Norman Domeier

Sach- und Personenregister

Nicht aufgeführt sind: Maximilian Harden, Philipp zu Eulenburg, Kuno v. Moltke, Bernhard v. Bülow, Friedrich v. Holstein, Lilly v. Elbe, Magnus Hirschfeld, Bismarck, Wilhelm II.